J.B.METZLER

Almut-Barbara Renger

Zwischen Märchen und Mythos

Die Abenteuer des Odysseus
und andere Geschichten
von Homer bis Walter Benjamin

Eine gattungstheoretische Studie

Verlag J.B. Metzler
Stuttgart · Weimar

Bibliografische Information der deutschen Nationalbibliothek
Die Deutsche Nationalbibliothek verzeichnet diese Publikation in der Deutschen Nationalbibliografie; detaillierte bibliografische Daten sind im Internet über http://dnb.d-nb.de abrufbar.

ISBN 978-3-476-01986-8
ISBN 978-3-476-00044-6 (eBook)
DOI 10.1007/978-3-476-00044-6

Dieses Werk einschließlich aller seiner Teile ist urheberrechtlich geschützt. Jede Verwertung außerhalb der engen Grenzen des Urheberrechtsgesetzes ist ohne Zustimmung des Verlages unzulässig und strafbar. Das gilt insbesondere für Vervielfältigungen, Übersetzungen, Mikroverfilmungen und die Einspeicherung und Verarbeitung in elektronischen Systemen.

© 2006 Springer-Verlag GmbH Deutschland
Ursprünglich erschienen bei J.B. Metzler'sche Verlagsbuchhandlung
und Carl Ernst Poeschel Verlag GmbH in Stuttgrat 2006
www.metzlerverlag.de
info@metzlerverlag.de

Meinen Eltern

Odysseus steht ja an der Schwelle, die Mythos und Märchen trennt.
Vernunft und List hat Finten in den Mythos eingelegt; seine Gewalten hören auf,
unbezwinglich zu sein.
Das Märchen ist die Überlieferung vom Siege über sie.

Walter Benjamin

Vorbemerkung

Die vorliegende Studie ist eine leicht veränderte Fassung meiner im Sommersemester 2000 von der Fakultät für Orientalistik und Altertumswissenschaft der Universität Heidelberg angenommenen Dissertation. Sie geht zurück auf meine Zeit an der Stanford University (1992–93/1995–96), als ich bei den Professoren Mark Edwards, René Girard und Hans-Ulrich Gumbrecht Classics, vor allem Homer, sowie Comparative Literature studierte und mich ausgiebig mit Mythen und Theorien zu ihnen befaßte. Damals fiel mir auf, daß eine begriffliche Unklarheit über Märchen und Mythos und ihr Verhältnis zueinander herrscht, die sich aus der allgemeinen Auffassung speist, die beiden ließen sich schwerlich differenzieren. Hierzu einen Versuch der Klärung zu unternehmen schien mir dringend geboten. Ich begann, zahlreiche Texte und Theorien, die Märchen und Mythen zum Gegenstand haben, zu untersuchen, näherhin auch Walter Benjamins Andeutungen zum Märchen als der »Überlieferung vom Sieg über den Mythos«. Dabei stellte ich fest, daß Benjamins Reflexionen über Märchen und Mythos, selbst in der Benjamin-Forschung, kaum je als Theorie des Märchens ernst genommen worden sind und sich bislang niemand, inner- oder außerhalb der Klassischen Philologie, mit Odysseus auf der Basis dieser Überlegungen gründlich befaßt hat.

Das vorliegende Buch setzt diese beiden Desiderate mit der Frage nach dem Märchen in der Antike unter Einbezug jüngerer Ergebnisse vor allem der Erzählforschung in Beziehung. Es untersucht ausgewählte Passagen antiker und moderner Literatur von Homer bis Kafka, deren beider Erzählung über Odysseus und die Sirenen nicht zuletzt als Parabel auf das Verhältnis von Märchen und Mythos zu lesen ist. Den theoretischen Bezugsrahmen bildet eine Anreicherung Benjamins, um den, chronologischer Darstellung folgend, Teil III des Buches zentriert ist, durch Erkenntnisse namentlich der Märchenforschung von Vladimir Propp, Eleasar Meletinsky und Max Lüthi; in ihrer genre-komparatistischen Perspektive ist der Mythos die Hauptvergleichsgröße zum Märchen. Aus den Arbeiten dieser Autoren wird ein Merkmalskatalog destilliert und in den Horizont von Bruno Bettelheims ›pädagogischen‹ und Benjamins geschichtsphilosophischen Thesen gestellt.

Zu danken habe ich in erster Linie meinen Doktorvätern Prof. Dr. Winfried Menninghaus und Prof. Dr. Dr. Glenn W. Most, die weder mit Zuspruch noch mit kritischen Einwänden sparten und mich im Rahmen von Forschungscolloquium und Doktorandenkolleg vorbildlich förderten. Gedankt sei zudem allen Lehrern und Lehrerinnen, genannten und nicht genannten, von denen ich lernen durfte, und allen, die mich in der Entstehungszeit der Studie unterstützt haben, zumal Dr. Hans Richard Brittnacher, Dr. Jens Peter Bork, Dr. Peter Kruschwitz, Dr. Harald Kunz und Wolfert von Rahden, die Teile des Manuskripts lasen und mit mir erörterten. Ein besonders herzlicher Dank geht an Erhard Bork, der mir im Verlauf der Arbeit Mentor wurde, Phasen des Haderns stoisch ertrug und viele Kapitel so geduldig wie engagiert diskutierte. Ohne ihn wäre das Buch in der vorliegenden Form nicht zustande gekommen. In den Dank eingeschlossen seien schließlich diejenigen, die mich, nachdem die Dissertation über Jahre in einer Schreibtischschublade verschwunden war, zur Publikation anhielten und durch ihr eigenes wissenschaftliches

Wirken ermunterten. Großer Dank geht in diesem Sinne an Prof. Dr. Werner Hamacher.

Gewidmet ist die Arbeit meinen Eltern, gerichtet ist sie an Literatur- und Kulturwissenschaftler, Germanisten, Klassische Philologen, Märchen- und Mythosforscher und alle, die sich »keinen der großen Erzähler losgelöst denken können vom ältesten Gedankengute der Menschheit« (Benjamin).

Inhaltsverzeichnis

Einleitung XVII

TEIL I
Gattungstheoretische Überlegungen.
Märchen und Mythos im Vergleich

A. Mythos 3

1. Mythen, Mythos, mythisch. 3
2. Hans Blumenbergs »Arbeit am Mythos«: Verschiebung vom Terror zum Spiel 7
3. Arbeit am Mythos in der »Odyssee« 10

B. Märchen

1. Zur Geschichte des Märchens: Wege und Wurzeln seiner Erforschung. 13
   - 1.1 Anfänge und Herausforderungen der Märchenforschung: Modelle und Schwierigkeiten der Altersbestimmung 14
   - 1.2 Von »alter Weiber tant« zum »Canon der Poësie«: Karriere eines Erzählgenres. . . 20
   - 1.3 »Spinnmärlein« und »Ammenmären«: Tradition eines despektierlichen Sprachgebrauchs. 22
   - 1.3.1 Verweis in die »Spinn«-Stube aufgrund provokativer Eigenheiten 23
   - 1.3.2 »Ammenmärchen« im 18. Jahrhundert: Vokabular zur Rechtfertigung eigener Märchen 25
   - 1.3.3 »Ammen-μῦθοι« bei Platon: Vokabular zur Rechtfertigung eigener μῦθοι 26
2. Vom μῦθος γραῶν/τιτθῶν über die *fabulae aniles/nutricularum* zum »altvettelischen Mährlein«/»Ammenmärchen«: Geschichte eines Verdikts. 27
   - 2.1 Platon: Prägung des Verdikts 29
   - 2.1.1 Der Vergleich mit Ammen und »alten Weibern«: Eine rhetorische Figur der Abwertung. 29
   - 2.1.2 Das Unwerturteil über »Altweiber«- und Ammen-μῦθοι in der Dichterkritik des »Staats«. 31
   - 2.1.3 Plat. rep. 377a–c – μῦθος in der Übersetzung: Zur Wahl des Begriffs »Märchen« vor dem Hintergrund Grimmscher Zensur 33
   - 2.1.4 Vergleich der μῦθοι der Ammen mit denen Homers und anderer Dichter: Erfindung, Schwindel, Lüge (ψεῦδος) 37
   - 2.2 Von Cicero bis Macrobius: Die *fabulae aniles/nutricularum* in floskelhafter Verwendung. 38
   - 2.2.1 Tacitus: Pädagogik 38
   - 2.2.2 Cicero und die christlichen Autoren: Philosophie und Religion 40
   - 2.2.2.1 Cicero 40
   - 2.2.2.2 Minucius Felix 41
   - 2.2.2.3 Arnobius, Lactantius, Prudentius 43
   - 2.2.3 Macrobius: Gattungstheorie. 44

	2.3	Bilanz: Die antiken Altweiber- und Ammengeschichten in ihrem Verhältnis zum Märchen.	45
3.		Das Märchen in der Klassischen Philologie	50
	3.1	Friedrich Gottlieb Welcker: »Dem Hellenischen Geiste fremd« – Märchen für Kind und Pöbel	51
	3.2	Von Ludwig Friedländer bis Graham Anderson: Von den Anfängen im 19. Jahrhundert bis zum 21. Jahrhundert	54
	3.3	Das Märchen in der Homerforschung des 19. Jahrhunderts	58
	3.3.1	Georg Gerland	58
	3.3.2	Ferdinand Bender.	59
	3.4	Das Märchen in der Homerforschung des 20. Jahrhunderts	63
	3.4.1	Ludwig Radermacher.	64
	3.4.2	Uvo Hölscher.	66

C. Märchen und Mythos: Unterschiede und Gemeinsamkeiten

1.		Demarkationslinien: Der Vergleich von Märchen und Mythos in der Märchenforschung des 20. Jahrhunderts	70
	1.1	Bruno Bettelheim: »Kinder brauchen Märchen«	71
	1.1.1	»Märchen versus Mythos«: »Optimismus versus Pessimismus«	72
	1.1.2	Märchen sind suggestiv, Mythen direktiv	74
	1.2	Friedrich von der Leyen: Das Märchen, »die verspielte Tochter des Mythus«. . . .	74
	1.2.1	Das Nebeneinander von Märchen und Mythos	75
	1.2.2	Das Phantastische und Spielerische des Märchens	77
	1.3	Friedrich Panzer: Die integrale Ausdeutung der Märchen – »ein völlig verfehltes Unternehmen«	79
	1.3.1	Mythos und Märchen: Glaube und dichterische Freiheit	79
	1.3.2	Märchentexte: Geschichtsquellen ohne hermeneutischen Wert	80
2.		Märchen *vs.* Mythos – Spiel *vs.* Ernst	81
	2.1	Im Märchen nicht vorhanden: Die sakrale und normative Dimension der Legenden und Mythen	82
	2.2	Beispiel 1: »Die weiße Schlange« (KHM). Ein reines Märchen.	85
	2.2.1	Religiöse Elemente als parergonales Ornament	86
	2.3	Beispiel 2: »Das Marienkind« (KHM). Ein zur Moralpredigt verchristlichtes Märchen	87
	2.3.1	Eine frühe Variante bei Basile: Erlösungsmärchen ohne christliche Schwere	89
	2.3.2	Dunkelheit des Sinns vor der christlichen Aufladung.	91
	2.4	Beispiel 3: »Philemon und Baucis« (Ovid) und »Der Arme und der Reiche« (KHM). Mythos und märchenhafte Beispielerzählung.	92
	2.4.1	Der unterschiedliche Bezugsrahmen der Geschichten: »Kinder- und Hausmärchen« – »Metamorphosen«	94
	2.4.2	Unterschiede der Geschichten selbst	97
	2.4.3	»Philemon und Baucis«: Poetische Manifestation mythischen Terrors	98
3.		Bilanz: Märchen und Mythos – Unterschiede und Gemeinsamkeiten	99
	3.1	Märchenhafte Leichtigkeit: Dichtung als παιδιά	100
	3.2	Mythische Gebundenheit: Vorstellung eines alles durchwaltenden Schicksals. . . .	102
	3.3	Glück und Schwerelosigkeit: Der Unterhaltungswert des Märchens	103

D. Struktur der Märchen

1. Gleiche Formeln und Grundbausteine in Märchen und Mythos. 106
2. Vladimir Propp: Das Märchen – von kultischer Praxis zu strukturell bedeutsamer Fiktion 108
   - 2.1 »Morphologie des Märchens«: Zerlegung der syntagmatischen Textebene in »Funktionen« 109
     - 2.1.1 Struktur und Schema der Zaubermärchen 109
     - 2.1.2 Variable und invariable Elemente. 110
     - 2.1.3 »Tyrannei der Serie« (Bremond): Propp in der Kritik 113
     - 2.1.4 Das Märchen: In seinen morphologischen Grundelementen ein Mythos 115
   - 2.2 »Die historischen Wurzeln des Zaubermärchens«: Versuch eines Rückgangs zum Ursprung 117
     - 2.2.1 »Sinnverdunkelung« (Menninghaus) als gattungschaffendes Konstituens 117
     - 2.2.2 Riten und Mythen: »Schlüssel« zum Märchen? 118
3. Sinn- und Verstehensentzogenheit der Märchen: Dichtung als von mythischem Terror freies Regel-Spiel 119
4. Eleasar Meletinsky: Semiotisch-strukturale Analyse von Märchen. 121
   - 4.1 Mythos und Märchen : Kontrastbestimmungen. 122
   - 4.2 Der oppositionelle Aufbau des Märchens 123
   - 4.3 Die »Spielregeln« des Märchens 125

E. Der »Spiel«-Charakter der Märchen

1. Das »Spiel« als Chiffre für künstlerisches Schaffen 129
   - 1.1 »... fast unanständig fruchtbar« (Matuschek): Die Anschlußfähigkeit des Spielbegriffs 130
   - 1.2 Über Kant und Arnold Gehlen zum Märchen: Eine anthropologische Verankerung des Regel-Spiels 131
   - 1.3 Die Regel-Freiraum-Verschränkung im Spiel: Bezug zum Märchen 133
   - 1.4 »Dichtung als Spiel«: Über Schiller und Novalis zur Nonsense Poetry 134
2. Terror, Zwang, Ernst – Poesie, Freiheit, Spiel: Zu »Antinomien der Mythosschätzung« (Marquard) 135

TEIL II
Von Homer zu Apuleius.
Märchen und Mythos im Altertum

A. Märchenerzählungen im Altertum?

1. Nach dem Bruch der Einheit von Folklore und Literatur: Zur Dialektik von Mündlichkeit und Schriftlichkeit. 145
   - 1.1 Mündlichkeit: Außerliterarische Erzähltraditionen. 149
     - 1.1.1 Vortrag, Rede und Rezitation als Kommunikationsmedien 149
     - 1.1.2 Geschichtenerzähler und Kindergeschichten 152

1.1.3	Blockierung von Schriftlichkeit	156
1.2	Zwischen Mündlichkeit und Schriftlichkeit: Rekonstruierbare Märchenerzählungen	156
1.2.1	Melampus	158
1.2.2	Perseus	164
1.2.3	Herakles, Peleus, Bellerophon, Argonautensage	167
1.2.4	Strukturelemente der Rekonstruktion	169
1.3	Schriftlichkeit: Einfache Geschichten in Epos und Roman	170
1.3.1	Verhältnis von epischer Groß- und erzählerischer Kleinform	171
1.3.2	Das Märchen als Kleinform innerhalb von Epos und Roman: Hom. Od. 9–12 und Apul. met. 4, 28–6, 24	173
1.3.3	Erzähltechnische Gemeinsamkeiten und Unterschiede: »Apologoi« (Homer) und »Amor und Psyche« (Apuleius)	174
1.3.3.1	Stellung des Erzählers zum Geschehen	175
1.3.3.2	Erzählgrammatik	175
1.3.3.3	Ort des Erzählens, Ebenen, Verknüpfungen	176
1.3.3.4	Subjekt und Adressat des Erzählens	177
1.3.3.5	Motivierungen	178
2.	Der griechische Liebes- und Abenteuerroman: Expandierte Märchenerzählungen in historischem Gewand	180
2.1	Strukturelle Interferenzen zwischen Märchen, Epos und Roman	182
3.	*Aniles fabulae* in Apuleius' »Metamorphoses«: Ein in den Roman eingelegtes »Märchen« von Amor und Psyche	185
3.1	Amor und Psyche in der Forschung: Von den Zwängen symbolischer und allegorischer Deutung	188
3.2	Amor und Psyche ohne Zutat von Sinn: Zweigliedrige Märchenstruktur der Erzählung	191
3.2.1	Weitere Märchenmerkmale der eingerahmten Geschichte	193
3.2.2	Die Geschichte einer exemplarischen Märchenerzählerin: Epischer »Rat« (Benjamin) gegen den Schrecken	195
3.2.2.1	*Narrationes lepidae* und *aniles fabulae*: Aussicht auf »rettungsbringende Hoffnung«	195
3.2.2.2	Die *bella fabula* eines ekelhaften alten Weibes: Ein märchentypischer Kontrast	197

B. Odysseus' Abenteuer-Erzählung: Märchen *versus* Mythos

1.	Epischer »Rat« in der »Odyssee«: Odysseus bei den Phaiaken:	201
2.	Die »Apologoi«: Märchenhafte Erlösung von mythischen Bedeutungszwängen	202
2.1	Sinn-Suspension durch den irreversiblen Verlust des Ursprungs der »Apologoi«	203
2.1.1	Allegorische Positionen	204
2.1.2	Analytische/unitarische Positionen	204
2.1.3	Der spezifische Mischcharakter der »Odyssee«	206
2.1.4	Indifferenz der »Apologoi« gegen Deutungen	207
2.2	Sinn-Provokation durch die strukturalen Besonderheiten der »Apologoi«	209
2.2.1	»Motivation von hinten«	210
3.	Erzählen als organisierte Angelegenheit: Zur Struktur und Funktion der Irrfahrten	211
3.1	Symmetrie und Rhythmus	215

3.2	Struktur und Funktion	217
3.3	Erzählsituation und Erzählziel	220

4. Die strukturelle Basisaktion der »Apologoi«: Verlagerung von Machtpositionen, Bannung von Gewalt und Terror 223

4.1	Die Spielregeln der »Apologoi«	224
4.2	Fortgang der Handlung durch »Vorschreiten vom Minus zum Plus«	226
4.3	Die Verbotsepisoden	228

5. Die Konstellation von Märchen und Mythos in der strukturellen Gesamtkomposition der »Apologoi« 232

5.1	Die Prä-»Nekyia«-Episoden: Odysseus als mythischer Heros	232
5.2	Die Post-»Nekyia«-Episoden: Odysseus als Märchenheld	235
5.2.1	Wandlungen: Odysseus bei Kirke	235
5.2.2	Märchenhafte Entmachtung mythischer Gewalten	238
5.3	Die Versuchungsepisoden	240
5.3.1	Die Lotophagenepisode im Vergleich: Vergessen als Resultat einer Verzauberung	240
5.3.2	Kalypso und Kirke im Vergleich: Liebesgram und Liebeslust	242

6. Die »Nekyia«: Fall in die Isolation 244

C. Die Sirenenepisode im Kontext der »Apologoi«

1. Sirenenlied – Abenteuer-Erzählung – Epos: Von Dichtung und Wirkung..... 249

2. Arbeit am Sirenen-Mythos in Kunst, Literatur und Wissenschaft 252

2.1	Das polymorphe Erscheinungsbild der Sirenen: Für Kunst und Literatur unerschöpflich, der Wissenschaft uneroberbar	253
2.2	Herkunftsfragen	254
2.2.1	Geographische Lokalisierung	255
2.2.2	Transzendierende Lokalisierung (Ernst Buschor)	256

3. Funktion und Position des Abenteuers: Die Sirenenepisode als Formbestandteil der »Apologoi« 258

4. Substanz und Bewandtnis des Abenteuers: Die Sirenenepisode als Paradigma der »Apologoi« 261

4.1	Wider die Sirenen, wider Skylla: Märchenhexe Kirke gegen mythische Bannkraft	262
4.3	Entmachtung des Mythos durch Eingriff in den Kreislauf des Immergleichen	265

5. Die »Sagenhaftigkeit« der Sirenenepisode............................ 266

5.1	Botschaft an die Phaiaken	266
5.2	Odysseus im spannungsgeladenen Erlebnisraum	267

6. Die »Ordnung« der »Apologoi«: Ausgleichende »Gerechtigkeit« – »Moral« des Märchens.. 271

7. Bilanz: »Honigtönende« Apologetik in märchenhaftem Gewand – Die »Apologoi« als Verteidigung eines Bekenntnisses 274

TEIL III
Von der Antike zur Moderne.
Märchen und Mythos bei Kafka und Benjamin

A. Einführung in Teil III: Probleme, Zusammenhänge, methodische Vorüberlegungen

1. Vom Gesang zum Schweigen..281
2. Die Sirenen als mythische Mächte der Versuchung bei Franz Kafka.........283
3. Walter Benjamins Sicht auf Kafkas Sirenenepisode: Ein »Märchen für Dialektiker«..287

B. »Das Schweigen der Sirenen« von Franz Kafka

1. Strukturelle und stilistische Merkmale des Textes........................290
2. Das inhaltliche Hauptmerkmal des Textes: Inversion der Wahrnehmungs- und Versuchungsverhältnisse..294
   - 2.1 Die filmische Melodramatik der Szenerie............................294
   - 2.2 Weiblichkeit als Folie für Fiktionen der Bedrohlichkeit....................296
3. Sirenentypus Frau: Arbeit an einer mythischen Konstruktion des Weiblichen 297
   - 3.1 Außerhalb des gängigen Normen- und Konventionssystems: Die Frau als sirenisches Wesen ohne Bewußtsein......................300
     - 3.1.1 Sexualwesen Weib: Otto Weiningers Einfluß auf seine Zeit...............301
     - 3.1.2 Kafkas Weiblichkeitsfigurationen: Ausdruck individueller und gesellschaftlich paradigmatischer Konfliktstrukturen...............................302
     - 3.1.3 Kafkas Sirenen als »femmes fatales«..............................305
   - 3.2 Beispiel 1 (Tagebuch 1911/12): Die Schauspielerin Mania Tschissik – Kafkas erste Sirene...306
     - 3.2.1 Kafkas Schaulust: Das Auge als Organ visueller Einverleibung...........307
     - 3.2.2 Weibliche Macht als Reflex männlicher Lust an mythischen Bildern........308
     - 3.2.3 Sirene »T.« – Wunsch- und Schreckbild: Mania Tschissik als mythisches Doppelwesen...309
   - 3.3 Beispiel 2 (Tagebuch 1917): Odysseus und die Sirenen – in Kafkas Prosastück . . 311
     - 3.3.1 Vermeidung statt Einverleibung: Odysseus' Umgang mit naturhaft dämonischer Weiblichkeit..312
     - 3.3.2 Protagonist vs. Text: Divergente Perspektiven auf das Weibliche...........313

C. Märchen und Mythos bei Walter Benjamin

1. Der Mythos: Ein immer wiederkehrender Zwangs- und Verblendungszusammenhang...316
   - 1.1 Mythoskritik in den 20er Jahren. Fokus: Trauerspielbuch und »Goethes Wahlverwandtschaften«......................................317
     - 1.1.1 Tragödientheorie..317
       - 1.1.1.1 Die »geschichtsphilosophische Signatur« der antiken Tragödie: Emanzipation des Menschen zu infantiler Sittlichkeit..................................318

1.1.1.2	Die »dämonische Weltordnung«: Befangenheit des Menschen in übermächtigen Zwängen	319
1.1.1.3	Der Tod des tragischen Helden: Verweis auf das Ende des Mythos	320
1.1.1.4	Von mythischer »Zweideutigkeit« zu dialektisch wirksamer »Paradoxie«	321
1.1.2	Rechtstheorie	323
1.1.2.1	Das Recht als Sphäre der Zwecke von Gewalt	324
1.1.2.2	»Mythos« und »Recht« als »Ordnungen«, die Freiheit kategorisch ausschließen	325
1.1.2.3	Die Rechtsinstitution der Ehe in Goethes »Wahlverwandtschaften«: Ein mythischer Zwangszusammenhang von Schuld und Sühne	326
1.1.2.4.	»Die Wunderlichen Nachbarskinder« als Märchen: Happy-End durch »mutige Entschließung«	328
1.1.2.5	Märchenglück theologisch aufgeladen: Versöhnung im Angesichte Gottes – ein Antidoton gegen den Mythos	329
1.1.2.6	Die märchenhafte Novelle als »Antithesis« gegen »das Mythische als Thesis« im Roman	331
1.2	Mythoskritik in den 30er Jahren. Fokus: Der »Passagen«-Aphorismus vom Trojanischen Pferd	332
1.2.1	Theologie und Historischer Materialismus	332
1.2.1.1	»... das Holzpferd der Griechen im Troja des Traumes«: Dialektische Auflösung der Mythologie in den Geschichtsraum	334
1.2.1.2	Odysseus' List des Trojanischen Pferdes: Eine klassische Schwellengeschichte	335
1.2.1.3	Odysseus: »... an der Schwelle, die Märchen und Mythos trennt«	338
1.2.1.4	Nutzbarmachung des Zerstörerischen zum Guten	339
1.2.1.5	Sprengung des Mythos mit seinen eigenen Mitteln	341

2. Das Märchen: »Überlieferung vom Siege [über den Mythos]« 342

2.1	Lob des Märchens in »Franz Kafka«	343
2.1.1	»Kleine Tricks« gegen den Mythos: Die »Odyssee« als »Urbild der Mythenbehandlung Kafkas«	344
2.1.2	Der untragische Odysseus: Eine Ausnahmefigur im Œuvre Kafkas	345
2.1.3	Das Märchen: Untragische »Erlösung« von den Zwängen des Mythos	347
2.1.4	Kafkas Umgang mit Mythologica: Kritik und Revision aus einer Sicht »von unten«	348
2.2	Lob des Märchens in »Der Erzähler«: Befreiung vom Mythos durch »Komplizität« mit »Natur«	349
2.2.1	Die »Freiheit« der Märchenhelden: Versöhnung mit der Natur	350
2.2.2	Befreiung aus Naturverhaftetheit – von Kant zu Marx: Benjamins Geschichtsphilosophie des Märchens	352
2.2.2.1	Orientierung an Kant	353
2.2.2.2	Selbstverortung als Vertreter des dialektischen Materialismus	354
2.3	Heiterkeit und Glück in Märchen und Kindheit: Benjamins Situierung des Märchens im Raum des Kindes	354
2.3.1	Märchentopographien des Glücks	355
2.3.2	Märchenstoffe in der Hörwelt des Rundfunks	356
2.3.3	Benjamins Hinwendung zur Kindheit	357
2.3.4	Benjamin und die Kinder: »Regisseure, die sich vom ›Sinn‹ nicht zensieren lassen«	359
2.3.5	Märchen als »Abfall« der Erwachsenen: Bastelmaterial für die Welt der Kinder	361

3. Benjamins Märchentheorie im zeitgenössischen Kontext: Reklamierung des Märchens für eine bessere Aufklärung 362

3.1	Mögliche Inspirationsquellen: Märchenbücher, Romantik (Tieck/Novalis), Erich Bethe	362
3.2	Siegfried Kracauer: Märchen – »Aufhebung der mythologischen Kräfte«	365
3.3	Ernst Bloch: »Zerstörung, Rettung des Mythos durch Licht«	366

3.3.1   Bloch/Benjamin: Freundschaft und Konkurrenz 367
  3.3.2   Bloch als Schlüssel zu Benjamis Märchentheorie 371
  3.3.2.1 Märchen – »Aufstand des kleinen Menschen gegen die mythischen Mächte« . . . 371
  3.3.2.2 Die Welt des Märchens lebt ... »in Kindern und dem Apriori der Revolution« . . 372
  3.3.2.3 Benjamins aufklärerischer Umgang mit dem Märchen: »Rat« gegen den Mythos 374
4. Bilanz: Odysseus und die Sirenen bei Kafka – ein »Märchen für
  Dialektiker« 375
  4.1   Odysseus: Mythischer Held einerseits, Märchenheld andererseits 376
  4.2   Weitere Paradoxien und Antinomien: Die Antithetik des Textes 379
  4.3   Aussat von Fragen: Die Offenheit des Textes als spielerische Komponente 380
  4.4   Benjamins Wertung der Episode: Sieg über den Mythos 381

Schlußbemerkungen 385

Bibliographie und Siglenverzeichnis 389

Namenregister 419

Sach- und Wörterregister 429

Einleitung

»Wir akzeptieren im Märchen vergnügt was uns einen Roman mißvergnügt in die Ecke schmeißen ließe«, so Peter von Matt in seiner jüngst erschienenen Studie über die Intrige.[1] Zwar erweist sich die »Einfachheit des Märchens« nach von Matt aus dem »Blickwinkel [...] eines beobachtenden Erwachsenen« – und, so wäre hinzufügen: zumal des gelehrten Literaturkenners – als »weniger eindeutig« als beim Kind. Doch ist dessen Wahrnehmung des Märchens als eines eher simplen Vorgangs die primäre und gewöhnliche Rezeption dieser Erzählart, wie sie auch beim Erwachsenen üblich ist und sein darf.

Der kurze Hinweis auf die Einbeziehung des Märchens in eine hochkomplexe literaturgeschichtliche und -vergleichende Analyse des menschlichen Urphänomens Intrige[2] mag als Beispiel dafür dienen, daß das Märchen seit geraumer Zeit sowohl bei einer breiten Leserschaft, als auch in der Wissenschaft auf gesteigertes Interesse stößt. Dieses beschränkt sich nicht auf die Literaturwissenschaft im engeren Sinne. So finden wir in der kulturwissenschaftlichen Behandlung von Mozarts (und Schikaneders) *Zauberflöte* durch den Ägyptologen Jan Assmann einen Abschnitt, der im *plot* des Stükkes charakteristische Funktionselemente aufdeckt, wie sie nach Vladimir Propp dem »typischen Schema« im Handlungsaufbau des Märchens entsprechen.[3] Dabei ist für die Verwendung der Märchenelemente (Funktionen) im untersuchten Werk gerade der Umstand erhellend, daß es der »narrativen Märchenlogik« nur insoweit folgt, »bis sich im Publikum eine starke Erwartung« – hinsichtlich des weiteren märchenhaften Handlungsfortgangs – »aufgebaut hat«, dann aber »enttäuscht« und der Zuhörer sich bewußt wird, daß er nicht einem »typischen Zaubermärchen«, sondern einem »Mysterienspiel« beiwohne.[4] Assmann zeigt als weitere narrative Struktur und ihrerseits strukturbildend im untersuchten Spiel den »zum Liebesroman ausgestalteten Orpheusmythos« sowie Entsprechungen zum »Mythos der Initiation« auf.[5]

Diese enge Nachbarschaft von Märchen und Mythos ist keinesfalls zufällig. Sie verlangt nach unterscheidendem Zugriff. Denn Märchen und Mythos sind in vielen Zügen verwandt, in entscheidender Hinsicht aber verschieden. Das Märchen erzählt im allgemeinen »eine nicht an die Bedingungen des wirklichen Lebens geknüpfte wunderbare Geschichte, die hoch und niedrig mit Vergnügen anhören, auch wenn sie diese unglaublich finden«.[6] Weit davon entfernt, unumstößliche Weltdeutung sein zu wollen, greift es Fragen des menschlichen Seins auf, ohne sie dogmatisch zu untermauern. Intentionen dieser Art sind vielmehr dem Mythos und seinen Erzählungen

---

1 P. v. Matt, *Die Intrige. Theorie und Praxis der Hinterlist*, München 2006, S. 60, bei Darstellung und Interpretation des Verkleidungsmotivs in einem modernen Kriminalroman (*Der talentierte Mr. Ripley*) von Patricia Highsmith, mit vergleichendem Blick auf die böse Stiefmutter in *Schneewittchen*.
2 Vgl. a.a.O., S. 4–59: »Die Verkleidung im Märchen – einfach«; S. 60–65: »Die Verkleidung im Märchen – komplex«.
3 J. Assmann, *Die Zauberflöte. Oper und Mysterium*, München 2005, S. 277–283, Zitat: S. 277.
4 Zitate: a.a.O., S. 22, 277, 279.
5 Zitate: a.a.O., S. 42, 299.
6 J. Bolte / K. Polívka, *Anmerkungen zu den Kinder- und Hausmärchen der Brüder Grimm*, Bd. 4, Leipzig 1930, S. 4.

von Göttern, Dämonen und übermenschlich begabten Helden zu eigen. Antike Mythen – etwa solche, wie wir sie aus Hesiods *Theogonie* oder der alten attischen Tragödie kennen – handeln von Ereignissen der Ur- und Vorzeit, geben Moralkodizes vor, gehören ins Konzept einer ganzheitlichen Weltaneignung, in der allgemeine Urerlebnisse zu einer religiös gebundenen Weltdeutung symbolisch verdichtet sind. Während sie metaphysische Gehalte artikulieren, exponieren Märchen, Entwürfe rein irdischen Glücks, vorrangig das Mängelwesen Mensch.

Derartige Wesensdifferenzen der beiden Erzählweisen, die aus dem Akt der Rezeption produziert, eine bestimmte Form annahmen, zu eigenständigen Erzählformen und endlich auch als Gattungen theoretisch bestimmt wurden, werden im Verlauf dieser Studie eingehend erörtert. Einbezogen werden dabei sehr verschiedene Ansätze. In den meisten von ihnen gilt das Märchen als von Optimismus getragenes narratives Modell erfolgreicher Konfliktbewältigung. Diese Positionen halten sich weder bei einer Klage über die grausigen Züge des Märchens auf, noch unterstellen sie ihm die Förderung blinder Aggressivität[7] oder beklagen eine Konservierung obsoleter, da hierarchisch-patriarchalisch ausgerichteter Gesellschaftsmodelle. Sie gehen nicht davon aus, Märchen seien »Opium fürs Volk« (Volker Klotz), da sie kein »Bedürfnis nach Änderung der bestehenden Verhältnisse« erweckten.[8] Vielmehr sehen sie in den Märchen eher »rebellierende, scharf auf Glück ausziehende« und »zu ihm aufreizende Geschichten« (Ernst Bloch), die über eine eigentümlich hoffnungsspendende und emanzipatorische Kraft verfügen.[9]

Im Zentrum der Studie stehen die Abenteuer des Odysseus, der sich nach Benjamin »an der Schwelle, die Mythos und Märchen trennt«[10] befindet. Ziel ist es, die Unbestimmtheit dieser behaupteten Schwellenposition in Bestimmtheit zu überführen. Überprüft wird, ob und inwiefern das Märchen den Griechen wohlvertraute Erzählform war. Daß es bereits in der *Odyssee* als Gegenentwurf zum Mythos faßbar ist und die beiden Erzählformen in Odysseus' Abenteuern in signifikanter Konstellation zueinander stehen, wird näherhin evident. Die *Odyssee* weist eine spezielle narrative Topographie auf: die einer Reise *zwischen Märchen und Mythos*.

Der erste Hauptabschnitt der Studie, Teil I, erschließt Märchen und Mythos zunächst gattungstheoretisch. Herausgearbeitet werden inhaltliche und strukturelle Ähnlichkeits- und Differenzkriterien (I.A.-D.). Zentrierende Begriffe sind hierbei

---

7 Die kontroverse Erörterung der Grausamkeit im Märchen hat zur Bildung von zwei psychologisch orientierten Lagern geführt, die einerseits eine Anti-, andererseits eine Pro-Märchenstimmung verbreiten. Vgl. z.B. O. F. Gmelin, *Böses kommt aus Kinderbüchern. Die verpaßten Möglichkeiten kindlicher Bewußtseinsbildung*, München 1972; K. H. Mallet, *Kopf ab! Gewalt im Märchen*, Hamburg/Zürich 1985, aber Br. Bettelheim, *Kinder brauchen Märchen*, Stuttgart 1977 (engl.: *The Uses of Enchantment*). Beiden Seiten mangelt es an Berücksichtigung der stilistisch-strukturellen Bedingtheit von Grausamkeiten. Im seltensten Fall werden diese unter dem Gesichtspunkt beleuchtet, daß Märchen von einer oppositionellen Dynamik (Gut-Böse, Frevel-Strafe etc. getragen werden (vgl. unten S. 106 ff.). Dazu daß grausame Taten oft bloße Handlungsbeweger sind vgl. z.B. K. Horn, »Motivationen und Funktionen der tödlichen Bedrohung in den Kinder- und Hausmärchen der Gebrüder Grimm«, in: *Schweizerisches Archiv für Volkskunde* 74 (1978), S. 20–40.
8 V. Klotz, »Weltordnung im Märchen«, in: *Neue Rundschau* 1970, S. 73–91, h.: S. 82.
9 Ernst Bloch, *Literarische Aufsätze*, Frankfurt a.M. 1965, S. 152–162 (»Zerstörung, Rettung des Mythos durch Licht«).
10 WB II 415.

der Mythos in seiner dogmatischen – oder, wenn man so will: terroristischen – und das Märchen in seiner spielerischen Funktion. Diese Ansätze nehmen Hans Blumenbergs Klassifizierung der Vorstellungen vom Mythosursprung auf (I.A.) und beziehen sich auf verschiedene Einschätzungen des Märchens (I.B.). Abschnitt I.A. dient als Einführung in das Begriffsfeld »Mythen, Mythos, mythisch«. Hier wird nicht die Geschichte des Begriffs Mythos aufgerollt; in den letzten Jahrzehnten sind einschlägige Abhandlungen erschienen, die ebendies leisten, auf sie wird im Laufe der Studie wiederholt verwiesen. Vielmehr werden aus dem Begriffsfeld ausgewählte Aspekte beleuchtet, die für eine gattungstheoretische Lektüre – wie von Odysseus' Abenteuern – bedeutsam sind. I.B. prüft, unter Rückgang aufs Altertum, Begriffsgeschichte und Semantik des Wortes »Märchen«. Nachgezeichnet werden zudem, in Ausschnitten, einzelne Theorien des Märchens und dessen – je nach Zeit – verschiedener Stand; ein wissenschaftsgeschichtlicher Überblick unterrichtet über die altphilologische Behandlung des Märchens. Dessen ›theoretische Heimatlosigkeit‹ kam erst mit dem Ausgang des 18. Jahrhunderts an ihr Ende, als es um seiner spezifischen Qualitäten willen Forschungsinteresse auf sich zog.[11]

Läßt sich aus I.A. und I.B. bereits erkennen, daß Mythen und Märchen bei mancherlei Ähnlichkeit deutliche Unterschiede aufweisen, sind die nachfolgenden Abschnitte von Teil I eingehender diesem Aspekt gewidmet. Wichtige Aufschlüsse zu Inhalt und Struktur des Märchens in Abgrenzung zum Mythos ergeben sich aus bisherigen Ergebnissen der jüngeren Märchenforschung, denen eine eigene Interpretation und Analyse u.a. von Texten aus den *Kinder- und Hausmärchen* der Brüder Grimm (KHM) zur Seite gestellt wird (I.C. und I.D.). Beleuchtet werden die unterschiedlich motivierten Neigungen des Menschen, Geschichten zu erzählen, denen als Grundfiguren entweder Sinn und Bedeutung oder Aufhebung von Sinnfragen und ›Ent-deutung‹ eignen. Theoretischer Angelpunkt ist die These, daß in der Regel erzählt wird, um vorhandene Phänomene zu erklären bzw. zu rechtfertigen oder Erzählung als ein »Spiel« zu betreiben. Was ein solches »Spiel« nach bestimmten Regeln im Bereich der Narration von Märchen auszeichnet, bildet einen weiteren zu betrachtenden Aspekt (I.E.).

Die Ergebnisse dieser Überlegungen werden in Teil II auf Texte aus dem Altertum appliziert. Feststellungen zur mündlichen und schriftlichen Überlieferung von Geschichten in der Antike und zu Gemeinsamkeiten von Märchen, antikem Roman und Epos münden in Erläuterungen der in Apuleius' Roman *Metamorphoses* eingebetteten Amor-und-Psyche-Geschichte (II.A.). Dies leitet über zu einer eingehenden Lektüre der sogenannten *Apologoi*, der Irrfahrten des Odysseus aus den Büchern neun bis zwölf der *Odyssee*. Einen zentralen Gesichtspunkt bildet die Bezugnahme auf die eposinternen Zuhörer, die für das Märchen schlechthin repräsentativen Phaiaken, denen Odysseus seine Abenteuer als Ich-Erzähler vorträgt. Gefragt wird nach der Funktion der *Apologoi*, danach, wozu sie Odysseus den Phaiaken erzählt und wieso an ausgerechnet der überlieferten Stelle. Zu diesem Zweck wird in einer an Strukturmerkmalen orientierten Lektüre gezeigt, daß in den *Apologoi* Basiselemente des Mär-

---

11 Vgl. D. Röth/W. Kahn (Hrsg.), *Märchen und Märchenforschung in Europa. Ein Handbuch*, Frankfurt a.M. 1993; vgl. a.a.O. insbes. L. Röhrich, »Märchensammlung und Märchenforschung in Deutschland«, S. 35–55.

chens und des Mythos auf spezifische Art und Weise miteinander verschränkt sind (II B.). Als literarisches Paradigma aller um die *Nekyia* gruppierten Episoden dient die Erzählung von Odysseus und den Sirenen (II.C.). Ist sie doch, in inhaltlicher und struktureller Hinsicht – aufgrund ihrer literarischen wie *meta*literarischen Zentralposition und ihrer provokativen Rätselhaftigkeit – besonders geeignet, die den *Apologoi* eigene Konstellation von Märchen und Mythos zu erkennen. Vor allem zwei Momente lassen sich an ihr eingängig demonstrieren: Daß Odysseus tatsächlich »an der Schwelle vom Mythos zum Märchen steht« (Benjamin) und daß die Mittel des Märchens dazu dienen können, von den Machtansprüchen, Bedeutungs- und Motivationszwängen des Mythos zu erlösen.

Namentlich der späten Fortschreibung der Sirenenepisode durch Kafka und ihren theoretischen und poetologischen Implikationen für Märchen und Mythos gilt Teil III der Arbeit. Unter Anschluß an die Resultate der Teile I und II wird darin auf Arbeiten Benjamins und Blochs eingegangen. Den Angelpunkt bildet Benjamins Befund, »das Märchen« gebe »Kunde von den frühesten Veranstaltungen, die die Menschheit getroffen habe, um den Alp, den der Mythos auf ihre Brust gelegt habe, abzuschütteln«.[12] Diese Feststellung schlägt den Bogen zu den in Teil I herausgearbeiteten Gattungsmerkmalen. Beider, Blochs wie Benjamins, Blick auf Märchen und Mythos gibt Aufschluß über die Gattungen; auch wenn er weniger literaturwissenschaftlich-gattungstheoretisch ausgerichtet, als primär auf die damalige gesellschaftliche und politische Situation bezogen ist. Beider Perspektive ist im wesentlichen eine Gegenperspektive zu insbesondere faschistischen Deutungen von Märchen und Mythos. Sie verdient als solche Beachtung, weil sie von der Intention bestimmt ist, das Märchen gegenaufklärerischen Bestrebungen zu entziehen und es als Spiel mit dem Möglichen zu verstehen.

---

12 WB II 458.

TEIL I

Gattungstheoretische Überlegungen. Märchen und Mythos im Vergleich

> *Fabeln waren die erste Lehrart, Allegorie die älteste Hülle der Philosophie, Märchen der Stoff der ältesten und größten Dichter. Kamtschadalen und Griechen, Persianer und Isländer kommen in diesem Punkt zusammen. Die Literatur der rohesten Völker geht von Märchen aus, und ein großer, vielleicht der angenehmste und beliebteste Theil der Literatur der cultiviertesten besteht aus Märchen.*
>
> Christoph Martin Wieland[*]

---

[*] Aus: »Vorrede Zum ersten Theil von Dschinnistan«, in: *Wieland's Werke. Dreissigster Theil. Feen- und Geistermärchen*, Berlin (Gustav Hempel) 1879, S.V f

A. Mythos

1. Mythen, Mythos, mythisch

Geschichten von Göttern, Dämonen und Helden sind in archaischen Lebensformen vorliterarischer Zeit gang und gäbe. In ihnen finden Götter- und Heroenkult ihren Ausdruck, treten Ansprüche von Familien, Stämmen und Städten auf. Als ganzheitliche Weltaneignung und symbolische Verdichtung allgemeiner Ereignisse bestimmen sie das Kollektiv. Mit einem immensen Maß an Bedeutung aufgeladen, definieren sie das Wir-Bewußtsein von Gruppen. Sie bilden mithin das Analogon dessen, was später Gesellschaftstheorien darstellen und leisten.

Viele dieser Geschichten sind als »Mythen« verschriftlicht erhalten. Sie bilden wertvolle Dokumente einer in Rezeption übergegangenen Denkart und bezeugen umfassende kollektive Zwangszusammenhänge. Kennt doch keine dieser Geschichten das sogenannte Ich-Bewußtsein einer Person oder Gruppe. Ein Ich, das sich agierend artikulieren könnte, ist ihnen wesensfremd.

Eine Lektüre der *Odyssee* Homers erschließt den Unterschied der dort von Odysseus in den Büchern neun bis zwölf vorgetragenen Ich-Erzählung. Sie zeigt, daß diese nicht Geschichten, die gewöhnlich mit dem Etikett »Mythos« versehen werden, enthält, sondern gewissermaßen derealisierte Erzählgebilde: Odysseus' Geschichten folgen nicht ungebrochen einer archaischen Wirklichkeit des Mythos, von dem gleich noch zu sprechen sein wird. Odysseus steht als Einzelner, Individuum, nicht als Mitglied einer Gemeinschaft. Weder gehört er einem religiösen Kollektiv an noch ist sein Verhalten ausnahmslos von dem aristokratischen Anerkennungssystem beherrscht, dessen Code, zumindest weitgehend, noch die Helden der *Ilias* als Heroen unter ihresgleichen bestimmt.

Mit anderen Worten, der Protagonist der Kernhandlung der *Odyssee* ist ein Isolierter, wie ihn das Märchen zeichnet:[1] von seinem eigentlichen Wohnort getrennt, in die Welt der Abenteuer geworfen, ohne Kenntnis dessen, was ihn erwartet und was zu bewältigen ist. Um ihn ranken sich Geschichten, die von phantastischen Zuständen und Vorgängen berichten.[2] Sie sind, wie in Teil II dieser Studie gezeigt wird, vom Aufbau und Inhalt her den Erzählungen vergleichbar, die nach neuzeitlicher Definition als »Märchen« gelten. Eingearbeitet in das Genre des Epos, eingebettet in eine Heimkehrergeschichte, bezeugen sie die Kunst des Märchenerzählens im frühen Al-

---

1 Zur Isolation des Märchenhelden vgl. M. Lüthi, *Das Volksmärchen als Dichtung. Ästhetik und Anthropologie*, 2. Aufl. von Düsseldorf/Köln 1975, Göttingen ²1990, S. 53 ff., 76 f., 85 f., 152 ff.

2 Zu den Berührungspunkten des Homerischen Epos mit klassischer phantastischer Literatur und zeitgenössischer Fantasy s. A.-B. Renger, »Fremde Wirklichkeiten und phantastische Erzählungen als ›Urtendenz der Dichtung selber‹ (Benjamin): Homers *Odyssee* und moderne (bzw. zeitgenössische) Fantasy«, in: N. Hömke/M. Baumbach (Hrsg.), *Fremde Wirklichkeiten. Literarische Phantastik und antike Literatur*, Heidelberg 2006, S. 109–142.

tertum. Allerdings tritt das, was wir später Märchen nennen, noch nicht als selbständige narrative Gattung auf.

Immerhin entbehrt dieser Erzählstoff nicht »mythischer« Bezüge. Er verweist auf eine vorliterarische Zeit, die von einem Menschen berichtet, der sich einer übermächtigen Wirklichkeit gegenübersieht. Aus demselben Grund fällt er im weitesten Sinne auch dem Bereich der griechischen »Mythen« zu. Er enthält Geschichten von Göttern oder göttlichen Wesen, Dämonen und Helden, die, sofern sie nicht aus reiner Phantasiefreude entstanden sind, eine zwar enge, aber nicht mehr entschlüsselbare Beziehung zu Kult oder Ritual haben. Auch am »Mythos« hat er teil: als Dokument eines älteren Weltzustandes samt dessen vorwissenschaftlicher Konstrukte; er erzählt vom alten Glauben an eine Identität von Innen und Außen, mithin von Wertung durch den wahrnehmenden Menschen und Bewertetem, sowie von Bild und Abbild.[3] Auf welche Weise diese Bezüge in Odysseus' Ich-Erzählung eingearbeitet sind, wird im Verlauf der vorliegenden Studie herausgearbeitet. Vorab einige grundsätzliche Bemerkungen zum Wortfeld *Mythen, Mythos, mythisch*.

Der Mythos und seine Erzählungen, die Mythen,[4] wurden im Verlauf ihrer Überlieferung ausgelesen, umgeformt und verfeinert. Sie wurden immer wieder neu erprobt und gebilligt, bevor Literatur entstand und sie in diese eingingen. Neben kosmogonischen bzw. Schöpfungsmythen (sogenannten theogonischen Erzählungen über die Göttergenese, anthropogonischen über die Menschenerschaffung und eschatologischen über das Weltende) bildeten sich vor allem aitiologische Naturmythen als Erklärung von Naturerscheinungen oder religiösen Bräuchen sowie semihistorische Mythen um früheste Kriege und Heroen. Was sich bewährte, blieb und diente zuerst dem Epos und dann anderen literarischen Gattungen als kontinuierlich ausgewähltes Material, an dem sie sich betätigten.

Die Urbedeutungen solcher *quasi* immer neu verwandelten Urstoffe eruieren zu wollen, stellt eine Schwierigkeit dar. Allein die Frage nach dem Ursprung läuft dem Mythos zuwider, da er eine bereits in Rezeption übergegangene Denkart darstellt.

---

3 Die vielen Traditionen des »Mythos«-Denkens (von der Antike über das Mittelalter, die Renaissance bis zu neuzeitlichen Arbeiten aus den Feldern Religionsphilosophie, Psychoanalyse und Tiefenpsychologie) können hier nicht aufgerollt werden. Verwiesen wird auf einschlägige gattungsspezifische Studien. Unter den forschungsgeschichtlichen Abhandlungen nach J. de Vries, *Forschungsgeschichte der Mythologie*, Freiburg i.Br./München 1961, bieten einen guten Überblick: L. Brisson, *Einführung in die Philosophie des Mythos*, Bd. 1, *Antike, Mittelalter und Renaissance*, Darmstadt 1996; Chr. Jamme, *Einführung in die Philosophie des Mythos*, Bd. 2, *Neuzeit und Gegenwart*, Darmstadt 1991 (s. a.a.O., S. 151 f., auch den Anhang »Allgemeine Literatur«). Vgl. ferner die Übersicht über Literatur zum Thema bei W. Burkert, »Mythos – Begriff, Struktur, Funktionen«, in: Fr. Graf (Hrsg.) *Mythos in mythenloser Gesellschaft. Das Paradigma Roms*, Stuttgart/Leipzig 1993 (= *Colloquium Rauricum* 3), S. 9–24, h.: S. 21–24. Einen Überblick über uns erhaltene Mythen verschafft P. Brunel, *Dictionnaire des mythes littéraires*, (Paris) 1988.

4 Als Singular zu »Mythen« ist die literaturwissenschaftliche Bezeichnung »Mythe« (besonders durch André Jolles geprägt) sprachlich präziser als der Terminus »Mythos«, der sehr weitläufige Implikationen enthält. Gleichwohl wird im weiteren auch dort, wo der Singular zu Mythen bezeichnet ist, von Mythos gesprochen, um das Kunstwort »Mythe« zu vermeiden. Jolles (vgl. unten S. 70 f.) unterscheidet in *Einfache Formen. Legende, Sage, Mythe, Rätsel, Spruch, Kasus, Memorabile, Märchen, Witz*, Halle 1930, S. 91 ff., die von ihm zu den »einfachen Formen« gezählte »Mythe« vom »Mythus« als der »Form, in der sie (die Mythe) vereinzelt jedesmal gegenwärtig vor uns liegt«.

Diese weiß von den ihr vorgängigen, mitunter an einen Ritus gebundenen Vorstellungen oft nichts mehr. Sie birgt nur noch profanisierte Reste, die sie zum Teil selbst nicht mehr versteht. Als schriftlich fixierte Reflexion früher religiös begründeter Praktiken und Vorstellungen referiert sie auf deren Details: Selbst in literarischer Zeit enthält sie Elemente, die einen Ritus beerben oder ein von der Natur gegebenes oder gesellschaftlich generiertes Phänomen mittels Erzählung legitimieren. Doch diese Elemente gewähren nach dem Untergang des Ritus oder nach Literarisierung der Erzählung kaum noch ein Verständnis ihrer selbst. Daher hat die Mythosforschung seit der Antike unzählige Deutungen und Analysen angeboten und tut dies noch heute.

Die ihrer Vorgeschichte derart entfremdete Denkart gibt einen je nach sozialen, kulturellen und historischen Bedürfnissen variierten geistigen Entwurf eines Lebens- und Vorstellungsraums wieder. In ihm ist die Wirklichkeit der Welt immer schon eine mit narrativen Mitteln vorgenommene Interpretation. Dabei kann es sich um die Verarbeitung einer Ohnmacht handeln, die aufgrund übermächtiger Naturgegenstände oder -kräfte erlebt wurde. Es kann auch um den geistigen Bau einer Symbolwelt gehen, die sich aus dem Felde kollektiver Erfahrung speist. In jedem Fall ist eine vom Intellekt vorgenommene Raumkonstruktion gegeben; in ihr können – zu unserer Faszination und Empörung – Differenzen wie die von Innen und Außen, von menschlichen Wesenskräften und außermenschlichen Naturkräften sowie von Leben und Tod liquidiert werden.

Das signifikante Moment der vom Menschen entworfenen mythischen Raumkonstruktionen liegt in ihrer eigentümlichen ›Logik‹, in der man schon in der Antike ein gefährlich irrationales Potential erblickte (Platon).[5] Einerseits gehen die Konstruktionen über die dem Menschen zugänglichen Kategorien des Räumlichen und Zeitlichen hinaus; in imaginativer Ausschweifung sprengen sie scheinbar alle Grenzen. Zugleich, und andererseits, wird in ihnen mit den Kategorien Raum und Zeit operiert. Sie bilden die Grundstrukturen des Mythos. Sie wegzudenken erweist sich als unmöglich, obgleich das wie auch immer gestaltete mythische Geschehen nicht eigentlicher Gegenstand des historischen Berichts ist. Der Mythos kann und sollte, so wird hieraus ersichtlich, bis zu einem gewissen Punkt als Verweis auf historische Wirklichkeit *ge*wertet, allerdings nicht – wie von Bachofen – als »wahre, durch hohe Zuverlässigkeit ausgezeichnete Geschichtsquelle«[6] *überbe*wertet werden. Die Frage nach dem Anfang des Mythos, dessen Zeitlosigkeit sein Vorrecht ist, muß offen bleiben.

Ergiebiger als die Ursprungsfrage ist für den Blick auf Mythen die Reflexion auf ihr Wozu. Beleuchten doch in der Regel die frühen Geschichten existentielle Grundlagen des in der Zeit liegenden Daseins. Dieses Bestreben bringt Konstrukte in der Art subjektive Eindrücke objektivierender Phantasieprodukte hervor, die sich als Erklärungen und Antworten mit Wahrheitsgehalt geben. Der mythische Mensch nimmt diese Erzählungen gleich mythischen ›Aufklärungen‹ zu seiner Lebensbewältigung als ›Wahrheit‹ an. Insofern antizipiert die ausgeprägt bildhafte Sprache des Mythos, die

---

[5] Vgl. hierzu Brisson, *Einführung*, S. 10–38. Zu Platon vgl. unten S. 29–38.
[6] J. J. Bachofen, *Das Mutterrecht. Eine Auswahl*, hrsg. v. H.-J. Heinrichs, Frankfurt a.M. 1975, S. 5–7. Vgl. auch das Kapitel »Über Mythen, historische Wahrheit und Ideologie« (im Kontext von Bachofens *Mutterrecht*) in: U. Wesel, *Der Mythos vom Matriarchat*, Frankfurt a.M. 1981, S. 54–67.

ansatzweise verschriftlicht im Epos faßbar ist, die spätere philosophische Wahrheitsdebatte. In ihrer Suche nach Erklärungen setzt sich letztere in zahlreichen Hinsichten, besonders aber in einem ganz entscheidenden Punkt vom mythischen Denken ab: Sie sucht, die mythische Identifizierung von Subjektivem und Objektivem, von Idealem und Realem aufzulösen. Dazu bewegt sie sich nicht mehr nur auf einer Aussage- und Objektebene, sondern erreicht eine Metaebene, auf der sich das Denken selber zum Gegenstand wird: Subjekt und Objekt des Erkennens, Innen und Außen werden nun differenziert. Mythisch war die Trennung des Ideellen vom Materiellen oder des unmittelbaren Seins von der Erscheinung nicht gegeben. Mit dem Bewußtwerden von innerer als Innenwelt in ihrer subjektiven Existenz und von äußerer als Außenwelt in ihrer objektiv-realen Existenz wird der Mensch mit der Frage konfrontiert, ob es denn einen objektiven Inhalt seiner Wahrnehmungen und Bewußtseinsäußerungen gibt, der nicht dem Wechsel der Erscheinungen unterworfen ist.

An diesem Punkt wird das Denken in der Menschheitsgeschichte historisch faßbar. Es wird datierbar. Wir stehen vor den Anfängen der Metaphysik mit ihren Distanzierungen vom Wahrheitsanspruch der Dichter und Mythen. Sie ging mit einer Kritik am Anthropomorphismus als Konstruktionsprinzip der Götterbildungen einher. Bald aber schon strebte sie danach, Wahrheit über das Seiende zu erreichen. Die Ontologie wurde begründet.[7]

Der Beginn abendländischer Philosophie kennzeichnet für den Mythos die Schwelle, die Geschichten von Geschichte trennt. Zwar lassen sich schon in ›vorphilosophischer‹ Zeit tatsächliche Vorgänge und gesellschaftliche Verhältnisse aus dem Mythos erschließen; doch diese sind, obgleich die Abhängigkeit des Mythos von historischen und örtlichen Umständen erkennbar ist, zeitlich und örtlich nicht hinreichend zu bestimmen. Alsdann fungiert der Mythos als greifbarer Gegenstand der Geschichte, nicht etwa als reine Fiktion, die mit nichts als hohem ästhetischem Potential ausgestattet scheint. Er wird gewissermaßen historisiert. Seither haftet ihm immer ein Doppeltes an: eine gewisse faßbare Geschichtlichkeit und zugleich ein auf das Vor der Literatur rückbezügliches, immer noch zeitloses – eben: mythisches – Moment. Von ihm geht ein Geschichtsbewußtsein aus, das ihn zu mehr als der bloßen Fortsetzung seiner selbst als Geschichte von Mythenrezeptionen macht.

Seine Robustheit und Überlebenstüchtigkeit verdankt der Mythos seiner immensen ästhetischen Beweglichkeit und Bildbarkeit sowie seiner extensiven Geschichtsfähigkeit und -wirksamkeit. Noch das Marxsche Zugeständnis an den Mythos als Boden der Kunst ist in diesem Kontext bezeichnend.[8] Es verweist auf das Verschränkungsverhältnis von künstlerischer *aisthesis* und Geschichte, wenn es den Mythos

---

7 Der griechische Philosoph Parmenides – nach antiker Philosophengeschichte Schüler des Xenophanes (6. Jh. v. Chr.), der in den traditionellen Göttern Projektionen menschlicher Verhaltensweisen auf das jeweilige kulturelle Welterklärungssystem sah – schied streng diakritisch zwischen Wahrnehmung und Denken. Nur letzteres könne zur Wahrheit (ἀλήθεια) führen, konstatierte er, und setzte es sogar dem Sein gleich; vgl. *Parmenides, Lehrgedicht*. Griechisch und deutsch von Hermann Diels, Berlin 1897, S. 32f.: τὸ γὰρ αὐτὸ νοεῖν ἐστίν τε καὶ εἶναι. Dem Nicht-Sein ordnete er Trug und Schein, die in den Bereich der δόξα fallen, zu. Platons Ontologie ist stark von diesem Urheber des erkenntnistheoretischen Dualismus von Wahrheit und Schein beeinflußt; auch er entwickelte seinen Seinsbegriff aus der Erkenntnis der dialektischen Widersprüche.

8 K. Marx, *Zur Kritik der politischen Ökonomie*, Berlin 1963, S. 258.

als unbewußte künstlerische Verarbeitung der Natur durch die Volksphantasie vorstellt.

2. Hans Blumenbergs »Arbeit am Mythos«: Verschiebung vom Terror zum Spiel

Von der Geschichtswirksamkeit zeugt die *Arbeit am Mythos* des Philosophen Hans Blumenberg. Der Mythos läßt sich nicht »zu Ende bringen«.[9] Mag es auch immer schon ein Anreiz im Umgang mit dem Mythos gewesen sein, ihn in »einer letzten und unüberbietbaren Reindarstellung seiner ›Form‹« stillzustellen, ist doch auf solchem Wege »kein der Evidenz fähiger Zustand der Endgültigkeit« zu erlangen. »Der Mythos ist immer schon in Rezeption übergegangen, und er bleibt in ihr [...].«[10]

Somit tritt uns der Mythos nach Blumenberg im jeweiligen Zustand einer bestimmten Bearbeitung entgegen, wobei seine ästhetische Gestaltung den Blick auf sich zieht, während der Gehalt – das »Schreckliche, das *tremendum* und *fascinosum*« – immer schon in das dem Menschen »Erträgliche« transponiert ist.[11] Dies gilt – und hierin liegt eine Besonderheit von Blumenbergs Theorie – schon für das früheste Auftreten des Mythos. Daß insbesondere der frühe Mythos auch »Terror« spiegelt, angesichts dessen die von ihm Bedrohten und Erfaßten in »dämonischer Gebanntheit« passiv lebten, stellt Blumenberg nicht in Frage.[12] Indessen macht er die Beobachtung geltend, daß der Mythos mit seiner Gestaltwerdung eine gegenläufige Kraft, die »Poesie«, hervorgebracht hat, und mit ihr verschwistert blieb als einer »imaginative[n] Ausschweifung anthropomorpher Aneignung der Welt und theomorpher Steigerung des Menschen«.[13]

Erkenntnisleitend für diese These einer anfänglichen Anverwandlung des Mythos ans Menschenmögliche ist ein Grundgedanke, der die gesamte philosophische Arbeit Blumenbergs prägt. Es ist der Gedanke der »Entlastung vom Absoluten«: Die »Menschen halten das Absolute nicht aus. Sie müssen – in verschiedenster Form – Distanz zu ihm gewinnen«.[14] In diesem Sinn sieht Blumenberg das Uranfänglich-Archaische, »das historisch immer schon verjährt ist«,[15] in seiner Übermacht dadurch gemildert, daß »der« Mythos in viele Geschichten aufgelöst wurde (»archaische Gewaltenteilung«[16]), und daß im Akt der Namensgebung (»Einbrechen des Namens in das Chaos

---

9 H. Blumenberg, *Arbeit am Mythos*, Frankfurt a.M. 1979, S. 291.
10 A.a.O., S. 299.
11 H. Blumenberg, »Wirklichkeitsbegriff und Wirkungspotential des Mythos«, in: *Poetik und Hermeneutik IV: Terror und Spiel. Probleme der Mythenrezeption*, hrsg. von M. Fuhrmann, München 1971, S. 11–66, h.: S. 23.
12 Blumenberg, »Wirklichkeitsbegriff«, S. 13.
13 Blumenberg, *Arbeit*, S. 68; ders., »Wirklichkeitsbegriff«, S. 13. Vgl. zu Platon (Phaidr. 247e) G. Krüger, *Eros und Mythos bei Platon*, Frankfurt a.M. 1978, S. 25: »Nicht die Lebensführung der Götter [...] ist ›anthropomorph‹, sondern die der Menschen ›theomorph‹.«
14 O. Marquard, »Entlastung vom Absoluten. In Memoriam Hans Blumenberg«, in: ders., *Philosophie des Stattdessen*, Stuttgart 2000, S. 108–120, h.: S. 112.
15 A.a.O.
16 Blumenberg, *Arbeit*, S. 7–162 (»Erster Teil: Archaische Gewaltenteilung«).

des Unbenannten«[17]) der Beginn eines »Weltvertrauen[s]«[18] gesetzt wurde. Bereits für die früheste Formulierung des absoluten Realismus in depotenzierender und neutralisierender Richtung gilt: »Die Arbeit des Mythos muß man schon im Rücken haben, um der Arbeit am Mythos nachzugehen […].«[19]

Daß im Laufe der Bedeutungsverschiebung von »Terror« zu »Poesie«, d.h. der Schreckensminderung durch Kunst, die ästhetische Sicht auf den Mythos immer stärker hervortritt, liegt auf der Hand.[20] Ebenso leuchtet ein, daß die These von der Wandelbarkeit der Mythologeme hin zum Humanen und zur Versöhnung mit der Wirklichkeit durch die Mythologiegeschichte beglaubigt wird. Zweifelhaft scheint indes, ob Blumenberg für frühe (vorplatonische) Zeiten Gewichte und Bedeutsamkeit von Terror einerseits und Poesie andererseits zutreffend verteilt sieht. Es mag eine empirische und letzthin unbeantwortbare Frage sein, wie im einzelnen und mit welcher Intensität Menschen und Menschengruppen in vorklassischer Zeit tatsächlich im Banne des Mythos gestanden und ihn für wahr genommen haben. Blumenberg jedenfalls vernachlässigt m.E. in manchen Aspekten die Überzeugungskraft und Übermachtstärke mythischer Gehalte. Seiner Theorie zufolge entmächtigt schon die narrative Form das dargestellte Gewaltpotential. Sieht man aber genauer hin, wird erkennbar, wie prekär die Sicht einer versöhnlichen Beerbung des *qua* Schrecken generierten Mythos durch die Poesie ist. Wenn die Tragödien eines Aischylos vermittels mythischer Stoffe und Vorgänge in dem damit vertrauten Publikum Zustände wie Furcht, Schrecken, Schaudern, Mitleid hervorgerufen haben, behauptete der Mythos seine Kraft. Kunst muß nicht befriedend wirken. Der Philosoph Georg Picht sagt vom zeitgenössischen Kunstwerk, es zeige dem modernen Bewußtsein »einen letzten Widerschein jener Mächte, die im Zeitalter des Mythos den Menschen als die sie umgebende Wirklichkeit erschienen […] sind«.[21] Beispielhaft führt Picht in einem Rückgang in die Geschichte der Affektenlehre vor Augen, daß Affekte in Dichtung (und Literatur) vor Platon den Bezirk ausmachten, dessen einzelne »Phänomene von den Griechen mit Götternamen bezeichnet wurden«.[22] Auffallend an den Namen ist, daß sie noch in unserer Sprache als geläufige Wörter vorkommen: Deimos ist die Furcht, Phobos der Schreck(en) und Eris die Zwietracht. Picht bezieht sich im einzelnen auf das Auftreten dieser Götter im vierten Buch der *Ilias*.[23] Es ist nicht oder nur schwer vorstellbar, daß der antike Mensch nicht die Sache realitätsgesättigt mit dem sie repräsentierenden Wort verknüpft haben sollte.

Blumenbergs *Arbeit am Mythos* trübt den Blick auf die Gewalt, die dem Mythos trotz vielfältiger Rezeption einwohnt.[24] Zahlreiche Lektüreverfahren, die Gewalt und

---

17 A.a.O., S. 40–67 (vgl. die Kapitelüberschrift a.a.O., S. 40).
18 A.a.O., S. 41.
19 A.a.O., S. 294.
20 Blumenbergs Darstellung reicht bis zu Kafkas und Gides Bearbeitung des Prometheus-Mythos. Vgl. a.a.O., S. 679–689.
21 G. Picht, *Kunst und Mythos*, Stuttgart 1987, S. 6.
22 A.a.O., S. 441.
23 Hom. Il. 4, 433–443.
24 Ein anderes Beispiel dieses partiell verstellten Blickes bildet Kurt Hübners Studie *Die Wahrheit des Mythos*, München 1985. Hübners Interesse gilt den Methoden und Ergebnissen moderner Wissenschaftstheorie und Analytik. In einem philosophisch-systematischen *modus procedendi* wendet er diese auf das von der Mythosforschung erarbeitete Material an. Ergebnis ist die

Terror in Mythentexten verschiedenartig in den Blick nehmen, verdeutlichen, daß die untersuchten poetischen Texte zu sehr gewaltbehaftet sind, als daß man den mythischen Terror für gebannt bzw. überwunden halten und ihn daher ignorieren könnte. An ihren Lesarten wird das Ausmaß von Leid und Bedrohung sichtbar, das Mythen *de facto* inhäriert, das Blumenbergs Theorie *qua* Entlastung des Ernstes vom Geschichtemachen aber verflüchtigt, anstatt die Mechanismen der Überspielung von Gewalt freizulegen. Georg Doblhofers vergleichende Studie zu *Vergewaltigung in der Antike* (1994) bildet eines der jüngeren Beispiele, die Gewalt in scheinbar gewaltfreien antiken Erzähltexten aufdecken.[25] René Girards Bücher über Gewalt in Gründungsmythen gehören mittlerweile zum Kanon der Mythentheorien.[26] Und nicht zu vergessen ist Walter Benjamins Œuvre, das um die Themen Gewalt und Mythos kreist. Eines seiner Hauptmotive, das in immer neuen Variationen wiederkehrt, bildet die These, eine »rein ästhetische Auffassung des Mythos«, die von seinem Schrecken abstrahiere und den »Verzicht auf seine geschichtsphilosophische Erkenntnis« nach sich ziehe, sei »teuer erkauft«.[27]

Sollte mithin die konkrete Übermachterfahrung des Mythos wirklichkeitsnäher einzuordnen sein als durch Blumenberg geschehen, verdient doch seine Erkenntnis der Beweglichkeit und des Vervielfältigungspotentials der Erzählungen Zustimmung. Der Mythos hält »Fragen lebendig, die sich theoretischer Beantwortung entziehen, ohne durch diese Einsicht verzichtbar zu werden«.[28] Das kommt in seiner »Plastizität« und »Disposition für Spielbarkeit im weitesten Sinne«[29] zum Ausdruck, wenn er in reicher Gestaltungskraft immer wieder Leitfiguren elementarer Selbst- und Weltbestimmung hervorbringt. Ob und inwieweit durch spielerische Abschwächung des Mythos sich eine »Umbesetzung« (Blumenberg) in leichtere Erzähl- und Weltdeutungsformen, etwa ins Märchen, auffinden läßt, darauf wird zurückzukommen sein.[30]

These, Wissenschaft sei weder intersubjektiv überzeugender noch rationaler als der Mythos; es helfe weder Wissenschafts- noch Mythosfeindlichkeit, für die Zukunft ließe sich nur eine Kulturform vorstellen, in der Wissenschaft und Mythos in eine durch das Leben und Denken vermittelte Beziehung zueinander treten. Hübner sucht den Mythos als eine Art Wissenschaft historisch zu rehabilitieren. Er berührt sich hier mit Blumenberg, der den Mythos als Logos (mit-)verstehen will: »Der Mythos selbst ist eine Stück hochkarätiger Arbeit des Logos (Blumenberg, *Arbeit*, S. 18). Die These von der erzählerischen Verflüchtigung der Geschichte, also auch der Gewalt des Mythos, läßt Hübner gänzlich unbedacht.

25 G. Doblhofer, *Vergewaltigung in der Antike*, Stuttgart/Leipzig 1994. Vgl. auch meinen Essay A.-B. Renger, »Quod licet Iovi, non licet bovi. Die Geburt Europas aus dem Geiste des Mythos«, in: Fr. Böckelmann/D. Kamper/W. Seitter (Hrsg.), *Europas Grenzen*, Bodenheim 1996, S. 101–114 (=*Tumult* 22); S. Deacy, »The vulnerability of Athena: *parthenoi* and rape in Greek myth«, in: S. Deacy/K.F. Pierce (Hrsg.), *Rape in Antiquity*, London 1997, S. 43–63; J.E. Robson, »Bestiality and bestial rape in Greek myth«, in: a.a.O., S. 65–96.
26 Vgl. z.B. R. Girard, *Das Ende der Gewalt. Analyse des Menschheitsverhängnisses*, Freiburg i.Br. 1983; ders., *Das Heilige und die Gewalt*, Frankfurt a.M. 1992.
27 WB I 280f.
28 H. Blumenberg, *Paradigmen zu einer Metaphorologie* (1960), Frankfurt a.M. 1998, S. 112.
29 Blumenberg, »Wirklichkeitsbegriff«, S. 17f.
30 Vgl. unten S. 70–141, 200–277, 316–383.

3. Arbeit am Mythos in der »Odyssee«

Die vorliegende Arbeit knüpft an Blumenbergs These der Verschiebung des Mythos vom Terror zur Poesie – und näherhin zum Spiel – an. Es soll gezeigt werden, daß die Wandelbarkeit eines Mythos nicht immer als Oszillation um eine durchgehend als mythisch zu qualifizierende Achse zu verstehen ist. Vielmehr ist die Überführbarkeit mythischer Gehalte ins Märchenhafte nicht ausgeschlossen, wobei sehr wohl im Mythos Spielerisches und im Märchen Gewaltsames eine Rolle spielen können. Das eher dem Märchen angehörende Spiel hat wohl immer gleichursprünglich seinen Platz neben dem mythischen Ernst behauptet. Zugrundegelegt wird die Lektüre-Erfahrung, daß in etlichen Mythen an gewissen Textmomenten die Vergangenheit und mit ihr die dem Mythos innewohnende Gewalt bemerkbar wird. Daran schließt sich die Einsicht, daß der Aufweis der mythisch vermittelten Gewaltanteile in der Geschichte die Möglichkeit ihrer Überwindung mit sich bringt.

Unten diesen Voraussetzungen unternimmt es diese Studie, über Blumenbergs Schema hinauszugelangen. Dabei teilt sie die Überzeugung, daß weder ein ursprünglicher Mythos noch ein ursprüngliches Märchen existieren.[31] Zugleich verfolgt sie dennoch Ursprungsfragen. Erweisen wird sich, daß Gewißheit über die unzweifelhafte Urversion von Mythen und Märchen nicht zu gewinnen ist. Zugleich wird deutlich werden, daß mit dem Zurückweichen des in den Mythos eingegangenen Wirklichkeitsgehalts und mit der Verflüchtigung von darin bewahrten Gewaltaspekten der ›Geist‹ der Erzählung im Märchenhaften eine Heimstatt finden kann. Ergänzend widmet sich die Arbeit der Frage, inwiefern die märchenhafte Erzählform ihrer-

---

31 Eine wesentliche Rolle spielt bei Blumenberg die Reflexion von Ernst Cassirers Mythosbegriff. Da sie auch für den Blick auf die – in Teil II dieser Studie erörterte – homerische Erzählung von Odysseus' Begegnung mit den Sirenen zentral ist, sei sie hier knapp skizziert: Bei der Untersuchung von Cassirers These, daß sich der wahre Charakter des Mythischen erst dort enthülle, wo es als Sein des Ursprungs auftrete (vgl. E. Cassirer, *Philosophie der symbolischen Formen*, Oxford und Darmstadt 1953/54, Bd. 2, S. 130f.), spricht Blumenberg, *Arbeit*, S. 177f., Begriff und Wirkung des Mythischen Relevanz nur in der Absorption der Begründungsfragen zu: »Die Vergangenheit selbst hat kein ›Warum‹ mehr: sie ist das Warum der Dinge. Das eben unterscheidet die Zeitbetrachtung des Mythos von der der Geschichte, daß für sie eine absolute Vergangenheit besteht, die als solche der weitergehenden Erklärung weder fähig noch bedürftig ist.« Cassirer geht davon aus, daß die verschiedenen Produkte geistiger Natur, nämlich Sprache, Mythos, Religion, Kunst, Wissenschaft und Geschichte, ein organisches Ganzes seien, das auf einen gemeinsamen Ursprung hinweise. So heißt es für den Mythos, den er generell mit einer aitiologischen Struktur deutet: »Alle Heiligkeit des mythischen Seins geht zuletzt in die des Ursprungs zurück. Sie haftet nicht unmittelbar am Gegebenen, sondern an seiner Herkunft [...].« Blumenbergs Mythosdenken ist mit einem aitiologisch geprägten wie dem Cassirers nicht vereinbar. So wirft Blumenberg die Frage auf, ob solche Ursprünglichkeit nicht mit der selektiven Bewährung der Inhalte und Formen, d.h. ihrer Beständigkeit und Festigkeit gegenüber den Abnutzungsprozessen der Zeit, identisch sei. Er vertritt die Ansicht, daß etwas mythische Qualität nicht durch Zurückverlegung in die Tiefe der Vergangenheit erhalte, sondern aufgrund seiner zeitlichen Stabilität in der Rezeption. Cassirer hingegen richtet sein Hauptinteresse auf den Ursprung des Mythos. Er betrachtet ihn also unter dem Aspekt des *terminus ad quem*. Blumenberg, »Wirklichkeitsbegriff«, S. 28, dagegen meint, man könne dem Mythos nur mittels einer Beschreibung unter dem Aspekt des *terminus a quo* gerecht werden – das Ursprüngliche bleibe »Hypothese, deren einzige Verifikationsbasis die Rezeption« sei.

seits die Kraft entwickeln kann, Mythisches zu unterminieren, zu schwächen, seiner Bedeutung zu berauben, und so zur »Erlösung« vom Terror des Mythischen beizutragen.

Derartige Entmachtungsmaßnahmen schildert schon die homerische *Odyssee*. Sie führt uns in den Büchern neun bis zwölf, die die Kernhandlung exponieren, mit Odysseus einen Helden vor Augen, der einer ungewöhnlichen Zuhörerschaft seine Irrfahrt erzählt. Aus seinem Bericht geht hervor, daß er vermag, das Mythische durch Märchenhaftes in seiner Unbezwingbarkeit zu konterkarieren. Seit Adornos und Horkheimers *Dialektik der Aufklärung*[32] von 1944 ist die (stark durch die Zeitumstände gefärbte) These gängig, Odysseus habe die Sirenen, die den Mythos exemplarisch verkörpern, durch rationale Zweckmaßnahmen in Zaum gehalten. Daran koppelt sich eine Kritik der instrumentellen Vernunft, die an Odysseus vorführen will, wie Vernunft und Herrschaft, Macht und Geltung miteinander verschränkt sind. Die Ergänzungsbedürftigkeit dieser These liegt darin, daß sie ein für die Deutung der Episode wesentliches Moment außer acht läßt: Odysseus *erlebt* und *schildert* seine Begegnung mit den Sirenen in einem Raum, der keineswegs rein mythisch, sondern überaus *märchenhaft* ist. Mit anderen Worten: Er erzählt im Raum des Märchens eine Geschichte von der Entmachtung mythischer Wesen. Diese Geschichte wiederum ist Bestandteil einer Kette von Abenteuern,[33] deren Aufbau und Inhalt Erzählungen entspricht, die wir heute als Märchen bezeichnen. Was diese doppelte Märchenebene über Odysseus aussagt – sowohl über seine Erlebnis- als auch über seine Erzählsituation –, wird von der *Dialektik der Aufklärung* und Studien, die an sie anknüpfen, nicht erörtert.

Da der Aspekt der Märchenhaftigkeit für Odysseus' Erzählung entscheidend ist, wird er in Teil II der vorliegenden Studie ausführlich beleuchtet. Dazu ist zunächst die Klärung der Gattung Märchen erforderlich. Mitzubedenken ist immer, daß, wie bereits erwähnt, der Ursprung von Märchen und Mythos nur sehr begrenzt eruierbar und nicht eindeutig festlegbar ist; die Vermittlung dieser Einsicht gehört zu den Dar-

---

32 M. Horkheimer/Th. W. Adorno, *Dialektik der Aufklärung. Philosophische Fragmente* (1944), (in leicht veränderter Fassung) Frankfurt a.M. 1969, S. 50–87.

33 Der Terminus »Abenteuer« wird in Erzähl- und Märchenforschung nicht zuletzt im Sinn von »Episode« oder »Motiv« gebraucht (vgl. z.B. Fr. Panzer, »Märchen« (1926), in: F. Karlinger (Hrsg.), *Wege der Märchenforschung*, Darmstadt 1973, S. 85–128, h.: S. 109. S. 94f.; W.-E. Peukkert, »Märchen«, in: W. Stammler, *Deutsche Philologie im Aufriß*, München/Berlin, ²1962 Sp. 2704, 2709). Daher werden im folgenden »Episode« (= »Einzelerzählung«) und »Abenteuer« synonym gebraucht. --- Wird in der Forschung von »Abenteuermärchen« (vgl. z.B. G. Kahlo, »Abenteuermärchen«, in: *HDM* 1, S. 4–6 gesprochen, so bezieht sich dies stets auf eine Märchenerzählung, die in Auseinandersetzungen mit außerordentlichen Situationen und Gegnern sowie in der Bewältigung schwieriger Aufgaben und der Begegnung mit außergewöhnlichen Gestalten (wie Hilfsbedürftigen, Helfern und Partnern) besteht. --- Lüthi nennt das Märchen »eine welthaltige Abenteuererzählung von raffender sublimierender Stilgestalt« (M. Lüthi, *Das europäische Volksmärchen*, Tübingen ⁸1985, S. 77). Damit nimmt er im wesentlichen darauf Bezug, daß Mark und Kern des Märchens klassische Abenteuermomente wie ungewöhnliche Begegnungen und unalltägliche Begebenheiten bilden, die mit einer Exterritorialität gegenüber dem Lebenskontinuum einhergehen. Als typische Abenteuermärchen gelten solche, in denen Held oder Heldin auf weite Wanderungen gehen und ins Unbekannte, Weite, Offene ausziehen. Zum Terminus außerhalb der einschlägigen Sachwörterbücher zur Literatur (z.B. *EM* 1, Sp. 16–20) vgl. auch G. Simmel, *Philosophische Kultur*, Potsdam ³1923, S. 16 ff., 23 ff.

stellungszielen des ersten Teils der Studie. Wie üblich, verliert sich auch im Falle der Abenteuergeschichten des Odysseus die Ursprungsfrage im Dunkel von Vorvergangenheiten. Antworten auf diese Frage bestehen häufig in wagen Vermutungen, zuweilen bringen sie ansprechende Indizien, selten schlüssige Hypothesen. Ein unverifizierbarer Rest bleibt immer. Die Rezeption bestimmter Stoffe, Themen und Motive mag nach und nach ein schärfer umrissenen Bild liefern, das jedoch, hält man es gegen jene Ursprungsdunkelheit, von der Rezeption verschluckt werden wird.

Die ersten Sirenen-Erzählungen bilden ein Beispiel der Herkunftsunschärfe, die, gewissermaßen, erst vom frühen Dunkel ihr kennzeichnendes Licht erhält. Davon handelt Abschnitt II.C. Die Erzählungen und ihre Fortsetzungen haben in der europäischen Kultur vielfachen Niederschlag gefunden. Sie finden sich in Kunst und Literatur, auf Vasen, Reliefs und in Büchern. Wer sie betrachtet, kann ihre Frühformen kurz aufleuchten sehen. Es mag angenehm sein, die Fragmente verschiedener Endzustände unbekannter Anfänge, die in die Schriftlichkeit der Literatur eingegangen, auf Vasenoberflächen aufgetragen und eingebrannt oder in Marmor eingemeißelt sind, zufrieden zu betrachten. Für das hier gestellte Thema hingegen kann es dabei nicht sein Bewenden haben. Bei der Sirenengeschichte wie anderen Erzählungen, die Gewalt thematisieren, geht es nicht in erster Linie um ihr erstmaliges Auftauchen, sondern darum, *wozu* und *auf welche Weise* sie erzählt wurden und welches ihre Wirkungsbedingungen waren. Würden die Bruchstücke allein unter dem Gesichtspunkt ästhetischer Befriedigung betrachtet, erzeugten sie womöglich die Befriedigung, man sei dem Ursprung auf der Spur. Ein solcher ästhetischer Eindruck täuschte allenfalls die Annäherung an eine Gewißheit vor, die nicht zu erlangen ist.

Die Frage, wer oder was die Sirenen sind, läßt keine definitive Antwort zu. Einzig die Furcht des mythisch gebundenen Menschen vor der gefährlichen Übermacht der mysteriösen Wesen ist noch faßbar. Es ist die Angst vor etwas, das ihn terroristisch bannt, weil es ihn übermächtig in einer Gewalt hält, die noch in gegenwärtigen Strukturen als mythisch wiedererkennbar ist. Daran ist anzusetzen und zu untersuchen, wie sich in Odysseus' Erzählung Elemente des Mythos und – entscheidend – solche des Märchens finden lassen, und welche Funktion in diesem Zusammenhang der Verschlagenheit des Protagonisten und seinem Entkommen aus sirenenhafter Verlockung zukommt. Dafür ist es unerläßlich, sich Unterschiede und Gemeinsamkeiten der Erzählgenera, die vom deutschen Ausdruck »Märchen« bezeichnete Erzählart und das mögliche Vorkommen des Märchens bereits im Altertum zu vergegenwärtigen.

B. Das Märchen

1. Zur Geschichte des Märchens: Wege und Wurzeln seiner Erforschung

Wer eine Geschichte des europäischen Märchens schreiben will, die nicht erst in der Neuzeit einsetzt, stößt auf erhebliche Schwierigkeiten. Die Frage, ob das Märchen schon in vorliterarischer Zeit vorhanden war, läßt nur Vermutungen zu. Und die Quellen des Altertums und Mittelalters enthalten keine Erzählungen, die dem Märchen im heute weitverbreiteten – durch die Brüder Grimm geprägten – Sinn der Gattung entsprechen. Erst mit Giovan Francesco Straparolas *Le piacevoli notti* (1550/53), Giambattista Basiles *Lo cunto de li cunti, ovvero lo tratteniemento de' Peccerile* (1634/36) und Charles Perraults *Histoires ou Contes du temps passé. Avec des Moralitez* (1697) betritt man bei der Altersbestimmung schriftlicher Märchen-Zeugnisse einigermaßen sicheren Boden. Erst diese drei Geschichten-Sammlungen enthalten Erzählungen, die fraglos dem Märchen zuzurechnen sind.

Das Ausmaß der Schwierigkeiten, die sich bei der Altersbestimmung auftun, macht das bunte Bild der Sekundärliteratur sinnfällig. Zwar mangelt es in Einzelstudien und Nachschlagewerken nicht an Versuchen historischer Ein- und Zuordnungen; doch weichen diese erheblich voneinander ab.[34] Einerseits werden Märchen prähistorischen Zeiten zugewiesen.[35] Man spricht vom Märchen als »Literatur vor der Literatur«[36] bzw. »tönendem Atem«[37] oder »Roman der Primitiven« mit »erotischem Kerngehalt«.[38] Andererseits wendet man sich immer wieder gegen die These, das Märchen sei uralt, reiche »in die Kindheitstage der Menschheit«[39] zurück und sei von damals

---

34 Zur »Reizfrage« nach dem Alter des Märchens vgl. Ch. Oberfeld (Hrsg.), *Wie alt sind unsere Märchen*, Regensburg 1990. Der Band versammelt Beiträge von G. Ehlers, H. Gehrts, K. Horélek, G.A. Rakelmann, L. Röhrich, J.-Ö. Swahn, R. Wehse u.a.; im Mittelpunkt steht die Frage des Wechselverhältnisses von mündlicher und schriftlicher Überlieferung des Märchens. Vgl. dazu auch K. Pöge-Alder, *Märchen als mündlich tradierte Erzählungen des Volkes?*, Frankfurt a.M. 1994 (Überblick über Antworten, die seit den Brüdern Grimm auf die Frage nach Entstehung und Verbreitung der Märchen und ihrer Motive gegeben worden sind); A.-B. Hirsch, *Märchen als Quellen für die Religionsgeschichte?*, Frankfurt a.M. 1998 (geht Fragen der Kontinuität mündlicher Tradition und der Datierung von Märchen nach).
35 J. Amades, »Märchen«, in: F. Karlinger (Hrsg.), *Wege der Märchenforschung*, Darmstadt 1973, S. 194–209, h.: S. 196 (Märchen als »prähistorisches Dokument«); A. Nitschke, *Soziale Ordnungen im Spiegel der Märchen*, Bd. 1, *Das frühe Europa*. 2. Stabile Verhaltensweisen der Völker in unserer Zeit, Stuttgart-Bad Canstatt 1976; vgl. dazu H. Gerndt (Rez.), in: *Zeitschrift für Volkskunde* 76 (1980), S. 148. Vgl. ferner etwa Fr. Töppe, »Das erstaunliche Alter der Märchen, oder Hänsel und Gretel und vier Gedankenexperimente«, in: *Die Märchenzeitung* 9 (Mai 1988), S. 22–27.
36 V. Mönckeberg, *Das Märchen und unsere Welt*, Düsseldorf/Köln 1972, S. 63.
37 L. Tetzner, *Aus der Welt des Märchens*, Münster 1965, S. 16.
38 L. Mackensen, *Der singende Knochen. Ein Beitrag zur vergleichenden Märchenforschung*, Helsinki 1923, S. 3; vgl. auch L. Schmidt, *Die Volkserzählung*, Berlin 1963, S. 48–54.
39 Fr. Panzer, *Märchen, Sage und Dichtung*, München 1905, S. 8.

mündlich überliefert worden. Vor allem bei Märchen, die europäische Herkunft vermuten lassen, wird als *terminus ante quem* gerne das späte Mittelalter angegeben, da sich die allgemeine Verbreitung von Volksmärchen in Europa erst für diese Zeit quellenmäßig belegen lasse.[40] Wieder andere Forscher streiten ab, daß das ›echte‹ Märchen bereits im Mittelalter existiert habe. Sie erachten es als literarische Spätform, die sich erst im 16. Jh. voll auszubilden begonnen habe, und fordern gegen die Bestimmungen des Maximalalters Untersuchungen über das Minimalalter. Manch einer geht gar noch weiter und leugnet jede Existenz des Märchens vor dem 17. Jh.[41] Dabei wird mitunter gemutmaßt, die Theorie habe das Märchen als *Gattung* erst konstituiert – ein Gedanke, der freilich nichts über das Alter des Märchens als *Erzählweise* aussagt. Richtig ist – und das gilt zunächst allgemein –, daß mit jeder Begriffsbildung etwas Neues in die Welt kommt und der ungeformte Stoff durch sie Prägnanz und Konturen gewinnt. Zutreffend ist aber ebenso, daß Theorie und Wissenschaft den vortheoretischen Stoff vorfinden, der ihre Arbeit bestimmt. Eben darum geht es hier zuvörderst: nämlich jene als typisch erkennbaren Erzählweisen zu erfassen, die erst die wissenschaftliche Arbeit veranlassen und ihrerseits beeinflussen. Diese wissenschaftliche Beschäftigung mit bestimmten Erzählweisen schließt in der Folge eine Wechselwirkung von Stoff und Theorie nicht aus, wie eigens an den durch Goethe und die Romantik geschaffenen sogenannten »Kunstmärchen«, aber auch – und entscheidend – an der Tätigkeit der Brüder Grimm zu sehen ist (vgl. unten S. 34f., 50f.). Ist doch die formale Gestalt sowohl der von den Dichtern verfaßten, als auch der von den beiden Sammlern aufgezeichneten »Märchen« von ihrer theoretischen Sicht mitgeformt.[42]

1.1 Anfänge und Herausforderungen der Märchenforschung: Modelle und Schwierigkeiten der Altersbestimmung

Die Hypothesen, die in den vergangenen zwei Jahrhunderten im Rahmen der Debatte ums Märchenalter aufgestellt wurden, sind ungezählt. Viele von ihnen verpufften, undiskutiert, gleichsam ins Leere. Andere, die Grundprinzipien wie die Trennung von Motiv und Gesamtgestalt, Hoch- und Volksdichtung, Kontinuität und Intentionalität behandeln, wurden Bestandteil der Wissenschaftsgeschichte.[43] Am meisten Resonanz fanden die drei frühesten Entstehungstheorien: die »indogermanische«, »indische« und »anthropologische«. Da sie die historische Basis der Märchenforschung bilden und Wissenschaftler noch heute regelmäßig an sie anknüpfen, seien sie knapp skizziert.

---

40 Vgl. D.-R. Moser, »Altersbestimmung des Märchens«, in: *EM* 1, Sp. 407–419.
41 Vgl. M. Stolleis, »Der Ranzen, das Hütlein und das Hörnlein«, in: H. Brackert (Hrsg.), *Und wenn sie nicht gestorben sind ... Perspektiven auf das Märchen*, Frankfurt a.M. 1980, S. 158.
42 Während das »Kunstmärchen«, von einzelnen Dichtern geschaffen und heute meist schriftlich, früher durch Auswendiglernen tradiert, zur Individualliteratur gerechnet wird, gehört zum Begriff »Volksmärchen«, daß es längere Zeit mündlich überliefert und hierdurch mitgeformt wurde. Hierzu – und zu Goethe und den Romantikern – vgl. M. Mayer/J. Tismar, *Kunstmärchen*, 3., völlig neu bearbeitete Auflage, Stuttgart/Weimar 1997, S. 1 ff., 48 ff., 55 ff.; zu den Kinder- und Hausmärchen vgl. H. Rölleke, *Die Märchen der Brüder Grimm – Quellen und Studien. Gesammelte Aufsätze*, Trier 2000, S. 9–66.
43 Vgl. Pöge-Alder, *Märchen*, S. 26 ff., 49 ff., 81 ff.; Hirsch, *Märchen*, S. 8–57.

(1) Das erste Entstehungsmodell bildet die Anfang des 19. Jh.s begründete indogermanische Theorie der Brüder Grimm.[44] Sie besagt, daß die Märchen aus absterbenden Mythen der Indogermanen erwachsen seien und noch heute »Anschauungen und Bildungen der Vorzeit« (1819) enthielten.[45] An dieser Theorie halten beide Brüder ihr Leben lang fest. Jacob Grimm nennt noch 1854, in der Vorrede zu Karadzics *Volksmärchen der Serben*, Märchen den »Niederschlag uralter, wenn auch umgestalteter und zerbröckelter Mythen«. Und Wilhelm Grimm schreibt zwei Jahre später in den Anmerkungen zu den *Kinder- und Hausmärchen* von mythischen »Überresten«, die das Märchen konstituierten:

> Gemeinsam allen Märchen sind die Überreste eines in die älteste Zeit hinaufreichenden Glaubens, der sich in bildlicher Auffassung übersinnlicher Dinge ausspricht. Das Mythische gleicht kleinen Stückchen eines zersprungenen Edelsteins, die auf dem von Gras und Blumen überwachsenen Boden zerstreut liegen und nur von dem schärfer blickenden Auge entdeckt werden. Die Bedeutung davon ist längst verloren, aber sie wird noch empfunden.[46]

Grimm benennt hier zwei Aspekte, welche die Märchenforschung und -kritik fortan prägen: den Bruchstückcharakter und das damit einhergehende Sinn- und Verstehensproblem der Märchen, das ihnen die Bezeichnung »Ammen-« bzw. »Lügenmäre« eingebracht hat.[47] Beide Momente werden von der Forschung erst im fortgeschrittenen 20. Jh. aufgenommen und erörtert: Das Verdikt gegen die Lügenmäre wird sukzessive ins Urteil der Verspieltheit umgewandelt; diesen Aspekt greift weiter unten das Kapitel *Der »Spiel«-Charakter der Märchen* auf (I.E). Im 19. Jh. indes entstehen im Rückgriff auf die Brüder Grimm vornehmlich Deszendenz-Theorien. Mit der Behauptung, der Mythos sei der reiche Quell des Märchens, stellen die Brüder eine These auf, die unverzüglich zahlreiche Verfechter findet, später aber auch oft ins Gegenteil verkehrt wird.[48]

(2) Einen entscheidenden Schritt zu der Umkehrung unternimmt 1859 der Sanskritforscher Theodor Benfey. Infolge seiner Forschungen zum *Pañcatantra*[49] (im wesentlichen ein Fürstenspiegel, aufgeschrieben nach 300 v. Chr. in Kaschmir) erklärt er Indien zum Ursprungsland aller Märchen. Einzig den Tierfabeln räumt er einen Ausnahmestatus ein: Ihre Genese lokalisiert er in Griechenland. Die Familienähnlichkeit zahlreicher Märchen erklärt er mit der Migrationsthese: Er behauptet, daß Europa die Kenntnis indischer Märchen vor allem den Arabern, Persern und Juden verdanke, die sie uns in der literarisch fixierten Form von Sammlungen nahe gebracht hätten. Benfeys Theorie herrscht jahrzehntelang fast uneingeschränkt und regt zahlreiche Forscher – auch in der Klassischen Philologie[50] – zu eigenen Beiträgen an.[51]

---

44 Vgl. die ausführliche Darstellung bei Pöge-Alder, *Märchen*, S. 26–48.
45 Brüder Grimm, *Vorrede* (1819) zu den *Kinder- und Hausmärchen*, in: dies., *Werke in drei Bänden*, Bd. 1, neu bearbeitet von G. Spikenköttler, Zürich u.a. 1974, S. 11–18, h.: S. 18.
46 Zit. aus J. Bolte/K. Polívka, *Anmerkungen zu den Kinder- und Hausmärchen der Brüder Grimm*, Bd. 5, Leipzig 1932, S. 244.
47 Vgl. unten S. 22 ff.
48 Vgl. Hirsch, *Märchen*, S. 47–59.
49 Th. Benfey, *Pantschatantra. Fünf Bücher indischer Fabeln, Märchen und Erzählungen*, 2 Bde., Leipzig 1859.
50 So etwa Georg Gerland, vgl. unten S. 58 f.
51 Vgl. Pöge-Alder, *Märchen*, S. 49–62.

(3) Entdeckungen vor allem altägyptischer Märchen bringen Benfeys Theorie ins Wanken. Ende des 19. Jh.s geht aus der sogenannten anthropologischen Theorie ein weiteres Erklärungsmodell zur Entstehung von Märchen und Mythos hervor. Es setzt gegen die These der Wanderung die Behauptung der Polygenese. Sie besagt, daß die Märchen nicht an einem Ort, bei einem Volk, sondern in allen Teilen der Welt, bei allen Völkern entstanden (und Analogien der Märchen auf gemeinsame Glaubensvorstellungen zurückführbar) seien. Zu den Vertretern dieses Modells zählen namhafte Forscher unterschiedlicher Disziplinen wie Andrew Lang, Edward B. Tylor (Anthropologie) und Wilhelm Wundt (Völkerpsychologie).[52] Sie halten der Theorie vom indischen Ursprung entgegen, daß Motive, die Benfey als Zeugnisse für den buddhistischen Märchen-Ursprung nimmt (Dankbarkeit der Tiere, Treulosigkeit der Frauen), auch in Naturvölkermärchen vorkommen. Als Ursache des gemeinsamen Vorkommens werten sie die der Arten-Entwicklung korrelierende Evolution des Bewußtseins. Sie bestimmen die Märchen als Ausdruck einer bestimmten Stufe dieser Evolution und führen ihre Gemeinsamkeiten auf identische Ausgangspunkte zurück: auf als gleich angenommene Grundbedingungen menschlicher Bewußtseinsentwicklung in der Auseinandersetzung mit der Umwelt. Wie Benfey halten die meisten von ihnen das Märchen für älter als Mythos und Sage; Lang und Wundt erklären es sogar zur ersten Erzählform überhaupt. Wenn noch William R. Halliday 1932[53] das Märchen als Vorstufe der Literatur bezeichnet, steht dahinter die von der anthropologischen Theorie induzierte Annahme, es besetze in einer naiven Welt die Position, die auf einer höheren Kulturstufe die Literatur einnehme.

Heute neigt sich die Forschung wieder der Grimmschen These zu, der zufolge in den Märchen die Erinnerung an die Mythen, die Götter- und Heldensagen der Vorzeit fortlebt.[54] Die allgemeine Tendenz geht dahin, das Märchen als eine dem Mythos nachgängige Erzählgattung anzusehen: als eine Spielform von ursprünglich mit Riten und Glaubensvorstellungen eng verbundenen Erzählungen. So wird vermutet, das Märchen sei nicht »Produkt freier Phantasie«, sondern

> episch gestaltete, d.h. in Handlungen und Ereignisse umgesetzte religiöse und geistige Tradition, deren Gestalt sich im Laufe der Geschichte entwickelt und verändert, sogar bis zu dem Grade, daß der ursprüngliche Sinn nicht mehr verstanden und neu ausgelegt wird.[55]

Für die oben skizzierte Vielfalt der Altersbestimmungen und Theorien der Entstehung des Märchens können vor allem drei Ursachen genannt werden, auf die im

---

52 Vgl. a.a.O., S. 96–99, 105–110; Hirsch, *Märchen*, S. 24.
53 W.R. Halliday, *Indo-European Folktales and Greek Legend* (= The Gray Lectures 1932), Cambridge 1933, S. 6. Dreißig Jahre später erscheint *Greek and Roman Folklore*, New York 1963, worin Halliday das Kapitel »Folktales and Fables«, S. 74–114, einer komparatistischen Motivstudie von Mythen, Legenden und Märchen des Altertums und der Neuzeit widmet. (Darin spricht er sich für die – ähnlich schon früher formulierte – These aus, besonders die orientalische Erzählkunst habe Einfluß auf das europäische Volksmärchen genommen; vgl. z.B. das Resümee S. 112 f.). Als Beispiel für das in aller Welt populäre Märchenmotiv des anthropophagen Riesen nennt er a.a.O., S. 98, die homerische Episode von Polyphem und Odysseus, die schon geläufig (»already current«) gewesen sein müsse, als Homer sie benutzt habe.
54 Vgl. M. Lüthi, *Märchen*, 8., durchgesehene und ergänzte Aufl., bearbeitet von H. Rölleke, Stuttgart 1990, S. 12 (zumal die Literaturverweise), 65 ff.
55 H. G. Rötzer, *Märchen*, Bamberg 1981, S. 11.

Fortgang der Argumentation wiederholt Bezug genommen wird. Sie seien hier knapp dargestellt.

(1) Im Griechischen und Lateinischen fehlen bereits sprachlich Termini für die diversen Genera; μῦθος (γραῶν), λόγος, *fabula, fabella (anilis)* können semantisch diejenigen Erzählformen vertreten, die wir im heutigen Verständnis als Märchen, Mythos, Fabel, Legende, Sage oder Novelle unterscheiden.[56] Die Bemühungen der antiken Dichtungstheoretiker um Definitionen des Epos, der Tragödie, der Komödie und anderer großer Dichtungsformen erfassen die von uns gesuchten Unterscheidungen narrativer Genera poetologisch noch nicht. Erst die Romantik wird hier eine Änderung herbeiführen und zu verbindlichen Definitionen zu gelangen suchen.

(2) Weitaus mehr Probleme als diese terminologische und literaturtheoretische Lage bereitet der geringe literarische Fundus. Die Einsicht, daß fiktionale Prosageschichten für die antike Literaturtheorie und -kritik kein Thema waren, mag man gelten lassen. Gattungen, die dem Anspruch hoher Dichtung nicht genügten, wurden literaturtheoretisch nicht erörtert. Dem Märchen benachbarte Gattungen wurden in terminologischer und poetologischer Hinsicht gleichfalls stiefmütterlich behandelt. Mangelndes theoretisches Interesse betraf kürzere ebenso wie längere fiktionale Prosaerzählungen. Selbst der im mittleren bis späten Hellenismus entstandene Roman, obwohl seinerzeit wohl die verbreiteteste Klasse von Literatur, erhielt – wie die fiktionale Prosa überhaupt – keine gelehrte Bezeichnung. Daß die europäische Überlieferungslage des Märchens um einiges desolater ist als die seiner Nachbargattungen, bereitet Schwierigkeiten, für die keine Lösungen zu existieren scheinen. Im außereuropäischen Raum liegen uns u.a. indische Märchensammlungen vor, die sich bis ca. 1000 v. Chr. datieren lassen; die morgenländische und europäische Überlieferung des Märchens jedoch gestattet kaum vorneuzeitliche Datierungen: Während uns zahlreiche Romane, Fabeln und Legenden aus dem Altertum und Mittelalter erhalten sind, ist das Märchen extrem spärlich überliefert. Es liegt nicht in Form selbständiger Erzählungen vor. Die Griechen betteten es in ihre Lyrik und Epik ein, und auch die lateinische Literatur weist keine einzelnen Märchen auf, ganz zu schweigen von eigens dem Märchen gewidmeten Anthologien.

---

56 Die Spezifika dieser Erzählformen, auf deren Einzelbehandlung durch die Forschung im Verlauf dieser Studie wiederholt verwiesen wird – und über die Jolles, *Formen*, passim, und Lüthi, *Märchen*, S. 6–15, einen vergleichenden Überblick geben –, wurden im 20. Jh. hinreichend erörtert, so daß in unserer Engführung von Mythos und Märchen auf die benachbarten Formen nicht eigens genre-komparatistisch eingegangen wird. Vergleichend behandelt wurden, auch im Kontrast zum Märchen, vor allem die für die Antike wichtigen Formen Sage und Mythos, so z.B. in J. de Vries, *Betrachtungen zum Märchen, besonders in seinem Verhältnis zu Heldensage und Mythos*, Helsinki 1954 (= FFC 150). Zu der – dem Mythos in vielerlei Hinsicht nahestehenden – Sage vgl. auch: E. Bethe, *Märchen, Sage, Mythos*, Leipzig ²1922, S. S. 37–92; Fr. Ranke, »Sage und Märchen« (1916), in: ders., *Volkssagenforschung. Vorträge und Aufsätze*, Breslau 1935; L. Röhrich, *Märchen und Wirklichkeit*, Wiesbaden ²1964, S. 9–27; Chr. Bürger, »Die soziale Funktion volkstümlicher Erzählformen – Sage und Märchen«, in: H. Ide (Hrsg.), *Projekt Deutschunterricht 1: Kritisches Lesen – Märchen, Sage, Fabel, Volksbuch*, Stuttgart 1971, S. 26–56; L. Röhrich, *Sage und Märchen. Erzählforschung heute*, Freiburg 1976; H. Bausinger, *Formen der »Volkspoesie«*, Berlin ²1980, S. 179–195; H.G. Rötzer (Hrsg.), *Sage*, Berlin 1982; L. Petzoldt, *Märchen, Mythos, Sage. Beiträge zur Literatur und Volksdichtung*, Marburg 1989. Im übrigen sind aus der Metzler-Reihe zu den einzelnen Erzählformen zu empfehlen: H. Rosenfeld, *Legende*, Tübingen ³1972; E. Leibfried, *Fabel*, Stuttgart ³1976; H. Aust, *Novelle*, Stuttgart ³1999.

(3) Die dritte Ursache für die Heterogenität der Einordnungen des Märchens liegt in der neuzeitlichen Forschung. Bis etwa 1800 hatte das Märchen in der abendländischen Forschung und Theorie keinen Platz. Seine Erhebung in den Rang einer zu erforschenden Gattung ist ein spätes Phänomen. Es verdankt sich entscheidend den begeisterten Entdeckungen Johann Gottfried Herders,[57] der zwischen Kunstpoesie und sich »von selber« machender Naturpoesie, d.h. schriftlich verfaßter Literatur und mündlicher Volksüberlieferung, trennt. Die Mündlichkeit wertet er als primäres Charakteristikum des Märchens und weist ihm, zusammen mit Sage und Mythos, 1777[58] einen zentralen Platz in der Geschichte der Poesie zu:

> Volkssagen, Mährchen und Mythologien [...] sind das Resultat des Volksglaubens, seiner sinnlichen Vorstellungskräfte, wo man träumt, weil man nicht weiß, glaubt, weil man nicht siehet, und also wahrlich! ein großer Gegenstand für den Geschichtsschreiber der Menschheit, für den Poetiker und Philosophen.

Von diesem Zeitpunkt an gewinnt der deutsche Terminus »Märchen« an Prestige. Die geistesgeschichtlichen Wurzeln der verschiedenen Theoreme über das Märchen sind daher vorwiegend in dieser Zeit zu suchen. Den Boden, in dem sie sich ausbilden, hat die Poetik des 18. Jh.s bereitet; maßgeblich die Auseinandersetzung zwischen Johann Christoph Gottsched und den Schweizern Johann Jakob Bodmer und Johann Jacob Breitinger um das aufklärerische Dichtungskonzept und den fundierenden Grundbegriff »Wahrscheinlichkeit«. Gottsched bezeichnet in seinem *Versuch einer Critischen Dichtkunst* das »Mährchen von D. Fausten«[59] als unglaubwürdig und die französischen Feenmärchen wegen ihres Mangels an »Wahrscheinlichkeit« als Geschichten zum »Zeitvertreibe müßiger Dirnen, und witzarmer Stutzer«.[60] Seiner Ansicht nach soll die Poesie nicht über den Bereich der Naturnachahmung hinauswachsen, da sie sonst ins Märchenhafte, ja Lügenhafte gerate und ihre Hauptaufgabe einer wirksamen Moraldidaxe verliere. Bodmer und Breitinger hingegen wollen das Territorium der Poesie erweitern. Nach ihrer Auffassung sollen die Phantasieschöpfungen der Dichtung über das Alltägliche hinausragen. Durch Steigerung des Wahren zum Wahrscheinlichen und des Wahrscheinlichen zum Wunderbaren soll Dichtung eine ins Ideale gesteigerte Wirklichkeit darstellen.

Mit der Differenzierung von historischer und poetischer Wahrheit, von der Wahrheit, aber nicht Wirklichkeit des Möglichen schaffen Bodmer und Breitinger die Voraussetzungen einer Autonomisierung der Dichtung und eröffnen nicht zuletzt auch dem Märchen einen fruchtbaren Boden.[61] Das findet seinen Reflex in der Feenmär-

---

57 Vgl. etwa aus »Adrastea« (1801) den Abschnitt »Mährchen und Romane«, in: *Herders Sämmtliche Werke*, hrsg. von Bernhard Suphan, Bd. 23, Berlin 1885, S. 273–298. Zu Herder s. auch Pöge-Alder, *Märchen*, S. 35–40.
58 Johann Gottfried Herder, »Von der Ähnlichkeit der mittlern englischen und deutschen Dichtkunst«, in: *Herders Sämmtliche Werke*, hrsg. von Bernhard Suphan, Bd. 25, Berlin 1885, S. 63–72, h.: S. 65.
59 Johann Christoph Gottsched, *Versuch einer Critischen Dichtkunst vor die Deutschen*, Leipzig ⁴1751, Nachdr. Darmstadt 1962, S. 185.
60 A.a.O., S. 183f.
61 Johann Jakob Bodmer, *Critische Abhandlung von dem Wunderbaren in der Poesie und dessen Verbindung mit dem Wahrscheinlichen* ..., Zürich 1740, Nachdr. Stuttgart 1966; Johann Jacob Breitinger, *Critische Dichtkunst worinnen die poetische Malerey in Absicht auf die Erfindung im Grunde untersucht*

chen-Begeisterung, die im deutschen Sprachraum bald verbreitet ist. Nachdem seit etwa Mitte des Jahrhunderts die noch von Gottsched verurteilten – in Frankreich schon unter Ludwig XVI. beliebten[62] – *contes de fées* ins Deutsche übersetzt[63] werden, beginnen auch Dichter wie Christoph Martin Wieland sich dieser Gattung zu widmen. In Wielands Roman *Don Sylvio* (1764) etwa wird die Märchenphantasie in ihr Recht gesetzt, zugleich aber durch schrankenlose Anhäufung von Märchenmotiven und Übertreibungen ironisch gebrochen.[64]

Eine wichtige Position nimmt im 18. Jh. ferner Johann Karl August Musäus ein. Überdrüssig der in der späten Aufklärung populären Wunder-, Spuk- und Abenteuergeschichten, die der französischen Mode der Feendichtung und morgenländischen Märchen[65] verpflichtet sind, wendet er sich der mündlichen Überlieferung zu. Diese scheint in einigen seiner *Volksmärchen der Deutschen*[66] noch durch das idyllisierende und satirisierende Gewand, in das sie gehüllt sind, hindurch. Wenn auch die von ihm zusammengetragenen Geschichten dem Gattungsbegriff »Märchen« im engeren Sinne nur partiell entsprechen und keineswegs alle Erzählungen dem deutschen Sprachraum entstammen, zeigt doch der Titel der Sammlung, daß Musäus der von Herder vorgezeichneten Linie der Volkspoesie folgen will.

Wielands und Musäus' Arbeit bleiben nicht ohne Nachwirkung. Von nun an entstehen zahlreiche Märchensammlungen.[67] Sie führen teils auf die frühromantischen Märchen Ludwig Tiecks zu, teils auf die Märchenausgabe der Brüder Grimm, die zur bekanntesten und folgenreichsten Sammlung der Romantik wird. Diese Entwicklung hat zur Folge, daß das Märchen im 19. Jh. Anerkennung als spezifische Erzählgattung findet.[68] Erzählungen, die noch in der Aufklärung als naiv und im Biedermeier als kindliche Idylle beurteilt worden sein mochten, gelten in der Folgezeit eher als kunst-

---

und mit Beyspielen aus den berühmtesten Alten und Neuen erläutert wird, Zürich 1740, Nachdr. Stuttgart 1966. Literatur: H. O. Horch/G.-M. Schulz, *Das Wunderbare und die Poetik der Aufklärung. Gottsched und die Schweizer*, Darmstadt 1988.

62 Vgl. U. Diederichs, »Nachwort«, in: ders. (Hrsg.), *Französische Märchen. Märchen vor 1800*, München 1989, S. 341–351.
63 Etwa im *Abendzeitvertreib in verschiedenen Erzehlungen*, den Justus H. Saal in Breslau (11 Bde., 14 Fortsetzungsbde.) herausgab; vgl. M. Mayer/J. Tismar, *Kunstmärchen*, 3., völlig neu bearbeitete Auflage, Stuttgart/Weimar 1997, S. 32.
64 Zu Wieland vgl. auch in dieser Arbeit S. 25 ff.
65 Zu Beginn des 18. Jh.s erscheinen Jean Antoine Gallands *Les mille et une Nuits en François* nach einer arabischen Handschrift (14. Jh.) und nach mündlichen Erzählungen eines syrischen Maroniten. Sie haben sofort großen Erfolg. Eine Flut pseudo-orientalischer Erzählungen folgt. Die Welle der Begeisterung schlägt über nach Deutschland. Ausführlich hierzu Bolte/Polívka, *Anmerkungen*, Bd. 4, S. 176–285. Eine kurze Übersicht über die Märchengeschichte der Neuzeit bietet Lüthi, *Märchen*, S. 47–50.
66 Johann Karl August Musäus, *Volksmährchen der Deutschen*, 5 Bde., Gotha 1782/87, Nachdr. München 1976 (mit einem Nachwort von Norbert Miller). Vgl. Mayer/Tismar, *Kunstmärchen*, S. 42–44. Ausführlich behandelt die Lage des Märchens in der Aufklärung M. Grätz, *Das Märchen in der Deutschen Aufklärung. Vom Feenmärchen zum Volksmärchen*, Stuttgart 1988.
67 Vgl. z. B. die *Kindermährchen, aus mündlichen Erzählungen gesammelt*, Erfurt 1787 (Christian Wilhelm Günther zugeschrieben); Christiane Benedikte Naubert, *Neue Volksmährchen der Deutschen*, Leipzig 1789/93.
68 Daher heißt es bei Bolte/Polívka, *Anmerkungen*, Bd. 4, S. 4, das Märchen habe erst »seit Herder und den Brüdern Grimm« als eine ernstzunehmende, »mit dichterischer Phantasie entworfene Erzählung besonders aus der Zauberwelt« zu gelten,

voll.[69] Die Wechselwirkung zwischen den Eigentümlichkeiten des Märchens und dem Erwartungshorizont sowie der Verständnisbereitschaft seiner Rezipienten beginnt sich zu verändern. Woraus sich ehemals der Verweis in Kinderstuben speiste (vgl. unten S. 22 f. und S. 27–50), rekrutiert sich nun Material zur Erforschung einer Erzählgattung.

1.2 Von »alter Weiber tant« zum »Canon der Poësie«: Karriere eines Erzählgenres

Vor dieser Wende mißbilligen die maßgeblichen Denker Erdichtungen, die den jeweiligen ethischen Normen und religiösen Parametern der Zeit nicht folgen. Gläubige verwerfen im Ton des Märchens gehaltene fiktionale Geschichten, die im Volk kursieren, als »Weibertheding«, »kindermerlein«, »schandbare[s] Wort« und »Unzüchtigkeit« (1558).[70] Aufklärer verurteilen sie als banal, geistlos, trivial. Wer sich gleichwohl in der Studierstube mit ihnen befaßt, tut dies primär, da er an ihnen einen Gebrauchswert entdeckt hat. So wird – als die Humanisten an der Wende vom Mittelalter zur Neuzeit die antike Literatur, die ihrer Ansicht nach von Kirche und Scholastik verkannt worden war, für sich neu entdecken – auch solchen Geschichten ein Platz zugewiesen, die einst ohne jedwede religiöse Zielsetzung erdichtet wurden. Einbezogen werden auch Erzählungen wie die von dem kindervertilgenden Schreckgespenst Lamia, die in der antiken Literatur vielfach erwähnt wird.[71] Angelo Poliziano (1454–1494) etwa rekurriert, unter der Devise *fabulari paulisper lubet*, auf die Lamia-Geschichten, weil er ihre Wirkungsmächtigkeit erkennt. Er vertritt die Ansicht, man solle *fabellae, etiam quae aniles putantur*, nicht nur als *rudimentum* ansehen, sondern als *instrumentum philosophiae* nutzbar machen.[72]

Doch Überlegungen, wie sie der Humanist anstellt, bilden bis ins 18. Jh. die Ausnahme. Während Poliziano – freilich nicht aus Interesse am Erzählen um des Erzäh-

---

69 Die These von der grundsätzlichen Märchenfeindlichkeit der Aufklärung ist obsolet. Betont sei noch einmal, daß nicht erst die Romantiker (vgl. unten S. 22, 23 f., 35 f.) das Märchen entdeckten und für ihre Zwecke instrumentalisierten, sondern schon die Aufklärung zu einer Aufwertung des Märchens entscheidend beitrug. Eine Rolle spielte hierbei deren moralisch-utilitärer Grundzug: Man schätzte das Märchen als moralisierende Erzählung und paßte es pädagogisch ans kindliche Auffassungsvermögen an; vgl. hierzu unten S. 25 f., 27.
70 So ein Kritiker von Martin Montanus' *Wegkürtzer* (1557) gegen die darin enthaltenen Geschichten, die im Ton des Schwanks und des Märchens gehalten sind; vgl. Bolte/Polívka, *Anmerkungen*, Bd. 4, S. 59. Montanus hatte u. a. das Märchen vom tapferen Schneiderlein (trägt als Typus im *Aarne-Thompsonschen Typenverzeichnis* die Nummer AT 1640) und eine frühe Variante des Märchens, das uns aus der Sammlung der Brüder Grimm unter dem Namen »Einäuglein, Zweiäuglein und Dreiäuglein« (AT 511) bekannt ist, aufgenommen.
71 Vgl. z. B. unten S. 46, 155, 156. Lamia kommt noch heute im neugriechischen Märchen vor. 1964 z. B. wurde auf der griechischen Insel Zakynthos das Märchen *Der Fischer, der die Lamia vertrieb* von Georgia Pelleka, einer etwa 70 Jahre alten Fischerswitwe erzählt und von Kara Noas auf Tonband aufgenommen. Felix Karlinger übersetzte sie und gab sie als Nr. 64 in seinem Band *Märchen griechischer Inseln und Märchen aus Malta*, Düsseldorf/Köln 1979 heraus. W. Scherf, *Das Märchenlexikon*, München 1995, Bd. 1, S. 310 ff., zeigt, daß es sich um ein typisches Zaubermärchen handelt.
72 Angelo Poliziano, *Opera*, Basel 1553, S. 451.

lens willen, sondern zwecks philosophischer Dienstbarmachung narrativer Inhalte – für das *fabulari* eintritt, belegen die meisten überlieferten Äußerungen über das Geschichtenerzählen nur, wie unerbittlich Kleriker und Gelehrte am traditionsmächtigen Urteil über ›geist- und sinnlose‹ Erdichtungen festhielten. Zahlreiche Bemerkungen dokumentieren, wie hartnäckig das Verdikt fortbestand und mit welchem Bann es erfundene Geschichten (»Märlein«/»Märchen« = *fabulae* im Gegensatz zum wahren Geschehen = *historia*) belegte, die keineswegs kirchlicher Lehre, sondern Gott nicht wohlgefälliger Unterhaltung dienten und ferner als Konkurrenz zu frommen Legenden empfunden worden sein dürften. Die *fabulae* prosperierten zwar, wie jene Bemerkungen (vgl. auch im folgenden) erhellen, in der mündlichen Überlieferung; in die schriftliche Kultur aber gingen sie, zumindest als vollständige Erzählungen, nur zögerlich ein. Besonders lange wurde ihre Verschriftlichung im deutschsprachigen Raum blockiert. Als in Italien und Frankreich, Mitte des 16. bis Ende des 17. Jh.s, schon Straparolas, Basiles und Perraults große (Märchen-)Sammlungen erschienen waren (s. o. S. 13), galten in Deutschland mündlich tradierte Geschichten wunderbaren Inhalts, die keinen Anspruch auf Glaubwürdigkeit erhoben, immer noch, wie für Aventin († 1534), als »ertichte Kindermêrl, alter Weiber tant« und »alter Weiber Rockenmärlein«.[73] Man sprach von »Fabelwerck und Weiber-Mährlein« (J.M. Moscherosch, 1650), »närrische[n] Fabeln und Märlein, wie man sie in den Rockenstuben den Kindern erzählet, [...] wollt man die Leute fröhlich machen« (J.B. Schuppius, 1660), »Historien, die mir alle als Märlein vorkamen, damit man die Kinder aufhält« (H.J.C. v. Grimmelshausen, 1669) und »Spinnmärlein, *fabulae aniles, quae narrare solent ancillae, quae colos exonerant*« (C. Stieler, 1691).[74] 1769 bemerkte E.L.D. Huch in *Aesopus oder Versuch über den Unterschied zwischen Fabel und Märchen*:

> Mährchen, oder Erzehlungen, die keinen Knoten haben, (sind) längst aus dem Reiche der schönen Wissenschaften in die Spinn- oder Ammenstuben verbannet.[75]

Den Eindruck, den diese Bemerkungen über sogenannte Spinnstubengeschichten machen, verstärkt der Befund, daß Märchen weder in Predigtsammlungen noch im barocken Roman vorkommen. Offensichtlich wurden sie weder als moralische Exempel noch als anerkannte geistreiche Unterhaltung verwendet.[76] Man ordnete sie unter die Kategorie ›intellektuell wertlos‹ ein und verbuchte sie als Sache der Kinder, Ammen, alten Frauen und gemeinen Leute. Wegen ihres Mangels an moralischen Gehalten sprach man gelegentlich ein Verbot gegen sie aus.[77]

Das abschätzige Urteil über »altvettelische Mährlein« herrschte lange Zeit unerschütterlich. Kein einziges literarisches Zeugnis belegt, daß sich jemand fragte, warum sich das Verdikt so dauerhaft halten konnte, wer sich seiner bemächtigte und von wem es geprägt wurde. Doch wer hätte solche Fragen auch stellen wollen? Die Gelehrten

---

73 Bolte/Polívka, *Anmerkungen*, Bd. 4, S. 58.
74 Nachweise a.a.O., S. 69–72.
75 A.a.O., S. 78.
76 Lüthi, *Märchen*, S. 48.
77 So in Island 1612 im Gesangsbuch, 1691 im Katechismus, 1746 sogar in einer königlich-dänischen Verordnung, oder in Friedland, wo eine Dorfgerichtsverordnung von Schloß Fürstenstein 1713 in den »Spinnstuben« nicht nur »üppiges Tanzen« und »Bubenlieder«, sondern auch »altvettelische Mährlein« untersagte. Vgl. Bolte/Polívka, *Anmerkungen*, Bd. 4, S. 75 f.

und Gebildeten, aus deren Kreis sich die Kritiker des Märchens rekrutierten? Wozu hätten sie diese Haltung anfechten sollen? Barg sie doch eine soziale Differenzierungsleistung, die der hierarchischen Trennung zwischen den geistig Unmündigen und unteren Schichten und den geistig Mündigen und oberen Schichten zugute kam. Wer also hätte an der Selbstverständlichkeit rütteln wollen, mit der das Märchen den Kindern, den Ammen und dem einfachen Volk zugeordnet wurde? Die Kleriker, die Adeligen, das höhere Bürgertum? Die Kinder, die Ammen, das einfache Volk?

Es war kein geringerer als der in so vieler Hinsicht revolutionäre romantische Dichter, der, nachdem schon die Aufklärung den Wert von Märchen für sich entdeckt hatte, an der ›Ammenmäre‹ vom trivialen Spinnmärlein der Ammen und Vetteln rüttelte. Und – er rüttelte kräftig. Um die Steigerung des schöpferischen Ichs ins Universale bemüht, duldete er kein Gesetz über sich. Ziel war es, in der Poesie alle getrennten Gattungen, Dichtung und Prosa, Genialität und Kritik, Kunst- und Naturpoesie zu amalgamieren und sie mit Philosophie und Rhetorik in Berührung zu setzen. Die Werke, die er schuf, waren nach oben hin offene Formen, die keine geschlossene Deutung zuließen: das Fragment, die Improvisation, die Arabeske. Unter ihnen war auch das Märchen. Novalis inthronisierte es gar zum »*Canon* der Poësie«.[78]

1.3 »Spinnmärlein« und »Ammenmären«: Tradition eines despektierlichen Sprachgebrauchs

Die romantische Umwertung des Märchens vollzog sich in einem Akt der ambitionierten Distanzierung vom Rationalismus der Aufklärung und der idealistischen, in sich vollendeten Formenwelt der Klassik. Die Aufklärung hatte das »gemeine« Märchen rigide abgelehnt und für literaturunfähig erklärt. Sie hatte eine distinguierte Märchendichtung gefordert, die moralisch zu sein und/oder geistreich zwischen Entlarvung und Legitimation des Phantastischen zu oszillieren und damit feinen Geschmack zu beweisen hatte. Diesen geforderten Gehalten setzte der romantische Dichter eine ostentative Indifferenz entgegen. Die Kritik am ›unsinnigen‹ Märchen wurde provokativ ins Positive gewendet. Die Begriffe des Wunderbaren, des Zufalls, der Unverständlichkeit wurden positiv besetzt. Welche poetologischen und poetischen Konsequenzen dies für das Märchen nach sich zog, hat Winfried Menninghaus dargelegt.[79] Im folgenden geht es um den Stand, den das Märchen vor 1800, vor seiner Aufwertung und poetischen Instrumentalisierung durch die Romantiker, hatte. Der Blick wird auf generelle Eigenheiten des Märchens, die Semantik des Terminus und seine Verwendung in damaligen Diskursen geworfen, um zu erhellen, warum das Unwerturteil über das »altvettelische Mährlein« so nachhaltig fortbestehen konnte (1.3.1), wer sich seiner bemächtigte (1.3.2) und wer es prägte (1.3.3).

---

78 Novalis, *Schriften*, Bd. 3, hrsg. von Richard Samuel in Zusammenarbeit mit Hans-Joachim Mähl und Gerhard Schulz, Stuttgart ³1983, S. 449.
79 W. Menninghaus, *Lob des Unsinns. Über Kant, Tieck und Blaubart,* Frankfurt a.M. 1995.

1.3.1 Verweis in die »Spinn«-Stube aufgrund provokativer Eigenheiten

Ein gewichtiger Grund für die Zählebigkeit des Verdikts liegt im Inhalt der Erzählungen selbst. Nie gänzlich, aber doch weitgehend von den Bedingungen der »Realität«, von örtlichen wie zeitlichen Koordinaten und religiösen Vorgaben unabhängig, unterscheidet er sich vom Inhalt benachbarter Erzählformen wie etwa Legende, Sage, Memorabile;[80] diesen zugerechnete Erzählungen sind, anders als Märchen bzw. märchenhafte Erzählungen, auf die eine oder andere Weise – zeitlich und räumlich, emotional und ethisch, sachlich und religiös – gebunden und werden mit *Anspruch auf Glauben* erzählt. Der Inhalt der Märchen steht in einem Widerspruch zur Wirklichkeit, der in ästhetischen und anthropologischen Diskursen um 1800, 1900 und 2000 weitaus mehr Anklang findet als im 17. und 18. Jh.: Während in Moderne und Postmoderne die Fähigkeit willkürlicher Unsinnsproduktion als ein besonderes Merkmal des Menschen gilt, sah die Aufklärung das Wesen des Menschen in der Vernunft und deren konsequente Entfaltung als Garantie für den Fortschritt der Menschheit. Der Widerspruch der Märchen zur Wirklichkeit war hier umstritten. Im Bewußtsein der Popularität der Stoffe suchte man der Gattung zwar in Feengeschichten, die sich ironisch über sich selbst lustig machten, Geltung zu verschaffen; auch galt ein Interesse an orientalischen Märchen als Zeichen kultureller Wißbegierde. Doch das ›gewöhnliche‹ europäische Märchen war (vor allem im deutschen Sprachraum) nicht gelitten. Seine Wirkungsmächtigkeit, die auf der Fülle wunderbarer Ereignisse, der Vielzahl zaubermächtiger Figuren sowie Hilfsmittel und der Unbegrenztheit wunschgeborener Möglichkeiten beruht, wurde zwiespältig aufgenommen. Man erkannte und machte sie in eigenen Werken nutzbar. Die Erzählungen indes, von denen man sich anregen ließ, verurteilte man, waren sie doch ein Skandalon: Einerseits beleidigen sie den Verstand, andererseits befriedigen sie das menschliche Bedürfnis nach Wunderbarem und Phantastischem. Sie sind mit einen Kitzel verbunden, der infolge traditionsmächtiger philosophischer und religiöser Paradigmen des Abendlandes nicht immer frei genossen werden konnte: Dem ›gesunden Menschenverstand‹ widersprechen sie, seine Spielfreudigkeit aber lassen sie auf ihre Rechnung kommen.

Anlaß, das Märchen, ironisierend oder funktionalisierend, zur Sache der kleinen Leute herabzustufen und damit zur Fortdauer seiner Beurteilung beizutragen, gaben auch die naive Unschuld des Helden und der damit einhergehende Optimismus, daß das Gute siegt. Als kardinale Märchenelemente verdienen sie eine gesonderte Erwähnung, da sie besonders deutlich zeigen, wie sich die Wechselwirkung zwischen den Eigenheiten des Märchens und dem Erwartungshorizont der Rezipienten veränderte. Während die Forschung sie heute wertneutral als signifikante Gattungsspezifika diskutiert, trugen sie zuerst zur Verurteilung der Märchen als Geschwätz der Vetteln und Ammen bei und lösten dann eine Welle der Begeisterung aus. Herder etwa beeindruckten sie im positiven Sinne so sehr, daß er 1801 eine Sammlung forderte:

> [...] von Kindermährchen in richtiger Tendenz für den Geist und das Herz der Kinder, mit allem Reichthum zauberischer Weltscenen, so wie mit der ganzen Unschuld einer Jugendseele begabt [...].[81]

---

80 Zu den drei Formen s. Jolles, *Formen*, S. 23–61, 62–90, 200–217.
81 *Herders Sämmtliche Werke* (Suphan), Bd. 23, S. 288.

In den Jahrhunderten zuvor indes, zugespitzt in der Aufklärung (vgl. unten 1.3.2), lösten die Spezifika des weithin wirklichkeitsunabhängigen Märchens andere Reaktionen aus. Der Verweis in die Stuben der Kinder, spinnenden alten Frauen, Ammen und einfachen Leute war oft despektierlich gemeint; man sprach abschätzig von Rokken-, Spinn-, Weiber-, Lügen-, altvettelischen, närrischen Märlein etc. Das Unwerturteil über Erzählungen, unter die das Märchen fiel, wurde durch den Sprachgebrauch: die Wörter, die man zu ihrer Bezeichnung verwendete, jahrhundertelang perpetuiert. Hierbei verstärkte die Verbindung der Nomina »Märchen« und »Märlein« mit anderen Substantiven und Adjektiven zu Wortkombinationen wie »Spinnmärlein« oder »närrisches Märchen« den Effekt, den bereits das Diminutiv in Begriffen wie »Mär-*chen*« und »Mär-*lein*« besaß. Beider Substantive Semantik enthielt hinreichend Potential, um die Geschichten, die damit bezeichnet wurden, als ungebildetes Geschwätz kleiner Leute zu brandmarken und das Trivialitätsurteil über sie zu fällen: Beide Wörter sind Diminutiva zum Grundwort »Mär«/»Märe« (ahd. *mârî*; mhd. *maere = Kunde, Erzählung, Gerücht*),[82] das, zumal in Zusammensetzung mit anderen (pejorativ konnotierten) Wörtern, die Denotation der erfundenen Geschichte (*fabula*) im Gegensatz zum wahren bzw. als wahr erachteten Geschehen (*historia*) besaß. So überrascht es nicht, daß Geiler von Kaisersberg 1512 in seiner *Christenlicht bilgerschafft* »historien und geschichten der heiligen« als Erzählungen für Kinder, Mägde und Knechte »an stat böser wüster merlin, schamperer lieder und derglichen« forderte und noch E. Weigel 1682 in seiner *Tugendlehre* postulierte, man solle Kindern »in der That geschehene Historien anstatt der Mährlein, auch bisweilen sittenreiche Fabeln in der Schul erzählen, welche sie so leicht als alberne Mährlein ihrer Päplkäten merken«.[83] Besonders deutlich zum Ausdruck, daß die erzählte *maere* der tatsächlichen oder auf der Basis religiöser Vorgaben konstruierten Realität dem anerkannten Weltbild spottete, brachte die gebräuchliche Wortkombination *tand-maere*.[84] War mithin die Grundform »Mär« allein durch die Möglichkeiten bestimmter Kombinationen negativ konnotiert und semantisch stigmatisiert, wirkte die Verkleinerung durch »-chen« oder »-lein« dieser Stigmatisierung nicht im geringsten entgegen. Wie andere Diminutiva erlitten die Verkleinerungsformen zu »Mär« vielmehr eine Bedeutungsverschlechterung.[85]

Dieser pejorativen semantischen Verschiebung wurde erst im 18. Jh. durch die französisch beeinflußte Mode der Feengeschichten und Märchen aus *Tausendundeiner*

---

82 Vgl. Lüthi, *Märchen*, S. 1 f. (mit Literaturangaben).
83 Nachweis bei Bolte/Polívka, *Anmerkungen*, Bd. 4, S. 56 und 72.
84 Georg Wickram z.B. moniert 1556 in der Schrift *Von guten und bösen Nachbarn* das Erzählen »unnütze[r] tantmären [...] und dergleichen narreyen« zu ungunsten der von ihm eingeforderten Erinnerung an die »gnadenreichen gaben gottes«. Nachweis bei Bolte/Polívka, *Anmerkungen*, Bd. 4, S. 59. Ähnliche und weiterführende Beispiele s.v. »Tandmär(e)« und »Tandmärlein«, in: *Deutsches Wörterbuch von Jacob und Wilhelm Grimm*, Bd. 21: Elfter Band (I. Abt., I. Teil): T – Treftig, Leipzig 1935, Sp. 107 f.
85 Zwar war der Begriff »Märchen« keinesfalls so festgelegt, wie es der heutige wissenschaftliche Umgang mit dem Substantiv als Namen für eine besondere Erzählgattung vermuten läßt. Wie im Mittelhochdeutschen konnte »Märchen« außerhalb der ästhetischen Diskussionen einfach »Nachricht« oder »Erzählung« bedeuten. Doch nicht nur im ästhetischen Diskurs, auch in der Umgangssprache erfuhr das Substantiv eine meist abwertende Verwendung. Zum Wort »Märchen« und seinen Entsprechungen in anderen Sprachen vgl. Bolte/Polívka, *Anmerkungen*, Bd. 4, S. 1–4.

Nacht Einhalt geboten. Aufgrund der positiven Umbesetzung der Wörter griffen die Kritiker und Gegner des Märchens nun regelmäßig auf die Kombination mit anderen Substantiven zurück. Von der »Lügen-« oder »Ammenmäre« sprach, wer althergebrachte erdichtete Geschichten anprangerte; nicht nur, wenn er auf ein Märchen, auch wenn er auf andere als unwahr angesehene Erzählungen abhob, etwa auf Fabeln oder Schwankgeschichten. Der Ausdruck »Ammenmärchen« wurde vor allem dort verwendet, wo teils in Kinderstuben gängiges, teils ihnen nur unterstelltes Erzählgut kritisiert und ein altes Unwerturteil, das aus der Antike stammt, nutzbar gemacht wurde.

1.3.2 »Ammenmärchen« im 18. Jahrhundert: Vokabular zur Rechtfertigung eigener Märchen

Zu denen, die sich des Ausdrucks, ihm sinnverwandten Vokabulars und des hieran gekoppelten Urteils bemächtigten, zählt Christoph Martin Wieland. Sein Umgang mit dem Märchen führt exemplarisch vor Augen, wie zwiespältig das Verhältnis der Denker und Dichter der Aufklärung zu diesem Genre war. Über mehrere Jahrzehnte brachte er selbst zahlreiche Feengeschichten und Märchendichtungen in Vers und Prosa heraus. 1789 unterscheidet er in der »Vorrede Zum ersten Theil von Dschinnistan« (in *Feen- und Geistermärchen*) zwischen Märchendichtungen, die zu den »Werke[n] des Geschmackes« zählen, und bloßen »Ammenmärchen«. Diese

> im Ammenton erzählt, mögen sich durch mündliche Ueberlieferung fortpflanzen; aber gedruckt müssen sie nicht werden.[86]

Wielands Unterscheidung ist in mehrfacher Hinsicht aufschlußreich. Zum einen setzt sie das Reproduktionspotential mündlicher Überlieferung voraus, die Forscher heute immer wieder in Frage stellen;[87] in dieser Hinsicht hat die Bemerkung Informationswert. Zum anderen zeigt sie, welches poetologische Legitimationspotential die Bezeichnung »Ammenmäre« für die Umarbeitung oder Neuschöpfung von Märchen besaß. Indem Wieland speziell dem Ammenmärchen, nicht dem Feen-, nicht dem orientalischen Märchen literarischen Wert abspricht, rechtfertigt er die vielen eigenen Feengeschichten und märchenhaften Erzählungen. Man denke nur an den Roman *Don Sylvio* oder die Verserzählungen *Idris und Zenide*, *Pervonte oder die Wünsche* und *Oberon*. Die Botschaft des oben zitierten Satzes lautet: Was mündlich erzählt wird, setzt sich leicht durch, ist aber nicht immer schon buchfähig. Mündlichkeit muß nicht zu Literalität führen. Vor allem nicht, wenn es sich um in Kinderstuben gängiges Erzählgut von Ammen handelt, das der Aufzeichnung unwürdig ist. Zu lesen sind »Werke des Geschmacks«.

Eine vergleichbare Haltung zum Märchen legen Ende des 18. Jh.s einzelne Theoretiker der zeitgenössischen Pädagogik an den Tag.[88] Sie verfolgen zwar andere Ziele als Wieland, der seine Märchenbearbeitungen nie dem kindlichen Verständnis anzupassen beabsichtigte. Doch lassen sie sich mit ihm vergleichen, da auch sie den Ausdruck »Ammenmäre« mitunter zur Rechtfertigung eigener ›Arbeit am Märchen‹ einsetzen. Ihre Erziehungstheorien spiegeln John Lockes bekannte Vorstellung von der

---

[86] *Wieland's Werke. Dreissigster Theil. Feen- und Geistermärchen*, Berlin 1879, S. IX.
[87] Vgl. unten S. 145–149.
[88] Grätz, *Märchen*, S. 171–206.

Seele des Kindes als eines zunächst unbeschriebenen Blattes wider. Sie befürworten ein Erzählen des Märchens, das dazu dienen soll, die kindliche Seele mit moralischen Ideen zu füllen. Ernst Christian Trapp etwa fordert in der *Allgemeinen Revision des gesammten Schul= und Erziehungswesens* 1787 für die frühkindliche Phase das gezielte »Einsammeln eines Ideenvorrats« (d.h. den Erwerb von anschaulichen Bildern und abstrakten Begriffen) durch das Umerzählen ausgewählter »Mährchen« (fiktionaler Geschichten). Dabei erklärt er, es sei entscheidend, ob Domestiken, Ammen und Großmütter diese Geschichten erzählten oder er selbst. Denn jene seien nicht in der Lage, das »Möglich-Wunderbare« (christliche Gehalte) vom »Unmöglich-Wunderbaren« (Aberglauben) zu scheiden. Da es aber, um den aufklärerischen Überzeugungen zu entsprechen, notwendig sei, Kontrolle über das vorzutragende Erzählgut auszuüben, halte er es für sinnvoll, persönlich eine Auswahl vorzunehmen, diese zu bearbeiten und dann selbst vorzutragen.[89]

1.3.3 »Ammen-μῦθοι« bei Platon: Vokabular zur Rechtfertigung eigener μῦθοι

Beider Kunstgriff, der des Dichters und der des Erziehers, ist alt. Schon Platon verwendet ihn im *Staat*. Im Rahmen seiner Dichtungskritik in Buch II und III erhebt er Einwände gegen die gängigen μῦθοι, die Ammen und Mütter (Plat. rep. 377c: τροφούς τε καὶ μητέρας), Greise und Greisinnen (378d: γέρουσι καὶ γραυσί) den Kindern erzählen, und koppelt an die Kritik das Postulat neuer pädagogisch zugeschnittener Geschichten für Kinder.

Eingebettet ist diese Forderung, mit der wir uns im nächsten Kapitel näher beschäftigen, in Erwägungen zur musischen Erziehung des Wächterstandes (367e–406c). In ihrem Verlauf geriert sich Platon als literarischer Zensor, indem er seine eigene Theologie und Ethik zum Maßstab der Dichtung und des Geschichtenerzählens macht. Hätte er es dabei belassen, die herkömmlichen Erzählungen anzuprangern und spezielle, zweckrationalistisch durchwirkte zu fordern, böte sich der Vergleich mit Wieland und Trapp kaum an. Doch Platon kritisiert und postuliert nicht nur. Er liefert, wie die beiden, die geforderten Erzählungen selbst; und zwar aus zwei Gründen. Erstens kann er über zentrale Theoreme seiner Wahrheitsphilosophie – über alles, was mit der Seele zu tun hat und Sinnen wie Intellekt unzugänglich ist – nur in bestimmten mythischen Begriffen sprechen. Zweitens ist er sich des Einflusses bewußt, den mythische Rede auf die Masse (nicht etwa auf die Philosophen) ausübt. Sein Werk durchziehen daher nicht nur Gleichnisse, Bilder und Beschreibungen, die sich an eine vom Mythos geprägte Vorstellungs- und Sprechweise *an*lehnen oder Namen und Elemente aus diesem *be*lehnen. Es enthält überdies etliche neue Mythen: Geschichten der Seele, Geschichten der Wahrheit, Geschichten der Schönheit.[90]

---

89 [E.C.] Trapp, »Vom Unterricht überhaupt [...]«, in: *Allgemeine Revision des gesammten Schul= und Erziehungswesens [...]*, hrsg. von E. Campe, Wien/Wolfenbüttel 1787, H. 8, S. 1–210, h.: S. 141 ff. Hierzu vgl. Grätz, *Märchen*, S. 175 f.

90 Einzelne Mythen Platons erörtert W. Hirsch, *Platons Weg zum Mythos*, Berlin/New York 1971, S. 257 ff.; für eine vollständige Aufzählung von Platons Mythen s. L. Brisson/H. Ioannidi, »Platon 1975–1980«, in: *Lustrum* 25 (1983), S. 31–320, h.: S. 297. Vgl. zum Thema auch L. Brisson, *Platon, les mots et les mythes*, Paris 1982; dort findet sich gleichfalls eine Übersicht über die von Platon eingesetzten überlieferten Mythen (S. 186–197).

Wielands Eigenwerbung für »Werke des Geschmacks« und Trapps Forderung nach einer Märchenliteratur, die, von Aberglauben befreit, die Kinderseele formt, indem sie moralisch auf die Vernunft abhebt, folgen demselben Muster wie Platons Forderung neuer Ammen-μῦθοι. Mögen die einzelnen Implikationen und Intentionen auch andere sein, ist doch das Muster dasselbe: In allen drei Fällen fungiert der Negativbezug auf die alten Ammen-μῦθοι bzw. -mären als Operator neuer Erzählungen, die im Horizont gegen die althergebrachten entstehen. Durch Distanzierung von den herkömmlichen erdichteten Geschichten werden je eigene ästhetische und anthropologische Thesen erhärtet und eigene neue literarische Schöpfungen gerechtfertigt. Man verstößt die alten »Ammenmären« als geist- und geschmacklos bzw. ethisch wertlos oder unzulässig und fordert bzw. schafft in Abgrenzung gegen sie Erzählungen, die moralisch-utilitaristischen Erwägungen folgen. Deren pädagogischer Zweck heiligt narrative Mittel, die dem zugrundeliegenden Rationalitätspostulat eigentlich widersprechen.

2. Vom μῦθος γραῶν/τιτθῶν über die *fabulae aniles/ nutricularum* zum »altvettelischen Mährlein«/»Ammenmärchen«: Geschichte eines Verdikts

Daß die zwei Repräsentanten der Aufklärung ihre Absage an die Geschichten der Ammen nach dem gleichen Schema wie Platon für eigene Zwecke dienstbar machen, beruht nicht auf Zufall. Ihre Nutzbarmachung des Ausdrucks »Ammenmäre« geht zurück auf das seit der Antike auf verschlungenen Wegen stets vielrezipierte Werk des Philosophen. Seine Absage an die μῦθοι, die Menschen »von Kindheit an« (leg. 887d: ἐκ νέων παίδων), wenn sie »noch mit Milch ernährt« würden (ἔτι ἐν γάλαξι τρεφόμενοι), von ihren »Ammen und Müttern« (τροφῶν τε [...] καὶ μητέρων), von »Greisen und Greisinnen« (rep. 378d: γέρουσι καὶ γραυσί) hörten, gerann noch in der Antike zu einem Topos, der von Literaten, Literaturkritikern und Philosophen regelmäßig für eigene Zwecke argumentativ nutzbar gemacht wurde. Die griechischen Wendungen μῦθοι γραῶν und μῦθοι τιτθῶν und ihre lateinischen Äquivalente *fabulae aniles* und *fabulae nutricularum* wurden hierbei synonym verwendet: Als ›alter Weiber und Ammen Geschwätz‹ galten schon in Griechenland und Rom Erzählungen, die man für unwahr erachtete und denen sich keine Lehre oder ethische Implikation abtrotzen ließ.

Der Hintergrund, vor dem die Wahl dieser Begrifflichkeit ablief, war, stark verkürzt resümiert, folgender: Etwas dem Bereich der Amme oder ›alten Vettel‹ zuzuschreiben hieß, es in den Orkus des sozial und ästhetisch Prekären zu verstoßen. Hatte doch die Amme als Sklavin (die sie zumeist war) eine sozial niedrige Position inne und die ›Vettel‹ als traditionsmächtige Chiffre für physische und moralische Übel herzuhalten, mit deren Hilfe ekelhafte Phänomene und das Lächerliche evoziert wurden.[91] Die

---

[91] Vgl. K. Rosenkranz, *Ästhetik des Häßlichen* (Königsberg 1853), hrsg. u. mit einem Nachwort versehen von Dieter Kliche, Leipzig ²1996, insbes. S. 260; H.G. Oeri, *Der Typ der komischen Alten in der griechischen Komödie, seine Nachwirkungen und seine Herkunft*, (Diss.) Basel 1948, S. 12 ff.; M. Fuhrmann, »Die Funktion grausiger und ekelhafter Motive in der lateinischen Dichtung«, in: *Poetik und Hermeneutik III: Die nicht mehr schönen Künste. Grenzphänomene des*

Zuschreibung einer Erzählung oder Aussage zur einen oder anderen, zur Amme oder Vettel, garantierte, die Erzählung oder Aussage als Zeugnis von Ungebildetheit, Lächerlichkeit oder ästhetischer Unmöglichkeit herabzusetzen. Die attische und römische Komödie von Aristophanes bis zu Plautus und Terenz hatte alle erdenklichen Negativeigenschaften einer nicht respektablen Frau zum stereotypen Zerrbild des ›alten Weibes‹ gebündelt – in der spätklassischen Kunst und Literatur zeichnet sich übrigens eine Stilisierung der Amme zur alten Frau ab[92] –; zudem fand der Typus der genuß- und kuppelsüchtigen, hexen- und schwatzhaften Alten seinen Weg in andere Zusammenhänge. Sowohl scherzhaft karikierende als auch unversöhnlich deklassierende Darstellungen greiser Verbreiterinnen von Klatsch, Kupplerinnen, Hexen und Trinkerinnen finden sich bis tief in die hellenistisch-römische Zeit in Kunst und Literatur; bis in die Kaiserzeit war auch Mannstollheit von Greisinnen beliebtes literarisches Sujet.[93] Ihnen törichte Leichtgläubigkeit, abergläubische Tendenzen und Fabulierneigung nachzusagen, war daher ein Leichtes. Schriftsteller – keinesfalls nur Komödiendichter – warfen ihnen immer wieder vor, Abstrusitäten über Götter und Menschen für wahr zu halten[94] und zugleich selber (nicht im lehrhaft-rationalen Ton der Fabel, sondern im phantastischen Ton dessen, was wir heute Märchen nennen) Geschichten zu erdichten.[95]

Derart klischeegesättigt, entfalteten die Begriffe *fabulae aniles* und *fabulae nutricularum* insbesondere bei den Kirchenvätern hohes rhetorisches Potential und hielten sich so durchs Mittelalter. Man übersetzte sie durch deutsche Ausdrücke wie »Altvettelisches Märlein«, »Spinnmärlein« und »Ammenmärchen« und verwendete diese weiterhin in negativer Bedeutung. Ihre pejorative Semantik verfestigte sich zudem ab dem 15. Jh. im Kontext der Hexenverfolgungen. Seitdem der *Malleus maleficarum* (1487), bekannt als *Der Hexenhammer,* in wachsendem Maße Beachtung erfuhr, galt die Hebamme zunehmend als Inkarnation der Hexe und Prototyp des Bösen schlecht-

---

Ästhetischen, hrsg. von H.R. Jauß, München 1968, S. 23–66; K.R. Bradley, »Wetnursing at Rome: A Study in Social Relation«, in: B. Rawson (Hrsg.), *The Family in Ancient Rome*, London 1986, S. 201–229; S. Pfisterer-Haas, *Darstellungen alter Frauen in der griechischen Kunst*, Frankfurt. a.M./Bern/New York/Paris 1989; R. Amedick, »Unwürdige Greisinnen«, in: *Römische Mitteilungen* 102 (1995), S. 141–170 (auf S. 141 werden ältere archäologische Untersuchungen angeführt); H. Schulze, *Ammen und Pädagogen. Sklavinnen und Sklaven als Erzieher in der antiken Kunst und Gesellschaft*, Mainz 1998, insbes. S. 13 ff.; W. Menninghaus, *Ekel. Theorie und Geschichte einer starken Empfindung*, Frankfurt a.M. 1999, S. 132 ff.

92 Vgl. hierzu Pfisterer-Haas, *Darstellungen*, S. 36 ff.
93 Zur Kunst vgl. Amedick, »Greisinnen«; zur Mittleren und Neuen Komödie und der von der Komödie beeinflußten Literatur vgl. Oeri, *Typ.*
94 Cic. Tusc. 1, 48: *quae est anus tam delira quae timeat ista?* 1, 93: *istae ineptiae paene aniles.* div. 2, 36: *haec iam, mihi crede, ne aniculae quidem existimant.* 2, 125: *eamque superstitionem inbecilli animi atque anilis putent?* 2, 70: *falsas opiniones erroresque turbulentos et superstitiones paene aniles.* Lact. inst. 1, 17, 3: *superstitiones paene aniles.* 2, 4, 4: *non poetice, sed aniliter desipit.* 5, 2, 7: *impia atque anili superstitione.* Amm. 21, 16, 18: *anili superstitione.* Aug. in Psalm. 38: *anicularia tibi videntur haec verba.* Claud. Mam. 2, 8 Eng.: *veternosas anilium opinionum suspiciones.* Ennod. p.18, 14 Vog.: *cessent anilium commenta poetarum.*
95 Cic. nat. deor. 3, 12: *nec fabellas aniles proferas.* Min. Fel. 11, 2: *aniles fabulas adstruunt.* Lact. inst. 5, 1, 26: *ad aniles fabulas.* Hier. epist. 128, 1. adv. Ioann. Hieros. 14 (col. 421 Vall.): *aniles et superfluas cantilenas.* adv. Rufin. 3. 22 (col. 552). Schol. Pers. 5. 91: *aniles fabulas.* Zenob. 3, 5: γραῶν ὕθλος· ἐπὶ τῶν μάτην ληρούντων.

hin.[96] Den von ihr erzählten Geschichten haftete der Geruch ketzerischen Wirkens an.

Da Platons Sicht auf die μῦθοι γραῶν und τιτθῶν infolge ihrer Fortschreibung die Akzeptanz des Märchens maßgebend verhindert hat, gelten die nächsten Kapitel seinem Verdikt und dessen Nachwirken. Zuerst werden entscheidende Bemerkungen Platons selbst geprüft (2.1), dann antike und spätantike Texte, die in der Tradition des Unwerturteils stehen, untersucht (2.2); abschließende Überlegungen gelten dem Verhältnis der verpönten antiken Erdichtungen zur Gattung »Märchen« (2.3).

2.1 Platon: Prägung des Verdikts

Platons despektierliche Bemerkungen über τιτθῶν – bzw. τροφῶν[97] – und γραῶν μῦθοι finden sich wiederholt in seinem Werk. Oft fallen sie, wie im *Staat*, an Stellen, wo unter der Leitfrage nach der Gerechtigkeit Dichter (etwa Homer) und Sophisten (etwa Gorgias) der Unwahrhaftigkeit angeklagt werden; wo ihnen vorgeworfen wird zu lehren, daß gerechtes Handeln Nachteile, Unrechttun aber, wenn es unentdeckt bleibe, Vorteile bringe; wo sie beschuldigt werden, nicht auf das Sein im Sinne des wahren Guten und Gerechten, sondern auf den Schein zentriert zu sein: darauf, daß ein Mensch gut und gerecht scheine.

2.1.1 Der Vergleich mit Ammen und »alten Weibern«: Eine rhetorische Figur der Abwertung

Daß Platon an Stellen dieser Art mehrfach die Geschichten der Ammen und Alten argumentativ ins Spiel bringt, hat konkrete Gründe. Er zielt darauf ab, die von ihm Getadelten des Scheins und der Unwahrhaftigkeit zu überführen. Ihr Vergleich mit Ammen und alten Weibern – *tertium comparationis* ist das Geschwätz oder die Erdichtung – dient dabei rhetorisch der Bloßstellung der Zu-Überführenden. Im *Theätet* etwa legt Platon dem Sokrates die abfällige Bemerkung in den Mund, es sei γραῶν ὕθλος, Altweibergeschwätz, wenn gesagt werde, man solle danach streben, gut zu scheinen.[98] Andernorts, etwa in den pädagogischen Postulaten im *Staat*, in den *Geset-*

---

96 Heinrich Institoris und Jakob Sprenger propagierten im *Hexenhammer* die Hexenverfolgung und schufen in ihrer Schrift, die Leitfaden der Inquisition war, das Instrument einer ›Aufklärung‹ über die Hintergründe, den Inhalt und die Bekämpfung allen Hexenwesens. In besonderem Maße zielte der *Hexenhammer* auf die Hebammen, die den Verfassern zufolge »alle anderen an Bosheit übertreffen«. Vgl. J. Sprenger/H. Institoris, *Der Hexenhammer (Malleus maleficarum)* (1487), übersetzt und eingeleitet von J.W.R. Schmidt, Berlin 1906, München [10]1991, S. 93. Zu den »boshaften Hebammen«, die ein besonders prominentes Angriffsziel der Hexenhatz bildeten, da sie als »weise Frauen« galten, die mit ihrem Wissen um schwangerschaftsverhütende und -abbrechende Mittel der »unbeschränkten Menschenproduktion« im Wege standen, vgl. W. von Rahden, »Orte des Bösen. Aufstieg und Fall des dämonologischen Dispositivs«, in: A. Schuller/ W. von Rahden (Hrsg.), *Die andere Kraft. Zur Renaissance des Bösen*, Berlin 1993, S. 26–54, h.: S. 30f. (vgl. a.a.O. auch die Literatur zum Thema in Anm. 9).
97 ἡ τίτθη (verwandt: τιτθεύειν = stillen) und ἡ τροφός (verwandt: τρέφειν = ernähren) werden synonym als Bezeichnungen für »Amme« verwendet; über einen möglichen Unterschied (τιτθεύειν, aber τρέφειν) vgl. G. Herzog-Hauser in: *RE* XVII (1936), Sp. 1491 s.v. »Nutrix 1« und T. Hopfner in: *RAC* I (1950), Sp. 381 s.v. »Amme«, aber Schulze, *Ammen*, S. 13.
98 Plat. Tht. 176b.

zen oder im *Gorgias*, ist ὕθλος durch μῦθοι ersetzt oder es wird ein entsprechendes Verb (μυθολογέω) verwendet;⁹⁹ so z.B. im *Hippias Major*, wo Platon die Wirkung der Lehrvorträge des Sophisten Hippias von Elis auf sein Publikum mit derjenigen geschichtenerzählender Greisinnen auf Kinder vergleicht. Die Zusammenschau dieser Stellen ergibt, daß das Wort μῦθος hier mit weitaus schrofferer Ablehnung und in schärferer Abgrenzung zum griechischen λόγος, zum überprüfbaren Diskurs,¹⁰⁰ gebraucht wird als etwa im Falle der Erzählungen, die Platon in seinen Dialogen vortragen läßt.

Indem Platon über das *tertium* Geschwätz/Erdichtung eine Analogie der zu tadelnden Dichter und Sophisten mit den Ammen und Greisinnen formuliert, setzt er die Zu-Tadelnden herab: Er führt sie als weibisch, schwatzhaft und sozial niedrigstehend vor, feminisiert und degradiert sie. Es ist anzunehmen, daß er sie in den Geruch der *effeminatio* bringen will. Ist doch zu seiner Zeit der an Frauen gerichtete Vorwurf des Schwatzens (neben ὕθλος auch λαλιά) ein beliebtes Sujet; man denke nur an Komödien des Aristophanes, in denen dieser wiederholt den Topos weiblicher Geschwätzigkeit einsetzt, um das Lächerliche zu evozieren.¹⁰¹ In jedem Fall sucht Platon die Zu-Tadelnden zu degradieren. Denn die Amme und die Alte sind, wie erwähnt, auf je eigene Weise soziale Randfiguren. Zeitgenössische Kritiker bezichtigen die Nährmutter eines schlechten Einflusses auf die ihr anvertrauten Kinder.¹⁰² Problematisch ist auch der Stand der alten Frau. Sie genießt zwar gegenüber der jungen (gebärfähigen) Frau deutlich eine Unabhängigkeit. Doch führt gerade diese Unabhängigkeit zu mancherlei Negativdarstellungen ihrer Person in Literatur und Kunst. Die Zerrbilder des alten Weibes in der Literatur des 5. Jh.s v. Chr., zumal in der Alten Komödie, werden in der Mittleren Komödie zur Vollendung gebracht: Die Alte erscheint als mannstolle, trunksüchtige Kupplerin, die Klatsch verbreitet und der Hexerei mächtig ist; hier finden sich im Typus der trunkenen Alten sämtliche Eigenschaften vereint, die in der Folge auf verschiedene Weise zu Zerrbildern der Vettel kombiniert werden.¹⁰³

Solcher Zuschreibungen und Topoi bediente sich auch Platon. Seine Intention und sein Vorgehen lassen sich wie folgt beschreiben: Wenn er etwas als μῦθος γραῶν bezeichnet, wertet er es als Produkt einer mit allen nur denkbaren ethischen Übeln versehenen Alten ab. Wenn er etwas dezidiert vom μῦθος γραῶν unterscheidet, wertet er es als das Gegenteil auf: als ein enthemmter Sinnlichkeit, Klatsch und Hexerei entgegengesetztes geistiges Produkt. Auf- und Abwertung sind dabei immer zugleich gegeben. In der Abwertung des einen liegt die Aufwertung des anderen und *vice versa*. Zwei prominente Beispiele für diesen Kunstgriff bilden der Schluß des *Gorgias* und die – in die Postulate zur musischen Erziehung der Wächter eingeflochtene – Dichterkritik im *Staat*.

In der Schlußpassage des *Gorgias* will Platon die Identität von Wissen und Sein (= Tun) in bezug auf die Tugend darlegen. Hierzu läßt er Sokrates einen Jenseitsmythos über das Totengericht (Gorg. 523a–526d) erzählen und daraus Folgerungen für eine Lebensführung in wahrer Gerechtigkeit ziehen. Sokrates beschließt die Erzählung mit

---

99 Vgl. Plat. rep. 350e; Gorg. 527a; Lys. 205d; Hipp. mai. 286a; leg. 887d.
100 Vgl. hierzu z.B. Brisson, *Einführung*, S. 27 ff.
101 Textreferenzen bei Oeri, *Typ*, S. 12 ff.; Amedick, »Greisinnen«.
102 Vgl. Schulze, *Ammen*, insbes. S. 13–19.
103 Oeri, *Typ*.

der Bemerkung (527a), man könne meinen, er habe eine Geschichte (μῦθος) wie eine Alte (γραός) erzählt, und sie für nichts wert halten (καταφρονεῖς). Doch kaum hat er die Möglichkeit dieses Urteils in Betracht gezogen, räumt er sie in einer argumentativen Gegenbewegung aus: Das Gesagte enthalte einen λόγος, der sich unter den vielen soeben widerlegten sophistischen Reden als einziger bewährt habe: daß nämlich das Unrecht mehr zu scheuen sei als das Unrechtleiden und daß man danach streben müsse, nicht gut zu scheinen, sondern wahrhaft gut zu sein (527b–c). Die eigene Erzählung wird mithin auf-, die Argumentation der sophistischen Gesprächspartner (wie Gorgias) abgewertet.

2.1.2 Das Unwerturteil über »Altweiber«- und Ammen-μῦθοι in der Dichterkritik des »Staats«

Die gleichfalls Sokrates (im Dialog) in den Mund gelegte Argumentation im *Staat* (367e–403c) ist komplexer. Anders als im *Gorgias* oder anderen Dialogen wird das Unwerturteil über Altweiber- und Ammengeschichten in ihr nicht nur als Schlagwort eingesetzt. Es ist zudem als echter Tadel des in Kinderstuben gängigen Erzählguts gedacht und nimmt in dieser Bedeutung eine exponierte Position ein: Es fungiert als thematischer Aufhänger der mit pädagogischen Vorstellungen verschmolzenen Dichterkritik und ist zugleich integraler Bestandteil dieser Kritik, durch die es sich wie ein roter Faden zieht. Da die gesamte Argumentation recht umfangreich ist, seien hier nur die Punkte beleuchtet, die für unsere gattungstheoretischen Überlegungen zu Märchen und Mythos wichtig sind. Die Einleitung der Dichterkritik – sie hebt mit dem Tadel der Ammen-μῦθοι an (377a–c), für die deutschsprachige Übersetzer[104] zumeist das Wort »Märchen« (!) gewählt haben – sei ausführlich überprüft, die Gesamtargumentation summarisch wiedergegeben (367e–403c):

> Das Verfassen und Erzählen von Geschichten hat weniger auf Vergnügen als auf Nutzen, d.h. die Vermittlung moralischer Grundsätze zu zielen. Da die meisten gängigen Geschichten für Kinder diesem Zweck nicht genügen, sind sie zu verabschieden. Sie eignen sich ebenso wenig für eine gute Erziehung wie die Dichtungen Homers, Hesiods und anderer Dichter; sie sind von derselben Art und haben dieselbe Wirkung. An den Werken der Dichter läßt sich daher erkennen, was auch Manko der Ammenerzählungen ist: Sie bieten inadäquate Verhaltensmodelle an, indem die Protagonisten – die Götter, Heroen und Menschen – in ein schlechtes Licht gerückt werden. Am Beispiel der Götter und Heroen werden Lust am Verbrechen, Kriegsbegeisterung und Affirmation von Gewalt, unwahrhaftiges, unbesonnenes und affektgeleitetes Verhalten exponiert und legitimiert. Über die Menschen wird erzählt, viele Ungerechte seien glücklich, Gerechte aber unglücklich, Unrechttun nütze, wenn es nicht entdeckt werde, und Gerechtigkeit sei fremdes Gut, aber eigener Schade.[105] All dies jedoch, was die Geschichtenerzähler und Dichter über Götter, Heroen und Menschen erzählen und schreiben, ist einer Erziehung der Menschen zu Besonnenheit und Wahrhaftigkeit und dem Wohl des Staates abträglich. Das Gegenteil, nur das Gute, soll dargestellt werden. Daher muß man das überlieferte Erzählgut, mündliches wie schriftliches, scharf zensieren. Man darf nur solche Geschichten zulassen, welche die Seelen der Kinder gemäß ihren Wächteraufgaben und damit zum Wohl des Staatsganzen prägen.

---

104 Beispiele folgen im Fortgang der Argumentation.
105 ›Hieb‹ gegen Sophisten.

Eingeleitet (377a–c) werden diese Kritik der alten und das Postulat neuer Erzählungen, indem bestimmt wird, warum und wie das überlieferte Erzählgut einer aussondernden Prüfung unterzogen werden müsse:

> *Sokrates.* »Weißt du nicht, sagte ich, daß wir zuerst den Kindern Geschichten erzählen [μύθους λέγομεν]? Diese sind zwar wohl, im ganzen gesehen, Erfindung [ψεῦδος], aber darin ist auch Wahres [ἀληθῆ]. [...] Nun weißt du, daß der Anfang bei jedem Werk das wichtigste ist, zumal für ein junges zartes Wesen. [...]
> [...] Dürfen wir also leichtfertig zulassen, daß die Kinder die erstbesten Geschichten [τοὺς ἐπιτυχόντας μύθους], von den erstbesten Dichtern geformt, hören und in ihre Seelen aufnehmen, die meistens jenen widersprechen, die wir, wenn sie erwachsen sind, bei ihnen erwarten müssen? [...] Zuerst müssen wir offenbar die Verfasser der Geschichten [τοῖς μυθοποιοῖς] überwachen [ἐπιστατητέον], und ihre guten Schöpfungen zulassen [ἐγκριτέον], ihre schlechten aber ausscheiden [ἀποκριτέον]. Dann aber werden wir die Ammen und Mütter [τροφοὺς καὶ μητέρας] überzeugen, den Kindern die ausgewählten [ἐγκριθέντας] zu erzählen und so ihre Seelen durch die Geschichten [τοῖς μύθοις] zu formen [...]; von den gegenwärtig erzählten sind die meisten [τοὺς πολλοὺς] auszuscheiden [ἐκβλητέον].«[106]

Im Zentrum der Einleitung steht die Prägung und Bildung der Kinder durch die Mütter- und Ammengeschichten. Um über diese zu reden, verwendet Platon durchgängig ein- und dasselbe Wort: das Substantiv μῦθος, das in seinem Œuvre in der Bedeutungsbreite von »Sage aus Urzeiten«[107] bis zu »Geschichte« im Sinne der Erinnerungen eines Volkes[108] und von »Fabel«[109] bis zu »Gleichnis«[110] auftritt.[111] Folglich benutzt er einen Begriff, der, für sich genommen, keine gattungsspezifizierenden Implikationen birgt, sondern in seiner Grundbedeutung eine Pauschalbezeichnung für jedwede Erzählung[112] ist und nur in der jeweiligen Kontextualisierung Aufschluß

---

106 Übersetzung nach *Platonis Opera, recognovit breviuque adnotatione critica instruxit Ioannes Burnet*, tom. IV, Oxford 1902. Griechisch hervorgehoben wird, was in den nachfolgenden Überlegungen wesentlich ist.
107 Plat. Tim. 22b; leg. 683d, 804e.
108 Plat. Kritias 110a; leg. 682e.
109 Plat. Phaid. 60b-c (unter Nennung Aesops). In der ionischen Poesie und Prosa wäre hier, um die Fabel zu bezeichnen, auch die Verwendung des (im Attischen nicht gebrauchten) Substantivs αἶνος denkbar. Im Sinne der Fabel transzendiert der αἶνος, wie das Märchen, den Rahmen des irdisch Möglichen, wird jedoch, im Gegensatz zum Märchen, vom Schöpfer bzw. Erzähler ebenso wie vom Zuhörer bzw. Leser als »eine um der Nutzanwendung willen erfundene Geschichte« (Lüthi) empfunden. Er erfüllt Lehrzwecke, indem er eine allgemeingültige Wahrheit oder Lebensregel sinnfällig zum Ausdruck bringt. Vgl. zum Thema αἶνος/Fabel T. Karadagli, *Fabel und Ainos. Studien zur griechischen Fabel*, Königstein/Ts. 1981 (=Beiträge zur Klassischen Philologie, Bd. 135); N. Holzberg, *Die antike Fabel. Eine Einführung*, Darmstadt 1993 (inkl. »Bibliographie«, S. 177–131); G.-J. van Dijk, *ΑΙΝΟΙ, ΛΟΓΟΙ, ΜΥΘΟΙ: Fables in Archaic, Classical, and Hellenistic Greek literature. With a study of the theory and terminology of the genre*, Leiden/New York/Köln 1997. Epochenübergreifend: Leibfried, *Fabel*.
110 Plat. Gorg. 493d; rep. 588c; leg. 645b.
111 Vgl. die Stellensammlungen bei L. Couturat, *De Platonicis mythis*, Paris 1896, und W. Willi, *Versuch einer Grundlegung der platonischen Mythopoiie*, Zürich 1925.
112 Das Wort μῦθος erfährt erst durch die Sophisten, Platon und Aristoteles – aufgrund der Vorstellung, daß alle Erzählungen über Götter, Heroen und die sagenhafte Vorzeit von Dichtern erfunden worden seien – die Ausbildung zu dem semantischen Inhalt, den wir heute mit μῦθος/Mythos assoziieren: Bei Homer kommt es stets in der Bedeutung eines subjektiven Ausspruchs (bzw. einer Rede) eines Einzelnen über Selbsterlebtes oder -erdachtes vor (Il. 1, 545; 3, 212. 358; 7, 12. 232; Od. 4, 674; 11, 442). Im 6. und 5. Jh. v. Chr. tritt das Wort λόγος in den Vordergrund: Pindar etwa nennt sowohl seine Gedichte als auch die ihm vorliegenden

über verschiedene Möglichkeiten des Erzählens geben kann. Da hier eine solche Kontextualisierung gegeben ist – μῦθος meint stets dasselbe: die dem Kind zugedachte Erzählung der Mutter oder Amme (in 378d auch des Greises und der Greisin) –, haben sich die Übersetzer veranlaßt gefühlt, auch im Deutschen einen einheitlichen Terminus zu verwenden. Dabei haben sie, mit der neuzeitlichen Terminologie der Erzählforschung ausgestattet, allesamt eine Gattungszuweisung zu Märchen, Mythos oder Sage vorgenommen. Und dies, obwohl weder das Wort μῦθος selbst, noch ein ihm äußerlicher attischer Begriffsapparat oder spätantike Abhandlungen über Fragen der Literaturkritik und -theorie die Wahl für das eine oder andere Genre begründen könnten.

2.1.3 Plat. rep. 377a–c – μῦθος in der Übersetzung:
Zur Wahl des Begriffs »Märchen« vor dem Hintergrund Grimmscher Zensur

Die Mehrzahl der Übersetzer hat sich für das »Märchen« entschieden. Nur wenige geben μῦθος durch »Mythos« oder »Sage« wieder. Zu ihnen zählt Rudolf Rufener; er bietet für die Kindern erzählten Geschichten die Variante »Mythen (Sagen)« an, erläutert seine Entscheidung aber nicht.[113] Vermutlich hat ihn die Passus-Fortsetzung (377d ff.) zu der Wahl bewegt. In ihr führt Platon im Verlauf seiner Kritik an Homer, Hesiod und anderen Dichtern primär Erzählungen an, die – nach unseren Begriffen – unter Mythos und Sage fallen: Genannt werden vor allem Hesiods und Homers Erzählungen von Taten, die Götter, Dämonen, Heroen und Menschen aus der Unterwelt und der vergangenen Welt vollbracht haben. Daß die meisten Übersetzer – etwa Karl Vretska, Otto Apelt und vor allem schon Friedrich Schleiermacher – μῦθος durch »Märchen« wiedergeben, überrascht aus zwei Gründen nicht.[114]

Mythen λόγοι, während μῦθος »Erzählung, Dichtung, Rede« heißt und negativ konnotiert ist (O. 1, 28 ff. 7, 21. 9, 35; P. 2, 66. 7, 9; N. 1, 34. 4, 31. 71; I. 9, 1). Herodot nennt λόγοι sowohl seine eigenen Darstellungen, als auch verschiedene andere Erzählungen aus dem Bereich von Sage, Mythos, Legende etc.; μῦθος bezeichet bei ihm eine Form der Darstellung, die der individuellen Meinung eines Einzelnen Ausdruck verleiht (2, 23: *Hekataios über Okenaos*; 2, 43: *Herakles*; 2, 116: *Helena*; 4, 110: *Amazonen*; 4, 179: *Argonauten*). Dieselben Nuancen behält μῦθος bei Aischylos und Sophokles. Euripides' Tragödien weisen erste Veränderungen im Sprachgebrauch auf. Hier bezeichnet der Begriff mitunter die »Erzählung« bzw. »Geschichte«, auch die Sage und das Märchen in unserem heutigen Sinne (Hipp. 197; Ion 994; Iph.A. 799). Vgl. zum griech. Begriff μῦθος Brisson, *Einführung*, S. 5–54, und J. Bollack, »Mythische Deutung und Deutung des Mythos«, in: *Poetik und Hermeneutik IV*, S. 67–119. Detaillierte literarische Angaben zu den antiken Quellen liefern die philologischen Wortuntersuchungen von E. Hofmann, *Qua ratione ΕΠΟΣ ΜΥΘΟΣ ΑΙΝΟΣ ΛΟΓΟΣ et vocabula ab eisdem stirpibus derivata in antiqua Graecorum sermone … adhibita sunt*, (Diss.) Göttingen 1922, insbes. S. 28 ff., und L. Müller, *Wort und Begriff ΜΥΘΟΣ im klassischen Griechisch*, (Diss.) Hamburg 1953.

113 Platon, *Der Staat*, eingeleitet von Olof Gigon, übertragen von Rudolf Rufener, Zürich/München ²1973, S. 146 f.

114 Vgl. *Platons Werke von F. Schleiermacher*, zweiten Theiles dritter Band, Berlin ³1861, S. 99 f.; *Platons Werke*, vierte Gruppe, *Die Platonische Kosmik*, erstes Bändchen, *Zehn Bücher vom Staate*, erstes Bändchen. Einleitung und Buch I–II von W.S. Teuffel, Stuttgart 1855, S. 102 f.; Platon, *Sämtliche Dialoge*, Band V: *Der Staat*, hrsg. von Otto Apelt, sechste der Neuübersetzung dritte Auflage, Leipzig 1923, S. 76 f.; Platon, *Sämtliche Werke*, hrsg. von Erich Loewenthal, Bd. 2: *Der Staat*, Köln ⁶1969, S. 72 f.; Platon, *Der Staat (Politeia)*, übersetzt und herausgegeben von Karl Vretska, durchgesehene, verbesserte und bibliographisch ergänzte Ausgabe, Stuttgart 1982,

Zum einen hat das seit über 200 Jahren übliche Verständnis des Märchens als eines speziell fürs Kind gedachten Genres die Übersetzer beeinflußt. Seit dem 18. Jh. wurden Märchen im deutschen Sprachraum zunehmend in die Kinderstube abgedrängt, nachdem sie zunächst gewiß nicht nur für ein kindliches Publikum gedacht waren.[115] Oft schlüpfrig, mit Themen, die um Sexualität, Gewalt und Familienkonflikte kreisen, angefüllt, sollten Märchen vornehmlich der Unterhaltung, nicht der Vermittlung von Moral und Tugendhaftigkeit dienen. Daß Geschichten, die als »Märchen« kursieren, vielfach mit Lehren versehen und ideologisch verbrämt sind, liegt darin begründet, daß sie von Sammlern mit Blick auf ihr Publikum einen je zeittypischen Überbau zu höheren moralischen Zwecken erhielten. Deutliche Beispiele liefern Grimms *Kinder- und Hausmärchen*, die als die meistgelesenen und -gekauften deutschen Bücher gelten.[116] Ihre Texte wurden wiederholt als Produkte strenger Grimmscher Zensur erkannt.[117] Sie enthalten Botschaften, Begründungen und Beurteilungen, die den weltanschaulichen Diskurs reflektieren, dem die Brüder ihre Erzählungen bei der Überarbeitung einverleibt haben: den des Christentums. Die Moral, die ihnen anhaftet, ist die ihrer Herausgeber und entspricht deren Ansichten über Sexualität, soziale Stellung und Charakter: Fleißige, sittsame und gottesfürchtige Frauen sind schön, männliche Helden, so tumb sie erscheinen, einfühlsam und barmherzig, alleinregierende Könige klug und weise.[118] Biedermeierlich-frömmelnde Klischees treten gehäuft auf. Mit dem eigentlichen Handeln und Denken der Märchenfiguren, das von solchen Kategorien frei ist, hat die Grimmsche Typologie wenig zu tun. Sichtbar wird dies bei Abzug der moralischen Beimengungen durch Rückgang auf frühe Versionen der von den Grimms adaptierten Erzählungen.[119] Ein solches Verfahren führt zurück zu reinen Märchen. Es zeigt uns Helden, die in nichts an ein übergeordnetes ideologisches System gebunden sind, und sich genau darin – in ihrer originären Losgelöstheit – von den ins Prokrustesbett biedermeierlicher Prüderie gezwängten Protagoni-

---

S. 150 f. (1. Aufl. 1958). August Horneffer sucht das Problem durch Variation zu lösen, indem er im zitierten Passus μῦθος sowohl durch »Geschichte« als auch durch »Märchen« übersetzt, aber in den nachfolgenden Passagen, in denen es um Homer und Hesiod geht, das Wort »Mythos« verwendet: Platon, *Der Staat*, deutsch von August Horneffer, eingeleitet von Kurt Hildebrandt, Stuttgart 1973, S. 61 f.

115 Vgl. Chr. Federspiel, *Vom Volksmärchen zum Kindermärchen*, Wien 1968; M. Tartar, *Von Blaubärten und Rotkäppchen. Grimms Grimmige Märchen*, Salzburg/Wien 1990, S. 21–124, insbes. S. 49–53.

116 Vgl. J. Zipes, *Fairy Tales and the Art of Subversion. The Classical Genre for Children and the Process of Civilisation*, New York 1983, S. 53 f.

117 Zuletzt Tartar, *Von Blaubärten*, S. 25–124, wo die Veröffentlichungsgeschichte der KHM nachgezeichnet und ihre mit jeder Neuausgabe zunehmende Versittlichung und Verbiedermeierlichung, die vor allem von Wilhelm Grimm vorangetrieben wurde, an ausgewählten Beispielen vorgeführt wird.

118 Mit diesen Klischees hat sich in den letzten 15 Jahren v.a. die sozialkritisch orientierte neuere Märchenforschung in den USA auseinandergesetzt. Vgl. Tartar, *Von Blaubärten*, S. 25–68 (zu Grimms Umgang mit Sexualität und Gewalt), S. 127–153 (über das Idealbild der Helden), S. 155–190 (über die Rolle der Heldinnen); R. B. Bottigheimer, *Grimms Bad Girls und Bold Boys. The Moral and Social Vision of the Tales*, New Haven/London 1987; J. M. McGlathery (Hrsg.), *The Brothers Grimm and Folktale*, Urbana/Chicago 1988.

119 Vgl. unten S. 87–92, wo dies anhand der »Marienkind«-Erzählung exemplarisch vorgeführt wird.

sten der Brüder Grimm, aber auch von antiken Helden wie Achill oder Theseus wesentlich unterscheiden.

Bis die Industrialisierung im 19. Jh. gemeinsame Verrichtungen von Haus- und Hofarbeiten, die ein Forum für mündliche Erzählung geschaffen hatten, überflüssig machte, waren Märchen auch und vor allem Sache der Erwachsenen. Deutlich macht dies für das Frankreich des 16. Jh.s etwa Noël du Fails Bericht über die *veillée*. Dort hörten sich Frauen und Männer während der Haus- und Hofarbeiten Märchen an. Ebenso ist bekannt, daß die Kunst des Dichtens und Erzählens von Märchen in bestimmten Gebieten Deutschlands bis ins 19. Jh. weitverbreiteter Brauch war. Während dieser weiterhin gepflegt wurde, erfuhr das Märchen seit etwa 1770 eine pädagogisch durchdachte Anpassung ans kindliche Auffassungsvermögen.[120] Dieser Prozeß führte zu einer Pauschalverortung, die in der Grimmschen Umarbeitung der Märchen zu Kinderliteratur mit ethischer Dignität eine wirkungsmächtige Vollendung fand: Bis heute herrscht außerhalb der Märchenforschung die Ansicht vor, Märchen, die nicht als künstlerisches Produkt ambitionierter Dichter kenntlich sind, hätten ihren Ort im Raum der Ammen, Mütter und Kinder; dort will man sie, mitunter noch immer im Sinne der Aufklärung, in eine Erziehung zur Tugend eingebettet wissen.

Zum zweiten ist der Einfluß Schleiermachers nicht zu unterschätzen. Seine Übersetzungen Platons (1804–1810), mit dessen Gedanken zu Erziehung, Bildung und Politik er sich, ebenso begeistert wie kritisch, intensiv befaßt hat,[121] haben sich als überaus traditionsmächtig erwiesen. Seitdem sie 1826 als zweite, verbesserte Auflage erschienen, wurden sie mehrfach wiederabgedruckt. Sie gehen zurück auf die Initiative Friedrich Schlegels, der sie als Projekt vorschlug, dieses mit dem Jenaer Verleger Frommann 1800 konkret werden ließ und auch die Methodik bestimmte. Hierzu ließe sich etliches mehr sagen, doch sei hier vor allem darauf verwiesen, daß die frühromantische Platon-Übersetzung u.a. darauf zielte, Mißverständnisse der Aufklärung zu beseitigen.[122] Dies ist auch insofern bedeutend, als das Märchen damals in verschiedenen zeitgenössischen – pädagogischen und poetologischen – Diskursen zentralen Stellenwert hatte, der Übersetzer unter dem Eindruck zweier prominenter Nutzbarmachungen der Gattung stand: Ihm war nicht nur ihr Verweis in die Kinderstube geläufig; durch seine Kontakte zu den Schlegels und anderen Romantikern war er auch vertraut mit deren Poetik, in der die aufklärerische Kritik am unsinnigen und moralisch wertlosen Märchen in einen positiven Imperativ umgekehrt wurde.[123] Schleiermacher selbst, an pädagogischen Fragen stark interessiert, lobte die Kraft der Phantasie, die »ins freie« zu stellen vermag und den Geist »über jede Gewalt und jede Beschränkung weit hinaus trägt«. Er forderte, die »Sehnsucht jünger Gemüther nach dem Wunderbaren und Übernatürlichen« müsse unbedingt respektiert werden. An-

---

120 Grätz, *Märchen*, S. 172 ff.
121 Vgl. hierzu z.B. U. Frost, *Einigung des geistigen Lebens. Zur Theorie religiöser und allgemeiner Bildung bei Friedrich Schleiermacher*, Paderborn u.a. 1991, S. 80–82, 143–146; A. Arndt, »Schleiermacher und Platon«, in: Friedrich D. E. Schleiermacher, *Über die Philosophie Platons*, hrsg. von P. M. Steiner, Hamburg 1996, S. VII–XXII; A. Follak, *Der »Aufblick zur Idee«. Eine vergleichende Studie zur Platonischen Pädagogik bei Friedrich Schleiermacher, Paul Natorp und Werner Jaeger*, Göttingen 2005, S. 12–52.
122 Details bei Follak, *»Aufblick zur Idee«*, 15 ff.
123 Vgl. Menninghaus, *Lob*, S. 46 ff.

statt »die armen Seelen [...] mit moralischen Geschichten« zu langweilen und zu lehren, »wie schön und nützlich es ist, fein und artig und verständig zu sein«, müsse der Phantasie freier Entfaltungsspielraum zugestanden werden.[124]

Inwieweit auch immer sich Schleiermacher in pädagogischen Fragen von Platon abgegrenzt haben mag:[125] Μῦθος dort, wo Platon Kritik an den unsinnigen und moralisch wertlosen Kindergeschichten der Ammen übt, durch »Märchen« zu übersetzen, lag angesichts der verknappt dargestellten Umstände für ihn denkbar nahe. Die Diskurse um die Gattung – zumal der um ihre Eignung für Kinder und der um ihre Losgelöstheit von tiefenhermeneutischen Ansprüchen und moralischen Botschaften – waren ihm bekannt. Und beide Diskurse enthalten auch *de facto* zentrale Aspekte von Platons Überlegungen.

Schleiermachers Wahl des Wortes »Märchen« wird der Passage m.E. nicht gerecht. Richtig verstanden wird sie, wenn μῦθος mit »Geschichte« übersetzt und zudem in einer Anmerkung klargestellt wird, daß »Geschichte« hier eine ›nicht argumentierende Erzählung‹ meint. Die Übersetzung verlöre zwar an Anschaulichkeit für den Nichtfachmann, der bei Märchen an phantasievolle, phantastische Geschichten u.ä. denkt, wäre aber philologisch verbessert. Sie ist aus drei Gründen gutzuheißen. Erstens beugt sie dem Fehlschluß vor, daß die von Platon monierten Ammen-μῦθοι Märchen im heutigen Sinne der Gattung gewesen seien.[126] Zweitens wird mit der Vermeidung der terminologischen Einengung auf *ein* Genus philologisch der Unschärfe des griechischen Begriffs μῦθος Rechnung getragen und erzählhistorisch den Ammen zugestanden, verschiedene Erzählformen verwendet zu haben. Drittens wird vermittelt, daß Platon die Ammen-μῦθοι in erster Linie kritisiert hat, da er sie für Geschichten hielt, die nicht dem überprüfbaren, argumentativen Diskurs – in Platons Verständnis dem λόγος –, sondern der nicht-überprüfbaren, nicht-argumentierenden Erzählkultur angehörten.[127] Denkbar ist zwar der Einwand, daß das »echte«, reine Märchen[128] das repräsentative Genus einer nicht-überprüfbaren, nicht-argumentierenden Erzählkultur ist. Und man mag gerade deshalb die Wahl Schleiermachers umso einleuchtender finden; zumal dieser dem »inneren Spiel der Fantasie« in der Bildung einen großen Stellenwert als »Götterkraft« einräumte.[129] Doch dagegen spricht, daß in der Übersetzung der Passage in jedem Fall zweierlei vermieden werden sollte: Der Eindruck, daß das Märchen zu Platons Zeit eine als solche ausgewiesene Erzählgattung war *und* die Vorstellung, daß Platon ein Interesse an ausdifferenzierten gattungstheoretischen Fragen (z.B. der Unterscheidung kleiner Erzählgenres) hatte.

---

124 So in den 1800 erschienenen *Monologen*. Vgl. Friedrich Daniel Ernst Schleiermacher, *Kritische Gesamtausgabe* I/3, hrsg. von H.-J. Birkner u.a., Berlin/New York 1988, darin: *Monologen. Eine Neujahrsausgabe*, S. 3–61, insbes. S. 32–34, 47–49, 57–60. Ausführlicher zum Thema: Chr. Erhardt, *Religion, Bildung und Erziehung bei Schleiermacher*, Göttingen 2005, S. 210–214.
125 Vgl. hierzu zuletzt Follak, »*Aufblick zur Idee*«, S. 22–53.
126 Gewiß waren unter den erzählten Geschichten auch solche, die eine – unserem Verständnis nach – *märchenhafte* Erzählweise auszeichnete, aber nicht ausschließlich.
127 Zum Verhältnis μῦθος/λόγος bei Platon s. W. Hirsch, *Platons Weg zum Mythos*; Brisson, *Einführung*, S. 20–38; St. Halliwell, »The *Republic's* Two Critiques of Poetry (Book II 376c–398b, Book X 595a–608b)«, in: O. Höffe (Hrsg.), *Platon. Politeia*, Berlin 1997, S. 313–332.
128 Vgl. hierzu unten S. 85 f.
129 Schleiermacher, *Monologen*, S. 48.

2.1.4 Vergleich der μῦθοι der Ammen mit denen Homers und anderer Dichter: Erfindung, Schwindel, Lüge (ψεῦδος)

Dieses Desinteresse Platons zugunsten einer Fokussierung auf normative Kriterien wird nicht nur durch die Ausführlichkeit deutlich, mit der er Sokrates ab 377e Kritik und Postulate artikulieren läßt. Auch der an die Einleitung 377a–c anschließende Wortwechsel (377d) stellt es klar. Als Sokrates gefragt wird, von *welchen* Ammen-μῦθοι er spreche, geht er auf die Frage nicht ein, sondern erweckt den Eindruck, dies spiele keine Rolle; die literarischen Erzählungen der Dichter seien letztlich nur durch Länge und Komposition von den Erzählungen der Mütter und Ammen unterschieden: Diese erzählten kleinere – ἐλάττους –, jene größere – μείζους –, zusammengesetzte – συντιθέντας – Geschichten (μύθους). Im übrigen seien die Ammen-μῦθοι den μῦθοι von Homer, Hesiod und anderen Dichtern vergleichbar. Jene kleineren seien an den größeren beurteilbar, da sie derselbe Typus, vom selben Schlag: τύπος, seien und auch ihre Wirkung, das δύνασθαι, übereinstimme. Beide, dies geht aus der nachfolgenden Argumentation ab 377e hervor, seien erdichtet: ψευδεῖς und ließen in moralischer Hinsicht zu wünschen übrig.

Kurzum, ob, wie bei Homer in der epischen Großform zusammengesetzt oder, wie von den Ammen und Müttern, einfach aufbereitet: Für Platon waren alle überlieferten μῦθοι, die wir heute als mythisch, sagen- oder märchenhaft empfinden, ψεῦδος: Erfindung, Schwindel, Lüge – ohne Vorbildcharakter. Die Bemerkung in 377a, daß bestimmte Erzählungen gleichwohl Anteil an der Wahrheit – ἀληθῆ – hätten, führte in der Forschung zu einer regen Diskussion. Denn bei faktisch vorwiegender Ablehnung der μῦθοι bringt sie doch eine Ambivalenz zum Ausdruck und greift zudem auf die Mimesistheorie der anschließenden Diskussion voraus, die besagt, Dichtung sei von der Wirklichkeit abgeleitet und partizipiere auf einer geringen Seinsstufe an ihr.[130]

Diese Fragen erschöpfend zu diskutieren, ist hier nicht der Ort. Daher soll abschließend nur auf eines aufmerksam gemacht werden, was die Bemerkung deutlich macht: Platon, der hier durch Sokrates spricht, wollte den μῦθος nicht vollständig eliminiert wissen, sondern zeigte sich – unter den gegebenen Bedingungen der Zeit – bereit, ihn als Anfang der Bildung dann zu akzeptieren, wenn die einzelnen μῦθοι

---

130 Diese Information, die gleich zu Anfang der zitierten Textstelle gegeben wird, ist für ein Verständnis des gesamten Passus und der ihm nachfolgenden Ausführungen entscheidend. Der Text ist unverbrüchlicher Teil von Platons Mimesistheorie und der ihr zugehörigen Ontologie, die Idee und Abbild, Wesen und Erscheinung, intelligible und Sinnenwelt trennt und allein der Idee, dem Wesen, der intelligiblen Welt bedingungslose Dignität zuerkennt. Die Aussage, daß die μῦθοι nicht nur ψεῦδος seien, sondern auch ἀληθῆ enthielten, ist integraler Bestandteil dieser Theorie. Deren erste Prämisse lautet: Wie auch immer die μῦθοι weitergegeben werden – stets handelt es sich um Mimesis (μίμησις). Die μῦθοι sind der Wirklichkeit gegenüber lediglich eine Nachbildung; sie sind ebenso Nachbildung, wie jede Form der Sprache Wirklichkeit nur als Präsenz von etwas Absentem zur Erscheinung bringt. Der Dichter der μῦθοι schöpft nicht eine persönliche und daher neue Welt; er stellt das echte und wahre Sein nur in einem schwächeren Abbild dar. Seine Dichtung gehört wie die Bilder der Maler der dritten Seinsstufe an (rep. 600c–602c): Dargestellt sind in ihr Handlungen, die der Dichter als Abbildungen (2. Stufe) von Ideen (1. Stufe) abgebildet hat (3. Stufe). Anders formuliert: Die in den μῦθοι exponierten Handlungen schildern Taten, die dem Raum der Sinnenwelt angehören; diese existiert nur, weil sie an der Welt der intelligiblen Formen teilhat.

einer aussondernden Prüfung auf ihren Wahrheitsgehalt unterzogen würden. Da Wahrheit für ihn jedoch von seinen eigenen Wahrheitsvorstellungen abhing (von der Vereinbarkeit mit den intelligiblen Formen), halten am Ende keine anderen Mythen der Aussonderung stand als die von ihm selbst gestalteten oder neu erfundenen. Nur diese stehen mit seinen philosophischen Prinzipien im Einklang; nur diese partizipieren an seiner Wahrheit. So veränderte Platon – im Horizont gegen die kritisierte Tradition – alte und erfand vielfach neue Mythen, die er nicht nur in den Staat (rep. 414c–415d, 614a–621d), sondern auch in seine anderen Schriften einfügte.

2.2 Von Cicero bis Macrobius: Die *fabulae aniles/nutricularum* in floskelhafter Verwendung

Platons Imperativ des Ausschlusses nicht-überprüfbarer Erdichtungen hat Geschichte gemacht: Seine Abwertung der Ammen- und Altweibergeschichten gewann eine geradezu formelhafte Geltung. Sie gewann nicht nur an Boden, wenn pädagogische und dichtungstheoretische Belange zur Debatte standen. Sie wurde auch sonst, ganz allgemein und gerne, eingesetzt.

Spätestens seit Cicero findet sich das platonische Verdikt bei antiken und spätantiken Autoren allenthalben. Einige von ihnen lassen einen direkten oder zumindest einfach vermittelten Bezug auf Platons Erwägungen im Staat (377a ff.) erkennen: Bei ihnen tritt das Verdikt vor allem dort in Kraft, wo sie Überlegungen zur Erziehung und Bildung von Kindern durch Ammen und Pädagogen anstellen. Die meisten Autoren indessen beziehen sich allenfalls schlagwortartig darauf. Ihnen geht es nicht um Inhalte der Ammen- und Altweibergeschichten oder pädagogische Fragen. Sie schöpfen den negativen Ruf der Geschichten aus, verwenden Termini zu ihrer Bezeichnung nurmehr als rhetorische Floskel – vor allem den Begriff *fabulae aniles*.

Um die Texte vornehmlich dieser Autoren geht es im vorliegenden Kapitel 2.2. In der rein formelhaften Handhabung des Begriffs *fabulae aniles* zeigen sie weitaus deutlicher als terminologisch differenziertere Texte über die Kinder-Erziehung durch Ammen, wie traditionsmächtig sich Platons Ressentiment gerade deshalb, weil es zur reinen Floskel erstarrt war, durch die Antike und Spätantike fortschrieb, fester Bestandteil abendländischen Denkens wurde und zu dem schweren Stand, den die Gattung Märchen in der Neuzeit lange hatte, entscheidend beitrug. Zusammengehalten wird die nachfolgende Darstellung von Überlegungen zu zwei Texten, die nicht die rhetorische Floskel *fabulae aniles* verwenden. Beide sind geeignet, die Differenz von rein formelhaftem und terminologisch differenziertem Gebrauch zu veranschaulichen. Am Anfang wird ein pädagogisch orientierter Passus aus Tacitus' *Dialogus de oratoribus* (29, 1) vorgestellt. Den Abschluß bilden Bemerkungen zu einer Passage von Macrobius, in der dieser gattungstheoretische Überlegungen anstellt.

2.2.1 *Tacitus: Pädagogik*

Der Tacitus-Passus steht im Kontext komplexer Überlegungen zur römischen Jugenderziehung. Sein Thema ist die Erziehung der Kinder durch die Amme: ein Thema, das unter Rekurs auf Platon ausführlich in der pseudoplutarcheischen Monographie

Περὶ παιδῶν ἀγωγῆς[131] und übrigens auch in Quintilians *Institutio oratoria*[132] erörtert wird. Mit beiden Schriften ist der *Dialogus*, wie Alfred Gudeman nachgewiesen hat, durch Quellengemeinschaft verbunden.[133] Zugrunde liegt Chrysipps Schrift Περὶ παιδῶν ἀγωγῆς, von der angenommen wird, daß auch sie den Gedanken, Ammen dürften Kindern nur sorgfältig ausgewählte Geschichten erzählen, unter ausdrücklichem Verweis auf Platon aufgenommen habe.[134]

Vor dem Hintergrund verfaßt, daß die Bedeutung der Redekunst seit der Errichtung des Prinzipats stark abgenommen habe, exponiert Tacitus' Dialog die möglichen Ursachen des Verfalls der Beredsamkeit. Zu den vier Rednern, die ihre Ansichten über die Verfallsursachen nennen, gehört Vipstanus Messala. Er sieht die Gründe in einem Umschwung auf dem Gebiet der Erziehung der Kinder und der Ausbildung der Redner. Einst seien die Söhne der Familie, die potentiellen Redner, nicht in der Kammer einer gekauften Amme, sondern auf dem Schoß und am Busen der Mutter aufgezogen worden. Zucht und Strenge hätten dafür gesorgt, daß die lautere und unverdorbene Natur eines jeden Kindes sich sogleich die edlen Fertigkeiten mit ganzer Seele zu eigen gemacht habe und so zu einem erfolgreichen Studium der Redekunst geleitet worden sei (28, 4–6). Jetzt dagegen werde das Neugeborene irgendeiner griechischen Magd, *Graeculae*[135] *alicui ancillae*, überlassen, der man (nicht wie zuvor eine gesittete ältere Verwandte, sondern) irgendeinen Sklaven beigebe. Und mit deren Geschichten und falschen Vorstellungen, *horum fabulis et erroribus*,[136] würden gleich zu Beginn die zarten und unerfahrenen Seelen erfüllt.

---

131 In Plut. mor. 3C–F (= PsPlut. educ. puer. 5) wird empfohlen, daß Mütter ihre Kinder selbst stillen sollten, da Selbststillung die gegenseitige Liebe zwischen Mutter und Kind steigere, daß aber, wenn eine Amme stille, diese unbedingt Griechin oder zumindest eine Frau mit griechischer Bildung sein solle, da sie dem Kind von Anfang an eine bestimmte Richtung in seiner Charakterentwicklung gebe; denn μαθήσεις prägten die junge Seele wie σφραγῖδες weiches Wachs, und schon Platon habe die Ammen richtig darin unterwiesen, den Kindern nicht die erstbesten Geschichten zu erzählen (μηδὲ τοὺς τυχόντας μύθους λέγειν). Daß die Amme nicht *garrula* bzw. πρόγλωσσος sein dürfe, fordern z.B. auch Hier. epist. 107, 4 und Epist. Graec. p. 608 Hercher.

132 Quintilian geht bezüglich der Beredsamkeit mehrfach auf Fragen der Erziehung von Kindern und der ihnen zu erzählenden Geschichten ein; vgl. Quint. inst. 1, 1, 3 ff. (insbes. 1, 1, 4; 1, 1, 5; 1, 1, 11); 1, 2, 5; 1, 9, 2. In 1, 1, 4 ist der Bezug auf Chrysipp explizit. Dort fordert Quintilian, die Sprache der Ammen dürfe nicht fehlerhaft sein, schon Chrysipp habe für diese philosophische Bildung gefordert und gewünscht, man solle als Ammen nur die in sittlicher und sprachlicher Hinsicht allerbesten Frauen aussuchen.

133 Zu den literarischen Quellen des *Dialogus* vgl. *P. Cornelii Taciti Dialogus de oratoribus,* mit Prolegomena, Text und adnotatio critica, exegetischem und kritischem Kommentar, Bibliographie und index nominum et rerum von Alfred Gudeman, Leipzig/Berlin ²1914, S. 85–98, insbes. 94 ff.

134 R. Güngerich, *Kommentar zum Dialogus des Tacitus,* Göttingen 1980, S. 125.

135 Dieses Diminutivum wird im Lateinischen zumeist negativ verwendet; vgl. B. Hardinghaus, *Tacitus und die Griechen,* (Diss.) Münster 1932, S. 3.

136 Die Kommentatoren deuten *errores* höchst unterschiedlich. A. Gudeman, *Dialogus,* S. 408, gibt zahlreiche Parallelstellen an, die Aufschluß über die inhaltliche Seite der *errores* geben können; er bezieht sie auf die Pädagogen, die *fabulae* auf die Ammen (s. generell S. 407–411). Constantin John hält die *errores* für »falsche Vorstellungen moralischer Art«, Alain Michel für »fautes de langue«, Charles Edwin Bennet für »vagaries, superstitions«, W. Peterson für »follies«. Vgl. P. Cornelius Tacitus, *Dialogus de Oratoribus,* erklärt von Dr. Constantin John, Berlin 1899,

2.2.2 Cicero und die christlichen Autoren: Philosophie und Religion

Weitaus weniger detailliert war der negative Hinweis auf Geschichten der Ammen und Alten, wenn nicht pragmatische Fragen (wie die Erziehung der Jugend, der Erhalt der Beredsamkeit u.ä.) erörtert wurden, es vielmehr galt, eigene philosophische oder religiöse Anschauungen dezidiert zu vertreten und die Wahrheit, der man auf die Spur gekommen zu sein glaubte, zu verkünden. In solchen Fällen trat das platonische Ressentiment stets als reine Formel auf: um für wahr gehaltene Inhalte von gering geschätzten unwahren abzugrenzen. Zur Steigerung der eigenen Glaubwürdigkeit oder Plausibilisierung von Thesen machte man sich Voreingenommenheiten gegen die Amme, vor allem aber das in seinen Grundzügen über Jahrhunderte unverändert negativ geprägte Bild alter Frauen[137] rhetorisch zunutze.

2.2.2.1 Cicero

An Platon geschult und mit der ihm nachgängigen Tradition der Denker vertraut, bediente sich Cicero des Unwerturteils mit besonderer Vorliebe. In seinen philosophischen Schriften, in denen er den Römern die griechische Philosophie nahezubringen sucht, treten an das Verdikt gebundene Negativfiguren sehr häufig auf; insbesondere in den *Tusculanae disputationes*,[138] in *De natura deorum*[139] und in *De divinatione*.[140] Er verwirft Ansichten und Lehren als *ineptiae* bzw. *fabulae aniles* oder wendet ein, dieses und jenes Theorem aus der Philosophie oder Religion sei so hanebüchen, daß es nicht einmal eine *anus* bzw. *anicula*, ein altes Weib, glaube.

Die Herkunft dieser Darstellungsart aus Schriften Platons – für Cicero der »Deus philosophorum, deus ille noster« – darf als gewiß gelten. Ein konkreter Passus im Dialog *De natura deorum*, der als Auseinandersetzung mit der Wahrheit des epikureischen und stoischen Systems konzipiert ist, zeigt einige Nähe zu Platons Dichterkritik. Im zweiten Buch der Schrift (2, 70), in der mehrfach abschätzig von *pueriles fabulae*, *superstitiones paene aniles* und *fabellae aniles* gesprochen wird,[141] stellt sich Cicero, wie Platon in seiner Dichterschule im *Staat*, in die Nachfolge des Xenophanes von Kolophon,[142] indem er an Homer und Hesiod Kritik übt: Er beklagt, daß die Natur-

---

S. 126; P. Cornelii Taciti *Dialogus de Oratoribus*, Édition, introduction et commentaire de Alain Michel, Paris 1962, S. 91; Tacitus, *Dialogus de Oratoribus*, Ed. with Introduction, Notes and Indexes by Charles Edwin Bennet, New Rochelle/New York 1983, S. 53; Tacitus, *Dialogus*, Ed. with Introduction and Notes by W. Peterson, Bristol 1997, S. 77.

137 Vgl. oben S. 27f., 30.
138 Cic. Tusc. 1, 48: *quae est anus tam delira quae timeat ista, quae vos videlicet, si physica non didicissetis, timeretis, ›Acherunsi templa alta Orci, pallida leti, nubila tenebris loca‹?* 1, 93: *pellantur ergo istae ineptiae paene aniles ante tempus moti miserum esse.*
139 Cic. nat. deor. 1, 34: *Ex eadem Platonis schola Ponticus Heraclides puerilibus fabulis refersit libros [...].* 2, 70: *Videtisne igitur, ut a physicis rebus bene atque utiliter inventis tracta ratio sit ad commenticios et fictos deos? quae res genuit falsas opiniones erroresque turbulentos et superstitiones paene aniles.* 3, 12: *Si hoc fieri potuisse dicis, doceas oportet quomodo nec fabellas aniles proferas.*
140 Cic. div. 2, 36: *cum immolare quispiam velit, tum fieri extorum mutationem, ut aut absit aliquid aut superstit; deorum numine parere omnia. haec iam, mihi crede, ne aniculae quidem existimant.* 2, 125 (über Träume): *quam multi vero, qui contemnant eamque superstitionem inbecilli animi atque anilis putent?*
141 Cic. nat. deor. 1, 34. 2, 70. 3, 12.
142 Dessen Dichterschelte ist die radikalste Kritik der uns aus der Antike erhaltenen Dichterkriti-

erscheinungen zu *commenticios et fictos deos* geführt hätten, beanstandet an den fingierten Göttern die ihnen zugeschriebenen Affekte und Begierden, ihre unkontrollierte Leidenschaft und Kriegsliebe und rechnet die *fabulae*,[143] in denen diese menschlichen Eigenschaften zur Anschauung gebracht würden, zu sämtlichen *falsas opiniones erroresque turbulentos et superstitiones paene aniles*, gegen die er in seiner Schrift zu Felde zieht.

2.2.2.2 Minucius Felix

Unter Orientierung an Cicero, gewöhnlich ohne Nennung seines Namens, nehmen häufig lateinische Apologeten das Verdikt in Dienst. Hier fungiert es bei der Verteidigung eigener Gottesvorstellungen und Weltkonzeptionen differenzierend, geht es doch darum, gegen die Anschauungen der Heiden den eigenen Glauben, die Würde und Wahrheit der christlichen Lehre zu sichern. Zu beobachten ist, daß Kirchenväter und christliche Dichter seit Ende des 2. Jh.s n. Chr. ausschließlich die negative Anführung der μῦθοι und *fabulae* der Ammen und Alten in Anspruch nehmen, während bis dahin in der Kaiserzeit heidnische Autoren die Geschichten bisweilen auch neutral erwähnen.[144]

Geschuldet ist diese Entwicklung dem Bedürfnis nach Selbstdarstellung und Verteidigung, wozu christliche Autoren um die Wende zum 2. Jh. n. Chr. in frühen literarischen Versuchen ansetzen. Sie wird dadurch begünstigt, daß das inzwischen sprichwörtlich gewordenen Verdikt durch ein entsprechendes des Apostels Paulus, an dessen Reden sich die Apologeten orientieren, mit Emphase aufgeladen wird. Wie schon für Platon sind für Paulus die μῦθοι γραῶν mit der eigenen Wahrheitsvorstellung unvereinbar. Jener band die Wahrheit an seine Ideenlehre, für diesen ist sie eine Funktion seiner christlichen Lehre von Gott. Platon verfocht die Zensur, um lediglich Erzählungen zuzulassen, die mit seinen philosophischen Prinzipien vereinbar waren. Paulus reagiert direkter. Er fordert einfach, sämtliche ungeistliche γραώδεις μύθους[145] abzuweisen und sich stattdessen in Gottesfurcht zu üben (1 Ep. Ti. 4, 7–8).[146] Das mag man

---

ken. Vgl. *Die Fragmente der Vorsokratiker*, griechisch und deutsch von Hermann Diels, 6. verb. Aufl., hrsg. von Walther Kranz, Bd. 1, Berlin 1951, Fragment 21 B14 (vgl. auch B11, B15 und B16).

143 Cic. nat. deor. 2, 28, 71: *fabulis*.

144 Im folgenden seien Beispiele für das Nebeneinander von neutraler und negativer Erwähnung gegeben (einige Textstellen werden im Verlauf der Studie näher erörtert): Vgl. für die Griechen z.B. Strab. 1, 2, 6–8 (=19); Plut. mor. 3C (= Ps.Plut. educ. puer. 5); Dion Chrys. 72, 13; Max. Tyr. 4, 3, 49; Aristeid. or. 48, 2, 475 Dindorf; Philostr. Her. 2, 136 Kayser; Ap. 5, 14; imag. 1, 15, 1; Iul. or. 7, 3, 207a–d; Lib. or. 31, 43 (vgl. 3, 144 Foerster). Lateinische Äquivalente – neben *fabulae* wird z.B. auch von *fabellae (aniles)* gesprochen – finden sich außer bei Cicero z.B. in: Hor. sat. 2, 6, 77; Tib. 1, 5, 84; (Ael. Stilo apud) Fest. 129, 26 Mueller; Ov. Pont. 3, 2, 97 *(fabula vulgaris narrata)*; Quint. inst. 1, 8, 19. 9, 2; Tac. dial. 29, 1; Apul. met. 4, 27; apol. 25, 5 (apol. 30, 3: Bildung des Gegensatzes *litterae* vs. *vulgi fabula*; hierzu vgl. unten S. 186).

145 In der Elften deutschen Bibel bezeichnenderweise mit *lügmäre* und von Martin Luther mit dem Terminus *altvettelsche fabeln* übersetzt; vgl. Bolte/Polívka, *Anmerkungen*, Bd. 4, S. 43.

146 Da Paulus mit antiker Rhetorik und Philosophie (v.a. der stoischen Popularphilosophie) vertraut war, liegt die Annahme nahe, daß er sich der ›platonischen Redensart‹ γραώδεις μύθους sehr bewußt bediente. Vgl. ähnliche Formulierungen in: Novum Testamentum 2 Ep. Pet. 1, 16 (gegen *erfundene Dichtung*); 1 Ep. Ti. 6, 20; 2 Ep. Ti. 2, 16. 23; 4, 4 (gegen *gottloses Geschwätz*); Ep. Tit. 1, 14 (gegen *jüdische Fabeln*).

als Einrichtung einer inneren oder als Appell an eine Gewissenszensur betrachten. In jedem Fall hat das Urteil des großen griechischen Philosophen auf der einen und des ersten christlichen Theologen auf der anderen Seite etliche spätantike Schriftsteller beeinflußt. Dies machen Bemerkungen christlicher und neuplatonischer Autoren deutlich, die, auf die eine oder andere Weise mit Paulus und/oder Platon vertraut, entschieden Einwände gegen *fabulae inanes* oder *aniles* erheben. Zu ihnen zählen Kirchenväter,[147] christliche Dichter[148] und Neuplatoniker.[149]

Ein besonders deutliches Beispiel dafür, wie das von Autoren wie Cicero und Tacitus berühmt gehaltene Verdikt Platons seinen Weg in die christliche Literatur und abendländische Tradition gefunden hat, liefert uns Minucius Felix. Der Ciceros Dialog *De natura deorum* nachgebildete *Octavius*, seiner Sprachkunst wegen *aureus libellus*[150] genannt, enthält zwei längere Vorträge: den des Heiden Caecilius (5–13) und den des Christen Octavius (16–38). Im Schlußgespräch (39–40) erklärt sich der Caecilius für besiegt. Die Argumente für den christlichen Glauben haben ihn, nachdem er diesen zunächst angegriffen hatte, überzeugt. Octavius hat die Wahrheit leicht verständlich und anziehend dargestellt: *ostendisset etiam veritatem non tantummodo facilem sed et favorabilem* (39, 1). Caecilus will nun selbst konvertieren.

Im Rahmen dieser Argumentation spielt die Wendung von den *fabulae aniles* eine zentrale Rolle. Zu beobachten ist, wie sie, topisch geworden, formelhaft einsetzbar ist, um eine fremde Position zu schmälern und die eigene zu stärken. Die Sprachfigur tritt erstmals in Caecilius' Angriffsrede auf (11, 2). Sie wird dort eingeführt, wo er die Lehre des Weltuntergangs und der Auferstehung der Leiber angreift: Nicht zufrieden mit der »Wahnvorstellung« von der Apokalypse (*nec hac furiosa opinione contenti*) brächten die Christen noch andere Altweibergeschichten an (*aniles fabulas adstruunt*); sie erklärten, nach dem Tode aus Staub und Asche aufzuerstehen, und glaubten sich diese Lügen (*mendaciis*) gegenseitig. Das zweite Mal begegnet der Topos in Octavius' Apologie; und zwar genau an der Stelle, an der dieser selbst zum Angreifer wird (20, 3). Zur Stützung seiner Theorie vom einen Gott führt Octavius zunächst eine Reihe von ›Beweisen‹ an (18, 5–20, 1). Hierzu adaptiert er aus dem ersten Buch von Ciceros *De natura deorum* einen langen Katalog von Denkern, die in ihren Lehren ein einziges, die Welt leitendes Prinzip benannt haben; er beschließt die Reihe mit einem Verweis auf Platons *Timaios*, den er in seiner Rede wiederholt als Autorität für den Monotheismus anführt.[151] Dann beginnt er – unter Einsatz genau der Terminologie, die in der gegnerischen Kritik des christlichen Glaubens an die Auferstehung Verwendung fand – die heidnische Mythologie zu attackieren (20, 3). In einem ersten Schritt wirft Octavius den Vorfahren vor, sie hätten, gegenüber Lügengeschichten (*in mendaciis*) leichtgläubig, Altweibergeschichten über die Verwandlung von Menschen (*aniles fabulas de hominibus*) in Vögel, wilde Tiere, Bäume oder Blumen verbreitet (20, 4). Sodann geht er zu den Kulten und Göttern über, indem er die Leichtfertigkeit der Heiden, mit der sie Herrscher und Wohltäter der Menschheit mit göttlichen Ehren ausgezeichnet

---

147 Vgl. unten S. 42–44 die Ausführungen zu Beispielen in Min. Fel., Arnob. nat. und Lact. inst. Besonders deutlich macht die Voreingenommenheit auch Tertullian: Tert. adv. Val. 2.
148 Vgl. unten S. 44 Prudent. Apoth. 294 ff.; Peristeph. 9, 18. 10, 304.
149 Vgl. unten S. 44 f. Macr. somn. 1, 2, 7–9.
150 A. Baehrens, *M. F. Octavius*, Leipzig 1886, S. 1.
151 Vgl. neben Min. Fel. 19, 14 auch 23, 2. 26, 12. 27, 1. 34, 4. 34, 6.

haben, kritisiert. Schließlich tadelt er die *formae* und *habitus* der Götter, um sodann mit einer von Tacitus bekannten Wendung (s.o.) den Blick auf die Gegenwart zu lenken (23, 1–8): Noch jetzt lerne man diese Geschichten und falschen Vorstellungen (*has fabulas et errores*) von den unerfahrenen Eltern (*ab inperitis parentibus*), und, was noch schlimmer sei, man erarbeite sie sich selbst in Studien und im Unterricht, hauptsächlich aus den Werken der Dichter (*carminibus praecipue poetarum*), die der Wahrheit (*veritati*) durch ihr Ansehen am meisten geschadet hätten. Daher habe Platon zu Recht den berühmten, gefeierten und gekrönten Homer aus dem von ihm entworfenen Staat ausgeschlossen. Habe doch Homer, wenn auch vielleicht im Scherz, die Götter in das menschliche Tun und Treiben verstrickt und sie auf allerlei unschickliche Weise dargestellt.

2.2.2.3 Arnobius, Lactantius, Prudentius

Viele der Minucius Felix nachfolgenden Kirchenväter und christlichen Dichter – genannt seien Arnobius, Lactantius, Prudentius – verwenden den Ausdruck *fabulae aniles* und ihm verwandte Termini auf vergleichbare Weise: als Topos. Auch ihnen geht es um den Erweis und die Verteidigung ihrer Glaubenswahrheit. Sie kritisieren Erzählungen, die um einer ihnen nicht genehmen Nutzanwendung willen erfunden wurden, somit ihrer Ansicht nach ohne Sinn und Zweck sind und höchstens auf die Herstellung von Vergnügen zielen. Überzeugt, die Wahrheit erkannt zu haben, stellen sie fremde Glaubensvorstellungen und philosophische Lehren als Ammen- und Altengeschwätz an den Pranger. Hierunter fallen weite Teile der heidnischen Philosophie ebenso wie der Polytheismus. Als Beispiele seien Passagen der drei genannten Schriftsteller angeführt:

Der Afrikaner Arnobius der Ältere konvertierte um etwa 300 n. Chr. zum Christentum. Von der neuen Religion eingenommen, setzte er sich zum Ziel, den Widersinn und die Unsittlichkeit der alten Göttermythen zu dekuvrieren und verfaßte zu diesem Zweck die sieben Bücher umfassende antiheidnische Schrift *Adversus Nationes*. Im fünften Buch fragt er, nachdem er allerlei Obszönitäten der antiken Mythologie zusammengetragen und angeprangert hat, seine Rezipienten polemisch, ob sie beim Lesen von Geschichten wie denen von Agdistis (Zwitterkind des Zeus) nicht den Eindruck hätten, entweder spinnende Mädchen zu hören, die sich die Zeit verkürzen, oder alte Weiber, die sich um Ablenkung für leichtgläubige Kinder bemühen und ihnen unter dem Anschein von Wahrheit unwahre Geschichten erzählen:

> *Cum historias, quaeso, perlegitis tales, nonne vobis videmini aut textriculas puellas audire taediosi operis circumscribentes moras aut infantibus credulis avocamenta quaeritantes anus longaevas et varias fictiones sub imagine veritatis expromere?*[152]

Lactantius, Arnobius' Schüler, verfolgt in seiner Religionslehre *Divinae Institutiones* ganz ähnliche Ziele. Erst kritisiert er den Polytheismus der Heiden, dann rechnet er mit ihrer Philosophie ab, von der er meint, sie hebe sich durch Widersprüche selbst auf. Im Rahmen seiner Attacken gegen die griechischen Philosophen kommt er auch auf Pythagoras zu sprechen. Ihm kreidet er vor allem die Behauptung an, in einem

---

152 Vgl. Arnob. nat. 5, 14 (zit. nach *Arnobii Adversus Nationes Libri VII*, rec. C. Marchesi, Padua u.a. ²1953, S. 267).

früheren Leben angeblich der von Menelaos getötete Trojaner Euphorbos gewesen zu sein:

> nisi forte credemus inepto illi seni, qui se in priore vita Euphorbum fuisse mentitus est. [...] videlicet senex vanus, sicut otiosae aniculae solent, fabulas tamquam infantibus credulis finxit.[153]

Drastischer in seiner Ausdrucksweise als die beiden Kirchenväter ist der Dichter Prudentius, der als *poeta doctus* alle ihm zur Verfügung stehenden Register zieht, um seine christlichen Dichtungen von den heidnischen der Alten abzuheben. So spricht er in seinem *Peristephanon*, einem Korpus von 14 Hymnen in lyrischen Strophen, in denen er Sterben und Sieg meist spanischer oder römischer Märtyrer verherrlicht, abfällig von *inanes aut aniles fabulae* und *raucidae edentularum cantilenae*. In seiner *Apotheosis*, in der er die kirchliche Trinitätslehre verteidigt, bringt er ferner zum Ausdruck, daß Gott in der Bibel, insbesondere in den Schriften von Moses zu finden ist, nicht aber in den Werken der Heiden:

> Quin potius scrutare Dei signacula in ipso
> fonte uetustatis; percurre scrinia primi
> scriptoris, quem non bardus pater aut auus augur,
> fabula nec ueteris famae, nec garrula nutrix,
> nec sago clangore loquax et stridula cornix
> rem docuere Dei [...].[154]

Die Darstellungsart der drei Autoren weist stereotype Züge auf. Um ihr Unbehagen an Erzählungen zu artikulieren, die sie als unwahr empfinden, greifen sie bei der Zuschreibung der Geschichten zu Personen auf verschiedene Topoi der Deklassierung und Herabwürdigung zurück: Wiederkehrend ist es eine *garrula nutrix* oder ein *vanus senex*, sind es *textriculae puellae*, *anus longaevae*, *otiosae aniculae* oder *edentulae*, die leichtgläubigen Kindern, *infantibus credulis*, nichtige Geschichten, *inanes fabulae*, spinnen. Die verächtlichen Bemerkungen über die geschwätzige Amme, den lügenhaften Greis, die Webermädchen, die uralten Greisinnen, die müßigen alten Weiblein und die zahnlosen Vetteln, aus deren Mundhöhle dumpfe Lieder, *raucidae cantilenae*, ertönen, zielen darauf ab, die eigene Wahrheit – das Evangelium – zur Geltung zu bringen.[155]

2.2.3 Macrobius: Gattungstheorie

Als Beispiel eines in dieser Hinsicht gleichen Unbehagens an bestimmten Erdichtungen sei abschließend der aus derselben Zeit stammende, allerdings neuplatonischem Denken verpflichtete Philologe Macrobius genannt. Er hat bemerkenswerte gattungstheoretische Überlegungen anstellt. In seinen *Commentarii* zu Ciceros *Somnium Scipionis* trennt er Dichtung, die eine moralische oder philosophische Tiefendimension hat

---

153 Vgl. Lact. inst. 3, 18 (zit. nach *L. Caeli Firmiani Lactanti Opera Omnia*, rec. Samuel Brandt et Georgius Laubmann, Prag u.a. 1890, S. 239 f.).
154 Vgl. Prudent. Apoth. 294 ff.; Peristeph. 9, 18. 10, 304 (zit. nach *Aurelii Prudentii Clementis Carmica*, rec. Ioannes Bergmann, Wien/Leipzig 1926, S. 93, 367, 381 = CSEL 61).
155 Hier geht es weder um Fragen der Erziehung noch macht sich das Verlangen geltend, den Gegensatz fingierter Mären zu anderen Erzählgenera oder feststehenden historischen Tatsachen hervorzuheben. Vielmehr verschafft sich primär das religiös bedingte Bedürfnis Ausdruck, eigene Gaubenslehren von heidnischen »Ammenmären« dezidert zu scheiden.

und im Dienste der Wahrheit steht, von heiterer Unterhaltungsliteratur. Zu diesem Zweck konstruiert er ein eigenes *fabularum genus*, das er von den *Aesopi fabulae* (Fabel), vor allem aber von der *narratio fabulosa* (Mythos) streng diakritisch geschieden wissen will. Anders als diese beiden Genera ziele jenes *genus*, das Macrobius mit der Formulierung *in nutricum cunas* abwertend in den Raum der Ammen verweist,[156] primär auf die *voluptas* der Zuhörer. Es biete allein Genuß für die Ohren an, *solum aurium delicias profitetur;* denn die hierunter zu subsumierenden *fabulae* zeichneten sich vor allem dadurch aus, daß sie *mulcent* (erfreuen, ergötzen, schmeicheln). Zu ihnen seien die *comoediae* eines Menander (Neue Komödie), aber auch die *argumenta fictis casibus amatorum referta* eines Petron und Apuleius (Roman) zu zählen. Damit hält Macrobius ein wichtiges Spezifikum des Romans und auch des Märchens fest: die Liebesthematik, die jeweils in verschiedenen *fictis casibus* zur Darstellung kommt.

Doch über die Gemeinsamkeiten von Roman und Märchen wird weiter unten gesprochen.[157] Wenden wir uns vorerst abermals den *fabulae aniles* und *nutricularum* zu, um hinter den rein floskelhaften Sprachgebrauch zu sehen.

2.3 Bilanz: Die antiken Altweiber- und Ammengeschichten in ihrem Verhältnis zum Märchen

Es ist für uns heute schwierig zu bestimmen, welche Inhalte die μῦθοι und *fabulae* der Ammen und alten Frauen hatten, auf welche Erzählmodi sie spezialisiert waren und ob sie bestimmten Mustern folgten. Platons Angaben hierzu sind spärlich;[158] und auch aus den meisten anderen (oben angeführten) Texten erhellt nur, daß das Erzählte dem allgemeinen mythologischen Reservoir entstammte.[159] Neben Gespenstergeschichten, mit denen *nutrices,* wie bei Pompeius Festus zu lesen ist, *pueris parvulis* einen

---

156 Macr. somn. 1 2, 8.
157 Vgl. unten S. 180–185.
158 Selbst dort, wo er die μῦθοι nicht nur zwecks Herabsetzung gegnerischer Position formelhaft ins Spiel bringt, sondern, wie im *Staat,* eingehendere Überlegungen anstellt, sind inhaltliche Angaben karg. Als Sokrates in 377d gefragt wird, welche auszusondernden Geschichten er meine, wendet er sich von den ἐλάττους μύθους der Ammen – mit der Begründung, sie seien vom selben Typ und hätten dieselbe Wirkung – unverzüglich den μείζους, συντιθέντας μύθους Hesiods und Homers zu. Aus der nachfolgenden Kritik der Dichtung, der derselbe τύπος und dasselbe δύνασθαι unterstellt wird, geht einzig hervor, daß sie *nicht wahr* sei, daß die *Stoffe aus dem Bereich der Mythologie* stammten, daß die *Handlungsträger* (nach Platons Dafürhalten) *in schlechtem Licht* erschienen und daß die *Erzählungen nicht auf das Gerechte und Gute gerichtet,* sondern von deren Gegenteil bestimmt waren. Vgl. oben S. 29–38.
159 Ciceros Polemiken *(fabulae aniles)* kreisen um abergläubische Bräuche, Todesvorstellungen, aber auch Dichtungen, die anstößige Götter-Auffassungen zum Inhalt haben (Cic. Tusc. 1, 48; div. 2, 36. 2, 125; nat. deor. 1, 34; 2, 70; 3, 12 u.a.; vgl. oben S. 40 f. Der sich als Platoniker verstehende Maximus von Tyros verweist die Geschichten der τίτθαι (wie Platon) rein generalisierend in die μυθολογίας (Max. Tyr. 4, 3, 49: ὥσπερ αἱ τίτθαι τοὺς παῖδας διὰ μυθολογίας βουκολῶσιν.). Minucius Felix spricht neben der schon von Platon angeprangerten Dichtung über Götter *aniles fabulae de hominibus,* zu denen er vor allem Verwandlungsgeschichten zählt (Min. Fel. 20, 4); vgl. oben S. 41–43. Macrobius schließlich deutet mit dem Verweis auf Neue Komödie und Roman an, daß in den Geschichten, die er mit den Ammenwiegen assoziiert, auch Obszönes und Erotisches eine Rolle spielen; vgl. oben S. 44 f.

Schrecken einjagten,[160] scheinen Geschichten von Göttersukzession (Uranos–Kronos), Prometheus, Giganten und Unterwelt erzählt worden zu sein, Metamorphosen (Liebes- und Frauenverwandlungen: Europa, Leda; Prokne/Philomele, Kallisto) sowie Geschichten von Mischwesen (Pegasus, Chimäre, Gorgonen, Kyklopen). So zumindest läßt sich ein zusammenfassender Passus aus Lukians Satire *Philopseudeis* deuten, worin der Vernunftanbeter Tychiades die genannten Stoffe in einer Kritik an den Lügengeschichten der alten Dichter und Schriftsteller aufzählt und als μυθίδια, Geschichtchen, abstempelt, die zu nichts taugen als Kinder, παίδων ψυχὰς, die sich noch vor Mormo und Lamia fürchten, zu *bezaubern*, zu *besänftigen*, zu *betören*: κηλεῖν.[161]

Für sicher darf gelten, daß die μυθίδια παίδων ψυχὰς κηλεῖν δυνάμενα bei maßgeblichen Denkern Unbehagen erregte. Nachdem die zunehmend philosophische Weltbetrachtung Distanz zu den mythologischen Stoffen geschaffen hatte – erinnert sei an Xenophanes' Kritik der Vielgötterei des Volksglaubens oder Euhemeros' rationalistische Mythendeutung –, schrieb man der »niederen« wie »höheren« Mythologie einen Unterhaltungscharakter zu, der bei den führenden Denkern keine Billigung fand. Viele Geschichten, deren Stoffe der Mythologie entstammten, entsprachen nicht den von ihnen bevorzugten und geforderten ethischen Normen und philosophischen bzw. religiösen Parametern. Zudem setzten die Erzählungen ein von diesen Normen und Parametern losgekoppeltes Vergnügen frei, das sich als solches nicht gutheißen ließ; denn die Geschichten exponierten nicht nacheifernswerte Figuren und Werte, verstießen mit den in ihnen geschilderten Turbulenzen gegen soziale und ethische Codes und Tabus und verschafften den Zuhörern gerade damit Vergnügen. In diesem derart erzeugten Vergnügen lag ihre hohe ästhetische Wirkung, ihr δύνασθαι. Darin lag aber auch für Platon, Cicero, Kirchenväter und Neuplatoniker ein Anlaß, die Geschichten und ihre Produzenten zu schmähen.

Aufschluß hierüber erteilen auch Bemerkungen von Theoretikern, die nicht Inhalte der Ammen- und Altweibergeschichten benennen, sondern sie von anderen Genera abgrenzen. Aus ihnen geht hervor, daß der undidaktische und ethisch unmotivierte Anstoß zum Vergnügen den Grund für die Verpöntheit der *fabulae aniles* bzw. *nutricularum* bildete. Diese Bemerkungen verweisen auf die Differenz von einerseits Geschichten für Kinder sowie Erdichtungen, die nur dem Vergnügen dienen, und andererseits Geschichten für ältere Zuhörer sowie Erdichtungen, die (amüsieren und zudem) erbaulich oder didaktisch sind. Quintilian etwa scheidet in seinem Werk über die Erziehung zum Redner die *fabulae nutricularum* von den äsopischen Fabeln. Jene weist er den ersten Lebensjahren zu, die ein Kind in der Obhut seiner Amme verbringt. Diese empfiehlt er als Bildungselement für die Lebensphase, die sich einem Knaben an die Ammenzeit anschließt und in der er, im Rahmen seiner Erziehung, eine rhetorische Schulung erhält, während Mädchen unter dem Einfluß der Amme verbleiben, weiterhin deren Geschichten hören und sie folglich, sobald sie selbst

---

160 Fest. p. 129, 26 Mueller. Über Kindergeschichten von Schreckgespenstern wie Lamia berichten zahlreiche Texte von Aristophanes bis zu Tertullian. Vgl. z.B. Aristoph. Vesp. 1179 ff.; Strab. 1, 2, 8; Plut. mor. 516A [=De curiositate 2]; Dion. Hal. De Th. 6; Hor. ars 340; M. Ant. 11, 23; Tert. adv. Val. 2.
161 Lukian., Philps. 2. Vgl. die Verwendung des (zum Verb κηλεῖν gehörigen) Substantivs κηληθμός in Hom. Od. 11, 334 und 13, 2, wo es heißt, Odysseus' Zuhörer κηληθμῷ δ' ἔσχοντο. Hierzu vgl. unten S. 222, 250 f. (zur Wirkungsästhetik von Dichtung).

Amme, Mutter oder Großmutter sind, wieder Kindern erzählen.[162] Eine ähnliche Dichotomie eröffnet der römische Kaiser Julian in seiner Rede *Gegen Haraklios*, indem er Geschichten, die für Kinder (πρὸς παῖδας) gedacht sind, von solchen, die Männern (πρὸς ἄνδρας) erzählt werden, trennt. Jenen weist er rein unterhaltende, diesen zusätzlich mahnende und didaktische Funktion zu; im selben Kontext führt er Hesiod sowie Archilochos an und preist als Meister des didaktischen Genres Aesop.[163] Auch der Neuplatoniker Macrobius sei an dieser Stelle noch einmal genannt. Denn er scheidet *fabulae,* die lediglich dem Vergnügen der Ohren dienen, von solchen, die eine Schwellenfunktion haben, indem sie zusätzlich erbaulich sind und *sapientiae tractatus*, Beschäftigungen mit der Weisheit, *in nutricum cunas*, in die Wiegen der Ammen, bringen; dabei unterteilt er letztere noch einmal in zwei Subkategorien: in reine Fiktion und in auf Realität basierende Fiktion, *narratio fabulosa*, von der er nur wenige Erzählungen als für philosophische Werke geeignet einschätzt.[164]

So verschieden die Kontexte auch sind, in denen die erwähnten theoretischen Äußerungen stehen – sie führen alle ein entscheidendes Kriterium der so häufig perhorreszierten *fabulae* der Ammen und Alten vor Augen: Die Erzählungen wurden von den maßgeblichen Denkern nicht ernst genommen[165] oder gar verurteilt, da sie eine moralische, didaktische oder ähnliche pragmatische Funktion vermissen ließen. Zweckrationale μῦθοι und *fabulae* dagegen, die als Mittel und Form exemplifizierenden Erzählens dienten (und möglicherweise den Vorzug hatten, zugleich zu unterhalten) – philosophische Mythen und Fabeln im heutigen Sinn des Wortes – wurden durchaus geschätzt.

Die Überlieferung bestätigt den von den Theoretikern benannten Vorzug, der sich noch in der regen Rezeption antiker Fabeln im Mittelalter und deren Nachwirken in den modernen Nationalliteraturen auswirkt. Das Altertum verfügte über einen reichen Fabelschatz, da sich das Genus für vielfältige Zwecke nach Inhalt und Form anempfahl: für die Moralpredigt der Kyniker ebenso wie für den Moralphilosophen Plutarch in der beginnenden römischen Kaiserzeit oder den Spötter Lukian im 2. Jh. n. Chr. Neben den Versfabelbüchern des Phaedrus, Babrios und Avian sowie dem griechischen und römischen Prosafabelbuch der Kaiserzeit, die jeweils unter Aesops Namen überliefert sind, gab es seit archaischer Zeit eine stattliche Reihe von Fabeln, die griechische und lateinische Autoren in verschiedenen Kontexten als Exempla verwendeten. Sie alle waren – dies haben zuletzt Niklas Holzberg und Gert-Jan van Dijk gezeigt[166] – auf eine praktische Bedeutung angelegt. Je nach Zweck enthielten sie eine lehrhafte Schlußbemerkung, erklärten Ursprünge, implizierten eine Kritik, dienten der argumentativen Exemplifikation oder waren Teil der propädeutischen Exerzitien in der Rhetorenschule. Sie galten demgemäß als sinnvoll und zweckreich und waren vielgeschätzt.

Daß wir über die Fabeln, die auf eine Nutzanwendung gerichtet sind, einiges, über die *fabulae aniles* bzw. *nutricularum* aber fast nichts wissen, ist bezeichnend. Über diese

---

162 Quint. inst. 1, 9, 2.
163 Iul. Or. 7, 3, 207a–d.
164 Macr. somn. 1, 2, 7–9.
165 Vgl. Vita Clodii Albini Iulii Capitolini 12, 12 (SHA): *cum ille neniis quibusdam anilibus occupatus inter Milesias Punicas Apulei sui et ludicra litteraria consenesceret.*
166 Holzberg, *Fabel*; van Dijk, *AINOI*.

sind fast nur abschätzige Bemerkungen bekannt. Jene kennen wir aus zahlreichen Texten, die Zugang zu dem Genus verschaffen, der uns im Falle der als Ammen- und Vettelgeschwätz verpönten *fabulae* verstellt ist. Einzig Negativabgrenzungen gegen das Nachbargenus Fabel, wie sie sich bis in die Neuzeit – beispielhaft 1682 in E. Weigels *Tugendlehre* (vgl. oben S. 24) – finden, brechen die Aporie auf, in die man beim Versuch, die verpönten Geschichten zu fassen, gerät. Texte, die diese *fabulae* zum Inhalt hätten, oder Theoretisierungen, die eine klare Gattungszuweisung gestatteten, liegen uns nicht vor. Erhalten sind nur verwischte Spuren. Sie führen nicht mehr auf eine Referenz, sondern sind von dieser abgelöst. Man kann sie kaum noch Spur nennen; sie sind es gleichwohl: Es wird eine – wenn auch unverstandene, kaum faßbare – Erinnerung an etwas bewahrt, die bei anscheinender Vergessenheit durch Jahrhunderte hindurch nicht verschwunden ist.

In dieser Hinsicht ähneln die verpönten *fabulae aniles* bzw. *nutricularum* stark den Märchen. Denn auch diese Gattung bewahrt – dies wird der Versuch ihrer Bestimmung noch zeigen – »objektiv ein Gedächtnis von etwas, an das es subjektiv eine Erinnerung weder hat noch auslöst, dessen Vergessenheit vielmehr seinen symbolischen Raum eröffnet«.[167] Doch *fabulae aniles* bzw. *nutricularum* mit dem Märchen als schlechthin identisch gleichzusetzen – dies war der Ansatz der Brüder Grimm[168] – erscheint aus drei Gründen zu gewagt. Erstens sind die sehr allgemein gehaltenen Angaben über die Erzählinhalte der geschmähten *fabulae* zu undurchsichtig. Zweitens verweisen einige Autoren auf das Vorkommen von Göttern; dies macht eine Identifikation mit dem eher auf den Menschen gerichteten Märchen problematisch. Drittens fehlt Beweismaterial zur Form und Struktur, das die Gleichsetzung rechtfertigte. Wir verfügen über keinerlei Einsichten in Aufbau, Gefüge und Komposition der seit Platon bis in die Spätantike kontinuierlich geschmähten *fabulae*. Sie rückhaltlos mit dem Märchen gleichzusetzen ist daher unmöglich.

Daß Übersetzer antiker Textpassagen, in denen die Geschichten der Ammen und Alten erwähnt sind, gleichwohl regelmäßig zum Ausdruck »Märchen« greifen, hat Gründe, die am Beispiel der Platon-Übersetzung Schleiermachers deutlich werden: Es gibt zwischen den verpönten antiken Erdichtungen und dem Märchen *de facto* entscheidende Interferenzen. Diese legitimieren zwar nicht die romantische Gleich- und Übersetzung, weisen aber daraufhin, daß auch die Gegenthese – unter *fabulae aniles* und *nutricularum* seien schlechthin keine heute dem Märchen zuzurechnenden Geschichten gewesen – unhaltbar ist. Die Interferenzen liegen nicht nur in der analogen Bewegung der Dispersion, die beider Überlieferung kennzeichnet. Sie liegen auch – und insbesondere – in der (hiervon nicht abkoppelbaren) Wechselwirkung zwischen den Eigenheiten der Dichtung und dem Erwartungshorizont der Rezipienten. So korreliert Beliebtheit »unten«, beim Volk, in beiden Fällen einem ersichtlichen Unbehagen »oben«, bei den Gelehrten. Ferner spricht aus dem Gros der antiken Erwähnungen der *fabulae aniles* und *nutricularum,* deren Verurteilung immerhin vor realem Hintergrund – Frauen erzählten in Spinn- und Kinderstuben – topisch wurde, eine Ratlosigkeit gegenüber ihrer pragmatischen Funktion und Wirkungsabsicht, die

---

167 Menninghaus, *Lob,* S. 208.
168 Vgl. die Zeugnisse in KHM 273 f. [285 f.], 347 f. [359 f.] sowie unten S. 50–53.

der hermeneutischen Verlegenheit gleicht, zu der Märchen ihre Rezipienten führen[169] (und die im 20. Jh. von tiefenpsychologischen Suchbewegungen überkompensiert wurde).

Die Urteile, die in der Antike und Spätantike über die verpönten *fabulae* gefällt werden, gleichen demgemäß den bis zur Romantik gängigen neuzeitlichen Urteilen über Märchen: Man deklassiert sie auf der Basis der topisch gewordenen Erzähltradition als Geschwätz. Auch die Gründe der Urteile stimmen überein: Man stößt sich an dem von sittlichen Parametern losgekoppelten Vergnügen, das sie hervorrufen,[170] und urteilt sie angesichts ihrer mangelnden zweckrationalen Ausrichtung als sinnlos ab. Daß man sie jedoch aufgrund ihrer Nonkonformität auch fürchtet, geht aus ihrer beständigen Schelte ebenfalls hervor. Sie bezeugt, daß die angeprangerten Geschichten im Volk durchaus Wohlgefallen hervorriefen und von Mund zu Mund getragen wurden, daß sie den ethischen und religiösen Anschauungen der sie kritisierenden Autoren jedoch nicht entsprachen und, möglicherweise gerade aufgrund ihrer regen mündlichen Fortpflanzung, als Teil unkontrollierbarer Unterströmungen, die es zu kontrollieren galt, empfunden wurden.

Für die These, daß die *fabulae aniles* und *nutricularum*, die sich nicht in eigene Lehren eingliedern ließen, in den Orkus des Integrationsuntauglichen geworfen und bewußt mißachtet wurden, spricht überdies die Entwicklung verwandter Gattungen mit Integrationswert. Die Fabel, die ihren Platz schon bei Hesiod und Archilochos hatte, avancierte im Zuge der neosophistischen Gelehrtenbewegung der Kaiserzeit zu einem beliebten Genus. Die unter Aesops Namen tradierten Fabeln wurden in Fabelbüchern mehrfach zusammengefaßt, u.a in einer unter dem Namen »Romulus« bekannten Sammlung aus dem 4. Jh. n. Chr., die noch im Mittelalter eine reiche Rezeption fand. Im 6. und 7. Jh. begann zudem die Ausgestaltung der Märtyrerakten zu Heiligenlegenden. Auch sie erlaubte es, ethischen und religiösen Maßstäben zu folgen. Geschichten, die solchen Zwecken jedoch zuwiderliefen, wurden weiterhin der Unwahrhaftigkeit bezichtigt und als Geschwätz geringgeschätzt.[171]

Sammlungen solcher Geschichten, wie die Fabelbücher, konnten daher nicht, selbst wenn sie je angelegt worden sein sollten, tradiert werden. Die (zumeist für Schulen) überlieferte Literatur war zumeist ›hohe‹ Schriftliteratur und folgte als solche vorgegebenen Wertkriterien, denen die von maßgeblichen Denkern und Literaten jahrhundertelang als Ammen- und Kindergeschwätz diskreditierten μῦθοι und *fabulae* nicht genügten. Kontinuierlich herabgesetzt, war ihnen der Weg in den abendländischen Lektürekanon versperrt. Ihre fehlende Überlieferung berechtigt uns zu der Schlußfolgerung, daß das, was uns an antikem Erzählgut erhalten ist, über zwei Jahrtausende hindurch einem Auswahlverfahren unterworfen war: Was mit Religion und Moral nicht ohne weiteres vereinbar schien, hatte keine gute Überlebensmöglichkeit. Die wenigen Spuren des Inhalts von μῦθοι und *fabulae,* die Ammen und alte Frauen insbesondere Kindern erzählten, sind aus diesen Gründen kaum noch zu erkennen.

---

169 Hierzu unten ausführlich, vgl. S. 108–121 (Propp).
170 Nicht erst die Brüder Grimm ›stutzten‹ die Märchen daher zurecht. Schon Perrault fügte Moralitäten zu seinen Märchen hinzu. Und Basile streute Sprichwörter in seine Märchen ein und setzte Lehrverse an ihren Schluß. Zum Thema »moralische Zutat« vgl. unten S. 87–92.
171 Zu Begriffsäquivalenten im Mittelalter vgl. Bolte/Polívka, *Anmerkungen*, Bd. 4, S. 47–56.

3. Das Märchen in der Klassischen Philologie

Vor allem die lückenhafte Überlieferungslage hat die Klassische Philologie lange veranlaßt, im Märchen eine nicht zur Antike gehörige Erzählform zu erblicken. Bis tief ins 19. Jh. zog sie altgriechische und lateinische Texte zur Untersuchung von Märchen kaum heran, anstatt einen Anreiz darin zu sehen, dort tatsächlich vorhandenen Spuren des Märchens nachzugehen. Die Haltung des Faches scheint dabei unklar. Einerseits wurde die Existenz des Märchens im Altertum bestritten; andererseits sprach man von Märchen, wenn man Mythen und Sagen oder Schwank- und Spukgeschichten meinte und *vice versa*. Unschwer erkennbar fehlten eine einigermaßen deutliche Unterscheidung einzelner Erzählarten und eine entsprechende Begriffsbildung; und der schlechte Ruf des als literarisch wertlos empfundenen ›Altweibergeschwätzes‹ war noch nicht verschwunden. Was bei den romantischen Erforschern und Sammlern des Märchens eine tiefe Liebe zu der Erzählgattung hervorrief, sagte nicht allen Gelehrten zu. Wilhelm von Humboldts schon 1796 in einem Brief an Goethe getroffene Feststellung, »Gesetz« des Märchens sei sein »schlechterdings formaler« Charakter, zu dem »eine gewisse Leerheit« notwendig dazugehöre, bildete in ihrer Wertfreiheit lange eine Ausnahme.[172] Nicht jedem gefiel das »Ideal der bloßen Form« (Humboldt), an das die Aufhebung höherer Sinnzusammenhänge gekoppelt ist. Momente, die dem Märchen sein eigentümliches Gepräge verleihen – Lösung vom Kausalgesetz, weitgehender Verzicht auf Genealogie und Aitiologie, meist fehlende Trennung zwischen Natur und gesellschaftlicher Erfahrungswelt[173]–, stifteten lange eher Verwirrung oder zogen gar Ressentiments nach sich.

Die romantische Begeisterung für das Märchen übertrug sich äußerst verzögert und abgeschwächt auf die Altphilologie. Jahrzehnte vergingen, bis die Forschung, wie Richard Reitzenstein 1911 bemerkt, »einen anderen Weg einschlug«: bis »die heranwachsende Germanistik die Klassische Philologie aus ihrer Isolierung befreite und ihr zugleich einen tiefen Einblick in das volkstümliche Schaffen und Dichten erschloß«.[174] Zuvor blieb die Arbeit der Brüder Grimm, die doch für zahllose Sammlungen und Publikationen richtungsweisend geworden war, unter Altphilologen teils unbeachtet, teils verstellte sie den Blick auf die antiken Texte. Denn die Buchmärchen der Brüder Grimm, die, vom Personalstil der Brüder und gesellschaftlichen Ausdrucksformen des zeitgenössischen deutschen Bürgertums geprägt, als Dokumente unverstellter Natürlichkeit und Volksnähe ausgegeben wurden, galten allgemein als mündlich tradierte authentische Märchen. Wer in der Antike nach ihnen suchte, konnte nicht fündig werden, da die als typisch geltende Märchenerzählweise erst durch die literarische Stilisierungsarbeit der Brüder geschaffen worden war.[175] Während man heute von der

---

172 W. v. Humboldt, *Brief an Goethe vom 9. Februar 1796*, in: *Briefe an Goethe*, Bd. 1, *Briefe der Jahre 1764–1808*, gesammelt, textkritisch durchgesehen und mit Anmerkungen versehen von Karl R. Mandelkow, München ³1988, S. 217–221, h.: S. 220.
173 Zu den Spezifika des Märchens vgl. unten I.C.-E., S. 70–141.
174 R. Reitzenstein, *Das Märchen von Amor und Psyche bei Apuleius*, (Antrittsrede an der Universität Freiburg, gehalten am 22. Juni 1911) Leipzig/Berlin 1912, S. 12.
175 Vgl. H. Rölleke, *Die Märchen der Brüder Grimm – Quellen und Studien. Gesammelte Aufsätze*, Trier 2000; J. M. McGlathery (Hrsg.), *Grimm's Fairy Tales: A History of Criticism on a Popular Classic*, Columbia 1993.

»Gattung Grimm« spricht, wenn man Märchen im Stil der *Kinder- und Hausmärchen* meint, galten diese damals als fürs Märchen schlechthin paradigmatisch.

Daß sich Erforscher des Altertums außerhalb der Altphilologie von der durch die Brüder begründeten Märchenforschung[176] gleichwohl anregen ließen, zeigt deren rege Rezeption.[177] Altphilologen zollen der Märchenforschung erstmals um 1870, als das Studium volkstümlichen Erzählgutes Hochkonjunktur hat, Aufmerksamkeit. Zu ihnen zählen Georg Gerland und Ludwig Friedländer.[178] Gerland geht, durch Benfey inspiriert, von der indischen Märchensammlung des Somadeva aus und stellt Vergleiche mit *Odyssee*-Passagen an. Friedländer sucht nachzuweisen, daß der Amor-und-Psyche-Erzählung in den *Metamorphoses* des Apuleius von Madaura ein den meisten Kulturvölkern gemeinsames Märchen vom verwunschenen Prinzen und der schönen Königstochter zugrundeliege. Bis dahin hatte die Meinung vorgeherrscht, das Märchen sei nur Abgesang des Mythos und der Sage. Während diese beiden Erzählformen als genuin hellenisch begriffen wurden, galt die Märchendichtung als dem Denken der Griechen fremd.

Im folgenden wird ein Überblick über die Entwicklung der Märchenforschung innerhalb der Klassischen Philologie gegeben. Da in Teil II dieser Studie eine exemplarische Lektüre von Homers *Apologoi* vorgenommen wird, steht hierbei die Homerforschung im Vordergrund. Eingehender behandelt werden diejenigen Beiträge zum Thema Märchen, die wissenschaftsgeschichtlich repräsentativ für ihre Zeit sind und für die hier angestellten gattungstheoretischen Überlegungen Bedeutung haben.[179]

3.1 Friedrich Gottlieb Welcker: Dem »Hellenischen Geiste fremd« – Märchen für Kind und Pöbel

Wissenschaftsgeschichtlich aufschlußreich ist ein Kapitel über das Märchen in der *Griechischen Götterlehre* Friedrich G. Welckers.[180] Im Jahre 1857 legte er den ersten Teil des dreibändigen Werkes vor, in dem er die vorhomerische Frühzeit aus den »Spuren« der »frühesten Bedeutung« der Götter rekonstruiert.[181] Ohne klare Abgrenzung von anderen Erzählformen sucht er darin darzulegen, das Märchen sei ein spätes Phäno-

---

176 1807 begannen die Brüder Grimm, Märchen systematisch zu sammeln, nach Wesensart, Bedeutung und Ursprung zu fragen und begründeten so die Märchenforschung; vgl. Rölleke, *Märchen*, S. 23 ff. Als neue wissenschaftliche Disziplin erregte sie viel Interesse und stand fünfzig Jahre später in voller Blüte: 1859 reüssierte Theodor Benfey mit seiner indischen Theorie, mit der er die indogermanische der Brüder Grimm ablöste; und 1871 stellte Tylor Benfeys These, Indien sei Urheimat aller Märchen, (wie später Lang) die Theorie der Polygenese entgegen. Vgl. oben I.B.1.1, S. 15 f.
177 Pöge-Alder, *Märchen*, S. 31 ff. Hirsch, *Märchen*, S. 22 ff.
178 Vgl. unten I.B.3.2, S. 54 (Friedländer); I.B.3.3.1, S. 58 f. (Gerland).
179 Ein ausführlicher Forschungsbericht über Altertumswissenschaft und antikes »Märchen« (mit Resümee zahlreicher weiterer Beiträge) findet sich in G. Heldmann, *Märchen und Mythos in der Antike? Versuch einer Standortbestimmung* (Beiträge zur Altertumskunde 137), München/Leipzig 2000, 25–61.
180 F.G. Welcker, *Griechische Götterlehre*, Göttingen 1857, Bd. 1, S. 107–114.
181 Welcker, *Götterlehre*, S.V (Vorrede).

men, das es im alten Griechenland nicht gegeben habe. Selbst didaktisch motivierte Kindergeschichten von Ammen seien Mythen, nicht Märchen gewesen. »Abgesehen von geschmackloser Mythologie« lasse sich weniger »Ausbeute« bei den griechischen und selbst den lateinischen Klassikern »finden [...] als J. Grimm erwartete«.[182] »Die Kindlichkeit«, die »das Wesen des Deutschen und Slawischen, des Persischen Märchens« ausmache, hätten die Griechen nicht gekannt. Diese Kindlichkeit, »worin sich die bunte Welt der Natur und der menschlichen Gesellschaft wie in Kinderaugen zu spiegeln« scheine, »indem es die Überlegungen des Verstandes und die Erfahrung des weltkundigen Beobachters« verleugne, sei dem »Hellenischen Geiste fremd« gewesen.«[183]

Um seine These zu stützen, bezieht sich Welcker auf uns tradierte Glossen über Mütter- und Ammen-μῦθοι, nicht zuletzt Platons Bemerkungen im *Staat* (rep. 377a ff.).[184] Angesichts der problematischen Überlieferungslage des Märchens glaubt er sich zur Annahme berechtigt, außer »Mythen« – er übersetzt μῦθος mit »Mythos« – hätten Ortslegenden und Genealogien die Griechen zu sehr beschäftigt, »als daß die Märchendichtung leicht hätte aufkeimen können«. Er bedenkt weder, daß μῦθος an den von ihm angeführten Stellen nicht einfach mit Mythos übersetzbar ist,[185] noch, daß ein jahrtausendealtes Desinteresse an Volksliteratur und -kunde der Weitergabe altererbten Märchenguts im Weg gestanden haben dürfte. Griechenlands »Mythologie« steht für ihn »ihrer ganzen Entwicklung nach mit dem Volksmärchen in einem Gegensatz«. Zwar habe sie »zu den Märchen einen einigermaßen ähnlichen Stoff« gehabt, aber doch nur einen »ähnlichen«. Was in griechischen Texten wie ein Märchen anmute, besitze nur »märchenhaften Schein«, sei in Wirklichkeit »die ernsthafte Dichtung oder Sage der Zeit, des ganzen Volks gewesen«. Oder es enthalte, wie »die Phäaken, Lästrygonen, der Kyklop und andre Märchen der *Odyssee*«, tatsächlich märchentypische »Bestandtheile verschiedener Herkunft«; doch selbst diese seien zwar »künstlich verwandt und gemischt«, um die Rezipienten »zu bezaubern und zu erschüttern«, zeigten aber zugleich, wie eine ursprüngliche Heldensage »märchenhaft ausgebildet« worden sei. In archaischer Zeit hätten die Griechen nur »ernsthafte« Göttermythen und Heldensagen gekannt, der »albernen« und »absurden« Märchen nicht bedurft:

> Die reich und herrlich gestaltete und [...] das Leben ganz durchdringende Göttersage scheint zum Stoff der Märchen in Griechenland so sehr zugereicht zu haben, daß man von anderen Arten der Kindermärchen dort sehr wenig findet.[186]

Homer, dessen Gegenstand die Heldensage sei, verortet Welcker, gleichsam als Trennungslinie, zwischen ›ursprünglichen‹ und ›abgeleiteten‹ mythologischen Vorstellun-

---

182 Bezug auf Jacob Grimms Forderung von 1846 (Vorrede zur *Pentamerone*-Übersetzung), die antike Mythologie und Literatur müsse auf Reste des Märchens hin überprüft werden. Vgl. J. Grimm, Vorrede zu G. Basile, Der Pentamerone – oder: Das Märchen aller Märchen, aus dem Neapolitanischen übertragen von F. Liebrecht, Breslau 1846, S. 5–24, in: *Kleinere Schriften*, Bd. 8, Gütersloh 1890, S. 194.
183 Bis zum Ende des folgenden Passus zit. aus Welcker, *Götterlehre*, S. 110–112.
184 Vgl. oben S. 31–33.
185 Vgl. oben S. 33–36.
186 Welcker, *Götterlehre*, S. 109.

gen. Die hellenische Götterwelt ist ihm Idealbild der Menschheit, Vor- und Urbild sittlicher Anschauungen. Das Märchen wertet er als Ammengeschwätz, als Schundliteratur für Kind und Pöbel, als triviales Erzählgenus, das »nur Menschen [...] aller Alter, Klassen, Schicksale und Charakter« zum Inhalt habe und dem jeglicher Tiefgang fehlt.[187]

> Die Kinder und das gemeine Volk haben den Mythen gegenüber viel Ähnlichkeit mit einander, und es ist glaublich genug daß aus der unendlichen Menge der für Kinder und Volk kindlich zugerichteten Erzählungen einzelne Züge auch in die Litteratur [sic!] übergegangen sind, gelungene und auch alberne, da vielen nichts mehr behagt als das Absurde.[188]

Welckers Ansicht nach bringen die griechischen Märchenäquivalente, die zu Lehrzwecken profanisierten und trivialisierten Mythen, zweierlei mit sich. Zum einen falle – anders als in den Originalmythen und -heroensagen – »aller Ernst tiefer Gedanken« weg. Zum anderen sei »die überweltlichen Personen und ihre Verhältnisse« ins »Menschliche und Volksmäßige« herabgesunken.[189] Schließlich sei Griechenlands »Mythologie im Leben großentheils abgestorben« und »ein Spiel der Auslegung, des Witzes und der Gelehrsamkeit geworden«. Nur so seien sie

> wie von jeher von den Ammen, nun von den Schriftstellern in Märchen einer neuen Art umgewandelt, *ihres ursprünglichen Sinnes entkleidet* und im verschiedensten Sinn für den Geschmack der neuen Leserkreise zugerichtet, besonders auch durch Verschlingung [...] *entstellt* [worden, A.-B.R.].[190]

Welckers Haltung ist für seine zeitgenössische Wissenschaft exemplarisch: Im Gegensatz zu Mythos und Sage sieht er die Märchendichtung als »dem Geiste der Griechischen Völker fremd« an.[191] Sein Märchenverständnis ist von der literarischen und theoretischen Arbeit der Brüder Grimm geprägt. Spricht er vom »Märchen«, hat er die Gattung Grimm die romantisch-biedermeierlichen, kindlich zugeschnittenen *Kinder- und Hausmärchen* vor Augen. Mit der Sicht auf das »Märchen« als Abgesang von Mythos und Sage repräsentiert er zudem eine Auffassung, die, lange verbreitet, noch heute ihre Vertreter haben mag. Sie bezeugt den Einfluß Jacob Grimms, vor allem seiner *Deutschen Mythologie* (1835), auf die *Götterlehre*.[192] Grimms Versuche, in Märchen mythologische Elemente zu entdecken,[193] haben Welcker angeregt. Aus seiner Einstellung spricht dabei ein stärker ethisch als historisch orientiertes »Mythologie«-Verständnis. Er geht nicht gegebenen Fakten – Spuren von Märchen und ihren narrativen Kontexten innerhalb verschiedener Erzählformen – nach, sondern beschäftigt sich vor allem mit der griechischen Religion als einem kohärenten System von Göttern und den in ihnen verkörperten vorbildhaften Werten. Dabei zeigt er die

---

187 A.a.O., S. 110.
188 A.a.O., S. 108.
189 A.a.O., S. 109 f.
190 A.a.O., S. 113 f. (Hervorhebungen durch Kursive, A.-B.R.).
191 A.a.O., S. 111.
192 Welcker zitiert wiederholt J. Grimms Werke (insbes. die *Deutsche Mythologie*, Göttingen 1835); vgl. a.a.O., S. 110 Anm. 8, 132 Anm. 11, 137, 166. J. Grimms Vorbildfunktion für ihn zeigt ein Brief Welckers an den Gräzisten Jacob Geel, im Auszug abgedruckt bei A. Henrichs, »Welckers Götterlehre«, in: W.M.C. Calder III u.a. (Hrsg.), *Friedrich Gottlieb Welcker, Werk und Wirkung*, Stuttgart 1986, S. 179–229, h.: S. 227 (=*Hermes-Einzelschriften* 49).
193 Vgl. oben S. 15 f.

Tendenz, zu systematisieren und symbolischen Sinn zuzuweisen, mit dem Ergebnis, allein das Wort »Märchen« benenne durch seine Diminutivform sein Verhältnis zu Mythos und Sage.[194]

Zusammenfassend läßt sich sagen, daß der Autor eine Schwellenposition an der Wende von der klassisch-romantischen Antikenbetrachtung zum Historismus einnimmt. Er übertritt die Schwelle nicht.

3.2 Von Ludwig Friedländer bis Graham Anderson: Von den Anfängen im 19. Jahrhundert bis zum 21. Jahrhundert

Eine der ersten Auseinandersetzungen mit dem Märchen bildet die Studie *Das Märchen von Amor und Psyche und andere Volksmärchen im Altertum* (1871) von Ludwig Friedländer.[195] Mit den Worten, man dürfe »nicht mit Welcker [...] glauben, daß die Kindlichkeit dem hellenischen Geiste fremd war«, sucht er als einer der ersten das Unwerturteil über Märchen in Frage zu stellen, mit dem jener es noch belegt hatte.[196] Hierzu führt er zunächst eingehend allerlei Spuren des Märchens in der antiken Literatur an; er geht knapp auf Lukian, Platon, Homer ein, auf die »Ammenmärchen«, auf Gespenstergeschichten und Dümmlingstraditionen, auf Zauber und Aberglauben und nennt überdies zahlreiche Märchenmotive, denen er in der antiken und spätantiken Literatur begegnet. Dann behandelt er detailliert das »von Apuleius in seinen Roman aufgenommene Märchen« von Amor und Psyche, von dem weiter unten, in II.A.3, noch ausführlich gesprochen wird.

Friedländers bahnbrechende Leistung liegt darin, daß er die Amor-und-Psyche-Geschichte nicht Apuleius' eigener Erfindungskraft zurechnet, sondern die Möglichkeit ins Blickfeld rückt, daß ihr ein echtes Volksmärchen zugrundeliegt. Um seine These zu begründen führt er zahlreiche anderweitige Volkserzählungen an, die nach seiner Ansicht keineswegs ein literarisches Vorbild haben. Er sucht zu zeigen, daß die Erzählung auf ausgedehntem geographischem Raum von den keltischen Ländern bis nach Indien und von Skandinavien bis zu den Berbern verbreitet sei. Mit diesem Ansatz begründet er einen eigenen Zweig der Apuleiusforschung. Nach ihm bemühen sich vor allem Ernst Tegethoff (1922), Jan-Öjvind Swahn (1955),[197] und Georgios Megas (1971) darum, innerhalb des folkloristischen Erzählguts Asiens und Europas Varianten der Geschichte nachzuweisen.

Wenig Beachtung schenkt Friedländer dem Tiermärchen. 1889 indes erscheint die Abhandlung *Griechische Märchen von dankbaren Tieren und Verwandtes*. Verfasser ist August Marx, der zudem 1913, gemeinsam mit August Hausrath, die Anthologie *Griechische Märchen* herausgibt. In ihr sind »Märchen, Fabeln, Schwänke und Novellen aus

---

194 Welcker, *Götterlehre*, S. 107.
195 L. Friedländer, *Darstellungen aus der Sittengeschichte Roms in der Zeit von Augustus bis zum Ausgang der Antonine*, Leipzig 1871, 6., neu bearbeitete und vermehrte Aufl. Leipzig 1888, Theil 1, S. 455f., 522–563 (= Überarbeitung der *dissertatio* von 1860: *Ludovici Friedlaenderi dissertatio, qua fabula Apulejana de Psyche et Cupidine cum fabulis cognatis comparatur*, Königsberg 1860 [in 2 Programmen]).
196 Friedländer, *Sittengeschichte*, S. 522.
197 Vgl. unten S. 145–147, 188f. (dort auch näheres zur Kontroverse mit Detlev Fehling).

dem Klassischen Altertum« versammelt.[198] Im Vorwort erneuert Marx die bereits 1889 artikulierte Ansicht, aufgrund ungezählter »Splitter und Reste«[199] griechischer Märchen könne man auf eine volkstümliche Tradition der Mündlichkeit schließen.

Ein Aspekt, dem Marx in beiden Schriften nachgeht, ist das Fehlen der für die einzelnen Gattungen charakteristischen Formeln und Stilmerkmale in den antiken Zeugnissen. Er begründet es damit, daß »Märchen, Legenden und Schwänke nur in allerlei Brechungen und Umbiegungen in die Welt der griechischen Dichter und Erzähler eingezogen« seien. Dabei sei »natürlich viel verloren gegangen, vor allem der volkstümliche Ton, der uns beim Märchen selbstverständlich erscheint.« Oft habe der Erzähler gar nicht empfunden, daß er einen alten Märchenstoff unter den Händen hatte, so daß viele Erzählungen ein »innerer Widerspruch zwischen dem Inhalt und dem *Ton* des Erzählten« kennzeichne.[200] Über die Ansicht der Brüder Grimm, ein Märchen, »in seiner Idee immer dasselbe«, werde »vier- bis fünfmal jedesmal unter anderen Verhältnissen und Umständen« erzählt, so daß es äußerlich als ein anderes betrachtet werden könne,[201] sei daher hinauszugehen. Die Umgestaltungen, die das Märchen erleide, blieben »nicht beim Äußerlichen« stehen; infolge der Eingriffe verblasse sukzessive auch »die innere Idee«; und das endliche Resultat der beständigen Umgestaltung sei letztlich »etwas nicht nur ›äusserlich‹ Anderes, sondern etwas ganz Neues«. Die »Zusammengehörigkeit dieses neuen Produkts mit dem alten Keim« sei nur erschließbar, falls noch »die von einer Stufe zur anderen hinüberführenden Zwischenformen« vorhanden bzw. eruierbar seien. Dies habe sich die Forschung zu vergegenwärtigen; man sei »für die griechischen Märchen recht karg vom Glück bedacht«, sei »lediglich auf zufällig erhaltene Spuren angewiesen«. Und eben diesen Spuren geht Marx für das Ressort der Tiermärchen nach.[202]

Marx' Studien, insbesondere die mit Hausrath edierte Ausgabe griechischer Märchen, bleiben nicht ohne Wirkung. Themenbezogene Publikationen nehmen zu. Namentlich innerhalb der Homerforschung, deren wichtigste Publikationen zum Märchen nachfolgend besprochen werden, steigt das Interesse an. Ab 1920 kommt es vorübergehend zu einer Flut von Beiträgen.[203] 1925 schreibt Ulrich von Wilamowitz-

---

198 A. Marx, *Griechische Märchen von dankbaren Tieren und Verwandtes*, Stuttgart 1889; A. Hausrath/ A. Marx (Hrsg.), *Griechische Märchen. Märchen, Fabeln, Schwänke und Novellen aus dem Klassischen Altertum*, Jena 1913 (in der Zuweisung einzelner Geschichten zur Gattung Märchen fragwürdig); bis zum Erscheinen der Anthologie von E. Ackermann (Hrsg.), *Märchen aus der Antike*, Frankfurt a.M. 1981 (in der Zuweisung gleichfalls fragwürdig), maßgeblich.
199 Marx, *Märchen*, S. 131.
200 Hausrath/Marx, *Märchen*, S. VIII.
201 Mit Bezug auf Friedländer, *Sittengeschichte*, S. 537, wo das Grimm-Zitat abgedruckt ist.
202 Marx, *Märchen*, S. 9.
203 1921/22 erscheinen zugleich vier Abhandlungen, die in der Folge viel diskutiert werden: (1) K. Meuli, *Odyssee und Argonautika. Untersuchungen zur griechischen Sagengeschichte und zum Epos*, (Diss. Basel) Berlin 1921. (2) Otto Weinreichs Bearbeitung von L. Friedländer, »Das Märchen von Amor und Psyche und andere Volksmärchen im Altertum«, in: *Darstellungen aus der Sittengeschichte Roms*, Bd. 4, 9. u. 10. Aufl., Leipzig 1921, S. 89–132. (3) W. Aly, *Volksmärchen, Sage und Novelle bei Herodot und seinen Zeitgenossen. Eine Untersuchung über die volkstümlichen Elemente der altgriechischen Prosaerzählung*, 1. Aufl. Göttingen 1921, 2. durchges. Aufl. besorgt und mit einem Nachwort versehen von L. Huber, Göttingen 1969; ders., »Märchen«, in: *RE* XIV 1 (1928), Sp. 254–281. (4) B. Schweitzer, *Herakles. Aufsätze zur griechischen Religions- und Sagengeschichte*, Tübingen 1922, S. 131–142.

Moellendorff, es sei lange »verkannt« worden, daß »in weitem Umfange als Heroensage« erscheine, was »gar keinen geschichtlichen Inhalt« habe, sondern »als Märchen oder Novelle zu fassen« sei.[204] Doch schon zehn Jahre später ist die Aufmerksamkeit wieder abgeklungen. In der Altphilologie wird es still um das Märchen. Die (nicht zuletzt durch Friedländer ausgelöste) Debatte um Amor und Psyche bei Apuleius wird vereinzelt weitergeführt, beginnt mit Anfang der sechziger Jahre verstärkt.[205] Auch kommen einzelne Homerforscher wiederholt auf das Märchen zu sprechen. Darüber hinaus jedoch bringt die deutschsprachige Altphilologie bis Ende des 20. Jh.s relativ wenige Publikationen über das Märchen hervor. Neben Wolf Aly beschäftigen sich vor allem Thaddaeus Zieliński und Otto Weinreich mit der Gattung.[206]

Im Jahre 2000 erscheint die Dissertation *Märchen und Mythos in der Antike?* von Georg Heldmann.[207] Sie stellt dieselbe Frage – existierte das Märchen im Altertum? – wie die gleichfalls 2000 publizierte Studie *Fairytale in the Ancient World* von Graham Anderson.[208] Die Ergebnisse könnten konträrer nicht sein: Heldmann beantwortet die Frage negativ, Anderson positiv.

Wie die Antworten differieren Interessenslage, theoretischer Ausgangspunkt und Methode der Wissenschaftler. Anderson, der seine Arbeit an »classicists«, »scholars of folktale and children's literature« und »comparative literature specialists« adressiert, sucht den von ihm bedauerten Mangel an Kooperation der Altphilologie mit der volkskundlichen Erzählforschung zu beheben, indem er deren Hilfsmittel: Aarnes und Thompsons Typenkatalog (AT) seiner Arbeit – der Zusammenstellung von Märchentypvarianten verschiedenster Länder und Sprachen – zugrundelegt.[209] Heldmann indessen hält alle bisherigen Bemühungen, die Existenz des Märchens bereits in der Antike zu erweisen als zwangsläufig gescheitert an. Jeglicher Versuch, »bestimmte Motive und narrative Strukturen in der antiken Literatur als märchentypisch zu deuten«, habe bereits den »Glauben« an eine solche Existenz zur Voraussetzung und führe so in die »Sackgasse« eines *circulus vitiosus*. Dem seien schon die Brüder Grimm in ihrer Annahme erlegen, antike und nachantike Quellen seien als voneinander unabhängige Zeugnisse einer kontinuierlichen Realität des Märchenerzählens aufzufassen. Dieser Sicht sei die Altphilologie ungeprüft mit einer fragwürdigen Synchronisierung asynchroner Phänomene und einer fehlerhaften Parallelisierung verschiedener Stoffe und Motive gefolgt. Auch der rezeptionsgeschichtliche Ansatz sei u.a. wegen fehlender Zwischenglieder in der Überlieferung ebenso unpraktikabel, wie der Analogieschluß in neueren Philologien methodisch ohne Beweiskraft bleibe.[210]

---

204 U. von Wilamowitz-Moellendorff, »Die griechische Heldensage. I. II.« in: *Sitzungsberichte der Preussischen Akademie der Wissenschaften, philosophisch-historische Klasse* (1925), Berlin 1925, S. 41–62, h.: S. 59.
205 Vgl. unten Kapitel II.A.3., S. 188 f.
206 Th. Zieliński, »Die Märchenkomödie in Athen«, in: ders., *Iresione. Tomus I: Dissertationes ad comoediam et tragoediam spectantes continens*, Lwów 1931 (= *Eos Suppl.* 2), S. 8–75. Weinreich überarbeitete Friedländers Studie; 1942 erschien »Antiphanes und Münchhausen. Das antike Lügenmärlein von den gefrorenen Worten und sein Fortleben im Abendland«, in: *SB Wien*, Bd. 220, 4. Abh., Wien/Leipzig 1942 (hat nichts mit der Gattung Märchen zu tun).
207 Heldmann, *Märchen und Mythos.*
208 G. Anderson, *Fairytale in the Ancient World*, London/New York 2000.
209 A.a.O., S. IX, 12, 228 f.
210 Heldmann, *Märchen und Mythos,* passim; Zitate a.a.O., S. 72 f., 133 f.

Dem gegenüber hält Heldmann es – als neuen Ansatz – für geboten, sowohl griechische und lateinische Texte, die Testimonien für das Märchenerzählen sein können, als auch den sozialen Kontext des Erzählens zu prüfen. Bereits der Befund der floskelhaft verwendeten Termini γραῶν μῦθοι und *fabulae nutricularum* und der Mangel an genaueren Zeugnissen über deren Inhalt und Gattungszugehörigkeit sind für ihn starke Beweisanzeigen für die Nicht-Existenz in der Antike. Aber dieser Schluß greift, wie die obigen Darlegungen (vgl. S. 27 ff., 45–49) zeigen, zu kurz. Was den »sozialen Ort« oder den gesellschaftlichen Zusammenhang des Märchens anlangt, so ist seine Reduzierung auf Erzählgut von vorwiegend alten Frauen für Kinder und Frauen untereinander in einfachem ungebildetem Milieu (»Ammen- und Spinnstube«) sicherlich zurecht als »Klischee«[211] bezeichnet. Gegen die Genese und die Pflege des Genres im einfachen Volk besagt der Einwand indessen nichts entscheidendes und auch nicht, daß selbst die Brüder Grimm bei aller Umbildung, Stilisierung und Zurichtung (auch) Märchen im Kern als volkstümlich vorgefunden haben. Es scheint mir in der Natur der Sache zu liegen, daß solche Stoffe an der Schwelle ihrer Überführung in literarische Gestalt gewissermaßen ihre ›Unschuld‹ verlieren, und daß in der Tat im Stadium der Literarisierung der Geschichten »Damen des Bürgertums und des Kleinadels«[212] zur Stelle waren, denen das Volk ja keine ferne Welt darstellte. Daß aber die namensgebende Amme (vgl. *fabulae nutricularum*) immer ein prototypischer »sozialer Ort« für das Ausspinnen und die Weitergabe alter Geschichten gewesen sein dürfte, liegt m.E. auf der Hand.

Daß Heldmann den von der Forschung für das Märchen reklamierten »sozialen Ort« durchgängig »von Erzählungen aus dem Bereich der Mythologie« eingenommen sieht und zusätzlich Hinweise darauf findet, daß auch »inhaltlich nicht näher bestimmbare Geschichten« erzählt worden seien, ist das wenig überzeugende Ergebnis seiner Untersuchungen.[213] Denn eine eigene – von ihm nicht vorgenommene nähere gattungstypologische Prüfung einschlägiger Stoffe und Stellen (von Homer bis in die Kaiserzeit) – hätte ihm sehr wohl die für das Märchen in der Antike sprechenden Indizien vor Augen geführt, etwa in Form der Einbettung einer »Märchenerzählung« in eine längere »(Mythen-)Erzählung«. Zumindest aber hätte er einräumen müssen, daß jene unbekannten – »inhaltlich nicht näher bestimmbaren« – Geschichten, auf die er gestoßen ist, eine *Leerstelle* bilden. Diese zeigt, als Anschließbarkeit, die von uns zu vollziehende Kombinationsnotwendigkeit zwischen einzelnen Textsegmenten und Darstellungsperpektiven an; sie birgt nicht zuletzt die Möglichkeit, daß jene Geschichten durchaus märchenhafter Art waren, wie sie in der Tat seit alters – nicht nur – von *nutrices* weitergegeben wurden. Heldmann könnte, von seinem Standpunkt aus, allenfalls die Nicht-Existenz des Märchens in der Antike ebenso als fraglich ansehen wie seine Existenz als gegeben betrachten. Es scheint, daß in seinem Versuch der »Ausrottung« der »Chimäre«[214] ›Märchen in der Antike‹ seinerseits eine *petio principii* unterliegt, indem er das Fehlen des *corpus probandi* bereits in seinen Beweisgründen voraussetzt.

---

211 A.a.O., S. 82.
212 A.a.O., S. 135.
213 A.a.O., S. 136.
214 A.a.O., S. 137.

Anders als Heldmann läßt sich Anderson von der – immerhin erwägenswerten – Möglichkeit eventueller Zirkelschlüsse nicht schrecken. Auch beeindruckt ihn nicht, wie Heldmann, die Abwesenheit eines semantisch kongruenten Terminus für Märchen in anderen Sprachen (engl. *fairy tale, folk tale*; frz. *conte*; it. *fiaba*). Er beläßt die Definition des Märchens schlichtweg in großzügiger Weite, bestimmt »fairytales, associated with the German *Maerchen*« kurzerhand als »short, imaginative, traditional tales with a high moral and magical content«[215] (was u.a. verschleiert, daß dem originären Märchen Moralitäten gattungsfremd[216] sind). Von diesem Standpunkt aus überprüft er eine Vielzahl antiker Texte unterschiedlichster Genres auf das Vorkommen von Märchen. Er spannt den Bogen von bekannten neuzeitlichen zu antiken Beispielen wie Amor und Psyche, Ares und Aphrodite, Polyphem, behandelt Cinderella bzw. Aschenputtel (Herodots Rhodopis, die biblische Asenath, die sumerische Inanna), Schneewittchen (Chione, Pygmalions Statue, Xenophons Anthia), Rotkäppchen, Blaubart (Minos, Apuleius' Charite).

Damit folgt Anderson dem Ansatz der »finnischen Schule«, die das Märchen nicht als Text, sondern als in Sinnstrukturen organisierten Stoff faßt und deren Typenkatalog (AT) auf der Annahme basiert, ein Märchentyp lasse sich nur aus der Erfassung vieler Varianten abstrahieren. Anderson verwendet in seiner Materialzusammenstellung, wie der Index im Anhang zeigt, 70 *folktale types*. Ob allerdings die von ihm herausgestellten antiken Motive und Motivkonstellationen tatsächlich immer den je vorgeschlagenen Typ präsentieren, ist fraglich. In etlichen Fällen liegen m.E. nur Versatzstücke, keine vollständigen Varianten, vor. Dies näherhin zu erörtern, stellt eine lohnenswerte Aufgabe – möglicherweise ein umfassendes Buchprojekt – dar. In jedem Fall dürfte *Fairytale in the Ancient World* Anlaß zu vielen vergleichenden Untersuchungen sein, nicht zuletzt zu solchen, die pragmatische Handlungszusammenhänge der im Buch in Konstellation gebrachten Geschichten näher in den Blick nehmen und paradigmatische Nachweise an syntagmatische Strukturanalysen binden.

3.3 Das Märchen in der Homerforschung des 19. Jahrhunderts

Am beharrlichsten und nachdrücklichsten ist das Märchen bis zur Wende des 21. Jh.s, sieht man von der Apuleius-Forschung ab, von Homerforschern in den Vordergrund des Interesses gerückt worden. Aus ihrem Kreis stammt nicht nur die derzeit letzte einschlägige Untersuchung zum Thema: Uvo Hölschers *Odyssee*-Buch, auf das unten (I.3.4.2) eingegangen wird. Von ihnen ging auch die Erkenntnis aus, daß Untersuchungen zum Märchen ein Desiderat der Altertumswissenschaft darstellen.

3.3.1 Georg Gerland

Die erste eingehende Studie erscheint 1869. Ihr Autor ist Georg Gerland. Mit seiner Abhandlung *Altgriechische Märchen in der Odyssee* leistet er einen *Beitrag zur vergleichenden Mythologie* und setzt den Studien zum frühen griechischen Märchen einen An-

---

[215] Anderson, *Fairytale*, S. 1.
[216] Vgl. unten S. 87–92, 99–105.

fang.²¹⁷ Gerland knüpft an Adolf Kirchhoffs bahnbrechende These an, die besagt, die *Odyssee* sei das Werk eines Bearbeiters, der zwei einst selbständige Gedichte – einen aufgearbeiteten alten *Odysseus-Nostos* und eine *Telemachie* – zu einem neuen Ganzen zusammengesetzt habe. Er nimmt diese These zum Anlaß, eigene komparatistisch-anthropologische Überlegungen über die Genese des Epos und seine mythologischen Bestandteile anzustellen. So vergleicht er einzelne *Odyssee*-Episoden mit Erzählungen aus der Märchen- und Sagenwelt anderer Völker. Vor allem bemüht er die indische Märchensammlung des Somadeva für ausführliche Vergleiche mit den ab Buch fünf erzählten Abenteuern des Odysseus (Kalypso, Phaiaken, Kirke etc.). Gemeinsamkeiten der indischen und griechischen Episoden sucht er damit zu erklären, daß die einzelnen Erzählungen weithin ältesten Mythologien entstammten, die von Personifikationsphantasien zum Lauf der Sonne bestimmt waren. Dieses Erklärungsmodell entspricht Ansichten und Forschungsansätzen, die für die Mythosforschung des 19. Jh.s typisch sind.

Hohen Einfluß genoß seinerzeit der in England lebende deutsche Sanskritist Friedrich Max Müller, der zu den Begründern der *Comparative Mythology* (London 1856) zählt. Er vertrat die Ansicht, die mythenbildende Phantasie sei insbesondere durch den Anblick des Sonnenaufgangs erregt worden. Damit vereinbar ist Gerlands These, daß sich solcher ursprünglichen Phantasie auch die Erzählungen über Odysseus zu verdanken hätten: Dieser erreiche wie die Sonne endlich sein Ziel, nachdem er wie sie »mit Wolken und den unheimlichen Mächten und Schatten der Nacht zu kämpfen« gehabt habe.²¹⁸ Auch Odysseus' Mit- und Gegenspieler versäumt Gerland nicht (mit den zum Vergleich herangezogenen indischen Figuren) in das Sonnenmodell einzufügen und zu Licht- oder Nachtgestalten zu erklären: Kirke gilt als »Dämonin der Unterwelt«, die »dem Mensch gewordenen Sonnenhelden anfangs feindlich gegenübertritt«, Kalypso als »Göttin, die die sinkende Sonne aufnimmt und bei sich behält«, und auch die Phaiaken lassen sich scheinbar problemlos eingliedern: als »Genien des Morgens, des werdenden Lichts«. Mit dem Gestus des *Quod erat demonstrandum* schließt Gerland seinen *Beitrag zur Vergleichenden Mythologie*:

> So wären wir denn am Ziel; denn wir haben den Kern und die früheste Wurzel der Odysseusmärchen gefunden, welche sich schliesslich alle als in uraltem wohlbegründeten Zusammenhang miteinander stehend auswiesen. Es leuchtet ein, dass dieser Mythus vom Kampf der wandernden Sonne […] aus der ältesten Zeit der Mythenbildung herstammen muss; dass er nicht bloß beschränkt zu sein braucht auf die Indogermanen, wie ja auch, weil die Sonne im Westen bei allen Völkern unter die Erde sinkt, alle Völker ihr Todtenreich nach Westen oder unter die Erde verlegen.²¹⁹

3.3.2 Ferdinand Bender

Weitaus weniger Interesse an Ursprungsfragen zeigt 1878 Ferdinand Bender in *Die märchenhaften Bestandtheile der homerischen Gedichte*.²²⁰ Die Studie enthält mehrere the-

---

217 G. Gerland, *Altgriechische Märchen in der Odysee. Ein Beitrag zur vergleichenden Mythologie*, Magdeburg 1869.
218 Gerland, *Märchen*, S. 50f.
219 A.a.O., S. 52.
220 F. Bender, *Die märchenhaften Bestandtheile der homerischen Gedichte* (= *Programm des Großherzoglichen Gymnasiums*), Darmstadt 1878.

menbezogene Aspekte. Bender eröffnet sie mit der Unterscheidung von »Urmythen«, »ausgebildeten Mythen« und »Märchen«. Unter »Urmythen« versteht er besonders einfach strukturierte Mythen, welche die naive Einbildungskraft aus Erfahrungstatsachen primär des Naturbereichs ableitet.[221] Daß hieraus die »ausgebildeten Mythen« entstanden seien, unter die man auch die Göttermythen zu rechnen habe, schreibt er der geistigen Entwicklung der Menschheit zu. Durch Reflexion und Assoziation der »Urmythen« miteinander habe der Mensch Erzählungen geschaffen, die nicht mehr die »Strenge« und »Klarheit« jener ersten Mythen, sondern ein Reichtum an narrativen Variationen und Formen auszeichne. Dieser Vielfalt wiederum verdanke sich die Fülle der »Märchen«, die Produkt der »phantastischen Betrachtung und Umbildung« der »ausgebildeten Mythen« seien. Ihr Verfahren sei das der *Camera obscura*, auf deren transparenter Rückwand im Inneren eine an der Vorderseite befindliche Sammellinse ein kopfstehendes, seitenverkehrtes Bild produziert: »Die riesigen, oft noch in nebelhaften Umrissen erscheinenden Göttergestalten des Mythus« würden »durch die Sammellinse kindlicher und das Plastische, das Anschauliche liebender Phantasie zu menschlichen Wesen verdichtet«. Wie die »mythenlos entstandenen Märchen« lieferten sie den Beweis, daß die menschliche Natur es liebe, »manchmal ganz plötzlich den Verstand [...] bei Seite zu werfen« und »sich gewissermaßen alles logischen Denkens zu entledigen«, um »mit den Flügelschuhen der Phantasie einer Welt der Wunder zuzueilen, in der Nichts mehr wunderbar« sei.

Bender geht also von einer Veränderung der Symbolisierung und Rationalität bzw. von verschiedenen Phasen der Naturaneignung des Menschen aus. Er verdeutlicht, welche Attraktivität die Erfahrungsformen von Mythos und Märchen für uns haben, indem er ihren Unterschied zum instrumentellen Denken hervorhebt. Das »Menschlich-, Lebendigmachen des Thierischen oder gar Unbelebten« insbesondere des Märchens bezeichnet er als »Produkt naiven freudigen Sichversenkens in das Leben und Weben der Natur«. Um dies nachzuahmen, bedürfe der moderne Dichter entweder »lebhafter Imagination« oder eines »kühlen Kunstgriffs«. In jedem Falle könne er in »unsere[r] Zeit, deren Interessen auf viel realeren Gebieten« lägen, kein »echtes Volksmärchen« mehr erdichten. Seien doch die »schönen Spiele der Phantasie nur da möglich, wo die graue Theorie noch keinen Boden gefasst« habe und »die Reflexion« noch nicht erschienen sei.[222]

Bender knüpft an die romantische Mythos- und Märchendiskussion an, um kritisch auf einen verkürzten Vernunftbegriff zu referieren, wie er im Zusammenhang mit der aufklärerischen Mythoskritik verbreitet war. Die Basiselemente des Märchens stellt er affirmativ heraus: Er lobt das »theils freundliche theils antagonistische Verhältnis, in dem Arme, Tagelöhner u.s.w. (Menschen)« zu den »Königen, Prinzen und Zauberern (Götter)« stehen, das »Fehlen einer bestimmten Ort- und Zeitangabe«, die »Wiederkehr bevorzugter Zahlen« und die »engen Beziehungen zum Naturleben«. Vor allem aber hebt er die einfache – »die liebenswürdigste und manchmal leichtsin-

---

221 Als Beispiele nennt er kosmogonische und aitiologische Mythen zur Erklärung von Naturerscheinungen, etwa »das Schwinden des Frühlings«, das der Mensch als »Flucht der jugendlichen Göttin« gedeutet habe, und den »befruchtende[n] Regen«, der ihm »Symbol der Vereinigung des Himmelsgottes mit der Herrin der Erde« gewesen sei. Zitate hier und bis zum Absatzende des Haupttextes aus a.a.O., S. 1 f.
222 A.a.O., S. 6 f.

nig humoristische« – »Moral vom Sieg des Guten [...] über das Schlechte« positiv hervor.[223]

Die Hervorhebung dieser Merkmale bildet den Übergang zum eigentlichen Thema der Studie: zu den »märchenhaften Bestandtheile[n] der homerischen Gedichte«. Untersucht werden in 14 kurzen Abschnitten die Episoden über die Pygmäen, Bellerophontes, die Rosse des Achill und die Mahlzeiten der Äthiopen aus der *Ilias* sowie über Proteus, Kalypso und Kirke, die Phaiaken, die Lotophagen, Laistrygonen und Kyklopen, Aiolos, die Sirenen, die Plankten, Skylla und Charybdis und die Rinder des Helios aus der *Odyssee*. Hierzu wendet sich Bender explizit gegen Welckers Ansicht, die Griechen hätten keine Märchen besessen. Dessen Argumente sieht er in folgenden drei Schritten als widerlegt an:

(1) Dem Einwand, die meisten griechischen Ammenerzählungen seien keine Märchen, sondern Beispiele einer Abschreckungs- und Belohnungstheorie gewesen, hält er entgegen, daß – wie heute, so immer – Ammen bei ihren Erzählungen didaktische Motive verfolgt hätten, was aber der Entstehung und Tradierung von Märchen nie hinderlich gewesen sei.

(2) Gegen das Argument, die Einführung des Christentums sei ein Hauptgrund für die Entstehung von Märchen besonders im nordwestlichen Europa gewesen, weist er auf die Tatsache hin, daß schon die Inder vor Christus und ohne Buddhas Einfluß Märchen hatten.

(3) Im Nichtvorhandensein von Märchenbüchern schließlich sieht er kein Indiz für das Fehlen von Märchen im alten Griechenland: Erst das zeitgenössische wissenschaftliche Interesse an den »Ueberresten vergangener Jahrhunderte« habe den Blick auf das Märchen gelenkt. Man wisse, daß »die Männer« im alten Griechenland »geradeso wie die Gelehrten und Dichter des heiligen römischen Reichs deutscher Nation« im 17. und 18. Jh. keinen Anteil an diesen von ihnen als »untergeordnet« empfundenen Dingen genommen hätten.[224]

Mit letzterer Bemerkung weist Bender auf ein typisch abendländisches Phänomen hin, das ihm – in seiner Zeit, als die *Kinder- und Hausmärchen* Konjunktur hatten – nicht verborgen bleiben konnte: die geschlechtsspezifische Differenz im Bereich narrativer Produktion und Rezeption. Die Inhalte der *Kinder- und Hausmärchen* sind weiblich bestimmt (Heldinnen überwiegen) und sie werden weitaus häufiger von Frauen als von Männern erzählt. Schon unter den Gewährsleuten der sie sammelnden Brüder waren viele Frauen;[225] und noch die Personen, die sie im 19. und 20. Jh. der Grimmschen Hauptzielgruppe ›Kind‹ erzählen, sind weiblich: Mütter, Großmütter, Kindermädchen, Kindergärtnerinnen, mit denen Kinder in ihren ersten Lebensjahren in der Regel enger zusammenleben als mit männlichen Leitfiguren. In Griechenland und Rom verhielten sich die Dinge ähnlich. Auch dort lebten die Kinder – Knaben und Mädchen – zunächst eng mit Frauen zusammen; auch dort kursierten Geschichten, die in erster Linie von Frauen tradiert und erzählt wurden.

Aus »der subjektiven Natur des Weibes« und »der bestimmten Begrenzung, die das Auffassungsvermögen des Kindes der jedesmaligen Erzählung vorschrieb«, schließt

---
223 A.a.O., S. 7.
224 A.a.O., S. 9.
225 Vgl. Rölleke, *Märchen*.

Bender nun, daß jene antiken Kindergeschichten »weder mythologisch noch im Fabelsinne, sondern wirklich märchenhaft gehalten« gewesen seien.[226] Um seine These zu stützen, verweist er auf einige Textstellen, die für die Leichtigkeit der Geschichten sprechen, unter ihnen eine Philostrat-Stelle, wo es heißt: καὶ κατεμυθολόγει με ἡ τίτθη χαριέντως.[227] Bei diesen wenigen Zitaten jedoch beläßt er es, so daß seine Argumentation spekulativ anmutet, zumal er in zeittypischer Weise behauptet, »Mütter und Ammen« seien »stets die eigentlichen Hüterinnen des Märchens gewesen«.

Was Bender hier plakativ »subjektive Natur des Weibes« nennt und nicht näher erläutert, verdient eine kurze Vertiefung. Er legt für das alte Griechenland folgende Situation zugrunde: Kindern mit noch begrenztem Auffassungsvermögen wurden nicht bedeutungsaufgeladene Göttermythen oder lehrhafte Fabeln, sondern Leichtigkeit verströmende Geschichten erzählt. Hierzu verweist er auf griechische Textstellen, denen man, wenn auch vage, entnehmen kann, was bei Quintilian und Julian Apostata zu lesen ist: Die *fabulae nutricularum* waren nicht lehrhafte äsopische Fabeln (Quint. inst. 1, 9, 2), sie hatten nur unterhaltende, nicht aber mahnende und didaktische Funktion (Iul. Or. 7, 3, 207a–d).[228] An diesen Geschichten will Bender eine weiblich bestimmte Prägung erkennen, die, gerade deshalb, von den »Gebildeten«, der Männerwelt also, »verschmäht« wurde (impliziter Bezug auf Platon).[229] Damit rekonstruiert er ein eigenes Reich der Mündlichkeit, in dem *privatim* Geschichten florierten, die sich infolge ihrer »subjektiven« Prägung durch Frauen grundlegend von den *publice* tradierten Erzählungen der männlichen Sänger, Erzähler und Schriftsteller unterschieden.

Dieses Reich der Mündlichkeit, das auf Frauen und Kinder unter etwa sieben Jahren beschränkt war, weist bemerkenswerte Aspekte auf. Weiblich geprägt, stellte es einen Raum bereit, in dem Werte, die vor allem in weiblichen Kontexten bedeutsam sind, mindestens genauso viel zählten wie Werte aus der männlichen Heroenwelt. Hier ging es weniger um Körper- und Widerstandskraft, Angriffsbereitschaft, öffentliches Ansehen, virilen Schneid und Tapferkeit als in familiärer Intimität anzusiedelnde Dispositionen und Lebenserfahrungen. Der Inhalt der Erzählungen war nicht »mythologisch« (Bender); es handelten, kämpften und litten nicht, wie gewöhnlich in Mythen und Sagen, Götter, Titanen und Heroen. Die Vorgänge waren vielmehr »märchenhaft gehalten« (Bender); es herrschten phantastische Sujets vor, die man heute dem Märchen zuordnete.[230] Eine Chance auf Verschriftlichung hatten diese Erzählungen letztlich nicht. Gerade weil sie den Wertkriterien der Gebildeten nicht entsprachen, wurden sie nicht für bewahrenswert erachtet. Der einzige Raum, der ihnen zugestanden wurde, war der ›weibliche‹, in dem sie gediehen. Dorthin wurden sie, sobald sie ihn zu verlassen drohten, zurückverwiesen – von Platon etwa mit den Worten ταῖς γραυσὶν ταῖς τοὺς μύθους λεγούσαις (rep. 350e) oder τοῖς μύθοις, οὓς ἐκ νέων παίδων [...] τροφῶν τε ἤκουον καὶ μητέρων (leg. 887d).

Zeugnis von diesem Reich der Mündlichkeit der Frauen legen neben den ange-

---

226 Bender, *Bestandtheile*, S. 8.
227 Philostr. Her. 7, 10.
228 Vgl. oben S. 46–49.
229 Bender, *Bestandtheile*, S. 8.
230 Vgl. unten Teil II.

führten Textpassagen von Philosophen und Theoretikern[231] auch Literaten ab, etwa Dramatiker wie Euripides und Aristophanes. Auf beide beruft sich Bender. Als Beispiel führt er Verse aus dem *Herakles* des Tragikers an. In einem dialogisch gestalteten Prologgespräch rät darin Herakles' Vater Amphitryon seiner Schwiegertochter Megara, die ob der Abwesenheit des Vaters betrübten Kinder mit μύθοις zu beschwichtigen.[232] Signifikant ist zudem eine Stelle in Aristophanes' *Wespen*.[233] Dort entspinnt sich nach einer an Philokleon gerichteten Frage, ob er in Gegenwart gelehrter Leute etwas Gescheites vorzubringen wisse, ein aufschlußreicher Dialog. In dessen Verlauf beginnt Philokleon, nachdem bereits seine Geschichten über das Schreckgespenst Lamia, die, wenn sie gefangen werde, furze, und über den zwerghaften Schmied Kardopion als μύθοι abgelehnt wurden, eine Tiererzählung mit der *Es-war-einmal*-Formel οὕτως ποτ' ἦν μῦς καὶ γαλῆ. Auch sie wird abgelehnt: als nicht Männern – ἐν ἀνδράσιν – gemäß.[234]

3.4 Das Märchen in der Homerforschung des 20. Jahrhunderts

Nach Benders Abhandlung über das frühe Vorkommen von Märchenmotiven bei Homer setzen sich im 20. Jh. namentlich Ludwig Radermacher sowie dessen Schüler Johannes Th. Kakridis und Hubert Petersmann mit dem Thema auseinander.[235] Einzelaspekte behandeln, zum Teil sehr punktuell, Oskar Hackmann, Friedrich von der Leyen, Gertrud Herzog-Hauser, Karl Reinhardt, Reinhold Merkelbach, Lutz Röhrich, Erich Seemann, H.C. Brogholm und Detlev Fehling.[236] Im englischsprachigen Raum erregen währenddessen Rhys Carpenter, der die *Odyssee* auf rein nordeuropä-

---

231 Vgl. oben S. 30–33, 35 f., 38 f., 43–45.
232 Eur. Herc. 98 ff.
233 Vgl. unten S. 156.
234 Aristoph. Vesp. 1176 ff.; vgl. zu der Passage auch B. Schmidt, *Griechische Märchen, Sagen und Volkslieder*, Leipzig 1877, S. 13, der Benders Position entspricht: »Aus dieser Stelle […] erkennen wir zugleich die Geringschätzung, mit welcher die griechischen Männer auf diese Art Volkspoesie hinzublicken pflegten – wie das ja auch heute noch gewöhnlich ist –, und daraus erklärt es sich hinlänglich, warum in der gesammten griechischen Litteratur zwar Märchenhaftes genug, aber kein einziges wirkliches Märchen uns entgegentritt.«
235 L. Radermacher, »Die Erzählungen der Odyssee«, in: *SB Wien*, 178. Bd., 1. Abh., Wien 1915; ders., *Mythos und Sage bei den Griechen*, Brünn u. a. ²1938, S. 27 f., 42 f., 54 f., 67–88; J.T. Kakridis, *Homeric Researches*, Lund 1949; H. Petersmann, »Homer und das Märchen«, in: *Wiener Studien* 94 (1981), S. 43–68.
236 O. Hackmann, *Die Polyphemsage in der Volksüberlieferung*, Helsinki 1904; Fr. von der Leyen, *Volkstum und Dichtung*, Jena 1933, S. 77–80; G. Herzog-Hauser, »Märchenmotive in Homers Ilias«, in: *Geistige Arbeit* 4, 21 (1937), S. 1–2; K. Reinhardt, »Die Abenteuer der Odyssee« (1948), in: ders., *Tradition und Geist. Gesammelte Essays zur Dichtung*, hrsg. von C. Becker, Göttingen 1960, S. 47–124; R. Merkelbach, *Untersuchungen zur Odyssee* (1951), München ²1969, S. 175–198; L. Röhrich, »Die mittelalterlichen Redaktionen des Polyphemmärchens (AT 1137) und ihr Verhältnis zur außerhomerischen Tradition« (1962), in: ders., *Sage und Märchen. Erzählforschung heute*, Freiburg i. Br./Basel/Wien 1976., S. 234–252; E. Seemann, »Widerspiegelungen der Mnesterophonia der Odyssee in Liedern und Epen der Völker«, in: *Laographia* 22 (1965), S. 484–490; H.C. Brogholm, *Odysseus og Polyphem*, Kopenhagen 1966; D. Fehling, *Amor und Psyche. Die Schöpfung des Apuleius und ihre Einwirkung auf das Märchen. Eine Kritik der romantischen Märchentheorie*, Wiesbaden 1977, S. 94 ff.

ische Quellen zurückführt und zum Typus Bärensohnmärchen in Beziehung setzt, und Denys Page Aufsehen.[237] 1988 erscheint – nach etlichen Vorarbeiten zu Form und Struktur der *Odyssee*[238] – Uvo Hölschers Buch *Die Odyssee. Epos zwischen Märchen und Roman*.[239]

3.4.1 Ludwig Radermacher

Ein Schwerpunkt der genannten Homer-Studien besteht darin, unter den Abenteuern der *Odyssee* verschiedene Gattungen wie Märchen, Mythos und Sage zu unterscheiden. Bahnbrechend waren in dieser Hinsicht die Arbeiten Ludwig Radermachers, vor allem seine Studie *Die Erzählungen der Odyssee* (1915) und das Kapitel »Mythos, Sage, Märchen« in der zweiten verbesserten Auflage seines Buches *Mythos und Sage bei den Griechen* (1938).[240] Darin legt Radermacher dar, daß die Grenzen zwischen den verschiedenen Erzählformen zwar immer fließend gewesen sind und »Mischgebilde« daher »weit häufiger auftreten als die lauteren, unverfälschten« Gebilde; daß aber, wenn auch Einzelmotive und selbst ganze Stoffe »aus dem Mythos oder Märchen in die Sage, aus der Sage ins Märchen«[241] übertragen würden, zwischen den »reinen Bildungen« begrifflich unterschieden werden müsse. Den Mythos bestimmt er

> in einer engeren und eigentlichen Bedeutung [...] als ein ahnendes, dichterisch in Rede gekleidetes Begreifen des Göttlichen und der Welt. [...] [Er hat] eine besondere, durch das Symbolhafte bestimmte Funktion [...], erteilt [...] Antwort auf ein Was? Wieso? Warum? angesichts des Rätsel unseres Daseins und des Weltgeschehens, Antwort freilich, nicht vom strengen prüfenden Verstand, sondern von der Phantasie geboten, die versucht, Dunkles, Erregendes, Drohendes oder Erheiterndes in menschlich naheliegende Schau umzusetzen. Daraus folgt, daß auch der Mythos nicht freischwebend ist, wie das Märchen, sondern gebunden durch den Gegenstand, von dem er etwas sagt.[242]

An der Sage hebt Radermacher hervor, daß sie historische Bezüge, »einen geschichtlichen Kern«, hat oder zumindest »in bestem Glauben« an die in ihr getroffenen »Aus-

---

237 Rh. Carpenter, *Folktale, Fiction and Saga in the Homeric Epics*, Berkeley/Los Angeles 1946. D. L. Page, *Folktales in Homer's Odyssey*, Cambridge (Mass.) 1973.
238 U. Hölscher, *Untersuchungen zur Form der Odyssee – Szenenwechsel und gleichzeitige Handlungen*, Berlin 1939 (=*Hermes-Einzelschriften* 6); ders., »Nachwort« in: Homer, *Odyssee*. Deutsch von Johann Heinrich Voss, Frankfurt a.M. 1963, S. 365–373; ders., »The Transformation from Folk-Tale to Epic«, in: B.C. Fenik (Hrsg.), *Homer. Tradition and Invention* (=*Cincinnati Classical Studies* N.S. 2), Leiden 1978, S. 51–67; ders., »Die Odyssee – Epos zwischen Märchen und Literatur. Vortrag am 11. Juni 1979«, Auszug in: *Acta Philologica Aenipontana* 4, Innsbruck 1979, S. 53f.; ders., »Die Odyssee – Epos zwischen Märchen und Literatur«, in: A. u. J. Assmann/Chr. Hardmeier (Hrsg.), *Schrift und Gedächtnis. Beiträge zur Archäologie der literarischen Kommunikation*, München 1983, S. 94–108; ders./H. Patzer, »Die homerische Odyssee – Märchen, Roman oder stilisierte Adelswirklichkeit?«, in: *Poetica* 22 (1990), S. 488–513 (Briefwechsel); ders., »Zur Erforschung der Strukturen der Odyssee«, in: J. Latacz (Hrsg.), *Zweihundertjahre Homer-Forschung. Rückblick und Ausblick*, Stuttgart/Leipzig 1991, S. 415–422 (=*Colloquia Raurica* 2).
239 U. Hölscher, *Die Odyssee. Epos zwischen Märchen und Roman*, München 1988.
240 Radermacher, *Mythos*, S. 67–88.
241 A.a.O., S. 80.
242 A.a.O., S. 70f.

sagen über Vergangenes« erzählt wird.²⁴³ Über das Märchen schreibt er, es erscheine uns gekennzeichnet dadurch,

> daß Begebenheiten in freiem Spiel der Phantasie und wesentlich um dieses Spiels willen vorgetragen werden, losgelöst von bestimmtem Ort, bestimmter Zeit und Person, aber auch von den Gesetzen des natürlichen Geschehens.²⁴⁴

Insbesondere der Aspekt des freien Spiels der Phantasie, den Radermacher hervorhebt, aber nicht näher erläutert, läßt sich, wie weiter unten (I.C.-E.), für eine gattungstheoretische Erörterung fruchtbar machen.

Während Radermachers Kapitel »Mythos, Sage, Märchen« dem Leser einige Klarheit über den gattungstheoretischen Begriffsapparat verschafft, ist die ältere Studie in ihrer Begrifflichkeit noch recht unklar. Definitionen oder Skizzierungen der diversen narrativen Kleinformen werden 1915 nicht gegeben. Gleichwohl nimmt auch diese Abhandlung wissenschaftsgeschichtlich eine wichtige Position ein: Sie enthält bis heute die umfassendste Sammlung des Irrfahrtenmaterials. Um zu belegen, daß hinter dem Epos, zumal Odysseus' Erzählungen am Hof des Phaiakenkönigs Alkinoos, »eine reich blühende und vielseitig gegliederte Erzählungsliteratur« gestanden habe, bespricht Radermacher eine Reihe zur *Odyssee* gehörender Parallelen; sie zählen zu »Sage und Märchen« sowie zur »heilige[n] Legende und Novelle«.²⁴⁵ Die älteste von ihnen bildet eine um 2000 v. Chr. in Ägypten aufgezeichnete Seefahrergeschichte, die seiner Ansicht nach hinter der *Phaiakis*²⁴⁶ steht.

Radermacher geht es primär darum, anhand verschiedener Motivparallelen zu Odysseus' Abenteuer-Erzählung zu verdeutlichen, daß in ihr »nur wenig Märchenstoff in originaler Form enthalten ist«. So führt er den Nachweis, daß die »Motive […], die aus dem Märchen stammen oder wenigstens darin vorkommen«, in ihrem Märchencharakter entstellt sind. Er zeigt, daß die Märchengehalte nur schemenhaft erkennbar sind. Das führt er darauf zurück, daß »die Umgebung, in der sie auftreten«, um der intendierten Verbindung von Wirklichkeit und Phantasie willen überaus »real gestaltet« ist.²⁴⁷ Damit weist er für die *Odyssee*-Lektüre einen Weg, den nach ihm vor allem Gabriel Germain erfolgreich fortgesetzt hat. In *Genèse de l'Odyssée* untersucht Germain folkloristische, märchenhafte und novellistische Erzählelemente und -motive. Dabei trennt er *monde géographique* und *monde l'imaginaire*, tradiertes Erzählgut und poetische Imagination, Mythisches und Historisches. Überdies zieht er Linien zwischen typisch Griechischem und wesenhaft Fremdem, das er anhand von Beispielen aus dem nordeurasischen, indischen, vorderorientalischen und nordafrikanischen Raum belegt.²⁴⁸

---

243 A.a.O., S. 70, vgl. auch S. 86 f.
244 Radermacher, *Erzählungen*, S. 3.
245 A.a.O., S. 69.
246 Die *Phaiakis* enthält die Vorgänge im Phaiakenland vor Odysseus' Abenteuer-Erzählung: Strandung des Helden, Begegnung mit Nausikaa, Wettkämpfe der Phaiaken, Beginn des Irrfahrtenberichtes. Vgl. unten Teil II Anm. 112.
247 Radermacher, *Erzählungen*, S. 27.
248 G. Germain, *Genèse de l'Odyssée. Le Fantastique et le Sacré*, Paris 1954.

3.4.2 Uvo Hölscher

Germain ist nicht der einzige, der den von Radermacher eingeschlagenen Weg fortgesetzt hat. Noch Uvo Hölscher nimmt 1988 mehrfach, zustimmend und kritisch, auf die Studie von 1915 Bezug.[249] Ähnlich wie Radermacher sieht er »hinter dem gesamten Stoff ein uraltes Weltmärchen«.[250] Damit opponiert er gegen zwei Parteien in der Märchen- und Homerforschung. Zum einen gegen diejenigen, die, wie Welcker, die *Odyssee* als eine »ursprüngliche Heldensage« sehen, die »märchenhaft ausgebildet« worden sei; zum anderen, und vor allem, gegen die Analytiker unter den Homerforschern.

Die Grundthesen der Argumentation Hölschers für ein uraltes Weltmärchen lassen sich wie folgt zusammenfassen: Der *Odyssee* liege wie der *Ilias* eine ältere Geschichte zugrunde, die aber, anders als in der *Ilias*, nicht heroischer Art, nicht Heldensage, sondern ein Märchen sei. Märchenhaft seien die Seefahrerabenteuer, die Odysseus der Reihe nach bestehe, Penelopes List, mit der sie sich jahrelang den bedrängenden Freiern entziehe, und die Rückkehr des rechtmäßigen Gatten und Königs im letzten Augenblick, als die verzweifelte Königin schon die neue Hochzeit vorbereitet. Verwandte Geschichten gebe es in der Märchenliteratur der ganzen Welt. Wann das griechische Märchen vom irrfahrenden und spät heimkehrenden König auf den Namen des Königs von Ithaka und Trojahelden getauft wurde, lasse sich kaum beantworten. Indem aber die alte Geschichte Form und Stil des großen Epos angenommen habe, habe beides seinen Geist verändert: Das Märchenhafte, das im Wunderbaren lebe, habe zurücktreten müssen hinter einen Vordergrund epischer Wirklichkeit, in der sich die Heimkehr des Odysseus abspiele. Erreicht habe dies der Dichter mit einem großen Kunstgriff. Er habe Odysseus' wunderbare Abenteuer mit ihren Riesen, Zauberinnen, schwimmenden Inseln und Meeresungeheuern einzig in Odysseus' Erzählung erscheinen lassen, wo sie eine entrückte, halbwirkliche Welt bildeten.

Hölscher legt mithin eine vorausliegende »einfache Geschichte« zugrunde. Er trennt nicht einen ersten und zweiten Erzählkomplex.[251] Anstatt verschiedene Erzählblöcke oder gar Märchenkomplexe miteinander verknüpft zu sehen, unterstellt er *ein* Märchen. Alle Passagen, die inhaltlich oder strukturell wie eigenständige Teile volkstümlicher Erzähltradition wirken könnten, werden als integrale Bestandteile ein- und derselben ursprünglichen Geschichte dargestellt. Während die stoffgeschichtliche Forschung in der *Odyssee* stets eine Amalgamierung von mittelmeerischen Seefahrermärchen und der weltweit verbreiteten Novelle vom Spätheimkehrer und den Freiern seiner Frau gesehen hatte, sucht er die Gesamtgeschichte des Epos auf einen Standardtypus von Märchen zurückzuführen, der sich mit der Formulierung *Der*

---

249 Besonders in Hinblick auf die *Nekyia* (vgl. unten S.244–248). Hölscher, *Odyssee*, S. 103–121.
250 A.a.O., S. 34.
251 Vorstellbar wäre, daß der *Odyssee* zwei Blöcke zugrunde liegen: 1) die Erzählung von einem, der lange in der Fremde verweilt, um im Moment, als seine Frau mit einem anderen Hochzeit hält, heimzukehren (vgl. AT 974: *Heimkehr des Gatten,* Gatte und Gattin werden aus ihrer jeweiligen Situation erlöst), 2) die Erzählung von Odysseus' Besuch bei den Phaiaken. — — — Denkbar wäre auch, daß der *Odyssee*-Dichter ein Märchen von einer schlauen Heldin am Webstuhl, die ihre Freier überlistet und ihnen Geschenke ›abluchst‹, mit einem Märchen von einem, der, auf dem Meer herumirrt, amalgamiert hat.

Gatte, der, kurz bevor seine Frau einen anderen heiratet, heimkehrt (AT 974) zusammenfassen läßt und von Hölscher wie folgt resümiert worden ist:

> Die einfache Geschichte, die sich im Hintergrund der Odyssee abzeichnet, zieht den Bogen zwischen Abschied und Heimkehr des Märchenhelden. Anfang und Ende bleiben aufeinander bezogen durch den Abschiedsauftrag der abzuwartenden Frist: »Wenn unser Sohn den Bart bekommen hat, dann heirate einen anderen.« Die Rückkehr geschieht im letzten Augenblick.[252]

Mit diesem Versuch der Rückführung wendet sich Hölscher von den Analytikern ab, die seit zweihundert Jahren nicht nur verschiedene Verfasser für *Odyssee* und *Ilias*, sondern auch für die beiden Epen selbst annehmen. Indem er sich für die Einheit der *Odyssee* ausspricht, bezieht er dezidert Position auf der Seite der Unitarier.[253]

In dem unitarischen Positionsbezug ist wohl der Grund dafür zu suchen, daß sich Hölscher eine wirklich detaillierte Strukturuntersuchung der einzelnen *Odyssee*-Gesänge auf einen spezifischen Märchencharakter versagt hat. Zwar hat er schon Jahrzehnte vor dem Erscheinen des Buches 1988 ein Strukturschema der *Odyssee* angeboten, das deren Handlungsführung als Ergebnis bewußten dichterischen Gestaltens ausweisen soll.[254] Doch wie die meisten seiner Studien zu Form und Struktur der *Odyssee* hebt das Schema ab auf das Nebeneinander der beiden Parallelhandlungen, des Odysseus auf der einen und des Telemach auf der anderen Seite.[255] Es soll (wie schon die erste Arbeit 1939) zeigen, daß die *Odyssee* ihrer inneren Form nach eine Doppelhandlung ist und nicht durch Kompilation entstanden sein kann, da Szenenführung und -wechsel viel zu prägnant sind.

Das Schema entspricht Hölschers programmatischem Anspruch als Unitarier. Es folgt dem Prinzip, für jede Textpassage, die aus einer oder mehreren Sinneinheiten besteht, nachzuweisen, daß sie sich im »großepischen«[256] Zusammenhang klären lasse. Jeder komparatistische Fernbezug – ob zur *Ilias*, ob zu Erzählungen anderer Völker – dient Hölscher dazu, die Qualität des Epos als Werk *eines* Dichters durch Verifikation

---

252 Hölscher, *Odyssee*, S. 103.
253 Mit der »These von der Einheit der *Odyssee* ist Hölscher Karl Reinhardt verpflichtet. Reinhardt, »Abenteuer«, arbeitet das hinter den Abenteuern liegende ursprüngliche Erzählgut einerseits und das aus dem Tradierten Neugeformte andererseits heraus. Er sucht für bestimmte Partien der *Apologoi* sowohl die mutmaßlichen Mythos- und Märchenvorstufen als auch ihre Umformung durch den epischen Dichter herauszukristallisieren. Reinhardt zeigt, so Hölscher, »wie sich im Zeitgenössischen das Märchenhafte, im Märchenhaften das Heroische spiegelt«, wie das Märchen, verstanden als Geschichte bestimmter Personen der Vergangenheit, von der Heldensage aufgenommen wird und in ihr aufgeht. Dabei berücksichtigt er den doppelten Hintergrund des Dichters: seine Kenntnis der älteren *Ilias* sowie seine Verpflichtung Zeitgeist und Publikum gegenüber. Vgl. Hölscher, *Odyssee*, S. 32 ff.
254 Wiederabgedruckt in U. Hölscher, »Zur Struktur der Odyssee«, in: *Das nächste Fremde. Von Texten der griechischen Frühzeit und ihrem Reflex in der Moderne*, hrsg. v. J. Latacz und M. Kraus, München 1994, S. 29–36, h.: S. 32 f.; zuvor im Nachwort zu Homer, *Odyssee*. Deutsch von Johann Heinrich Voss, Frankfurt a.M. 1963, S. 365–373.
255 Hölscher zufolge führt der Dichter die zwei Handlungsstränge (Buch 1–4: *Telemachie*, Buch 5–13: *Fahrt und Abenteuer des Odysseus, Rückkehr*), in den Büchern 14–16 (*Odysseus und Telemach beim Schweinehirten Eumaios*) zusammen (Buch 17–24: *Odysseus' Rache, Ermordung der Freier, Wiedervereinigung der Gatten*).
256 Hölscher, *Odyssee*, S. 45.

der unitarischen These zu demonstrieren. Mittels des von ihm entwickelten Gestaltungsprinzips, das er die »Kunst der Perspektive« nennt (dem »epischen Gesetz der Retardation« ebenso verwandt wie der »Kunst der Vorbereitung«[257]), sucht er m.E. zu erklären, was Roland Barthes[258] die narrative »Expansion«, die erzählerische Ausweitung, nennt. Dabei ist jeder Schritt, den er unternimmt, funktional für die Erkenntnis der dichterischen Kunst, der Einheit des Epos.

Zentrale Aufmerksamkeit gebührt Hölschers Hauptthese, daß der *Odyssee* ein uraltes (Welt-)Märchen vorausliege. Um dies zu beweisen, verwendet er Mittel, die, unten vorgestellt, Propp[259] (I.D.2.1) der Wissenschaft an die Hand gegeben hat. Hierin unterscheidet sich seine Methode von der ihm vorgängigen Homerforschung des 20. Jh.s, die in der Erzähl- und zumal Märchenforschung bekannte (strukturalistisch orientierte) Forschungsansätze lange nicht berücksichtigt hat. Hölscher meint, daß der Geschichte von Odysseus' Abenteuern und Heimkehr die Struktur des sogenannten »Suchermärchens« zugrundeliege. Dessen Charakteristika bestimmt er nach Propp als

> Ausgang von einem ›Mangelzustand‹ [...]; darauf die Aussendung eines Suchenden; das Auftreten spezieller Schadenstifter, mit Mordanschlag gegen den Sucher; die ganze folgende Handlung eine ›Suchaktion‹ mit Reise in die Fremde, endend in der Heimkehr.[260]

Um zu zeigen, daß sich innerhalb dieser Struktur »an gewissen Punkten [...] neue Sequenzen entwickeln, die der gleichen Struktur folgen«,[261] macht Hölscher mehrere in der *Odyssee* erwähnte Odysseusgeschichten ausfindig, die dem Ende des Krieges um Troja (Odysseus' Abreise) vorausliegen und sich, wie er meint, in das Muster der »Suchermärchen« einfügen.[262] Zu ihnen zählt die Geschichte von dem Raub der Helena durch Paris und dem Auszug der Griechen (allen voran des Odysseus) nach Troja, um Helena zurückzugewinnen.[263] In ihr erkennt Hölscher ein Suchermärchen, in dem ein Held (=Odysseus) für einen Beraubten (=Menelaos, Helenas Mann) eintritt. Auch die Geschichte vom Trojanischen Pferd – diese List des Odysseus wird in Teil III der Studie ausführlich behandelt[264] – entspricht nach Hölscher dem »Suchermärchen«-Schema. Er vergleicht die Geschichte mit dem russischen Märchen vom *Zauberpferd*.[265] »Das Trojanische Pferd«, so Hölscher, »dürfte, ehe es« aus Holz gezimmert und »auf Rollen gesetzt wurde, das magische Roß der Märchengeschichte gewesen sein«, auf dem »die Königstochter im Sattel« heimgetragen wurde.[266]

Dieser Ansatz Hölschers ist verdienstvoll. Daß die Märchenform auf der Textoberfläche des Epos kaum erkennbar ist, wäre, für sich genommen, kein Gegenargument.

---

257 A.a.O., S. 87–93.
258 R. Barthes, »Introduction à l' analyse structurale des récits«, in: *Communications* 8 (1966), S. 17–27, h.: S. 23 ff.
259 Vgl. unten S. 109 ff.
260 Hölscher, *Odyssee*, S. 54.
261 A.a.O., S. 55.
262 A.a.O., S. 56–75.
263 Vgl. die Anspielungen in Od. 11, 438. 24, 115 ff.
264 Vgl. unten S. 332–341, insbes. 336 (Inhaltsangabe).
265 Nr. 185 der Märchensammlung von Afanas'ev; vgl. Hölscher, *Odyssee*, S. 61 Anm. 21 (Literaturangabe).
266 Hölscher, *Odyssee*, S. 61.

Denn Hölscher legt einleuchtend dar, daß das vom Märchen geprägte Grundmuster der *Odyssee* »nicht als ein Starres, zu Rekonstruierendes und Nacherzählbares zu denken« sei, sondern »als ein Bewegliches und Bewegendes«: als »bildende Form, die nur in Gestaltung und Umgestaltung da« sei.[267] Wir hätten hier die Expansion des Erzählens im Sinne Roland Barthes' vor uns, die sich im Zuge der Zeit im Epos als der stärkeren Gattung gegenüber dem Märchen durchgesetzt hätte.

Der dargelegte Gedankengang erscheint in sich schlüssig. Gleichwohl läßt er bei der Hauptthese, die *Odyssee* sei die Ausgestaltung eines uralten Märchens, eine hinreichende Plausibilität, erst recht einen überzeugenden Nachweis vermissen. Denn das präsupponierte Muster, die vorausliegende einfache Form (Märchen vom Typus Suchermärchen), bleibt der Möglichkeit einer unstrittigen Präzisierung entzogen.

Das Feld der Mutmaßung ist mit Hölschers Buch demnach nicht verlassen. Viele der internen und externen literarischen und kulturellen Bezüge, die Hölscher herausarbeitet, bleiben letztlich ungeklärt. Selbst wenn man bereit wäre, hinter dem epischen Text »ein Grundmuster« zu erkennen, das »als erzählbare Geschichte« von dem, der zu seiner Frau heimkehrt, »ein Ganzes« ist und auf der pragmatischen Ebene die Einheit des Epos verbürgt,[268] läßt sich dieses Grundmuster nicht zwingend als Märchen identifizieren; ist doch das zugrundeliegende Heimkehrer-Motiv keinesfalls nur ein Märchenmotiv. Es findet sich vielmehr in verschiedenen narrativen Kleinformen – in Märchen ebenso wie in Mythen, Sagen und Legenden.[269]

Ein Grund dafür, daß die Behauptungen des Unitariers letztlich Hypothese bleiben, liegt m.E. darin, daß seine strukturellen Untersuchungen primär auf die Einheit des Epos abzielen. Der Einsatz formalistischer Mittel (Propp) ist auf die Rekonstruktion des Grundschemas der *einfachen* Heimkehrgeschichte beschränkt. Eine Zerlegung des Textes in weitaus kleinere Handlungseinheiten als dies in Hölschers Strukturschema der Fall ist – in Einheiten, die Merkmale des Märchens womöglich verdeutlichen könnten – fehlt. Hölscher erinnert zwar an Iwan Tolstois Aufsatz von 1934. Darin weist dieser, vor allem aus russischen Märchen, zehn Motive als Momente einer Mustergeschichte nach, die alle in der *Odyssee* vorkommen, und schließt hieraus, daß »der Stoff der Odyssee wirklich aus einem Märchen hervorgegangen« ist, »das vor ihr existiert hat, das aber auch nach ihr und von ihr unabhängig weiter gelebt hat und noch immer lebendig ist«.[270] Doch bei Verweisen dieser Art bleibt es. Die im 20. Jh. für die Beschreibung von Erzähltexten – gerade auch im Anschluß an Propp: etwa von Meletinsky[271] – neu gewonnenen Methoden werden nicht konsequent auf die *Odyssee* angewandt. Dies ist ein dringendes Desiderat. Ihm ist der Abschnitt II.B. der vorliegenden Studie gewidmet. Es folgen zunächst einige grundsätzliche Überlegungen zu den Unterschieden und Gemeinsamkeiten von Märchen und Mythos.

---

267 A.a.O., S. 117.
268 A.a.O., S. 28. Nachvollziehen läßt sich der Schluß zumal dann, wenn man nicht von dem hypothetischen Ur-Homer ausgeht, den die Unitarier aus dem *Odyssee*-Text herauszulesen suchen, sondern davon, daß das Epos in der jetzt vorliegenden Form erst spät, in alexandrinischer Zeit, von *einem* Dichter zusammengestellt wurde. Eine solche Lesart widerspräche freilich Hölschers Darlegungsabsichten.
269 E. Frenzel, *Motive der Weltliteratur*, Stuttgart ⁴1992, S. 328–340 (inkl. Bibliographie).
270 I. I. Tolstoi, »Einige Märchenparallelen zur Heimkehr des Odysseus«, in: *Philologus* 89 (1934), S. 261–274.
271 Vgl. unten S. 121–128.

C. Märchen und Mythos: Unterschiede und Gemeinsamkeiten

1. Demarkationslinien: Der Vergleich von Märchen und Mythos in der Märchenforschung des 20. Jahrhunderts

Märchen und Mythen teilen miteinander, daß ihre Entstehungszusammenhänge untergegangen sind, ihr originärer Bezugsrahmen vergessen ist. Hinter dieser Übereinstimmung tun sich indes beträchtliche Unterschiede auf. Was Erzählungen, die Theorie und Wissenschaft herkömmlich als Märchen einordnen, schon *prima vista* von der gewöhnlich fragmentarischen Überlieferung der Geschichten, die als Mythen gelten, abhebt, ist ihre erzählerische Unversehrtheit. Überdies ist an den bruchstückhaft erhaltenen Mythen mühelos bemerkbar, was die narrativ erheblich intakteren Märchenkompositionen nur sehr partiell erkennen lassen: der Versuch des Menschen, Furcht vor Übermächtigem und Unverstandenem zu bewältigen oder bestimmte gegebene (Gewalt-)Verhältnisse zu legitimieren. Mythen stehen ersichtlich im Zeichen von Weltauslegung, Lebensdeutung, Machtetablierung und historischer Legitimation. Beim Lesen oder Hören von Märchen dagegen überwiegt ein anderer Eindruck. Zwar skizzieren Märchen ideale Wunschbilder ausgleichender Gerechtigkeit. Aber sie scheinen weniger aus inhaltlichen Gründen entstanden zu sein, als vielmehr aus kreativem Erzählbedürfnis, das gewohnte Bedeutungsangebote ›zum Verpuffen bringt‹.

Mythen und Märchen setzen bzw. besitzen mithin verschiedene Schwerpunkte. Diese machen sich in strukturellen gleichermaßen wie in nichtstrukturellen Unterschieden bemerkbar. Beide treten mit deutlicher Konstanz auf, beide gilt es zu untersuchen. Allein die Kombination von syntagmatischen Strukturanalysen mit paradigmatischen Nachweisen ist m.E. für einen gattungstheoretischen Vergleich von Mythos und Märchen zweckmäßig.

Die vorliegende Studie verwertet vor allem Strukturuntersuchungen der letzten fünfzig Jahre. In Anspruch genommen werden aber auch Arbeiten zu anderen Charakteristika der Gattungen. Diese Studien beziehen sich vornehmlich auf den vermeintlichen Wahrheitsgehalt von Mythen, deren Anbindung an religiös geprägte Weltverfassungen und den Wunschcharakter von Märchen sowie deren Losgelöstheit von ideologischen Vorstellungen. Zwischen Paradigmen dieser Art verlaufen – in den meisten maßgeblichen Arbeiten zum Unterschied von Mythos und Märchen – die Demarkationslinien. Wenngleich diese Arbeiten die in ihnen untersuchten Erzählungen nicht in mehrere Einheiten zerlegen, sondern als eine feste Genremonade behandeln, enthalten sie dennoch Thesen und Befunde, die kritisch oder auch supplementär in Betracht zu ziehen sind.

André Jolles zum Beispiel leitet die Gattungsspezifik seiner *Einfachen Formen*, zu denen er Märchen und Mythos zählt, aus unmittelbar in der Sprache selbst begründeten Vorstellungen ab. Für ihn stellen beide Gattungen »Formen« dar, »die sich selbst, sozusagen ohne Zutun eines Dichters, in der Sprache selbst ereignen, aus der Sprache selbst erarbeiten«.[272] In seinem Konzept entspricht das Märchen der Idealform des Optativs (und die Legende dem Imperativ). Der Mythos aber kommt der Frageform gleich, an die Jolles das Prinzip gebunden wissen will, daß auf jede Frage eine »unbedingte« und »bündige« Antwort folge, da mythisch »in Frage und Antwort ein Gegenstand sich selbst« erschaffe und sich durch die »Wahrsage« bekannt gebe und bewähre.[273] Jolles zeichnet den Mythos als eine »Form«, die Sinnhaftigkeit und Bedeutung notwendig, in großer Fülle und mit tiefgründiger Ernstfhaftigkeit bereithält, die das »Wahre« sagt. Am Märchen hingegen hebt er das »Wunderbare« hervor. Er sieht in ihm eine Form, die nicht »wahr-sagt«, sondern, »von einer Welt der Wirklichkeit radikaler [...] als die Welt irgendeiner anderen Form« getrennt,[274] mit wunderbaren Mitteln ein positives und optimistisches Gegenbild zu einer als negativ empfundenen »Wirklichkeit« malt.

1.1 Bruno Bettelheim: »Kinder brauchen Märchen«

Eben diese Demarkationslinie zwischen Mythos und Märchen zieht Jolles nicht als einziger. Sie findet sich, auf die eine oder andere Weise, in der Mehrzahl der sprach-, literatur- und religionswissenschaftlichen Studien, die, meist knapp,[275] auf die Verschiedenheiten der beiden Erzählformen zu sprechen kommen: An irgendeiner Stelle wird auf die genannte Differenz eingegangen. Das gilt auch für Bruno Bettelheims Buch *Kinder brauchen Märchen*, das, nicht nur Pädagogen und Psychologen bekannt, vor knapp 30 Jahren die noch immer anhaltende Renaissance des Märchens auslöste. Es empfiehlt Märchen zur Bewältigung der ödipalen Schwierigkeiten, vielschichtigen und ambivalenten Gefühlen, die Kinder im Laufe ihrer Entwicklung Eltern gegenüber hegen. Bettelheims These lautet, daß Kinder in der symbolischen Bilderwelt der Märchen ihr eigenes existentiales Dilemma der Ablösung auf einer ihnen gemäßen Verstehensebene wiederentdecken.[276]

---

272 Jolles, *Formen*, S. 10.
273 Zit. aus a.a.O., S. 96–104.
274 A.a.O., S. 246.
275 Vgl. aber de Vries, *Betrachtungen*.
276 Daß die Handlungen der Märchen über ein beträchtliches psychologisches Gewicht verfügen, verdeutlicht, neben Bettelheim, eine Flut von entsprechenden Studien (knapper Überblick bei Lüthi, *Märchen*, S. 103–112). Zu deren eindrücklichsten Überzeugungen gehört die These von der Ähnlichkeit der Bilderwelt des Märchens mit (1) der des Traums und (2) der des kultischen Rituals, die das Märchen ontogenetisch dem Kinderseelenleben, phylogenetisch einer frühmenschlichen Bewußtseinslage korreliert (3); vgl. z.B. zu (1) S. Freud, »Märchenstoffe in Träumen« (1913), in: W. Laiblin (Hrsg.), *Märchenforschung und Tiefenpsychologie*, Darmstadt 1975, S. 49–55, zu (2) A. Winterstein, »Die Pubertätsriten der Mädchen und ihre Spuren im Märchen« (1928), in: Laiblin, *Märchenforschung*, S. 56–70, zu (3) W. Psaar/M. Klein, *Wer hat Angst vor der bösen Geiß? Zur Märchendidaktik und Märchenrezeption*, Braunschweig 1976, insbes. S. 112–162, die u.a. einen Überblick über die Forschung zu dem Thema »Märchen und Kind« geben. Märchen gelten dieser Richtung ausschließlich als innerseelisches Drama. Sie werden – je nach Zugehörigkeit zur Schule Freuds oder Jungs – nach dem Muster von Träumen bzw. Archetypen oder nach dem psychischer oder psychosomatischer Reifungsphänomene analysiert. Vgl. v.a. Ch. Bühler/J. Bilz, *Das Märchen und die Phantasie des Kindes*, München ²1961; Br. Jöckel, »Das Reifungserlebnis im Märchen«, in: Laiblin, *Märchenforschung*, S. 195–211 (gekürzte Fassung einer längeren Version aus *Psyche* 1948, S. 282–395). Durch das Netz dieser beiden

1.1.1 »Märchen versus Mythos«: »Optimismus versus Pessimismus«

Aufschlußreich ist in unserem Kontext vor allem das Kapitel »Märchen versus Mythos«, das den Untertitel »Optimismus versus Pessimismus« trägt.[277] In ihm legt Bettelheim dar, daß Märchen im Gegensatz zu Mythen das Kind nie mit einem Unterlegenheitsgefühl belasten, sondern ihm – über das Happy-End und die unproblematische Identifikation mit der (in jeder Hinsicht) menschlichen Hauptfigur – Zuversicht und Vertrauen einflößen. Märchen sind mithin, so erklärt sich der Untertitel, von Optimismus getragen: Sie sind und stimmen optimistisch. Mythen hingegen sieht Bettelheim als zur Bewältigung ödipaler Konflikte ungeeignet an, da in ihnen Über-Ich-Forderungen, dargestellt von Göttern, mit Es-motivierter Handlung und dem Selbsterhaltungstrieb des Ich konfligieren. Das Kind kann sich mit dem mythischen Helden, einem »Übermenschen«, nicht identifizieren. Vielmehr wird es, so Bettelheim, bei seinem Streben nach Persönlichkeitsintegration überfordert, entmutigt und pessimistisch gestimmt. Es kann für seine eigene Situation also nur bedingt lernen.

Das von Bettelheim festgestellte höhere Identifikationspotential des Märchens macht die unterschiedliche Typologie der Helden von Märchen und Mythos erklärlich. Sie zeigt vor allem zwei Oppositionspaare: *klein/groß* und *ermutigend/entmutigend*. Der Hänsel-und-Gretel-Typus, der klassische »kleine« Märchenheld, besitzt nicht im geringsten einschüchternde Züge. Harmlos, da einfältig, weder übermäßig mutig noch besonders intelligent, aber trotz aller Benachteiligung und allen Unheils, das auf ihn niedergeht, unvoreingenommen und zum Glück tauglich, weckt er nicht etwa Verachtung, sondern Sympathie. Diese wird dadurch verstärkt, daß er mindestens unter einem Unterdrücker leidet, dank seiner Aufgeschlossenheit aber stets von irgendwo Rat und Hilfe erhält, den Peiniger schließlich beschwichtigt oder gar beseitigt, und fortan ein glückliches Leben führt.[278] »Klein« wirkt Märchenheld nicht so sehr, weil er oftmals

---

Lektüreverfahren fällt in der Regel vieles, was das Märchen als Ganzes eigentlich ausmacht, da Psychoanalyse und Tiefenpsychologie je als Universalinterpretament eingesetzt werden und die Suche nach verschlüsselten Beweisen psychologischer Theoreme das erste und eigentliche Anliegen bildet. Gerechter werden dem Märchen als einer eigenen Gattung Lesarten, die aus seinem Motiv- und Personalinventar nicht vereinzelte Elemente und Figuren herauslösen, um Beispiele für den Ödipus- oder den Elektrakomplex (1), für Urmütter (2) oder Verkörperungen der *Anima* (3) anzuführen; vgl. z.B. zu (1) J.F. Grant Duff, »*Schneewittchen*. Versuch einer psychoanalytischen Deutung« (1934), in: Laiblin, *Märchenforschung*, S. 88–99, zu (2) – Beispiel *Frau Holle* – W. Laiblin, »Das Urbild der Mutter«, a.a.O., S. 100–150, zu (3) E. Jung, »Die Anima als Naturwesen«, a.a.O., S. 237–283. Denn ein solches Verfahren verstellt den Blick auf Märchen als ein in sich geschlossenes Ganzes und trägt zudem nicht zu einer Differenzbestimmung gegenüber Mythen bei, da sich diesen gleichartige allegorische Ausdeutungen abpressen lassen, (wie im übrigen schon die Bezeichnungen Ödipus- und Elektrakomplex, die auf konkrete mythische Figuren referieren, anzeigen). Daß Bettelheim in seiner allgemeinen Theorie und seinen Märchenanalysen, die auf der Freudschen Psychoanalyse fußen, das darlegt, was Märchen als Ganzes (Vermittlung von Zuversicht, Vertrauen, Optimismus) im Gegensatz zu Mythen (Vermittlung eines Gefühls der Unterlegenheit, pessimistische Grundhaltung) ausmacht (vgl. die nachfolgende Erörterung), unterscheidet ihn von den meisten Märchen-Studien aus dem Bereich Psychologie/Pädagogik.

277 Bettelheim, *Kinder*, S. 38–43.
278 Ein repäsentatives Beispiel bilden »Hänsel und Gretel« an. Auch diese beiden werden aufgrund ihrer Armut (Unterpriviligiertheit), vor allem aber auf Drängen der Stiefmutter (Unterdrückerin 1) ausgesetzt und kommen von der einen Peinigerin zur nächsten: zur kinder-

noch Kind ist. Schwerer ins Gewicht fällt, daß er nicht die Funktion eines kämpferischen oder nationalen Vorbilds verkörpert, das als Idealbild die Identität einer Gruppe stärkt, sondern eine Einzelpersönlichkeit darstellt, die sich ihrer *Freiheit* bewußt ist. Der Märchenheld steht allem und jedem, der den Anspruch erheben könnte, übermächtig zu sein, existentiell unerschrocken gegenüber. Angst vor Numinosem ist im Märchen eine unbekannte Kategorie; selbst der Schrecken hat harmlosen, fast anthropomorphen Zuschnitt. Nichts und niemand vermag einen Märchenhelden dermaßen zu erschüttern oder zu terrorisieren, daß er, psychisch oder physisch, dauernden Schaden nähme; kein Wesen, kein System kann ihn sich auf Dauer einverleiben. Überdies ist er zu unabhängig, da isoliert und so allseits beziehungsfähig.[279] In Familie und Gesellschaft in einer Extremposition, verkörpert er den typischen Outsider und Nichtangepaßten, der nicht infolge heroischer oder ethischer Qualitäten Interesse weckt, sondern wegen seines Erfolgs und seiner Begabung zum Glück.

Daß Märchenhelden Kinder folglich zur Identifikation einladen und Märchen in der Psychotherapie als Verhaltensmuster – als entwicklungspsychologische Dramaturgieanleitung – verwendet werden, überrascht nicht.[280] Ebenso wenig überrascht – in unserem »postheroischen Zeitalter« (Herfried Münkler) – die Attraktivität der Märchen für Hörer- und Leserkreise, die weit über die Kinder hinausgehen. aus. So gaben Studierende in Seminaren zu Märchen und Mythos, die ich in den vergangenen Jahren unterrichtete, an, Märchen als ermutigend, da gerecht zu empfinden, mit Mythen indessen, vor allem mythischen Heroen wie Theseus oder Achill, wenig anfangen zu können, da diese als Träger offensichtlich heroisierter Aggression etwas Unnahbares, mitunter gar Einschüchterndes an sich hätten. Beides führten die Studierenden im Zusammenhang damit an, daß der typische mythische Held über Fähigkeiten wie enormen Mut, gewaltige Kraft und immense Ausdauer verfüge; mit anderen Worten, über »große« – prometheische und titanenhafte – Qualitäten, die teils Bewunderung, teils Ablehnung hervorrufen. Daß er für seine Leistungen, wenn er nicht selbst göttlich und daher unsterblich sei, am Ende häufig den Preis des Todes bezahle, ziehe zweierlei nach sich. Es mische dem Befremden das ungute Gefühl bei, daß es hier ganz und gar nicht gerecht zugehe und steigere die entmutigende Wirkung, die von Held und Handlung ausgehe: Da leiste einer so unmenschlich viel – und das reiche immer noch nicht zum einfachen menschlichen Glück aus.

---

fressenden Hexe (Unterdrückerin 2). Gretel jedoch schiebt die Hexe nach langer Bangenszeit schließlich selbst in den Ofen, befreit Hänsel aus dem Stall, in dem er gemästet werden soll, und beide kehren am Ende, reich an Schätzen aus dem Hexenhaus, heim. Dort ist das Glück groß; denn nicht nur die Armut ist durch die Schätze ein für allemal gebannt, sondern auch die Stiefmutter lebt nicht mehr – und Vater und Kinder leben fortan zufrieden. Dieses Märchen, die 15. Erzählung der KHM, hat im *Aarne-Thompsonschen Typenverzeichnis* (AT) die Nummer 327A. Weitere Versionen, Deutungen, Text- und Wirkungsgeschichte: W. Scherf, »Hänsel und Gretel«, in: EM 6, Sp. 498–509 (dort auch Sekundärliteratur).

279 Zu »Isolation« und »universaler Beziehungsfähigkeit« der Märchenhelden s. Lüthi, *Volksmärchen*, S. 155 ff.

280 Vgl. z.B. A. Gutter, *Märchen und Märe, Psychologische Deutung und pädagogische Wertung*, Solothurn 1968; M.-L. von Franz, *Psychologische Märcheninterpretation*, München 1986, insbes. S. 55; W. Scherf, *Die Herausforderung des Dämons. Form und Funktion grausiger Kindermärchen*, München u.a. 1987. Einen zusammenfassenden Überblick über den Konnex von Psychologie bzw. Pädagogik und Märchenforschung gibt Lüthi, *Märchen*, S. 103–109; vgl. dort auch die umfassenden Literaturhinweise, S. 109–112.

1.1.2 Märchen sind suggestiv, Mythen direktiv

Bettelheim trägt Märchen und Mythos auf eine Weise Rechnung, die, obwohl es ihm um Psychohygiene und Therapie bei Individuum und Familie geht, literatur- oder religionswissenschaftlich orientierten Studien ungemein ähnelt. Die Unterschiede der beiden Erzählformen arbeitet er in Übereinstimmung mit der psychoanalytischen Forschung heraus. Sie seien an dieser Stelle grob skizziert, um dann anhand namhafter Märchenforscher aus anderen Fachgebieten und Textbeispielen präzisiert zu werden.

Wiederholt hebt Bettelheim an Mythen die religiöse Sphäre, den direkten normativen Bezug zur Wirklichkeit und das oftmals tragische Moment hervor. An Märchen indessen betont er den scheinbar entspannten Charakter, mit dem, je nach dem Grad an Sympathie oder Antipathie und gemäß den Wünschen des kindlichen oder zumindest naiv moralisierenden Aufnahmekreises, für die Hauptfigur die Wendung zum Guten oder Schlechten stattfindet. Mythen, die übermenschlich begabte, aber von menschlicher Gestalt abgeleitete Personen inszenieren, in denen sich wiederzuerkennen einem Kind unmöglich ist, gelten ihm, weil bindend und maßgebend, als Überforderung. An Märchen hingegen erkennt er das Einfache und ›Heimelige‹ an: Sie stellen keine Anforderungen an den Zuhörer, zwingen nicht zu etwas. Vielmehr lassen sie den, der über sie nachdenken will, zu eigenen Lösungen kommen, wobei Zauber und Wunder maßgeblich hilfreich sind.

Märchen sind, so betrachtet, suggestiv, Mythen direktiv. Während jene etwas – spielerisch, unterhaltsam, unter Inszenierung des Wunderbaren – suggerieren, enthalten diese – mit signifikanter Schwere und bedeutsamem Ernst – bestimmte Direktiven. So etwa läßt sich Bettelheims Charakterisierung beider Erzählformen umschreiben. Da sich dieser Standpunkt nicht nur begründen läßt, sondern auch geeignet ist, wesentliche Aufschlüsse über Unterschiede und Gemeinsamkeiten von Märchen und Mythen zu gewinnen, knüpfen die nachstehenden Kapitel an ihn an.

1.2 Friedrich von der Leyen:
Das Märchen, »die verspielte Tochter des Mythus«

Infolge ihrer mannigfachen Berührungspunkte sucht die Forschung die beiden Erzählformen seit dem Aufkommen der ersten Märchentheorien miteinander in Relation zu setzen. Schon die Romantiker versuchten zu Differenzierungen zu gelangen.

Eine unter den vielen möglichen Fragen zur Gattungsspezifik ist die nach »Spiel« und »Ernst« von Märchen und Mythen. Sie taucht in der Forschung in gewissen Abständen, immer mal wieder, am Rande auf. So erschien etwa 1995 der Band *Spiel, Tanz und Märchen*, in dem die im Titel angeführten Genres als »Geschwister« bezeichnet werden, da ihnen eine »spürbare Verbindlichkeit der Form« gemein sei. Die festgefügten Strukturen und Regeln im Märchen, heißt es im Vorwort, entsprächen den Abläufen und Regeln im Spiel ebenso wie den festgefügten Schrittfolgen und Figuren im Tanz.[281] Exemplarische vergleichende Analysen von Spiel, Tanz und Märchen,

---

281 M. Möckel/H. Volkmann (Hrsg.), *Spiel, Tanz und Märchen*, Regensburg 1995, S. 8.

Der Vergleich von Märchen und Mythos in der Märchenforschung des 20. Jh.s 75

worin die genannten Gemeinsamkeiten der Genres detailliert herausgearbeitet würden, enthält der Band leider nicht.

Obwohl die Spiel-Ernst-Frage zur Differenzierung m.E. besonders einträglich ist, wurde sie bis jetzt nicht weiter verfolgt. Schon Karl Reuschel bezeichnet 1903 das Märchen als »Spiel der Phantasie« und macht darauf aufmerksam, daß es »nicht den Ernst, der den Grundton der meisten Sagen abgibt«, besitze, dass ihm vielmehr »etwas Spielendes« anhafte: »etwas Tändelndes, eine leichtere Lebensanschauung«.[282] Ähnlich klingt Friedrich Panzers Randbemerkung, in Märchen mache sich der »Spielbetrieb der Phantasie« geltend.[283] Auch Radermacher führt bei dem Versuch, Mythos, Sage und Märchen voneinander zu scheiden, diesen Aspekt als Hauptunterschiedsmerkmal ins Feld, wenn er schreibt:

> Das Märchen erscheint uns gekennzeichnet durch die Tatsache, daß Begebenheiten in freiem Spiel der Phantasie und wesentlich um dieses Spiels willen vorgetragen werden [...].[284]

Pointiert zugespitzt findet sich die Differenzierung bei Jan de Vries, der vom »grundsätzliche[n] Charakterunterschied« zwischen einem »todernsten Mythos« und »spielerischen Märchen«[285] redet.

Von dieser Opposition zur Bestimmung des Märchens setzt sich der Germanist Friedrich von der Leyen dezidiert ab. So spricht er von einer »Mischung von Spiel und Ernst im Märchen« und von »unvermittelten Übergänge[n] vom tiefen Ernst zum tollen Spiel«: Das Märchen, »die verspielte Tochter des Mythus«, gleite »immer zwischen Ernst und Scherz dahin«, oft stehe »Schreckhaftes und Groteskes dicht neben zarten und feinsinnigen Bildern und Gedanken« – beides sei dem Märchen »gleich notwendig«.[286]

1.2.1 Das Nebeneinander von Märchen und Mythos

Mit der Äußerung, das Märchen sei »die verspielte Tochter des Mythus«, schließt sich von der Leyen keineswegs der Grimmschen Behauptung an, das Märchen sei aus dem Mythos abzuleiten. Er nimmt hiervon vielmehr dezidiert Abstand, knüpft aber zugleich an Wilhelm Grimms Auffassung an, das Märchen bewahre deutliche Spuren des Bewußtseins unserer Ahnen; wie bei Mircea Eliade (s.u. S. 76 f., 83 f.) und Max Lüthi[287] kehrt auch bei ihm Wilhelm Grimms Hinweis wieder, im Märchen seien

---

282 K. Reuschel, »Entstehung und Verbreitung der Volksmärchen«, in: ders., *Volkskundliche Streifzüge. Zwölf Vorträge über Fragen der deutschen Volkskunde*, Dresden/Leipzig 1903, wieder abgedr. in: Karlinger, *Wege*, S. 1–15, h.: S. 2.
283 Panzer, »Märchen«, S. 109.
284 Radermacher, *Mythos*, S. 69 f. Vgl. oben S. 64 f.
285 De Vries, *Betrachtungen*, S. 158, vgl. auch a.a.O., S. 47 (»das Spielerische der Märchen«), S. 171–179 (Charakterisierung des Märchens als »spielerisch«), und ders., »Les contes populaires«, in: *Diogène* 22 (1958), S. 3–20 (behandelt den spielerischen Aspekt des Erzählstils).
286 Fr. von der Leyen, *Das Märchen. Ein Versuch*, 4. erneuerte Aufl. von Friedrich von der Leyen und Kurt Schier, Heidelberg 1958, S. 97; ders., »Mythus und Märchen«, in: *DVjS* 33 (1959), S. 343–360, h.: S. 358.
287 Lüthi, *Volksmärchen als Dichtung*, insbes. S. 72–74; ders., *Volksmärchen und Volkssage, zwei Grundformen erzählender Dichtung*, Bern/München ³1975, insbes. S. 145–159.

ursprüngliche Bedeutungen, wie sie an Mythen erkennbar sind, verloren, würden aber unterschwellig noch empfunden. Überdies wendet er sich gegen die – etwa von Andrew Lang, Hans Naumann und Martin Persson Nilsson vertretene[288] – Umkehrungstheorie, die besagt, das Märchen sei grundsätzlich älter als der Mythos. Weiter zurückgehend, vermutet er für beide Erzählformen frühe Vorläufer, »Urmythus und Urmärchen«, und demonstriert anhand einer Reihe von Textbeispielen plausibel, daß bisweilen ein Mythos einem Märchen, bisweilen ein Märchen einem Mythos vorangeht.[289] Wie schon Erich Bethe[290] nimmt er eine synchrone Koexistenz der Erzählformen an und legt stichhaltig dar, daß viele Märchen Mythengut tradieren, daß aber entwicklungsgeschichtlich von Anfang an mit einem Nebeneinander und reicher Wechselwirkung zwischen beiden zu rechnen ist.[291]

Auf diese reziproke Durchdringung führt von der Leyen auch das Oszillieren des Märchens zwischen Spiel und Ernst zurück: Märchen und Mythos seien nicht nur »gleich alt«, sondern auch »aus den gleichen Wurzeln entsprossen«, nämlich *einer* »magischen« bzw. »sakralen religiösen Welt« (diese bildet den »ernsten« Hintergrund).[292] Zwar seien nicht alle Märchen »in so frühe Zeit und in so nahe Nachbarschaft zum Mythus« zurückzuführen wie etwa Drachenkampf-Erzählungen oder das ägyptische Märchen von den Brüdern *Anup und Batu*.[293] Doch häufig sei ein Märchen – wie in den beiden genannten Fällen – »die *Spielform* einer ernsten, mythischen Form«, die sich »in ihren Grundzügen auch im Ritus« wiederfinden lasse.[294] Es sei Spielform »nicht im Sinne einer Variationsform, sondern als *forma ludens*«. Erst mit der »schroffe[n] Trennung von *sakral* und *profan*« habe sich auch die Aufteilung in Mythos und Märchen durchgesetzt; aus letzterem sei die »Ernsthaftigkeit« allerdings »nie ganz verbannt worden«. Dies sei »in späterer Zeit« geschehen, als man schließlich »das Sakrale als Gegensatz des Profanen« aufgefaßt habe.[295]

Mit dieser Zuordnung bezieht von der Leyen klar Stellung auf der Seite des Religionswissenschaftlers Mircea Eliade, der – zu etwa derselben Zeit (1956) wie von der Leyen in der überarbeiteten vierten Auflage seiner Studie *Das Märchen* – erörtert, daß Märchen und Mythen letztlich »der gleichen Welt« entstammen, »einer magischen Welt oder, wie wir lieber sagen, einer sakralen religiösen Welt«.[296] Eliade be-

---

288 A. Lang, »Mythology and Fairy Tales«, in: *Fortnightly Review* 13 (1873), S. 618–631; H. Naumann, »Sage und Märchen« (1922), in: Karlinger, *Wege*, S. 61–73, insbes. S. 63; W. Aly, »Märchen«, in: *RE* XIV 1 (1928), Sp. 254–281, h.: S. 255 f.; M.P. Nilsson, *Geschichte der griechischen Religion*, Bd. 1, München 1955, S. 17 ff.
289 Von der Leyen, »Mythus«, S. 354–358.
290 Bethe, *Märchen, Sage, Mythos*, S. 6 ff.
291 Von der Leyen, *Märchen*, S. 106.
292 A.a.O., S. 105.
293 A.a.O., S. 119 ff.; vgl. auch S. 173 (Brüder*märchen* als ›Spielform‹ eines Brüder*mythus*). --- Das altägyptische Brüdermärchen von Anup und Batu, aufgezeichnet wohl im 13. Jh. v. Chr. und 1852 auf dem Papyrus d'Orbiney (British Museum) entdeckt, enthält eine Vielzahl an Märchenmotiven; es ist als gekonnte Bearbeitung mehrerer volksliterarischer Erzählungen anzusehen und als Ganzes wohlkomponiert. Weitere Angaben: W. Scherf, *Das Märchenlexikon*, München 1995, Bd. 1, S. 132–138.
294 Von der Leyen, *Märchen*, S. 121.
295 A.a.O., S. 98, S. 104–106.
296 M. Eliade, »Les savants et les contes de fées«, in: *Nouvelle Revue française* 5 (1956), S. 884–891, u.d.T. »Wissenschaft und Märchen« ins Deutsche übersetzt in: Karlinger, *Wege*, S. 311–319.

gründet das Nebeneinander von Mythen und Märchen in traditionellen Gesellschaften damit, daß »Stufen der Glaubenserfahrung« einen gemeinsamen Nenner haben, den es auch dann noch gibt, wenn die Intensität des Glaubens »verflacht« und die Welt »scheinbar ›entsakralisiert‹« ist. Er gibt zu, daß das Märchen im Abendland seit langem zu »Unterhaltungsliteratur für Kinder und Bauern« geworden ist, aber auch dem Stadtmenschen Eskapismen erlaubt, betont jedoch, es trage unverändert »die Struktur eines sehr bedeutenden und verantwortungsvollen Ereignisses«, das letztlich auf einen Initiationsvorgang hinweise.[297] Davon wird an späterer Stelle zu sprechen sein.[298]

1.2.2 Das Phantastische und Spielerische des Märchens

Der Wert der Einsichten von der Leyens für die vorliegende Studie besteht nicht zuletzt in seiner Erkenntnis, daß die Natur der (bedeutungsschwangeren archaischen) Mythen – ihre Flexibilität und Bildbarkeit – Bedingung ihrer Entleerung zu spielerischen Märchen ist und daß weder der »verspielte« Charakter noch der abendländische Prozeß der wachsenden Anzahl und Popularität der Märchen als Verfallsentwicklung zu gelten haben.[299] So weist er darauf hin, daß die Götter in den Mythen »viele berühmte Taten« verübten, derer sie sich »in späteren Überlieferungen« rühmten, und sieht hierin eine Verwandlung der Götter in »göttliche Prahlhänse«, die »etwas lächerlich« wirkten und »ins Märchen und ins Spielerische« gerieten.[300] Doch trotz solcher Wendungen vertritt er einen Märchenbegriff, der nicht in der herkömmlichen Pejorativsemantik von Unsinnigkeit und Ammengeschwätz verbleibt. Vielmehr spricht er von der »unwiderstehliche[n] Anziehungskraft« des Märchens, die dadurch erzeugt werde, daß es »vor jedem Unheil« schütze und »dauerndes Glück« verheiße.[301] Wie später Bettelheim sucht er psychologische Erklärungen. So verdeutlicht er, daß Märchen überlebt haben, weil sie den Leser infolge ihrer mit Philanthropie verbundenen Einfachheit und Profanität nicht überfordern. Der Mythos habe in vielen Fällen »alte[n] heilige[n] Besitz« besser bewahrt als das Märchen, sich über die Jahrhunderte »geläutert«, ins »Überirdische gesteigert«, dabei aber seine »chaotischen und grausigen Ursprünge« nicht ganz »überwinden können«; was »bei den Primitiven« noch »Spiel«, »ungezügelte Lust am Fabulieren« gewesen sei, habe er in die »Höhe« heiliger »Verpflichtung« gehoben. In diesem Sinne sei dem Mythos in Griechenland eine »dichterische Vollendung« und »plastische Anschaulichkeit« zuteil geworden wie nirgendwo sonst im ganzen Abendland. Das Märchen hingegen sei »einfältiger geblieben«. Es habe »das Phantastische und das *Spielerische* gepflegt und geliebt«, und sei dadurch auch eine »Freude der Kinder« geworden. So habe es als eine Art »freundliche Geschichte« überlebt, die ihren sakralen Hintergrund selbst nicht mehr kennt. Profani-

---

297 A.a.O., S. 317.
298 Vgl. unten I.C.2.1, S. 83–85.
299 Fr. von der Leyen, »Zum Problem der Form beim Märchen«, in: Karlinger, *Wege*, S. 74–83, h.: S. 80 f.
300 Von der Leyen, »Mythus«, S. 351.
301 A.a.O., S. 345.

siert, »von *Spiel* und Humor nicht frei«, habe es seinen ursprünglichen »Schrecken« verloren.[302]

Durch diese Neutralität in der Expertise beider Erzählformen qualifiziert sich von der Leyens Theorie als unparteiisch, objektiv. Unbestritten gibt es bei den Griechen – wie bei allen Völkern – einen Motivschatz (›Erzählrohstoff‹) aus einer frühen Glaubens- und Kulturstufe, der Form, Absicht und Ideen nach in Märchen wie Mythen, aber auch Legenden, Fabeln und weiteren benachbarten Gattungen auf verschiedene Weise gestaltet wurde. Von der Leyen privilegiert nicht das eine Genus gegenüber dem anderen aufgrund vorgeblicher Aszendenz. Er steht Märchen und Mythos wertneutral gegenüber.

Wie das Verhältnis »ernste mythische Grundform« *vs.* »leichte märchenhafte Spielform« vorzustellen sei, zeigt von der Leyen anhand des Erzählbausteins »Tötung einer Bestie durch den Helden«. Indem er dem Motiv die metaphorische Bedeutung »Herstellung einer Ordnung« zuweist, mißt er ihm einen bestimmten Sinngehalt bei und verschafft ihm ein nur ihm eigenes Formapriori (als *forma ludens*), aber keine nur ihm wesenhafte Funktion (die teilt es mit dem Mythos):

> Der Urheros hatte einst das Urungeheuer getötet und damit [...] die Ordnung der Welt verwirklicht. Im Kult wurde diese große Tat des göttlichen Helden [...] in regelmäßigen Zeiten [...] von neuem vollzogen: in symbolischer Weise wird im Kult das Chaos-Ungeheuer wieder getötet und die Ordnung von neuem hergestellt oder auch erst erschaffen. Diese [...] Wiederherstellung durch den Helden muß sich aber nicht auf den Kult beschränken. Die enge Durchdringung von Sakralem und Profanem, von religiösem Denken und alltäglichem Tun machte es möglich, daß der gleiche Vorgang auch in *leichterer, spielerischer Form* wiederholt wurde, eben im Märchen. Auch wurde durch den Drachenkampf im Kult eine Bedrohung abgewandt, eine in Frage gestellte Ordnung wieder aufgerichtet. Die Befriedigung, die wir am Ende eines Märchens verspüren, rührt eben daher, daß auch das Märchen eine Ordnung widerspiegelt, mit deren Hilfe nicht nur das Leben des Helden trotz allen Gefährdungen zu dem lösenden und organischen Ende geführt wird, sondern die im Märchen die ganze Welt erfüllt [...].[303]

Von der Leyen scheint sich in seiner Darstellung mithin den geläufigen ethnologischen Theorien anzuschließen. Auch er vertritt die *communis opinio*, Kult und Ritual lieferten Erklärungen für den *Mythos* und noch für das *Märchen*; alle vier seien verschiedene Transformationen identischer Elemente oder, anders formuliert, Darstellungssysteme, die sich auf dieselbe Realität bezögen: Den Kult hält er – wie später Propp (s.u. S. 117–119) und Lévi-Strauss[304] das Ritual – für eine Parasprache, die von Gebärden und Instrumenten Gebrauch macht. Der Mythos nimmt die Rolle einer

---

302 Auch daß Märchen zahlreicher und kompletter tradiert sind als Mythen, ist für von der Leyen weder ein qualitatives noch ein historisches Unterscheidungsmerkmal. Das Märchen hat in seiner Sicht vor allem aus zwei Gründen »die ganze Welt umfaßt«: Es wollte, anders als der Mythos, »Fülle, nicht Strenge« und nahm die Herrlichkeiten, »wo es sie fand«. Weil ihm überdies nicht nur bedeutungslose Erzähler, sondern auch große Dichter »ihr Bestes« geschenkt und ihm »eine verführerische Pracht« gegeben hätten, fänden sich »seine Schätze« mitunter auch »in Mythus und Heldendichtung«. Nun lebe die ganze Welt mit dem Märchen: »Wenn es auch seine heilige Herkunft oft vergaß [...], von seiner alten, dunklen und wirren Vorzeit ist ihm noch viel geblieben; und weil es so menschlich blieb, hat es im Abendland den Mythus überlebt. In seiner alten, kindlichen Art hat es den Sieg des Guten und die Strafe des Bösen verkündet.« Zit. aus: von der Leyen, »Mythus«, S. 351, 357, 358 f.
303 A.a.O., S. 105 f. (Hervorhebung durch Kursive, A.-B.R.)
304 Cl. Lévi-Strauss, *Mythologica IV. Der nackte Mensch*, Frankfurt a.M. 1975, S. 784 ff.

Metasprache ein, die in Worte faßt, was in sakral bestimmten Handlungen mittels eines esoterischen Sprachgebrauchs durch Gegenstände und Formeln zum Ausdruck gebracht wird. Und das Märchen figuriert als eine Modifikation dieser Metasprache, die in ihrer Motivik bzw. Struktur mit Riten und Glaubensvorstellungen eng verbunden ist.

Soweit stimmt von der Leyen mit der Mehrheit derjenigen überein, die das Märchen als Spielart sakraler, magischer und ritueller Erzählungen verstehen. Schon der knappe Rückbezug des (in Märchen, Mythos und Heldensage gleichermaßen gängigen[305]) Drachenkampf-Motivs auf vergangene Riten zeigt eine Abweichung vom Gros der ethnologisch orientierten Märchenforscher. Er markiert eine zentrale Differenz zwischen der These vom »Märchen als Spielform des Mythus«,[306] und historisch-genetischen Ableitungen, wie sie seit den Brüdern Grimm verbreitet sind.[307]

1.3 Friedrich Panzer: Die integrale Ausdeutung der Märchen – »ein völlig verfehltes Unternehmen«

Von der Leyens Schema von der sukzessiven Entwicklichung der archaischen Relikte der Märchen steht nicht allein. Friedrich Panzer stößt gleichfalls auf die den Märchen inhärente Verstehensproblematik. Er gesteht ihnen aufgrund ihrer evidenten poetischen Freiheit eine irreversible Distanz zu ihrer geistigen Herkunft zu. Märchen in ihrer Gesamtheit »wie Mythen ausdeuten« zu wollen, hält er aufgrund ihres verlorenen Entstehungskontextes für ein »völlig verfehltes Unternehmen«.[308]

1.3.1 Mythos und Märchen: Glaube und dichterische Freiheit

Auch Panzer nimmt für Märchen und Mythen sittlich und religiös bestimmte Hintergründe an, die vergangen sind. Er denkt sich »primitive Vorformen« von der Art einfacher »auf ein oder wenige Motive beschränkter Geschichtchen«, wie sie »vielfach

---

305 Von der Leyen, *Märchen*, S. 94.
306 A.a.O., S. 107 (Kopfzeile).
307 Eine deutliche Demarkationslinie läßt sich z.B. zwischen von der Leyen und Propp ziehen. Gilt diesem der »Drachenkampf« gerade als Beweis einer zeitlichen Abkunft des Märchens vom derealisierten Mythos, so lehnt es jener dezidiert ab, aus der hergestellten Verbindung Kult-Märchen ein globales Deszendenzprinzip zu deduzieren. Der »Drachenkampf« dient ihm nicht zur Bestätigung von Mutmaßungen über eine genetische Filiation, sondern als Argument für die frühe Koexistenz der Urformen beider Genera. Was Propp an Märchen als Defunktionalisierung und Dekomposition von Mythen nachweist, stellt von der Leyen mit seiner These vom selben Ursprung der Gattungen nachdrücklich in Frage. --- Zum Thema der Herkunft des Märchens vgl. unten S. 80 f., 83–85, 91 f., 107 f., 115–119. Mag uns auch der Versuch von der Leyens, »die Herkunft der Märchenmotive aus den Vorstellungen, dem Glauben, den Sitten und Einrichtungen […] zu begreifen« (von der Leyen, *Märchen*, S. 7) in der Ursprungsfrage nicht weiterführen, bringt uns doch seine (zur Genese vertretene) Ansicht, daß das Märchen in der Pflege des Phantastischen und Spielerischen »seine heilige Herkunft häufig vergaß«, für den vorliegenden Zusammenhang im Ergebnis weiter. Denn auch von der Leyen sieht das Märchen im Bereich der »spielerischen« Kunst, wenngleich auf dem Wege der Entlassung aus dem »ernsten« Kult. Vgl. von der Leyen, *Märchen*, S. 351, 357, 358 f.
308 Panzer, »Märchen«, S. 120.

bei Völkern noch urtümlicher Kultur im Umlaufe« seien und noch »in den Volkssagen der Kulturvölker« vorlägen.[309] Aus ihnen entstammten, so seine Annahme, einzelne Märchenzüge, die mit ihrem Gehalt in den »Dämmer ferner Urzeiten« zurückreichten, deren »mythischer Grund« aber in den Märchen nicht »wirklich bewußt« sei.[310] Diese »mythischen Züge« machten im Bezugsrahmen *Mythos* – in »auf Glauben ruhenden und Glauben fordernden« Geschichten – »ihren mythischen Sinn noch geltend«. Im Kontext *Märchen* indes seien sie »dichterisch frei zum Aufbau von Erzählungen verwendet« worden.[311] Dabei gewinne das Märchen seine Gestalt aus dem Verfall seiner Ursprünge.

Zur Verifikation seiner Märchentheorie von den bedeutungsentleerten Überbleibseln aus früheren kulturellen Zusammenhängen beruft sich Panzer auf die Hauptthesen der Brüder Grimm. Daneben nimmt er auf Studien Bezug, die an deren Thesen anschließen, jedoch, ohne der Deszendenztheorie zuzustimmen. Panzer stellt diesen »einheitlichen Erklärungsgrundsatz« vielmehr in Frage.[312] Er erklärt das Märchen nicht vorrangig entwicklungsgeschichtlich, sondern bestimmt Inhalt und Form morphologisch – durch die Gestalt der Texte, wie sie sich dem heutigen Leser präsentieren. Damit beschreitet er nachdrücklich einen anderen Weg als den herkömmlichen. Den Brüdern Grimm schreibt er das Verdienst zu, als erste Märchengeschichten nicht als »willkürliche und kindische Erfindungen, lächerliche Phantasiegespinste« verkannt, sondern als »Geschichtsquellen« gewürdigt haben. Den an ihre Arbeit anknüpfenden Theorien entnimmt er den Befund, daß die Wurzeln der Märchen tatsächlich »in die Kindheitstage der Menschheit« zurückreichten; daß in ihren Einzelzügen vielfach »noch urzeitliches Glauben, Fürchten und Hoffen, Deuten und Wähnen« sichtbar werde.[313]

1.3.2 Märchentexte: Geschichtsquellen ohne hermeneutischen Wert

Zum Zwecke der Exemplifikation dieses Befunds führt Panzer mehrere Märchen an, die seiner Ansicht nach »urtümlichen Glauben, urtümliches Denken, uralte Kulturzustände«[314] spiegeln. Als Musterfall dient ihm das *Rumpelstilzchen*-Märchen (»Ach wie gut, daß niemand weiß, daß ich Rumpelstilzchen heiß!«).[315] In der Erzählung geht es um folgendes: Rumpelstilzchen, ein Zwerg, verlangt als Entgelt für geleistete Dienste das erste Kind einer jungen Frau, falls sie nicht seinen Namen errät. Als ihr das gelingt, ist sie Rumpelstilzchens Macht entronnen und ihm überlegen.

Für die Namensthematik des Märchens – Erwerb von Macht über eine Person durch Findung und Nennung ihres wunderlich klingenden Namens – gibt Panzer mehrere Parallelbeispiele.[316] Er ordnet sie dem »weitverbreiteten Glauben« zu, der

---

309 A.a.O.
310 A.a.O., S. 122.
311 A.a.O., S. 120.
312 A.a.O., S. 112 ff.
313 A.a.O., S. 115.
314 A.a.O., S. 117.
315 KHM 55 = AT 500.
316 Für Griechenland führt er z.B. das Verbot an, die Namen der Priester der eleusinischen Mysterien zu ihren Lebzeiten zu nennen. Panzer, »Märchen«, S. 115 ff.

Name stehe mit seiner Person in einem derart unlösbaren Verhältnis, daß Gewalt über die Person besitze, wer sich ihres Namens bemächtigt habe (Macht durch Namensgebung, Benennung),[317] und beschließt die Beispielreihe mit der These, alle »wesentlichen Einzelzüge dieses so phantastisch anmutenden Märchens« ruhten »auf dem ernsten Grunde alten Glaubens und alter Kultur«. Was zuerst wie »lächerliche Erfindung« scheine, werde bei genauerem Hinsehen zu »ernsthafter Geschichtsquelle«.

Daß eine aufgespürte »ernsthafte« Quelle eines Märchens wenig Klarheit über seine Gesamtkomposition gibt, versäumt Panzer nicht hervorzuheben. In diesem Befund stimmt seine Untersuchung mit der Mehrzahl der Märchentheorien des 20. Jh.s überein. Auch aus Panzers Überlegungen geht klar hervor, daß der Weg zurück zum Ursprung eines Märchens für sein Verständnis hermeneutisch nur sehr begrenzt nutzbar ist. Die Befreiung von religiösen und sittlichen Bindungen und die Vermischung der einzelnen Bestandteile mit rein fiktiven Elementen im »Spielbetrieb der Phantasie«[318] ergibt für Panzer Märchen, die, aus der Defunktionalisierung und Dekomposition ihrer Ursprünge geboren, integrale Verstehensansprüche, wie sie an Mythen gestellt werden, konterkarieren:

> Es bestätigt sich [...], daß zahlreiche Märchenzüge ihren ernsten Hintergrund in Glauben und Sitte versunkener Zeiten und urtümlicher Kultur [...] hatten. Denn im Märchen macht dieser Urgrund sich nirgends mehr geltend. Hier werden auch diese Motive ohne mythischen Bezug dichterisch frei verwertet und überall mit Zügen durchmischt, die durchaus freier Erfindung ihr Dasein danken. [...] Märchen als Ganzes als Mythen in Anspruch nehmen und ausdeuten zu wollen, wie es öfters versucht wurde, ist von vornherein ein völlig verfehltes Unternehmen.[319]

2. Märchen vs. Mythos – Spiel vs. Ernst

Die nachstehenden Überlegungen knüpfen an von der Leyens und Panzers Befunde an. Sie bewegen sich innerhalb der semantischen Felder von Spiel und Sinnentleerung einerseits, von Ernst und Bedeutungszuweisung andererseits. Hierbei ist die frühere negative Märchen-Terminologie in eine positive übersetzt. Durch Gegenüberstellung von Märchenhaftem und Mythischem wird gezeigt, daß das Märchen in seiner Spezifität als spielerisches Genus den »Terror« des ernsten Mythos einzuschränken vermag und sein suggestiver, aber zwangloser Charakter als Potential genutzt werden kann, um von den Bedeutungszwängen und Machtansprüchen des Mythos zu erlösen. Diese Kontrastierung bildet das gattungstheoretische Leitmotiv der vorliegenden Studie. Während am Mythos Aspekte wie Terror, Gewalt, Macht- oder Sinnlegitimierung freigelegt werden, wird am Märchen dessen vermeintliche Bedeutungsleere hervorgehoben.

---

317 Theorien über das Phänomen, daß man dem Namen in frühen Kulturen magische Kraft zusprach, die Macht über den Namensträger verlieh, kamen im ersten Quartal des 20. Jh.s häufig vor. Vgl. etwa Walter Benjamins sprachtheoretische Überlegungen zum mystischen Begriff des Namens, zum »magischen« Transzendieren des »Benannten« etc. in: WB II 142–145. Bereits für die Spätantike und das frühe Mittelalter (Isidor von Sevilla) vgl. E.R. Curtius, *Europäische Literatur und Lateinisches Mittelalter*, Bern/München [10]1984, S. 486 ff.
318 Panzer, »Märchen«, S. 109.
319 A.a.O., S. 119 f.

Daß Märchenerzählungen tatsächlich »verspielt« und weniger »ernsthaft« als mythische Erzählinhalte wirken, wird jeder bestätigen, der sich auch nur einer flüchtigen Märchenlektüre unterzogen hat. Zu diesem Eindruck tragen mehrere Gegebenheiten bei. Den Hauptumstand bildet die Tatsache, daß die sakrale oder normative Dimension, die Mythen eignet, in Märchentexten nicht sichtbar ist – ob sie nun tief verborgen, verschüttet ist oder von jeher gefehlt hat. Mit diesem Umstand verbunden sind drei wesentliche Aspekte.

- Erstens eignet Märchen eine von Mythen grundverschiedene Dynamik – sei es, daß sie »vom bedeutsamen, erzählten Initiationsvorgang zur einfachen, unverbindlichen Zaubergeschichte geworden« (Eliade), sei es, daß sie nicht sakral verwurzelt sind: Losgelöst von religiösen Begriffen und Sanktionen streben sie in Richtung Glück.
- Zweitens fällt bei Märchen das weitgehende Fehlen von Aitiologie und Genealogie ins Gewicht; zumindest ist die Wirklichkeitsbeziehung in Texten, die aitiologisch erscheinen, nicht wie in Mythen real, sondern stets fingiert. Auch diese Art von Ernsthaftigkeit lassen Märchen vermissen.
- Drittens spielt die Neukombination von Versatzstücken eine Rolle: Märchen weisen zahlreiche Grundbausteine und Formeln aus narrativen oder rituellen Traditionen auf, die nach Lösung aus den ehemaligen Integrationszusammenhängen zumeist spielerisch – zweckentfremdet und unter Aufhebung ihrer einstigen Bedeutung – zu Erzählungen verschachtelt werden.

Darum, wie diese drei Aspekte mit der in Märchen fehlenden sakralen oder normativen Dimension der Mythen zusammenspielen, geht es im folgenden.

2.1 Im Märchen nicht vorhanden: Die sakrale und normative Dimension der Legenden und Mythen

Der vergleichenden Völkerkunde ist es zu verdanken, daß die Märchenforschung keine rein literaturwissenschaftliche Betrachtung von Motiven betreibt, sondern auch ethnologischen Fragestellungen nachgeht. So werden seit langem die Ähnlichkeit gewisser Märchenthemen mit Gebräuchen von Kulturvölkern sowie Vorstellungen, Riten und Sitten von Naturvölkern untersucht. Märchenforscher volkskundlicher wie literaturwissenschaftlicher Richtung haben festgestellt, daß nicht nur Phantastisches, sondern auch religiöse Alltagswirklichkeit bei der Entstehung des Märchens vorhanden war, inhaltlich indes im Laufe seiner Gestaltwerdung zurückgetreten ist.[320]

---

320 Literaturwissenschaftliche mit volkskundlichen Fragen verbindet Röhrich, *Märchen und Wirklichkeit*. Er sucht zu zeigen, daß das Märchen die Wirklichkeit nicht allzu weit verlasse, und spricht von einer »inneren« anthropologischen Wirklichkeit, an der man die historische erschließen könne. Dazu dividiert er Motive und Themen der Märchen auseinander: Die Motive besäßen wunderbar-natürliche Züge, seien jedoch nur Merkmale einer äußeren formalen Gattungsbestimmung des Märchens. Die Themen aber enthielten realistische Konfliktstoffe, sie nähmen soziale und psychische Probleme auf, die den Ausgangspunkt der Handlung darstellten. Diese These fungiert als Leitmotiv von Röhrichs Studie, die verschiedene Genera der Volksdichtung (z.B. Sage, Legende, Schwank) hinsichtlich ihres Wirklichkeitsbezuges untersucht, das Hauptaugenmerk aber stets auf das Märchen richtet (z.B. auf seinen Bezug zur

Man hat eine derart große Anzahl von Anklängen an Glaubensvorstellungen und Bräuche gefunden, daß sich die für die Märchen vertretene These von der Verflüchtigung ihrer religiösen und magischen, aber auch erotischen und psychischen Bezüge kaum noch widerlegen läßt.

Erkannt wird die Verflüchtigung der Wirklichkeitsbezüge gemeinhin daran, daß in Märchen erzählte Prüfungen als Spuren von Gebräuchen und Handlungen lesbar sind, die einst der Regelung des sozialen Lebens dienten. Viele der scheinbar unerfüllbaren Aufgaben und unüberwindlichen Hindernisse, mit denen die Hauptfiguren der Märchen konfrontiert werden, verweisen auf rituelle Proben, die ein junger Mensch zu absolvieren hatte, um als vollwertiges Mitglied einer Gemeinschaft akzeptiert und respektiert zu werden. Die Prüfungen, die Märchenheld(inn)en durchstehen, deuten also auf die Wirklichkeit der Initiation hin: die mittels sozialer Vereinzelung betriebene Einführung Jugendlicher in den Kreis der Erwachsenen.

Diese Beobachtung wurde vor allem in Pierre Saintyves' Ritualtheorie, in deren Weiterentwicklung durch Vladimir Propp und in Mircea Eliades Religionswissenschaft zur zentralen These. Alle drei sehen in den Märchen Initiationsschemata und lesen aus ihnen Spuren von Initiationsriten heraus.[321] Zumal Propps Untersuchung *Die historischen Wurzeln des Zaubermärchens* setzt Märchen überzeugend mit Übergangs- und Initiationsriten in Relation. Zwar gelingt es ihm nicht immer (nach Paolo Toschi[322] nur in einem Viertel der Fälle), die angeführten Märchenmotive schlüssig aus Riten und Mythen abzuleiten. Doch findet er für eine so große Anzahl von Märchenelementen Analoga in alten Bräuchen und Vorstellungen, daß man nicht umhin kann zu folgern, daß die Initiationsschemata der erhaltenen Märchen tatsächlich Fragmente realer traditioneller Einweihungsriten sind. Freilich bleibt dabei die Eventualität bestehen, daß die Bezüge durch einen umgekehrten Wirkungsprozeß zustande gekommen sind, die Märchen also ihrerseits die Handhabung von Riten beeinflußt haben: daß schöpferischer Phantasie entsprungene Märchen den Riten vorausgingen, und infolge ihrer regen mündlichen Tradierung auf deren Ablauf einwirkten.

Eliade vertritt einen Standpunkt, der beide Optionen plausibel und vereinbar er-

---

Wirklichkeit des magischen Weltbildes in Sitte und Brauch, aber auch auf das Märchen der Gegenwart als geglaubter Wirklichkeit, wie sie in Naturvölker- und europäischen Erzählungen zutage tritt). Ebenso betonen A. Wesselski, *Versuch einer Theorie des Märchens*, Reichenberg i.Br. 1931, und von der Leyen, *Märchen*, S. 45–93, daß vieles, was wir als Phantasiemotiv betrachten, Glaubenswirklichkeit sei, also Bezug zu Wirklichem oder als wirklich Genommenem besitze. Zumal von der Leyen stellt (in der erwähnten vierten Auflage seines Märchenbuches) etliche Nachklänge an frühere Menschheitsepochen zusammen.

321 P. Saintyves, *Les Contes de Perrault et les récits parallèles*, Paris 1923; Vl. Propp, *Istoritcheskie kornie volshebnoi skatzki*, Leningrad 1946, dt.: *Die historischen Wurzeln des Zaubermärchens*, München/ Wien 1987; Eliade, »Wissenschaft«. Die Theorien von Saintyves und Propp sind knapp dargestellt in H. Gehrts, »Das Zaubermärchen und die prähistorische Thematik. Siuts – Saintyves – Propp«, in: Ch. Oberfeld (Hrsg.), *Wie alt sind unsere Märchen*, Marburg 1990, S. 27–36. Vgl. zur Thematik im übrigen die Literaturliste in Lüthi, *Märchen*, S. 116–118, und B. Holbek, *Interpretation of Fairytales: Danish Folklore in a European Perspective* (= FFC 239), Helsinki 1987, S. 235–242, wo eine Übersicht über die in dieser Weise ethnologisch orientierte Forschungsrichtung gegeben wird.

322 P. Toschi, *Rappresaglia di Studi di Litteratura Popolare*, Florenz 1957, S. 45–63.

scheinen läßt.[323] Zwar hält er es für wahrscheinlich, daß Märchen eine leichtere Nachahmung von Mythen und Riten sind, die Initiationskontexten entstammen. Er kommt aber zu dem Schluß, daß Märchen *per se* initiatorisch wirken, sei es, daß sie direkt von entsprechenden Riten abgeleitet wurden oder diesen symbolischen Ausdruck verliehen, sei es, daß ihre Initiationsszenerien auf der Ebene des Imaginären vom Erzähler nur fingiert wurden. Eliade mißt den Märchen deshalb Initiationseffekt bei, weil er meint, daß sie das exemplarische Initiationsschema mit eigenen Ausdrucksmitteln wiederholen: daß sie tief im Unbewußten Veränderungen bewirken, indem sie Initiationsvorgänge als Seelendrama narrativ in Szene setzen und damit einem zutiefst menschlichen Verlangen entgegenkommen. Erlebe doch jeder Mensch mindestens eine Initiation, vor allem die pubertäre: den Übergang von der Unwissenheit und Unreife der Kindheit und Jugend zur geistigen Reife des erwachsenen Menschen. Er habe eine Folge von Prüfungen zu bestehen, gefährliche Situationen zu meistern und in eine andere Welt zu finden. Beim Lesen oder Hören von Märchen erlebe er all dies auf der Ebene eines imaginativen Lebens.

Worauf auch immer man die Initiationsschemata in Märchen zurückführt, sicher ist: Sie spiegeln nicht mehr geglaubte religiöse Wirklichkeit. Insofern unterscheiden sie sich von Initiationsriten (Pubertätsriten, schamanistischer Initiation etc.) sowie anderen Bräuchen und Praktiken, welche die Ethnologie (oft mit Hilfe der Deutung von Mythen) beobachtet und erschlossen hat. Dafür seien hier beispielhaft bekannte Standardwerke wie Edward B. Tylors *Primitive Culture*, James Frazers *Golden Bough* oder Bronislaw Malinowskis *Myth in Primitive Psychology* genannt. Märchen werden ohne Anspruch auf Glauben erzählt. Sie skizzieren ohne psychologische Tiefenschärfe »Rituale« des Status- und Rollenwechsels in der individuellen Entwicklung ihrer Hauptfiguren. Die »Initiation«, die sie abbilden, ist zuallererst im Sinne des soziologischen und psychologischen Begriffes zu fassen. Ein solcher Zugang ist für ein Verstehen ergiebiger als der Versuch, ihr als einem religionswissenschaftlichen und ethnologischen *terminus technicus* auf die Spur zu kommen, d.h. Einweihungsriten (Jugendweihen, Pubertätszeremonien) ausfindig zu machen, die ihrerseits als analoge Einweihungsvorgänge zu betrachten wären. Läßt sich bisweilen auch ein Bezug zu einem Ritus herstellen, so mag es zwar gelingen, einzelne Elemente von Märchen aufzuschlüsseln, nicht aber, Märchen als Ganze zu verstehen. »Wenn ein Märchenheld in einen Kasten […] eingeschlossen wird, mag dies auf einen Initiationsritus zurückgehen«, schreibt Max Lüthi, aber »von alledem ist im Märchen nichts unmittelbar zu spüren«: Der Kasten ist ein »entleertes« Zeichen geworden, das der »Konkretheit und Realität, Erlebnis- und Beziehungstiefe« ermangelt.[324] Dasselbe gilt für die Zwei- und vor allem die alles beherrschende Dreizahl, in der ursprünglich magische Kraft liegt und die nurmehr ästhetischen Wert zu haben scheint,[325] sowie für typische Märchenrequisiten wie den Ring. Dieser wird getragen, zerbricht, wächst wieder zusammen,

---

323 Eliade, »Wissenschaft«; vgl. auch dens., *Birth and Rebirth*, New York 1958, und *Myth and Reality*, New York 1963.
324 Lüthi, *Das europäische Volksmärchen*, S. 65–75.
325 Zu Zwei- und Dreizahl vgl. L. Mackensen, »Das Deutsche Volksmärchen«, in: *Peßlers Handbuch der deutschen Volkskunde*, Potsdam o.J., Bd. 2, S. S. 309; K. J. Obenauer, *Das Märchen. Dichtung und Deutung*, Frankfurt a.M. 1959, S. 81–83., 93–95; Lüthi, *Volksmärchen als Dichtung*, 57–59, 97–111,

geht verloren, muß geholt werden. Oft ist er Bestandteil unlösbarer Aufgaben, die wie Stationen einer Initiation aus dem Bereich der Hochzeitsriten anmuten. Genau aufschlüsselbar indes sind die Märchen durch ihn nicht. Auch Zaubersprüche sind noch als solche erkennbar, das eigentlich Magische aber ist verschwunden.

2.2 Beispiel 1: »Die weiße Schlange« (KHM). Ein reines Märchen

Die beschriebene »Flächigkeit« (Lüthi) der Elemente macht sich auch bei den Hauptfiguren des Märchens bemerkbar. Die Held(inn)en zeigen keinerlei geistige Klarheit über die eigene Situation in ihrer Geschichte, auch wenn die Erzählungen archetypische Initiationsvorgänge reflektieren oder auf historisch reale Einweihungsriten rekurrieren.

Ein Musterbeispiel hierfür bildet das Märchen *Die weiße Schlange* (AT 673 und 554, KHM 17). Der Protagonist, ein junger Diener, kann nichts und doch alles; er erlernt nämlich durch glückliche Umstände die Sprache der Tiere und ist damit zum Glück begabt. Seine Geschichte zerfällt in zwei Teile, ist also durch ein entscheidendes strukturelles Grundmerkmal des Märchens gekennzeichnet: die *Zweigliedrigkeit*.[326] Der erste Teil umfaßt die Loslösung der Hauptfigur von ihrem Zuhause sowie eine erste Probe. Den zweiten Teil bildet eine neue Notlage, in der die Hauptfigur große Mühen aufwenden muß, bis endlich das große Glück über sie kommt.[327] Der Handlungsgang ist folgender:

> Eines Tages (Teil 1) öffnet der Diener heimlich die Schüssel, die sich sein König zu jedem Mittagsmahl verdeckt auftragen läßt, findet darin eine weiße Schlange und erwirbt durch ihren Genuß die Fähigkeit, die Sprache der Tiere zu verstehen. Kaum hat er diese Gabe gewonnen, hilft sie ihm aus großer Not. Irrtümlich beschuldigt, den Lieblingsring der Königin entwendet zu haben, belauscht er das Gespräch der Enten, erfährt, daß eine von ihnen den Ring verschluckt hat, bringt das Tier unverzüglich zum Schlachten, der Ring ist wieder da, und so erlangt er die Gunst des Königs, der ihn aus Reue über seine ungerechte Beschuldigung mit einem Ehrenamt bedenken will. Der Diener aber schlägt alles aus und erbittet Pferd und Reisegeld, um die Welt zu sehen. Mit dem Gewünschten ausgestattet, beginnt er nun seine Reise (Teil 2). Auf dieser gewinnt er die Freundschaft dreier Tiere aus den Bereichen Wasser, Erde und Luft und erlangt mit ihrer Hilfe die Aussicht auf die Hand einer schönen und stolzen Königstochter. Er vernimmt erst die Klage dreier auf dem Trockenen nach Wasser schnappender Fische und setzt diese in ihr Element. Dann hört er einen Ameisenkönig klagen, seine Leute würden stets zertreten, und er lenkt sein Pferd um. Schließlich tötet er sein eigenes Pferd für drei Raben, die von ihren Eltern im Stich gelassen wurden und Hunger leiden. Alle Tiere versprechen ihm, die Hilfe zu entgelten. Sie lösen ihr Versprechen ein, als er sich vor drei unlösbare Aufgaben gestellt sieht, die er bewältigen muß, um die Prinzessin, deren Anblick ihn verblendet hat, zur Frau zu gewinnen: Die drei Fische bringen ihm den Ring, der ins Meer geworfen worden war. Die Ameisen tragen ihm die zehn Säcke Hirse zusammen, die ins Gras gestreut worden waren. Und als er einen Apfel vom Baum des Lebens holen soll, tragen ihn die drei Raben

---

326 W. A. Berendsohn, *Grundformen volkstümlicher Erzählerkunst in den Kinder- und Hausmärchen der Brüder Grimm*, Hamburg 1921 (²1968), S. 35 (§ 29: »Zweiteiligkeit«); ders., »Epische Gesetze der Volksdichtung«, in: *HDM* 1, S. 566–572 (bezeichnet wie Propp die zweiteilige Erzählung als eigentliche Vollform des Märchens); so schon A. Olrik, »Epische Gesetze der Volksdichtung«, in: *Zeitschrift für deutsches Altertum* 51 (1909), S. 1–12.
327 Vgl. unten S. 192. Dort wird eine Aufschlüsselung der zweiteiligen Erzählung, welche die eigentliche Vollform des Märchens bildet, gegeben.

herbei. Voll Freude macht sich der junge Diener auf den Heimweg, bringt den goldenen Apfel der Prinzessin und ißt ihn mit ihr: Da wird ihr Herz mit Liebe zu ihm erfüllt, und er erreicht mit ihr in ungestörtem Glück ein hohes Alter.

Die Geschichte – ein unvermischtes Märchen im eigentlichen Sinne, in Aarnes und Thompsons »Verzeichnis der Märchentypen« unter den »Zaubermärchen« geführt[328] – zeigt deutlich: Klarheit über die eigene Situation besitzt dieser Protagonist nicht. Wie alle Märchenfiguren spiegelt seine Figur die Flächigkeit der gesamten Erzählung wider. Sich dessen, daß er gerade in eine andere Lebensphase initiiert wird, keineswegs bewußt, geht er seinen Weg ungeachtet aller Härte der Proben und scheinbaren Unlösbarkeit der Aufgaben frohgemut weiter, ohne an Seele oder Körper Schaden zu nehmen. Er zeigt ebenso wenige Anzeichen seelischer Betroffenheit wie andere Märchenhelden, denen es übel ergeht.[329] Demgemäß ist der Handlungsgang einfach und unverbindlich; die Erzählung hat die Form einer Zaubergeschichte, die, auffällig optimistisch, erheiternd wirkt.

2.2.1 Religiöse Elemente als parergonales Ornament

All dies will nun nicht bedeuten, daß Märchen keine religiösen Elemente enthielten. Viele Märchen stammen aus Zeiten, in denen die Religion eine zentrale Position im Leben des Menschen einnahm. Die Märchen aus *Tausendundeiner Nacht* etwa sind voll von Rekursen auf den islamischen Glauben. Wer die Geschichten von Sindbad liest, sieht, daß jedes Abenteuer direkte und indirekte religiöse Bezüge besitzt, ohne daß es dadurch seinen Märchencharakter verlöre. Auch europäische Märchentexte wie die der Brüder Grimm enthalten zahlreiche ausschmückende Allusionen, deren Hintergrund allerdings »entleerte« Religion oder Magie, d.h. Zauberei, abergläubische Handlungen und Geheimrituale, bilden.[330] Neben Anspielungen, die auf derartige niedere Religionsformen oder -derivate und -surrogate verweisen, finden sich solche christlichen Ursprungs: Schutzengelvorstellungen spielen eine Rolle, es wird gebetet, fromm gegrüßt, die Taufe erwünscht und die ewige Seligkeit ersehnt.[331] So weisen viele Märchen religiöses Beiwerk auf. Nur ist Beiwerk eben Beiwerk, schmückende Ergänzung, d.h. die Anspielungen wecken gemeinhin keine religiösen bedeutungsvollen Assoziationen mehr. Der Glanz des Überirdischen ist nur noch ein Abglanz, es sei denn, die religiösen Bezüge gehen über eine rein dekorative Funktion hinaus.

---

328 Die Begrifflichkeit hat die Volksmärchenforschung geprägt, und zwar im Anschluß an das Typenregister, worin die »Zauber- oder Wundermärchen« (»Tales of Magic«) den Kern bilden, und Zauber sowie Wunder ohne religiösen Bezug als wesentliche Merkmale des Märchens gelten. Die »Zauber- oder Wundermärchen« (AT 300–749) bilden den Schwerpunkt der zweiten Hauptgruppe des Registers (AT 300–1199), die den Titel »Eigentliche Märchen« (»Ordinary Folktales«) trägt; sie werden in der Forschung auch durch »Märchen im eigentlichen Sinn« und »eigentliche Zaubermärchen« bezeichnet. U.a. ihre Mehrgliedrigkeit hebt sie ab von der ersten und dritten Hauptgruppe des Registers, den »Tiermärchen« (AT 1–299) und den »Schwänken« (AT 1200–1999).
329 Vgl. K. Horn, »Motivationen und Funktionen der tödlichen Bedrohung in den Kinder- und Hausmärchen der Gebrüder Grimm«, in: *Schweizerisches Archiv für Volkskunde* 74 (1978), S. 20–40, h.: S. 33 f.
330 Lüthi, *Das europäische Volksmärchen*, S. 80 ff.
331 Vgl. M. Ittenbach, «Christliche Motive im deutschen Volksmärchen«, in: *HDM* 1, S. 362–366.

Daß dies nicht selten der Fall ist, wird selbst der, der in den Grimmschen Märchen nur geschmökert hat, sogleich bestätigen. Dort bestimmen christlich-katholische Übermalungen die Handlung wesentlich mit. Doch wenn der Dekor, das parergonale Ornament noch überbietend, keine randständige Position mehr einnimmt, sondern auf einer Metaebene eine der Erzählung übergeordnete Stellung bezieht, verschwimmen die Gattungsgrenzen. Dann sind die Geschichten keine »Märchen im eigentlichen Sinn«, keine »eigentlichen Zauber- und Wundermärchen« (vgl. Anm. 328). Es sind verchristlichte Erzählungen, sogenannte »Religious Stories« (AT 750–849), in denen sich Züge mehrerer Gattungen vermengen.[332]

In Mischformen dieser Art sind Elemente aus Legende, Fabel, Parabel und Predigtmärlein mit solchen aus dem Märchen verquickt. Ergebnis ist gewöhnlich eine recht doktrinär anmutende Erzählung, die sich durch einen spezifisch moralisierend-lehrhaften Valeur auszeichnet, der den reinen Märchen fehlt. Die Elemente aus anderen Gattungen fügen dem Märchen also hinzu, was über Jahrhunderte als absent beklagt wurde: das moralische Plus, aus dessen Mangel sich anhaltend der vielbeklagte Widerspruch zu streng kirchlichen Geisteshaltungen und der daraus resultierende Vorwurf der Prämoralität der Märchen speiste.

Im folgenden sei die Addition eines derartigen moralischen bzw. theologischen Plus anhand zweier Beispiele demonstriert.

2.3 Beispiel 2: »Das Marienkind« (KHM). Ein zur Moralpredigt verchristlichtes Märchen

Ein Beispiel für eine Amalgamierung von einem »Märchen im eigentlichen Sinn« und einer Legende[333] gibt die *Marienkind*-Geschichte der Brüder Grimm (KHM 3, AT 710). Sie sei hier aus zwei Gründen skizziert. Zum einen läßt sich an ihr die soeben angeführte Addition des moralischen Plus und christlich-katholisch gefärbten Surplus demonstrieren. Zum zweiten bietet sie eine Initiation, die problemlos als Ausdruck eines geschichtslosen, archetypischen seelischen Verhaltens und Geschehens,[334] nur mit Schwierigkeiten indes als Dokument eines faßbaren kulturbedingten historischen Ablaufs verstanden werden kann. Denn während der Verlauf der Erzählung deutlich auf »die schrecklich ernste Wirklichkeit der Initiation«, d.h. »den Übergang von der Unreife der Jugend zur geistigen Reife des erwachsenen Menschen« (Eliade) verweist, fehlt für einen konkreten ethnologischen Rückbezug auf vergessene Riten greifbares Material. Davon wird sogleich noch zu sprechen sein. Zunächst zur Geschichte selbst.

Die Gründe, weshalb die von den Grimms in den *Kinder- und Hausmärchen* notierte Erzählung nicht als echtes Märchen gelten kann, sind zahlreich. Der Text enthält manches, was europäische Märchen sonst nicht kennen.

Gleich zu Beginn fällt das Emporsteigen der Märchenfigur in eine höhere Welt auf.

---

332 Zur Begrifflichkeit vgl. Anm. 328.
333 Zur Typologie der Gattung ausführlich: Rosenfeld, *Legende*.
334 Demgemäß stammen etliche Forschungsbeiträge zu der Erzählung aus der Psychologie und Psychoanalyse. Literatur: Scherf, *Märchenlexikon*, Bd. 2, S. 852 f.

Während antike Mythen und Erzählungen primitiver Völker diese vertikale Aufwärtsbewegung in einen jenseitigen Bereich häufig verzeichnen, ist sie für Märchen untypisch. Zwar reisen ihre Helden nicht selten in jenseitige Regionen, wie etwa Erzählungen wie *Frau Holle* (KHM 24, AT 480), *Dat Erdmänneken* (KHM 91, AT 480) und *Der Teufel mit den drei goldenen Haaren* (KHM 9, AT 461) bestätigen. Doch die lokalen Präferenzen liegen bei derartigen Reisen im Unterirdischen oder Unbekannten.[335] Ferner kommen im Verlauf der Erzählung immer wieder Züge der Legende verstärkt zur Geltung; namentlich am Schluß, den ein genuin legendenhaftes göttliches Wunder krönt: Im Märchen als Selbstverständlichkeit ohne Bedeutungsschwere gehandelt, tritt es hier in sakral gesteigerter, erhöhter Form auf – als Heiliges, göttlich bewirkt und Gott bedeutsam bezeugend.

Beide Eigenheiten zeigen, daß die Geschichte, so wie sie bei den Grimms tradiert ist, nicht ein Märchen mit bloß dekorativen christlichen Zügen ist, sondern eine Mischform: ein sogenanntes »Legendenmärchen«. Dieser Typus unterscheidet sich von der eigentlichen christlichen Legende dadurch, daß sich nicht eine Heilige oder ein Heiliger gegen die Anfechtungen der Welt behauptet, sondern eine nicht-heilige Zentralfigur sich in der Begegnung mit einer heiligen oder göttlichen Gestalt bewähren muß. Gelingt ihr dies nicht, vermag nur noch ein Legendenwunder die Wende zum Guten auszulösen.

Eben dies widerfährt dem Marienkind, einer armen Holzfällertochter, die, da ihre Eltern zu arm sind, um sie zu ernähren, von Maria mit in den Himmel genommen wird, wo sie Zuckerbrot und Milch erhält, goldene Kleider trägt und mit den Engeln spielt. Die Geschichte des Mädchens schildert erst die Wohltaten, dann die schweren Prüfungen, die ihm von der Jungfrau Maria erwiesen bzw. auferlegt werden: Sobald das Mädchen das klassische Initiationsalter von 14 Jahren erreicht hat, verreist seine Gastgeberin und gibt ihm 13 Schlüssel, die es bis auf einen, der zu einer verbotenen Kammer führt, benutzen darf. Auf diese Weise soll die Pubertierende augenscheinlich initiiert werden: Sie öffnet, wie jeder voraussahnt, nicht nur zwölf Türen, hinter denen sie die von großem Glanz umgebenen zwölf Apostel erblickt, sondern erliegt der Verführung, trotz Warnung auch die 13. Kammer aufzuschließen, aus der ihr die Dreieinigkeit entgegenleuchtet.

Da Marias Ziehkind das Verbot übertreten hat und die Tat leugnet, muß es, zur Strafe mit Stummheit geschlagen, zur Erde zurückkehren. Mit den Worten »Du hast mir nicht gehorcht und hast noch dazu gelogen, du bist nicht mehr würdig, im Himmel zu sein« verbannt die Gottesmutter es aus der Oberwelt zurück auf die Erde. Eine schreckliche Zeit der Buße folgt. Dreimal gebiert die »Sündige«, durch Eheschließung inzwischen übrigens Königin; jedesmal nimmt Maria ihr das Neugeborene. Wegen des unerklärlichen Verschwindens der Kinder erhebt sich der Verdacht, die ohnehin suspekte, weil mit dem Stigma der Stummheit behaftete Mutter sei Kannibalin. Schließlich soll sie wie eine Hexe dem Scheiterhaufen übergeben werden. Erst auf das angesichts des drohenden Feuertodes abgegebene »Schuldbekenntnis«, in die

---

335 H. Siuts, *Jenseitsmotive im deutschen Volksmärchen*, Leipzig 1911, bietet eine Zusammenstellung von entsprechenden Figuren, Dingen und Vorgängen in Jenseitswelten. Vgl. ferner den Artikel von J. Bauer, »Jenseits«, in: *EM* VII, Sp. 524–533, und von L. Röhrich, »Jenseitswanderungen«, in: *EM* VII, Sp. 547–559.

verbotene Kammer gesehen zu haben, tritt eine scheinbar märchenhafte Wende zum Guten ein: Die junge Königin wird auf dem brennenden Scheiterhaufen von dem Wunsch zu gestehen überwältigt, erhält darauf von Maria die Sprache sowie ihre drei Kinder wieder und überdies »Glück für das ganze Leben«.

Mit dieser Formel schließt der Text. Doch mag das Happy-End auf den ersten flüchtigen Blick noch so märchenhaft erscheinen: Was in Grimms Text als »Glück« bezeichnet wird, ist kein Märchenglück.[336] Es speist sich vielmehr wesentlich aus Vorstellungen christlich-legendärer Wunderkausalität. »Glück« ist hier die Folge der Reue, als göttliches Wunder bewirkt von Maria, die dazu, in Licht gehüllt, eigens vom Himmel herab steigt. Die wirkenden Kräfte sind nicht aus der profanen narrativen Tendenz des Märchens, Kontraste und Effekte zu erzielen, geboren, sondern religiös gebunden. Glück folgt nicht wie im echten, unvermischten Märchen als Kontrastprogramm zu Unglück, das mit der Beseitigung seiner figurativen Verkörperung durch einen Bösewicht dem Glück Platz macht. »Glück« heißt hier die Aufhebung einer tödlichen Sanktion aufgrund einer Konfession: Maria, erst Gastgeberin, dann Peinigerin, die ihrem ungehorsamen »verstockten« Ziehkind eine schwere Zeit der Buße auferlegt hat, läßt sich zuletzt doch noch vom Himmel dazu herab, die angesichts des Todes Geständige zu retten und Gottes Allmacht – mittels eines geschickt inszenierten legendenhaften Wunders – vorzuführen. Wo, mochte sich bereits der zeitgenössische Leser gefragt haben, ist in diesem *Kinder- und Hausmärchen,* das doch lehrhaft-religiösen Zwecken dient, das Märchenhafte geblieben? Wieso tritt ausgerechnet die Gottesmutter als strafende Peinigerin auf, die mit dem Verhalten einer Sadistin der wehrlosen Stummen im Kindbett aufs Übelste mitspielt? Warum fallen die göttlichen Bestrafungsmaßnahmen so heftig aus? Wozu hat Maria als neutestamentarische Repräsentantin eines liebenden Gottes es nötig, die Autorität dieses Gottes mittels Einschüchterungsmaßnahmen der gröbsten Art zu demonstrieren – auf eine Weise, wie sie von Göttern aus alten Mythen (etwa Zeus) oder dem mythischen Gott des Alten Bundes bekannt ist?

2.3.1 Eine frühe Variante bei Basile: Erlösungsmärchen ohne christliche Schwere

Zahlreiche ähnliche Fragen lassen sich stellen und sind tatsächlich auch häufig formuliert worden.[337] Erst der Blick auf die Parallelfassungen der Geschichte erteilt Aufschluß darüber, in welchem Maße der um das Motiv des Blicks in die verbotene Kammer ›herumgelegte‹ Plot durch Verchristlichung und Addition eines moralischen Plus deformiert wurde.[338] In anderen Varianten nämlich steht das Moment der Erlösung weitaus stärker im Vordergrund. In ihnen übernimmt die Protagonistin Erlösungsaufgaben, scheitert zunächst an ihnen, bewältigt sie am Ende dennoch trotz erschwerter Bedingungen. Nur die Grimmsche Version zeichnet sich durch übermäßig schlimme Prüfungen im Sinne von Strafen und einen vordergründig moralischen

---

336 Vgl. hierzu den Artikel von E. Blum, »Glück«, in: *EMV,* Sp. 1299–1312.
337 Sekundärliteratur bei Scherf, *Märchenlexikon,* Bd. 2, S. 847–853.
338 Zu Parallelen und Varianten s. Bolte/Polívka, *Anmerkungen,* Bd. 1, S. 13–21, und Scherf, *Märchenlexikon,* Bd. 2, S. 847–853. Vgl. im übrigen auch M. Lüthi, »Diesseits- und Jenseitswelt im Märchen«, in: J. Janning/H. Gehrts (Hrsg.), *Die Welt im Märchen,* Kassel 1984, S. 9–21, h.: S. 14.

Schluß aus, der etwa besagen will: »Wehe dem, der lügt! Lügen bringt Unglück, Gehorsam, Gestehen und Reue hingegen Glück!«

Dementsprechend finden wir in Parallelerzählungen anstelle der christlich-katholischen Elemente vielfach nicht-christliche. An Marias Stelle steht eine Fee, eine schwarze Frau, eine Hexe, ein Vampir oder ein Mann in grauem Mantel.[339] Auch sieht die Protagonistin keineswegs »die Pracht und Herrlichkeit« der zwölf Apostel. In der verbotenen Kammer schließlich erblickt sie mancherlei, nur nicht die gleißende Dreieinigkeit. Sie gewahrt darin zumeist die Fee, die schwarze Frau, die Hexe, den Vampir oder den Graumantel selbst: die Gestalten, die ihr später zu Hilfe kommen.

Am deutlichsten führt die älteste (1634 bei Giambattista Basile) bezeugte Fassung vor Augen, daß aus einem Zaubermärchen »ein moralisch-unmoralisches Beispiel« gemacht wurde.[340] Sie zeigt, daß das alte Motiv des Öffnens verbotener Türen im *Marienkind* nicht primär erzählfunktional, sondern zur Vermittlung religiöser Vorstellungen verwendet und christlich gestaltet wurde: Grimms Text exponiert nicht eine arme, verstoßene, isolierte Hauptfigur, die, aufgrund des Gattungsapriori und der narrativen Happy-End-Maxime des Märchens immer schon privilegiert, in die Position des bzw. der Glücklichen geführt wird. Der Text exponiert zuvörderst die Gottesmutter und benutzt das Motiv des Öffnens verbotener Türen zur Versinnbildlichung der Lehre, daß niemand ungestraft bleibt, der sich für Gottes Geheimnisse ohne Demut, aus bloßer Neugierde und ungeläuterter Wißbegier interessiert.

Die bei Basile bezeugte Vorläuferversion ist von Bedeutungszuschreibungen und lehrhaften Direktiven dieser Art frei. In ihr treffen wir auf eine schwarze Frau, deren Position später die Gottesmutter einnimmt. Die anfängliche Reise geht nicht gen Himmel, sondern zu einem schwarzen Schloß an unbekanntem Ort. In der verbotenen Kammer, in die das Mädchen erst vier Jahre nach Erteilung des Verbots sieht, sitzen nicht Vater, Sohn und Heiliger Geist, sondern die Gastgeberin selbst mit drei weiteren schwarzen Jungfrauen. Vor allem aber unterscheidet sich das Geschehen nach der Vertreibung aus dem Schloß: Nicht die schwarze Jungfrau, sondern die böse Schwiegermutter quält die frisch Vermählte, nimmt ihr nach der Geburt die Kinder, um sie ins Wasser zu werfen, und bezichtigt sie der Menschenfresserei.

Der unschuldigen Heldin wird also, dem binären Gut-schlecht-Code des Märchens entsprechend, ein klassischer Antipode – Schwieger- und Stiefmütter sind im Märchen traditionelle antagonistische Stereotypen – gegenübergestellt, der den negativen Kontrast zur positiven Heldin bildet und dessen Beseitigung oder Überwindung einen positiven Ausgang zur Folge hat. Auf Grund dessen erscheint auch der Schluß nicht als frömmelndes Legendenwunder, sondern als die klassische märchenhafte Erlösung, die, Optimismus verbreitend, alles zu einem glücklichen Ende führt: Kaum steht das von der bösen Schwiegermutter verleumdete Mädchen im Feuer, da kommt die schwarze Jungfrau, geht durch die Flammen, die erlöschen, und gibt ihm die Sprache wieder zurück. Zudem bringen die drei anderen Jungfrauen die drei Kinder, die sie aus dem Wasser gerettet haben. »Der Verrat kommt an den Tag, und die böse Schwiegermutter wird in ein Faß getan«, das man, »mit Schlangen und giftigen Nat-

---

339 Bolte/Polívka, *Anmerkungen*, Bd. 1, S. 16f.
340 Scherf, *Märchenlexikon*, Bd. 2, S. 850.

tern ausgeschlagen«, einen Berg herabrollt.[341] Wie es sich im echten Märchen gehört, wird das Böse liquidiert. Das Gute hingegen kommt zu seinem Recht. Wer es verkörpert, wird zu glücklichem Menschsein erlöst.

Mit Hilfe der früh bei Basile bezeugten Variante ist es folglich möglich zu erkennen, daß dem *Marienkind* eine märchentypische Schwarzweißskizze einer Wunschwelt zugrundeliegt, in der die Guten am Ende stets Lohn, die Bösen indessen Strafe erwartet. Darüber jedoch, was die Basile-Variante sagen will, wen die vier schwarzen Jungfrauen personifizieren bzw. als was sie figurieren und was die übrigen Elemente bedeuten, die im *Marienkind* einen christlichen Sinngehalt erhalten haben, läßt sich nur spekulieren. Gelingt es mittels der Altfassung, das im Rahmen der Verchristlichung addierte moralische Plus zu subtrahieren, trägt dieses Verfahren nicht im geringsten zu einem Verständnis der Erzählung bei. Im Gegenteil: Nach Abzug der katholischen Bedeutungszuweisungen zwecks Bekräftigung und Legitimierung göttlicher Autorität (durch Maria, die zwölf Apostel, die Dreieinigkeit etc.) verdunkelt sich der Sinn merklich. Während in Grimms Legendenmärchen mehrfach auf unmißverständliche Weise der moralische Zeigefinger erhoben wird, bleibt nach Entfernung der christlichen Hinzufügungen für die Auslegung ein leerer Raum.

2.3.2 Dunkelheit des Sinns vor der christlichen Aufladung

Angesichts dieses Befundes wird – zumal bei Vergleich der Erzählvarianten – fraglich, ob es überhaupt darauf ankommt, wer die verschiedenen Rollen in der Geschichte besetzt, und ob es nicht von größerer Bedeutung ist, welche Funktion die Rollen für den Fortgang der Handlung einnehmen. Sind die Besetzungen der im *Marienkind* von Maria gespielten Rolle (der Graumantel, die schwarze Jungfrau, die Hexe, der Vampir) nicht beliebig austauschbar? Bedarf es zur Skizzierung des Wunschbilds »Belohnung der Guten, Bestrafung der Bösen« ausgerechnet dieser Darsteller, die wie »Papierfiguren« wirken, »bei denen man beliebig etwas wegschneiden kann, ohne daß eine wesentliche Veränderung vor sich geht«?[342] Sind sie in ihrem Variantenreichtum vielleicht alle Abkömmlinge eines Archetyps? Und wenn ja – welcher Art war dieser Archetypus?

Hier könnten sich, nach Entfernung der christlichen Zuschreibungen, weitere Fragen anschließen: Waren die bei den Grimms christlich gestalteten, bei Basile leer anmutenden Märchenelemente ursprünglich vielleicht andersartig religiös geladen? Gehörte der Typus, den bei den Grimms Maria und bei Basile die schwarze Jungfrau darstellt, in einen anderen religiösen Kontext? Ein geeigneter ethnologischer Rückbezug könnte eine Antworthilfe bieten, etwa Auskunft über ein reales Initiationsprozedere geben, das die historische Folie der Erzählung bildet. Schließlich wird von der vorübergehenden Isolation und den Prüfungen einer Pubertierenden erzählt.

---

341 Vgl. Bolte/Polívka, *Anmerkungen*, Bd. 1, S. 14. Die Erlösung impliziert hier ein Doppeltes: (1) die Erlösung der vier schwarzen Jungfrauen, die aus ihrer schwarzen Gestalt in weiße Gestalt übergehen (dies geschieht durch eine die Grenze ihrer Kraft erreichende Prüfung der Protagonistin), (2) deren eigene Erlösung von den Qualen, die ihr die Schwiegermutter zugefügt hat, hin zur zufriedenen Existenz als Königin.
342 Lüthi, *Das europäische Volksmärchen*, S. 13.

(Tiefen)psychologische Deutungen, die Geschichte stelle einen Entwicklungs- und Reifungsvorgang dar, scheinen die Annahme zu bestätigen, es liege eine *story of initiation* vor.[343] Da diese Deutungen sich aber nicht auf konkretes historisches Material stützen, verbleiben sie im Spekulativen. Dagegen böte sich für einen Zugang zu der Erzählung eine ethnologische Vorgehensweise an, beispielsweise bei der Ermittlung dessen, was viele Mythen bieten: eine axiologische Struktur, die einen sozialen bzw. religiösen Brauch oder eine Naturvorstellung aus früher Zeit herleitet.

Bisher ist es zu einem plausiblen Rekurs dieser Art nicht gekommen. Selbst Saintyves' Erörterungen des Typus und Propps Bemerkungen zum *Marienkind* illustrieren nur die Grenzen, die der Ethnologie gegenüber dem Märchen gesteckt sind.[344] Beiden fehlt es an überzeugenden kultischen Parallelen zur spezifischen Syntagmatik der *Marienkind*-Varianten. Saintyves berichtet von Initiationsriten, in deren Verlauf die Initianden hinter der verbotenen Tür ihren Helfer finden. Eine Kongruenz von ethnologischem Material und Märchenelementen stellt er jedoch nicht her. Propp, der die Geschichte dem Typ »Die verbotene Kammer«, in der sich »der zukünftige Helfer des Helden befindet«,[345] zuordnet, spricht von der sozialen Institution der Männerhäuser und von heiligen Räumen in Kirchen. Aber auch seine Bezüge bringen kein näheres Verständnis von Märchenhandlung und -figuren. Es scheint zwar nicht ausgeschlossen, daß beide Fassungen, die Grimmsche und die von Basile bezeugte, Spuren von Handlungen enthalten, die, weit zurück, einem vorchristlichen religiösen Zusammenhang angehören. Doch erschließen diese Spuren, so es welche sind, nicht die ganze Bedeutung der Geschichte vor ihrer christlichen Aufladung.

2.4 Beispiel 3: »Philemon und Baucis« (Ovid) und »Der Arme und der Reiche« (KHM). Mythos und märchenhafte Beispielerzählung

Die Theoxenie – die Bewirtung von *inkognito* reisenden Göttern – bildet ein bis in die Neuzeit gerne verwendetes Motiv, das bereits in der Antike bei Ovid eine exemplarische Bearbeitung erfahren hat. Auch die Brüder Grimm haben dieses Motiv aufgenommen. Es findet sich in der von ihnen aufgezeichneten Geschichte *Der Arme und der Reiche* (KHM 87, AT 750A), die, wie etliche *Kinder- und Hausmärchen*, kein reines

---

343 M.-L. von Franz, »Bei der schwarzen Frau«, in: Laiblin, *Märchenforschung*, S. 299–343, sieht (S. 338 ff.) in der schwarzen Frau den »Schatten der Jungfrau Maria« in Analogie zu Satan als Schatten Jahwes repräsentiert und arbeitet Aspekte der vorchristlichen Natur- und Erdmuttergöttin »als einer spezifisch weiblichen Form des Bösen« heraus. Die Erlebnisse der Protagonistin deutet sie als die weibliche Individuation: Deren Möglichkeiten seien in der Heldin archetypisch personifiziert; das Märchen zeige, »wie sich dieser Keim der Individuation gleichzeitig gegen ein falsches Bild der Frau im Kollektivbewußtsein (alte Königin) und gegen ein archaisches Mutter- und Frauenbild im kollektiven Unbewußten (schwarze Frau) durchsetzen« müsse, »um zu seiner eigenen Lebensmöglichkeit zu gelangen«. Gleichfalls spekulativ und ohne wissenschaftlichen Bezug auf konkretes historisches Material interpretiert E. Drewermann, *Lieb Schwesterlein laß mich herein: Grimms Märchen tiefenpsychologisch gedeutet*, München 1992, S. 48–101, die Erzählung unter Verfolgung religionspsychologischer Gesichtspunkte.
344 Vgl. Saintyves, *Contes*, S. 359–396; Propp, *Wurzeln*, S. 173–181.
345 Propp, *Wurzeln*, S. 177.

Zaubermärchen, sondern eine Beispielerzählung über kluges und törichtes Verhalten ist. Die Geschichte gehört zu den Texten, die mehrere (in diesem Fall drei) Erzähltraditionen kombinieren: Märchen, Legende und Schwank. Neben dem im Mittelalter populären Motiv der »wise and foolish wishes«[346] hat sie die Theoxenie zum Gegenstand.[347] Da sie besonders geeignet ist zu zeigen, wie unterschiedlich nicht nur unvermischte Mythen und Märchen, sondern selbst mythisch und märchenhaft geprägte Erzählweisen und -formen identische Motive und Themen gestalten, sei sie hier im Vergleich mit einer antiken Erzählung erörtert.

Zu dieser Gegenüberstellung soll eine Theoxenie-Darstellung aus Ovids *Metamorphosen* dienen.[348] Sie enthält eine narrative Inszenierung des alten phrygischen Tempelmythos von Philemon und Baucis, der noch zur Zeit des Apostels Paulus im religiösen Bewußtsein lebendig war. Zeugnis von ihm legt die *Apostelgeschichte* ab.[349] Im Bericht vom Wirken des Paulus und des Barnabas in Lykaonien (Binnenlandschaft im mittleren Kleinasien) wird ein Ereignis zu Lystra (heute Konya) erwähnt. Dort sollen die zwei Apostel auf eine Weise gepredigt und wundertätig geheilt haben, daß das Volk sie für göttliche Erdwanderer hielt, mit Zeus (Iuppiter/Jupiter) und Hermes (Mercurius/Merkur) assoziierte und sich, angeführt von einem Zeuspriester, zur Feier einer Theoxenie daran machte, Ochsen und Kränze zu opfern.

Folglich mit Sicherheit religiösen Ursprungs und wohl einer (unbekannten) hellenistischen Quelle[350] entnommen, verbindet Ovids Geschichte mehrere mythische Motivkreise mit Einzelmotiven. Sie erzählt von der uralten Heiligkeit des Gastrechts sowie von Belohnung und Bestrafung der Menschen durch die Götter.[351] In einem ersten Teil wird geschildert, wie Philemon und Baucis die beiden unerkannten Götter Iuppiter und Mercurius, die zur Erprobung der Gastfreundschaft der Menschen auf die Erde gekommen sind, trotz ihrer Armut freundlich aufnehmen. Der anschließende Teil hat das Walten der Götter, ihr Austeilen von Lohn und Strafe zum Inhalt: Hatten alle übrigen Bewohner der Gegend ihre Türen verschlossen gehalten, werden sie nun durch eine tödliche Wasserflut vernichtet und müssen im Sumpf versinken. Im Kontrast dazu steht die Belohnung des gastlichen Paares: Ihre ärmliche Hütte wird zum Tempel, in dem sie bis zu ihrem Lebensende, das sie auf Wunsch gleichzeitig trifft, als Priester dienen; sie selbst verwandeln sich bei ihrem Tod in zwei Bäume,

---

346 St. Thompson, *The Folktale*, New York 1946, S. 134 ff.
347 Während in den mittelalterlichen Legenden meist Christus und Petrus auftreten, sind deren antike Vorläufer zahlreicher. Damit zu rechnen, ein Gott wolle bei einem einkehren, war in der frühen Antike selbstverständlich. Zumal Homer überliefert zahlreiche Situationen, die von dem Bedenken eines Menschen, ein Gott möge vor ihm stehen und um Bewirtung oder irgendeine andere soziale Hilfeleistung bitten, geprägt sind. Vgl. z. B. Od. 17, 484 ff.
348 Ov. met. 8, 618–724.
349 Apg. 6–20, insbes. 14, 11–13.
350 Zur literarischen Motivtradition der Geschichte vgl. L. Malten, »Philemon und Baucis«, in: *Hermes* 74 (1939), S. 176–206, und M. Beller, *Philemon und Baucis in der europäischen Literatur*, Heidelberg 1967, S. 27 ff.; vgl. auch die dortigen Angaben zur Forschungsliteratur.
351 Gestaltet ist das Thema auch im indischen *Pañcatantra*, in der *Legenda aurea* des Jacobus de Voragine (Kapitel 107), als 57. Fabel bei Marie de France, im siebten Buch der *Fabeln* von La Fontaine und bei etlichen anderen Sammlern oder Erzählern von Geschichten wie Charles Perrault oder Johann Peter Hebel (hier übrigens als Märchen parodiert und pervertiert bis zum Schwank; z. B. tritt anstelle eines wandernden Gottes die Bergfee Anna Fritze auf). Angaben zu Primär- und Sekundärliteratur bei Scherf, *Märchenlexikon*, Bd. 1, S. 32 f.

denen die Umwohner durch Aufhängen von Weihgeschenken später kultische Verehrung entgegenbringen (Ov. met. 8, 719–724):

> *ostendit adhuc Thyneïus illic*
> *incola de gemino vicinos corpore truncos.*
> *Haec mihi non vani [...]*
> *narravere senes; equidem pendentia vidi*
> *serte super ramos ponensque recentia dixi*
> ›*cura deum di sunt, et qui coluere, colantur.*‹

In *Der Arme und der Reiche* nimmt die Rolle des göttlichen Wanderers der Gott der Christen ein. Der Text beginnt mit den Worten: »Vor alten Zeiten, als der liebe Gott selber auf Erden unter den Menschen wandelte [...]« und erzählt, wie Gott zuerst wegmüde am Haus eines Reichen anklopft, der ihm schnöde den Zutritt verweigert, wie er dann aber von einem armen Paar gastliche Aufnahme erfährt, dessen ärmliche Hütte in ein neues Haus verwandelt, ihm zwei weitere Wünsche (ewige Seligkeit und Gesundheit sowie ein gutes Auskommen bis ins hohe Alter) erfüllt und weiterzieht. Den zweiten Teil der Geschichte bildet das weitere Verhalten des Reichen und seine nahezu burleske Maßregelung durch die Erfüllung seiner törichten Wünsche: Der Reiche, der von der Beglückung des Armen und seiner Frau erfährt, holt den Wanderer mit dem Pferd ein und begehrt, ebenfalls drei Wünsche frei zu haben. Auf dem Heimweg über die Sprünge seines Pferds ärgerlich, wünscht er diesem den Tod, was geschieht, und im Weitermarschieren seiner Frau den schweren Sattel, den er nun trägt, unters Gesäß, was ebenfalls geschieht. So bleibt ihm, zuhause angekommen, nur übrig, mittels des dritten freien Wunsches seine Frau vom Sattel zu befreien und den alten Zustand wiederherzustellen.

2.4.1 Der unterschiedliche Bezugsrahmen der Geschichten: »Kinder- und Hausmärchen« – »Metamorphosen«

Der Unterschied der beiden Erzählungen ist trotz aller Gemeinsamkeiten deutlich. Zunächst zu den Konformitäten: Beiden Geschichten liegt als Folie das Theoxenie-Thema zugrunde, sogar in derselben Form, der »Belohnung genossener Gastfreundschaft und Bestrafung der Ungastlichkeit«; die Kernhandlung ist also identisch.[352] Zudem stimmt bis zu einem gewissen Grad der ›ideologische Überbau‹ überein: Beide Texte formulieren nahezu programmatisch das Ideal frommer Gastlichkeit. Sie akzentuieren die opferwillige Gastlichkeit und Frömmigkeit des jeweils in Armut lebenden alten Paares. Auch im Motiv der Belohnung treten gemeinsame Züge hervor: in der Verwandlung der ärmlichen Hütte in eine reich ausgestattete Behausung und in der erwünschten Verleihung des Priesteramtes bzw. der ewigen Seligkeit.

Wesentlicher als diese Analogien sind jedoch die Differenzen. Schon die verschiedenen Kontexte der Erzählungen und ihre Buchtitel erteilen Aufschlüsse. Werden dem Leser in den *Metamorphosen* poetisierte alte Verwandlungsmythen geboten, liegen ihm in den *Kinder- und Hausmärchen* Erzählungen vor, die auf den bürgerlichen Haus-

---

[352] M. Landau, »Die Erdenwanderung der Himmlischen und die Wünsche der Menschen«, in: *Zeitschrift für vergleichende Litteraturgeschichte* 14 (1901), S. 1–41, h.: S. 5, arbeitet mit vier »Hauptformen der Götterwanderung«. Die zitierte ist eine von ihnen.

gebrauch der Kinderstube des 19. Jh.s zugeschnitten sind. Es ist der Einwand denkbar, daß *Der Arme und der Reiche*, wie *Das Marienkind*, kein »Märchen im eigentlichen Sinne« sei. Das trifft zu. Es liegt uns eine exemplarische Beispielerzählung, strenggenommen eine Mischform von Märchen, Legende und Schwank vor. Keinesfalls gehört der Text den Mythen und Sagen an; er stellt auch keine Mischform von beidem dar. Er osziliert zwischen Legende und Märchen und hat überdies leicht komischen Einschlag.

Bei Ovid bestimmt der Bezugsrahmen *Metamorphosen* die Gestaltung der Geschichte. Wie in den *Kinder- und Hausmärchen* sind darin mehrere – mitunter aus verschiedenen Gegenden stammende – Varianten von Erzählungen miteinander verwoben. Allerdings stellen sie keine bunte Sammlung von Erzählungen unterschiedlichster Inhalte dar. Vielmehr besitzen sie alle dasselbe leitmotivische Kriterium, die Verwandlung, und sind zu einem Sammelgedicht, einem großen Ganzen, zusammengefügt. Ovids kallimacheisch stilisierter Text ist in einen Zyklus von zumeist mythischen Verwandlungsgeschichten eingebettet, die, gleichsam säkularisiert, auf der Ebene einer poetisch-symbolischen Welt erscheinen. Man sieht den Philemon-und-Baucis-Stoff, der seine kultische Funktionalität abgestreift hat, weitgehend seines religiösen Ideengehalts entkleidet. Dafür mag auch seine Distanz zum alten epischen Stil[353] angeführt werden. Aber m.E. läßt sich nicht urteilen, daß der Mythos für den Dichter seine Kraft und Wirklichkeit eingebüßt habe. Wie den übrigen 250 Metamorphosen haftet der Episode trotz Idyllisierung weiterhin etwas von ihrer ursprünglichen religiösen Überzeugungsabsicht an. Mag der Erzählstoff auch der literarischen Funktion der Episode subordiniert[354] sein, die Durchschlagskraft der Mythen ist ihm doch merklich immanent. Uns liegt die Neudichtung eines alten Mythos vor. Weder ist der Mythos entmythisiert noch erscheint er in der Gestalt eines Märchens.

Dies gilt für den Großteil der Verwandlungsgeschichten Ovids. Gegen ihre Charakterisierung als Märchen spricht schon, daß sie, ungeachtet der narrativen Integration einzelner Märchenmotive, zahlreiche historische Referenzen besitzen. Häufig liefern sie die Begründung bzw. Erklärung von Bräuchen oder Tabus oder erzählen von Geschehnissen in einer Landschaft oder Stadt, die mit der Entstehung von Ortsnamen verbunden sind.[355] Wie für Mythen typisch, enthalten sie stets ein Stück Geschichte: ein Stück, in dem sich in der Regel (nicht selten durch poetische Euphemismen beschönigte) reale Gewalttätigkeiten gegen reale Opfer bezeugen.[356]

Ein Unterschied zu den Märchen besteht zudem darin, daß Ovids *Metamorphosen* nicht von Erlösung des Menschen aus der Verwandlung handeln. Aus einem Frosch wird nicht unversehens ein Königssohn, aus einem armen Fischer kein Kaiser. Auch ein häßlich scheinendes Aschenputtel schreitet nicht unverhofft in göttlicher Schönheit und dem goldenen Kleid der Königsbraut einher. In Ovids mythischen Verwandlungen werden Tiere (ob Frosch oder Löwe, Esel, Reh oder Rabe) nicht zum Vollmenschen und Versteinerte oder in Zauberschlaf Versunkene nicht aus der Verzaube-

---

353 Vgl. die Literatur bei Beller, *Philemon*, S. 32 ff. (inkl. Fußnoten).
354 Zur literarischen Funktion ausführlich Beller, *Philemon*, S. 17–27.
355 Vgl. L. Gierth, *Griechische Gründungsgeschichte als Zeugnis historischen Denkens vor dem Einsetzen der Geschichtsschreibung*, (Diss.) Freiburg i. Br. 1970.
356 Zur These, daß »alle Mythen in realen Gewalttätigkeiten wurzeln, die gegen reale Opfer gerichtet sind«, vgl. R. Girard, *Der Sündenbock*, Zürich 1988, S. 38 ff.

rung erlöst.[357] Es geht nicht um das erfüllte, erlöste volle Menschsein. Vielmehr werden Menschen aus dem gehetzten Menschsein »erlöst«, indem sie in einen entmenschlichten Zustand überführt werden. So werden Kallisto (zur Bärin und dann) zum Sternbild des Großen Bären, Arachne zur Spinne und Philemon und Baucis zu Eiche und Linde.[358] In diesem Zustand verbleiben sie, um als Tier, Stern, Baum oder Strauch bewundert und, sofern sich an ihre Metamorphose ein Kult knüpft, religiös überhöht zu werden. An Rückverwandlung wie im Märchen – an den Übergang aus der Entmenschlichung in ein erlöstes oder gar glückerfülltes Menschsein – ist in Ovids *Metamorphosen* nicht zu denken. Zwar ist das Moment »Erlösung« bisweilen wichtig; es birgt aber andere Implikationen als im Märchen, beispielsweise die Rettung vor den Gelüsten brünstiger Götter: Apoll begehrt und jagt Daphne, Pan die Syrinx, Poseidon Prinzessin Cornix, der Flußgott Alpheios Arethusa etc.; alle diese Frauen entgehen der ihnen drohenden Vergewaltigung durch »Erlösung«. Aber welcher Art ist sie? Daphne wird zum Lorbeerbaum, Syrinx zu Schilf, Cornix zur Krähe, Arethusa zur Quelle.[359] Menschlich betrachtet, bedeutet dies den Verlust von Freiheit und Leben: Ab-, nicht Aufstieg. »Erlösung« heißt hier nicht Glück und Happy-End, sondern, sehr nüchtern, Abwendung eines gegebenen Unglücks durch Entmenschlichung zum Nicht-Glück. Das Generalmotiv lautet: »Verwandlung statt Vergewaltigung«, bzw. »Tod um der Ehre willen«.

Anderer Art ist die Erlösung im Märchen. Märchen, die Verwandlungen oft spielerischer als Mythen und Sagen behandeln, zielen eindeutiger auf das Menschliche. In ihnen werden zum Tier Gewordene aus ihrer Verzauberung erlöst, einem Drachen ausgelieferte Jungfrauen vor dem Untier errettet und verkannte Königinnen von ihrem Dasein als häßliche Magd befreit – um dann als glückliche Menschen zu leben.[360] Gehen in Ovids *Metamorphosen* Menschen zur Erlösung aus Gewaltverhältnissen in nicht-menschliche Formen wie Flora und Fauna ein, so steht dieser Vorgang dem philanthropen Erlösungsprinzip der Märchen diametral entgegen. In Märchen sind das Tierhafte, das Gefangengehalten-Werden und der falsche Schein, das Verkannt-Sein, nur eine Vorstufe, aus der das erlöste volle Menschsein hervorgeht. Die Metamorphose bringt das Individuum zum Verschwinden; das Märchen rettet und bewahrt es.

Es sei dahingestellt, ob Ovids *Metamorphosen* in ihrer poetischen Gestaltung religiöser Ideen als Bildungs- oder als Unterhaltungsliteratur konzipiert waren; ob die hier subtile, dort deutlich erkennbare säkularisierte Auffassung der Mythen[361] nur deren skeptischer Hinterfragung oder etwa ihrer grundsätzlichen Desavouierung dienen sollte. Welche Lesart man auch favorisiert (oder ob man in ihr ein dialektisches Zusammenspiel erkennt): Die Verwandlungsgeschichten sind in ihrem Grundcharakter Mythen. Sie sind von markanten mythischen Bildern durchdrungen, die, unabhängig von der klassischen Durchformung der Dichtung, für sich sprechen. Nicht ohne Grund gelten der Nachwelt die *Metamorphosen* als ergiebigste Quelle für die Kenntnis

---

357 Vgl. Lüthi, *Volksmärchen als Dichtung*, S. 160 f.
358 Die *Metamorphosen* enthalten 22 Pflanzen-, meist Baumverwandlungen. Vgl. W. Quirin, *Die Kunst Ovids in der Darstellung des Verwandlungsaktes*, (Diss.) Gießen 1930, S. 61 ff.
359 Ov. met. 1, 490–567; 689–712; 2, 569–88; 5, 577–641.
360 Vgl. auch den Artikel von L. Röhrich, »Erlösung«, in: *EM* IV, Sp. 195–222.
361 Vgl. z.B. Ov. met. 4, 202 f. und 15, 69 f.

des griechischen Mythos. Ihr Reichtum liegt darin, daß sie nicht nur ungeheure Stoffmassen tradieren, sondern – unter Poetisierung des Mythos – auch seine wesentlichen Merkmale erkennen lassen: Daß der mythisch gebundene Mensch in einer Welt lebt, die ihn durch ihre Übermächtigkeit und Unerkennbarkeit bedroht; und daß die Direktiven seines Handelns reine Approximationen tradierter Verhaltensweisen darstellen, die jeder kritischen Erwägung entzogen sind.

2.4.2 Unterschiede der Geschichten selbst

Die These, dies beides lasse sich paradigmatisch aus der Philemon-und-Baucis-Episode herauslesen, sei näher begründet. Bekannt ist vor allem, daß Ovid die an eine kleinasiatische Kultstätte gebundene alte Geschichte zur Gastmahl-Idylle stilisiert hat. Die Gestaltung der Episode bietet, zumal in ihrem zweiten Teil, die aitiologische Verknüpfung verschiedener Mythenelemente. Der Text erzählt mittels alexandrinisch, primär kallimacheisch ausgebildeter Ekphrasis die Geschichte einer Stadt, die durch göttliches Strafgericht im Sumpf untergegangen ist. Ferner erzählt er von der Entstehung eines Tempels sowie der Begründung einer Art Baumkult.[362] In jedem Fall geht es, wie bei Kallimachos, um verschiedene Aitia: Ursprünge und Ursachen von einem Kult, einem festlichen Brauch, einem Heiligtum, einer Lokalität. Der aitiologische Tempelmythos enthält genügend Material, das die religiöse Realität des Mythos, die ihren Hintergrund bildet, aufscheinen läßt – ob sie nun in poetische Wirklichkeit übergegangen ist oder nicht.

Anders verhält es sich, um zu den Brüdern Grimm zurückzukehren, mit der von ihnen aufgezeichneten ›Anekdote‹. Sie bietet weder in ihrem ersten, noch in ihrem zweiten Abschnitt ein Aition von einem Kult, einem Brauch oder einer sakralen Stätte. Damit im Zusammenhang steht, daß der Text weder *exemplificanda* noch Direktiven enthält, wie sie die antike Geschichte prägen. Läßt sich auch Gottes Erdenwanderung als Sinnbild der Herabkunft Christi und die Gastfreundlichkeit als Vorführung beispielhafter Nächstenliebe auffassen – wesentlich mehr intendiert der Text nicht. Er ist vor allem fromm, will Gott bezeugen und suggeriert dem Leser auf heitere Weise: Fromm-Sein lohnt sich.

Dem von Ovid idyllisch neugestalteten Stoff hingegen eignet eine ganz andere Signatur: Das in den *Metamorphosen* nachgezeichnete alte mythische Bild davon, wie Götter belohnen und bestrafen, entbehrt trotz Poetisierung nicht definitiver Deutlichkeit. Wie poetisch-ergötzlich Ovids Sprache auch sein mag, wie sehr dadurch die mythisch-religiöse Göttervorstellung, die der Episode zugrundeliegt, problematisch erscheinen könnte: Der alte Mythos gibt sich, ernsten Inhaltes, zu erkennen. Mag in der idyllischen Gestaltung der Episode auch die poetische Bearbeitung aus der Sicht eines urbanen Dichters vorliegen: Mittels aitiologischer Erklärungen reflektiert sie geglaubte mythische Wirklichkeit. Die einst religiöse Intention, Ungläubige von der göttlichen Allmacht zu überzeugen, bleibt unübersehbar.

---

362 Über den Glauben an das Wohnen von Göttern und Weiterleben von Menschen in Bäumen und über die Vorstellung, den Bäumen eigne besondere Kraft und Macht: O. Kern, »Baumkultus«, in: *RE* III, Sp. 155–167; O. Gruppe, *Griechische Mythologie und Religionsgeschichte*, Bd. 1, München 1906, S. 779 ff.; mit Bezug auf die erörterte Episode: Malten, »Philemon«, S. 178.

Diese Intention, ließe sich einwenden, verfolge ebenfalls der Text aus den *Kinder- und Hausmärchen*. Doch die Art und Weise, mit der sie jeweils realisiert werden soll, differiert beträchtlich. Die antike Geschichte spricht zwar auch von Belohnung, verdeutlicht aber mittels des mythischen Strafgerichtes, daß Götter, die strafen, keine Milde kennen. Folglich verläuft sie nicht in Glücksrichtung, wodurch in der Relativierung des Unheimlichen eine optimistische Grundhaltung angezeigt wäre. Sie operiert nicht mit einem Sattel, der zur »Strafe« am Gesäß festgewachsen ist und zu dessen Beseitigung der dritte und letzte Wunsch »geopfert« werden muß. In ihr werden die Menschenleben einer ganzen Stadt geopfert. Dargestellt wird, wie zwei Eheleute, die das Gastrecht heiligen, von Göttern auf einen Berg dirigiert werden und von diesem weinend den Vollzug einer über die gesamte Umgebung verhängten Flutstrafe sowie die Verwandlung ihrer Hütte in einen Tempel (Belohnung) beobachten.

Das heißt: Wenn bei Ovid Iuppiter das ehrfurchtsvolle Paar Philemon und Baucis *in ardua montis*, auf erhabene Bergeshöhe, führt, um von dort herab, aus einer Über-Position, Lohn und Strafe nach seinem Ermessen auszuteilen, dann geschieht das auf typisch mythische Weise. Wenn in *Der Arme und der Reiche* der »liebe« Gott auf moderate Weise auf und von der Erde aus Gerechtigkeit schafft, indem er sie gerade dem Benachteiligten zuteil werden läßt, dem auf seinen Vorteil Bedachten jedoch eine milde Lektion erteilt, dann ist das genuin unmythisch. Mit Grimms Theoxenie wird – wenn man so will – *suggeriert*, mit der bei Ovid tradierten Theoxenie *terrorisiert*. Grimms »Märchen« spielen sich im Bereich des rein Menschlichen ab, der antike Mythos indes lebt von der Referenz auf das Übermenschliche. Während Philemon und Baucis mit ihrem Tod religiös überhöht werden, indem sie eine Verwandlung zum ewigen Leben im Kult erfahren, lebt Grimms altes Ehepaar nach der Bewirtung Gottes glücklich auf der Erde, mitten unter uns. »Dieser Unterschied erklärt, um mit Bettelheim zu sprechen, den Kontrast zwischen dem durchgängigen Pessimismus der Mythen und dem wesensgemäßen Optimismus der Märchen«.[363]

2.4.3 »Philemon und Baucis«: Poetische Manifestation mythischen Terrors

Das zentrale Moment, das sich in dem antiken Szenario bezeugt, ist der für die Mythen so charakteristische Terror. Trotz aller Poetisierung kommt er deutlich zum Ausdruck. Noch mit dem Dank für die Gastlichkeit bestätigen die Götter ihre Herrschaft; kraft Ausweitung ihrer kultischen Verehrung befestigen sie ihre Macht und Bedeutung. Denn wo und womit majestätisch belohnt wird, ist signifikant: in Gipfelhöhe – *tantum aberant summo quantum semel ire sagitta* –, mit einem herrlichen Tempel, den *aurataque tecta, caelataeque fores, adopertaque marmore tellus* schmücken (Ov. met. 8, 692. 701f.) und mit lebenslänglichem Priesterdienst. Ein noch bezeichnenderer Hinweis auf die göttliche Macht, die mit der feierlichen Belohnung des eingeschüchterten Paares einhergeht, ist die totale Vernichtung der anderen.

Die Philemon-und-Baucis-Geschichte dokumentiert das mythisch gebundene Bewußtsein des archaischen Menschen, der von wahrer Selbst-Behauptung weit entfernt ist: Ein außerordentliches Naturereignis, eine Flut, jagt dem Menschen Furcht und Schrecken ein. Seine Reaktion ist typisch für ein Weltgefühl, das die Phänomene

---

363 Bettelheim, *Kinder*, S. 43.

der Welt und des eigenen Ich nicht rational zu deuten sucht. Im Gefühl, von übermächtigen Gewalten umringt zu sein, erblickt er in allem, was ihm unverständlich ist, das Walten dämonischer Mächte und überläßt sich einer religiösen Vorstellungswelt, in der er überleben kann. Dabei ist er in seinem Verhältnis zu Göttern, Welt und Schicksal allerdings nicht von einer optimistischen Grundhaltung getragen, sondern von zwei Grundbefindlichkeiten erfaßt: vom Ausgeliefert- und Beschützt-Sein.

Genau dies bildet der alte Tempelmythos ab: Das Ehepaar steht Iuppiter und Mercurius nicht etwa gelassen gegenüber. Seine Gottesvorstellung gibt ihm keine hinreichende Sicherheit in der Welt. Philemon und Baucis kennen den Göttern gegenüber vor allem Zittern und Gehorsam. Als sich bei dem Mahl, das sie Iuppiter und Mercurius zubereitet haben, plötzlich der Weinkrug von selbst nachfüllt, nehmen sie das nicht als selbstverständlich, wie es ein Märchenheld täte. Vielmehr erbleichen sie, heben, tief von dem Wunder erschreckt, flehend die Hände und stammeln angstvoll Gebete (Ov. met. 8, 681–683.):

> *attoniti pavent manibusque supinis*
> *concipiunt Baucisque preces timidusque Philemon,*
> *et veniam dapibus nullisque paratibus orant.*

Danach gehorchen sie nur mehr (*parent;* Ov. met. 8, 693); und es ist schwer vorstellbar, daß der Wunsch nach dem Priesteramt, den sie, von Iuppiter aufgefordert, äußern, von der soeben erlebten Gewaltmanifestation und der Außensteuerung traditioneller, kollektiver Verhaltensmuster unabhängig ist.

3. Bilanz: Märchen und Mythos – Unterschiede und Gemeinsamkeiten

Werden die unterschiedlichen Tendenzen der Erzählgenera, einen gleichartigen Stoff narrativ zu gestalten, schon anhand von Mischformen erkennbar, so bieten Märchen und Mythen in Reinform noch deutlichere Abgrenzungsmöglichkeiten. In Zaubermärchen ohne moralistische Übermalung oder anderweitige Kolorierungen (AT 300–749), also in »eigentlichen Märchen« (wie der bei Basile bezeugten Vorläufervariante des *Marienkindes*), geht es nicht um eine Anleitung zu richtigen Verhaltensweisen in dieser Welt. Unverfälschte Märchen enthalten keine Belehrungen über sittliche »Wahrheiten« oder Weisheiten, wie sie Mythen, Fabeln und Legenden sowie von diesen gefärbte Märchen bereithalten. Auch entwickeln sie ihr Thema nicht wie die Mythen »in majestätischer Weise« (Bettelheim), vor erhabener Kulisse und unter Darbietung Respekt einflößender Ereignisse. Autoritäre Auftritte göttlicher Art wie von Maria im *Marienkind* und von Iuppiter und Mercurius in den *Metamorphosen* kennen echte Märchen (wie *Die weiße Schlange*) nicht. Märchen handeln vor allem von Menschen, die nicht durch herausragende Fähigkeiten oder Tugenden, sondern eher einfach und mit Mängeln behaftet auftreten. Mythen wollen indessen Majestätisches, Göttliches in Gestalt übermenschlicher Helden, Titanen oder anthropomorpher Götter vor Augen führen. Dabei operieren sie mit der existentiellen Kategorie Angst: Sie stellen Gegebenheiten autoritär in verbindlichen Zusammenhang, in eine natur-gegebene Ordnung, die, unabwendbar und undurchschaubar, den Menschen beherrscht.

Gemeinhin nie ganz verständlich, aber auch nicht darauf angewiesen, begreifbar zu sein, ist diese Ordnung unanfechtbar, da sie, so ihr Postulat, auf Natur gründet und damit, dem mythischen Postulat und Programm zufolge, *a priori* und absolut gültig ist. Die immer schon auf diese Ordnung bezogenen Mythen erklären etwas als oder zu etwas, indem sie ihm eine unabänderliche, da naturgegebene, kosmische Bedeutung zuweisen und so umfassende kollektive Zusammenhänge stiften, etwa Herrschaft und gesellschaftliche oder religiöse Gegebenheiten überindividuell zu begründen und zu rechtfertigen.

Einem fundamental anderen Konzept folgen die Märchen. Sie sind dort am reinsten Märchen, wo sie den in Mythen sich bezeugenden Gesinnungen diametral gegenüberstehen: wo sie nicht bedeutungsschwer *be*-, sondern *ent*lasten. Märchen bieten die Alternative, ja Antithese zur kollektiv motivierten mythischen Geisteshaltung: Sie wollen nicht wahre Geschichten von großen Weltzusammenhängen sein und Kollektiverfahrungen sinnstiftend aufarbeiten, indem sie streng verbindliche Orientierungsmodelle liefern. Märchen führen exemplarisch Individuation und Emanzipation vor. Sie bieten Erlösung von den Zwängen an, denen sich der Mythenheld beispielgebend unterwirft, und streben auf ein positives Ende zu. Infolgedessen muten sie erheiternd und belebend an. Da sie lebensbejahende Gefühle mobilisieren, geht von ihnen eine gewisse Leichtigkeit aus.

3.1 Märchenhafte Leichtigkeit: Dichtung als παιδιά

Solche Leichtigkeit kann freilich, wie bereits von Platon, als Trivialität abgewertet werden. Denn echte Märchen ohne moralische Zutat folgen genauso wenig einer abstrakten Tugendlehre wie die von Platon verurteilten Geschichten der Dichter bzw. Ammen und Alten. Weder fördern sie die Unterordnung unter religiöse, philosophische oder politische Ideen, noch fordern sie zu ethischer Selbst-Disziplinierung auf. Auch bieten sie gewöhnlich, anders als die meisten Mythen, keine axiologische Struktur, die einen Brauch oder eine Naturvorstellung aus früher Zeit herleitet. Vielmehr sind sie gewissermaßen nur ein »Spiel«, mit dem sie sich – ihrer kindlich anmutenden Pflichtenthobenheit und Unverbindlichkeit wegen – begrifflich leicht verbinden lassen. Schon Platon meinte, im »Spiel« (ἡ παιδιά, von παῖς = Kind)[364] eine Kategorie zu erkennen, der er, im Gegensatz zum »Ernst« (ἡ σπουδή = sittlicher Eifer, Ernsthaftigkeit), ihres unwissenschaftlichen, kindlich-unverbindlichen Charakters wegen keinen eigenständigen Rang zugestand.[365] Die Werke der Dichter etwa, die er als bloße »Nachahmung« (μίμησις) einstufte, beurteilt er im *Staat* als »ein Spiel und nicht Ernst« (παιδιάν τινα καὶ οὐ σπουδήν).[366] Und wenn seiner Ansicht nach selbst der

---

364 Nicht zu verwechseln mit dem Kampf-Spiel bzw. Wettkampf. Musikalische, Kampf- und Theaterspiele heißen bei den Griechen nie παιδιά, sondern ἀγών.
365 Vgl. aber Plat. leg. 796b, wo Platon von den heiligen Tänzen der Kureten als τῶν κουρήτων ἐνόπλια παίγνια spricht und so den engen Zusammenhang von Heiligem und Spiel, das oberhalb des Kinderniveaus gespielt wird, andeutet; vgl. dazu auch Plat. leg. 803c–d. Zur Bedeutung des Spiels bei Platon vgl. H. Gundert, »Wahrheit und Spiel bei den Griechen«, in: W. Marx (Hrsg.), *Das Spiel – Wirklichkeit und Methode*, Freiburg i.Br. 1967, S. 13–19.
366 Plat. rep. 602b (Dichterkritik im zehnten Buch).

Bilanz: Märchen und Mythos – Unterschiede und Gemeinsamkeiten

»Logos« dann, wenn er nicht auf Wahrheit und Erkenntnis gerichtet ist, Züge des »bloßen Spiels« zeigt,[367] wird klar, daß in seinem Denken märchenhafte Erzählungen nicht mit »Ernst« oder »Wahrheit« vereinbar sind.[368]

Im dargelegten Sinne un-ernst, »kindisch«, eine παιδιά, sind Märchen schon durch ihr Desinteresse an der Vermittlung von Wahrheit in Form kollektiver Glaubensgehalte. Märchen fehlt in dieser Hinsicht die den Mythen eigene Teleologie. Anders als kosmogonische, als Ursprung- und Göttermythen, anders auch als Kunstmythen zum Wohl des Staates, sind sie nicht normativ, zwingen sie keine Bedeutungen auf. Sie beschreiben oder erklären keine »bedeutsame, überindividuelle, kollektiv wichtige Wirklichkeit«,[369] sind nicht an Riten oder gemeinschaftliche Glaubensvorstellungen aus den Feldern Religion, Politik und Gesellschaft gebunden. Damit entbehren sie jeglichen Reglementierungszwangs im Gruppeninteresse.

Bereits Wilhelm von Humboldt stellt 1796 in dem erwähnten Brief an Goethe fest, daß »das Märchen nicht bildlicher oder poetischer Ausdruck eines gedachten Satzes« – etwa eines ethischen Gebotes – sei, wie wir es in »Fabel oder Allegorie« vor uns haben. Frei von jeglicher weltanschaulichen Schwere, in »formal« überlegener »Leichtigkeit«, umspielen Poesie und Phantasie den beliebigen Inhalt,[370] der recht eigentlich nur eines zum Ziel hat: das Glück. Dieses bestimmt als finales Hauptprinzip im Wechselspiel mit dem Unglück, das als Kontrastivum zum guten Geschick fungiert, die Lebenslinie der Hauptfiguren. Mögen deren Prüfungen noch so grausam sein – beharrlich lacht am Schluß das Glück: Konfliktsituationen werden endgültig beigelegt, stets zugunsten der Geprüften, die fortan glücklich und zufrieden leben.

Dieses Prinzip liegt allen Märchen zugrunde. Ihm trägt noch die verchristlichte Version des *Marienkind*-Märchens Rechnung. Wie viele Notlagen und Engpässe auch immer den Weg der Hauptfigur zeichnen: Schließlich hat das ›Schlamassel‹ für sie ein Ende; alles schlägt ihr zum Guten aus. Daß ihr dabei eine Glücksfähigkeit eignet, die unmittelbar im Kontrast zur Unglücksfähigkeit ihrer Gegenspielerin steht, macht freilich nur die frühe Variante deutlich. Dort figuriert die Schwiegermutter als unglücks-

---

367 Vgl. hierzu Plat. Euthyd. 278b–c.
368 In dieser Denktradition steht noch Welcker (vgl. oben S. 51–54), der am Märchenhaften einen Mangel an Ernsthaftigkeit zu bemerken glaubt und diesen im Sinne des Ungefähren, Unverbindlichen, Leichtgewichtigen mißversteht. Doch wie Schillers oft mißdeutetes Dictum »Ernst ist das Leben, heiter ist die Kunst«, das am Ende des Prologs zu *Wallensteins Lager* steht, nicht den Inhalt der *Wallenstein*-Trilogie meint, übersieht Welcker den Unterschied von Modus und Seinsweise der Kunst und ihren jeweiligen Gehalt. Ihm geht es einzig darum, den für ihn positiven Begriffswert »Ernst« durch das Wort »Spiel«, das seinen Gegensatz ausdrückt, mitzubestimmen. Wie bei Platon dürfte auch sein semantischer Ausgangspunkt im griechischen Substantiv σπουδή. Dessen Gegenteil, die παιδιά, das Spiel, läßt, indem es das Tun des Kindes benennt, die heitere Seite des Kinderspiels, Scherz und Spaß mit anklingen. Die σπουδή hingegen bezeichnet eher das ernsthafte, eifrige Betreiben eines Erwachsenen. Sie ist es, nicht die παιδιά, die Welcker der hellenischen Götterwelt, dem von ihm geschätzten Idealbild sittlicher Anschauungen, zuschreibt. Für Welcker erschöpft sich der Bedeutungsinhalt von »Spiel« mit der Negation von »Ernst«: Spiel gilt ihm als Nicht-Ernst und fällt damit in den Bereich des Nicht-Mythos, des Nicht-Sinnes, der nicht-tiefen Gedanken – mit einem Wort: in den des Märchens, das der σπουδή ermangelt, da es weder höhere Sinnzusammenhänge suggeriert noch sittlich-ideale Wirklichkeiten abbildet.
369 W. Burkert, »Mythisches Denken. Versuch einer Definition anhand des griechischen Befundes«, in: H. Poser (Hrsg.), *Philosophie und Mythos*, Berlin/New York 1979, S. 16–39, h.: S. 29.
370 *Briefe an Goethe*, S. 218 f. (vgl. oben S. 50).

befähigte Böse, die mit ihrer Niederlage dafür sorgt, daß die Leser bzw. Zuhörer das endliche Glück der Protagonistin mit Genugtuung aufnehmen. Das Glück der Protagonistin und das Unglück der Antagonistin stehen hier unmittelbar in Korrelation zu Gut und Böse.

Auf einen Punkt gebracht, sind Märchen – im Vergleich zu Mythen, Legenden und lehrhaften Fabeln – spielerisch. Gleichsam ein ›Glücksspiel‹ mit gewissem Ausgang, erzählen sie Abenteuer, bestimmten eigenen narrativen Regeln folgend, aber frei von äußerer Zwecksetzung und Zwang; dabei erschließen sie dem Menschen einen Bereich der Freiheit und Offenheit gegenüber ihn bedrohenden Gewalten.

3.2 Mythische Gebundenheit: Vorstellung eines alles durchwaltenden Schicksals

In derartigen Spielregeln, um die es des näheren in den beiden Folgekapiteln gehen wird, liegt ein wesentlicher Unterschied von Märchen und Mythen. Auch wenn es Mythen mit positivem Ausgang gibt (Philemon und Baucis), folgt ein solches Ende keiner irgendwie gearteten Regel. Als regelhaft erscheinen vielmehr die Gefahren, Kämpfe und entsetzlichen Leiden der Held(inn)en.

In dieser Differenz spricht sich eine verschiedene Daseinsauffassung aus. Die in Mythen vorgegebene tragische Konstellation, die in die Gestaltung von Tragödien eingeht, ist Märchen fremd. Höchst selten kommt es, wie im Fall der *Alkestis* der Euripides, vor, daß eine Märchenfigur plötzlich als Protagonist(in) tragischer Dichtung erscheint.[371] Märchen kennen keine bühnengeeignete Tragik. Sie skizzieren eine zur großen Erlösung hin aufsteigende Lebenslinie: Um letztlich zum ›stillen Glück im Winkel‹ zu gelangen, werden Entbehrungen, Gefahren und mitunter wenig ruhmreiche Niederlagen in Kauf genommen.[372] Demgegenüber erfüllt sich für den typischen Heros der Mythen das vollendete Leben nicht nach der Devise »glücklich und zufrieden«, sondern nur dann, wenn im Laufe des Lebens Ruhm und Ehre erworben wurden. Der mythische Held endet üblicherweise nach Kampf ruhmreich im Tod.

Damit im Zusammenhang steht, daß Mythen – abgesehen davon, daß sie der Erklärung bestimmter Natur- oder Kulturphänomene dienen können – Grundlagen des Daseins ansprechen, die überexistentiell sind. Vor allem die Vorstellung eines alles durchwaltenden und bestimmenden Schicksals spielt eine wesentliche Rolle. Wie entscheidend sie ist, zeigt der Blick auf die frühe Literatur der Griechen. Zumal das Epos und die Tragödie sind gänzlich von dem Gedanken eines sich in verschiedenen Mächten kundtuenden Schicksals geprägt. Die Griechen verfügen über ein immenses semantisches Feld, dessen zahlreiche Termini, im großen und ganzen sinnverwandt gebraucht, alle im dunklen Endpunkt des menschlichen Lebens koinzidieren: Neben dem besonders im Frühgriechischen häufig gebrauchten Begriff μοῖρα (im Klassischen τύχη) stehen Bezeichnungen wie αἶσα, εἵμαρτο, μόρος, πότμος, μόρσιμον, κῆρες u.v.a., die durchgängig mit dem Gedanken des Todes assoziiert sind. In wel-

---

371 Eur. Alc.; zur Thematik s. G.A. Megas, »Alkestis«, in: *EM* I, Sp. 315–319 (vgl. auch die a.a.O., Sp. 319, angeführte Sekundärliteratur).
372 Vgl. E. Blum, »Glück«, in: *EM* V, Sp. 1299–1312, h.: Sp. 1301.

Bilanz: Märchen und Mythos – Unterschiede und Gemeinsamkeiten 103

chem Maße dieses Schicksal jenseits aller Einflußnahme liegt, verdeutlicht die Vorstellung, daß selbst die Götter bisweilen dem Schicksal gegenüber machtlos sind.

Wie auch den Göttern gegenüber hat der archaische Mensch in Hinsicht auf die αἶσα bzw. μοῖρα ambivalente Gefühle. Einerseits ist es ihm tröstlich zu wissen, nur erleiden zu müssen, was ohnehin vom Schicksal bestimmt sei, andererseits weiß er sich ihm hilflos ausgeliefert. Deutlich zum Ausdruck kommt dies in der *Ilias* dort, wo Hektor, dem in der αἶσα Würde und Ruhm, keineswegs aber ein glückliches langes Leben zugeteilt ist, von seiner Frau Andromache Abschied nimmt. Er betont, gegen das Schicksal, ὑπὲρ αἶσαν, d.h. παρὰ μοῖραν, werde ihn keiner hinab zum Hades senden, bekundet aber zugleich die dunkle Gewißheit des über Troja – und damit auch ihn und Andromache – verhängten furchtbaren Geschicks.[373] Das Ende seiner Kämpfe ist alles andere als ein märchenhafter Abschluß. Anführer und tapferster Held der Troer, bedrängt er die Griechen hart, tötet schließlich Patroklos und geht einen Zweikampf mit dessen bestem Freund Achill ein, der ihm, nachdem Zeus das Schicksal entschieden hat, den Tod bringt. Sterbend bittet er darum, daß seine Leiche in die Mauern Trojas gebracht werde, Achill aber durchbohrt ihm die Fersen, bindet ihn an seinen Streitwagen und schleift ihn zwölf Tage lang um die Stadt. Erst dann erbarmt sich einer der Götter des Toten. Apoll, der ihn zuvor im Stich gelassen hat, schützt seinen Leichnam vor weiteren Verletzungen, und Achill überläßt diesen Hektors Vater. Die Witwe Andromache wird, wie von Hektor zuvor befürchtet, Sklavin eines Griechen.

3.3 Glück und Schwerelosigkeit: Der Unterhaltungswert des Märchens

Ein vergleichbares Schicksal sucht man im Märchen vergebens. Zwar waltet auch dort nicht blinder Zufall, »sondern hinter dem Geschehen steht ein latenter Schicksalsglaube, der dem Würdigen das Gelingen, dem Unwürdigen das Mißlingen zu-fallen läßt«.[374] Doch statt des mythischen Terrors setzt sich das Glück durch. Weder erschauern die Protagonisten vor dem »Numinosen« (Rudolf Otto), noch kennen sie die Resignation in das Todesschicksal.[375] Über ihnen stehen weder Götter oder Dämonen noch irgendwelche Mächte, die ihr Geschick dadurch beherrschen, daß sie ihnen nach sträflicher Erhebung einen bösen Streich spielen, sie in ihre alte Lage zurückdrängen oder diese gar verschlechtern.

Typen wie der *Drachentöter* (AT 300), der *Starke Hans* (AT 650A) oder der *Knabe, der das Fürchten lernen wollte* (AT 325), sind von Kräften dieser Art unabhängig. *Aschenputtel* (KHM 21, AT 510 A), *Dornröschen* (KHM 50, AT 410) oder *Hänsel und Gretel* (KHM 15, AT 327A) wenden sich genauso wenig wie ihre Gegenspieler, die bösen Schwestern, Schwieger- oder Stiefmütter, Hilfe suchend an Götter oder Mächte, die

---

373 Il. 6, 447–49. 478.
374 Röhrich, *Märchen*, S. 190.
375 Der Märchenheld nimmt zu übernatürlichen oder jenseitigen Wesen und Helfern Kontakt auf, ohne sich vor Spuk zu ängstigen; so, um nur ein Beispiel zu nennen, im Märchen *Sechse kommen durch die ganze Welt* (AT 513), wo die seltsamsten Gesellen in seine Dienste nimmt, ohne zu erschrecken.

das Schicksal lenken. Ein Gott, der wie Zeus im entscheidenden Augenblick eines Zwists die Lose des Lebens auf eine Waage legt und das Schicksal sprechen läßt, wäre im Märchen nicht denkbar, ebenso wie das Walten der Moiren, die, selbst dem Machtbereich der Götter noch entzogen, auf Glück Unheil, auf das Leben den Tod folgen lassen. Zudem wird im Märchen niemand von erinnyenhaften Gestalten verfolgt, die mit ihrem dämonischen Fluch treffen, wer die Weltordnung stört, das Gastrecht oder die Bindung des Blutes verletzt oder einen Armen bzw. Bettler zurückstößt.

Märchenfiguren müssen sich nicht furchtsam einer bedrohlichen Ordnung unterwerfen, die sich aus undurchsichtigen und unberechenbaren Gewalten speist. Märchenfiguren ›taumeln‹ gleichsam dem Glück entgegen: der Befreiung von Drachen, Riesen, Zauberern, Hexen und ähnlichen sie bedrohenden Wesen.[376] Hindernisse werden so lange überwunden und Probleme gelöst (ohne daß es eines göttlichen Eingriffs bedarf), bis sich die natürliche positive Ordnung wiederhergestellt hat. Der Gewinn von Helfern und Hilfsmitteln ist dabei nur Medium zur Erreichung des Ziels, des »Glücks«. Eben darin erweisen sich die Protagonist(inn)en durchgängig als Märchenfiguren und nicht als mythische Hero(in)en, die wegen Ruhm, Ehre und des Überlebens auf den Gewinn göttlicher Helfer aus sind: Frei von mythischer Schicksalsgläubigkeit begehen Märchenheld(inn)en einen letztlich glückhaften Weg, ohne ihn aufgrund herausragender Tugendhaftigkeit notwendig verdient zu haben.[377] Das Märchenglück negiert »alles mythische Schicksal, statt selber eines zu sein«.[378] Es assoziiert sich mit dem Wunderbaren: Dem Märchenhelden widerfährt eine wunderbare Begebenheit nach der anderen.

Das Märchen ist, wie es Menninghaus in Anlehnung an Walter Benjamin formuliert, aufs Glück abonniert.[379] Verrat, Hinterlist und Mord ändern nichts an seiner durch alle Schrecklichkeiten hindurch bewahrten, am Ende bestätigten optimistischen Grundhaltung. Am Ende steht das Gute, dessen Sieg desto überzeugender ist, je heftiger die Konfrontationen mit dem Opponenten verlaufen sind. Das Märchen spendet in der Regel Trost und weckt Hoffnung auf ein besseres Leben, Gerechtigkeit und den Sieg über die Macht des Bösen.

Die antiken Mythen dagegen haben nicht das volkstümliche Verständnis von Gerechtigkeit, sondern das von Recht und Gesetz höherer Mächte, Gewalten und Sippen zum Inhalt. Entsprechend speist sich die Dynamik der Vorgänge aus den Machtansprüchen von Familien, Stämmen oder Städten. Etliche Mythen sind mit der Entstehung von Ortsnamen verbunden; ihr Denken verläuft stark in genealogischen und aitiologischen Bahnen.[380] Dem Märchen unbekannte Themen wie Ahnentafel und Abkunft, Vorfahren und Nachkommen interessieren im Detail. Häufig werden, wie an Ovids Philemon-und-Baucis-Episode gezeigt, Bräuche und Tabus, Götter und Hero-

---

376 Röhrich, *Märchen*, S. 235.
377 Gerade dies »ist märchenhaft am Märchen: daß es nie hinreichend als Resultat von Arbeit oder Verdienst von Tugenden [...] verstanden werden kann, sondern stets den Charakter eines freien Geschenks bewahrt, unableitbar aus den Eigenschaften des Helden wie aus dem Konflikt, den er besteht, gegeben allein aus der Form des Märchens selbst.« Menninghaus, *Lob*, S. 139 (inkl. Anm. 2); vgl. auch a.a.O., S. 138 Anm. 1.
378 Menninghaus, *Lob*, S. 140.
379 A.a.O., S. 142–148.
380 Vgl. hierzu Doblhofer, *Vergewaltigung*, S. 83–93, wo zahlreiche mit Gewalt verbundene Beispiele angeführt und in ihrer aitiologischen bzw. genealogischen Funktion erörtert werden.

enkult erklärt oder begründet. Gewalt und Terror gehören hierbei zu den Grundmotiven der Mythen. Wer gut und wer böse ist, bleibt häufig unklar. Dies hat seinen Grund zumal darin, daß sich die Götter, an deren angeblich vorbildhaftem Verhalten noch Welcker in seiner *Götterlehre* festhält, permanent zügellos benehmen. Sie fügen sich entweder gegenseitig oder den Menschen Gewalt zu, ersinnen Intrigen oder anderes Übel. Zudem wandelt sich die Diesseitswelt am Schluß der mythischen Erzählungen keineswegs stets in eine bessere und – eben: märchenhafte – schönere Welt.

Mythen kennen den Untergang und Tod ihrer Helden sehr gut. Metamorphose bleibt Metamorphose, zu Pflanzen oder Steinen gewordene Menschen bleiben Pflanzen oder Steine. Im Märchen hingegen lassen sich Verwandlungen mit Leichtigkeit rückgängig machen. Ebenso können Mensch-Tier-Bindungen, sofern es das gute Ende erfordert, wieder aufgehoben werden; sie evozieren keinen numinosen Schauer, sondern werden als Abenteuer erlebt.

Märchen wirken meist unbeschwert, leicht und heiter. Ihr Unterhaltungswert ergibt sich nicht zuletzt aus einer bloßen Fähigkeit, auf amüsante Weise dem Zeitvertreib zu dienen. Er verdankt sich ihrem Eindruck der Sinnentbundenheit, Bedeutungs- und Schwerelosigkeit. Märchen entziehen sich der Erfassung mit Hilfe gängiger Wirklichkeits- und Denkmodelle. Gleichwohl vermitteln sie dem Leser den Eindruck, in ihnen werde Wichtiges verhandelt. Nach Humboldt kann daher »niemand wahren Sinn für diese Gattung haben, als wer gestimmt ist, die Form bloß um der Form willen zu lieben«.[381] Es ist, als stelle sich das Märchen die Aufgabe, »zugleich bedeutend und bedeutungslos zu sein«, wie Goethe Humboldt erwiderte.[382]

---

381 *Briefe an Goethe*, S. 219.
382 *Goethe-Briefe*, 4. Bd., **Weimar und Jena 1792 bis 1800, herausgegeben von Philipp Stein, Berlin 1924, S. 123.**

D. Struktur der Märchen

1. Gleiche Formeln und Grundbausteine in Märchen und Mythos

Wie es Versformeln[383] gibt, die anderen Formeln entsprechen bzw. ähneln, da sie einen sinnentsprechenden Gedanken in etwa denselben Worten ausdrücken, gibt es Handlungsformeln,[384] die anderen Formeln vergleichbar sind.[385] Von Personen und Aktionen gebildet, konstituieren sie in Märchen, Mythen und verwandten Erzählungen das Grundschema des Handlungsverlaufes. Sie wirken mithin – wie Untersuchungen von Vladimir Propp, Eleasar Meletinsky, Max Lüthi u.a.[386] ergeben haben – strukturbildend:

Schädigung		*Rache*
Tabu		*Übertretung*
Belohnung	und	*Strafe*
Frevel		*Sühne*
Gefahr		*Entkommen*
Aussetzung eines Helden		*seine Errettung*

bilden Grundbausteine, mit denen Märchen und Mythen aller Zeiten und Sprachen operieren. Sie werden zu Erzählungen kombiniert, die sich – eben aufgrund der Formelhaftigkeit – oftmals auffallend ähneln.

Es ist daher unzulänglich, allein des Vorkommens bestimmter Bausteine wegen eine Erzählung als Märchen oder Mythos einzuordnen. Die stofflichen Übereinstimmungen sind, wie die Exkurse im vorangegangenen Kapitel illustriert haben, beträchtlich. Entscheidend ist m.E., wie die Bausteine zu verschiedenen Komplexen koordiniert sind, welche Funktionen diese übernehmen und welche narrativen Mittel

---

[383] Gemeint sind »Ausdrücke, die denselben metrischen Wert haben und in Inhalt und Formulierung genug Ähnlichkeit besitzen, um keinen Zweifel daran zu lassen, daß der Dichter [...] sie nicht nur als Einzelformeln kannte, sondern auch als Formeln eines bestimmten Typs.« Parry, »Studies ... I.«, wieder abgedr. in und zit. aus: Parry, *Making*, S. 266–324, h.: S. 272.

[384] Mitunter wird auch von *patterns* gesprochen; z.B. von A. Dundes, *Interpreting Folklore*, Bloomington/London 1980, S. 223–261 (erörtert sogenannte »Hero Patterns«).

[385] Der Ausdruck »Formel« findet sich bereits in J.H. von Hahn, *Griechische und albanesische Märchen*, Leipzig 1864, S. 43 f., 45–61. Der Verfasser hat jedoch nicht strukturbildende Handlungsformeln im Sinn, sondern Themen bzw. Typen im Sinne des späteren AT-Registers.

[386] Vgl. z.B. Vl. Propp, *Morphologie des Märchens* (1928), hrsg. v. K. Eimermacher, München 1972; E. Meletinsky, »Zur strukturell-typologischen Erforschung des Volksmärchens«, in: Propp, *Morphologie*, S. 181–214; Lüthi, *Märchen*, S. 25 f. (Literaturverweise: S. 26 f., 124–128).

eingesetzt werden. Nur wenn dies beachtet wird, lassen sich Differenzierungsmerkmale finden. Aufschluß über die Gattungszugehörigkeit einer Erzählung erteilen allein der integrative Zusammenhang und die poetische Funktionalisierung der Bestandteile.

Deren Klärung oder zumindest Erhellung erlauben die unten katalogisierten Fragen. Mit ihrer Hilfe lassen sich die Motivationen und Funktionen von Motiven, die in Mythen und in Märchen vorkommen, unterscheiden:

Mythos	Märchen
Spielt Religion eine wesentliche Rolle?	Oder wird der Blick auf eine profane menschliche Welt gelenkt?
Werden Ungeheuer/Riesen von Göttern/Heroen besiegt, denen Kulte gewidmet sind, gibt es also eine sakrale Referenz?	Oder erfüllt ein vom Glück verwöhnter Mensch im Rahmen einer Reihe spannender, erheiternder Abenteuer eine beliebig auswechselbare Aufgabe?
Dominiert eine Bindung an Schicksal und Tragik, wird der Tod oder Untergang eines Helden bzw. einer Heldin geschildert?	Oder wird das Happy-End-Erzählgesetz beachtet, ist also ein guter Ausgang eingeschlossen?
Sind die Unternehmungen des Heros bzw. der Heroine mit dem Schicksal des Kollektivs vermittelt?	Oder betrifft das Handeln des Protagonisten bzw. der Protagonistin nur sein bzw. ihr eigenes Fortkommen?
Besitzt der Held bzw. die Heldin übernatürliche Kräfte oder erhält er sie durch Initiation/intiationsähnliche Handlungen?	Oder werden ihm bzw. ihr veräußerliche Substitute eigener Kraft, Helferobjekte und/oder -figuren, zur Seite gestellt?

Entscheidend bestimmt wird der Fragenkatalog durch die Oppositionen »sakral vs. profan« und »kollektiv vs. individuell«. Sie ergeben sich daraus, daß Mythen – gemeinhin ›ideologisch‹ geprägt, anders gesagt: gruppenbezogen, an gemeinschaftliche Grundeinstellungen, Vorstellungen und Wertungen gebunden – eine bestimmte soziale und religiöse Bedeutung haben, während die Einzelakteure der Märchen einer profanen Welt entstammen, in der religiöse Rituale keine (oder nur eine sehr marginale) Rolle spielen, es sei denn, diese erfüllten in der Erzählung spannungssteigernde Funktion.

Aus diesen Sachverhalten wurde, wie oben dargestellt, seit Begründung der Märchenforschung wiederholt der Schluß gezogen, Märchen seien profanisierte Mythen. Selbst der russische Formalist Vladimir Propp, den Claude Lévi-Strauss als Vorläufer des modernen Strukturalismus ansieht, übernimmt die Profanisierungstheorie in seinem zweiten Buch (s.u.). Er nimmt an, die Grundbausteine des Märchens stellten Fragmente defunktionalisierter Mythen dar, und die Grundstruktur des Märchens (nicht nur einzelne Motive) sei aus dem Bau sakraler, magischer oder ritueller Erzählungen deduzierbar. Um seine Thesen zu stützen, untersucht er eine beträchtliche

Menge an Märchenelementen, zu denen er Analoga in archaischen Bräuchen anführt. Für eine gewisse Zahl von Motiven gelingt es ihm, seine Deszendenz-These zu erhärten, ohne daß seine Studie bewiese, daß Märchen grundsätzlich jünger als Mythen und aus diesen herkünftig seien. Er klärt jedoch nicht die Bedeutung der Märchen, in denen die von ihm untersuchten Motive vorkommen.[387]

Wie viele andere Märchentheorien stehen Propps Forschungen im Zeichen einer Provokation von Verstehensansprüchen. Sie verweisen auf die den Märchen eigene Verflüchtigung ursprünglicher Sinngehalte, indem das Verflüchtigungsmoment an seinen eigenen Studien erkennbar ist. Sichtbar wird, was sich auch aus von der Leyens und Panzers Märchentheorien ergibt: Alles Zurückgehen zu den Wurzeln führt ebenso wenig zu einem Verstehen von Inhalt und Intention der Märchen wie die Bloßlegung ihrer Kompositionsgesetze. Ihre Bestandteile sind weitgehend sinnentleert. Wie Propp dies transparent macht, wird nachfolgend dargelegt.

2. Vladimir Propp: Das Märchen – von kultischer Praxis zu strukturell bedeutsamer Fiktion

Propps Bekanntheit verdankt sich zwei Büchern. Die *Morphologie des Märchens* (1928) legt dar, wie Märchen durch Vollzug ihrer gattungsspezifischen Strukturgesetze einen bestimmten Handlungsgang erhalten. *Die historischen Wurzeln des Zaubermärchens* (1946) hat die Untersuchung des Märchens durch »Zurückgehen« auf den Ursprung zum Gegenstand. Aus dem Verdacht, »die kompositionelle Einheit des Märchens« liege »in der historischen Vergangenheit«, erwuchs Propp das Ziel, Märchenhandlung und -figuren aus primitiven Riten und Mythen abzuleiten.[388] Hierzu bezieht er Resultate der *Morphologie*, der Geschichte, Produktionstechnik und Gesellschaftsordnung ein, bedient sich eines Verfahrens, das formalistische mit ethnologischen und soziologischen Interessen vereint.[389] Zwecks Erweis der Genese des Märchens aus dem Ritus richtet er sein Augenmerk auf den Dekompositionsprozeß frühgeschichtlicher sozialer Gebräuche und Mythen, die er als Reflexionen des Ritus betrachtet; etwa meint er, im Märchen Spuren von Initiationsriten zu sehen, die er in Verbindung zu Totenbräuchen setzt.

Mittels dieses Verfahrens zeigt Propp, wie mythische Handlungsfolgen und Realien

---

387 Vgl. oben in I.C.2.3, S. 87–92, die Erörterung von Grimms *Marienkind*.
388 Propp, *Wurzeln*, S. 36, 451.
389 Propp verortet die Basis der Vorstellungen und Sujets von Märchen und Mythos, die er nicht aus formalen Gründen, sondern aufgrund ihrer gesellschaftlichen Funktion als verschieden ansieht, im realen Leben der Vergangenheit. Für ihre Untersuchung erachtet er zwei Strategien als notwendig. Die erste betrifft die Herausarbeitung der produktionstechnischen Mittel und der diesen entsprechenden sozialen Ordnung. Über sie sollen die in der jeweiligen »Ordnung« entstandenen Motive untersucht und das Märchen mit gesellschaftlichen Institutionen der Vergangenheit verglichen werden. Die zweite, zentrale Forderung zielt auf diejenigen Formen eines bestimmten Denkens in Mythos und Ritus, die durch wirtschaftliche Interessen bedingt sind. Sie sollen als konkrete Erscheinungsformen der Religion, die sie widerspiegelt, betrachtet werden. Vgl. Propp, *Wurzeln*, S. 26 ff. Noch deutlicher fordert M. Pop, »La poétique du conte populaire«, in: *Semiotica* 2 (1979), S. 117–127, die Verbindung von Strukturanalyse und integrativer Untersuchung eines Textes in seinem kulturellen Kontext.

konstitutiv in Märchen eingegangen sind und dabei ihre frühere Bedeutung abgestreift haben. Was ursprünglich als gesellschaftlich relevante (meist religiöse) Praxis dem Kult angehörte, liegt Propps Ausführungen zufolge in Märchen als nur noch strukturell bedeutsame Fiktion vor.[390]

2.1 »Morphologie des Märchens«: Zerlegung der syntagmatischen Textebene in »Funktionen«

Propps bahnbrechende Studien zu Märchen, Mythos, Kult und Ritus nahmen 1928 mit seiner Untersuchung der Form des Märchens (konkret des russischen Zaubermärchens) ihren eigentlichen Anfang. Die *Morphologie* bedeutete einen Neuansatz in der wissenschaftlichen Befassung mit Erzähltexten; sie begegnet der damals herrschenden historisch orientierten Märchenforschung mit dem Grundsatz, ehe man die Frage nach dem Märchenursprung stelle, müsse man klären, was das Märchen an sich darstellt. Auch gegenüber den üblichen Klassifizierungsverfahren nach Gattung, Stoff und Motiv betont Propp die Notwendigkeit, das Märchen zunächst zu beschreiben und nicht zu deuten.[391] Seine Maxime lautet, Formuntersuchung impliziere mehr als die »bloße Aufzählung formaler Mittel der Märchenkunst«, nämlich die Aufdeckung struktureller Gesetzmäßigkeiten: Die Erforschung der Struktur sämtlicher Märchenarten sei die *conditio sine qua non* für eine historische Märchenerforschung, die Analyse formaler Gesetzmäßigkeiten wiederum eine Voraussetzung für die Erforschung.[392]

2.1.1 Struktur und Schema der Zaubermärchen

Diesem Anspruch folgend, präpariert Propp aus einem Corpus von 100 russischen Zaubermärchen[393] ein universelles Kompositionssystem heraus, das sich aus maximal 31 »Funktionen« zusammensetzt. Die Konzentration auf diese »Funktionen« – die konstanten Aktionen der handelnden Märchenfiguren – bildet das wesentlich Neue an seinem Analyseverfahren.[394] Die Frage, was die Märchenfiguren tun, hält Propp für primär, die Frage danach, wer etwas und wie er es tut, hingegen für sekundär.[395] Seine Lektüre der Märchentexte besteht daher in erster Linie in der Zerlegung ihrer syntagmatischen Ebene in kleinste rekurrente Einheiten; dem kompositionellen Einheitsschema aus 31 Funktionen werden alle die Aktionen zugeordnet, die in den von ihm untersuchten 100 Erzählungen konstant vorkommen. Eine besonders kunstvoll gearbeitete Erzählung (mit 31 Funktionen), deren Handlungsabfolge Propp als vollkommen erscheint, dient als Beispiel für Märchen mit vollständiger Handlungsstruktur. Ihr gegenüber, so Propps These, stehen die meisten anderen Märchen an kompo-

---
390 Eine Annahme Propps lautet, das Märchen stoße »in die freie Luft des künstlerischen Schaffens« vor; vgl. Propp, *Wurzeln*, S. 458.
391 Propp, *Wurzeln*, S. 165.
392 Propp, *Morphologie*, S. 22.
393 Nr. 50–150 bzw. 93–270 der Märchensammlung von Afanas'ev.
394 Propp, *Morphologie*, S. 2, mit Hinweis auf J. Bédier, *Les Fabliaux*, Paris 1893.
395 Propp, *Morphologie*, S. 26 f.

sitioneller Perfektion zurück: Viele von ihnen haben weniger Funktionen, viele weisen »Inversionen« von Funktionen auf.[396]

Die wichtigsten konstanten »Funktionen«, zu denen Propp gelangt, ergeben eine Handlungsstruktur, die sich folgendermaßen beschreiben läßt:

Auslöser der Handlung ist eine Schädigung, eine Verbotsverletzung oder Mangelsituation. Sie zieht nach sich, daß dem Helden X die Beseitigung des Übels an- bzw. aufgetragen wird. Folgende Ereignisse treten ein: X verläßt die Heimat. X wird auf die Probe gestellt und gewinnt ein Zaubermittel oder einen übernatürlichen Helfer. X gelangt zum Ort des gesuchten Gegenstands. X tritt mit seinem Gegner in einen Zweikampf. Der Gegner wird besiegt. Die anfängliche Schädigung, Verbotsverletzung oder Mangelsituation wird behoben. X reist zurück, wird dabei verfolgt und vor seinen Verfolgern gerettet. X gelangt unerkannt nach Hause zurück. Ein falscher Held macht seine unrechtmäßigen Ansprüche geltend. X wird eine schwere Aufgabe gestellt. Er löst die Aufgabe und wird erkannt. Der falsche Held wird entlarvt und bestraft. X vermählt sich und besteigt den Thron.

Die vollständige Form dieser Handlungsstruktur besteht aus der Abfolge von 31 Funktionen, die, mit den ihr zugehörigen Funktionstermini belegt, das nachstehende Schema ergeben:

Auf die Ausgangssituation (i) folgen im Einleitungsteil: Entfernung/Tod (a), Verbot/Befehl (b), Übertretung/Ausführung (c), Erkundigung (d), Verrat (e), Betrugsmanöver (f), Beihilfe (g). Dann kommt es zu: Schädigung (A)/Mangel (α), vermittelndes Moment (B), einsetzende Gegenhandlung (C) mit Abreise (↑), erste Funktion des Schenkers (Sch). Es folgen Reaktion des Helden (H), Empfang eines Zaubermittels (Z), Reise/Wegweisung (W), Kampf (K), Markierung (M), Sieg (S). Hieraus resultieren Liquidierung des Schadens oder Mangels (L), Rückkehr (↓). Weiter kommt es zu Verfolgung (V), Rettung (R), unerkannte Ankunft (X), unrechtmäßige Ansprüche (U), Prüfung/schwere Aufgabe (P), Lösung der Aufgabe (Lö), schließlich zu Erkennung (E), Überführung (Ü), Transfiguration (T), Bestrafung (St), Hochzeit und Thronbesteigung oder andere Form der Belohnung (H★).[397]

Nicht alle diese Funktionen müssen in einer Erzählung vorkommen. Die Minimalform besteht aus nur vier Funktionen, von denen eine ein Mangel (α) bzw. eine Schädigung (A) ist, eine andere eine Schlußfunktion wie Hochzeit (H★), Liquidierung des Mangels (L), Rückkehr (↓) oder Bestrafung (St). Dementsprechend kommen nicht in jeder Erzählung alle sieben Handlungskreise (s.u.) vor.

2.1.2 Variable und invariable Elemente

Zurückzuführen ist Propps rigoroser Formalisierungsanspruch nicht zuletzt auf Joseph Bédiers *Fabliaux*.[398] Der französische Literaturhistoriker beschreibt darin als erster die Volkserzählung als eine Kette von invariablen »Elementen« (bei Propp später »Funktionen«), die er mit Omega (ω) bezeichnet, und variablen Bestandteilen, die er

---

396 A.a.O., S. 106f.
397 A.a.O., S. 146ff.; mit *pos* wird das positive, mit *neg* das negative Erlebnis einer Funktion bezeichnet mit *contr* die Erreichung eines Ergebnisses, das der Bedeutung der Funktion entgegengesetzt ist.
398 Vgl. oben Anm. 394. Zur Gattung vgl. M.J.S. Schenk, *The fabliaux*, Amsterdam 1987.

durch lateinische Buchstaben kennzeichnet. An diese Schematisierung knüpft Propp explizit an.[399] Ihr verdankt sich seine Einsicht, daß das Märchen aus basalen Invariablen und ornamentalen Variablen besteht: daß es »völlig gleichartige Handlungen verschiedenen Gestalten zuordnet«, und daß diese »invariablen« Größen konstante »Grundelemente« darstellen, denen »variable« Bestandteile, erzählerische Ausschmückkungen, beigeordnet sind.[400]

Um den Vorrang der Invariablen vor den ornamentalen Variablen zu veranschaulichen, stellt Propp zu Beginn seiner Ausführungen vier formal verwandte Erzählsegmente mit konstanten und veränderlichen Größen zusammen. Jedes Segment enthält zwei formal identische Aktionen, die mit demselben Resultat aufeinanderfolgen: Die erste bedingt die zweite Aktion, die zweite die an sie anschließende dritte etc.:

1. Der Zar gibt dem Burschen einen Adler.
Dieser bringt den Burschen in ein anderes Reich.

2. Der Großvater gibt Suçenko ein Pferd.
Das Pferd bringt Suçenko in ein anderes Reich.

3. Der Zauberer gibt Ivan ein kleines Boot.
Das Boot bringt Ivan in ein anderes Reich.

4. Die Zarentochter gibt Ivan einen Ring.
Die Burschen, die im Ring stecken, bringen Ivan in das fremde Zarenreich.[401]

Die Synopse dieser vier Erzählsegmente macht wesentliche Eigenheiten des Märchens transparent:

- Zum ersten führt sie uns vor Augen, daß die handelnden Figuren des Märchens – so verschieden sie nach Alter, Geschlecht, Tätigkeit etc. auch sein mögen – im Fortgang des Geschehens identisch handeln. Ihre Aktionen lassen sich je nach der Bedeutung für den Gang der Handlung auf funktionale Definitionen wie »Empfang eines Zaubermittels« oder »Reise« reduzieren.
- Zum zweiten macht sie deutlich, daß die für den Gang der Handlung bedeutenden Aktionen von Personen im Märchen invariabel sind: Mögen die Namen und entsprechenden Attribute der handelnden Personen auch wechseln: Ihre Aktionen bleiben konstant. Sie bilden die invariablen Konstituenzien des Märchens.
- Zum dritten veranschaulicht sie das Prinzip der Handlungsverkettung. Alle vier Erzählsegmente enthalten zwei Aktionen, die jeweils dieselbe Aktion nach sich ziehen. Die erste Aktion (»Empfang eines Zaubermittels«) bedingt die zweite (»Reise«), die wiederum Voraussetzung einer Folgeaktion ist.

Alle drei Punkte spielen in Propps Sicht eine zentrale Rolle. Aktionen wie der »Empfang eines Zaubermittels« oder eine »Reise« gelten als »konstante und unveränderliche Elemente«, erzählerische Ausschmückungen von Aktionen hingegen als variabel. Für die Handlung konstitutiv ist nach Propp *nicht die Art und Weise, wie* ein Handlungsträger etwas tut, sondern *was* er tut, d.h. *welche Funktion er im Hinblick auf den Fortgang des Geschehens erfüllt.* So mißt Propp bei einem Mädchenraub durch einen

---
399 Propp, *Morphologie*, S. 21.
400 A.a.O., S. 21 ff.
401 A.a.O., S. 25.

Drachen den Umständen und Bedingungen dieses Ereignisses keine maßgebende Bedeutung bei, sondern nur der *Kernaktion*, und dieser dann Bedeutung für den Handlungsfortgang. Er transkribiert diese Kernaktion als eine Funktion (als »Raub« oder allgemeiner als »Schädigung«), wenn ihr eine andere Funktion folgt: Der Mädchenraub gilt dann als »Schädigung«, wenn er bewirkt, daß die Gegenaktion einsetzt, wenn der Held loszieht (»Abreise« = ↑), da sein »Gegenspieler«, der »Schadensstifter«, in Aktion getreten ist.[402] Eine konstante Aktion ist nach Propp dann gegeben, wenn eine Handlung vorliegt, deren Funktion es ist, eine andere Aktion vorzubereiten, die ihrerseits ebenfalls die Funktion hat, eine weitere Aktion einzuleiten:

> [...] eine Handlung [kann, A.-B.R.] niemals isoliert von ihrer Stellung im Gang der Erzählung definiert werden. Man muß also von der Bedeutung ausgehen, die die betreffende Funktion im Handlungsablauf besitzt.[403]

Da zu beobachten ist, daß in verschiedenen Märchen unterschiedliche Personen dieselbe Aktion vollziehen, betrachtet Propp die Personen als reine *Vollzieher von Taten*. Er ordnet ihnen sieben konstante Handlungskreise zu, in denen sie sich bewegen:

> 1. Handlungskreis des Gegenspielers *bzw. Schadenstifters mit den Funktionen: Schädigung (A), Kampf oder andere Formen der Auseinandersetzung mit dem Helden (K), Verfolgung (V).*

> 2. Handlungskreis des Schenkers *bzw. Lieferanten mit den Funktionen: Vorbereitung der Aushändigung des Zaubermittels (Sch), Ausstattung des Helden mit dem Zaubermittel (Z).*

> 3. Handlungskreis des Helfers *mit den Funktionen: Raumvermittlung des Helden (W), Liquidierung des Unglücks bzw. Fehlelements (L), Rettung vor der Verfolgung (R), Lösung der schweren Aufgabe (Lö), Transformation des Helden (T).*

> 4. Handlungskreis der Königstochter *(der gesuchten Person) und ihres Vaters mit den Funktionen: Stellung der schweren Aufgabe (P), Markierung des Helden (M), Entlarvung des falschen Helden (St), Hochzeit (H*).*

> 5. Handlungskreis des Senders *mit der Funktion: Aussendung des Helden (verbindendes Moment B).*

> 6 Handlungskreis des Helden *mit den Funktionen: Auszug mit dem Ziel, etwas zu suchen (C↑), Reaktion auf die verschiedenen Forderungen des Schenkers (H), Hochzeit (H*).*

> 7. Handlungskreis des falschen Helden *mit den Funktionen: Auszug mit dem Ziel, etwas zu suchen (C↑), Reaktion auf die verschiedenen Forderungen des Schenkers, mit negativem Resultat (Hneg), Unrechtmäßige Ansprüche (U).*

Mit Bezug auf den Handlungskreis des Helden bemerkt Propp, daß die Funktion C↑ typisch für einen *Sucher* ist, der sich auf die Suche nach einem gewünschten Objekt bzw. einer Person begibt (er verfolgt die Aufhebung des Unglücks, dessen Opfer andere Figuren sind); der *leidende Held* dagegen übt nach Propp die beiden Funktionen H und H* aus.[404]

---

402 A.a.O., S. 33 ff.
403 A.a.O., S. 27.
404 Propp, *Morphologie*, 79 f.

2.1.3 »Tyrannei der Serie« (Bremond): Propp in der Kritik

Über die theoretische Konsistenz von Propps Modell hat es zahlreiche Debatten gegeben. Daß Märchen aus aneinander gereihten Doppelfunktionen bestehen, gilt mittlerweile als unstrittig; dem binären Schema von Aktion und Gegenaktion wird allgemeine Gültigkeit zugesprochen. Propps Ansicht indes, alle Funktionen gehörten »in eine geschlossene Linie«, da sich jede Funktion »mit logischer und künstlerischer Konsequenz« aus der vorangehenden ergebe (*unilineare Handlungsabfolge*),[405] ist – zumal in der strukturalistischen und semiotischen Rezeption Propps – zu einer Streitfrage geworden.[406] Besonderen Konfliktstoff birgt der Gedanke, der Handlungsgang von Märchen sei ausschließlich strukturbedingt. Fallen ihm zum Opfer doch etliche Faktoren, die beim Erzählen einer Handlung eine Rolle spielen können.

Wie wenig Einfluß Propp den Entscheidungen und Interessen des Erzählers einzuräumen bereit ist, kommt in der *Morphologie* zum Ausdruck. Es zeigt sich nicht nur darin, daß Propp selbst bei der Untersuchung der variablen Elemente davon ausgeht, man könne auch »jene Elemente, die sich um die Funktionen gruppieren«, systematisieren.[407] Es schlägt sich in viel weiter reichenden Zusammenhängen nieder: Zwecks Schematisierung der Handlung ordnet Propp sämtliche Requisiten und sämtliches Personal – Märchenobjekte und -figuren – seiner Kette konstanter Funktionen unter und reduziert zudem selbst die Hauptperson des Geschehens auf ein bloßes Mittel zum Vollzug struktureller Gesetzlichkeiten. Märchen gelten folglich nicht als Geschichte des Protagonisten. Der *Held* figuriert vielmehr als *Mittel der Funktionsverknüpfung*; Zusammenhänge zwischen der Intentionalität des Protagonisten und seinen Handlungen werden nicht eingeräumt. Auch Motivierungen zählt Propp zwar zu den angenehmen Farbtupfern, ansonsten aber zu »den allervariabelsten und unbeständigsten« Elementen des Märchens.[408] »Die meisten Aktionen des Mittelteils eines Märchens« hält er infolgedessen für »naturgemäß durch den Gang der Handlung bedingt«; »Gefühle und Absichten der handelnden Personen« – so lautet der Tenor seiner Überlegungen – wirken sich in keinem Fall auf die Handlungsfolge aus.[409] Nur »die Schädigung als erste wesentliche Funktion des Märchens« bedarf nach Propp »einer zusätzlichen Motivierung«.

Daß diese reduktionistische Sichtweise vielfach angegriffen wurde, liegt auf der Hand.[410] So tadelt Claude Bremond Propps »Grundkonzeption« als »finalistisch« und

---

405 A.a.O., S. 65.
406 Vgl. z.B. A. Dundes, *The Morphology of the North American Indian Folktales*, Helsinki 1964 (=FFC 195); A.J. Greimas, »Le conte populaire russe. (Analyse funktionelle)«, in: *International Journal of Slavic Linguistics and Poetics* 9 (1965), S. 152–175; Cl. Bremond, »Auseinandersetzung mit Propp«, in: J. Ihwe (Hrsg.), *Literaturwissenschaft und Linguistik*, Bd. 3, München 1972, S. 177–217, insbes. S. 192 ff. (zur »Unilinearität«); Cl. Lévi-Strauss, »Die Struktur und die Form. Reflexionen über ein Werk von Vladimir Propp« (1960), in: ders., *Strukturale Anthropologie* II, Frankfurt a.M. 1975, S. 135–168.
407 Propp, *Morphologie*, S. 87 ff.
408 A.a.O., S. 75.
409 A.a.O., S. 78.
410 Zu den jüngsten kritischen Darstellungen zählt die überzeugende Studie S. Grazzini, *Der strukturalistische Zirkel. Theorien über Mythos und Märchen bei Propp, Lévi-Strauss, Meletinskij*, Wiesbaden 1999, S. 32–80.

»tyrannisch«, da sie »die Teile dem Ganzen« opfere und »an die Stelle der Autarkie der Motive […] die Tyrannei der Serie getreten« sei. In seiner Arbeit mit Texten gleichfalls strukturanalytisch ausgerichtet, zeigt er, daß der Held mehr als »ein Instrument im Dienste der Handlung«, daß er zugleich »Mittel und Mittelpunkt der Erzählung« ist.[411] Zu diesem Zweck unterscheidet er feste Sequenzen (logisch gesetzliche Verkettungen von Funktionen) im Sinne Propps von Möglichkeiten, solche Sequenzen je »nach Freiheit des Erzählers« zu kombinieren.[412] Dadurch gelangt er zu einem weitaus flexibleren Modell, in dem die Reihenfolge der Handlungseinheiten längst nicht die Proppsche Stabilität besitzt: *Zwar sind die zentralen Funktionen nicht untereinander permutabel*; auf die Schädigung (A) folgt der Kampf (K), auf diesen die Liquidierung des Mangels (L). *Die peripheren Funktionen indes sind sehr wohl austauschbar.* Nicht nur die Transfiguration (T) ist hinsichtlich ihrer Position extrem variabel. Die Abreise (↑) des Helden beispielsweise kann der Schädigung (A) ebenso vorangehen wie folgen. Auch die Reihenfolge von Bestrafung (St) und Hochzeit bzw. Thronbesteigung (H*) kann wechseln.[413]

Durch Zugeständnisse der geschilderten Art gelingt Bremond eine gewisse Rehabilitierung der inhaltlichen Textebene. Die Tatsache, daß die wichtigsten Märchenfiguren strukturell und inhaltlich aus ihrer wechselseitigen Beziehung zum Protagonisten leben, tritt bei Propp zurück. Bremond hingegen gesteht ihr einige Wahrscheinlichkeit zu, indem er den Gesichtspunkt der *Erzählfreiheit* nachdrücklich hervorhebt. Statt sich die Erzählstruktur von Märchen prinzipiell als »unilineare Kette von Elementen« zu denken, die gemäß einer konstanten Ordnung aufeinanderfolgen, stellt er sie sich als »die Juxtaposition einer bestimmten Anzahl von Sequenzen« vor, »die sich nach Art von Muskelfasern oder Zopfsträngen überlagern, verknüpfen, kreuzen, verästeln«: In der Art eines »chemischen Spiels, durch das die Elemente Verbindungen eingehen«, könne sich alles »mit allem kombinieren«, könne »alles allem folgen«. Ja, es liege sogar »im Interesse der Erzählung, solche Überraschungen möglich zu machen«.[414]

Dieser Aspekt des »chemischen Spiels«, der – im Rahmen gewisser Regeln – freien Kombination und Verflechtung von Funktionen, läßt Propps Modell recht starr aussehen. Propp läßt, mit Bremond gesprochen, »auf derselben Linie in sukzessiver Manier Funktionen erscheinen«,[415] ohne die »Phantasie« und »Kombinationsfreiheit« des Erzählers, die ihm »die Möglichkeit einer originalen Schöpfung«[416] garantiert, miteinzurechnen oder verschiedene narrative Ebenen zu unterscheiden. Auch die scharfe Trennung von Person und Handlungskreis läßt sich, wie etwa Serena Grazzini nachgewiesen hat, nicht halten.[417] Personen wechseln Handlungskreise innerhalb eines Märchens, beispielsweise gehen sie von dem des Schadenstifters (*bad guy*) zu dem des Helden (*good guy*) über, werden aber deshalb nicht zum Helden (*good guy*); oder der Held selbst widersetzt sich den Hinweisen des Schenkers, verursacht Schädigungen,

---

411 Bremond, »Auseinandersetzung«, S. 192 ff.
412 A.a.O., S. 196 ff.
413 Cl. Bremond, »Le Message narrativ«, in: *Communications* 4 (1964), S. 4–19, h.: S. 15 ff.
414 In diesem Passus zit. aus Bremond, »Auseinandersetzung«, S. 197.
415 A.a.O., S. 198.
416 A.a.O., S. 194.
417 Grazzini, *Zirkel*, 71–74.

hört aber nicht auf, Held zu sein. Auch müssen Funktionen, die dem Helden zukommen, nicht von ihm persönlich, sondern können von seinem Umfeld angehörenden Personen, sozusagen von seiner Partei (*party of good guys*), erfüllt werden.

Mag Propps Modell aufgrund dieser Schwächen auch nicht vollständig überzeugen, hat sich gleichwohl das *Instrumentarium*, das er der Wissenschaft an die Hand gegeben hat, trotz berechtigter Kritik am Formalismus überwiegend durchgesetzt.[418] Einzelstudien haben erwiesen, daß die von Propp erarbeitete Handlungsfolge mit dem Handlungsablauf der untersuchten Märchen im großen und ganzen übereinstimmt.[419] In Märchen nicht nur aus Rußland, sondern auch anderen Ländern treten regelmäßig die von Propp ermittelten »Funktionen« in festen Gruppierungen auf. Der Handlungsgang, der sich vielfach in Zweier- und Dreierrhythmen ausbreitet, läßt sich deutlich als Vollzug spezifischer Strukturgesetze erkennen. Ob Märchen 31 oder weniger Funktionen enthalten, ob diese invertiert oder in der Grundgestalt vorliegen: ihre Handlung entwickelt sich auf der Basis einer Anzahl gewisser obligater Funktionen zu einer »Funktionskette«. Sie verläuft stets

von einer »Schädigung« (A) oder einem anderen »Fehlelement« (α)	Anfang
über obligate »Zwischenfunktionen« in bestimmten Gruppierungen	Mitte
bis zur »Hochzeit« H* oder »anderen konfliktlösenden Funktionen«.[420]	Ende

Ist diese Abfolge gegeben und werden zudem Kriterien wie die bereits angeführten (vgl. S. 100–112) sowie erzählerische »Spielregeln«, von denen weiter unten gesprochen wird (vgl. S. 123–128), erfüllt, läßt sich eine Erzählung dem narrativen Bereich des Märchens zuordnen.

2.1.4 Das Märchen: In seinen morphologischen Grundelementen ein Mythos

Das Provokante an Propps *Morphologie* besteht darin, daß an keiner Stelle behauptet wird, die den Märchen eigenen Funktionssequenzen ergäben einen schlüssigen Sinnzusammenhang. Märchenhandlungen werden konsequent mit Blick auf ihre Einbindung in die Gesamtkomposition untersucht. Dabei blockiert die Selbstverständlichkeit, die der Abfolge der Handlungen unterstellt wird, jede Hermeneutik des Mär-

---

418 Dies zeigt sich u.a. darin, daß Studien über Formalismus und Strukturalismus seit den 70er Jahren regelmäßig neu aufgelegt werden, z.B. J. Link, *Literaturwissenschaftliche Grundbegriffe. Eine programmatische Einführung auf strukturalistischer Basis*, München ⁶1997. Zudem erscheinen kontinuierlich Monographien, die an Propps Methode anknüpfen; z.B. K. Derungs, *Struktur des Zaubermärchens I. Methodologie und Analyse*, Bern/Stuttgart/Wien 1994; ders., *Struktur des Zaubermärchens II. Transformation und narrative Form*, Hildesheim u.a 1994.
419 Vgl. etwa H. Jason, »The Fisherman and His Wife. A Case Study of a Hybrid Folktale«, in: *Fabula* 21 (1980), S. 1–23; A. Hennessey Olsen, »Loss and Recovery: A Morphological Reconsideration of ›Sir Orfeo‹«, in: *Fabula* 23 (1982), S. 198–206; C. Foresti, *Analisis morfologico de veinte cuentos de magia de la tradición oral chilena. Aplicación y discusión del método de Vladimir Propp*, Göteburg 1985.
420 Den Abschluß bilden nach Propp manchmal auch Funktionen wie »Belohnung« (Z), »Erbeutung des gesuchten Objekts« oder »Liquidierung des Unglücks allgemein« (L), »Rettung vor den Verfolgern« (R). Propp, *Morphologie*, S. 91.

cheninhalts. Denn verschiedene Elemente, Figuren und Aspekte des Märchens werden nicht als je typische Eigenschaften betrachtet, sondern den konstanten Funktionen untergeordnet. Sie bilden eine narrative Kette, für die Propp keinerlei inhaltliche Zusammenhänge aufweist, geschweige denn eine Interpretation bezweckt. Motivierungen und Inhalte dienen ihm als bloße »Attribute« zur Analyse der Märchenstruktur.

Daß Propp es hierbei nicht beläßt, sondern das seiner Arbeit innewohnende Verstehensproblem zu entschärfen sucht, macht die eigentliche Problematik der *Morphologie* aus. Gegen deren Ende deutet Propp nämlich an, daß es mit einer Formuntersuchung nicht sein Bewenden haben könne, Struktur und Bedeutung, Form und Inhalt des Märchens vielmehr miteinander in Beziehung zu setzen seien. So spricht er »den Attributen der handelnden Personen« [421] »jeweils eine ganz spezielle Bedeutung« zu. Dies gipfelt in der These, die Erforschung der Attribute ermögliche eine wissenschaftliche Deutung des Märchens, was damit zusammenhinge, daß das Märchen »in seinen morphologischen Grundelementen einen Mythos« darstelle.[422]

Insbesondere diese letzte Behauptung ist problematisch. Sie zeigt, daß Propp die von ihm erarbeitete Struktur letztlich doch nicht für märchenspezifisch und die Form des Märchens mithin nicht als Kriterium für eine Abgrenzung vom Mythos erachtet. Auch der Verweis auf Wilhelm Wundts Theorie der Relation von Märchen und Mythos hilft dem Leser nur begrenzt weiter; er trägt eher zu Mißverständnissen als zu einer Klärung der Behauptung bei. Denn Wundt gilt »die Märchenform« zwar als »früheste Form der Erzählung überhaupt«, weshalb er das »Mythenmärchen« den Anfang der Entwicklung der Erzählkultur bilden läßt.[423] Darin stimmt Propp mit ihm überein; anders aber als dieser hält Wundt das Märchen für älter als den Mythos. Deutlich wird durch den Verweis mithin nur, daß Propp, der seine Kompositionsformel nicht als Schlußwort zum Thema Märchen begreift, eine Wendung zur Geschichte für unabkömmlich hält.

Die geschilderte Haltung machen weitere Thesen der *Morphologie* transparent. Propp sagt beispielsweise, das Märchen bewahre »Spuren uralter heidnischer Vorstellungen und längst vergangener Sitten und Gebräuche«, die »eine allmähliche Metamorphose durchlaufen«.[424] In einem anderen Zusammenhang heißt es:

> Es ist sehr wahrscheinlich, daß eine gesetzmäßige Beziehung zwischen frühen gesellschaftlichen Daseinsformen und Religion einerseits sowie zwischen Religion und Märchen andererseits existiert. Aber Sitten und Gebräuche sterben ab, und auch die Religionen sterben aus, ihre Inhalte wandeln sich zu Märchen.[425]

---

421 A.a.O., S. 87 ff.
422 A.a.O., S. 90.
423 Wundt betrachtet die »unbegrenzte Herrschaft des Zaubers« sowie die »moralische Indifferenz der behandelnden Menschen« als wesentliche Elemente des modernen Zaubermärchens, die auf eine Primitivkultur zurückgehen. W. Wundt, *Völkerpsychologie*, Bd. 3, *Die Kunst*, Leipzig ²1908, S. 348–383, h.: S. 361; vgl. dens., *Völkerpsychologie*, Bd. 5, *Mythus und Religion* 2, Leipzig ²1914, S. 91–370 (»Das Mythenmärchen«).
424 Propp, *Morphologie*, S. 87.
425 A.a.O., S. 105.

2.2 »Die historischen Wurzeln des Zaubermärchens«: Versuch eines Rückgangs zum Ursprung

Zu einer Erhärtung der These, daß bestimmte »Elemente des primitiven und gesellschaftlichen Lebens« für das Märchen konstitutiv sind, kommt es erst knapp zwei Jahrzehnte später.[426] Nach langer Forschungsarbeit schließt Propp an die strukturorientierte Erzählanalyse, die Form und Inhalt gegenüberstellt, seine ethnologisch ausgerichtete Studie an. Doch auch sie befriedigt letztlich nicht. An ihr manifestiert sich die Vergeblichkeit des Versuchs, sich auf den Ursprung von Märchen zu besinnen, um – durch Erhalt hermeneutisch einträglicher Informationen – ihre ganzheitliche Ausdeutung zu ermöglichen.[427]

2.2.1 »Sinnverdunkelung« (Menninghaus) als gattungschaffendes Konstituens

Daß das Unterfangen, aus Rückgang zum Ursprung ein integrales Verstehen der Märchenelemente zu gewinnen, zum Scheitern verurteilt ist, liegt an der Dunkelheit des Ursprungs selbst. Das inhaltliche Vakuum, in das, wie oben gezeigt,[428] die durch die Grimms bedeutungsschwer aufgeladene *Marienkind*-Erzählung zurückführbar ist, bildet keinen Ausnahmefall. Das *Blaubart*-Märchen, das Propp bei Besprechung des Motivs »Verbotene Kammer« anführt, zeigt, daß die den tradierten Märchen eigene »Sinnverdunkelung« Konstituens ihres Ursprungs ist.[429]

Propps Frage nach dem Ursprung der zu Erzählungen rekombinierten Elemente erhält eine Antwort, die hermeneutisch keinen Gewinn gewährt: Sie verweist zurück auf Riten, die zwar als »Produkt[e] eines bestimmten Denkens« bezeichnet, aber letztlich durch nichts, was einem Verstehen des Märchens förderlich wäre, näher bestimmt werden.[430] Ein Sinn – außer der einer programmatischen Sinnentbundenheit – ergibt sich mittels einer solchen Vorgehensweise nicht. Das von Propp als Märchenursprung Angeführte liegt in einer Ferne, die sich nicht aufhellen läßt.

So bleibt es im wesentlichen bei freischwebenden Erwägungen, die dem Prinzip der strukturellen Beschreibung an Verläßlichkeit deutlich nachstehen.[431] Propp »erklärt«, *nolens volens*, die Unerklärbarkeit der Märchen durch ihre nicht mehr verstehbare vergangene »Realität« in Riten. Das liefe darauf hinaus, das Unerklärbare durch das Unerklärbare zu ›erklären‹. Propps Argumente scheinen insofern ins Leere zu laufen, als sie den Anspruch, »Märchen als Einheit«[432] zu verstehen, nicht erfüllen. Er-

---

426 Propp, *Wurzeln*, S. 36.
427 Propp, *Wurzeln*, S. 32, 35, betont, es gehe »nicht um Deutung« von »Mythen, Riten oder Märchen«, sondern »um Zurückführung auf historische Ursachen«. Seine Arbeit stelle »eine genetische Untersuchung« dar, die »ihrem Wesen nach zwar historisch«, aber »nicht dasselbe wie eine historische Untersuchung« sei. Sie mache sich »das Studium des Ursprungs von Erscheinungen« zur Aufgabe, nicht ihre »Entwicklung«. »Riten, Mythen, Formen primitiven Denkens und gewisse gesellschaftliche Institutionen« gingen dem Märchen voraus, verwiesen auf den Ursprung. So ermöglichten sie es, »das Märchen durch sie zu erklären«.
428 Vgl. oben S. 87–92.
429 Propp, *Wurzeln*, S. 177. Hierzu Menninghaus, *Lob*, S. 234–246.
430 Propp, *Wurzeln*, S. 31.
431 Vgl. z.B. a.a.O., S. 454f.
432 A.a.O., S. 451ff.

neut, stärker als Propp es wohl will, legt er in *Die historischen Wurzeln des Zaubermärchens* Nachdruck darauf, daß man sich echten Märchen (ohne moralische Zutat) vornehmlich über eine Analyse ihrer Struktur und Komposition nähern kann. Der Blick auf die »Realität der Vergangenheit«, zumal die Riten, führt Märchen aus dem Bedeutungsvakuum, in dem sie sich befinden, nicht heraus. Er läßt vielmehr erkennen, daß ein Weg »zurück« weder interpretativen Aufschluß über Märchenhandlung und -träger noch über die Erzählung als Ganzes gewährt.

2.2.2 Riten und Mythen: »Schlüssel« zum Märchen?

Der Grund für diese Aporie liegt darin, daß die originäre Seinsweise der Märchen die Tradition ist. Sie sind wie Mythen immer schon in Rezeption übergegangen, in ihren Ursprung aber noch stärker verdunkelt als jene, die aufgrund des bewußt in sie eingelegten Bedeutungspotentials mannigfache Möglichkeiten eröffnen, Sinn zuzuschreiben. Denn in Märchen sind Motive aneinandergereiht, die häufig so verschiedenen Zusammenhängen entstammen, daß ein einheitlicher Sinn des Ganzen nicht erkennbar ist.

An diesen Sachverhalt knüpft Propp an. Ausgehend von der Annahme, daß das Märchen Spuren verschwundener Formen des gesellschaftlichen Lebens bewahrt hat, daß man diese Überbleibsel studieren muß und daß ein derartiges Studium die Quellen vieler Märchenmotive zutage fördern wird,[433] sind seine Untersuchungen vor allem von zwei Auffassungen bestimmt:

(1) Das Märchen bestehe aus »Elementen des primitiven gesellschaftlichen Lebens«, die in strenger narrativer Gesetzlichkeit zu *einer* Komposition zusammengefügt worden seien, dabei aber ihre originäre Bedeutung verloren hätten.[434]

(2) Es habe einen »Prozeß der Verwandlung des Mythos in das Märchen« gegeben.[435] Mythen seien im Vergleich zu Märchen prinzipiell Produktionen früherer Stadien der ökonomischen Entwicklung, deren Konnex mit ihrer Produktionsbasis noch vorliege.

Epochen, die ein Nebeneinander beider Erzählweisen kennzeichnet, gelten Propp als einem Zeitalter, das nur aus dem Mythos lebte, nachgängig. Die These einer schon ursprünglichen synchronen Komplementarität von Märchen und Mythen lehnt er mit der Begründung ab, was in Märchen zu Profanem uminterpretiert vorliege, sei in ihren Vorgängererzählungen, den »den Ritus begleitenden Mythen«, häufig noch in seiner ursprünglichen Form, als Sakrales, bewahrt. Aus diesem Grunde lieferten Mythen, »Erzählung[en] von Gottheiten oder göttlichen Wesen«[436], häufig den »Schlüssel zum Verständnis«[437] von Märchen, die nicht mehr eine Gottheit, sondern den »Held[en] eines künstlerischen Produktes«[438] exponierten.

An einen »Schlüssel« zum »Verständnis« (sozusagen zur Aufschlüsselung der Mär-

---

433 A.a.O., S. 19.
434 A.a.O., S. 36.
435 A.a.O., S. 458. Dieser Gedanke speist sich ersichtlich aus dem Bedürfnis, den konstatierten Bedeutungsverlust zumindest partiell zu beheben.
436 A.a.O., S. 26.
437 A.a.O., S. 285.
438 A.a.O., S. 27.

chen) zu gelangen, hofft Propp – nicht durch Untersuchung des Ritus selbst, sondern – mit narrativen Kommentaren des Ritus: den Mythen. Da jedoch auch diese, in ihrer Zeit »ein äußerst streng gehütetes Geheimnis«, letztlich eines Entschlüsselungswertes entbehrten, endet die vorgeschlagene Methode in einer Aporie. Propp beschreibt die Defunktionalisierung von Riten und Mythen, klärt aber nicht, warum es schließlich zu der Form der Märchenerzählung gekommen ist, wie sie uns heute vorliegt:

> Das Studium des Ritus selbst liefert uns keinerlei Schlüssel zu seinem Verständnis; diesen Schlüssel geben uns die ihn begleitenden Mythen. Die Schwierigkeit liegt nur darin, daß dort, wo der Ritus lebendig war, die Mythen während der Initiation erzählt wurden und ein äußerst streng gehütetes Geheimnis darstellten. Nur Initiierte kannten sie [...]. Aufgezeichnet sind sie erst zu einer Zeit, als sich die Erzählungen vom Ritus gelöst hatten, [...] bei Völkern, die schon die lebendige Verbindung zum Ritus verloren hatten [...]. Mit anderen Worten, wir haben nur Bruchstücke des Mythos, der mit dem Verlust seines Sakralcharakters schon seine Form zu verlieren begann.[439]

Zusammenfassend läuft Propps aporetische Theorie darauf hinaus, daß Mythen die in Anspruch genommene Funktion des kommentarischen »Schlüssels« nur potentiell, nicht *realiter* besitzen, da sie selbst nur Fragmente sind; sie taugen infolgedessen weder zu einer Aufschlüsselung der Riten, von denen sie abhängen, noch zu einer Deutung der Märchen, die aus ihrer Dekomposition entstanden sind. Märchen stehen nach Propp damit für sich, losgelöst von ihren Vorfahren, deren Untergang mit ihrer Genese zusammenfällt.[440] Die Entstehung des Märchens hat in Propps Modell zur Bedingung, daß nur profanisierte Reste und Bruchstücke vergangener Bräuche und Vorstellungen vorliegen, aus denen es sich dann konstituiert. Zugespitzt formuliert und Propp konsequent weiterdenkend, heißt das: Die Geburt des Märchens koinzidiert mit dem Verlust der Bedingungen seiner Möglichkeit.

3. Sinn- und Verstehensentzogenheit der Märchen: Dichtung als von mythischem Terror freies Regel-Spiel

Mit seinem Versuch, Märchenmotive aus Riten und Mythen abzuleiten, gelangt Propp nicht signifikant zu Sinn, Bedeutung und Intention der Märchen. Seine Theorie verwandelt sich dem Märchen gleichsam an. Zumindest interferiert sie mit dessen eigentlichem Wesen aufs engste, indem ihr Verstehensanspruch hermeneutisch uneingelöst bleibt.

So betrachtet, läuft Propps Theorie aber nur für den ins Leere, der daran festhält, man müsse Märchen durch Auffinden ihrer Ursprünge inhaltlich aufschlüsseln. Wer indes Propps nahezu mimetische Adressierung der Sinn- und Verstehensentzogenheit dieser Erzählungen als aufschlußreichen Zugang zu ihnen nimmt, der erkennt nicht nur den Wesenskern der Gattung, sondern auch deren Gemeinsamkeiten mit und vor allem Unterschiede zu den Mythen. Bei Propp lassen sich Differenzbestimmungen

---

439 A.a.O., S. 285.
440 Propp, *Wurzeln*, S. 458, meint, der Beginn der »Verwandlung des Mythos in das Märchen« zeige sich »in der Loslösung des Sujets und des Akts des Erzählens vom Ritual«. Der »Moment dieser Loslösung vom Ritus« sei »der Beginn der Geschichte vom Märchen, während der Synkretismus mit dem Ritus seine Vorgeschichte« darstelle.

entdecken bzw. bestätigen, die ansatzweise schon bei Bender und deutlich bei von der Leyen und Panzer anklingen: Fallen in Mythen bestimmte Kräfte des Helden ins Gewicht, spielen in Märchen Regeln, die der Held beachtet, eine Rolle. Wollen Mythen grundlegende Dinge des Daseins deuten und erklären, Sinnzusammenhänge herstellen und so zu einem Weltverständnis beitragen, bewegen sich Märchen diesseits dieses Anspruches. Verdankt sich die Genese der Mythen anscheinend einem Verstehensollen und -wollen, exponieren Märchen, ohne derartigen Ansprüchen zu unterliegen, verfremdete Relikte aus früheren Zusammenhängen, die – über narrative Refunktionalisierungen – Veränderungen (in Glücksrichtung) erfahren haben. Daß sich diese Eigenarten des Märchens in syntagmatischen Einheiten, also auch strukturell, manifestieren, geht aus der semiotisch-strukturalen Textanalyse Eleasar Meletinskys hervor, die im Folgekapitel besprochen wird.

Den Unterschieden entsprechen die Rezeptionswirkungen und -ansprüche beider Erzählgattungen: Wird noch mit der Lektüre der antiken Mythen »Ernst« gemacht, fällt die der Märchen wie von selbst unter die Kategorie Rezeption von »Dichtung als Spiel«. Während Mythen aufgrund ihres offenkundigen Reflexions- und Legitimationscharakters das Verlangen erwecken, ihre Rätsel zu lösen und ihren Hintergrund zu verstehen, fordern Märchen nicht zur Auflösung ihrer *realiter* mitunter noch so unerfindlichen oder abstrusen Aspekte auf.

Zurückzuführen ist die Verschiedenheit der Rezeptionswirkungen darauf, daß die »verspielten« Märchen – anders als viele »ernste« Mythen – dem Bereich des Profanen angehören. Märchen muten insofern wie ein »Spiel« an, als sie auf Glauben und Bildung weitgehend verzichten und leichte weltliche Kost für jedermann bieten. Indem sie einen von Wundern getragenen untragischen Protagonisten in Szene setzen, dienen sie auf zugleich vergnügliche wie sinnvolle Weise dem Amüsement und der Aufheiterung des Menschen. Religiöse Motive bestimmen lediglich formelhaft ihre Struktur mit.

Propps Ausführungen zeigen, daß das Märchen selbst dort, wo es Opfer oder Prophetien zum Inhalt hat, keineswegs mehr die Referenz auf reale Riten oder religiöse Gebräuche besitzt, geschweige denn ein Verständnis solcher Elemente. Vielmehr treibt es in seiner partiellen Sinn- und Verstehensentzogenheit sein »Spiel« mit ihnen: Es bettet sie in seinen Erzählkontext ein, überhöht sie phantasievoll und macht sie zu wertvollen Spannungsformeln. Mittels dieser steigert es seine Dramatik und läßt den glücklichen Ausgang nach erfolgter Klimax umso gerechtfertigter erscheinen.

Das Märchen beerbt und tradiert folglich Formeln, deren ursprüngliche Funktion meist nicht mehr sichtbar ist. Archaische Motive werden ›verschwankt‹ oder verlieren zumindest an Ernsthaftigkeit. Als Handlungsfunktionen zu einer Sequenz zusammengesetzt, ergeben sie eine märchentypische Handlungsfolge. Da diese weder einen schlüssigen inneren Sinnzusammenhang ergibt noch von äußerer Zwecksetzung, die vom Wesen des Märchens losgelöst wäre, bestimmt ist, erweckt sie den Eindruck, Dichtung mit Spielcharakter zu sein: spielerische Märchendichtung, die von mythischen Bedeutungszwängen frei ist.

Damit ist Kennzeichen der Märchenwelt, was Signum der Seinsverfassung jeder Spielwelt ist: die Verschränkung von Freiheit und Notwendigkeit, wie sie sich in den Spielregeln, den Gesetzen der Erzählform selbst, manifestiert. Wie das Theater-, Fußball-, Gesellschafts- oder gar Puppenspiel von Kindern unterliegt auch das narrative ›Märchenspiel‹ gewissen Regeln. Es stellt einen strukturierten Ordnungsraum dar, der in seiner Notwendigkeit zugleich ein Raum der Freiheit ist. Das Spiel wird vollzogen, indem dieser Raum genutzt wird: durch Reihung einzelner Erzählbausteine auf ein Happy-End hin. Dabei ist das Spiel des Märchenerzählens abgehoben von der realen Welt und deren strengen Bindungen und Vorgaben – dies macht seine Freiheit aus –, folgt aber seinen gattungsinternen narrativen Regeln. Wie jedes Spiel ist es nicht auf einen äußeren Zweck angelegt. Sein »Zweck«, sofern man überhaupt von ihm sprechen möchte, liegt vielmehr im Durch- oder Ausspielen der Spielmöglichkeiten. Die Spannung erhält die Erzählung durch die je besondere Auswahl der Bauelemente. Das Spiel des Märchenerzählens erfüllt sich in sich selbst.

4. Eleasar Meletinsky: Semiotisch-strukturale Analyse von Märchen

Den eben angesprochenen Aspekt der Spielregeln als eines gattungsspezifischen Kriteriums bezieht auch Eleasar Meletinsky in seine Bestimmung des Märchens ein. Das ist vor allem deshalb bedeutsam, da er – unter Anknüpfung an die von der russischen Semiotik vertretene Auffassung des Textes als einer Einheit mit einer formalen und inhaltlichen Dimension[441] – seine Aufmerksamkeit auf die Abgrenzung des Märchens vom Mythos nach Form und Inhalt richtet. Zwecks Integration von genetischer und strukturaler Analyse operiert er mit einem fein ausdifferenzierten System von Oppositionen, das er beiden Gattungen jeweils unterlegt.

Meletinsky ist Propp und Lévi-Strauss verpflichtet, hebt sich aber von ihnen ab. Ausgangspunkt ist die Annahme einer nach logischen Gesetzmäßigkeiten operierenden Notwendigkeit der Textkonstitution, Ziel die Zusammenführung paradigmatischer und syntagmatischer Aspekte in der Analyse. Am Horizont seiner Arbeit steht die Integration der von Propp vernachlässigten inhaltlichen Textebene und die Definition der von Lévi-Strauss bestrittenen Unterschiede von Märchen und Mythos.[442]

---

441 Vgl. K. Eimermacher, »Zur Entstehungsgeschichte einer deskriptiven Semiotik in der Sowjetunion«, in: ders. (Hrsg.), *Semiotica sovietica I.: Sowjetische Arbeiten der Moskauer und Tartuer Schule zu sekundären modellbildenden Zeichensystemen (1962–73)*, Rader 1986, S. 11–67, insbes. S. 39 f. (zum semiotischen Textbegriff).

442 In »Die Struktur und die Form. Reflexionen über ein Werk von Vladimir Propp« (1960), in: ders., *Strukturale Anthropologie* II, Frankfurt a.M. 1975, S. 135–168, sucht Lévi-Strauss Propps Differenzbestimmungen von Märchen und Mythos auf graduale Abweichungen zu reduzieren, ohne sich näher mit dem Märchen zu befassen. Nur diese Nicht-Beschäftigung erklärt den ernsthaft unternommenen Versuch, die beiden Erzählgattungen als Ausdrucksformen einer identischen sozialen bzw. kulturellen Verfaßtheit zu nivellieren, entscheidende Differenzkriterien als bloße »Gradunterschiede« zu erklären und Märchen als »Miniatur-Mythen« anzusehen: »Erstens sind die Märchen auf schwächeren Gegensätzen aufgebaut als die Mythen: es sind nicht kosmologische, metaphysische und natürliche wie in den letzteren, sondern öfter lokale, soziale und moralische. Zweitens, und gerade weil das Märchen in einer abgeschwächten Übertragung von Themen besteht, deren verstärkte Realisierung der Mythos ist, unterliegt das erstere weniger streng als das zweite der dreifachen Beziehung der logischen Kohärenz, der religiösen Orthodoxie und des kollektiven Drucks. [...] Wenn nun aber das Märchen mit verkleinerten Gegensätzen arbeitet, so sind diese umso schwieriger zu

4.1 Mythos und Märchen: Kontrastbestimmungen

Zunächst bestimmt Meletinsky den Gegensatz »Mythos« *vs.* »Märchen« selbst oppositionell. So hebt er am Mythos dessen Vorliebe für kosmische Dimensionen und kollektive Schicksale hervor und stellt fest, daß es in ihm oft um die Behebung eines die Gruppe betreffenden Fehlelements geht, während sich das Märchen auf die Einzelperson, auf die Entschädigung der zu Unrecht Vertriebenen, in sozialer Hinsicht Benachteiligten etc. konzentriert.[443] Die Bedeutung dieser Differenzen erörtert er am Beispiel »Heirat«/»Hochzeit«:

> The basic difference between myth and folktale is that the first is concerned with a collective fate (the fate of the universe and of ›mankind‹), and the second with the fate of individuals. The listener can directly identify with the hero of the folktale, so that the social function of the folktale is accomplished by the listener's sympathy with the hero. However, the folktale always narrates individual adventures (these have, of course, a societal basis: they originated in part as a consequence of the disintegration of the primeval society's organization – *Gentilverfassung* – and victory over obstacles in the hero's individual story). Marital ›exchange‹ was one of the forms of social functions and resulted in the social consilidation of the tribes [...]. In this manner ›marital exchange‹ is manifested in myths. In folktale [it is, A.-B.R.] no longer concerned with the welfare of the tribe but with individual happiness [...].[444]

Sodann veranschaulicht er die Unterschiede zwischen Mythos (1) und Märchen (2) anhand von gattungsspezifischen Oppositionssystemen. Sie sind jeweils auf eine der beiden Erzählformen gerichtet.

Als mythentypische *basic co-ordinates of opposition* (1) nennt er, an Lévi-Strauss' Mythos-Oppositionen[445] orientiert, Zustandsbestimmungen, die sich aus einer individuellen mythologischen »Physik« und »Mechanik« *(physics and mechanics)* rekrutieren (wie naß/trocken, roh/gekocht, hart/weich, hoch/niedrig etc.).[446] Die semantischen

---

identifizieren.« A.a.O., S. 149–152. Zu Lévi-Strauss' Gleichschaltung von Märchen und Mythos vgl. die kritische Darstellung in Menninghaus, *Lob*, S. 212 ff., und in Grazzini, *Zirkel*, S. 113–118.
443 Meletinsky, »Erforschung«, S. 201.
444 E. Meletinsky, »Marriage: Its Function and Position in the Structure of Folktale«, in: *Soviet Structural Folkloristics*, ed. P. Maranda, vol. 1, Den Haag/Paris 1974, S. 61–72, h.: S. 67 f.:
445 Lévi-Strauss vertritt die Ansicht, ein Mythos liege vor, wenn eine Geschichte eine *médiation* zwischen kosmologischen, sozialen oder kulturellen Widersprüchen herstelle. Als den Mythos bestimmende Merkmale führt er sinnlich wahrnehmbare Gegensätze wie roh *vs.* gekocht ins Feld, die er zu begrifflichen Instrumenten einer »Logik der sinnlichen Qualitäten« (*Mythologica* I, S. 26) macht. Sein semiologischer Ausgangspunkt ist dabei der Begriff des Zeichens. Die Hauptthese besagt, daß die Zeichen sich in ihrer Sinnlichkeit als Opposition (oder auch Analogie) selbst festlegen, wobei sich die sinnlichen Zeichen nicht mehr auf zugrundeliegende Dinge beziehen. Zu den binären Mythos-Oppositionen s. Cl. Lévi-Strauss, *Strukturale Anthropologie*, 2 Bde., Frankfurt a.M. 1967, 1975, sowie in *Mythologica*, 4 Bde., Frankfurt a.M. 1971, 1972, 1973, 1975. Literatur hierzu: A. de Ruiter, *Claude Lévi-Strauss*, Frankfurt a.M./New York 1991, S. 75–102 (Analyse des Mythos-Begriffes und der ihm zugrunde gelegten Oppositionen); R. Schlesier, »Der bannende Blick des Flaneurs im Garten der Mythen«, in: dies. (Hrsg.), *Faszination des Mythos. Studien zu antiken und modernen Interpretationen*, Frankfurt a.M. 1985, S. 35–60 (kritische Lektüre); Grazzini, *Zirkel*, S. 89–165 (kritische Lektüre).
446 Meletinsky, »Erforschung«, S. 191 f.; ders./S. Neklundov/E. Novik/D. Segal, »Problems of the Structural Analysis of Fairytales«, in: P. Maranda (Hrsg.), *Soviet Structural Folkloristics*, vol. 1, Den Haag/Paris 1974, S. 73–139, h.: S. 93.

Basaloppositionen des Märchens (2) hingegen will er an Konflikte *in the subject matter* gebunden wissen:

> [...] as opposed to myths the tale itself is organized not to present and explain the conditions of the world and its change as a result of the hero's actions, but to present the condition of the hero and the change of that condition as a result of the successful overcoming of mishaps, misfortunes and obstacles. The fairytale, therefore and first of all, operates with the oppositions which are basic for the characterization of the interaction of the hero with his antagonist, and second, it treats these oppositions much more subjectively than myths.[447]

4.2 Der oppositionelle Aufbau des Märchens

Gemessen an den Gegensatzpaaren des Mythos beurteilt Meletinsky die Märchen-Oppositionen als sehr viel mehr auf Personen und Wertungen bezogen. Indem er an die Stelle der mythentypischen Kontraste solche treten läßt, die sich aus dem wohl vertrauten Freund-Feind-Schema ergeben, das jedes Märchen prägt, verleiht er dem ganzen System einen immens subjektiven und ethischen Anstrich. Das wird insbesondere daran deutlich, daß er seine Märchen-Oppositionen als *indicators of the value movement from a negative [...] to a positive condition*[448] begreift. Sie ergeben sich nicht aus dem im Mythos manifesten Bedürfnis, die Natur, ihre Gesetze und die Bewegung sowie den Aufbau der unbelebten Materie zu fassen. Die von Meletinsky aufgestellten Oppositionen akzentuieren die Tragweite zwischenmenschlicher Auseinandersetzungen und ihre Bedeutung für das Schicksal des Individuums.

Meletinsky knüpft an Propps Formalismus an, geht aber über ihn hinaus. Er bringt Propps syntagmatische Kette struktureller Einheiten in weniger Rubriken und betrachtet sie vor allem unter dem Aspekt der Helden-Proben. Wie Propp setzt er voraus, daß die wesentlichen Bestandteile des Märchens paarweise Funktionen, etwa *Kampf/Sieg* oder *Aufgabe/Lösung*, ergeben. Er bringt seine binären narrativen Blöcke in ein Oppositionsschema, das auf den Charakteren der Erzählung basiert; den Blöcken sind typische Probesituationen zugeordnet.

Die Gegensatzpaare, aus denen sich Meletinskys binäre Grundstruktur des Märchens ergibt, werden von Personen und Aktionen gebildet. Die basale Opposition Protagonist-Antagonist läßt er auf dem Gegensatz *mein eigen/fremd* beruhen und bezieht ihn auf die verschiedensten Bereiche: *Haus/Wald* (beispielsweise *Kind/böse Hexe*), *eigene Familie/fremde Familie* (beispielsweise *Tochter/Stiefmutter*), *eigenes Königreich/fremdes Königreich* etc. Entsprechend bestimmt er die Handlungen des Antagonisten: Der »Schädling« und der »Charakter seiner Taten« seien »kongruent«.[449] Funktionen wie *Kampf/Sieg, Aufgabe/Lösung, Verbot/Überschreiten des Verbots, Falle/Mithilfe* fügt er ebenfalls in sein Raster ein. Auf diese Weise gruppiert Meletinsky um die Zentralopposition *mein eigen/fremd* den isolierten Helden und seinen Gegenspieler mitsamt allen ihren Hilfsmitteln, Objekten und Handlungsweisen. Er schreibt jedem Glied eines Gegensatzpaares einen konstanten positiven oder negativen Wert zu.

---

447 Meletinsky, »Problems«, S. 93.
448 A.a.O.
449 Meletinsky, »Erforschung«, S. 212.

124   Struktur der Märchen

Mit seiner dualistischen Theorie rückt Meletinsky zwei Merkmale des Märchens ins Licht, die er mit dessen »universellem Prinzip der Balance« *(the universal principle of tale balance)* begründet. Das eine Merkmal ist die einfache Gut-Böse-Ordnung des Märchens. Sie weist den Helden und alles, was in dessen Aktionsradius liegt, der Seite des Guten, den Gegenspieler indes der des Bösen zu. So entsteht eine eigentümliche »Wertebalance«: Durch die lineare Ausrichtung der Erzählung auf das Gute (Happy-End) hin stellt sie nicht wirklich ein Gleichgewicht dar, sondern legt den Akzent auf das Positive. Damit verbunden ist das zweite, zentrale Moment, dem Meletinsky Bedeutung verleiht: die Interaktion. Sie bildet in seinem Modell die eigentliche Folie des Märchens: Alle Pol-Antipol-Paare speisen sich letztlich aus handlungsbestimmenden Konflikten und Wechselbeziehungen zwischen dem Protagonisten und den Antagonisten. Sie bedingen Aktionen und Reaktionen, die als paarweise Funktionen die oppositionelle Grundstruktur des Märchens konstituieren:

> [...] everything in the system of oppositions which organizes the tale world and structures each episode rests on action and reaction, forming paired elements with opposite characters.[450]

Und tatsächlich: Ein Märchen eröffnet seine Sequenz von Funktionen immer mit einem negativen Baustein, doch am Ende der Erzählung triumphiert das Positive. Während der mythische Episodenbeginn nicht inhaltlich festgelegt ist, beginnt das Märchen stets mit dem Verlust von irgend etwas oder mit einem irgendwie gearteten Mangel an Macht, Autorität, Freiheit etc., welche die Hauptfigur am Schluß zurückgewinnt (und die zumeist von einer glücklichen Heirat gekrönt wird). Dieses Schema trifft sowohl auf russische als auch auf west- und mitteleuropäische Märchen zu. In dem bekannten Märchen von den zwei Schwestern *Schneeweißchen und Rosenrot* (KHM 161, AT 426) etwa wird erzählt, wie die beiden sich mit einem Bären anfreunden, der unter der Feindschaft eines Zwergs (Antagonist) zu leiden hat. Nach dem Tod des Zwergs erhält der Bär seine Gestalt als Königssohn zurück. Er heiratet Schneeweißchen und sein Bruder Rosenrot. Ähnlich ergeht es *Dornröschen* (KHM 50, AT 410). Die Märchenprinzessin wird samt dem Schloß ihres Vaters durch den Fluch einer böswilligen Frau (Antagonistin) in einen hundertjährigen Schlaf versenkt, aus dem sie ein Prinz erlöst, mit dem sie am – guten – Ende glücklich zusammenlebt. Und, um eine dritte geläufiges Beispiel anzuführen, ein Königssohn entdeckt *Rapunzel* (KHM 12, AT 310), die zuvor von einer Hexe oder Fee (Antagonistin) in einem Turm gefangengehalten wurde. Die Entdeckte läßt den Prinzen an ihrem langen Haar zu sich heraufklettern, die beiden vermählen sich und schließlich kann der Königssohn seine Frau in sein Reich heimführen, wo sie lange und glücklich miteinander leben.

Handlung und Gegenhandlung ergeben in diesen (wie in allen) Märchen eine Kette von Funktionen und Werten, die zumeist alternierend aus Plus- und Minus-Bausteinen besteht. Sie sieht, vereinfacht dargestellt, etwa wie folgt aus: $-+/-+/-+/-\oplus$.

---

[450] Meletinsky, »Problems«, S. 129.

4.3 Die »Spielregeln« des Märchens

Die Gesamtheit der so gearteten Merkmale fügt sich Meletinsky zufolge zu einem System von Gesetzmäßigkeiten zusammen, dem er »Spielregel«-Charakter beimißt. Die von ihm herausgearbeiteten »Spielregeln« des Märchens sind vor allem an Interaktionen, besonders der Illustration von Protagonist-Antagonist-Konflikten orientiert. Sie folgen dem »Prinzip der Balance«, das alle negativen Elemente als Spannungsformeln[451] zur Inszenierung des Triumphs des Positiven verwertet. Als für dieses Prinzip typisch gilt Meletinsky beispielsweise folgendes Schema: Wie der Held nach Märchenvorschrift ein Verbot bricht, damit das Erzählgesetz der paarweisen Funktionen erfüllt wird, muß er »eine Herausforderung annehmen, eine Frage beantworten, eine Bitte erfüllen«; ob diese von einem »neutral-wohlgesinnten Schenker« oder von einem »feindlichen, arglistigen Gegner« ausgehen, ist dabei nebensächlich.[452] Wesentlich ist, so geht aus Meletinskys Überlegungen deutlich hervor, die Spannung, die erzeugt wird. Sie läßt den Helden beim Happy-End umso glanzvoller erstrahlen.

Zusammenfassend läßt sich folgende Regel formulieren: Verletzt der Protagonist ein Gebot, erfüllt sich ein Erzählgesetz ebenso wie dann, wenn ihm eine hinterlistige Falle gestellt wird, in die er (möglichenfalls aufgrund des Zaubergegenstands eines Schenkers oder den Rat eines Helfers) nicht tappt. Gerät er in eine Falle, mag er aus ihr mit Hilfe eines Zaubergegenstandes befreit werden. Gleiches geschieht, wenn er sich in einer Probe vor eine schwierige Wahl gestellt sieht und die richtige trifft oder mit einem Ungeheuer konfrontiert wird und es tötet. In jedem Fall folgt auf Handlung A die an sie gekoppelte Handlung B. Oder anders ausgedrückt: Es liegen stets paarweise Funktionen vor.

Diese Binärfunktionen stellen nach Meletinsky die »Spielregeln« des Märchens dar, die dessen oberstem Erzähl-Gesetz, dem harmonisierenden Balanceprinzip gehorchen: Sie legen die Eröffnung und das Ende des Märchens fest und geben an, mit welchen Handlungen oder Spielzügen das glückliche Ende angestrebt werden darf. Auf diese Weise unterstreichen sie »den gewissen Formalismus im Verhaltenssystem« der Hauptfigur und ihrer Gegenspieler, stellen also »Verhaltensregeln« dar. Im Mythos durch Gebräuche und Glaubensvorstellungen kollektiv begründet, sind sie im Märchen formal geworden und »tragen in bedeutend höherem Maße als im Mythos den Charakter von Spielregeln«.[453]

Der Gedanke, daß Märchen von »Spielregeln« bestimmt sind, findet sich auch bei Max Lüthi:

> Volksglaube und Volkssage kennen genaue *Regeln* für den Umgang mit Geistern [...]. Auch das Märchen kennt solche Regeln, aber sie sind, obwohl sie ursprünglich der Glaubenswelt zugehören können, im Stilrahmen des Volksmärchens phantastisch-spielerisch geworden, und oft werden sie dem Märchenhelden von Jenseitigen bekanntgegeben (während in Sagen die Menschen meist selber Bescheid wissen [...].): Drachen schlafen, wenn sie die Augen offen haben

---

451 Zum Aspekt der Spannungsformeln vgl. G. Schmitt, *Die Menschenopfer in der Spätüberlieferung der deutschen Volksdichtung*, (Diss.) Mainz 1959; L. Röhrich, »Die Volksballade von ›Herrn Peters Seefahrt‹ und die Menschenopfer-Sagen«, in: H. Kuhn/K. Schier (Hrsg.), *Märchen, Mythos, Dichtung*, München 1963, S. 177–212.
452 Meletinsky, »Erforschung«, S. 211.
453 A.a.O., S. 193, 211.

> [...]; Unholde müssen mit ihrem eigenen Schwert getötet werden [...]. Daß Gebärden- und Verhaltensformeln eine ähnliche Rolle spielen wie Wortformeln, ist [...] sichtbar [...]. Mit beiden treibt das Märchen sein Spiel.[454]

Lüthi stellt betreffs der Struktur der Märchen eine Formfestigkeit von fast abstrakter Präzison fest. »Rahmen und Klammer« sei »im ganzen wie auch im Einzelnen [...] die Polarität Minus/Plus«, das »Vorschreiten vom Minus zum Plus«.[455] Unter Bezug auf Alan Dundes[456] spricht er von *a move from disequilibirum to equilibrium* (Bewegung vom Ungleichgewicht zum Gleichgewicht). Dahinter stehe »das allgemein menschliche Schema Bedürfnis – Befriedigung des Bedürfnisses«. Für die Vermutung, daß Lüthi von Meletinsky beeinflußt wurde, spricht, daß er sich in *Das europäische Volksmärchen* (S. 119f.) explizit auf ihn beruft.

Meletinsky selbst betont den Aspekt der Spielregeln in seinen diversen gattungstheoretischen Arbeiten mehrfach. Damit trägt er der Tatsache Rechnung, daß Märchen sehr viel intakter überliefert sind als Mythen und die Form, in die sie gebracht wurden, weitaus durchdachter und ausgereifter, mit einem Wort: organisierter ist als die von Mythen. (Max Lüthi bezeichnet das Märchen daher als eine dichterische »Endform«). Bestimmungen wie die von Radermacher, das Märchen verdanke sich dem Bedürfnis, Begebenheiten wesentlich um des Spiels der Phantasie willen vorzutragen, »losgelöst von [...] den Gesetzen des natürlichen Geschehens«, während der Mythos, »gebunden durch den Gegenstand, von dem er etwas sagt«, »dichterisch in Rede gekleidetes Begreifen des Göttlichen und der Welt«[457] sei, finden hier ihren semiotisch-strukturalen Reflex. Den Unterschied zwischen Märchen und Mythen erklärt Meletinsky mittels eines konsequent am Text arbeitenden Strukturmodells. Seine Erklärung ist genial einfach: Im Märchen ›gehorchen‹ die Taten des Helden Formeln, die Teil eines immanenten Formalismus sind. Nicht an die Welt der Magie und des Rituals gebunden, entsprechen sie Verhaltensmodellen in der Art von »Spielregeln«. So schreibt er beispielsweise:

> It is also very important to note that the fantastic element of the classical fairytales is already separate from the beliefs of the community (the links of superstition are preserved in the popular legends) and have a poetic character. In this manner the heroes' exploits are no longer regulated by magic and ritual formulae or by the common social norms, but by behavior models which resemble to a certain degree unusual ›rules of the game‹.[458]

Und an anderer Stelle heißt es:

> [...] the rules of behavior of the hero in the tale are determined not by magical prescriptions, fear of various spirit-monsters, rituals and norms of common law, but by much more abstract socio-moralistic ideals; in addition, relatively formalistic models are occasionaly given a charter, the ›rules of the game‹.[459]

---

454 Lüthi, *Volksmärchen als Dichtung*, S. 61.
455 A.a.O., S. 67.
456 Vgl. Dundes, *Morphology*, S. 61–64.
457 Radermacher, *Mythos*, S. 69 ff.
458 E. Meletinsky, »The Historical Morphology of the Folktale«, in: *Soviet Structural Folkloristics*, hrsg. von P. Maranda, vol. 1, Den Haag/Paris 1974, S. 53–59, h.: S. 54.
459 Meletinsky, »Problems«, S. 75. Sein Begriff *rules of the game* beruht auf einem semiotisch-struktural angelegten Konzept. Mit dem von Jacques Derrida aus poststrukturalistischer Sicht (im Rahmen seiner Interpretation von Lévi-Strauss' Anthropologie) in den Strukturalismus ein-

Das ›Heldentum‹ der Märchenfigur besteht mithin in regelgemäßer Reaktion auf Stimuli durch andere Figuren und damit im Erfüllen der Verhaltensregeln, die das Märchenuniversum im Sinne des *universal principle of tale balance* vorgibt. Die Überprüfung dieses ›Regelgehorsams‹ geschieht, so Meletinsky in einer *Vorprüfung* (ε), in der nicht magische Eigenschaften, die der Held des Mythos von Natur aus (!) besitzt, gefordert, sondern bestimmte Regeln zu achten sind, die ethischen Idealen wie Güte, Bescheidenheit, Auffassungsgabe, Höflichkeit entsprechen. So wird verifiziert, daß der Held über Eigenschaften, die ihn als gut (+) markieren, verfügt; und er erhält, wenn dem so ist, das Wundermittel/die Wunderhilfe λ, die für den Erfolg seiner Aufgabe (− ⇒ +) nötig ist. Dem um diese Vorprüfung gebildeten syntagmatischen Block folgen weitere Prüfungsblöcke unter der Bedingung, daß der jeweils vorhergehende realisiert worden ist. Wie ελ immer vorhanden ist nur EL, der Block der *Hauptprüfung* (E), aus deren Bestehen die Beseitigung der Mangelsituation und die Erlangung des

---

geführten Spielbegriff läßt er sich nur mittelbar in Verbindung bringen. Die Vergleichbarkeit der beiden besteht darin, daß sie an der romantischen Märchen-Formel von Dichtung als Freiheit von Sinn rühren. Derrida stellt seinen Spielbegriff, mit dem er auf die den Mythen eigene Reichhaltigkeit von vieldeutigen Signifikanten Bezug nimmt, den präsenzmetaphysischen Grundannahmen gegenüber, die Lévi-Strauss' ethnologischen Strukturalismus durchziehen; sieht er doch nicht nur die Lévi-Strauss vorgängige Ethnologie, sondern noch dessen eigenes Werk als dem Ethnozentrismus verhaftet an. Zwar sei die ethnologische Wissenschaft eine Folge der im 19. Jh. mit Nietzsche und Freud einsetzenden Dezentrierung des *Cogito*, der Metaphysik. Zu einer notwendigen entschiedenen Dezentrierung, für die Derrida selbst plädiert, habe sie sich in ihrer Entwicklung indes nicht durchringen können. Zu erreichen sei diese einzig in der Absage an eine zentrierte Struktur und in der Transformation des »stets als Zeichen-von« konzipierten Zeichenbegriffs. Derrida nimmt daher ein Spiel der Elemente an, das nunmehr für das Problemfeld Denken-Sprechen bestimmend sei; ein Spiel, das im Inneren der Formtotalität die Struktur in Bewegung setze und daher in einem Spannungsverhältnis zur Geschichte, Episteme und metaphysischen Präsenz stehe. Die eklatante »Abwesenheit eines transzendentalen Signifikats« befreie dieses Spiel der Struktur vom Diktat einer metaphysischen Teleologie – und zwar durch die »unendliche Substitution in der Abgeschlossenheit des Ganzen«. Sie (die »Abwesenheit eines transzendentalen Signifikats«) »supplementiere« also das fehlende Zentrum durch einen seinerseits ersetzbaren und insofern stets instabilen Signifikanten. So könne die »Bezeichnung« nur über eine Ergänzung funktionieren, die »die Supplementierung eines Mangels auf seiten des Signifikats« erfülle, dem Systematizitätszwang der strukturalen Analyse aber entgehen müsse. J. Derrida, »Die Struktur, das Zeichen und das Spiel im Diskurs der Wissenschaft vom Menschen«, in: W. Lepenies/H. H. Ritter (Hrsg.), *Orte des wilden Denkens. Zur Anthropologie von Lévi-Strauss*, Frankfurt a.M. 1970, S. 387–462, insbes. S. 408 f. --- Zu denken ist in diesem Zusammenhang an die Theorie des Sprachspiels von Ludwig Wittgenstein. Dieser geht davon aus, daß der Gebrauch eines Wortes sowohl von den konventionellen Regeln der Sprache als auch von der jeweiligen Sprachsituation, in der es verwendet wird, abhängt. Die verschiedenen Sprachsituationen denkt er als Spiele, die den Regeln des Sprachgebrauchs, gewissermaßen Spielregeln, unterworfen sind. Wittgensteins Konzeption läßt sich mit der Meletinskys insofern assoziativ in Verbindung bringen, als sie nicht nur von einer Unvorhersehbarkeit der Sprachspiele ausgeht, sondern auch den Gedanken eines autonomen sprachlichen Regelsystems beinhaltet: Die Regel oder die Fähigkeit der Regel zu folgen, sind in Wittgensteins Modell nicht transzendentale Voraussetzung zum Erlernen oder Spielen von Sprachspielen, sie sind das Sprachspiel selbst. Vgl. L. Wittgenstein, *Philosophische Untersuchungen* I (1945), § 60–87, in: ders., *Werkausgabe*, Bd. 1, *Tractatus logico-philosophicus. Tagebücher 1914–1916. Philosophische Untersuchungen*, Frankfurt a.M. ⁴1988, S. 274–290. Zum »Sprachspiel« vgl. H. Billing, *Wittgensteins Sprachspielkonstruktion*, Bonn 1980; K. Brose, »Möglichkeiten des Sprachspiels. Zur Systematik in Wittgensteins ›Philosophischen Untersuchungen‹«, in: *Ratio* 72/2 (1985), S. 106–114.

gesuchten Gegenstandes (L) resultiert. Ein weiterer Block E'L' (*ad libitum*) hängt, wenn es ihn gibt, von der Hauptprüfung ab; er ist um eine *Zusatzprüfung* (E') gebildet, die zur Identifikation des wahren Helden, der nun zum Endziel kommt (L'), dient.[460]

---

460 Zur in diesem Passus referierten Terminologie vgl. Meletinsky, »Problems«, passim.

E. Der »Spiel«-Charakter der Märchen

1. Das »Spiel« als Chiffre für künstlerisches Schaffen

Die vorangegangenen Kapitel zeigen, daß das Moment des Spiels für Überlegungen zu Märchen und Mythos weit mehr als eine *façon de parler* darstellt. Immer wieder sind Forscher auf den spielerischen Akzent des Märchens zu sprechen gekommen; wiederholt haben sie unter Verwendung von Begriffen aus dem semantischen Umfeld der Substantive »Spiel« und »Ernst« heitere Züge am Märchen hervorgehoben. Manche einschlägigen Verweise und Zitate erwecken den Eindruck semantischer Unterbestimmtheit. Das dürfte auf einen stark metaphorischen Gehalt hindeuten.

Während einige der zitierten Forscher die Vokabel »Spiel« und ihr verwandte Wortformen ohne Referenzbezug verwenden, indem sie nur eine den Wörtern unterstellte semantische Unverbindlichkeit bezeichnen, steht im Hintergrund anderer »Spiel«-Zitate der philosophisch-ästhetische Aspekt des *homo ludens* (Huizinga[461]): Sie rekurrieren auf den durch Friedrich Schiller zum Kennwort erhobenen Terminus für künstlerisches Schaffen als zweckfreie Tätigkeit.[462] Das Nomen »Spiel« und von ihm abgeleitete Formen (wie »spielerisch« oder »verspielt«) dienen als produktive Metaphern. Performativ führen sie zu einer spielerisch-kreativen Interaktion zwischen dem, was sie in den Texten bezeichnen (etwa bei Blumenberg[463] den Mythos, bei von der Leyen[464] das Märchen) und dem, was in möglichen Auslegungen des Spiel-Begriffs mitschwingt. So schaffen sie Bezüge zum »Spiel« als der wohlbekannten Chiffre für künstlerisches Tun und deren je nach Begriffsbestimmung und Lesart verschiedenen ästhetischen und poetologischen Inhalten. Ihr Gebrauch vollzieht sich mithin im Kontext eines Verweisungs- und Vermittlungsspiels, in dem sie in ihrer spielerischen Unschärfe in Szene gesetzt werden.

Bewegt man sich im Rahmen dieses ›Spiels‹, läßt sich der Verwendung der »Spiel«-Terminologie einige Kontur abgewinnen. Das ist um so einträglicher, als sich ein einheitlicher Nenner für die vielbenutzte Vokabel »Spiel« nicht finden läßt; weder für

---

461 Johan Huizinga setzt in seiner Spieltheorie, einer Soziologie der Kulthandlungen, den *homo ludens* gegen den *homo sapiens* und den *homo faber*, d.h. gegen eine Ursprungsbestimmung der Kultur in Vernunft und Arbeit. J. Huizinga, Homo Ludens. *Vom Ursprung der Kultur im Spiel* (1938), Reinbek bei Hamburg 1987.
462 Schiller, der die Bedeutung des Spiels für die ästhetische Erziehung des Menschen hervorhebt, kommt von Kant her; zu diesem vgl. weiter unten S. 132. Schon Kant sieht das Spiel von keinerlei außer ihm selbst liegenden Zweck bestimmt und als »Beschäftigung, die für sich selbst angenehm ist« (*Kritik der Urteilskraft* § 43), mit der freien Kunst in Beziehung gesetzt. Er zielt auf die Selbsterfahrung des Subjekts, das im »freien Spiele« der ästhetischen Reflexion absichtslos Verstand, Sinnlichkeit, Einbildungskraft versöhnen kann (KdU § 9). Ausführlich hierzu S. Matuschek, *Literarische Spieltheorie von Petrarca bis zu den Brüdern Schlegel*, Heidelberg 1998, S. 183–214.
463 Vgl. oben I.A.2, S. 7–9; unten I.E.3, S. 135–141.
464 Vgl. oben I.C.1.2, S. 74–79.

ihre verschiedenen Inhalte noch für die daran gebundenen ungezählten Auslegungen.[465] Schon von Schiller selbst war der Begriff von mannigfachen Ausgangspositionen her beleuchtet worden.[466] In der Folgezeit diffundierte er in alle möglichen Richtungen. Er erfuhr überall, wo er als *Kennwort für künstlerisches Schaffen* übernommen wurde, Bedeutungsveränderungen, mit denen einhergehend sich seine Auslegungsmöglichkeiten weiterhin vervielfachten.

1.1 »... fast unanständig fruchtbar« (Matuschek): Die Anschlußfähigkeit des Spielbegriffs

Eine Ursache der reichen Verästelung und Diffusion des Begriffs bildet seine enorme Anschlußfähigkeit. Er ist gleichermaßen auf das reale Leben, auf den Aktionsraum des Menschen, wie auf das reine Denken, den Bewußtseinsbereich, beziehbar. Ihn kennzeichnet eine umfassende Doppeltheit, die Irmgard Kowatzki in ihrer Studie über das Spiel als ästhetisches Phänomen eindringlich beschreibt:

> In dem einen Fall ist ›Spiel‹ existentiell zu verstehen, wodurch sich der uneingeschränkte Wille des Menschen manifestiert; im anderen bezieht der Begriff sich auf eine Modalität der Seele, die sich im Spiel so verändert, daß sie in völliger Harmonie in sich selber ruht. Hier ist ›Spiel‹ die schaffende Einbildungskraft des Künstlers, dort [...] die Ausübung der politischen Freiheit des konkreten Menschen. Auch die Zeitdimensionen, die dem Spiel zugeordnet werden, unterscheiden sich. Geschichtliche Zeit steht dem zeitlosen Bereich des Scheins gegenüber. Und der Typus Mensch, der spielt, ist von verschiedener Art. Einmal ist es der Künstler, der im Spiel die Bestimmung des Menschen ausführt; ein andermal ist es der »ganze Mensch« als Individuum und Staatsbürger, der seinen Anspruch auf menschliche Totalität innerhalb eines realen Staatsgefüges verwirklicht.[467]

Mit derartigen Zuweisungen und Einteilungen reiht sich die auf dem Gebiet der Ästhetik bewegende Theoretikerin in die stattliche Phalanx derjenigen ein, die mit dem Wort »Spiel« nicht nur die Totalität menschlicher Verhaltensweisen hinreichend zu erfassen vermeinen, sondern das gesamte Naturgeschehen, in das der Mensch ein-

---

465 Hier sei an den von Wittgenstein geprägten Ausdruck »Familienähnlichkeit« erinnert. Das gemeinsame Wesen des Spiels suchen wir vergeblich zu ermitteln; so etwas gibt es nicht. Bei genauem Hinsehen treffen wir auf eine Reihe von Ähnlichkeiten und Verwandtschaften, die sich teils überlappen, teils einzeln, teils mehrfach vorkommen. Wittgenstein selbst führt in seiner Erörterung der »Familienähnlichkeit von Begriffen« den Spielbegriff und Beispiele verschiedener Spiele an (Kartenspiele, Ballspiele, Brettspiele, Kampfspiele etc.). Er bemerkt, diesen Spielen müsse doch etwas gemeinsam sein, sonst würden sie nicht »Spiele« genannt werden. Wittgenstein, *Philosophische Untersuchungen* I (1945), §66 (*Werkausgabe*, Bd. 1, S. 277 f.).
466 Schon Wilhelm von Humboldt, »Über Schiller und den Gang seiner Geistesentwicklung«, in: ders., *Werke*, hrsg. von A. Flitner und K. Giel, Bd. 2, Darmstadt 1961, S. 357–394, h.: S. 368, bemerkte, daß Schillers Spiel-Begriff, keineswegs einheitlich, viele Bedeutungsschattierungen annehmen kann. Ausführlich erörtert findet sich die Morphologie des Terminus, so wie er in den verschiedenen thematischen Zusammenhängen in Schillers Briefen *Über die ästhetische Erziehung des Menschen* sowie in daran anknüpfenden späteren Theorien erscheint, bei Matuschek, *Spieltheorie*, S. 189–214 (Schiller), 215 ff. (Theorien nach Schiller).
467 I. Kowatzki, *Der Begriff des Spiels als ästhetisches Phänomen. Von Schiller bis Benn*, Bern/Frankfurt a.M. 1973, S. 30 f.

gebettet ist, auf den Begriff zu bringen versuchen. In der Tat hat sich gezeigt, daß hier ein Wort »fast unanständig fruchtbar [...] Theorie gebiert«,[468] wie Stefan Matuschek in seiner umfassenden Studie über literarische Spieltheorien dargestellt hat. Er seinerseits unternimmt es, die Allumfassendheit und Freizügigkeiten der Wortverwendung auszusondern und in einer sorgfältigen Nachzeichnung der historischen Semantik von »Spiel« Klarheit darüber herbeizuführen, wie sich namentlich die literaturtheoretische Bedeutung des Wortes – bis Schlegel und Novalis – so weit entfaltet hat, »daß viele Neuere darauf fußen können«.[469]

Eine ins Detail gehende Auseinandersetzung mit den Feststellungen und Thesen Matuscheks überschritte den hier gegebenen Rahmen. Denn für das vorliegende Thema genügt – im Anschluß an die Kant-Schillersche Auffassung des Spiels – die Hervorhebung der dem Spiel inhärenten Regel-Willkür-Beziehung, die häufig und zumal dann nicht hinreichend beachtet wird, wenn der Unverbindlichkeitsaspekt in den Vordergrund tritt. Matuschek etwa spricht an einer Stelle davon, daß das Spiel »statt sicherer Ordnung Instabilität, statt Gültigkeit fester Gesetze die Willkür von Verabredung und Zufall bedeutet«,[470] was, für sich genommen, sicher unzutreffend ist, mit Bezug auf die Grundzüge des Spiels allgemein, im Hinblick auf das Märchen erst recht.

1.2 Von Kant über Arnold Gehlen zum Märchen: Eine anthropologische Verankerung des Regel-Spiels

Was das Spiel überhaupt anbelangt, so gibt es bereits anthropologische Hinweise dafür, daß der Mensch als das »nicht festgestellte Wesen« in seiner plastischen, weltoffenen und variablen Antriebsstruktur schon im Kindesalter des gegliederten Spiels zum Zwecke der Einübung in Kommunikation bedarf.[471] Arnold Gehlen knüpft mit dieser Feststellung illustrativ an die Forschungen von Georg H. Mead an, der herausgefunden hat, daß das Individuum, um zu rationalem Verhalten zu gelangen, sich selbst zum Objekt zu machen lernen muß; und daß dies nur gelingt, wenn es die Haltung (*attitude*) anderer gegenüber sich selbst innerhalb seiner sozialen Umwelt annimmt. Dafür aber ist das Spiel, besonders das Gruppenspiel (*game*) grundlegend. In ihm wird, so Mead, »eine Serie von Antworten anderer so organisiert, daß die Haltung des einen die entsprechenden Haltungen des anderen hervorruft«. Diese »Organisation« wird nach Mead »in die Form von *Spielregeln* gebracht«, an denen Kinder »ein großes Vergnügen« haben und deren Vorhandensein »Teil des Spielvergnügens« ist.[472] Auf diese Weise gewinnt das Individuum ein Bild der Gruppe (die ihm so eine Ansicht seiner selbst verschafft), welche »der verallgemeinerte Andere« (*the generalized*

---

468 Matuschek, *Spieltheorie*, S. 22.
469 A.a.O., S. 23.
470 A.a.O., S. 22.
471 A. Gehlen, *Der Mensch, seine Natur und seine Stellung in der Welt*, Wiesbaden ¹²1978 (unveränderter Nachdr. der 9. Aufl. 1972), S. 205 ff.
472 Mead in der Wiedergabe (Übersetzung) durch Gehlen, *Mensch*, S. 208 f. (Hervorhebung durch Kursive, A.-B.R.).

other) genannt werden kann.[473] Es entsteht eine »Struktur ineinandergespiegelter ›Rollen‹ «, die »abgehoben und als Spielregel formuliert«,[474] Verhaltensstetigkeit in wechselnden Situationen ermöglicht. Weder ist das Spiel daher als verkappter »Ernst« anzusehen noch, wie es etwa Schiller im 15. Brief *Über die ästhetische Erziehung des Menschen* postuliert,[475] auf einen besonderen Spieltrieb zurückzuführen.[476]

Dem anthropologischen Befund entspricht der ästhetische bei Kant im Anschluß an seine Bemerkung, die »freie Kunst« sehe man so an, »als ob sie nur als Spiel, d.i. Beschäftigung, die für sich genommen angenehm ist«,[477] betrieben werde. Kant hält es »nicht für unratsam, daran zu erinnern,

> daß in allen freien Künsten dennoch etwas Zwangmäßiges, oder, wie man es nennt, ein Mechanismus erforderlich sei, ohne welchen der Geist, der in der Kunst frei sein muß, gar keinen Körper haben und gänzlich verdunsten würde.[478]

Entsprechend bedarf es, so Kant, der »Angemessenheit« der »Einbildungskraft« in ihrer Freiheit zu der »Gesetzmäßigkeit des Verstandes«. »Denn aller Reichtum der ersteren« bringe »in ihrer gesetzlosen Freiheit nichts als Unsinn hervor«.[479]

Auf die von Kant aufgeworfene ästhetische Erkenntnisproblematik (und die Frage, »ob und wie ästhetische Urteile a priori möglich« sind[480]) kommt es hier nicht an. Hinzuweisen war lediglich auf den Regelcharakter des Spiels als Komplementärmerkmal zu dem in ihm eröffneten Freiheitsraum. Matuschek erwähnt als Relationspaar »subjektive Freiheit« und »objektive Notwendigkeit«, die »nicht je für sich und oppositär, sondern nur zusammen als ein[en] Prozeß zu denken« seien, weshalb »Spiel« sich als »Schlüsselwort modernen Selbst- und Weltverständnisses« anbiete.[481] Die Erwägung eines solchen ›Existentialismus‹ liegt außerhalb des Erkenntnisinteresses der vorliegenden Studie; er läßt sich nicht auf das Spiel in der gekennzeichneten Bauweise anwenden. Auch geht es dabei nicht um die Beziehung subjektiv-objektiv, sondern – durchweg »objektiv« – um die Komplementarität von Regel und Ungeregeltem. Ebensowenig ist es hier darum zu tun, mit Matuschek »Spiel« für das Literaturverständnis dahin zu nutzen, »die Strukturformel Spiel auf den hermeneutischen Prozeß, oder textwissenschaftlich moderner, auf die Semiotik metaphorischer Sprache«[482] zu beziehen. Die Bemühung um Mythos und Märchen soll sich nicht selbst spielend vollziehen, sondern das Spielerische in den Stoffen aufsuchen.

---

473 A.a.O., S. 209.
474 A.a.O., S. 209.
475 *Friedrich Schillers Werke, Nationalausgabe*, Bd. 20, Weimar 1943 ff., Nachdr. 1986, insbes. S. 357–359 [hinfort zit. als SNA].
476 A.a.O., S. 209.
477 Immanuel Kant, *Kritik der Urteilskraft*, in: *Werke in sechs Bänden*, hrsg. von W. Weischedel, Frankfurt a.M. ⁶1983, Bd. 10, § 43, S. 238 [zit. als KdU].
478 KdU § 43, S. 238.
479 KdU § 50, S. 257.
480 KdU § 9, S. 133.
481 Matuschek, *Spieltheorie*, S. 22.
482 A.a.O.

1.3 Die Regel-Freiraum-Verschränkung im Spiel: Bezug zum Märchen

Die Regel-Freiraum-Verschränkung im Spiel ist je nach Sachbereich sicherlich unterschiedlich gewichtet. Im mythischen Raum dürfte der Willkürbereich recht umfangreich sein. So sieht Karl Kerényi im antiken Fest zwar einen »Zwangsrahmen«, aber einen solchen, der es den Teilnehmern erlaubt, »dadurch des freien Spiels der Götter teilhaftig«[483] zu werden. Ein derartiges Spiel offenbart »gleichzeitig den größten Zwang und die größte Freiheit«; Zwang indessen nur durch Bindung der Spielenden an den Aspekt der Welt, dem er sich als seelischer Realität hingibt«.[484] Das entspricht der Sachgesetzlichkeit, deren Beachtung Kant vom Künstler fordert. Analoges gilt für die Versatilität, Bearbeitung und gestaltende Verwandlung mythischer Gehalte im Sinne Blumenbergs.[485]

Im Märchen kommt hingegen der Spielregel eine deutlich stärkere Rolle zu: Hier lassen sich verhaltensregulierende Muster und Rollenzuweisungen ausmachen, denen die handelnden Personen innerhalb des zugemessenen Freiheitsspielraums zu genügen haben. Sowohl bei den Protagonisten als auch in den Augen des Rezipienten erscheint ihr Verhalten (*attitude*) gewissermaßen typisiert als eigenprofilierende Einbeziehung der zu erwartenden Antwort des anderen innerhalb der Gemeinschaft (*the generalized other*).

Das auch von anthropologischer Seite vor allem bei Kindern feststellbare Spielvergnügen an Regeln hängt eng mit der Wiederholbarkeit von Themen und Variationen zusammen. Dies wiederum charakterisiert ebenfalls die Musik, die ihrerseits Verwandtschaft mit Elementen des Ritus aufweist. Derartige Zusammenhänge sind wiederholt mit Recht gesehen worden. So bemerkt Hermann Bausinger 1995 in der Einleitung eines Märchenbuches zum »schönen Spiel« im Märchen, darin würden längst vergangene »Kulte, Riten und Mythen« vermittelt, und als gleichbleibende »Grundstruktur« stünden »feste Muster und Motivbezüge zur Verfügung«, auf deren Grundlage »das Spiel mit den Märchen« immerfort weitergespielt werden könne.[486] Daß Spiel, Tanz (also gleichermaßen Musik) und Märchen im Ritus gemeinsame Wurzeln haben und eine spürbare Verbindlichkeit der Form aufweisen, war vor einigen Jahren für die Konzeption eines Kongresses der Europäischen Märchengesellschaft grundlegend.[487] Wie es um eine »gemeinsame Wurzel«[488] steht, kann an dieser Stelle dahinstehen; wichtig ist der richtige Hinweis auf den stark hervortretenden Regelcharakter, der sich in Märchen zeigt.

---

483 K. Kerényi, *Antike Religion* (1971), Wiesbaden 1978, S. 60.
484 A.a.O.
485 Vgl. oben S. 7–9, unten S. 135–141.
486 *Das Buch der Märchen*. Mit Bildern von Renate Seelig, Vorwort und Kommentare von Hermann Bausinger, Ulm 1995, S. 8 f.
487 M. Möckel/H. Volkmann (Hrsg.), *Spiel, Tanz und Märchen*, Regensburg 1995.
488 A.a.O., S. 8.

1.4 »Dichtung als Spiel«: Über Schiller und Novalis zur Nonsense Poetry

An die vor allem durch Kant und Schiller prominent gewordene Chiffre für kreatives Tun haben zahlreiche Autoren, etwa Novalis, Heine, Sartre u.a., auf je verschiedene Weise angeknüpft. Ein Gesamtportrait der Begriffsgeschichte des Spiels geben zu wollen, ist im Rahmen dieser Studie nicht einmal annähernd möglich.[489] Allein der Unterschied zwischen der klassischen und romantischen Spiel-Konzeption, aus denen die spätere Devise von der »Literatur als Spiel« (bis hin zur Nonsense-Dichtung)[490] hervorgegangen ist, gäbe Stoff für umfassende Abhandlungen.

In einem knappen Versuch stellt sich die klassisch-romantische Differenz, vorgeführt an ihren wesentlichsten Repräsentanten, wie folgt dar: Bei Schiller figuriert der Terminus als ästhetisches Tertium zwischen theoretischer und praktischer Tätigkeit. Er steht im Zentrum einer Philosophie der Freiheit, die auf die Versöhnung des Sittlichen mit dem Schönen, auf Befreiung von naturhaften Zwängen und auf zustimmungsfähige gesellschaftlich-humane Zustände abzielt. Ethisches und Ästhetisches sind in seinem Spiel-Begriff untrennbar miteinander verbunden; zugleich enthält er wesentliche gesellschaftstheoretische und geschichtsphilosophische Implikationen.[491] Grundannahme ist der Künstler, der spielt, so die Welt des schönen Scheins hervorbringt und in diesem zweckfreien Spiel einen Bezirk der Autonomie schafft, in dem die Kunst die Widersprüche des Lebens ästhetisch versöhnt. Schiller postuliert einen Künstler, der dem Idealbegriff vom Menschen entspricht und dessen heiteres, Schönheit und Humanität vereinendes Spiel im Bereich der Kunst ihn gottgleich macht. Novalis hingegen transponiert den Spiel-Begriff in eine Sphäre der Poesie, in der, stark vereinfacht, die Poesie das höchste Prinzip, das Spiel ein rein poetisches Phänomen ist und das Ethische nicht mitzuführen braucht. Der Begriff des Göttlichen als des höchsten Vernunftprinzips wird suspendiert. Er geht in dem der Poesie unter. An seine Stelle tritt der Verzicht auf eine Erklärung und Begründung der Wirklichkeit. Die Welt erscheint in Novalis' Raum der Poesie als geheimnisvoll, unerklärlich und wunderbar und kommt seiner Vorstellung zufolge am angemessensten in Gedichten und Märchen, Produkten der Tätigkeit des Spiels, die wiederum Poesie sind, zum Ausdruck.[492]

Auf diesem Weg, über Schiller und Novalis, ging das Schlagwort »Dichtung als Spiel« in die Ästhetik ein. Mit ihm war, gegenüber der Dominanz rationalistischen

---

489 Einen Überblick über einige ausgewählte Autoren, bei denen der Begriff des Spiels als Chiffre für den Schaffensprozeß des Künstlers wiederkehrt, gibt Kowatzki, *Begriff*, S. 69–89 (Novalis), 91–110 (Heine), 158–160 (Sartre).
490 Zur Erweiterung des Begriffs zum Element des rein Spielerischen im Spiel mit Sprache, Form und Bild in der Nonsense-Dichtung vgl. A. Liede, *Dichtung als Spiel* II, Berlin/New York ²1992.
491 Vgl. den 27. Brief *Über die ästhetische Erziehung des Menschen*: »Mitten in dem furchtbaren Reich der Kräfte und mitten in dem heiligen Reich der Gesetze baut der ästhetische Bildungstrieb unvermerkt an einem dritten fröhlichen Reiche des Spiels und des Scheins, worin er dem Menschen die Fesseln aller Verhältnisse abnimmt, und ihn von allem, was Zwang heißt, sowohl im physischen als im moralischen entbindet.« SNA 20, S. 410.
492 Vgl. Novalis, *Schriften*, Bd. 3, S. 320, 438–456. Wie Novalis' Spieltheorie mit seinem Märchen-Begriff verbunden ist, erörtert Kowatzki, *Begriff*, S. 80 f.

Denkens, eine Aufwertung von Phantasie und Imagination gegeben. Es wurden jene Reflexionsräume eröffnet, welche die Vorstellung von der kunstschöpferischen Tätigkeit, beruhend auf ihrer Autonomie, zum Element des rein Spielerischen in Sprache, Form und Bild ausdehnten. Mit dem Leitgedanken des Spiels kam eine neuartige Konzeption von Literatur auf. Sie zielte nicht länger auf die Vermittlung einer Bedeutung ab, die der durch den Text geschaffenen Welt immer schon vorausging; sie war eher auf die Freiheit von der Pseudonatürlichkeit dargestellter Wirklichkeiten und von Suggestionen höherer Sinnzusammenhänge gerichtet. Damit einher ging nicht zuletzt die (oben in I.B.1 beschriebene) Aufwertung des Märchens. Ende des 20. Jh.s avancierte dieser Gedanke dann zu einem Zentralbegriff im Werk der Dekonstruktivisten. Hinter ihm stand die Idee, es handele sich bei der Interpretation eines Texts nicht mehr um seine Codierung, die eine zentrale Autorität, die Zugang zum Code hat, vorgenommen habe; vielmehr könne der Leser das freie Spiel der Signifikanten, bei dem in endloser Folge gleichberechtigte Bedeutungen generiert würden, beobachten und daran, als Mitspieler, partizipieren.

Ihren radikalsten theoretischen Niederschlag fand die neue Konzeption in Arbeiten über Nonsense Poetry. Daß in deren Rahmen auch das Märchen immer wieder, wenngleich nur am Rande, auftaucht, ist signifikant. In Alfred Liedes Buch *Dichtung als Spiel* wird beispielsweise mehrfach vom »Märchenspiel« und vom »Märchenhaften des Unsinns« gesprochen.[493]

2. Terror, Zwang, Ernst – Poesie, Freiheit, Spiel: Zu »Antinomien der Mythosschätzung« (Marquard)

Wer das Märchen als ›bloßes Spiel‹ literarisch geringschätzt, würdigt nicht hinreichend den ästhetischen und kulturellen Gewinn, der seit Kant und Schiller mit dem Spielbegriff erreicht worden ist. Denn diese Einsichten lassen sich auch für das Märchen nutzbar machen.

Einen Reflex findet dies bei Friedrich von der Leyen (s.o. S. 74–79). Für ihn repräsentiert das Märchen Dichtung im klassisch-idealen Sinne schlechthin:[494] Es bringt Sinnlichkeit und Geistigkeit in ein ausgewogenes Spiel, in dem der Mensch seiner Menschheit erst wirklich innewird. Als eine »Kunst«, die »uns eine im Glanz des Wunderbaren strahlende Welt«[495] zeigt, legt sie Zeugnis von der Fähigkeit des Menschen ab, mittels seiner schöpferischen Einbildungskraft die Wirklichkeit in eine frei produzierte Welt des Spiels und Scheins zu verwandeln. In der Schwebe zwischen Wirklichkeit und Unwirklichkeit, faktisch Möglichem und rein Fiktivem sowie ohne Anspruch auf Erkenntnis, ist sie abgeschirmt von einem *Logos*, der sich bedingungslos auf die Realität bezieht. Sie verzichtet weitgehend auf Aitio*logie* und Genea*logie* sowie auf außerhalb ihrer selbst liegende Bedeutungszusammenhänge und Zweckbestimmungen.

Auch in Hans Blumenbergs Verständnis des Mythos besitzt das *Spiel* für dichteri-

---
493 A. Liede, *Dichtung als Spiel* I, Berlin/New York ²1992, S. 165, 370, 386 f.
494 Von der Leyen, *Märchen*, S. 177 f.
495 A.a.O., S. 178.

sches Schaffen einen eigenen Aussagewert. Dabei ist die Herkunft der Chiffre aus der idealistischen Kunsttheorie nicht zu übersehen. Zwar verwendet Blumenberg das Wort »Spiel« nicht häufig. Auch kommt er nicht *expressis verbis* auf die seit dem Deutschen Idealismus vielerörterten Spiel-Konzeptionen zu sprechen. Doch er bedient sich der einschlägigen Terminologie so, daß man eine Erörterung des Spielbegriffs nicht vermißt. Die Kennzeichnung »Spiel« scheint im produktiven Umgang mit ihren – ihr seit Schiller zugewiesenen – ästhetischen Inhalten auf.

Häufiger als in Blumenbergs eigenen Mythos-Reflexionen fällt die Vokabel »Spiel« bei der Diskussion seiner Thesen, so im Sammelband *Terror und Spiel*. Dort wird schon im Titel auf die klassisch-romantische Spiel-Konzeption vom schöpferischen Tun des Poeten angespielt. Allerdings bleiben wichtige Begriffe, zumal der des Spiels, in dem Band unzureichend geklärt. Odo Marquard[496] eröffnet die Debatte zwar durch Aufzählung einer Reihe von »Antinomien der Mythosschätzung«, die sich in leicht überschaubarer tabellarischer Form wie folgt darstellen läßt:

	Mythos *als*	
Terror		Poesie
Zwang und Angst		Freiheit
Tödlicher Ernst	*oder*	Unverbindliches Spiel
Aufklärungshindernis		Programmwort der Romantik
Das Schreckliche		Das Phantastische

Doch es mangelt an einer zureichenden Erklärung der Antinomien, zumal der von »Ernst« und wiederum »Spiel«.[497] Anstatt ihren Wirkungsbereich abzugrenzen oder sie aufzulösen, beschränkt sich der anschließende Wortwechsel auf Feststellungen. Wenn im Fortgang der Debatte der heitere, der »zwanglose, legere, lockere, spielerische«[498] Schwerpunkt von Blumenbergs Mythos-Schema thematisiert wird, so geschieht dies nur am Rande. Vor allem trägt es, wieviele bedeutende Aspekte auch immer ange-

---

496 »Erste Diskussion. Mythos und Dogma. Vorlage: *Hans Blumenberg*, ›Wirklichkeitsbegriff und Wirkungspotential des Mythos‹«, in: *Terror und Spiel*, S. 527–547, h.: S. 527.
497 Dies gilt nicht nur für die Blumenberg-Diskussion, sondern den gesamten Band. --- Nur Jurij Striedter, a.a.O., S. 540 f., geht auf die im Titel des Sammelbandes exponierte Differenz Terror-Spiel ausführlicher ein. Er kritisiert nachdrücklich die Eindimensionalität von Blumenbergs »Bestimmung des Mythos als eines im ästhetischen Spiel humanisierten Terrors«. Hierzu bezieht er sich auf neuzeitliche politisch-ideologische Mythen als »bewußter Konstruktionen zwecks Mobilisierung einzelner oder der Massen«. Er zeigt, daß Blumenbergs ästhetischer Begriff nicht ausreicht, um die Theorien und Praktiken dieser »Mythen« zu erfassen. Überdies nimmt Striedter auf die christliche Auseinandersetzung mit den antiken Mythen Bezug. Er weist darauf hin, daß das Christentum »den Mythos als etwas Geglaubtes« angesehen und daher als »Konkurrenz« empfunden habe; daß von diesem Standpunkt aus »das Spielerische am Mythos nicht als ästhetischer Vorzug, sondern als abzulehnendes frivoles Spiel mit Geglaubtem« erschienen sei.
498 A.a.O., S. 528.

sprochen werden, weder zur Klärung des in Buchtitel und Diskussion verwandten Begriffs »Spiel« bei noch zu seinem Gebrauch durch Blumenberg.[499]

In Anbetracht dessen wird im folgenden Blumenbergs impliziter Bezug auf die von Schiller geprägte Begriffsverwendung skizziert. Ein solches Vorgehen liegt nahe, da Blumenbergs Terminologie nicht nur kanonische philosophische Stichwörter wie Wahrheit, Freiheit, Natur, Schönheit enthält, sondern auch an die klassisch-romantische Diskussion um das freie bzw. poetische »Spiel der Vorstellungen« anknüpft.

Wo genau Blumenbergs Spiel-Konzeption ideengeschichtlich lokalisiert werden muß, läßt sich nicht festmachen. Aus welcher Richtung man die Thesen der *Arbeit am Mythos* und der Studie in *Terror und Spiel* auch betrachtet: Es ist unmöglich, aus ihnen eine allgemeine Formel eines Spiel-Begriffs zu gewinnen. Dem stehen auch die vielen Bedeutungsfacetten entgegen, die das »Spiel« seit Kant und Schiller besitzt. Ins Auge fällt, daß die Texte – im Kreisen um die Pole »Poesie« und »Ernst« – das *spielerische* Moment der Mythos-Dichtung als einer Poesie hervorheben, die Schrecken ins Ästhetische depotenziert. Beispielsweise wird im Rückblick auf die alten Griechen vom »leichten Unernst« der »allzu menschlichen Geschichten von den Göttern« gesprochen.[500] Und unter Rekurs auf Wilamowitz' Polemik gegen Nietzsches Antikebild[501] erörtert Blumenberg die Differenz der vorliterarischen »ursprünglichen Finsternis« und der späteren poetischen »Heiterkeit« Homers: dem »schon zuschauerhaften Zustand diesseits der Ernsthaftigkeit des Mythos«.[502]

Blumenberg geht es darum, alle Vorstellungen des Mythos prinzipiell unter »zwei antithetische metaphorische Kategorien« zu bringen: zum einen unter eine terroristische, die Ernst (»Schrecken, schlechthinnige Abhängigkeit, Strenge des Rituals und

---

499 Transparent machen läßt sich dies am Beispiel eines Diskussionsbeitrages von H.R. Jauss. Ohne den Terminus »Spiel« begrifflich näher zu kennzeichnen, erörtert Jauss Blumenbergs These, dem poetischen Mythen-Spiel unterliege als Folie die Intention auf Versöhnung und Freiheit. Mit ihr spielt auch er m.E. auf die Diskussion an, die zuallererst Klassik und Romantik um den Spiel-Begriff geführt haben und die in den letzten Jahrzehnten unter dem Stichwort »Dichtung als Spiel« wieder aufgenommen wurde. Dazu verleiht er dem von Blumenberg beschriebenen emanzipatorischen Aspekt der Mythologie Nachdruck. Er hebt hervor, daß die »Perspektive des Terrors« bei Blumenberg gar keinen »Aspekt des griechischen Mythos« darstelle, sondern »eine archaische, der mythischen und damit schon literarischen Überlieferung vorausliegende Formation«. Und er betont Blumenbergs Hinweis, daß die »Befreiungsfunktion des Mythischen« ohne »Erinnerung der Schrecken und Zwänge« nicht denkbar sei. Blumenberg mache deutlich, daß »die Faszination des Mythos« nicht nur auf »dem ungebundenen Spiel einer sich freisetzenden Phantasie« beruhe; s. a.a.O., S. 533. Jauss übernimmt mithin das Modell, die Mythen hätten sich prozeßhaft von Terror und Zwang zu Poesie und Freiheit bewegt (sie leisteten im Verhältnis zu prämythischen und -literarischen Kulturen kraft spielerischer Poesie eine Milderung menschlicher Ohnmacht), und leitet daraus einen Schluß ab, der den zweiten und wesentlichen Teil seines Blumenberg-Verständnisses darstellt: Das poetische Spiel der Mythendichtung und -fortschreibung sei keine um ihrer selbst willen verrichtete Tätigkeit der Phantasie, die aller über ihren Kreis hinausgehenden Zielsetzungen entbehre, sondern besitze eine zentrale Funktion: »Freiheit [...] als Freude an der Variation gegenüber der [strafmythischen, A.-B.R.] Macht der Wiederholung«.
500 Blumenberg, *Arbeit*, S.137.
501 U. von Wilamowitz-Moellendorff, »Zukunftsphilologie! Zweites Stück. eine erwiderung auf die rettungsversuche für Fr. Nietzsches ›geburt der tragödie‹« (1873), in: K. Gründer (Hrsg.), *Der Streit um Nietzsches »Geburt der Tragödie«*, Hildesheim 1969, S. 113–135, h.: S. 120.
502 Blumenberg, *Arbeit*, S. 128.

der sozialen Vorschrift«[503]) impliziere, zum anderen unter eine poetisch-spielerische, die den Mythos als »Distanz« zum Terror, den er »schon hinter sich gelassen« habe, begreifbar machen soll. Die in poetischer Form (etwa in »Epos und Tragödie«) überlieferten mythischen Episoden gelten als »dichterische Verarbeitung des Mythos«: Die »anfänglichen Schrecknisse des Übermächtigen« seien »depotenziert« und »im ›Herunterspielen‹ der Sanktionen und Zwänge« sei »schließlich das Poetische selbst oder wenigstens die Disposition dazu hervorgebracht« worden. Nur wenn man den Mythos unter diesem Aspekt, unter dem der poetischen Distanz, fasse, werde man ihm gerecht. Nur dann könne man »den *Spielraum der Imagination* als das Prinzip seiner immanenten Logik« begreifen, aus der »die Grundformen der Umständlichkeit und Umwegigkeit, der Wiederholung und Integration, der Antithese und Parallele« hervorgingen.

Dem Modell der *Arbeit am Mythos* zufolge besitzt das Moment der poetischen Distanz spielbestimmenden Wert. Ihren Gewinn, den das ›Zuendeführen‹ überkommener Mythen mit sich bringt, denkt sich Blumenberg nicht als »Sache eines Aktes«, sondern als vielfältig ausdifferenzierten Spiel-Prozeß.[504] Dem wiederum ordnet er »Bildung« und »Tradition« ebenso zu wie »Rationalität« und »Aufklärung«. Sie alle subsumiert er unter »die ständig neu instrumentierbare Anstrengung zu depotenzieren, aufzudecken, aufzulösen, ins Spiel umzusetzen«. Dabei vertritt er die entwicklungsgeschichtliche Hypothese, der schreckliche Mythos werde durch die Poesie, mit anderen Worten das »Ins-Spiel-Umsetzen« des Terrors, versöhnlich beerbt.[505]

Im Felde dieser Überlegungen zu Ernst und Heiterkeit gründet nicht nur die Unterscheidung, die Blumenberg zwischen »Terror« und »Poesie« trifft. In ihr ist auch die zwischen Leben und Kunst inbegriffen. Poetische Mythentexte nehmen bei Blumenberg die Position befreienden Spiels ein. Sie figurieren als versöhnende Poesie: als Kunst, die deshalb heiteren Charakter hat, weil sie die vorliterarische Mythenfunktion der Auslegung von Ritualien durchbricht, indem sie der Einbildungskraft im Poetischen Freiheit gegen Terror, Nötigung und Zwang überkommener Wirklichkeitsmodelle gibt. So betrachtet, beziehen sich Blumenbergs Reflexionen zu Umgestaltungen des Mythos recht eindeutig auf Schillers Spiel-Begriff, der, anders als die romantische Konzeption von »Spiel«, gegen den Ernst des nicht-poetischen Lebens ›ins Spiel gebracht worden‹ ist.

Schiller unterscheidet für die Ästhetik zwischen einem sinnlichen Trieb, mit dem der Mensch in der Wirklichkeit verankert ist, und einem Formtrieb, der ihn mit den Gesetzen der Ordnung verbindet. Überbrückende Funktion schreibt er dem Spieltrieb zu. Spiel, das sich in seinem Vollzug an der Idee der Schönheit orientiert und den Menschen dabei in seinem eigentlichen Sein hervortreten läßt, ist hierbei als Versöhnung von Sinnlichkeit und Vernunft, Natur und Freiheit konzipiert. Es besitzt mithin ästhetische und moralische Qualität zugleich. In den Briefen *Über die ästhe-*

---

503 Im folgenden zit. aus: Blumenberg, »Wirklichkeitsbegriff«, S. 49 f., 57.
504 Hier und im folgenden zit. aus: Blumenberg, »Wirklichkeitsbegriff«, S. 24.
505 Blumenberg integriert in seine Verschiebungs- bzw. Versöhnungstheorie nicht nur die literarische Poiesis; er berücksichtigt auch andere Aspekte der Kunst (bzw. der künstlerischen Schönheit): Der Einbezug »solcher Prototypen des Schrecklichen« wie des mit Schlangenhaaren versehenen Gorgohauptes »in die Plastik und Vasenmalerei« gilt ihm z.B. als »der letzte Schritt, das in der Geschichte Überwundene zu zeigen«. Vgl. Blumenberg, *Arbeit*, S. 75 f.

sche Erziehung des Menschen stellt Schiller Reflexionen über die Verbindung von Schönheit und Freiheit an. »Spiel« bezeichnet, »was weder subjektiv noch objektiv zufällig ist und doch weder äußerlich noch innerlich nötigt«.[506] Dem einschränkenden Gedanken des »bloßen Spiels« wird im 15. Brief die Vorstellung einer »Erweiterung« menschlicher Möglichkeiten in »Freiheit« entgegengesetzt: Der Mensch solle »mit der Schönheit *nur spielen*« und solle »*nur mit der Schönheit* spielen«.[507] Künstlerisches Schaffen besitzt für Schiller eine weitere Dimension als das mit der Welt des schönen Scheins verbundene Spiel: die Erhebung über die Wirklichkeit, die er mit »ernstem« auf Zwecke gerichteten Tun verbindet. Hierin liegt der entscheidende Unterschied zur romantischen »Theorie des Spielens«.[508] In ihr geht es nicht um die Differenz zum Ernst des nicht-poetischen Lebens, sondern um das »absolute Spiel«; dieses wird als ein »sich selbst bildende[s]« Spiel verstanden, das die »unendlichen Spiele der Welt« spiegelt.[509]

Geht Schiller von einem »freien Spiel der Vorstellungen« aus, das den Schein von Versöhnung gegen einen Hintergrund produziert, der selbst gerade nicht Spiel ist, so lassen die Romantiker, etwa Novalis, den Begriff zu einem »absoluten Spiel«, zu einem übergreifenden Allgemeinen avancieren.[510] Eben der von Schiller herausgestellte Aspekt von Ernst/Leben *vs.* Spiel/Kunst ist m.E. in Blumenbergs Theorie von der Poesie, die sich über den reellen Terror erhebt, eingegangen. Ob dies auf direktem Wege oder vermittelt geschehen ist, läßt sich aufgrund fehlender expliziter Referenzen nicht ausmachen. Die Problematik der Unterscheidung von Leben bzw. Ernst einerseits und Kunst bzw. Spiel andererseits hat Rezeption und Forschung vielfältig beschäftigt. Benno von Wiese etwa veranlaßt sie zu der bekannten Lesart, die Schillers »Spiel« als aus der Wirklichkeit gänzlich herausgelöst begreift: Während das Leben ernst sei, spiele die Kunst. »Das Spiel« besitze »seine Freiheit nur innerhalb eines in sich geschlossenen Zauberkreises«; dieser »Bereich der Hegung« verliere sofort »seine nahezu magische Kraft«, wenn er »mit Realität verwechselt« werde.[511]

Entsprechend einer solchen Sicht läßt sich die bereits anfangs angedeutete Kritik an Blumenbergs Ästhetisierung des Mythosbegriffs aufnehmen. Das Muster von der Depotenzierung des Mythos in Poesie über längst Vergangenes und daher von seinem Schrecken Befreites greift zu kurz. Es reduziert die mythischen Erzählungen auf ein Spiel, das den »Ernst« der Vergangenheit vollständig verschwinden läßt, anstatt ihn zur Freilegung von Gewaltstrukturen zu nutzen. Blumenberg gesteht der Dichtung die Flucht in eine Spielsphäre zu, die sich den unmittelbaren Forderungen eines gesellschaftlichen Wirkungsanspruches entzieht.

Einer solchen ästhetisierenden Reduktion stellen sich die Mythen selbst entgegen. Sie bergen unzählige frühe wie auch spät überlieferte Episoden, deren integrale Mo-

---

506 SNA 20, S. 357.
507 SNA 20, S. 359.
508 Vgl. den Ausdruck bei Novalis, *Schriften,* Bd. 3, S. 320.
509 Zit. nach Schlegel, dessen Begriff dem von Novalis sehr nahe steht und gleichfalls für die romantische Spiel-Konzeption repräsentativ ist; s. *Kritische Friedrich-Schlegel-Ausgabe,* Bd. 2, *Charakteristiken und Kritiken* I (1796–1801), hrsg. von H. Eichner, Paderborn u.a. 1967, S. 324.
510 Novalis, *Schriften,* Bd. 2, *Das philosophische Werk* I, hrsg. von R. Samuel in Zusammenarbeit mit H.-J. Mähl und G. Schulz, Stuttgart ³1981, S. 559.
511 B. von Wiese, *Friedrich Schiller,* Stuttgart ³1963, S. 492f.

mente Zwang und Gewaltaktionen sind, die nicht ohne weiteres aufgrund ihrer bloßen Verschriftlichung als überwunden gelten können. Zeus mag, wie von Blumenberg hervorgehoben, freundlicher als die Göttergeneration vor ihm erscheinen. Das hindert den Olympier jedoch nicht daran, ebenso wie Kronos Frauen zu rauben und zu vergewaltigen: Nötigt Kronos Entoria, die daraufhin Ianus, Hymnus, Faustus und Felix gebiert, so entführt Zeus, um nur ein Beispiel zu nennen, gewaltsam die ahnungslose Europa, um sie zu schwängern.[512] Wenngleich Mythen durch Überführung in Poesie geschwächt werden können, lassen sie sich – jedenfalls nicht prinzipiell – als poetische Befreiung aus dem Terror deuten. Zu sichtbar bleibt Gewalt in ihnen als Legitimationsmittel manifest, etwa um Ursprungsgeschichten oder Genealogien zu erfinden bzw. zu bestätigen.[513]

Um die Theorie von der Freiheit und Heiterkeit der tradierten Mythen zu erhärten, sucht Blumenberg, ihre Sakralität abzuschwächen und sie als profane ›Erzählkost‹ einzustufen. Die Tatsache, daß rituelle Vorgänge in Mythen nicht direkt abgebildet, sondern symbolisch gestaltet werden, veranlaßt ihn dazu, sie aus dem Ernst der Wirklichkeit herausgelöst zu verstehen. Deutlich erkennbare religiöse Werte, Ritualien, Opfer oder Orakel läßt er unerklärt. Er bezweifelt, daß Glauben eine Voraussetzung der antiken Rezeption gewesen sei. So ist es ihm »schwer vorstellbar, daß Homer seine Götter einem Publikum hätte zumuten können, das an sie ›glaubte‹«.[514]

Mit anderen Worten: Blumenberg streift den sich fortschreibenden Mythen gleichsam das Gewand der Märchen über. Er läßt die Verschiedenheiten von Märchen-, Mythen- und Sagengehalten der tradierten mythologischen Erzählungen – etwa ihre ungleiche Nähe zur Wirklichkeit – unberücksichtigt. Sie fließen in sein Urteil nicht ein, sondern werden dem nivellierenden Schema ›Profanisierung durch Erzählung‹ einverleibt. »Epos und Tragödie setzen« seiner Vorstellung nach eine gleichermaßen »entspannte Qualität ihrer mythologischen Substrate voraus«.[515] Die Abweichungen im Grad der »Entspannung«, sprich der Entleerung und des Vergessens originärer Bedeutungen, werden nicht behandelt; desgleichen nicht, daß die märchenhaften Episoden des Epos weitaus wirklichkeitsleerer sind als die stärker mythisch geprägten Inhalte. Ohne Unterschied wird das epische oder tragische Erzählen von Geschichten unter dem Stichwort »Mythos« auf einen Nenner gebracht. Es gilt als in Rezeption übergegangene Auslegung ritueller Handlungen, die jedes realistischen Verhältnisses »zur ursprünglichen Bedeutung der Handlung oder Handlungsregel« entbehren, nur »nachträglich auf das Ritual zurück[wirkten]« und es verformten oder ergänzten.[516]

Blumenberg bedenkt vor allem nicht, daß in unterschiedlichen Erzählungen das Handeln und seine Regeln verschiedenartig motiviert sind. In einigen narrativen

---

512 Zu Kronos vgl. z.B. Plut. mor. 307e; zum Thema der Gewalt im Europa-Mythos vgl. meine essayistische Darstellung »Quod licet Iovi, non licet bovi. Die Geburt Europas aus dem Geiste des Mythos«, in: Fr. Böckelmann/D. Kamper/W. Seitter (Hrsg.), *Europas Grenzen*, Bodenheim 1996, S. 101–114 (= *Tumult* 22); zur literarischen Rezeption des Raubmotivs von der Antike bis heute vgl. die von mir herausgegebene Anthologie *Mythos Europa. Texte von Ovid bis Heiner Müller*, Leipzig 2003.
513 Hierzu führt Doblhofer, *Vergewaltigung*, S. 83–93, eine beträchtliche Anzahl von Beispielen an.
514 Blumenberg, »Wirklichkeitsbegriff«, S. 57.
515 A.a.O.
516 A.a.O., S. 34.

Texten (in den meisten Mythen) bestimmen Glaubensvorstellung und Brauch – also ernst zu nehmende reale Hintergründe – die Handlungsregeln (und es spielt keine Rolle, wie wahrheitsgetreu das Verhältnis ist; die Orientierung ist entscheidend); ihre Folie bildet die Vermittlung einer Bedeutung, die dem durch den Text geschaffenen Erlebnisraum vorgängig ist. In anderen Texten (in den Märchen) sind die Handlungsregeln weitgehend von kollektiven Motivationen wie Gebräuchen abgelöst und fungieren als »Spielregeln«: als Richtlinien in einem Spiel mit Erzählbausteinen, deren Befolgung das Spiel, das sie regeln, auf sein Ende hin bestimmt. Ihre Lektüre erfordert kein Decodierungsverfahren zur Ermittlung zweckbestimmter Bedeutungen. Auch kann man beim Verständnis eines Märchens nicht sagen, daß im Umgang mit dem Text ein freies Spiel von Signifikanten getrieben werde, das endlose Bedeutungen und Beziehungen hervorbrächte. Märchen sind von jedwedem Umgang mit Bedeutung, für die ihre Erzähler verantwortlich zu machen wären, frei.

Aus diesem Grund hat schon August Wilhelm Schlegel 1797 hervorgehoben, Kinder seien »im Fache der Märchen wohl die besten Kenner« und es sei »eine mißliche Sache, sie Erwachsenen vorzutragen«. Diese hätten nämlich »meistens schon zu vielerlei im Kopfe, um sich einem ganz unbefangenen Spiele der Phantasie hinzugeben« und könnten ein Märchen nicht einfach bei sich belassen, sondern müßten es auf der Suche nach einer Bedeutung »allegorisieren« und »deuten«, weil sie meinten, »es müsse doch etwas dahinter stecken«.[517]

Daß in manchen Märchen freilich »etwas dahinter steckt« – nämlich die programmatisch ausgespielte Eigenart, nicht zu bedeuten –, läßt sich an den *Apologoi* der *Odyssee* vorführen. Sie liefern ein Paradebeispiel für ein »Spiel mit Erzählbausteinen«, das Bedeutungszwänge obstruiert. Ihre Handlungsregeln unterliegen einem märchentypischen Formalismus, der zugleich Medium und Effekt der performativen Spiel-Kraft der Märchenerzählungen ist: Odysseus' Abenteuergeschichten inszenieren im Erzählen die Befreiung vom Terror mythischer Gewalten und Bedeutungszuschreibungen. Hierin unterscheiden sie sich von Erzähltexten, die nicht märchenhaft, sondern ungebrochen mythisch sind und deren Inhalt die Legitimation ihrer Zwänge und Gewalten bildet.

---

517 *August Wilhelm von Schlegels sämmtliche Werke*, hrsg. von E. Böcking, Bd. 11, Leipzig 1847, S. 140.

TEIL II

Von Homer zu Apuleius.
Märchen und Mythos im Altertum

> *Als Perrault seine Contes de ma Mère l'Oye den Kindern und dem Hofe Ludwig's des Vierzehnten vorerzählte, that er ungefähr das Nämliche, was Homer's Ulysses oder Odysseus, da er dem König Alcinous und seiner Gemahlin und ihrem fröhlichen Hofgesinde seine Märchen von der schönen Circe, von dem Popanze Polyphemus, von seiner Reise ins Elysium und von seinem Aufenthalt bei der Fee Kalypso in der Zauberinsel Ogygia vorlog.*
>
> Christoph Martin Wieland*

---

* Aus: »Vorrede Zum ersten Theil von Dschinnistan«, S. VI.

A. Märchenerzählungen im Altertum?

1. Nach dem Bruch der Einheit von Folklore und Literatur: Zur Dialektik von Mündlichkeit und Schriftlichkeit

Die Befürworter der These, das europäische Märchen in unserem heutigen Verständnis sei nachantik,[1] führen als Argumente gemeinhin zwei Gegebenheiten ins Feld: den Nachweis lediglich fragmentarischer Märchenanteile im Altertum und die Traditionslücke im Mittelalter. Beide Argumente, zumal den antiken Befund, macht Manfred Grätz 1988 in *Das Märchen in der deutschen Aufklärung* geltend. Er erhebt Einwände gegen spekulative Versuche, die Märchengenese in der Urzeit anzusetzen, und behauptet, »weder aus dem europäischen noch aus dem morgenländischen Altertum« sei »ein einziges völlig zweifelfreies, vollständiges Märchen überliefert«.[2]

Zu den Skeptikern zählt Detlev Fehling. Er schließt sich explizit[3] den Thesen Albert Wesselskis an, der die Möglichkeit des Fortbestands von Volksüberlieferung unabhängig vom fixierenden und erneuernden Einfluß des Schrifttums bestritten hatte.[4] Wie Wesselski stellt Fehling die Kraft mündlicher Tradierung in Abrede und übt Kritik an der in der Romantik aufgekommenen Theorie vom ›mythischen Alter‹ des Märchens. Er wendet sich vor allem gegen Jan-Öjvind Swahns These, Apuleius' Erzählung von Amor und Psyche sei eine mythologisch dekorierte Volksmärchenversion, ausstaffiert, damit sie in den literarischen Kreisen, für die sie vorgesehen war, salonfähig sein könne.[5] Jede mündliche Tradition der Erzählung – sowohl eine der Romanfassung vorausliegende als auch eine ihr nachgängige – schließt er aus. Von »einem ständigen Strom mündlicher Überlieferung [...] neben der Literatur« könne keine Rede sein, »die stabile Überlieferung von Volksepik« sei »reiner Mythos«.[6] Apuleius habe die Geschichte erfunden und dabei bekannte mythische Motive adaptiert. Fehling sucht am Beispiel von Amor und Psyche zu zeigen, daß es sich bei der grundsätzlichen Frage nach dem Verhältnis von Märchen und Mythos allein um eine Frage des Nachlebens der antiken Literatur handele. Hierzu stützt er sich auf den spezifischen Befund, daß die als Märchenmotive identifizierbaren Motive der Erzählung – böse Schwestern, Sehverbot, unlösbare Aufgaben[7] – in der antiken Literatur nur bei Apuleius vorkommen und erst in der Neuzeit (seit der Wiederentdeckung des Romans) vielfach verwendet wurden. Er vertritt den Standpunkt, Märchen enthielten zwar viele Gedanken und Motive aus der ältesten Überlieferung der Menschheit,

---

1 Vgl. oben S. 14, 51–54. 56 f.
2 Vgl. Grätz, *Märchen*, S. 3 ff.
3 Fehling, *Amor und Psyche*, S. 8.
4 Wesselski, *Versuch*.
5 J.-Ö. Swahn, *The Tale of Cupid and Psyche*, Lund 1955.
6 Fehling, *Amor und Psyche*, S. 99.
7 Vgl. unten S. 191–199.

seien als ganze aber tatsächlich erst in der Neuzeit entstanden – bei den Märchenautoren, bei denen sie zuerst belegt sind.

Swahn und Fehling repräsentieren einander entgegengesetzte Ansichten über die Entstehung bzw. Weitergabe des Märchens. Die eine Partei befürwortet, die andere bezweifelt die *Wirkungskraft mündlicher Überlieferung.* Auf der einen Seite steht Swahn: Er behauptet, daß Apuleius' Erzählung mündliche Märchen vorausgingen, auf die man nicht zuletzt infolge alten Brauchtums und Glaubens schließen könne. Zur Opposition gehört Fehling: Er tritt allen Volkskundlern, die folkloristische Verbreitungsformen mit nur-mündlicher Tradierung gleichsetzen, mit der Weigerung entgegen, andere als harte Fakten, d.h. überlieferte datierte Texte anzuerkennen. Beider, Swahns und Fehlings, Argumente für und wider die eigene und entgegengesetzte Position haben ihre Stärken. Beider Ansichten haben aber auch ihre Schwächen: Sie erliegen der beliebten Gleichsetzung von Literatur und Schriftlichkeit einerseits und Folklore und Mündlichkeit andererseits, indem sie sich für die eine gegen die andere Seite stark machen. Zudem ist es unmöglich, vom konkreten Fall des Apuleius ausgehend, allgemeine Schlüsse auf die Existenz des Märchens zu ziehen, die das gesamte Altertum von Homer bis in die Spätantike betreffen.

Um das Verhältnis von Folklore und Literatur im Altertum geht es in diesem Kapitel. Ausgangspunkt ist das Wissen, daß die antike Schriftkultur Formen der Mündlichkeit aufgenommen und auf vielfältige Weise zur Entfaltung gebracht hat. Vertreten wird die These, daß Mündlichkeit und Schriftlichkeit für Folklore bzw. Literatur »zwar prototypisch, aber keineswegs zwingend ausschließlich«[8] sind. Gezeigt werden soll, daß der von Fehling repräsentierte Zweifel an der mündlichen Überlieferung zwar seine Berechtigung hat, doch letztlich sehr viele Anhaltspunkte dafür sprechen, daß es märchenhaftes Erzählen schon im Altertum gab. Das »Märchen« existierte zwar nicht als wohldefinierte Literaturgattung, sehr wohl aber als ein spezifisches Erzählmodell, das sich als solches literarisch manifestierte.

Fehling zuzugeben ist, daß die These vom ›mythischen Alter‹ des Märchens häufig ohne Nachweis von Belegen aufgestellt wird. An die Spekulation, das Märchen reiche zurück in die Urzeit, wird leider oft die Annahme einer nicht belegbaren, da nicht schriftlichen Überlieferung gekoppelt. Für viele Forscher scheint sich mit der Mutmaßung, das Märchen sei im Altertum nur mündlich tradiert worden, die Notwendigkeit, Belege zu erbringen, zu erledigen. Bedenken gegen eine solche Betrachtungsweise sind angebracht. Sie sind ebenso begreiflich wie der Zweifel an einer Einordnung des Märchens ins Altertum infolge der Entdeckung vereinzelter Märchenmotive. Grätz' Hinweis, daß in vielen Argumentationen für die antike Existenz des Märchens »Motiv und vollständiges Märchen einfach parallel gesetzt werden«, ist begründet.[9] Der Fund eines einzelnen Märchenmotivs erbringt nicht den Nachweis, daß es Teil einer vollständigen Märchenerzählung gewesen sei. Einzelne Motive können viel älter sein oder zu einer anderen Erzählform oder -gattung gehören als die Geschichten, in denen sie sich finden. Eine antike Erzählung, die Märchenmotive

---

8 A. Assmann, »Schriftliche Folklore. Zur Entstehung und Funktion eines Überlieferungstyps«, in: A. u. J. Assmann/Chr. Hardmeier (Hrsg.), *Schrift und Gedächtnis. Beiträge zur Archäologie der literarischen Kommunikation*, München 1983, S. 175–193, h.: S. 189.

9 Grätz, *Märchen*, S. 2f.

enthält, muß kein Märchen sein. Sie zeigt lediglich, daß Motive, die wir in Märchen vorfinden, damals schon bekannt waren.

Gleichwohl ist die *immense Fülle* märchenartiger Motive in antiken Quellen nicht bedeutungslos. Epos, Tragödie, Herodot, die Logographen, die alte Komödie, Sprichwörter, Fabeln und Schwankgeschichten – sie alle lassen typische Märchenmotive erkennen.[10] Sie belegen, daß die Motive, an weit mehr als einem Ort bekannt, von Mund zu Mund wanderten und in etlichen Erzählformen und -gattungen Verwendung fanden. Hierunter fällt beispielsweise das aus heutigen Märchen bekannte Motiv des dankbaren Tieres (AT 554). Wir kennen es aus Märchen wie *Die weiße Schlange*[11] und *Die Bienenkönigin* (AT 673 + 554, KHM 17 und AT 554, KHM 62). Wie von August Marx 1889 gezeigt,[12] kommt es in zahlreichen griechischen und lateinischen Texten vor. Läßt sich aus derartigen Motiven auch nicht die Existenz eines immer wieder erzählten, vollständigen Märchens ableiten, kann daraus auch das Gegenteil nicht bewiesen werden.

Mit derselben Prämisse – *non liquet* – ist an die aus mehreren Märchenmotiven zusammengesetzten, nur rekonstruierbaren narrativen Sequenzen heranzutreten, die späteren Märchen gleichen.[13] Auch diese Geschichten bzw. ihre erzählerischen Entfaltungen liegen uns nicht vollständig, als schriftlich fixierte Märchen, vor. Doch ihre Spuren zeugen davon, daß sie im Medium menschlicher Rede, prosaisch oder poetisch, existiert haben. Man kann jeweils die Sequenz eines erzählerischen Geschehens, das pragmatische Gerüst einer Handlung erkennen, das Aristoteles in der *Poetik* als Fabel ($\mu\tilde{\upsilon}\theta o\varsigma$) einer Dichtung bezeichnet, die mit Anfang, Mitte und Ende ein erzählerisches Ganzes bildet.[14] Ausmachen läßt sich das, was Uvo Hölscher – in Anlehnung an André Jolles' *Einfache Formen* – eine »einfache Geschichte« nennt: eine Geschichte, die daran zu erkennen ist, daß sie »ihre eigene erzählerische Logik« hat, »Motive mit bestimmten erzählerischen Konsequenzen«, und sich »zu allen erzählerischen Gestaltungen« verhält »wie die Idee zu ihren Varianten«.[15]

Der Blick auf diese nur mehr rekonstruierbaren Geschichten verdeutlicht eines besonders: Natürlich ist für uns heute vor allem schriftlich Festgehaltenes faßbar. Gewiß gehört zum schriftlich Festgehaltenen primär das Hervortreten von Märchenmotiven (oder die paraphrastische Wiedergabe von Erzählungen, die an Märchen erinnern). Doch trotzdem – oder gerade deshalb – gilt es, Möglichkeiten vorausgehender Mündlichkeit abzuwägen, zumal es zu allen Zeiten und in allen Kulturen mündliche (und schriftlich fixierte) Erzählungen gegeben hat, die im heutigen Sinne des Ausdrucks unstrittig als Märchen zu bezeichnen sind. Für die Wahrscheinlichkeit, daß es märchenhaftes Erzählen im Altertum gab, spricht, daß eine *oral tradition* für mannigfache Literaturformen vorausgesetzt werden muß, die zwar keine Märchen sind, in ihren Merkmalen aber aufs engste mit dem Märchen interferieren: Unter *oral poetry*

---

10 Vgl. neben den in den Folgekapiteln angeführten Beispielen auch die Angaben bei Friedländer, »Märchen«, S. 89–104; W. Aly, »Märchen«, in: *RE* XIV 1 (1928), Sp. 254–281; E. Mensching, »Märchen«, in: *Kl. Pauly* III (1969), Sp. 866–869; Anderson, *Fairytale*, S. 24–194.
11 Vgl. oben S. 88 f.
12 Vgl. oben S. 54 f.
13 Vgl. unten S. 156–170.
14 Aristot. poet. 4 (1449a11).
15 Hölscher, »Odyssee«, S. 97.

bzw. *literature* fallen für Afrika, Asien, Ozeanien, Südamerika und Europa zahlreiche Formen der Dichtung, die eine Vorstufe zu literarischen Aufzeichnungen bilden, die, wie im Falle der Märchen, zum Teil noch immer lebendig ist. Zu ihren äußeren Kennzeichen gehören Formelhaftigkeit, stereotype Topoi und Wiederholungen. Unter die inhaltlichen Signa fallen Abenteuer, Heldenleben und Brautwerbung. Sie alle sind zentrale Merkmale des Märchens. Warum sollte man mit Bezug auf das Altertum folglich nicht auch für diese – zu einem spezifischen Genus gewordene – Form des Erzählens eine der Literalität vorangehende ausgedehnte Phase der Oralität annehmen?[16] Gibt es doch dafür eine Reihe aussagekräftiger Hinweise.

Erstens wissen wir, daß sich die antike Welt nur langsam von einer Kultur der Mündlichkeit zu einer Kultur der Schriftlichkeit entwickelte und noch in dieser der Mündlichkeit hohe Bedeutung zukam. Nicht nur die *Odyssee* legt mit ihren Versen über den fahrenden Sänger und das Singen von Liedern Zeugnis von einer reichen Kultur der Mündlichkeit ab. Auch spätere antike Quellen geben hierüber Aufschluß.[17] Die Freude an mündlich überlieferten Stoffen, die sie bezeugen, schlägt sich in auffälligen Strukturen von Mündlichkeit in der Literatur nieder und geht aus Mitteilungen über das Rezitationswesen hervor. Sie äußert sich, versteckt, aber auch in Erwähnungen von Geschichten, die sich im Herzen der Kinder und Liebhaber einfacher Erzählungen bewahrten. Die Inhalte der Geschichten sind zwar weithin vergessen; aus Äußerungen über sie läßt sich lediglich Evidenz über ihren Produktions- und Rezeptionshintergrund gewinnen. Doch immerhin tritt dieser Sitz im Leben in ihren Erwähnungen klar hervor: Sie gehörten zum Erzählrepertoire gewerblicher Geschichtenerzähler, das sich – wie das der alten Frauen, Ammen und Mütter – über das ›Konservierungsmedium‹ Gedächtnis kontinuierlich mündlich fortschrieb und den kulturellen Wandlungen weitgehend trotzte.[18]

Zweitens müssen wir uns nicht mit bloßen Erwähnungen vereinzelter Märchenmotive begnügen. Wir wissen vielmehr von ganzen Geschichten mit pragmatischem Zusammenhang, die rekonstruiert und aufgrund von Inhalt und Struktur dem märchenhaften Erzählen zugeschlagen werden können. Sie gewinnen Kontur, wenn man sie gegen das allgemeine Märchenschema hält, das Propp herausgearbeitet und dem Bremond[19] (durch Zugeständnisse an die Variationsbereitschaft der Erzähler, zumal Betonung der Wahlmöglichkeiten bei der Anordnung der Funktionen) die notwendige Flexibilität verliehen hat; und wenn man sie zudem auf Meletinskys subjektiv und ethisch eingefärbte Oppositionen als Indikatoren einer Minus-Plus-Wertbewegung überprüft.[20]

Drittens sind Erzählungen von unzweifelhaftem Märchencharakter erhalten, die in

---

16 Die These vertritt (allerdings mit grundlegend anderen Argumenten) schon K. Ranke, »Orale und literale Kontinuität«, in: H. Bausinger/W. Brückner (Hrsg.), *Kontinuität? Geschichtlichkeit und Dauer als volkskundliches Problem*, Berlin 1969, S. 102–116.
17 Zu diesem Thema wurden im Rahmen der Projektarbeiten des kulturwissenschaftlichen SFB 321 an der Universität Freiburg mehrere Studien verfaßt. Eine Übersicht über die Projekte und Publikationen (Reihe ScriptOralia) bietet W. Raible (Hrsg.), *Medienwechsel. Erträge aus zwölf Jahren Forschung zum Thema ›Mündlichkeit und Schriftlichkeit‹*, Tübingen 1998 (= *ScriptOralia* 113); die Seiten 41–66 sind den Arbeitsergebnissen zur antiken Kultur gewidmet.
18 Vgl. unten S. 152–155.
19 Vgl. oben S. 113–115.
20 Beispiele unten S. 158ff. (Melampus u.a.).

eine größere literarische Form, Epos oder Roman, eingelegt sind. Innerhalb des Werks, dessen Bestandteil sie sind, als mündlich vorgetragen vorgestellt, zeigen sie, daß es im Altertum beständig einen Strom der mündlichen Überlieferung von schemaorientierten Texten in gesprochener Sprache gab, die nach den Regeln des Märchenerzählens durchkomponiert waren.[21]

Alle drei Gegebenheiten verdichten die Möglichkeit zur Wahrscheinlichkeit, daß im Altertum Erzählungen, die wir heute als Märchen bezeichnen würden, mündlich tradiert wurden. Allen drei Punkten sei im folgenden eingehender nachgegangen.

1.1 Mündlichkeit: Außerliterarische Erzähltraditionen

Wenngleich in Europa bis in unsere Zeit vornehmlich die Schrift als Träger des kulturellen Gedächtnisses (Assmann) zu gelten hat, kam in der Antike Oralität bei der Bewahrung und Vermittlung von Geschichte und Geschichten eine Schlüsselfunktion zu: Durch die griechischen und teils noch lateinischen Texte hindurch werden wir einer mündlich ausgerichteten Kultur ansichtig, in der als wissens- und erzählenswert Geltendes durch den Akt des Erzählens oder Rezitierens Teil des kollektiven Gedächtnisses war. Nicht nur das freie Erzählen entlang an strukturellen und inhaltlichen Mustern, auch das labiale Lesen und Rezitieren waren weitaus vertrauter und geläufiger als heute. Ihre Selbstverständlichkeit stand im Zusammenhang damit, daß sich Lesen und Schreiben lange nicht von selbst verstanden, der geschriebene Buchstabe als akustisches Phänomen begriffen wurde und das Vorlesen eine kulturelle Gewohnheit war, die sich auch hielt, nachdem Alphabetismus und Zugang zu Büchern nicht mehr Privileg einer Minderheit waren. In Griechenland wurde das individuelle Lesen erst ab dem 5. Jh. v. Chr. zu einem eigentlichen Bildungsmittel. Zuvor galt nicht primär Lektüre, sondern Vortrag im größeren oder kleineren Kreis als Bildungsmittel und -ziel. Literatur war nicht zur stillen Lektüre gedacht, die Lesefertigkeit stand im Dienst des gesprochenen Wortes. Selbst mit dem Übergang von der Mündlichkeit zur Literatur wandelte sich die Vortrags- nicht sogleich in eine Lesekultur. Noch im 4. Jh. v. Chr. wurden zur Einzellektüre überaus geeignete Texte vorgelesen.[22]

1.1.1 Vortrag, Rede und Rezitation als Kommunikationsmedien

Der entscheidende Grund für den Vorrang der Mündlichkeit liegt in der gesellschaftlichen und politischen Eigenart der griechischen Verhältnisse. In ihnen hatte die Schrift nicht die Bedeutung wie etwa in orientalischen Gesellschaften, wo sie Instrument politischer Repräsentation und wirtschaftlicher Organisation war. Wenngleich sich die Schrift sukzessive zu einem selbständigen Ausdrucks- und Kommunikationsmedium entwickelte, fungierte sie doch nicht als »Dispositiv der Macht« (Foucault).

---

21 Beispiele unten S. 156–170, 185–199, 209–248.
22 Vgl. W. Kullmann/M. Reichel (Hrsg.), *Der Übergang von der Mündlichkeit zur Schriftlichkeit bei den Griechen. Verhandlungen des Symposions vom 11.–14.10.1989*, Tübingen 1990 (= *ScriptOralia* 30, Reihe A: Altertumswiss. Reihe, 9); S. Usener, *Isokrates, Platon und ihr Publikum. Hörer und Leser von Literatur im 4. Jahrhundert v. Chr.*, Tübingen 1994 (= *ScriptOralia* 63, Reihe A: Altertumswiss. Reihe, 14).

Vielmehr gab es etliche Einrichtungen einer forensischen, agonistisch verfaßten Kommunikation, die durch die Tradition der vor-schriftlichen Kultur geprägt waren: Wir wissen von Rhapsodenvorträgen, Dramenaufführungen, Redeagonen, sophistischen Lehrveranstaltungen und Autorenlesungen, die vor Publikum stattfanden. In ihnen waren Oralität und Literalität eng miteinander verwoben.[23] Auch nach dem Bruch der für archaische Kulturgemeinschaften typischen Einheit von Folklore und Literatur, wie sie das homerische Epos spiegelt, gab es in Griechenland, dessen Kultur zuvor nicht-literal war, etliche Institutionen von Mündlichkeit. Auf diese Weise wurde die Spaltung von Folklore und Literatur ausgeglichen, die in späteren Epochen der abendländischen Kultur, zumal in der Neuzeit, schmerzlich empfunden wurde. Man denke nur an die Romantik, in der diese Spaltung nachdrücklich beanstandet wurde: In ihr führte sie zum poetologischen Programm einer »Neuen Mythologie«,[24] das die Wiedergeburt der Dichtung aus dem Geist der (mit Mündlichkeit assoziierten) Folklore enthielt und nicht zuletzt dem Märchen einen hohen Rang einräumte.

Die Tradition mündlich-performativer Darbietung von Erzählung, Text und Rede blieb in der gesamten Antike lebendig. Nicht allein die griechische Literatur spiegelt ihre Entwicklung aus und zu lebendiger Stimme und Interaktion wider (neben den homerischen Epen, deren oraler Produktionshintergrund seit Milman Parrys und Albert M. Lords[25] Arbeiten vielfach behandelt wurde, sind v.a. die attischen Tragödien, die Platonischen Dialoge und die Reden eines Gorgias oder Isokrates zu nennen). Auch die lateinische Literatur läßt verschiedene Formen von Mündlichkeit erkennen.[26] Wie in der griechischsprachigen verwandelte sich in der lateinisch sprechenden Welt die Vortragskultur mit dem Übergang von Mündlichkeit zu Literatur nicht sogleich in eine Lesekultur. Trotz der in der späten Republik und Kaiserzeit anwachsenden Befähigung zum Lesen und Schreiben nahm Mündlichkeit auch hier weiterhin eine Zentralposition ein. Spürbar ist nicht nur der Einfluß, den die vorliterarischen dramatischen Formen auf die literarische ›Komödie im griechischen Gewand‹ hatten.[27] Erkennbar ist zudem, daß die öffentliche Rede und das Drama für mündlichen

---

23 Vgl. Ø. Andersen, »Mündlichkeit und Schriftlichkeit im frühen Griechentum«, in: *Antike und Abendland* 33 (1987), S. 29–44; E.A. Havelock, *Schriftlichkeit. Das griechische Alphabet als kulturelle Revolution*. Mit einer Einleitung von Aleida und Jan Assmann, Weinheim 1990 (vgl. auch die Bibliographie zum Thema Mündlichkeit/Schriftlichkeit a.a.O., S. 27–35).

24 *Kritische Friedrich-Schlegel-Ausgabe*, Bd. 2, *Charakteristika und Kritiken* I (1796–1801), hrsg. von E. Behler unter Mitw. von J.-J. Anstett und H. Eichner, München/Paderborn/Wien 1967, S. 318. Vgl. auch die gesamte »Rede über die Mythologie«, in: »Gespräch über die Mythologie«, Erstdruck: *Athenäum. Eine Zeitschrift von August Wilhelm Schlegel und Friedrich Schlegel*, Bd. 3, St. 1, Berlin 1800, Nr. IV, S. 58–128, Bd. 3, St. 2, Nr. II, S. 169–187.

25 M. Parry, *L'Épithète traditionelle dans Homère*, Paris 1928; ders., »Studies in the Epic of Oral Verse-Making: I. Homer and the Homeric Style«, in: *HSCP* 41 (1930), S. 73–147; ders., »Studies in the Epic of Oral Verse-Making: II. The Homeric Language as the Language of an Oral Poetry«, in: *HSCP* 43 (1932), S. 1–50; A.B. Lord, *The Singer of Tales*, Cambridge (MA) 1960; dt.: *Der Sänger erzählt. Wie ein Epos entsteht*, München 1965. Vgl. ferner A. Parry (Hrsg.), *The Making of Homeric Verse. The Collected Papers of M. Parry*, Oxford 1971.

26 Vgl. G. Vogt-Spira (Hrsg.), *Strukturen der Mündlichkeit in der römischen Literatur*, Tübingen 1990 (= ScriptOralia 19, Reihe A: Altertumswiss. Reihe, 4); ders. (Hrsg.), *Beiträge zur mündlichen Kultur der Römer*, Tübingen 1993 (= ScriptOralia 74, Reihe A: Altertumswiss. Reihe, 11).

27 Vgl. G. Vogt-Spira (Hrsg.), *Studien zur vorliterarischen Periode im frühen Rom*, Tübingen 1989 (= ScriptOralia 12, Reihe A: Altertumswiss. Reihe, 2).

Vortrag konzipiert waren (»konzeptionelle Mündlichkeit«). Ebenso steht vom Epos und Geschichtswerk fest, daß sie dem Publikum durch Vorlesung am effektivsten bekannt gegeben wurden (»mediale Mündlichkeit«). In der Historiographie, im Epos – so auch in den Apologen, um die es weiter unten (S. 211–248) ausführlich geht – und im Roman fand Mündlichkeit überdies als ein erzähltechnisches Mittel Verwendung: als mimetisches Zitat in berichtendem Kontext (»fiktive Mündlichkeit«).[28]

Die konzeptionelle und die mediale Mündlichkeit der antiken Werke kommt in direkten und indirekten Zeugnissen des labialen Lesens zum Ausdruck: in Aussagen über das Lesen des Einzelnen[29] und in literarischen Texten mit Rezitationscharakter,[30] etwa in der Dichtung, aber auch in der elaborierten Kunstprosa mit ihrer Rhythmisierung der Sätze und Vermeidung von Hiaten.[31] Diese Zeugnisse belegen, daß man Literatur beim individuellen Lesen über das Ohr aufnahm und Rezitation im größeren Kreis eine gängige Form des Umgangs mit Literatur war. Die Gestaltung der Texte selbst (man denke an Regieanweisungen mittels bestimmter Verben, die Machart dialogischer Partien etc.), aber auch Auskünfte über das Rezitationswesen geben hierüber Aufschluß. Platon etwa eröffnet uns in seinen Dialogen vielfach Einblicke in das griechische Rezitationswesen.[32] Und lateinische Dichter wie Vergil, Horaz und Ovid lassen wissen, daß sie ihre eigenen Werke regelmäßig selbst rezitierten;[33] Bemerkungen anderer antiker Autoren geben ferner zu erkennen, daß es in wohlhabenden Kreisen Brauch war, sich Prosa und Gedichte von einem hierin geübten Sklaven, dem *anagnostes* oder *lector*,[34] laut vorlesen zu lassen.[35]

Die Lust nicht nur am Text, sondern auch an körperlicher, lebendiger Stimme war im Altertum folglich auch nach der Einführung der Schrift und Etablierung der Literatur extrem ausgeprägt. Sie beschränkte sich nicht nur auf die lautliche Artikulation beim individuellen Entziffern. Sie verschaffte sich auch in der Rezitation literarischer Werke Geltung. Dies dokumentieren die antiken Quellen hinlänglich.

Weitaus dürftiger sind die Mitteilungen der antiken Texte über gewerbliches Geschichtenerzählen (s.u.). Im Fragmentcharakter der Angaben offenbart sich das Selbstverständnis einer elitären, restriktiv kanonischen Schriftkultur, die zu all denjenigen

---

28 Vgl. P. Koch/W. Oesterreicher, »Sprache der Nähe – Sprache der Distanz. Mündlichkeit und Schriftlichkeit im Spannungsfeld von Sprachtheorie und Sprachgeschichte«, in: *Romanisches Jahrbuch* 36 (1985), S. 15–43.
29 Noch Augustinus schreibt in den *Confessiones* erstaunt, daß Ambrosius las, ohne daß man etwas vernahm und er die Zunge bewegte (Conf. 6,3).
30 Vgl. (neben den genannten Sammelbänden der Reihe *ScriptOralia*) G. Cerri (Hrsg.), *Scrivere e recitare. Modelli di transmissione del testo poetico nell' antichità e nel medievo*, Rom 1986.
31 Vgl. A. Primmer, »Gebändigte Mündlichkeit: Zum Prosarhythmus von Cicero bis Augustinus«, in: Vogt-Spira, *Strukturen*, S. 19–50.
32 Usener, *Isokrates*, S. 150 ff.
33 E. Lefèvre, »Die römische Literatur zwischen Mündlichkeit und Schriftlichkeit«, in: Vogt-Spira, *Strukturen*, S. 9–15.
34 Zum *anagnostes* vgl. z.B. Nep. Att. 13.14. Cic. Att. 1, 12, 4; fam. 5, 9, 2. Plut. Alexander 54; Crassus 2. Zum *lector* vgl. z.B. Suet. Aug. 78, 2; Claud. 41, 2. Plin. epist. 1, 15, 2; 3, 5, 11 f.; 8, 1, 2; 9, 34. Gell. 3, 19, 1. Inschriftlich sind auch Vorleserinnen – *lectrices* (*anagnostices*) – belegt.
35 Vgl. G. Binder, »Öffentliche Autorenlesungen. Zur Kommunikation zwischen römischen Autoren und ihrem Publikum«, in: ders./K. Ehrlich (Hrsg.), *Kommunikation durch Zeichen und Wort* (= *Bochumer Altertumswissenschaftliches Colloquium* 23), Trier 1995, S. 265–332.

Formen von Mündlichkeit Distanz hielt, die losgelöst von den gepflegten Diskursen der Zeit existierten. Während das homerische Epos den Sänger noch freimütig in Szene setzt, zollt die nachhomerische Literatur dem gewerblichen Erzähler und seinen Geschichten kaum Beachtung. Das Bild, das sie von ihm überliefert, ist noch lückenhafter als das der nichtgewerblichen Erzählerinnen und ihrer *fabulae aniles* bzw. *nutricularum*.[36] Es zeigt, daß Folklore und Literatur im Laufe der Zeit auseinandergerückt sind und ihre Einheit mit der technischen Errungenschaft schriftlicher Überlieferung unwiederbringlich verloren ist. Sowohl im griechisch als auch im lateinisch sprechenden Teil der antiken Welt vergehen Jahrhunderte, bis im Erfahrungshorizont der zivilisatorischen Fortentwicklung eine Sehnsucht entsteht, die sich auf die Wiederherstellung bzw. Neuschaffung der Einheit von Folklore und Literatur richtet. Das Medium, in dem sie sich artikuliert, ist der antike Roman. Von ihm wird noch ausführlich zu sprechen sein.[37]

1.1.2 Geschichtenerzähler und Kindergeschichten

Bis in die Epoche der sogenannten »Silbernen Latinität« – über ein halbes Jahrtausend lang – ignorieren die Literaten Erzähler von ›Volkstümlichkeiten‹. Weder erteilen sie Geschichtenerzählern im Medium fiktiver Mündlichkeit das Wort, noch geben sie Informationen über ihr Wirken. Und dies, obwohl als sicher gelten darf, daß Erzählen weiterhin zur Unterhaltung der Menschen beitrug: Noch Quintilian erwähnt *rustici* und *imperiti*, Bauern und Ungebildete, als leicht beeindruckbare, begeisterte Zuhörer Aesopischer Fabeln; und der griechische Geograph Strabon weist Un- und Halbgebildeten eine Vorliebe für bestimmte Kindergeschichten zu, da sie in Ermangelung der Vermittlung echter Bildung und Lesefähigkeit ihre geistigen Fähigkeiten nicht entwickelt hätten und daher gewissermaßen Kind geblieben seien.[38]

Strabons Haltung spiegelt die Unwilligkeit der antiken Literaten wider, gewerbsmäßigen Erzählern und ihrem Erzählgut einen Platz im eigenen Œuvre einzuräumen. Die meisten Literaten hielten die Geschichten und ihre Erzähler der Erwähnung offensichtlich nicht für wert. Die einzigen Orte, an denen *litterati* mündlich tradierte Erzählungen ohne Anspruch auf Bildung zu dulden schienen, waren der Raum des Kindes und, wie weiter unten dargelegt wird, der des Festes. Nur wenn es um diese beiden Bereiche ging, fielen Bemerkungen über ihnen zugehörige mündlich tradierte Geschichten bzw. ihre Erzähler(innen) nicht zwingend abschätzig aus. Alle übrigen Erwähnungen waren – wie die meisten Anspielungen auf *aniles fabulae* zeigen[39] – im Ton despektierlich.

Mit diesem Mangel an Achtung geht einher, daß dort, wo in griechischen Texten von einem μυθολόγος oder λογοποιός die Rede ist, nicht etwa – wie die Begriffe erwarten lassen – auf professionelle Erzähler Bezug genommen wird, sondern Historiographen, Prosaschriftsteller und Verfasser von Gerichtsreden (Logographen) oder

---

36 Vgl. oben S. 27–49.
37 Vgl. unten II.A.1.3.3, S. 178 ff.; II.A.2., S. 185 ff.
38 Strab. 1, 2, 8: καὶ ἰδιώτης δὲ πᾶς καὶ ἀπαίδευτος τρόπον τινὰ παῖς ἐστι φιλομυθεῖ τε ὡσαύτως, ὁμοίως δὲ καὶ ὁ πεπαιδευμένος μετρίως· οὐδὲ γὰρ οὗτος ἰσχύει τῷ λογισμῷ, πρόσεστι δὲ καὶ τὸ ἐκ παιδὸς ἔθος. Vgl. Quint. inst. 5, 11, 19.
39 Vgl. oben S. 27–49.

Fabeln, mitunter einfach Lügner und Neuigkeitskrämer gemeint sind. Ebenso lassen die lateinischen Texte uns zwar hier und dort von Erzählern wissen, die als *aretalogi* und *fabulatores* bezeichnet werden. Doch auch in ihnen sind Auskünfte über *fabulatores* und deren Erzählungen spärlich, und die zu ihrer Bezeichnung verwendeten Termini sind keinesfalls eindeutig gebraucht; bisweilen wird jemand als *fabulator*[40] oder *aretalogus*[41] bezeichnet, ohne daß er zu den gewerblichen Geschichtenerzählern zählte. Vor allem aber bilden jene Äußerungen nur Randbemerkungen, über die sich leicht hinwegliest. Wenn Roms letzter Satirendichter Juvenal Odysseus nicht als anerkannten epischen Sänger lobt, sondern ironisch mit einem *mendax aretalogus*, einem gewerblichen ›Märchenerzähler‹, vergleicht, überliest man dies ebenso leicht wie eine Zeile aus einem Brief von Plinius d. Jüngeren, die das gewerbliche Erzählen mit den Worten *assem para et accipe auream fabulam* bezeugt.[42]

Das Wissen, das wir gleichwohl über gewerbliches bzw. organisiertes Erzählen von Geschichten besitzen, verdankt sich alleinig Randbemerkungen von der soeben skizzierten Art. Ähnlich wie im Falle der μῦθοι γραῶν und τιτθῶν bzw. *fabulae aniles* und *nutricularum* sind wir beim Versuch, dieser Geschichten habhaft zu werden, auf beiläufige Erwähnungen angewiesen. So nennt ein Vers in Aristophanes' *Plutos* einen Geschichtenerzähler, der sich, dem Scholiasten zufolge, durch sein Handwerk (συντιθεὶς μύθους χαριέντας) den Lebensunterhalt verdiente.[43] Und in Plutarchs Theseus-Biographie wird beiläufig eine Form des ritualisierten Erzählens von Kindergeschichten erwähnt, allerdings ohne Nennung des fürs Erzählen zuständigen Personals. Berichtet wird nur, daß an dem athenischen Fest der Oschophorien allerlei μῦθοι erzählt würden. Als Grund hierfür wird angeführt, daß dergleichen Geschichten einst die Mütter ihren durchs Los nach Kreta, für den Minotaurus bestimmten Kindern vor der Abreise erzählt hätten, um sie zu beruhigen und zu ermutigen: Καὶ μῦθοι λέγονται διὰ τὸ κἀκείνας εὐθυμίας ἕνεκα καὶ παρηγορίας μύθους διεξιέναι τοῖς παισί.[44] Die Stelle läßt sich als Beispiel dafür lesen, wie Feste mit organisierter Mündlichkeit der Inszenierung und Stabilisierung des kulturellen Gedächtnisses dienten.

Der Passus der Theseus-Biographie verdeutlicht, daß die Präsenz mündlicher Elemente in der antiken Welt vielfach auf die Institutionalisierung von Situationen zurückging, die für die Sicherung oraler Traditionen wie geschaffen waren. Neben religiös verwurzelten Festen gehörten zu diesen Situationen festliche Abend- und Tischgesellschaften. Auch hier war Mündlichkeit auf eigene – von Literatur unabhängige – Weise – kulturell institutionalisiert. Der griechische Redner Dion Chrysostomos etwa, der unter den Kaisern Trajan und Nerva in Rom lebte, entwirft in einer Rede ein Bild vom Treiben der Unterhaltungskünstler im Hippodrom: Neben einem Flötenspieler, einem Tänzer, einem, der Gedichte vorliest, und einem Sänger erwähnt er

---

40 Sen. epist. 122, 15; Gell. 2, 29, 1; 3, 10, 11.
41 Hor. sat. 1, 1, 20; Iuv. 15, 13.
42 Iuv. 15, 13; Plin. epist. 2, 20, 1. Für weitere antike Zeugnisse s. Aly, »Märchen«, Sp. 266 f., und Mensching, »Märchen«, S. 866 ff., sowie Aly, *Volksmärchen;* Weinreich, »Märchen«; Zielínski, »Märchenkomödie«.
43 Aristoph. Plut. 177; s. ferner F. Dübner, *Scholia Graeca in Aristophanem*, Paris 1877, Neudr. Hildesheim 1969, S. 333, 550; W.J.W. Koster, *Scholia in Aristophanem*, Pars IV. fasc. I, Amsterdam 1960, S. 56.
44 Plut. Theseus 23, 4, 10e (= Demon, FGrHist 327 F 6).

auch einen Geschichtenerzähler.[45] Und schon über Philipp II. und seinen Sohn Alexander den Großen wird erzählt, sie hätten zu ihren Tischgesellschaften γελωτοποιοί geladen, damit die Gäste durch amüsante Geschichten zum Lachen gebracht würden.[46] Ähnliches will auch Sueton über Augustus wissen: Um seine Gäste zu unterhalten, habe der Prinzeps Musiker, Schauspieler und besonders häufig Geschichtenerzähler – *aretalogos* – eingeladen.[47]

Die Zusammenschau der Textstellen ergibt ein ähnlich fragmentarisches Bild wie die Synopse der uns erhaltenen Bemerkungen über die Geschichten nicht-gewerblicher Erzähler*innen* (Ammen, alter Frauen etc.): (1) Über die situativen Kontexte, in denen die Geschichtenerzähler wirkten (Rezeptionshintergrund), haben wir eine Vorstellung. (2) Über die Inhalte der Geschichten indes wissen wir kaum etwas. (3) Und wenngleich sich auch hier der Verdacht aufdrängt, daß zum mündlichen Erzählgut Märchen im heutigen Sinne zählten, erbringen die Textstellen keinesfalls einen Beweis, der den Verdacht erhärten könnte. Nicht nur sind die Handlungsabläufe (Inhalt und Struktur) der Erzählungen in noch größerem Maße unbekannt als im Falle der *fabulae aniles* bzw. *nutricularum*. Auch die Terminologie kann den wohlbegründeten Verdacht nicht stützen: Wie in den Passagen über die Geschichten der Ammen und Alten erscheinen auf der signifikanten Oberfläche der Texte wiederholt die Substantive μῦθος und *fabula,* die sich beide weder ohne weiteres mit »Märchen« übersetzen noch mit unseren Termini »Mythos« oder »Fabel« gleichsetzen lassen.[48] Die antiken Begriffe bergen semantische Implikationen, die sich von unseren Begriffen des Mythos als der Gesamtheit der Götter- und Heldenerzählungen einerseits und der lehrhaften Fabel andererseits erheblich unterscheiden. Beide Substantive erfassen jeweils zu viele Erzählformen und Diskurse, als daß sie sich auf diese oder jene Semantik reduzieren ließen.

Infolge dieser desolaten Überlieferungslage tendiert unsere Kenntnis der Geschichten professioneller Erzähler gegen null. Wie im Falle der Geschichten nicht-gewerblicher Erzählerinnen ist jedoch gerade diese Unkenntnis bedeutsam: Sie deutet darauf hin, daß die Geschichten Textverwendungstypen angehörten, die den traditionell tradierten Literaturgattungen ähnlich entgegengesetzt waren wie die gleichfalls ablehnend behandelten Geschichten der Mütter, Ammen und alten Frauen. Anscheinend waren auch unter den Geschichten gewerbsmäßiger Erzähler solche, die nicht ›erhabene‹ Sujets zum Gegenstand hatten und dem ›niederen‹ Erzählgut angehörten: Sie handelten wohl eher von Popanzen, Gespenstern und Dümmlingen als von Göttern oder Vorzeithelden und entsprachen kaum aktuellen politischen oder religiösen Diskursen.[49] Für diese Annahme sprechen etliche antike Bemerkungen; nicht zuletzt

---

45 Dion. Chrys. 20, 10.
46 Athen. 14, 614E.
47 Suet. Aug. 74.
48 Die These, daß der Mythos bei den Griechen die Rolle unseres Märchens gespielt habe, (allerdings ohne Anführung der antiken Quellen) findet sich bei D. Fehling, »Die alten Literaturen als Quelle der neuzeitlichen Märchen«, in: W. Siegmund (Hrsg.), *Antiker Mythos in unseren Märchen,* Kassel 1984, S. 79–92, h.: S. 88. Sie ist genauso problematisch wie die These, daß μῦθος im attischen Sprachgebrauch nur noch in der Bedeutung von »Märchen« existierte; vgl. H. Hofmann, *Mythos und Komödie,* Hildesheim/NewYork 1976, S. 43.
49 Vgl. Weinreich, »Märchen«, S. 92–94.

Strabons bereist erwähnte Bemerkungen (s. o. S. 152). Er berichtet über μύθους, die Kindern zur Ermunterung, εἰς προτροπήν, und über solche, die zur Abschreckung εἰς ἀποτροπὴν erzählt würden,[50] und postuliert, daß Erwachsenen zur Ermunterung μῦθοι in dichterischer Form von fabelhaften Großtaten, wie von den Werken eines Herakles oder Theseus (ἀνδραγαθήματα μυθώδη διηγουμένων, οἷον Ἡρακλέους ἄθλους ἢ Θησέως) oder von Ehren, die die Götter zugeteilt haben (τιμὰς παρὰ θεῶν νεμομένας) zu erzählen seien. An Spuk- und Schreckgeschichten – Erzählungen von der Kinderfresserin Lamia, von Gorgos versteinerndem Blick, von Ephialtes, dem Dämon des Alpdrucks, und von Mormolyke, einem als Kinderschreck wohlbekannten weiblichen Gespenst – hätten vor allem »Un- und Halbgebildete mit dem Geist eines Kindes« Gefallen.

Strabons Urteil über Geschichten εἰς προτροπήν verdeutlicht, was auch der kursorische Blick auf die übrige antike Literatur zu erkennen gibt: In Griechenland und Rom kursierten *unter Erwachsenen* Erzählungen, die nicht der Kunstdichtung angehörten, sondern ausgesprochen volkstümlichen Charakter hatten. In einer Kultur der Mündlichkeit vornehmlich von Frauen, Bediensteten und alten Leuten tradiert, waren sie dem Einzelnen gemeinhin aus der Kindheit geläufig. In Aristophanes' *Lysistrata* etwa hebt der Chor der Greise mit den Worten μῦθον βούλομαι λέξαι τιν᾽ ὑμῖν, ὅν ποτ᾽ ἤκουσ᾽ αὐτὸς ἔτι παῖς ὤν an: »Ich will euch eine Geschichte erzählen, die ich einst als Kind hörte.«[51] Nicht zu vergessen ist ferner der uns weitgehend verschlossene Bereich der Volkslieder. In Petrons *Satyrica* etwa, in denen sich zahllose Situationen lauten Lesens oder Rezitierens finden,[52] wird in der *cena Trimalchionis* nicht nur ein gewöhnlicher Vorleseklave in Szene gesetzt.[53] Von jeglicher Sklavenarbeit im Haus wird zudem der Eindruck erweckt, als fände sie unter einem begleitenden Gesang statt, dessen Niveau, ohne daß uns Liedtexte gegeben würden, als niedrig, dessen Tradition aber als alteingewurzelt erscheint.[54]

Kurz: Man sieht, daß in einer Zeit ausgereifter Literalität eine *althergebrachte orale Subkultur* herrschte, deren Texte sich in den niederen Schichten großer Beliebtheit erfreuten.[55] Es ist gut denkbar, daß viele kindgerechte Geschichten, die Bestandteil dieser Subkultur waren und von Bediensteten erzählt oder gesungen wurden, ihren Weg über die Kinderstuben von Griechenland nach Rom fanden; wurde dort doch ein Großteil der Erzieher- und somit Erzählleistung von griechischen Sklaven erbracht.[56]

---

50 Strab. 1, 2, 8: προσφέρομεν τοὺς ἡδεῖς μύθους εἰς προτροπήν, εἰς ἀποτροπὴν δὲ τοὺς φοβερούς· ἥ τε γὰρ Λάμια μῦθός ἐστι καὶ ἡ Γοργὼ καὶ ὁ Ἐφιάλτης καὶ ἡ Μορμολύκη.
51 Aristoph. Lys. 781.
52 Vgl. hiezu G. Vogt-Spira, »Indizien für mündlichen Vortrag von Petrons Satyrica«, in: ders., *Strukturen*, S. 183–192; J. Blänsdorf, »Die Werwolf-Geschichte des Niceros bei Petron als Beispiel literarischer Fiktion mündlichen Erzählens«, a.a.O., S. 193–216.
53 Petron. 75, 4.
54 Petron. 31. 34. 36. 47. 70.
55 Vgl. G. Wille, »Quellen zur Verwendung mündlicher Texte in römischen Gesängen vorliterarischer Zeit«, in: Vogt-Spira, *Studien*, S. 199–225.
56 Schulze, *Ammen*, S. 18 f.

1.1.3 Blockierung von Schriftlichkeit

Gesellschaftskritische Texte wie die von Aristophanes und Petron bestätigen, daß im Altertum ›unterhalb‹ der hohen Literatur allerlei Geschichten von Mund zu Mund getragen wurden: sowohl Mythen und Sagen vom Götterolymp und von großen Taten als auch ›niedere‹ Erzählungen. Daß man diese nicht zum ›Bildungsgut‹ zählte, belegt die schon in der Antike verbreitete Kritik an ihnen: Sie macht nicht nur die bereits damals empfundene Differenz zu den eigentlichen Mythen, den ›großen‹ Stoffen der Mythologie, transparent. Sie festigt auch den Eindruck, daß die mündliche Tradierung der ›niederen‹ Geschichten – wie noch in der Neuzeit bis etwa 1800 – schon im Altertum die einzige gangbare Form der Überlieferung bildete. Erinnert sei nur an den bereits erwähnten Passus aus Aristophanes' *Wespen*, die an den Lenäen des Jahres 422 v. Chr. aufgeführt wurden.[57] Seinen Kontext bildet eine an die Parabase anschließende Szenenfolge, in der es darum geht, daß der als geschwätziger Nichtwisser skizzierte Vater des Bdelykleon, Philokleon, ›Benimm‹ in feiner Gesellschaft erlernen soll. An entscheidender Stelle fragt ihn der Sohn, ob er in Gegenwart gelehrter Leute etwas Gescheites vorzubringen wisse. In der Folge entspinnt sich ein Dialog, in dessen Verlauf der Alte eine Tiererzählung mit der stereotypen Es-war-einmal-Formel beginnt: »Es war einmal (ἦν ποτε) ein Mäuschen und ein Wiesel«. Nachdem der Sohn jedoch schon die Geschichten über Lamia und Kardopion nicht goutiert hat, wird auch sie als unerwünscht abgelehnt. Bdelykleon unterbricht den Vater mit den Worten: »›Wie ungebildet!‹ – sprach Theogenes zum Abtrittsputzer; wie stupid du bist! Vor Männern plapperst du von Maus und Wiesel?« Zur Ausführung der Geschichte kommt es folglich nicht. Stattdessen fordert Bdelykleon Berichte »von großen Dingen« wie »Ringkampf«, »Heldentat« und anderen Großtaten, die man »in höheren Kreisen« erzählt.[58]

Die Implikationen des Dialogs liegen offen zutage: Mit ἦν ποτε beginnende μῦθοι genossen seinerzeit wenig Ansehen. Sie waren einem Ressentiment gegen Erzählungen ohne Distinktionswert unterworfen, auf das Aristophanes, Kenner und Kritiker seiner Zeit, Bezug nimmt. Es überrascht nicht, daß dieses Ressentiment die Verschriftlichung blockierte. Wie ausgeprägt es war, zeigt der formelhafte Gebrauch von Phrasen wie τιτθῶν bzw. γραῶν μῦθοι. Wie diesen ist auch Bemerkungen von der Art des Aristophanes zu entnehmen, daß Aufzeichnungen oder gar Sammlungen der Geschichten, die wir heute als Märchen anzusehen geneigt wären, undenkbar waren, da sie der gebildete antike Mensch nicht schätzte.

1.2 Zwischen Mündlichkeit und Schriftlichkeit: Rekonstruierbare Märchenerzählungen

Da die Erwähnungen der Geschichtenerzähler und Kindergeschichten nur Auskunft über den Sitz im Leben, den die Geschichten hatten, nicht über ihre nähere Beschaf-

---

57 Vgl. oben S. 63.
58 Aristoph. Vesp. 1176 ff.; deutsch zit. nach Aristophanes, *Komödien in zwei Bänden*, Bd. 1, Weimar 1963, S. 235.

fenheit geben, gilt es nach weiteren Indizien für die schon antike Existenz der Erzählform Märchen zu suchen.

Der Textbefund liefert für das Märchen eine äußerst unzulängliche Ausbeute. Eine Sichtung der antiken Primärtexte konfrontiert uns mit Motiven, die wir aus späteren Märchen kennen, ergibt aber, daß Märchen als vollständige, vom Anfang bis zum Happy-End durchstrukturierte kunstvolle Erzählungen kaum tradiert sind. Diesen Notstand bringt Grätz in seinen skeptischen Äußerungen über die Theorien vom Märchenalter auf den Punkt.[59] Mit der Bemerkung, es mangele in der Primär- und Sekundärliteratur zwar nicht an der Erwähnung märchenhafter Motive, diese könne man aber nicht mit vollständigen Texten gleichsetzen, macht er auf ein zentrales Problem der Märchenforschung aufmerksam. Weder die Erzähltheorie und Volkskunde noch die Altertumswissenschaft ist bisher über die Benennung antiker Märchenmotive, die Auffindung antiker Varianten der AT-Märchentypen[60] und Spekulationen über ihre Genese oder Migration wesentlich hinausgegangen. *Strukturanalysen antiker Erzählungen, deren Merkmale denen wissenschaftlich anerkannter Märchen entsprechen,* sind ein *dringendes Desiderat*. Nicht umsonst ist die Erzählforschung des 20. Jh.s darin übereingekommen, daß Märchen hochstilisierte Erzählungen sind und sich hierin von benachbarten Erzählformen und -genera unterscheiden. Märchen bestehen, wie dargelegt,[61] aus einer Folge aneinandergereihter Bauelemente, die den Ablauf des Geschehens bedingen und zugleich durch ihn bedingt sind, während sie von ihren jeweiligen Protagonisten im wesentlichen unabhängig sind. Die Handlung, die sich aus dieser Kette ergibt, wird von außen gelenkt (Propp, Meletinsky). Eines ihrer Merkmale besteht darin, daß sie sich vielfach in Zweier- und Dreierrhythmen ausbreitet. Handlungselemente werden mehrfach wiederholt, so die Erprobung durch einen Geber, die Beschenkung, die Darreichung oder der Gewinn von Hilfsmitteln, der Kampf, die Aufgabe, die Bestrafung etc.: Drei Brüder ziehen nacheinander aus, um eine Aufgabe zu lösen, oder die Hauptfigur muß nacheinander drei Aufgaben lösen, drei Zauberdinge holen, drei Ungetüme bewältigen.

Das Wissen um diese strukturellen Gegebenheiten bildet eine wesentliche Voraussetzung für die Frage nach dem Vorkommen des Märchens im Altertum. Mit ihm sind Erzählungen, die als vollständige Texte verfügbar sind, aber auch solche zu prüfen, die sich trotz nur fragmentarischer Überlieferung rekonstruieren lassen, so daß ihr (in einzelne Handlungseinheiten zerlegbarer) Handlungsablauf den Schluß erlaubt, daß hier als Grundform ein Märchen vorliegt. Erst im Anschluß an die Ermittlung der Struktur sollte man sich Fragen nach den Motiven, ihren kulturellen Kontexten und möglichen Bedeutungen zuwenden, um mittels Kombination von strukturellen und inhaltlichen Befunden eine Zuordnung zu der einen oder anderen Erzählform oder Gattung vorzunehmen.

Daß beide Textsorten – die in der Literatur komplett und die fragmentarisch erhaltenen Erzählungen – bisher nicht auf märchentypische Strukturen geprüft wurden, stellt einen Mangel dar. Hier klafft in der Altertumswissenschaft eine Lücke, die es zu

---

59 Grätz, *Märchen*, S. 3 ff.
60 Das Typenverzeichnis AT setzt antike Erzählstoffe mit neuzeitlichen Erzähltypen gleich, so z.B. *Alkestis* mit AT 899, *Amor und Psyche* mit AT 425, *Ariadnefaden* mit AT 874 etc.; vgl. im Anschluß hieran Anderson, *Fairytale*, passim.
61 Vgl. oben S. 110 f., 123 f., 127 f.

schließen gilt. Gibt doch eine nähere Beschäftigung mit vielen antiken Erzählungen hinreichend Anlaß, nicht nur infolge von Motiven, sondern auch – und insbesondere – *angesichts märchentypischer narrativer Ketten* eine reiche Märchentradition zu vermuten. Diese Erzählungen sind daher nicht nur unter genetisch-historischen Fragestellungen, sondern auch mit Mitteln, die Formalismus und Strukturalismus der Wissenschaft an die Hand gegeben haben, zu untersuchen.[62] Einer derartigen Lektüre werden in den nachfolgenden Kapiteln die *Amor-und-Psyche*-Erzählung des Apuleius und – ausführlich – die *Apologoi* der *Odyssee* unterzogen. Da die Ausweitung einer detaillierten Lektüre auf weitere Texte über den dieser Studie gesteckten Rahmen hinausginge, folgt hier lediglich eine Auswahl an – zumindest in Teilen – rekonstruierbaren Erzählungen, deren Basisstruktur märchentypisch wirkt.

1.2.1 Melampus

Zu nennen ist zuallererst eine Geschichte aus dem Kreis der Erzählungen um Melampus, der einst junge Schlangen rettete, die vor seiner Wohnstatt getötet werden sollten. Herangewachsen, leckten sie ihm, als er einmal schlief die Ohren aus, so daß er fortan der Sprache der Tiere kundig war und den Menschen als Seher weissagte.[63] Mit formalistischem Instrumentarium nach Propp analysiert, bilden Rettung und Ohren-Auslecken die Funktionsgruppierung Sch H Z (Begegnung mit dem Schenker – Reaktion des Helden – Empfang des Zaubermittels/der Gabe):[64] Die Schlangen haben Schenkerfunktion; und der Held verhält sich ihnen gegenüber so (positiv), daß sie ihn beschenken. Diese Trias ist *Ursache* des nachfolgenden Handlungsgeschehens, an erster Stelle der gefahrvollen *Werbung der Königstochter* Pero. Sie gilt als Melampus' erste »Tat«, bei der ihm die verliehene Gabe zustatten kam:[65] Dank Tiersprache löste er unter Überwindung mehrerer Hindernisse für seinen Bruder Bias, der um Pero warb, die dafür gestellte Aufgabe: dem Phylakos in Phylake und dessen Sohn Iphiklos die

---

62 Bei Herodot etwa liegen Textpassagen vor, die an einer frühen Existenz verschiedener seinerzeit terminologisch nicht benannter Erzählformen keinen Zweifel lassen. Ihre Analyse mittels strukturalistischer Methoden, welche die Erzählforschung im 20. Jh. – seit Wolf Alys Studie *Volksmärchen, Sage und Novelle bei Herodot und seinen Zeitgenossen* (1921) – gewonnen hat, steht dringend an. Zu den Passagen zählt, um nur ein Beispiel zu nennen, die makedonische Urgeschichte (Hdt. 8, 137), in der sich jüngste dreier Brüder den Sonnenschein aus der Diele schneidet und auf magischer Flucht gerettet wird. Die Geschichte gehört zu den Erzählungen, deren Zugehörigkeit zum Märchen Aly in seiner Arbeit zu zeigen sucht. Da Herodots Werk neben Erzählungen, die sich aus heutiger Sicht als Sagen (Hdt. 1, 107–122: *Kyros' Jugend*), Legenden (Hdt. 1, 24: *Arion von Delphin gerettet*) und Novellenmärchen (Hdt. 3, 118f.: *Frau des Intaphrenes*; vgl. AT 985: *Bruder eher als Gatten oder Sohn gerettet*; Hdt. 2, 212: *Rhampsinit*; vgl. AT 950) bestimmen lassen, mehrere Erzählungen enthält, die m.E. dem Erzählmodell Märchen zuzuschlagen sind, erscheint mir ihre Untersuchung auf Inhalt *und* Struktur, konstante und variable Elemente angeraten. Eben dies leistet Aly 1921 noch nicht. Auch verweist er zwar auf die volkstümliche Erzähltechnik, Stilisierung und Motivik, die von ihm untersuchten Erzählungen zugrunde liegen. Ihm gelingt es aber nicht, vollständige Märchenerzählungen nachzuweisen.
63 Vgl. I. Löffler, *Die Melampodie. Versuch einer Rekonstruktion des Inhalts*, Meisenheim a. Glan 1963, S. 31 f.
64 Vgl. oben S. 110 und 112.
65 Vgl. Löffler, *Melampodie*, S. 33.

Peros Großmutter Tyro geraubten Rinder zu entreißen. Um diese Geschichte – die erste »Tat« – geht es im vorliegenden Kapitel.

In der *Odyssee* kommt die Geschichte an zwei Stellen vor: in Hom. Od. 11, 287–97 und in 15, 226–238a; beide Passagen überliefern sie immens verknappt als Teilstück einer umfassenderen narrativen Materie, beide heben, jeweils kontextbezogen, unterschiedliche Aspekte an ihr hervor.[66] Wir haben es mit ererbtem Erzählgut, nicht mit dichterischer Erfindung zu tun. Dem in den Passagen Referierten muß mindestens eine, wenn nicht eine ganze Reihe von Varianten vorausliegen. Diesen Schluß, den auch textexterne Hinweise[67] stützen, legt die Tatsache nahe, daß auf Details der Geschichte teils angespielt, teils ganz verzichtet wird, sie offensichtlich als bekannt vorausgesetzt sind. Infolgedessen bleibt die Geschichte selbst bei Verbindung der zwei Passagen[68] gleichsam auf ein lückenhaftes Skelett reduziert. Erst durch Integration anderer Quellen (u.a. Scholien und Fragmente)[69] lassen sich Lücken füllen, erhält das Skelett Fleisch. Erst so ›rückt‹ das bei Homer als »einfache Geschichte« von Suche, Rückgewinn der Rinder und Brautgewinn wiedergegebene Geschehen näher ›zusammen‹ mit detaillierteren Darstellungen, die eine Vielzahl kleiner Handlungseinheiten enthalten; mit Darstellungen, wie sie sich etwa in Pseudo-Apollodors[70] *Bibliothek* (der wichtigsten griechischen Erzählungen von der Theogonie bis zu den Heldentaten vor, in und nach dem Trojakrieg) und anderen mythographischen Werken bis hin zu Benjamin Hederichs Lexikon zur Mythologie[71] finden.

Unternommen hat eine solche integrative Arbeit Ingrid Löffler in ihrer Studie über die *Melampodie*, ein Hesiod zugeschriebenes, bis auf spärliche Fragmente verlorenes Epos in mindestens drei Büchern. Die Studie versucht den gesamten Inhalt des Gedichts zu rekonstruieren. Die Geschichte der ersten Tat,[72] deren wir nach Sichtung

---

66 In der ersten Passage ist die Werbung um die »starke Pero, ein Wunder den Sterblichen« (11, 287), Dreh- und Angelpunkt des Erzählten. Die Passage gehört zum sogenannten »Frauen- oder Heroinenkatalog« (Hom. Od. 11, 228–327) der *Nekyia* (11, 12–637), der u.a. genealogische Zusammenhänge zum Inhalt hat; um Pero geht es (11, 287–297), da Odysseus deren Mutter Chloris begegnet (11, 281). Die zweite Passage gehört zur Erzählung von der Rückreise des Telemach (nach Ithaka; 15, 1–557), von dem der Seher Theoklymenos bei der Abfahrt von Pylos Zuflucht auf seinem Schiff erbittet (15, 222–278) und erhält; ein Exkurs (15, 226–255) handelt von Melampus, da Theoklymenos aus dessen Geschlecht ist und als Landesflüchtiger wie dieser ein Wanderleben führt.

67 Vgl. A. Heubeck, *Der Odyssee-Dichter und die Ilias*, Erlangen 1954, S. 19–22; A. Heubeck/A. Hoekstra, *A Commentary on Homer's Odyssey*, vol. II, Books IX – XVI, Oxford 1989, S. 95 und 246 f. (dort auch Angaben zu weiterer Sekundärliteratur).

68 Das in Od. 15, 235–255 angegebene Handlungsgeschehen setzt das in 11, 287–97 erwähnte gewissermaßen fort.

69 Testimonien bei Löffler, *Melampodie*, S. 33–37.

70 Apollod. 1, 96–102. Vgl. Löffler, *Melampodie*, S. 30: »Die Vermutung hat viel für sich, daß alle bei den Mythographen bezeugten Sagen von Melampus in der Melampodie enthalten waren.«

71 B. Hederich, *Gründliches Mythologisches Lexikon*, Leipzig 1770 (Nachdruck Darmstadt 1996), Sp. 1554–56.

72 Darauf daß die in der *Melampodie* erzählte Version der ersten Tat episch breiter und detailreicher war als die *Odyssee*-Passagen, deutet der Titel des Epos hin, der anzeigt, daß der Inhalt von Melampus ausgeht und die direkt von ihm handelnden Geschichten episch breit erzählt worden sein dürften.

diverser Testimonien und unter Einbezug der Ergebnisse Löfflers, aller Unsicherheitsfaktoren einer Rekonstruktion gewahr, ansichtig werden, ist etwa folgende:

> Es waren einmal zwei Brüder, Bias und Melampus. Diesem verliehen Schlangen, die auf dem Feld, auf das er gegangen war, getötet werden sollten, die er rettete und aufzog, die Gabe der Tiersprache und der Weissagung.
> Als Bias die vielumfreite Pero, die er liebt, heiraten will, aber nicht in der Lage ist, den erforderten Brautpreis zu erbringen, erklärt sich Melampus auf die Bitte des Bruders hin bereit, ihm zu helfen. Pero ist, nach Bestimmung ihres Vaters, des Königs von Pylos, nur um den Preis einer Rinderherde zu gewinnen, die einst ihrer Mutter gehörte, jetzt aber im Besitz von Phylakos und/oder Iphiklos in Phylake und scharf bewacht ist.[73]
> Melampus zieht los zum Ort der Bewachung, obwohl er weiß, daß er für ein Jahr eingekerkert werden wird. Wie vorausgesehen, kommt er beim Versuch, die bewachte Herde zu stehlen, in Phylake ins Gefängnis, wo zwei Wärter, ein guter Mann und eine böse Frau, ihn bewachen und er, in Banden liegend, harte Schmerzen erleidet. Kurz vor Ablauf des Jahres hört Melampus von Holzwürmern in den Balken, daß das Haus im Begriffe ist einzustürzen. Er bittet die Wärter, ihn umzuquartieren und auf seiner Bahre aus dem Haus zu tragen; dabei positioniert er die Frau am Fuß-, den Mann am Kopfende der Bahre. So wird die Frau beim Einsturz des Hauses erschlagen, während der Mann und Melampus gerettet werden.
> Als Folge dieses Vorfalls wird Phylakos auf Melampus aufmerksam. Er erkennt dessen Fähigkeiten, gibt ihm die Freiheit und verspricht ihm die Rinder, wenn er seinen Sohn Iphiklos von dessen Zeugungsunfähigkeit heile. Erneut hilft Melampus die Tiersprache weiter: Nachdem zunächst die Vögel, die er nach Opferung eines Rindes zum Mahl einlädt, keinen Rat wissen, erfährt er von einem Geier, daß der Zeugungsunfähige sympathetisch an ein Messer gebunden ist, mit dem ihn sein Vater einst bedroht hatte, das dieser dann aber in einen Baum, den Lebensbaum des Sohnes, steckte, so daß Iphiklos infolge der Verwundung des Baumes unfruchtbar wurde. Als das Messer gefunden ist, wird es – nach Rat des Geiers – herausgezogen, der Rost abgeschabt und dem Iphiklos zehn Tage lang zu trinken gegeben, so daß er von seiner Unfruchtbarkeit geheilt wird (er bekommt einen Sohn).
> Melampus, der die Herde erhält, treibt diese nach Pylos, führt seinem Bruder die Braut, die er dafür bekommt, zu und läßt Neleus, der ihm ein Jahr lang mit Gewalt viele Güter vorenthalten hat, büßen.

Die Geschichte vom Rinderraub und Brautgewinn der Brüder hat, unschwer erkennbar, zahlreiche Berührungspunkte mit »Märchentypen« des AT-Registers und Erzählungen, die von den Grimms in die *Kinder- und Hausmärchen* aufgenommen wurden. So ähnelt sie – in ihrer Kombination des Motivs der Gabe der Tiersprache (AT 673) und des Motivs der dankbaren bzw. hilfreichen Tiere (AT 554) – ungemein dem Märchen *Die weiße Schlange* (AT 673 + 554; KHM 17).[74] Zudem weist sie Interferenzen mit der Erzählung *Der treue Johannes* (AT 516, KHM 6) auf.[75] Darin setzt der mit übersinnlichen Kräften begabte treue Helfer bei der Werbung des jungen Königs um die wunderschöne Prinzessin vom goldenen Dache sein Leben für das künftige Paar ein, nachdem er ein Gespräch dreier Raben belauscht hat. Wie Melampus, das

---

73 Die Namen – der des Ortes Phylake und der des Gründers und Eponyms Phylakos – zeigen an, daß Bewachen hier eine herausragende Stellung einnimmt. Ort und Personen bilden hier die bewachende Partei, der Melampus entgegentritt. Nach Apollod. 1, 9, 12 wurde die Rinderherde so gut von einem Hund bewacht, daß niemand ihn ihre Nähe kommen konnte. Nach Eust. zu Hom. Od. 11, 292 p. 1685 waren Hirten (wie in Od. 11, 293) und Hunde die unüberwindlichen Wächter. Nach Schol. Q zu Hom. Od. 11, 290 bewacht Iphiklos (hier ein ungeheuer starker Sohn des Herakles) selbst die Herde und kämpft mit Melampus (vgl. M. Delcourt, Oedipe ou la légende du conquérant, Paris 1944, S. 167).
74 Vgl. oben S. 85 f.
75 Zu weiteren Motiven, die sich erkennen lassen, vgl. Aly, »Märchen«, Sp. 268.

Nachfolgende wissend, sich dem Verlauf des Geschehens hingibt und schmerzensreiche Einkerkerung erfährt, gibt sich Johannes, das Nachfolgende wissend, dem Geschehen hin und wird in Stein verwandelt. Beide Geschichten haben ein seltenes Merkmal gemein: Jeweils der Helfer, Melampus bzw. Johannes, ist Handlungsträger. Da er – nicht derjenige, der um die Braut wirbt – die Auseinandersetzung mit den Mächten des Unheils zu bestehen hat, so daß das Happy-End mit Hochzeit eintreten kann, ist er für Hörer bzw. Leser die eigentliche Identifikationsfigur.

Freilich hat es mit diesen Interferenzen nicht sein Bewenden; und es greift methodologisch zu kurz, wenn August Marx Ohren-Auslecken und nachfolgendes Weissagen rein motivorientiert als »ein vollkommenes Märchen und zwar ein Dankbarkeitsmärchen« bezeichnet.[76] Daher seien hier die nach Propp und Meletinsky märchentypischen Kriterien, welche die Geschichte erfüllt, herausgestellt:

(1) Stoff und Figuren (Streit des Phylakos und Iphiklos um ihre Herden mit Neleus und Bias) sind zwar als mythistorisch einzuordnen,[77] es ist aber die von Meletinsky erarbeitete binäre Stimulus-Reaktion-Struktur des Märchens erkennbar, die sich auf zwei bis drei Ebenen entfaltet.
(2) Diese Ebenen bestehen aus den drei Prüfungsarten, die man im Märchen vorfinden kann: der obligaten Vor-, der obligaten Haupt- und der Zusatzprüfung ($\varepsilon\lambda$, EL und E'L'), um die jeweils ein syntagmatischer Block gebildet ist.
(3) Den Prüfungen liegt ein Verhältnis der notwendigen Abfolge zugrunde, sie stehen in einem Kettenverhältnis, in dem jede Prüfung bloß als Wirkung der vorangehenden bzw. Ursache der nächsten existiert.
(4) Die Sequenz Sch H Z bildet die Vorprüfung, die Meletinsky als das bezeichnendste Merkmal des Märchens *in Abgrenzung zum Mythos* ansieht: Melampus wird auf die Probe gestellt (ε) und reagiert – regelgemäß – so, daß ihm verliehen wird (λ), was er für das erfolgreiche Bestehen seiner Aufgabe und diversen Prüfungen benötigt (*der mythische Heros dagegen besitzt von Natur aus magische und rituelle Eigenschaften*).

Mit Proppschen Funktionstermini belegt, ergibt sich für das Geschehen, das sich nach der Ausgangssituation (i) mit der Entfernung des Helden aufs Feld (↑) und der dort stattfindenden Vorprüfung (Sch H Z) über drei weitere Sequenzen entwickelt, die Abfolge:

$\varepsilon\,\lambda$	EL	mit E'L'
[i ↑ Sch H Z]		
	[α P B C↑ Lö^neg]	↓ L(α) St]
	[A P–M–Lö L(A)]	
		[E **P–Lö** ↓ L(α) St]

---

76 Marx, *Märchen von dankbaren Tieren*, S. 109 f.
77 Heubeck, *Dichter*, 19–22; Literatur zum Thema bei Heubeck/Hoekstra, *Commentary*, S. 95 und 246 f.

Die Vorprüfung, die Rettung der Schlangen, bildet den ersten syntagmatischen Block (ελ) mit einer einfachen Sequenz. Um die Hauptprüfung, die Rückgewinnung der Rinder zwecks Brautgewinn, ist der zweite syntagmatische Block gebildet (EL). Er enthält zwei zusätzliche Prüfungen (E'L'). Das auf die Vorprüfung folgende Handlungsgeschehen verläuft über drei Sequenzen, die je eine Aufgabe und einen Lösungsversuch enthalten. Die erste der drei Sequenzen beginnt mit der Mangelsituation, aus der sich die Hauptprüfung (E) ergibt, und endet mit einem negativen Lösungsversuch, der eine zweite Mangelsituation (Notlage des Helden) nach sich zieht. Diese eröffnet eine neue Sequenz mit erfolgreicher Lösung der in ihr enthaltenen zusätzlichen Aufgabe (E'L'), jedoch nicht mit dem Ergebnis der Behebung der anfänglichen Mangelsituation. Bevor dies geschehen kann, ist in einer spannungssteigernden dritten Sequenz noch eine zusätzliche Aufgabe (E'L') zu lösen. Deren Bewältigung endlich führt dazu, daß der anfängliche Mangel liquidiert und die Hauptaufgabe gelöst (L) wird, so daß das Happy-End eintreten kann, das die Hochzeit des Bias einschließt.

Funktional auf Kernhandlungen reduziert, ergibt sich für das Handlungsgeschehen, das Hom. Od. 15, 238b–241 als sich anschließend erwähnt, die Funktionsabfolge ↑ H★ (Schlußfunktion *Thronbesteigung und Hochzeit des Helden*): Melampus zieht weiter nach Argos, führt eine Frau heim und gebietet fortan über die Argeier. Bei Berücksichtigung einer weiteren überlieferten Tat des Sehers – der Heilung der von Dionysos in Raserei versetzten Töchter des Proitos von Tiryns –, durch die Melampus nach Pseudo-Apollodor[78] einen Teil des Königreichs erhielt, erweitert sich die Abfolge um die Funktionen P–Lö zu: ↑ P–Lö H★.

Tabellarisch läßt sich dies in Proppscher Art und Weise wie folgt darstellen:

Ausgangssituation = i	Es waren einmal zwei Brüder, Bias und Melampus.
Entfernung = ↑	Melampus geht aufs Feld.
Erste Funktion des Schenkers = Sch	Dort sollen vor seiner Wohnstatt Schlangen getötet werden.
Reaktion des Helden = H	Er rettet einen Teil von ihnen
Empfang eines Zaubermittels = Z	und erhält von den Schlangen durch Ohren-Auslecken die Gabe der Tiersprache und der Weissagung.

---

78 Vgl. Apollod. 1, 102. 2, 27–29; weitere Quellen bei Löffler, *Melampodie*, S. 37–39.

Zur Dialektik von Mündlichkeit und Schriftlichkeit 163

Mangel = α	Bias will heiraten, was nicht ohne weiteres möglich ist: Den geforderten Brautpreis zu gewinnen scheint unmöglich.
Prüfung/schwere Aufgabe = P	Diesen jedoch – eine unüberwindlich scharf bewachte Rinderherde – verlangt der Brautvater Neleus.
Vermittlung = B	Bias ruft Melampus zu Hilfe, der sich mit seinen Gaben zur Verfügung stellt, wissend, daß er als Viehdieb ertappt und für ein Jahr eingekerkert werden wird.
Einsetzende Gegenhandlung = C und Abreise = ↑	Zur Suche bereit, zieht Melampus los.
Lösung der Aufgabe mißlingt = Lö^{neg}	Er kommt nach Phylake und wird beim Versuch die Herde zu stehlen, von der bewachenden Partei[79] überführt.

Schädigung = A	Melampus kommt ins Gefängnis, wo er harte Schmerzen erleidet.
Prüfung = P	Dies gewinnt den Wert einer schweren Aufgabe – die Freiheit zu erlangen –, bei deren Auflösung ihm seine Gabe hilft.
Selbst-Markierung = M	Als er von den Würmern vom Einsturz des Hauses hört, handelt er so, daß er gerettet wird und Phylakos auf ihn aufmerksam wird.
Lösung = Lö und Aufhebung der Schädigung A = L	Phylakos gibt Melampus die Freiheit.
Erkennung = E	Er erkennt ihn als Seher
Prüfung = P	und verspricht ihm die Rinder, wenn er Iphiklos von dessen Zeugungsunfähigkeit heile.
Lösung = Lö	Melampus erfährt von einem Geier (Helfer), was für Iphiklos zu tun ist, befolgt den Rat – und Iphiklos wird mit einem Zaubertrank geheilt.
Rückkehr = ↓ und	
Liquidierung des Mangels α = L (mit H★ von Bias)	Melampus bekommt die Rinder, treibt die Herde nach Pylos, führt seinem Bruder die Braut zu
Bestrafung = St	und läßt Neleus, der ihm Güter vorenthalten hat, büßen.

Entfernung = ↑	Melampus zieht weiter ins Gebiet von Argos.
Aufgabe = P	wo die Proitiden in Raserei versetzt sind,
Lösung = P–Lö	heilt sie,
Hochzeit und Thronbesteigung H★	heiratet eine von ihnen und erhält ein Drittel der Herrschaft in Argos.

---

79 Vgl. oben Anm. 73.

1.2.2 Perseus

Auch rund um den ›Drachentöter‹ Perseus[80] ranken sich Episoden, die nicht nur wegen der in ihnen enthaltenen Motive, sondern auch und vor allem aufgrund der strukturellen Anordnung der narrativen Sequenzen dem märchenhaften Erzählen zugeschlagen werden können: Von einer Schädigung (A) bzw. einer Mangelsituation, einem Fehlelement (α), entwickelt sich die Handlung über eine oder mehrere märchentypische Funktionssequenzen zur Lösung hin. Es wird ein gesuchtes Objekt erbeutet (LZ), geheiratet (H*) allgemeines Unglück liquidiert (L) etc. Diesem Ablauf liegen, deutlich erkennbar, Oppositionen zugrunde, die, wie Meletinsky gezeigt hat, Wertindikatoren der Bewegung von einem negativen zu einem positiven Zustand sind:[81]

Minus →	Plus
Antagonist	Protagonist
Verfolgung	Rettung
Gefangennahme	Befreiung
Exil	Heimkehr
fremd	*eigen*

Diese Oppositionen, die, an Konflikte »in the subject matter« gebunden, zu den Märchen-»Spielregeln« gehören, sind auf Personen und Wertungen bezogen, die dem märchentypischen Freund-Feind-Schema – das *eigene* Königreich ist als *positiv*, das *fremde* Königreich als *negativ* charakterisiert – entsprechen. Sie bringen zwischenmenschliche Auseinandersetzungen und ihre Bedeutung für das Schicksal des Einzelnen, die Entschädigung von unrecht Behandelten bzw. zu Unrecht Vertriebenen und die Bestrafung von Bösewichten zur Geltung. Die Erzählungen von Perseus, die doch als Mythen von einem argivischen Heros bekannt sind, scheinen weitaus weniger Interesse an kollektiven Schicksalen zu haben als zu erwarten wäre; auch sind an ihnen nicht signifikant kosmische oder religiöse Dimensionen zu erkennen. Die zwei Erzählfolgen, in denen die »subjektiv« geprägten Oppositionen für den Fortgang des erzählerischen Geschehens tragende Bedeutung haben, seien im folgenden angeführt.[82]

(1) Die erste Erzählfolge, die besonders märchentypisch anmutet, ist die Geschichte von der wundersamen Zeugung und Geburt des Perseus. Sie hat augenfällige Ge-

---

80 Für die Geschichte von Perseus, die eingehend in Ov. Met. 4, 610–803; 5, 1–249 und Hyg. Fab. 63 f. erzählt wird, gibt es seit frühester Zeit zahlreiche Testimonien: Hom. Il. 14, 319 f.; Hes. theog. 280–283; Ps.-Hes. scut. 222–234; Sim. PMG fr. 543; vgl. auch Pherekydes FGrH 3 F 10–12 mit Apollod. 2, 34–49 (sehr ausführliche Darstellung); Pind. P. 10, 31–50 (detaillierteste erhaltene literarische Darstellung). Vgl. auch E.S. Hartland, *The Legend of Perseus. A Study of Tradition in Story, Custom and Belief*, 3 Bde., London, 1894–96 (mit Angabe weiterer Testimonien). --- Vgl. im übrigen: von der Leyen, »Mythus«, S. 352, und schon Bolte/Polívka, *Anmerkungen*, Bd. 4, S. 112 (Verweis auf die strittige These, die Geschichte sei Quelle des Brüdermärchens; zu diesem vgl. oben Anm. 293 in Teil I.)
81 Vgl. oben S. 123 f.
82 Die einzelnen Funktionen werden im folgenden nicht mehr genannt.

meinsamkeiten mit dem Märchen von Rapunzel (AT 310, KHM 12),[83] vor allem aber mit dem Märchentyp *Die Tochter der Sonne* (AT 898). Im Sonnentochter-Märchen wird einer Prinzessin vorhergesagt, die Sonne werde sie schwängern. Der König läßt seine Tochter daher in einem Turm ohne Fenster einmauern. Dennoch wird sie durch einen Sonnenstrahl schwanger und gebiert ein Mädchen, das ausgesetzt, aber von einem Prinzen gefunden und gerettet wird. Denselben Strukturordnungsplan:

Weissagung,
infolgedessen *Arretierung,*
dennoch *Schwängerung und Geburt,*
daher *Aussetzung,*
aber am Ende *Rettung*

erfüllt die antike Erzählung nach Pseudo-Apollodors *Bibliothek* (Apollod. 2, 34–35). Auch hier dient die Weissagung als Motivierung des folgenden Versuchs, die Tochter durch Isolation von der Umwelt zu trennen. Auch hier tritt die vorübergehende Entfernung durch Einkerkerung ein. Und auch hier führt die Erzählung über vermittelnde Handlungselemente einschließlich einer Schädigung durch Aussetzung zur Liquidierung des Unglücks durch Rettung: Akrisios, König von Argos, erfährt durch einen Orakelspruch, daß ein Sohn seiner Tochter Danaë ihn töten werde. Um eine Schwangerschaft zu verhindern, schließt er Danaë in eine unterirdische Kammer aus Erz. Vergeblich: Zeus kommt als goldener Regen zu der Gefangenen – nach anderer Version verführt Akrisios' Zwillingsbruder Proitos die Danaë – und Perseus wird geboren. Akrisios setzt daraufhin Mutter und Sohn in einer Kiste auf dem Meer aus. Der Fischer Diktys jedoch findet und rettet sie.[84] – Die Pointe der Variante, daß Proitos die Tochter seines Bruders verführt habe, besteht darin, daß Proitos und Akrisios nach Apollod. 2, 24f. verfeindet waren. Akrisios vertrieb seinen Bruder, nachdem er ihn im Kampf um die Königsherrschaft besiegt hatte, aus Argos, und Proitos wurde König von Tiryns.

(2) Märchenhaft wirken ferner die Ereignisse, die auf die Geschichte von Perseus' Empfängnis folgen und in denen dieser Handlungsträger ist. Sie zeigen einmal mehr, wie viele Motiväquivalenzen Märchen und Mythos aufweisen und wie schwierig es ist, die beiden voneinander abzugrenzen. Die Abenteuer des Helden, der als mythischer Heros gilt, enthalten Elemente, die aus Märchen, in denen es um die Heirat mit einem Helden geht, bekannt sind. Zudem wirkt, narratologisch betrachtet, der Handlungsverlauf wie der eines Märchens. Er entspricht in vielem der Abfolge der Funktionen, wie sie Propp herausgearbeitet hat (Auszug des Helden, Probe, Gewinn von Zaubermitteln und übernatürlichen Helfern, Ankunft am Ort des gesuchten Gegenstands, Zweikampf mit Gegner und Sieg, Rückreise, Nachstellungen durch Widersacher und Rettung, Rückkehr, erneute Aufgabe und Lösung und, nach längst erfolgter Hochzeit, endlich Thronbesteigung). Vor allem aber vermitteln Aufgabe, Bedingun-

---

83 Vgl. oben S. 124.
84 Zu Danaë vgl. z.B. Hom. Il. 14, 319f.; Hes. fr. 129; 135MW; Pind. P. 10, 44f.; 12, 9ff.; Soph. Ant. 944–948 (älteste Erwähnungen); spätere Testimonien: (außer Apollod. 2, 34–36. 45. 47) Diod. 4, 9, 1; Strab. 10, 487; Paus. 2, 23, 7. 10, 5, 11; Hyg. fab. 63. 155. 224. Vgl. zur gesamten Thematik: L. Röhrich, »Sonnenfolklore«, in: J. Jobé (Hrsg.), *Die Sonne*, Freiburg 1975, S. 89–150.

gen und Hilfen, die im Handlungsgang enthalten sind, den Eindruck, daß dieser nicht vom Protagonisten abhängt, also ›von innen‹, sondern ›von außen‹ gelenkt wird. Der Held handelt gemäß Verhaltens- bzw. Spielregeln, in denen die Struktur der Handlung begründet liegt: Ebenso wie er hilfreichen Rat und Zaubergegenstände von Schenkern annimmt, die ihm gegeben werden, um die Hauptprobe zu bestehen, nimmt er zuvor die Herausforderung an, die nicht »von einem neutral-wohlgesinnten Schenker, sondern [...] von einem feindlichen, arglistigen Gegner« ausgeht.[85]

Die uns durch Pseudo-Apollodors *Bibliothek* überlieferte Erzählung scheint eine *Drachentöter*-Geschichte (AT 300) mit einer Geschichte vom Typus *Die zwei Brüder* (AT 303) zu amalgamieren. Die Ausgangssituation der erzählten Handlung (Apollod. 2, 36–48) besteht darin, daß auf der Insel, wohin Mutter und Sohn gerettet werden, zwei Brüder (ein guter und ein böser) herrschen: Diktys und Polydektes, welch letzterer später Danaë begehrt. Hier nimmt die Handlung ihren Anfang. Ihr Gang ist folgender: Um Danaë in seine Gewalt zu bekommen, schickt Polydektes ihren inzwischen herangewachsenen Sohn, unter dem Vorwand, eine Brautgabe für eine Hochzeit zu holen, aus: Perseus wird vor die – von ihm selbst vorgeschlagene – scheinbar unlösbare Aufgabe gestellt, das Gorgonenhaupt der durch ihren Blick versteinernden Medusa zu holen (und löst die Aufgabe, garantiert doch der zu holende Gegenstand gemäß den Spielregeln des Märchens das Happy-End). Perseus zieht aus und kommt, beschützt durch seine Helfer Athene und Hermes, zu den Gorgonenschwestern Enyo, Pephredo und Deino, die sich beim Gebrauch von nur einem Auge und einen Zahn, die sie zu dritt haben, abwechseln. Indem sich Perseus des Auges und Zahns bemächtigt, gelingt es ihm, den Schwestern die Wegbeschreibung zu besonderen Nymphen zu entlocken und von diesen drei Hilfsmittel zu erhalten: Flügelschuhe, Ranzen und Tarnkappe (Auge und Zahn gibt er den Schwestern wunschgemäß zurück). Zudem erhält er von Hermes eine goldene Sichel. Derart ausgerüstet, fliegt er zu den drei Gorgonen Stheno, Euryale und Medusa, die Köpfe mit Drachenschuppen, große Zähne wie Wildschweine, Hände aus Erz und Flügel aus Gold haben. Durch Verwendung seines Schilds als Spiegel, in dem er die Medusa beobachtet, schlägt er ihr, wobei ihm Athene die Hand führt, das Haupt ab, steckt es in den Ranzen und vermag, durch die Tarnkappe unsichtbar, zu fliehen. Auf dem Weg zur Insel zurück verliebt er sich in die Prinzessin Andromeda, befreit sie von einem Seeungeheuer und heiratet sie, freilich nicht, ohne vorher einen Widersacher (Andromedas ehemaligen Verlobten) mit dem versteinernden Gorgohaupt zu bezwingen. Zur Insel zurückgekommen, erlöst er seine Mutter und Diktys, die wegen der Gewalttätigkeit des Polydektes an Altären Zuflucht genommen haben, versteinert diesen samt seinen Freunden, setzt Diktys wieder als Herrscher über die Insel ein, gibt Hermes die drei Hilfsmittel zurück und Athene das Gorgohaupt. Er selbst macht sich, mit seiner Frau, und Mutter Danaë in deren Heimat auf, tötet Akrisios bei einem Wettkampf durch einen Diskuswurf, überläßt die Herrschaft über Argos dem Sohn von Akrisios' Zwillingsbruder Proitos und wird im Tausch hierfür König von Tiryns.

---

85 Meletinsky, »Erforschung«, S. 211.

1.2.3 Herakles, Peleus, Bellerophon, Argonautensage

Auch die Taten und Abenteuer des Herakles,[86] der doch in Epos und Tragödie (keineswegs Durchschnittsmensch, sondern adelig-tapfer) deutlich Züge des mythischen Heros trägt – man bedenke zudem sein Ende: Tod auf dem Scheiterhaufen, Aufnahme unter die Götter –, sind nicht unbegründet als Märchen gelesen worden.[87] Sein rauhbeiniges, bisweilen komisch-derbes Auftreten verführt dazu, seine Mühen (Dodekathlos) mit dem Typus *Starker Hans* (AT 650)[88] in Verbindung zu bringen. Wie ein typischer Drachentöter erwürgt er den als unverwundbar geltenden nemeischen Löwen, brennt der giftigen Hydra ihre neun Köpfe aus, holt die Gesundheit verleihenden Äpfel der Hesperiden und, nach Abstieg in die Unterwelt, den Höllenhund Kerberos, befreit Theseus aus dem Totenreich etc.[89] Viele dieser – wiederum aus mehreren narrativen Einheiten bestehenden – Taten und Abenteuer finden sich im Mär-

---

86 Herakles-Geschichten liegen seit archaischer Zeit in geradezu unübersichtlicher Fülle vor, zahlreiche Dichter besangen den Helden in Epos und kürzeren Einzeldarstellungen, keine Dichtung jedoch hat die Geschichten übersichtlich geordnet. Zusammenfassende Darstellungen sind erst in Diod. 4, 8–39 und Apollod. 2, 57–166 erhalten, die auf ältere Berichte, zumal Herodoros (FGrH 31 F 13–37) und Pherekydes (FGrH 3, Buch 2 und 3 der Historiai) zurückgreifen. Weitere antike Testimonien bei Fr. Brommer, *Herakles. Die zwölf kanonischen Taten des Helden in antiker Kunst und Literatur*, 5., neu durchgesehene und ergänzte Aufl. Darmstadt 1986 (enthält S. 3–75 zahlreiche Quellen in deutscher Übersetzung, S. 76–80 längere griechische Textpassagen u.a. von Hesiod, Pindar, Sophokles, Euripides). Zur Herakles-Thematik vgl. Kl. Heinrich, *Arbeiten mit Herakles. Zur Figur und zum Problem des Heros – Antike und moderne Formen seiner Interpretation und Instrumentalisierung*, hrsg. von H.-A. Kücken, Frankfurt a.M./ Basel 2006 (mit wertvollen Hinweisen auf Sekundärliteratur).
87 Vgl. B. Schweitzer, *Herakles. Aufsätze zur griechischen Religions- und Sagengeschichte*, Tübingen 1922, S. 131–142, der mehrere Märchenparallelen zu Herakles'Taten beibringt. Gleich in der Einleitung verleiht Schweitzer der Ansicht, das Märchen stamme aus vorliterarischer Zeit, Ausdruck: »Wenn wir aber nach einem Namen für jene freischwebenden, vorliterarischen Mythengebilde, die an keinen Ort, keine Zeit, keinen Namen gebunden sind, suchen, so bleibt nur einer: Märchen« (a.a.O., S. 8). Sodann wirft er die – m.E. unlösbare – Frage auf: »Sind die Märchen Sprengstücke großer mythologischer Systeme, losgelöste Deteriorisierungen der ausgereiften Heldensage, oder war einmal das Märchen eine notwendige Form mythologischer Spekulation?«. Schweitzer weist überdies bereits auf etwas hin, was erst die strukturalistische Märchenforschung geltend gemacht hat: »[...] wie längst nicht mehr verstandene religiöse und abergläubische Gebräuche, kultische Zeremonien und Geräte die Märchenwelt schmücken helfen, aber [...] auch, *wie konstant das Märchen als Form bleibt*, so daß es nur schwer als Verwilderung der Heldensage begriffen werden kann [... |« (a.a.O., S. 9; Hervorhebung durch Kursive, A.-B.R.). Er krönt diese Ansicht durch die später vieldiskutierten Worte: »[...] das Märchen, insoweit es noch nicht auf einer geschichtlich entstandenen Bewertung von Ort, Zeit und Person erwachsen ist, ist die nichthistorisierende Form der Sage und gehört zu den Urgedanken der Menschheit, ehe noch historische Kräfte und ihre Tradition die mythenbildenden Phantasie anregten. *Es besitzt als gleichsam embryonale Bildung die Priorität vor der Heldensage.*«Vgl. die Präzisierung dieser These in der »Entgegnung auf E. Bethes Anzeige von B. Schweitzer, Herakles, Aufsätze zur griechischen Religions- und Sagengeschichte«, in: *Neue Jahrbücher für das Klassische Altertum, Geschichte und deutsche Literatur* 27 (1924), S. 64f.
88 Das AT-Typenverzeichnis unterteilt die »Zauber- oder Wundermärchen«, die unter den »eigentlichen Märchen« den umfangreichsten, gewichtigsten Teil einnehmen, nach ihrem jeweils wesentlichen »wunderbaren, übernatürlichen« Faktor. So gibt es Märchen mit übernatürlichem Gegner, mit übernatürlicher Aufgabe, mit übernatürlichem Können etc.; unter letztere Kategorie fällt *Der starke Hans*.
89 Belegt u.a. bei Eur. Herc. 348–41; Diod. 4, 11–21; Apollod. 2, 61–160 (insbs. 74–126).

chengut anderer Völker und Sprachen. Dort bilden sie Sequenzen innerhalb von Erzählungen, die sich aus einer Reihe charakteristischer Handlungsphasen zusammensetzen.

Zu überprüfen, ob ein syn- und paradigmatischer Vergleich von Ablauf und Inhalt Äquivalenzen mit Märchen anderer Völker anderer Zeiten ergibt, lohnt – wie für die Geschichten des Herakles – auch für Teile der Erzählungen von Peleus und Bellerophon. Peleus soll die schöne Nereide Thetis, trotz ihrer Verwandlungskünste bezwungen und zur Frau gewonnen, aber wieder verloren haben (Anklang ans Melusinenmärchen).[90] Bellerophon soll, von der Frau des Königs, an dessen Hof er lebte, begehrt und nach ihrer Zurückweisung verleumdet worden sein (klassisches Betrugsmanöver des Schadenstifters), nach seiner Ausweisung durch einen »Uriasbrief« in ein fremdes Reich (Vertreibung) jedoch vier scheinbar unlösbare Aufgaben (Prüfungen) mit göttlicher Hilfe gelöst haben (Lösungen), die Königstochter des fremden Reiches und dieses dazu gewonnen haben (Hochzeit und Thronbesteigung).[91]

Ein weiteres Beispiel liefert die sogenannte Argonautensage. Wie Homers Polyphem-Episode[92] und Apuleius' Amor-und-Psyche-Geschichte[93] wurde sie bereits eingehend auf ihren Märchengehalt geprüft und dieser vielfach bestätigt.[94] Zumal die Kernepisode: *Gewinn des goldenen Vlieses durch Iason* und die Episode, die dieser vorausgeht: *Phrixos' und Helles Flucht vor der Stiefmutter* sollten einer vergleichenden Strukturanalyse unterzogen werden.[95] Beider Handlungsablauf läßt jeweils die Beurteilung zu, hier handele es sich um die Erzählform des Märchens. Beider Dynamik ist von der Beziehung zwischen Held und Schadenstifter, Gut und Böse, bestimmt und weist auf das von Meletinsky erarbeitete – auf Personen und Aktionen gründende – oppositionelle Märchenschema hin: Der böse Tyrann Pelias erkennt, vom Orakel gewarnt, seinen künftigen Gegner an einem Zeichen: Iason mit nur einem Schuh und sendet ihn auf ein aussichtsloses Unternehmen nach Kolchis aus, um ihn zu verderben.[96] Die böse Stiefmutter Ino trachtet Phrixos und Helle nach dem Leben: Sie bewirkt Dürre und Unfruchtbarkeit im Lande und fälscht ein Orakel, das Phrixos' Süh-

---

90 Belegt u.a. bei Pind. I. 8, 30 ff.; Apollod. 2, 170 f. Vgl. auch Aly, »Märchen«, Sp. 270 f. und Bolte/Polívka, *Anmerkungen*, Bd. 4, S. 111 f. (beide enthalten ergänzende Literaturhinweise in den Anmerkungen); zur Melusinenthematik s. A. Lesky, *Thalatta. Der Weg der Griechen zum Meer*, Wien 1947, S. 120 f.
91 Belegt u.a. bei Hom. Il. 6, 155–197; Apollod. 3, 30–33. Vgl. auch Aly, »Märchen«, Sp. 271.
92 Literatur bei L. Röhrich, »Die mittelalterlichen Redaktionen des Polyphemmärchens (AT 1137) und ihr Verhältnis zur außerhomerischen Tradition« (1962)«, in: ders., *Sage und Märchen. Erzählforschung heute*, Freiburg i. Br./Basel/Wien 1976, S. 234–252.
93 Vgl. unten S. 188.
94 Vgl. u.a. Aly, »Märchen«, Sp. 269; Halliday, *Indo-European Folktales*, S. 17 f., 63; K. Meuli, »Argonautensage und Helfermärchen«, in: *Odyssee und Argonautika. Untersuchungen zur griechischen Sagengeschichte und zum Epos*, (Diss. Basel) Berlin 1921, S. 1–24; Radermacher, *Mythos*, S. 208–225. --- Die literarische Überlieferung der »Argonautensage« ist zwar weitaus reicher als die der Erzählungen von Polyphem und Amor und Psyche. Doch gerade weil dieser beliebte Stoff so mannigfach überliefert wurde, ist die Lage problematisch: Die Erzählabfolge hat sich durch allerlei Erweiterungen, Verknüpfung der Hauptfiguren und geographische Fixierung der Ereignisse verändert. Vgl. hierzu Hölscher, *Odyssee*, S. 173–185 (mit Diskussion von Meuli und Radermacher).
95 Bolte/Polívka, *Anmerkungen*, Bd. 4, S. 112, bezeichnen die Erzählung von Phrixos und Helle als »Vorläufer« des Märchens *Brüderchen und Schwesterchen* (AT 450, KHM 11).
96 Pind. P. 4, 71 ff., Apoll. Rhod. 1, 5 ff. 3, 66 ff.; Apollod. 1, 107–109.

netod fordert. Von den unschuldigen Stiefkindern heißt es, daß sie auf einem von ihrer Mutter gesandten Widder mit goldenem Vlies flohen, Phrixos diesen nach seinem gelungenen Entkommen – Helle stürzte ins Meer – in Kolchis Zeus opferte, das Vlies in einem Hain aufhängte, wo es fortan von einem schlaflosen Drachen bewacht wurde, und sich, nach bestandenen Gefahren, mit der lokalen Königstochter Chalkiope vermählte.[97] Vom Helden Iason ist überliefert, daß er auf der Expedition nach Kolchis zum Goldenen Vlies[98] durch Gewinn eines übernatürlichen Helfers, mit Hilfe der liebenden Medea, die für die Herausgabe des Vlieses notwendigen Bedingungen erfüllte: scheinbar unlösbare Aufgaben (Pflügen eines Feldes mit feuerschnaubenden Stieren, Tötung der aus der Saat von Drachenzähnen entsprossenen Krieger) löste und durch magische Flucht den Verfolgern entkam.[99]

1.2.4 Strukturelemente der Rekonstruktion

Die genannten Erzählungen durch Synopse ihrer Belege genauer zu rekonstruieren,[100] um neben Märcheninhalten, wie am Melampus-Beispiel versuchsweise vorgeführt, mittels morphologischer Analyse nach Propp und Meletinsky märchentypische Strukturen zur Transparenz zu bringen, dürfte – dies sei wiederholt – eine lohnenswerte Aufgabe darstellen. Denn auch aus Erzählungen, die nur fragmentarisch oder sehr erweitert tradiert sind, lassen sich märchentypische Strukturelemente herauspräparieren. Zwar ist mit den obigen Beispielen nur eine Auswahl an derartigen Erzählungen gegeben; und im einen oder anderen Fall mag die sorgfältige Rekonstruktion ergeben, daß der Grad der Ähnlichkeit des Handlungsablaufes mit dem Märchenschema nach Propp und Meletinsky nicht stark genug ist, um beweiskräftig zu sein. Doch die gegebene Auswahl deutet gleichwohl darauf hin, daß *die schemaorientierte Erzählform des Märchens im Altertum, wenn auch eine festumrissene Gattung »Märchen« im neuzeitlichen Sinne nicht existierte, nicht unbekannt gewesen sein kann.* In vielen Erzählungen kommt es anfangs zu einem Mangel oder einer Schädigung, von wo aus die Erzählung entlang an einer von Personen und Aktionen gebildeten binären Minus-Plus-Struktur »subjektiver« Prägung im Sinne Meletinskys zum Happy-End führt. Auch Vergleiche der Abfolge der Handlungseinheiten spezifischer Märchentypen – wie etwa der des Typs *Die Tochter der Sonne* mit der Erzählung von den Ereignissen, die zu Perseus' Geburt geführt haben – sprechen für die frühe Verwendung des Erzählmodells, das Propps »Zaubermärchen« zugrundeliegt. Wie in diesem Fall sind, vermittelt durch das griechische Epos, aber auch spätere literarische Texte, im Altertum etliche Erzählstoffe ausfindig zu machen, deren erzählerische Gestaltung dem narrativen Märchenmodell zugesprochen werden kann.

---

97 Apollod. 1, 80–83; Hyg. Fab. 1–5. 21: Vgl. auch Radermacher, *Mythos*, S. 176 ff. (führt neben Sekundärliteratur zur Erzählung weitere antike Testimonien an).
98 Auch hier, wie bei Melampus und bei Perseus (vgl. oben S. 160 und 166), garantiert der zu holende ›Gegenstand‹ (Rinderherde und Gorgohaupt) die Herrschaft.
99 In Kürze schematisiert bei St. Thompson, *The Folktale*, New York 1946, S. 280. Weitere Aspekte bei L. Röhrich, »Märchen und Mythen«, in: Graf, *Mythos*, S. 295–304, h.: S. 205 f., 299 (oben).
100 Vielfach sind zwecks genauer Rekonstruktion der narrativen Sequenzen neben den erhaltenen literarischen Fragmenten bildliche Darstellungen hinzuzuziehen.

Eine solche Zuordnung wird gestützt durch die Kenntnis anderssprachiger Märchen, deren syn- und paradigmatischer Vergleich für Ablauf und Inhalt Gleichheiten mit dem antiken Text ergibt. Es bedarf bei einer (hinsichtlich ihrer Erzählform zunächst schwer einzuordnenden) Geschichte der Analyse, ob sie syntaktische, aber auch semantische Eigenheiten besitzt, die sie mit Geschichten teilt, die in ihrem relativ kunstvollen, zielbewußten Bau zweifellos als Märchen gelten können und in den einschlägigen Registern[101] auch als solche notiert sind. Dann gelingt es leicht, Aufschluß über das untersuchte Textmaterial zu erlangen: Ist die Geschichte in einen größeren narrativen Kontext eingebettet, läßt sich mitunter auch ihr *Wozu* ermitteln. Verfolgt man indessen Fragen der Herkunft, Chronologie, Wanderung, Entstehung (etwa desselben Motivs an verschiedenen Orten, der Polygenese), kommt man aufgrund der mündlichen Überlieferung nur sehr bedingt weiter.

1.3 Schriftlichkeit: Einfache Geschichten in Epos und Roman

Das vorangegangene Kapitel hat gezeigt, daß viele antike Erzählungen zwar nicht als intakte Texte schriftlich erhalten, in etlichen Fällen aber die »einfachen Geschichten« erkennbar sind. Zudem gibt so manche zusammenfassende Darstellung einer Erzählung oder Erzählfolge ein Verlaufsschema mit spezifischen narrativen Sequenzen zu erkennen, das dem Erzählmodell Märchen zugerechnet werden kann.

Freilich sind mit der Form, in der die Erzählungen vorliegen, etliche Eventualitäten verbunden. Denn aus Quellen von Homer und Hesiod über Diodor und Pseudo-Apollodor bis hin zu mittelalterlichen Scholien kennen wir zwar den pragmatischen Zusammenhang der Erzählungen, haben aber zumeist keine Vorstellung von ihrer je individuellen narrativen »Expansion« (Roland Barthes) haben. Sie haben im Medium menschlicher Sprache, prosaisch oder poetisch, teils mündlich, teils gar schriftlich existiert. Wir kennen aber meist weder ihren Entstehungskontext noch ihre eventuelle Einbindung in religiöse bzw. kultische Kontexte. Ebenso wissen wir weitgehend nicht, wie sie im Medium Sprache – ob rein mündlich oder ob, nach Erwerb der Schrift, (auch) schriftlich, aber nicht mehr erhalten – episch ausgestaltet wurden. Was als Fabel, pragmatisches Handlungsgerüst, erhalten ist, erteilt wenig Aufschluß darüber, welche Motive als Sondersituationen eventuell besonders entfaltet, d.h. welche Funktionen unter bestimmten Umständen amplifiziert wurden.

Erkennbar sind in erster Linie Aktionserzählungen minimaler erzählerischer Expansion. Auch in dieser Hinsicht haben die schriftlichen Darstellungen etwa eines Pseudo-Apollodor mit denen der Brüder Grimm einiges gemeinsam. Wie schon jener sahen sich diese vor die Aufgabe gestellt, tradierte Erzählstoffe, die sie vorfanden, übersichtlich zu präsentieren und ihnen eine bestimmte Form zu geben. Daß die Aktionserzählungen von Erzählern vor Pseudo-Apollodor und den Grimms – wie dann von diesen selbst – den Bedingungen, unter denen sie erzählten, angepaßt wurden, kann für gewiß gelten. Stärkere narrative Expansionen, die Einwirkung herrschender Diskurse und die Verselbständigung bestimmter Erzähleinheiten in religiösen Kontexten sind einzurechnen. Ebenso ist mit Modifikationen auf der Erzähl-

---

101 Z.B. im AT-Typenkatalog sowie in der EM.

ebene zu rechnen. Möglicherweise wurden bestimmte Zwischenfunktionen in verschiedenen Versionen umgestellt oder gar weggelassen und durch andere ersetzt. Auch wird, wo eine Handlungseinheit expandiert wurde, diese nicht die gleiche Signifikanz wie in der einfachen Version gehabt haben.

Welchen Umfang narrativ expandierte Erzählungen annehmen können, zeigen das frühe griechische Epos und der antike Roman. Beide sind epische Großformen. Beide enthalten einfache Geschichten, die in umfassend angelegten und weitausgesponnenen Zusammenhängen zur Darstellung gebracht werden.

1.3.1 Verhältnis von epischer Groß- und erzählerischer Kleinform

Eben hierin – in der weit ausholenden Darstellung – unterscheiden sich die beiden Großformen von epischen Kleinformen wie der Novelle, dem Märchen, der Fabel, der Legende, der Sage etc. Auf der Basis von Gesetzen der »Sujetfügung« (Viktor Sklovskij) wie Stufen-, Ring- und Reihenkomposition kombinieren sie einfachste Erzähleinheiten zu einer umfänglichen Erzählung.[102] Daß sie die Kleinformen an Länge übertreffen, liegt nicht etwa an einer ausgeprägteren Tendenz, Erzähleinheiten zu kombinieren bzw. zu verketten; Kleinformen kombinieren bzw. verketten gleichfalls Erzähleinheiten, mal wenige, mal – wie Propps Märchenschema zeigt – viele (mitunter über dreißig) Einheiten bzw. Funktionen. Der größere Umfang der epischen Großformen ist vornehmlich auf das andere Verhältnis von Handlungsschema und epischer Gestaltung zurückzuführen. Im Märchen etwa konstituiert nahezu jeder Satz eine Handlungseinheit; das Handlungsgerüst liegt offen zutage. Im Epos und Roman indes sind die einzelnen Handlungseinheiten durch Zerlegung in Teilphasen, durch dialogische und deskriptive Passagen expandiert; mitunter sind, als Reflexionsformen der Kernhandlung, an die Handlungseinheiten auch mehrere eigenständige Episoden geknüpft. Das zugrundeliegende Handlungsschema läßt sich in jedem Fall nicht einfach – wie beim Märchen – durch Segmentierung des Textes herausheben. Es gilt vielmehr, die Handlung zu resümieren, d.h. in größere Einheiten zu bringen. Daß einem das gewonnene Handlungsschema der Basisgeschichte dann mitunter wie das einer epischen Kleinform vorkommt, muß nicht verwundern. Wird doch aus gutem Grund von epischer Klein- und Großform gesprochen. Die entscheidende Differenz zwischen diesen Formtypen – zwischen Märchen, Novellen und anderen kürzeren Erzählungen einerseits, Epos und Roman andererseits – besteht in der erzählerischen Expansion. Sie fällt in der epischen Großform ungleich stärker aus als in der Kleinform.

Gemäß der stärkeren Expansion gegenüber den Kleinformen haben Epos und Roman eine andere ästhetische Wirkung. Die kleinsten Handlungseinheiten in den antiken Großformen haben bei weitem nicht dieselbe Signifikanz wie in den Kleinformen. Die subtilen erzählerischen Techniken und Kunstgriffe in Epos und Roman prägen das Gesamtbild der jeweiligen Gesamtkomposition derart, daß die strukturellen Interferenzen mit den Kleinformen hinter der Monumentalität des Stils und der

---

102 V. Sklovskij, »Aufbau der Erzählung und des Romans«, in: ders., *Theorie der Prosa*, hrsg. und übers. von G. Drohla, Frankfurt a.M. 1966, S. 62–88; ders., »Der Zusammenhang zwischen den Verfahren der Sujetfügung und den allgemeinen Stilverfahren«, in: J. Striedter (Hrsg.), *Russischer Formalismus*, München 1971, S. 38–121.

Darstellung verschwinden. Wohl aus diesem Grund hat man antike Epen und Romane nur in sehr vereinzelten Fällen[103] einem systematischen inhaltlichen und/oder strukturellen Vergleich mit Kleinformen wie der Novelle und dem Märchen unterzogen.

Gleichwohl lassen sich die Ähnlichkeiten der Groß- mit den Kleinformen angesichts ihrer offensichtlichen Bezüge zur volkstümlichen Erzähltradition kaum übersehen. Deshalb wurden Epos und Roman mit kleineren Formen wiederholt in Verbindung gebracht. Vor allem den griechischen Roman hat man mit epischen Kleinformen assoziiert, die, zunächst mündlich vorhanden, erst in nachantiker Zeit ein eindeutiges literarisches Stadium erreicht haben. Quintino Cataudella vertritt die These von der Existenzform prä- und subliterarischer Gattungen; die »novella primitiva« gilt ihm als möglicher gemeinsamer Ursprung von antikem Roman und späterer Novelle.[104] Fritz Wehrli leitet die novellistische Komponente des Romans von folkloristischen Traditionen her; allerdings führt er nicht die Gesamtkomposition des Romans, sondern nur die eingeschobenen Erzählungen und einzelne Handlungseinheiten auf die Tradition novellistisch-volkstümlichen Erzählens zurück.[105] Bruno Lavagnini hält die Lokalsagen, die er als um Kultstätten ›gesponnene‹ tragische Liebesgeschichten auffaßt, für die eigentlichen Vorläufer des antiken Romans.[106] Seine These nimmt nicht zuletzt Ben Edwin Perry auf, der die ersten antiken Romane als unterhaltsame Spätzeitepen für jedermann charakterisiert.[107] Karl Kerényi verweist nachdrücklich auf Einflüsse der religiösen, aretalogischen Unterhaltungsliteratur auf den Roman.[108] Reinhold Merkelbach, der in *Roman und Mysterium* einen vergleichbaren Ansatz vertritt, sucht die Romanhandlungen auf mythische Prototypen zurückzuführen.[109] Und Graham Anderson, der den Standpunkt vertritt, der Roman sei aus dem Märchen entstanden, gewissermaßen eine Ausschmückung desselben, spricht sich dafür aus, die Heldinnen von Longos und Heliodor funktionierten nach einem Aschenputtel-Schema (»Cinderella mechanism«).[110] Gemeinsam ist allen Autoren die Verknüpfung des Romans mit anderen, vor allem kleineren mündlichen Erzählformen.

---

103 Beispiele zu Amor und Psyche sowie den Apologoi folgen.
104 Q. Cataudella, *La novella greca,* Neapel o.J. (1957).
105 Fr. Wehrli, »Einheit und Vorgeschichte der griechisch-römischen Romanliteratur, in: *Museum Helveticum* 22 (1965), S. 133–154.
106 B. Lavignini, *Le origini del romanzo greco,* Pisa 1921, insbes. S. 20 ff.
107 B. E. Perry, »Chariton and His Romance«, in: *American Journal of Philology* 51 (1930), S. 90–134, h.: S. 95 f.; ders., *The Ancient Romances: A Literary-Historical Account of their Origins,* Berkeley/Los Angeles 1967, S. 33.
108 K. Kerényi, *Die griechisch-orientalische Romanliteratur in religionsgeschichtlicher Beleuchtung,* Darmstadt ²1962.
109 R. Merkelbach, *Roman und Mysterium in der Antike,* München/Berlin 1962, insbes. S. 4, 67, 158, 301, 333 ff.
110 Anderson, *Fairytale,* S. 146–157.

1.3.2 Das Märchen als Kleinform innerhalb von Epos und Roman:
Hom. Od. 9–12 und Apul. met. 4,28–6, 24

Die nachfolgenden Überlegungen gelten der Beziehung der beiden antiken epischen Großformen zur epischen Kleinform Märchen. Von den genannten Studien weichen sie insofern ab, als es nicht um eine Rekonstruktion kultischer Kontexte oder die pauschale Aufstellung von Ähnlichkeiten, sondern den typologischen Vergleich mittels strukturanalytischer Beschreibungsmethoden geht. Einer gründlichen Lektüre unterzogen werden zwei der bekanntesten fiktionalen Erzählungen, die, eingebettet in eine episch breite Rahmenerzählung, aus dem Altertum auf uns gekommen sind: die Amor-und-Psyche-Geschichte aus Apuleius' Roman *Metamorphoses* und die *Apologoi* aus dem homerischen *Odyssee*-Epos, die von Odysseus bei den Phaiaken erzählten Irrfahrten.

Die Erzählung von Amor und Psyche befindet sich in der Mitte von Apuleius' Roman *Metamorphoses*.[111] Darin schildert der junge Lucius seine abenteuerlichen Irrfahrten. Diese beginnen, nachdem er, durch ein Mißgeschick in Zauberdingen in einen Esel verwandelt, das Mittel zur Rückverwandlung vernommen hat. Auf seiner Reise trifft er Sadisten, Homoeroten, Transvestiten, Flagellanten, Masochisten und schließlich eine Sodomitin – bis er aus der Verwandlung erlöst wird. Die Handlung baut sich mithin episodisch auf. Die einzelnen Episoden bestehen primär aus Prügel und Drangsalierungen, die der Protagonist mit viel Geschrei unheroisch durchsteht. Sein größtes Bestreben ist es stets, seinen Peinigern zu entgehen. Doch nach der Devise: »Ein Esel bleibt ein Esel« kommt er regelmäßig vom Regen in die Traufe, bis man endlich das Menschliche in ihm erkennt. Er wird zurückverwandelt und kehrt schließlich unversehrt in seine Heimatstadt zurück, allerdings nicht, ohne eine Einweihung in die Isis- und Osirismysterien zu erfahren, die Teil seiner Erlösung ist.

Rings um dieses Geschehen sind Kurzerzählungen gruppiert. Teils Vor- und Folgegeschichten der Haupthandlung, teils von ihr losgelöst, thematisieren sie Untreue, Ehebruch und Eifersucht, Verbrechen, Mord und Zauberei. Die ausführlichste von ihnen ist genau in die Mitte des Romans (Apul. met. 4, 28 – 6, 24) eingelegt. In ihr geht es um die Erlebnisse der aus ihrer Heimat vertriebenen Königstochter Psyche und ihre Liebe zu Amor: Obwohl Psyche weiß, daß sie mit Amor nur so lange in Liebe leben kann, wie sie auf seinen Anblick verzichtet, entzündet sie nachts am Liebeslager das Licht; erst nach der Lösung mehrerer unlösbarer Aufgaben, die ihr »Schwiegermutter« Venus auferlegt – erforderlich ist auch ein Besuch der Totenwelt –, darf sie den Liebesgott wieder umarmen.

Die *Apologoi* (Hom. Od. 9–12) sind Teil der *Odyssee*. Deren Handlung spielt sich im zehnten Jahr nach der Eroberung Trojas durch die Griechen ab. Im Mittelpunkt steht

---

111 Die Vorlage des Romans ist nur noch als gekürzte Version erhalten. Diese Kurzversion der verlorenen griechischen *Metamorphoses* trägt den Titel *Lukios oder der Esel*. Anders als der Roman des Apuleius enthält sie keine Erzähleinlagen, also auch nicht die Erzählung von Amor und Psyche. Diese wird als Zutat des Apuleius angesehen, zumal die inhaltliche Rekonstruktion des Originals ergibt, daß bei der Abfassung der Kurzversion letztlich nur wenig gestrichen wurde. Vgl. Lesky, »Apuleius von Madaura und Lukios von Patrai«, in: *Hermes* 76 (1941), S. 43–71, wiederabgedr. in: ders., *Gesammelte Schriften*, Bern/München 1966, S. 549–578.

der Spätheimkehrer Odysseus, der die Freier seiner Frau Penelope erschlägt. Die ersten vier Bücher handeln von seinem Sohn Telemach, der, von Athene ›erweckt‹, nach Pylos und Sparta fährt, um dort nach dem Vater zu forschen (Telemachie). In Buch fünf wird Odysseus auf Zeus' Geheiß von Kalypso entlassen, in Buch sechs von der Phaiakenprinzessin Nausikaa auf Scheria aufgenommen, dann von den Phaiaken beherbergt (*Phaiakis*[112]) und in Buch 13 von diesen nach Ithaka gebracht. Er kehrt bei dem Schweinehirten Eumaios ein und gibt sich dem heimgekehrten Telemach zu erkennen (Od. 13–16). Gemeinsam mit ihm bereitet er die Rache an den Freiern vor (Od. 17–20), ermordet sie alle nach einem Bogenwettkampf, gibt sich Penelope und seinem Vater zu erkennen und erhält, wie schon so oft, noch einmal den Beistand der Athene, die einen neuen Aufstand der Ithaker beendet (Buch 21–24).

In den *Apologoi* geht es um Odysseus' Erlebnisse ›fern von Heim und Weib‹: Nach Trojas Fall verschlägt es ihn mit den Gefährten zu allerlei verführerischen oder gewalttätigen Wesen, denen er widerstehen bzw. entgehen muß. Zu den zu bestehenden Prüfungen gehört auch ein Treffen mit den Toten der Unterwelt, bei dem er wichtige Informationen erhält. Am Ende erleidet Odysseus Schiffbruch, verliert alle Gefährten, da diese – gegen ausdrückliches Verbot – die Rinder des Helios verzehrt haben, und gelangt zur Insel der Kalypso, seiner letzten Station, bevor er schließlich zu den Phaiaken kommt und dort seine Geschichte erzählt.

1.3.3 Erzähltechnische Gemeinsamkeiten und Unterschiede:
  »Apologoi« (Homer) und »Amor und Psyche« (Apuleius)

Beide Erzählungen, die von Amor und Psyche und die von Odysseus' Irrfahrten, sind Erzählungen in dem dreifachen Sinne, den Gérard Genette in *Discours du récit* (1972) herausgearbeitet hat. Es handelt sich jeweils um

(1) eine narrative Aussage bzw. Äußerung, d.h. den mündlichen oder einen schriftlichen Diskurs (die Erzählung, »récit«)
(2) eine Folge von Ereignissen, die Gegenstand dieser Aussage sind (die Geschichte, »histoire«)
(3) das Ereignis, daß jemand erzählt (die Narration, »narration«).[113]

Beiden Erzählungen gemeinsam ist, daß sie sich als »Narration« (3) innerhalb der sogenannten »Diegese«, d.h. der reinen Erzählung, befinden, also Binnenerzählungen sind. Sie erfolgen auf einer zweiten Erzählebene, die wir mit Gérard Genette intradiegetisch im Gegensatz zur extradiegetischen Ebene der Rahmenerzählung nennen.[114] Sprechpragmatisch gesehen, sind sie in der ersten Person abgefaßt, da sie als Erzählung *per definitionem* von jemandem dargeboten werden.

---

112 Die *Phaiakis* geht den *Apologoi* voraus. Sie enthält die Vorgänge im Phaiakenland vor der Abenteuer-Erzählung: Odysseus' Strandung und Begegnung mit Nausikaa, die Wettkämpfe der Phaiaken, an denen er siegreich teilnimmt und den Beginn seines Irrfahrtenberichtes. Die *Phaiakis* bildet mithin einen Vorspann, an den die *Apologoi* (zum Begriff vgl. G.W. Most, »Structure and Function of Odysseus' Apologoi«, in: *TAPhA* 119 (1989), S.15–30, h.: S. 20 Anm. 24.) nahtlos anschließen.
113 Vgl. G. Genette, *Die Erzählung,* München ²1998, S. 15–20.
114 A.a.O., S. 162–188.

1.3.3.1 Stellung des Erzählers zum Geschehen
Zieht man jedoch das Maß der Beteiligung des Erzählers am erzählten Geschehen in Betracht, ergeben sich entscheidende Differenzen. In der Geschichte von Amor und Psyche gibt es kein erlebendes, sondern nur das erzählende Ich des Sprechers der Erzählrede, eine alte Küchenmagd, die – nach Genette – als heterodiegetischer Erzähler zu bezeichnen ist. Die von ihr erzählte Geschichte gehört zu den Erzählungen des intradiegetisch-heterodiegetischen Erzähltypus, in denen der Erzähler nicht zu den Figuren seiner Geschichte gehört und in der die dritte Person dominiert. In den *Apologoi* hingegen liegt eine andere Beziehung zwischen Narration und Erzählung vor. Die *Apologoi* sind zu den Erzählungen des intradiegetisch-homodiegetischen Erzähltypus zu rechnen, in denen ein Erzähler auf zweiter Stufe seine eigene Geschichte erzählt. In ihnen dominiert die erste Person, die sowohl die Rolle des erzählenden als auch die des erzählten Ichs umfaßt; Subjekt und Objekt der Erzählung sind also eine Person.[115] Bevor beide Erzählungen – die von Amor und Psyche in II.A.3, die *Apologoi* in II.B.-C. – eine gesonderte Lektüre erfahren, seien einige Worte vornehmlich zur Art ihrer Einbettung in die epische Großform, innerhalb deren sie uns erhalten sind, gesagt.

1.3.3.2 Erzählgrammatik
Daß beide Erzählungen wiederholt ins Feld geführt wurden, wenn es galt, den Beweis für das Märchen im Altertum anzutreten, verwundert nicht.[116] Vieles in ihnen ist typisch fürs Märchen. Sie enthalten nicht nur einzelne Motive, die das Märchen charakterisieren – vornehmlich dies hat die Forschung betont –, sondern eine ganze Reihe von Merkmalen, die dafür sprechen, daß ihnen das Erzählmodell Märchen zugrundeliegt. Zu diesen Merkmalen gehört die Art und Weise, wie die Schematismen der Wirklichkeit ausgeblendet werden, wie die zutiefst menschlich wirkenden Hauptfiguren, mit hilfreichem Rat ausgestattet, das Jenseits erwandern und mit Jenseitigen verkehren, als seien es ihresgleichen, und wie endlich (nach Tabu-Mißachtung, Attacken durch Gegner und Lösung scheinbar unlösbarer Aufgaben) das obligatorische Happy-End eintritt. Als finale Konfliktlösung entspricht es der binären Gliederung nach Oppositionen, die in beiden Texten die syntaktische und semantische Ebene kennzeichnet. Der homerische Text und der des Apuleius entsprechen, wie in den folgenden Kapiteln gezeigt wird, in formaler bzw. struktureller und inhaltlicher Hinsicht Texten, die man ihrer Erzählgrammatik wegen dem Märchen zurechnet. In der Tiefenstruktur von grundlegenden Oppositionen wie *gut/böse* beherrscht, die auf der märchentypischen *Freund-Feind*-Unterscheidung basieren und auf der Textoberfläche in Aktanten wie *Protagonist/Antagonist* überführt werden, ist ihr Handlungsfortgang wesentlich von der Beziehung der Hauptfigur und ihren Gegenspielern geprägt.

Beide Texte folgen mithin den Parametern schemaorientierten Erzählens. Sie sind durch die formale und inhaltliche Formelhaftigkeit folkloristischer Erzählgattungen geprägt, denen bestimmte »epische Gesetze der Volksdichtung« (Axel Olrik) zugrundeliegen.[117] Oder anders formuliert: Sie weisen ein Verhältnis von Tiefen- und Hand-

---
115 A.a.O., S. 178.
116 Beispiele werden im Fortgang der Argumentation genannt.
117 A. Olrik, »Epische Gesetze der Volksdichtung«, in: *Zeitschrift für deutsches Altertum* 51 (1909), S. 1–12.

lungsstruktur auf, das für mündliches Erzählen und für Literatur aus dem Bereich, in dem sich Mündlichkeit und Schriftlichkeit treffen, charakteristisch ist. Außerdem sind beide jeweils als mündlich vorgetragen vorgestellt. So wird mit ihnen innerhalb des Werkes, in das sie eingeflochten sind, Mündlichkeit auf zwei Ebenen inszeniert: auf der Ebene der Tiefen- und Oberflächenstruktur der Binnenerzählung und auf der Ebene der Verknüpfung der Binnen- mit der Rahmenerzählung. In der Erzählung erster Stufe (der extradiegetischen Erzählung) tritt ein Erzähler auf, dessen ersichtlich schemaorientierte Erzählung (die intradiegetische Erzählung) vorführt, was seine Inszenierung innerhalb der Rahmengeschichte erwarten läßt: Mündlichkeit.

Auf diese Weise bezeugen das homerische Epos und Apuleius' Roman, daß Narrationen, die wir heute unter die Kunst des Märchenerzählens subsumieren würden, schon im Altertum als Erzählungen galten, die in einer Kultur der Mündlichkeit gediehen. Beide enthalten Erzählungen, die, in ein größeres episches Opus eingebettet, einer Erzählerfigur in den Mund gelegt werden: im Epos dem Odysseus, im Roman einem vom hohen Alter gebeugten Mütterchen (*anus curvata gravi senio*[118]), das – ganz nach antiker Tradition – als schon halbtote (*semimortua*[119]), delirierende trunkene Alte (*delira et temulenta*[120]) Objekt makabrer Belustigung ist. Beide Erzählungen imitieren Mündlichkeit und reihen zu diesem Zweck eine Folge folkloristischer Motive als Erzähleinheiten aneinander, d.h. sie führen Strukturen volkstümlichen Erzählens vor. Mit der Amor-und-Psyche-Geschichte soll – dies geht aus dem ihr vorangestellten Passus explizit hervor – die Erzählweise der mündlich erzählten *fabulae aniles*[121] nachgeahmt werden. Die *Apologoi* imitieren die Erzählweise eines Sängers präliterarischer Tradition, der eine episodisch durchstrukturierte Erzählung von exotischen Begegnungen und Abenteuern mit Zauberinnen, Riesen und allerlei wundersamen Wesen bis ins Jenseits hinein so vorzutragen weiß, daß seine Zuhörer von Bezauberung gefangen sind.

1.3.3.3 Ort des Erzählens, Ebenen, Verknüpfungen

In beiden Fällen weist die als mündlich vorgetragen gedachte Erzählung Bezüge zur Haupthandlung auf, die in den *Apologoi* jedoch deutlicher hervortreten als in der Amor-und-Psyche-Geschichte. Odysseus' berichtende Erzählweise – nach Franz K. Stanzel »Ich-Erzählsituation«, in welcher der Erzähler zur Welt der Figuren gehört (nach Genette homodiegetisch) – läßt die Abenteuer als integralen Teil der Haupthandlung (Odysseus' *Nostos*) erscheinen. Die Amor-und-Psyche-Geschichte indes – hier liegt nach Stanzel eine »personale Erzählsituation« vor, bei der die Erzählerfigur auf Einmischungen und Kommentare verzichtet (nach Genette heterodiegetisch) – ist von der Haupthandlung losgelöst.[122] Hier sind die Bezüge zum Handlungsgeschehen des Romans nur implizit durch Motivparallelen gegeben: Psyche treibt dieselbe Neugier nach Wissen, das Menschen nicht zusteht, wie den Romanprotagonisten Lucius; diese *curiositas* führt beide zu Wanderungen, Leiden und Prüfungen, bis am Ende je-

---

[118] Apul. met. 4, 7, 1.
[119] Apul. met. 6, 26, 8.
[120] Apul. met. 6, 25, 1.
[121] Apul. met. 4, 27, 5.
[122] F. K. Stanzel, *Typische Formen des Romans*, Göttingen 1964, S. 16 f.

weils die Erlösung erfolgt.[123] In dieser Hinsicht erfüllt die Geschichte der Psyche die Funktion einer Spiegelung. Gegeben ist, um mit Eberhard Lämmert zu sprechen, eine »korrelative« Form der Verknüpfung im Sinne einer Ähnlichkeitsbeziehung zwischen der Binnen- und der Rahmenerzählung. Zugleich hebt sich die Binnenerzählung ebenso gegen die komplexe Erzählform des Werks, dessen Teil sie ist, ab wie sich Odysseus' Abenteuer-Erzählung vom übrigen Epos unterscheidet: Die einzelnen Episoden, aus denen diese beiden als mündlich vorgetragen gedachten Binnenerzählungen bestehen, sind jeweils deutlich knapper erzählt als die Episoden der Rahmenhandlung, der Erzählstil ist ersichtlich straffer, die Handlungsstruktur weitaus weniger komplex. In beiden Fällen – im frühgriechischen Epos und im römischen Roman – liegt also eine »korrelative« Form der Verknüpfung von Haupt- und Binnenerzählung auch im Sinne einer »Kontrastbeziehung« vor.[124]

Aufschlußreich ist diese Gemeinsamkeit vor allem, da die *Odyssee* und die *Metamorphoses* literarische Zeugnisse sehr verschiedener antiker Literaturepochen sind. Die *Odyssee*, spätestens um 700 v. Chr. entstanden, steht am Anfang der antiken Literatur.[125] Sie ist Zeugnis des Übergangs von der Mündlichkeit zur Schriftlichkeit in frühgriechischer Zeit, als Folklore und Literatur noch nicht streng auseinanderhalten werden. Ihre Sprache weist allerlei Charakteristika mündlichen Stils auf. Sie setzt eine Erzähltradition voraus, die nach den Regeln der *composition in performance*, den Gesetzen mündlicher Dichtung funktioniert.[126] Es verwundert nicht, in einem solchen Werk des Übergangs Elemente fiktiver und konzeptioneller Mündlichkeit zu finden, die Strukturen folkloristischen Erzählens enthalten. Weitaus mehr überrascht der Fund solcher Strukturen im Genre des römischen komischen Romans, zu dem Apuleius' *Metamorphoses* zählen. Spricht ihr Verfasser seine Rezipienten anfangs doch ausdrücklich mit *lector intende* an (Apul. met. 1, 1, 6), sind sie doch Zeugnis ausgereifter konzeptioneller Schriftlichkeit. Etwa 170 n. Chr., knapp tausend Jahre später als das frühgriechische Epos verfaßt, stammen sie aus einer Zeit, in der Folklore und Literatur als gegensätzliche Textverwendungstypen verstanden werden. Und doch wird in ihnen – durch den gleichen Kunstgriff wie im Epos: mittels einer in sie eingelegten, als mündlich gedachten fiktionalen Erzählung – den Gesetzmäßigkeiten folkloristischen Erzählens Geltung verschafft.

1.3.3.4 Subjekt und Adressat des Erzählens
Von Bedeutung ist bei diesem Kunstgriff in beiden Texten die Inszenierung der Er-

---

123 Vgl. zu den Parallelen etwa P. G. Walsh, *The Roman Novel. The ›Satyricon‹ of Petronius and the ›Metamorphoses‹ of Apuleius*, Cambridge 1970, S. 190–223. Auf die Gemeinsamkeiten zwischen Lucius und Psyche wurde wiederholt hingewiesen, zuerst von K. Bürger, *Studien zur Geschichte des griechischen Romans*, Bd. 2, (Progr. Gymn.) Blankenburg a.H. 1903, S. 13–16; später haben Reitzenstein, *Märchen,* und P. Junghanns, »Probleme der Rahmenerzählung«, in: *Die Erzählungstechnik von Apuleius' Metamorphoses und ihre Vorlage* [= Philologus, Supplbd. 24 (1932)], S. 143–156, die Idee aufgenommen.
124 E. Lämmert, *Bauformen des Erzählens*, Stuttgart 1955, S. 43–67.
125 Vgl. z.B. die Datierungsvorschläge bei B.B. Powell, *Homer and the Origin of the Greek Alphabet*, Cambridge 1991, insbes. S. 187–220.
126 Hierin ist sich die Forschung einig. Nicht nur die Vertreter der von Milman Parry inaugurierten *oral theory* sind dieser Ansicht, sondern auch diejenigen, die den Einfluß der Schrift auf Komposition und Fixierung der *Ilias* und *Odyssee* betonen.

zählsituation und des Verhältnisses *Erzähler–Adressat*. Mit ihrer Darstellung wird sowohl in der *Odyssee* als auch in den *Metamorphoses* der erzählerische Rahmen für die Einbettung der als mündlich vorgetragen gedachten Erzählung geschaffen. Das Epos setzt einen gewieften Erzähler, Odysseus, den Vielklugen, in Szene. Der Roman führt uns das Klischee einer fabulierenden Alten vor: eine gerissene (*astutula*) *anus*.[127] Beide wählen, da es die Situation erfordert, ein Erzählmodell, das sie nicht zwecks Darstellung von Wirklichkeit, sondern von Wesentlichkeit anwenden: um die konkrete Welt nicht nach-, sondern umzuschaffen, ihre Elemente zu verzaubern, ihnen eine andere Form zu geben und so eine eigene Welt zu erschaffen. Beide, Odysseus und die Alte, entscheiden sich für ein narratives Modell erfolgreicher Konfliktlösung, das von Optimismus getragen ist. Ihre Wahl fällt auf ein Modell, das mit der Darbietung von Konflikten im Freund-Feind-Schema – mit der Darstellung von Abenteuern, Aufgaben, Möglichkeiten, Gefahren, Hilfen, Versagen, Bestehen und finaler Wendung zum Guten – positiv anrührt. Kurzum, beide wählen die ihnen zu Gebote stehenden narrativen Möglichkeiten dessen, was wir »Märchen« nennen.

In beiden Fällen erweist sich die Wahl als erfolgreich. Sowohl Odysseus als auch die Alte erwecken mit der Erzählung äußerstes Wohlgefallen. Schon als der Vielkluge die Erzählung das erste Mal unterbricht, um auf die späte Stunde hinzuweisen, aber auch am Schluß wird die Reaktion seines Publikums, der Phaiaken, wie folgt beschrieben: »So sprach er. Die aber waren stumm in Schweigen und waren von Bezauberung gefangen rings in den schattigen Hallen.«[128] Ebenso wird in Apuleius' Roman nach Abschluß der Erzählung deutlich ein Lob ausgesprochen. Der Ich-Erzähler Lucius gibt an, Zeuge der Erzählung gewesen zu sein, und läßt uns wissen, wie angetan er ist: Er äußert sein Erstaunen darüber, daß eine solche Erzählerin eine so schöne Geschichte, *bella fabula*, zu erzählen wisse.[129] Die vom hohen Alter gebeugte trunkene Alte erzählt die Geschichte, um ein verschrecktes weinendes Mädchen, das auf andere Art und Weise nicht zu beschwichtigen ist, mit *narrationibus lepidis et anilibus fabulis*[130] zu ermuntern. Der Inhalt der Geschichte ist, wie noch zu zeigen sein wird, ganz auf die Situation des Mädchens abgestimmt.

1.3.3.5 Motivierungen

Auf die Zuhörerschaft abgestimmt sind auch die Erzählungen innerhalb der *Odyssee*. Dieses Prinzip macht die Darstellung der Sänger[131] Phemios und Demodokos (die Odysseus an erzählerischer Kunstfertigkeit übrigens noch übertrifft[132]) ebenso bewußt wie Odysseus' Portraitierung als Meistererzähler: Der Vielkluge weiß, mit Sprache umzugehen. Wem diese Begabung bei einer *Ilias*-Lektüre nicht auffällt, bemerkt sie spätestens beim Lesen der *Odyssee*. In ihr setzt der Wortkünstler sein Talent mehr-

---

127 Apul. met. 6, 27, 1.
128 Od. 11, 333–34. 13, 1–2. Hier, wie auch im folgenden, zit. nach: Homer, *Die Odyssee*, deutsch von W. Schadewaldt, hrsg. von E. Grassi, Hamburg 1986 (wo im folgenden griechisch zitiert wird, dient als Vorlage *Homeri Oyssea*, rec. Helmut van Thiel, Hildesheim 1991).
129 Apul. met. 6, 25, 1.
130 Apul. met. 4, 27, 5.
131 Vgl. hierzu etwa H. Fränkel, *Dichtung und Philosophie des frühen Griechentums*, München 1962, S. 6–27, insbes. S. 11–17.
132 Vgl. T. Krischer, »Mündlichkeit und epischer Sänger im Kontext der Frühgeschichte Griechenlands«, in: Kullmann/Reichel, *Übergang*, S. 51–63.

fach wohldurchdacht ein: sowohl bei den Phaiaken, in der »Märchenwunderwelt«[133] Scheria, als auch in der Heimat Ithaka. Um sich nach seiner Heimkehr nicht zu erkennen zu geben und in Ruhe den Anschlag auf die Freier vorzubereiten, fingiert er auf Ithaka eine Autobiographie: die Lebensgeschichte eines vom Unglück verfolgten Kreters, die er – je nach Zuhörer und Zweck – umgestaltet. Athene, der Schweinehirt Eumaios, Odysseus' Frau Penelope und deren Freier bekommen je unterschiedliche Varianten der fingierten Geschichte zu hören.[134] Dieses Vorgehen des Odysseus zeigt, in welchem Maße die Intention, beim Publikum einen bestimmten Erfolg zu erzielen, den antiken Erzähler bei der Wahl seiner Erzählung leitet. Noch deutlicher wird dieses Prinzip in der Darstellung von Odysseus' Aufenthalt bei den Phaiaken, deren Wohlwollen zu erwerben ist: Dem Urteil des Königs Alkinoos zufolge »kundig wie ein Sänger«,[135] erzählt Odysseus auch hier eine Lebensgeschichte, die auf einen bestimmten Erfolg abzielt: Er präsentiert dem glücklich und sorglos lebenden Seefahrervolk, zu dem es ihn nach langer Fahrt auf dem Weg von Troja nach Ithaka verschlägt, eine Erlebnisfolge, die ihn als vielfach verlockten, leidgeprüften Reisenden ausweist und die Dringlichkeit der Heimreise verdeutlicht.

Sowohl für die Amor-und-Psyche-Geschichte als auch für die *Apologoi* heißt das: Als Narrationsakt innerhalb der extradiegetischen Erzählung erster Stufe erscheinen sie – durch die psychologisch-realistisch wirkende Einbettung der Erzählung ins Handlungsgeschehen – als »von vorne« (Clemens Lugowski) motiviert: Ziel beider Erzähler ist es, eine bestimmte Zuhörerschaft, auf die ihre Erzählung zuschnitten ist, zu erreichen. Beider Erzählung selbst jedoch, die intradiegetische Erzählung, ist »von hinten« motiviert: In beiden Fällen läuft das Geschehen so ab, wie es abläuft, um eine bestimmte vorgegebene finale Lösung (Happy-End) zu motivieren, also das strukturelle Hauptgesetz des Märchens, nach dessen schematischen Vorgaben sie erzählt werden, zu erfüllen.[136]

Daß in beiden Werken durch die psychologisch-realistisch erscheinende Integration der Erzählung ins Handlungsgeschehen die Wechselwirkung *Erzähler-Zuhörer* betont wird, gibt dichtungstheoretisch einigen Aufschluß. Lassen sich doch von der werkinternen Erzähler-Adressat-Beziehung Schlüsse auf die Beziehung zwischen werkexternem Erzähler und Rezipienten ziehen. In beiden Fällen wird deutlich, daß die Wirkung der Erzählung auf die Zuhörer für den antiken Erzähler zentralen Stellenwert besaß: Je nach Zuhörerschaft entschied sich der ›fabulator‹ für diese oder jene Form des Erzählens, für diese oder jene Inhalte. Zu welchen Mitteln man griff, um Zuhörer zu bezaubern bzw. zu begütigen, führen die *Odyssee* und die *Metamorphoses*

---

133 Zum Begriff »Märchenwunderwelt« vgl. Reinhardt, »Abenteuer«, S. 112, der die Phaiaken als märchenhafte hilfreiche Wesen aus der Ferne versteht. Vgl. auch Fr. Eichhorn, *Homers Odyssee. Ein Führer durch die Dichtung*, Göttingen 1965, S. 17 f., 45–63 (entspricht dem Forschungskonsensus, der in der Zuordnung der Phaiaken zum Bereich des Märchens liegt). Eichhorn zerlegt »die liebevolle Beschreibung der märchenhaften Phaiaken«, »die Schilderung ihres märchenhaft glücklichen Lebens« in Einzelabschnitte der »sonnigen Tage [...], die Odysseus [...] bei diesem Märchenvolke verlebt«. Vgl. auch Germain, *Genèse*, S. 285–319.
134 Od. 13, 256–286. 14, 199–359. 17, 415–444. 19, 165–202.
135 Od. 11, 368; vgl. auch 17, 518.
136 Vgl. unten S. 210 f. (zum Kapitel »Motivation von hinten‹ und die Bedeutung des Ergebnismoments«, in: Cl. Lugowski, *Die Form der Individualität im Roman* (1932), Frankfurt a. M. ²1994, S. 66–81).

vor Augen: Odysseus und die Alte wählen jeweils eine ganz spezifische Kunst des Erzählens: die Kunst des Märchenerzählens. Zu den Basiselementen dieser Kunst gehört das rasche Fortschreiten des Geschehens durch die Wanderung der Hauptfigur. Es vermittelt den Eindruck einer spezifischen Leichtigkeit, Gebundenheit und Freiheit, Sicherheit und Bewegung.[137] Feste Form und leicht fortschreitende Handlung verbinden sich in beiden Texten zur künstlerischen Einheit einer Erzählung, deren Zergliederung zeigt, daß hier Strukturschablonen von Prüfungen und Tests, die in binären Verkoppelungen aneinandergereiht sind, zugrundeliegen. Mit ihrer Hilfe wird in beiden Erzählungen das seit dem frühen Altertum in der abendländischen Erzählkultur beliebte Schema der beiden Liebenden gestaltet, die, voneinander getrennt, in allerlei verführerische und existentiell bedrohliche Situationen geraten, um erst nach unvorstellbaren Abenteuern wieder zusammenzukommen.

2. Der griechische Liebes- und Abenteuerroman: Expandierte Märchenerzählungen in historischem Gewand

Jenes Motiv liegt auch dem griechischen Liebes- und Abenteuerroman zugrunde. Auch in ihm geht es um zwei Liebende, die erst nach unvorstellbaren Abenteuern glücklich zueinanderfinden. Diese Motivgleichheit hat einzelne Forscher veranlaßt, sowohl die Erzählungen von Odysseus als auch die Geschichte von Amor und Psyche mit dem griechischen Liebes- und Abenteuerroman zu assoziieren. Uvo Hölscher etwa erhebt Odysseus, den »kundigen Sänger« von Abenteuern und Erdichter von Lügen, zum Archegeten des Romanerzählers. Thomas Hägg verweist auf die Parallelen der Amor-und-Psyche-Geschichte und der frühen Romane Charitons von Aphrodisias und Xenophons von Ephesos.[138]

Die von Hölscher und Hägg vorgenommenen Assoziationen liegen nahe. Die *Apologoi*, die Amor-und-Psyche-Geschichte und die griechischen Liebes- und Abenteuerromane haben in ihrer Eigenart als schemabezogene fiktionale Erzählungen einiges gemeinsam. Ihre Protagonisten teilen das Los, während ihrer sich episodisch aneinanderreihenden Abenteuer von dem bzw. der Liebsten getrennt zu sein. Wie bei Homer und Apuleius sind die uns erhaltenen griechischen Texte der Gattung Liebes- und Abenteuerroman als Erzählungen von Abenteuern und Prüfungen getrennter Liebender konzipiert. Ob es sich um *Chaireas und Kallirhoe* (Chariton) und die *Ephesiaka* (Xenophon), ob um *Daphnis und Chloe* (Longos) oder um *Leukippe und Kleitophon* (Achilleus Tatios) und die *Aithiopika* (Heliodor) handelt: Alle fünf Texte sind von einem Schematismus der Handlungsführung geprägt, der aus der Reproduktion und erzählerischen Expansion derselben einfachen narrativen Sequenz resultiert. Alle fünf Romane variieren das Motiv der unwandelbaren Liebe, die sich als solche in verschiedenen Prüfungen zu beweisen hat. Die strukturbildende Kraft dieses Motivs zeigt sich in der Reproduktion des Handlungsverlaufschemas, das Wolfgang Kayser auf die Kurzformel *erste Begegnung – Trennung – Wiedervereinigung* bringt.[139] Diese Trias

---
137 Vgl. Lüthi, *Das europäische Volksmärchen*, S. 86.
138 Hölscher, *Odyssee*, S. 230 ff.; Th. Hägg, *Eros und Tyche. Der Roman in der antiken Welt*, Mainz 1987, S. 223 ff.
139 W. Kayser, *Das sprachliche Kunstwerk*, Berlin ²1951, S 362.

bildet die Tiefen- bzw. Makrostruktur der einzelnen Romane: Erzählt wird von der Liebe eines meist schönen jungen Paares, das, Prüfungen ausgesetzt, d.h. in Abenteuer und Gefahren gestürzt, am Ende – nach vielfältigen existentiellen Bedrohungen, die durchweg mit einer Trennung voneinander verbunden sind – zu einem Leben in glücklicher Liebe vereint wird.

Der Handlungstypus dieser Romane entspricht dem, was Erwin Rohde[140] über Iamblichos' *Babyloniaka* sagt, die nur fragmentarisch erhalten, aber durch eine Paraphrase im 94. Band der *Bibliothek* des Photios[141] nach Handlung und Komposition bekannt sind:

> Ein Liebespaar, von einem gefährlichen Feinde verfolgt, ruhelos durch die Länder irrend; Verfolger und Verfolgte immer hintereinander herjagend; wechselnde Unglücksfälle, je seltsamer desto besser; Steigerung der Not bis zum höchsten Punkte, und immer wieder eine unerwartete, zufällige Errettung im letzten Augenblick; zuletzt der Triumph der Tugend und ein Ende in voller Glückseligkeit.

Abweichungen innerhalb dieses Grundgerüsts betreffen nur den Zeitpunkt der Heirat. Bei Chariton und Xenophon, den Repräsentanten des »vorsophistischen« idealisierenden Romans der frühen Kaiserzeit, ist das Paar bei seiner Trennung vermählt; es strebt nach Ehe und Heimat zurück. Bei Longos, Achilleus Tatios und Heliodor hingegen, die den »sophistischen« idealisierenden Roman im Zeitalter der Zweiten Sophistik repräsentieren, steht die Heirat am Romanende; bis zu diesem müssen die Liebenden allerhand Prüfungen durchstehen.[142] Wie auch die Paare der beiden älteren Romanautoren erleben sie je eine Reihe von Abenteuern, in deren Verlauf sie sich als Mensch bewähren. Dabei lassen sie im Umgang mit Antagonisten ebenso wie mit Helfern eine aktive soziale Kontaktfähigkeit erkennen, die sie als auffallend beziehungsfähig ausweist. Ihr Verhalten ist so handlungsfunktional wie das der Ratgeber und Helfer, die wiederholt auftreten: Von diesen empfangen sie Hilfen, ohne ihnen deshalb verpflichtet zu sein oder immerwährende übernatürliche Kräfte verliehen zu bekommen und Teil eines übermenschlichen Systems zu werden. Sie erhalten Gaben – magische Helfer-Objekte und Helfer- bzw. Schenkerfiguren, die an ihrer Stelle handeln – als veräußerlichte Substitute eigener Kraft. Diese Gaben sind Mittel zur Bewältigung ihrer Prüfungen, Aufgaben, Tests und Proben, an deren Ende das Happy-End in Form einer Hochzeit oder Wiedervereinigung steht.

Die Gemeinsamkeiten, die der hellenistische Liebes- und Abenteuerroman nicht nur mit der *Odyssee* und Apuleius' Geschichte von Amor und Psyche, sondern auch mit dem Märchen teilt, sind evident. Wie im Märchen werden uns auf heitere Weise einfache Abenteuergeschichten erzählt, deren Hauptelemente die Themen Liebe, Reise und Gewalt sind. Und wie im Märchen deuten die Prüfungen, welche die Hauptfiguren durchstehen, auf die mittels sozialer Vereinzelung betriebene Einführung Jugendlicher in den Kreis der Erwachsenen hin: auf die Wirklichkeit der Initiation.[143] Einen Unterschied zum Märchen liefert allerdings das historische Kolorit der

---

140 E. Rohde, *Der griechische Roman und seine Vorläufer* (1876), Darmstadt ⁴1960, S. 405.
141 Phot. Bibl. 94, 74b-75a.
142 Zur Unterscheidung »vorsophistisch«/»sophistisch« vgl. Hägg, *Eros*, S. 52.
143 Vgl. oben S. 83 f.

Erzählungen. Schon Chariton läßt sein Romangeschehen in Griechenlands klassischer Zeit ablaufen; und noch Heliodor sucht seine Leser in eine Zeit zu entführen, in der die Perser über Ägypten herrschen. Doch mag auch das Gewand des Romans ein historisches, seine Szenerie eine geschichtliche sein: Ausgangspunkt ist nicht ein historisches, sondern allgemeinmenschliches Interesse: Die erwünschte Welt wird mit der tatsächlichen in eins gesetzt und hierdurch eine eigene Welt geschaffen, die Optimismus stiftet. Im Zentrum des Romans steht das Individuum, das zwar im permanenten Kontakt zu seiner Umwelt steht, aber letztlich von ihr losgelöst, isoliert, Trennung vom Liebsten trägt, immense Leiden um der (Wieder)Vereinigung willen übersteht und so unaufhaltsam aufs Happy-End hin durch die Welt wandert.

Die Analogien von Märchen und griechischem Roman finden ihren Reflex nicht zuletzt in der Haltung der Rezipienten: Vom schweren Stand, den das Märchen und andere – den jeweiligen ethischen Parametern nicht entsprechende – Erdichtungen lange bei den ›Gebildeten‹ hatten, ist ausführlich gesprochen worden.[144] Einen ähnlich schweren Stand hat in der Antike und Spätantike auch der Liebes- und Abenteuerroman. Während Bewunderer hohen Stils und ›Gebildete‹ ihn geringschätzen, genießt er als Unterhaltungslektüre für ein breites Publikum weite Popularität.[145] Literaturtheoretiker und -kritiker indes ignorieren ihn und verweigern sich einer Definition dieses Genres.[146] Mutet doch sein Inhalt, der um Liebe, Reisen und Abenteuer kreist, allzu volkstümlich an; ist doch seine Struktur an historisch und kulturell stabilen narrativen Mustern orientiert, die – wie strukturanalytische Studien[147] zeigen – dem Raum mündlichen Erzählens entstammen. Von gängigen Maßstäben und Ansprüchen an Literatur so verschieden, daß Unsicherheit darüber zu bestehen scheint, welche Wertkriterien anzuwenden seien, wird der Roman gar nicht erst als Literatur anerkannt.

2.1 Strukturelle Interferenzen von Märchen, Epos und Roman

Einige Übereinstimmungen von Märchen und antikem Roman sind in den letzten Jahrzehnten wiederholt betont worden. Nicht nur Uvo Hölscher[148] macht in seinem *Odyssee*-Buch auf sie aufmerksam. Auch Ilse Nolting-Hauff und Consuelo Ruiz Montero[149] sagen zu den inhaltlichen und strukturellen Interferenzen der beiden Gattungen einiges. Indem sie ausgewählte Romantexte gegen Propps Märchenschema halten, legen sie die strukturellen Korrespondenzen frei, auf die mit Bezug auf

---

144 Vgl. oben S. 20–54, 152–156.
145 Vgl. hierzu Hägg, *Eros*, S. 19ff., 105ff.
146 Vgl. N. Holzberg, *Der antike Roman. Eine Einführung*, München/Zürich 1986, S. 15f.; Hägg, *Eros*, S. 18.
147 I. Nolting-Hauff, »Märchen und Märchenroman. Zur Beziehung zwischen einfacher Form und narrativer Großform in der Literatur«, in: *Poetica* 6 (1974), S. 129–178; dies., »Märchenromane mit leidenden Helden. Zur Beziehung zwischen einfacher Form und narrativer Großform in der Literatur (zweite Untersuchung)«, a.a.O., S. 417–456. C. Ruiz Montero, »The Structural Pattern of the Ancient Greek Romances and the *Morphology of the Folktale* of V. Propp«, in: *Fabula* 22 (1981), S. 228–238; dies., *La estructura de la novela griega*, Salamanca 1988.
148 Vgl. oben S. 66–69.
149 Vgl. oben Anm. 147.

das Epos, allerdings ohne sie systematisch herauszuarbeiten, auch Hölscher verweist. Beider Ergebnisse seien hier knapp skizziert, da sie Aufschluß über das Verhältnis von expandierter und einfacher Erzählung erteilen. Sie zeigen, wie nahe das Märchen dem antiken Liebes- und Abenteuerroman bei Abzug des historischen Kolorits und Zurücknahme der erzählerischen Expansion ist.

Nolting-Hauff untersucht die Beziehungen zwischen einfacher Form und narrativer Großform. Anhand bestimmter Texte weist sie nach, daß es im Artus- wie schon im hellenistischen Liebesroman enge strukturelle Verwandtschaften zwischen Märchen- und Romanhandlung gibt. Ihre Analyse der Beispieltexte (u.a. der *Aithiopika* Heliodors) ergibt, daß diese aus mehreren Einzelhandlungen bestehen, die weitgehend dem Typus des Erlösungs- bzw. Drachentötermärchens entsprechen. Sie zeigt, daß die Einzelepisoden durch romanspezifische Verknüpfungsverfahren zu einer wohldurchdacht strukturierten Gesamthandlung zusammengefügt sind, die noch die Selbständigkeit der Teile erkennen läßt.

Sehr ähnlich behandelt Ruiz Montero die Übereinstimmungen des Märchens mit dem griechischen Liebesroman. Sie prüft alle fünf erhaltenen griechischen Liebesromane auf strukturelle und inhaltliche Gemeinsamkeiten mit dem Märchen. Ihre Untersuchung zeigt, daß sich die Grundstruktur aller erhaltenen Romane bis auf geringfügige Abweichungen (wie den Zeitpunkt der Hochzeit) deckt und es jeweils kleinere Geschichten mit Märchenstruktur gibt. Mit Bezug hierauf analysiert sie die episodische Struktur der Romane und verwendet auf die einzelnen Sequenzen der jeweiligen Gesamthandlung Proppsche Funktionstermini. Zudem arbeitet sie die auf die Helden bezogenen Figuren und Objekte wie Widersacher, Helfer, Schenker und deren magische Gaben heraus. So wird anschaulich, daß die Erzählform des Romans – durch Einschübe und Erzählerreflexionen – weitaus komplexer als die des Märchens ist, Propps Funktionen längeren Handlungseinheiten entsprechen und es, infolge ›romanesken‹ Erzählens, in der Anordnung der »Funktionen« Modifikationen gegenüber Propps Schema gibt. Aber letztlich halten alle fünf Romane in der Grundstruktur ihrer Sequenzen dem Schema stand.

Daß sich die Untersuchungsergebnisse von Nolting-Hauff und Ruiz Montero weithin decken, zeigt nicht zuletzt beider Lektüre des Romans *Aithiopika* von Heliodor. Darin geht es um die Abenteuer des Liebespaares Chairikleia und Theagenes. Erzählt wird, wie die äthiopische, »artemisgleiche« Königstochter Chairikleia, von ihrer Mutter ausgesetzt, nach Delphi kommt, dort den jungen »apollogleichen« Theagenes kennenlernt und ihn schließlich zum Gatten gewinnt, nachdem sie viele Gefahren überstanden hat und Theagenes schon dem Opfertod nahe war. In diese Haupthandlung eingelegt sind mehrere Verfolgungsepisoden, in denen die Liebenden in große Bedrängnis geraten. Ihre Struktur arbeiten Nolting-Hauff und Ruiz Montero *en détail* heraus. Sie heben hervor, daß die Haupthandlung aus einem mehrteiligen Hauptmärchen und mehreren zusätzlichen, ähnlich strukturierten Episoden von der Gefangennahme der Protagonisten besteht. Nolting-Hauff zieht folgende Bilanz: Die Haupthandlung der *Aithiopika* bestehe aus einem dreiteiligen Hauptmärchen und acht Verfolgungsepisoden. Jenes sei ein »Vertreibungsmärchen [...], kombiniert mit einem Fluchtmärchen und – im letzten Teil – mit einem Verfolgungsmärchen«, während diese, »Einzelmärchen«, fast durchweg »reine Verfolgungsmärchen mit sehr uniformer Struktur« seien.[150] Beide Autorinnen entnehmen dem Roman zur Gesamthandlung verknüpfte Handlungsteile von episodischer Eigenständigkeit, um deren strukturelle Beziehung zur volkstümlichen Erzähltradition sichtbar zu machen.

Von dieser Intention weicht Uvo Hölschers Argumentationsziel im Falle der *Odyssee* ab.[151] Ihm geht es nicht darum zu zeigen, daß sie aus mehreren Einzelhandlungen besteht, die durch Verknüpfungsverfahren zusammengesetzt worden sind. Sein *Odyssee*-Verständnis ist vielmehr selbst dort, wo er Handlung analysiert, antianalytisch. An der episodischen Struktur der Gesamthandlung soll nicht ursprüngliche Selbständigkeit der Teile, sondern deren ursprüngliche Zusammengehörigkeit erwiesen werden. Gezeigt werden soll, daß die Abenteuer- und ins Epos eingestreuten Vorgeschichten, die wie Erfindungen des Dichters erscheinen, in Wahrheit in eine schon immer einheitliche Erzählstruktur gehören, die hinter dem Epos verschwunden ist, da es nicht mehr auf den pragmatischen Zusammenhang der einfachen Geschichte, sondern die Entfaltung von Situationen zentriert ist.

Trotz des ungleichen Ansatzes ergänzen die Resultate von Hölscher und Nolting-Hauff/Ruiz Montero einander. Zumindest stützen die Ergebnisse beider Autorinnen letztlich die Theorie von Hölscher. Denn was dieser durch spekulativ anmutende Fernbezüge für die *Odyssee* zu zeigen sucht, weisen jene in eingehenden Strukturanalysen für die andere epische Großform, den Liebes- und Abenteuerroman, nach. Durch Subtraktion von Literarisierungsmerkmalen wie der erzählerischen Expansion und eingearbeiteten Erzählungen läßt sich das komplexe Handlungsgefüge der Romane auf eine einfache Struktur (den Handlungskern, der als Tiefenstruktur der konkreten Gesamthandlung zugrundeliegt) reduzieren. Mittels strukturanalytischer Beschreibungen erbringen Nolting-Hauff und Ruiz Montero den Nachweis, daß Märchen und griechischer Roman durch das gleiche Handlungs- bzw. Erzählschema aus dem Bereich mündlichen Erzählens geprägt sind, der Expansionsgrad in der erzählerischen Realisierung der Kernhandlung jedoch divergiert.

Dieser Nachweis stärkt Hölschers Theorie der Verwandtschaft von Märchen, Epos und Roman. Denn Hölscher spannt von Gattung zu Gattung einen Bogen, indem er im Handlungsgerüst der *Odyssee* das Grundmuster des hellenistischen Liebesromans *und* die Basisstruktur eines – dem Epos als einfache Geschichte vorausliegenden – Märchens (von den getrennten und wiedervereinten Gatten) erkennt. Märchen und Roman werden mithin im Epos zusammengebracht. Einerseits formuliert Hölscher die These vom Hervorgehen des griechischen Romans aus der *Odyssee*; er definiert den antiken Roman als »jungen literarischen Zweig«, der dem Epos entwachse (*Epos* ↔ *Roman*).[152] Andererseits nimmt er an, das Epos basiere auf einer einfachen Geschichte. Diese will er als Märchen von den Abenteuern *und* der Heimkehr des Odysseus verstanden wissen; er meint, sie habe einen Transformationsprozeß durchlaufen, bis sie endlich, in erheblich expandierter Form, als Epos schriftlich fixiert worden sei (*Epos* ↔ *Märchen*). Die Transformation der Geschichte ins Epos faßt er dabei als dessen »historischen Moment«, das vorausliegende Märchen als nicht-historische, subliterarische Form, die ebenso als abstrakte Urform einer Geschichte wie auch als deren

---

150 Nolting-Hauff, »Märchenromane«, S. 445, 448.
151 Vgl. oben S. 66–69.
152 Hölscher, *Odyssee*, S. 41.

einfachste Konkretisierung zu denken sei.[153] Damit weist Hölscher der *Odyssee* die dreifache Funktion eines Werkes des Übergangs zu: von erstens der einfachen Geschichte (Märchen) zum Großepos, zweitens der Mündlichkeit zur Schriftlichkeit und drittens dem Epos zum Roman.

In der Konsequenz sind Epos und antiker Liebes- und Abenteuerroman die Konkretisierungen ein- und derselben abstrakten subliterarischen Urform. Diese ist – als einfache narrative Konkretisierung – eine einfache Geschichte, hat als solche eine bestimmte Struktur – die Struktur des Märchens – und wird, je nach dem Lebensgefühl und der geistig-seelischen Situation der einzelnen Epochen und deren Exponenten (Dichtern) episch gestaltet. Die Geschichte wird erzählerisch so expandiert, daß ein Werk – Epos oder Roman – von epischer Breite entsteht. Oder sie wird innerhalb des Werkes gestaltet, d.h. darin eingebettet. Die einzelnen, zur Gesamthandlung zusammen- bzw. in sie eingearbeiteten Episoden der *Odyssee* und des griechischen Romans haben dabei den Charakter von poetischen Reflexionsstrukturen. Sie sind Bestandteile der Gesamthandlung und spiegeln zugleich, als Einzelhandlungen, das Wesen der Gesamthandlung wider.

Die unterschiedliche erzählerische Realisierung derselben Kernhandlung in Epos und Roman ist in den verschiedenen sozialhistorischen Voraussetzungen für die Produktion und Rezeption der Werke begründet. Diese Voraussetzungen spielen für den Modus der Expansion eine entscheidende Rolle. Mit der *Odyssee* wird die archaische Adelsgesellschaft angesprochen, selbst wenn der politische Standpunkt nicht mehr, wie noch in der *Ilias*, ausschließlich feudalaristokratisch, sondern vor allem von Interessen anderer Bevölkerungsschichten geprägt ist. Der griechische Roman kommt vielfältigen Bedürfnissen und Wunschvorstellungen eines Publikums im Zeitalter des Hellenismus nach: einem Publikum, dem Reformer neue Gesellschaften entwerfen, Mysterienreligionen individuelle Erlösungen versprechen und Philosophen den Menschen in den Mittelpunkt ihres Denkens stellen.[154]

3. *Aniles fabulae* in Apuleius' »Metamorphoses«: Ein in den Roman eingelegtes »Märchen« von Amor und Psyche

Im Spannungsfeld vielfältiger kultureller Strömungen stehen auch Apuleius' *Metamorphoses*. Der lateinische Roman datiert aus einer Epoche, in der stabile Wertsysteme modifiziert oder gar ersetzt werden. Die den Hellenismus kennzeichnende Verschmelzung griechischer und orientalischer Elemente bildet auch hier den geistigen Rahmen des kulturellen Selbstverständnisses. Vielfältige neue Tendenzen wirken zunehmend auf die Tradition. So ändert auch die römische Literatur ihre Signatur: Moralische, ästhetische und intellektuelle Werte sind nicht mehr notwendig an das Dichten in erhabenen Gattungen wie Lehrgedicht und Tragödie gebunden. Die Literatur nimmt inhaltliche und stilistische Elemente auf, die – selbst dort, wo sie in einem witzig-urbanen Mischstil wie dem der *Metamorphoses* Verwendung

---

153 A.a.O., insbes. S. 25–34, 36–41, 64–72, 222–234.
154 Zu den gesellschaftlichen Hintergründen von Epos und Roman vgl. Perry, *Romances,* passim; Hägg, *Eros*, insbes. S. 106–116.

fanden – Theoretiker und Kritiker als *vestigia ruris* (Horaz) mißbilligt haben dürften.[155]

Die Integration der Amor-und-Psyche-Geschichte in den Roman hat ihren Grund in diesen veränderten Produktions- und Rezeptionsverhältnissen. Sie bilden den Hintergrund für das Interesse des Autors und des Publikums nicht nur an kanonischer Literatur, Rhetorik und Philosophie, sondern auch an verschiedenen Formen des Glaubens und Aberglaubens sowie an erotischen Themen und volkstümlicher Erzählung. Man denke nur an die anderen in die *Metamorphoses* eingewobenen Hexen-, Räuber- und Ehebruchgeschichten. Als ihr Vorbild hat man – aufgrund von Apuleius' Ankündigung, er wolle »in milesischem Stil einen bunten Kranz von Geschichten nach dem Griechischen« flechten[156] – nicht zuletzt die damals populären *Milesiaka* des Aristeides erkannt.[157] Das Interesse an derartigen Geschichten ist nicht nur als persönliche Vorliebe des Apuleius zu werten; in ihm spiegelt sich die allgemeine zeitgenössische Erwartungshaltung.

Einen weiteren Grund für den Einschub der Erzählung bildeten Apuleius' künstlerische Ambitionen. Als begabter Literat, Redner und Philosoph, als typischer Vertreter der Zweiten Sophistik, verstand er sich auf die Aneignung verschiedener Stilarten und Erzählstoffe. Die Integration der Geschichte in die *Metamorphoses* bot ihm einmal mehr Gelegenheit, sein differenziertes Können als Erzähler und Prosastilmeister zu demonstrieren. So ›spult‹ er nicht einfach eine volkstümliche Erzählung ›ab‹, sondern amalgamiert in seiner kunstvoll stilisierenden ›Nachahmung‹ von *aniles fabulae* inhaltliche und stilistische Archaismen mit Neuprägungen. Er gibt nicht etwa eine *vulgi fabula*[158] wieder. Er erzählt eine *bella fabula*.[159] Gemäß der Differenzierung von *litterae* und *vulgi fabulae*, die er selbst in *Pro se de magia* vornimmt,[160] ist seine Geschichte eindeutig zu den *litterae* zu zählen. Gehört zu deren Beherrschung in damaliger Zeit doch die Kunst, Anleihen aus verschiedenen literarischen Gattungen in gelehrtem Spiel zu verbinden.[161]

Diese Kunst demonstriert Apuleius seiner Leserschaft mit den *Metamorphoses* ebenso wie Odysseus den Phaiaken mit seinen Erzählungen. Die Einarbeitung der Amor-und-Psyche-Geschichte (epische Kleinform) in die *Metamorphoses* (epische Großform) liefert dabei einen ganz besonderen Beweis erzählerischen Könnens. Apuleius verwendet erzähltechnisch Strukturelemente aus Odysseus' Abenteuer-Erzählung und dem griechischen Roman. Damit gelingt ihm ein erfindungsreicher Dop-

---

155 Hor. epist. 2, 1, 160.
156 Apul. met. 1, 1, 1.
157 Vgl. etwa Hägg, *Eros*, S. 229 f.
158 Apul. apol. 30, 3.
159 Apul. met. 6, 25, 1.
160 Apul. apol. 30, 3.
161 Dieses Prinzip bezeugt auch der andere erhaltene römische Roman, Petrons *Satyrica*. Wie Apuleius' Roman wurde und wird er noch heute weitaus höher wertgeschätzt als die Texte des idealen griechischen Romans. Beide römischen Werke entstammen der Feder anerkannter Autoren der höheren Gesellschaft; beide sind zur gehobenen Unterhaltung eines literarisch gebildeten Publikums geschrieben. Sie enthalten eine Vielzahl gelehrter Anspielungen auf prominente literarische Werke sowie Erzählungen, die von Mund zu Mund gingen, Schlüpfrigkeiten, Witze und Volkstümlichkeiten, die kursierten. Ihre Aufnahme und teils parodistische Behandlung zeugt von hohem stilistischem Können. Vgl. hierzu Walsh, *Novel*.

pelstreich. Denn Apuleius hat weder die Art der Einbettung noch den Stoff der Amor-und-Psyche-Erzählung selbst aus den griechischen *Metamorphoses* bzw. deren Kurzfassung *Lukios oder der Esel* (von Pseudo-Lukian) übernommen.[162] Inhalt und Erzähltechnik sind vielmehr von der *Odyssee* und dem griechischen Roman geborgt. Daß der Erzähler der Binnenerzählung der *Odyssee*, Odysseus, durch eine betrunkene Alte ersetzt wird, ist als burleskes Element Teil der literarischen Parodien, die Apuleius, Ernst und Heiterkeit miteinander mischend, in seinen *Metamorphoses* vornimmt.

Apuleius' Doppelstreich läßt sich wie folgt beschreiben: Erstens wird die in der *Odyssee* vorgeführte Technik angewandt, durch Inszenierung eines Erzählers auf zweiter Stufe eine Binnen- in eine komplex strukturierte Rahmenerzählung einzuarbeiten. Dabei erfolgt eine Inversion der Erzählsituationen. In der *Odyssee* gehört das Erzähler-»Ich« zugleich zum Personal der Binnenerzählung. In den *Metamorphoses* indes ist das Erzähler-»Ich« eine Figur der – die Binnenerzählung einfassenden – Rahmenhandlung. Hier erzählt Lucius in einer sich dem *modus narrandi* der Abenteuer-Erzählung des Odysseus anverwandelnden Weise. Zweitens liefert Apuleius mit seiner Binnenerzählung eine Art immanenter Poetik des von der antiken Literaturkritik ignorierten griechischen Abenteuer- und Liebesromans, dem die *Odyssee* vorausgeht: Ihr zugrunde liegt das Handlungsschema *Trennung zweier Liebender–Abenteuer–Wiedervereinigung*. In geraffter Form wird vorgeführt, wie sich die Geschichte eines voneinander getrennten Liebespaares erzählen läßt, das erst nach unglaublichen Abenteuern wieder zusammenkommt.

Daß diese Geschichte nach denselben Gesetzmäßigkeiten strukturiert ist wie die von Propp analysierten russischen Märchen, zeigt Teresa Mantero. Anhand von Propps Funktionsbestimmungen führt sie eine detaillierte Analyse der Erzählung durch.[163] Die Ergebnisse ihrer Analyse deuten auf eine gemeinsame interkulturelle Basis der von Propp analysierten Texte und der Erzählung des Apuleius hin. Sie verdeutlichen zudem, was Hermann Bausinger dargelegt hat: Jede »Geistesbeschäftigung« (André Jolles) ist auf ihre Weise formschaffend. Sie begründet festgefügte Erzählformen, die eine bestimmte Abfolge von Ereignissen und Aktionen auszeichnet. Die ›geistige‹ Tätigkeit, die das Märchen hervorgebracht hat, ist stets in der Erzählform der glücklichen Begebenheit wirksam gewesen. Je nach der kulturgeschichtlichen Gesamtlage hat sie Geschichten einheitlicher Struktur zu glücklichen Begebenheiten ausgeformt und dabei in einer bestimmten Gattungsform Genüge gefunden oder sich eine neue Gattung geschaffen. Je nach dem kulturellen Code und gesellschaftlichen Zustand wurde zu der einen Zeit im Märchen artikuliert, was in anderen Zeiten z.B. im Roman oder im Medium Film Ausdruck fand und findet.[164]

Die Lektüre von Apuleius' Geschichte bestätigt, daß sich die Manifestationen einund derselben Gestaltungsart aufgrund einer veränderten ›geistigen‹ Gesamthaltung ändern können. Sie legt die Annahme nahe, daß in der Amor-und-Psyche-Geschichte jene formschaffende Denkungsart wirksam war, die zuvor in der *Odyssee* und dann

---

162 Auch ist uns keine andere Quelle der Erzählung bekannt; vgl. Lesky, »Apuleius«.
163 T. Mantero, *Amore e Psiche. Struttura di una »fiaba di magia«*, Genf 1973; Ruiz Montero, *estructura*.
164 Vgl. H. Bausinger, »Strukturen alltäglichen Erzählens« (1958), in: *Märchen, Phantasie und Wirklichkeit. Jugend und Medien*, Frankfurt a.M. 1987, S. 39–60; Renger, »Fremde Wirklichkeiten«, S. 109–142.

im hellenistischen Liebes- und Abenteuerroman hervortrat. Daß es sich bei dieser Vorstellungswelt um diejenige handelt, die das Märchen hervorgebracht hat, sei im folgenden verdeutlicht.

3.1 Amor und Psyche in der Forschung: Von den Zwängen symbolischer und allegorischer Deutung

Über die Frage, ob die Amor-und-Psyche-Erzählung als eigenständige Geschichte zu gelten hat, die, vom Roman unabhängig, in diesen hineingefügt wurde,[165] oder ob sie inhaltlich[166] und strukturell[167] in engen Bezügen zu ihm steht, existiert eine kaum noch überschaubare Menge an Forschungsbeiträgen.

Ergebnis der Debatten sind vielfältige Lesarten, welche die Episode seit ihren ersten spätantiken christlichen Interpretationen[168] in immer anderem Licht erscheinen lassen. Unter Märchenforschern steht die Geschichte für einen bis heute verbreiteten Märchentypus, zu dem der sogenannte *Tierbräutigam* (AT 425 + 428) gehört. Um zu zeigen, daß die Erzählung ein mit Götternamen ›aufgeputztes‹ Märchen ist, weist Jan-Öjvind Swahn 1042 Fassungen des *Tierbräutigams* als Varianten von *Amor und Psyche* nach.[169] Fehlings Einwand, es gebe keine alten Vorläufer – Psyche und Amor seien zunächst Personifikationen der von Liebe beglückten bzw. gequälten Seele gewesen, dann aber als mythische Personen aufgefaßt worden, was das Bedürfnis nach einer

---

165 Vgl. P. Grimal, *Apulei Metamorphoseis IV 28–VI 24. La conte d'Amour et Psyche*, Paris 1963, der wie andere Herausgeber vor ihm, etwa L.C. Purser (London 1910) oder E. Paratore (Florenz 1948), die Geschichte als vom Roman unabhängiges Kunstwerk behandelt.
166 Da die Forschungsliteratur zu diesem Thema kaum noch überschaubar ist, seien hier nur die einflußreichen Publikationen Richard Reitzensteins genannt, die auf der These beruhen, daß Apuleius' Geschichte eine deformierte Version des platonischen Mythos von der Seele sei: (1) *Das Märchen von Amor und Psyche bei Apuleius* (1911), Leipzig/Berlin 1912; (2) »Die Göttin Psyche in der hellenistischen und frühchristlichen Literatur«, in: *SB Heidelb.* (1914), S. 1–111; (3) »Noch einmal Eros und Psyche«, in: *Archiv für Religionswissenschaft* 28 (1930), S. 42–87. Interpretatorisches Gewicht auf die Isis-Religion legen P. Scazzoso, *Metamorfosi di Apuleio. Studio critico sul significato del romanzo*, Mailand 1951; R. Merkelbach, »Eros und Psyche«, in: *Philologus* 52 (1958), S. 103–116; ders., *Roman und Mysterium,* München/Berlin 1962; K. Dowden, »Psyche on the rock«, in: *Latomus* 41 (1982), S. 336–352. --- Weitere Interpretationen nennt und diskutiert P. Grimal in seiner Ausgabe *Apuleius Metamorphoseis IV 28–VI 24*, S. 6–21. Vgl. auch G. Binder/R. Merkelbach (Hrsg.), *Amor und Psyche*, Darmstadt 1968 (= *Wege der Forschung* 126); der Band versammelt Beiträge von P. Grimal, L. Friedländer, F. Liebrecht, G. Heinrici, R. Reitzenstein, R. Helm, O. Weinreich, H. Jeanmaire, L. Bieler, H. Erbse, H. Wagenfoort, R. Merkelbach, S. Lanzel. --- Weiterführende Literatur bei: Apuleius, *Der goldene Esel. Metamorphosen*. Lateinisch und deutsch hrsg. und übers. von E. Brandt und W. Ehlers, mit einer Einführung von Niklas Holzberg, Darmstadt 1989, S. 570–574; Apuleius, *The Golden Ass.* Translated with Introduction and Explanatory Notes by. P. G. Walsh, Oxford 1994, S. L–LV.
167 Junghanns, »Erzählungstechnik«, S. 143 ff.; H. Riefstahl, *Der Roman des Apuleius. Beitrag zur Romantheorie*, Frankfurt a.M. 1938, S. 78 ff.; J. Tatum, »The Tales in Apuleius' Metamorphoses«, in: *TAPhA* 100 (1969), S. 487–527; P. G. Walsh, *Roman Novel,* S. 190 ff.; S. Strabyla, »The Functions of the Tale of Cupid and Psyche in the Structure of the *Metamorphoses* of Apuleius«, in: *Eos* 59 (1973), S. 261–272.
168 So etwa Fulgentius: Fulg. myth. 3, 117–188.
169 Swahn, *Tale.*

Geschichte geweckt habe, dem Apuleius nachgekommen sei –,[170] haben zumal im angloamerikanischen Raum Gegenreaktionen hervorgerufen. Patrick G. Walsh etwa, der die Transformation des »Märchens« in ein »Kunstmärchen« zwecks Erhellung von Lucius' Weg als Bravourstück des Apuleius ansieht, hält Fehlings Theorie entgegen: »It seems perverse to argue that Apuleius created rather than adapted the basic tale.«[171]

Die um die Erzählung geführten Debatten sollen hier nicht im einzelnen aufgerollt werden. Vermutungen über die Genese, Migration und Transformation der Erzählung hat man wiederholt angestellt, philosophische oder theologische Lesarten unter Berücksichtigung neuplatonischer und pythagoreischer Zahlensymbolik hinreichend angeboten und Bezüge zum Roman sowie zu platonischen und religiösen Gedanken hergestellt. Die Sekundärliteratur bietet eine Fülle an Versuchen, die Geschichte symbolisch oder allegorisch zu deuten. Viele führen zu einem vertieften Verständnis des Romans. Sie alle sind indes letztlich auf dessen Deutung gerichtet, ohne die Erzählung erst von einem ihr möglicherweise eingesenkten Bedeutungsgehalt abgekoppelt zu lesen: Zwar wird zu Recht darauf aufmerksam gemacht, daß Apuleius' Roman gegenüber der griechischen Vorlage weitaus mehr emotionales und sittenkritisches Engagement aufweist, wobei die Vorlage abzüglich dieses Engagements rekonstruiert und gewürdigt wird;[172] es fehlen aber, soweit ersichtlich, Versuche, die in den Roman eingefügte Geschichte *gezielt ungeachtet* eines philosophisch-theologischen Sinns zu lesen. Wer behauptet, Apuleius habe die Geschichte komplett erfunden, konzentriert sich auf mögliche philosophische oder theologische Implikationen. Wer davon ausgeht, Apuleius habe eine traditionelle Geschichte unter Einarbeitung von Zusätzen adaptiert, richtet sein Augenmerk auf die Zusätze.

Ergebnis dieser jeweiligen Blickrichtung ist eine beträchtliche Proliferation hermeneutisch tiefgründiger Auslegungen der Zusätze bzw. Implikationen. Für sie lassen sich zwei Gründe namhaft machen.

Der erste Grund liegt in der Erzählung selbst. Denn sie läßt ohne die Zusätze bzw. Implikationen keine Tiefenhermeneutik zu. Wie wollte man auch die zentralen Ele-

---

170 Vgl. oben S. 145 f. --- An Fehling knüpft u.a. Niklas Holzberg an, der jedoch ganz andere Aspekte beleuchtet. Holzberg geht es nicht darum, jede Form mündlicher Überlieferung in Abrede zu stellen. In der Reitzensteinschen Tradition stehend, sucht er in erster Linie den Beweis zu führen, daß Apuleius mit der Erzählung kunstmythische, nämlich philosophisch-theologische Motive verfolgt hat. Er versteht das Paar als eine durch Platons *Phaidros* inspirierte Personifizierung des dort entwickelten mythischen Bildes von der menschlichen Seele und der höchsten Wahrheit, nach der die Seele strebt: Psyche verkörpert für ihn den handelnden Menschen, Amor den dem Menschen zur Seite stehenden guten *daimon*. Zugleich geht er davon aus, daß der Leidensweg und die Erlösung von Lucius und Psyche religiös zu deuten und in Parallele gesetzt seien. Denn sowohl die Hauptfigur des Romans als auch die der Erzählung werden durch göttlichen Beistand erlöst, nachdem sie durch ihre Neugierde (*curiositas*) auf das Göttliche – Lucius durch Zauberei, Psyche durch ihre Lust, Amor bei Licht zu sehen – in Schwierigkeiten geraten sind. Holzberg, *Roman*, S. 86 ff.; ders., »Einführung« in: Apuleius, *Der goldene Esel. Metamorphosen*, lateinisch und deutsch hrsg. und übers. von E. Brandt und W. Ehlers, mit einer Einführung von Niklas Holzberg, Darmstadt 1989, S. 549–569.
171 Apuleius, *The Golden Ass*. Translated with Introduction and Explanatory Notes by. P. G. Walsh, Oxford 1994, S. XLI. Walsh beruft sich u.a. auf die Arbeitsergebnisse von J. R. G. Wright, der an Swahns Ansatz anknüpft; vgl. J.R.G. Wright, »Folk-Tale and Literary Technique in *Cupid and Psyche*«, in: *CQ* 60 (1971), S. 273–287.
172 Vgl. z.B. Holzberg, »Einführung«, S. 552.

mente der Erzählung tiefenhermeneutisch erklären? Wie die Fragen beantworten, warum Psyche die *jüngste dreier* Schwestern und von *einzigartiger Schönheit* ist, warum sie zu einem *Zauberschloß* kommt und dort von unsichtbaren *Stimmchen* begrüßt und bedient wird, *warum* Amor nur nachts erscheint und Psyche ihn nicht sehen darf, warum die bösen Schwestern *dreimal* erscheinen, warum Psyche *vier* Aufgaben lösen muß, warum es ausgerechet *diese* Aufgaben sind und ihr *außermenschliche* Wesen helfen? Die Antwort hierauf lautet: Weil dies die *Gesetze der Erzählform selbst* sind, *denen der Gang der Geschichte gehorcht*. Es besteht kein Zweifel, daß diese Gesetze mit denen übereinstimmen, die von der Erzählforschung einhellig als Gesetze des Märchens bestimmt worden sind.

Der zweite Grund liegt außerhalb der Erzählung: bei den Rezipienten. Sie sehen von einer Lektüre abzüglich der Zusätze bzw. philosophischen Implikationen ab, da sie sich genötigt sehen, der Erzählung eine tiefschürfende Bedeutung abzugewinnen. Mit diesem Leseverhalten aber zeigen sie eine Einstellung, wie sie gegenüber dem Märchen verbreitet ist. Anstatt die Bedeutung des Märchens darin zu erkennen, daß es, um die Welt darzustellen, wie sie ist und sein soll, sie nicht zu deuten trachtet, hat man seit jeher versucht, ihm moralische Aspekte zu entnehmen. Schon Charles Perrault etwa hat seine *Histoires ou Contes du temps passé* 1697 *Avec des Moralitez* publiziert. Auch die moralischen Intentionen der Brüder Grimm hat die Forschung wiederholt ins Blickfeld gerückt. Es dürfte kein Zufall sein, daß das Leseverhalten der Apuleius-Rezipienten dem Verständnis derer ähnlich ist, die Märchen gesammelt, aufgeschrieben, publiziert und interpretiert haben. Dem Märchen beigegebene moralische Zutaten kommen diesem nicht aus Gründen der Transzendenz zu, sondern antworten auf Probleme des Umgangs mit ihm, indem sie Gesetze und Grenzen der Form dadurch reflexiv machen, daß sie sie brechen.[173] Den gleichen Sachverhalt spiegelt die Forschung zu Apuleius' Erzählung wider:

(1) Durchweg wird die Geschichte erläutert, nicht ohne textexterne Informationen zu Hilfe zu rufen. Bemüht werden vor allem die philosophischen Neigungen des Autors. Zuweilen werden auch Mutmaßungen über eine soziokulturelle bzw. religiöse Folie (Isis-Mysterien) aufgestellt, vor der man den Roman lesen könne.

(2) Üblich sind Lektüreangebote, welche die verschiedenen Bestandteile und Handlungselemente der Erzählung einer verstehenden Reduktion auf eine Bedeutung unterwerfen. Keine der hermeneutischen Reduktionen der Geschichte löst ihren Reichtum ein, der in den ihr eigenen Unverständlichkeiten liegt, die dem Spiel der Phantasie einen unendlichen Raum eröffnen.

(3) In der Regel wird einem zentralen Moment der Geschichte, dem Wunderbaren, nicht Rechnung getragen. Diese Außerachtlassung ist symptomatisch. Denn das Wunderbare, das den Anspruch bezeugt, eine mächtigere, wesentlichere Wirklichkeit als den Alltag darzustellen, transzendiert realitätsnahe Deutungen.

(4) Symbolische und allegorische Überformungen der Erzählung verfehlen deren signifikanteste Eigenheit, ihre hochorganisierte Formklarheit. Zwar gibt es durchaus Studien zur Struktur der Erzählung. Diese aber rücken nicht den Kontrast ins Blickfeld, den die hervorstechende Klarheit der Handlungslinie zur Unbestimmtheit der

---

[173] Menninghaus, *Lob*, S. 72 (mit Blick auf Perraults *Histoires ou Contes du temps passé. Avec des Moralitez*).

Geschehnisse bildet. Sie lenken vielmehr von ihm ab, indem sie den Grund für die Formklarheit außerhalb der Erzählung suchen. Eine Lektüre der Erzählung als eines *poetologisch zu verstehenden Textes, der in einer klaren Exposition seiner Form über sich selbst spricht,* wird dadurch verstellt. Die Auffälligkeit des schematischen Aufbaus bleibt außer acht, obwohl dieser die Erzählung entscheidend prägt. Der Grund für die Struktur wird nicht in, sondern außerhalb der Erzählung gesucht: in der Struktur des Romans. Dabei wird die Erzählung nicht als Metatext gelesen, wie es zutreffend wäre (s.o. S. 187); gesehen wird nicht, daß *der Erzählung eine Poetik des griechischen Romans inhärent* ist. Ziel ist es vielmehr, mittels Strukturvergleichs die ideelle Einheit der *Metamorphoses* von philosophisch-theologischer Seite nachzuweisen. Auch hier verschafft sich die – bereits kritisierte – Intention Ausdruck, der Erzählung eine tiefschürfende Bedeutung abzuringen.

Daß der Zwang zu deuten die Forschung zur Amor-und-Psyche-Erzählung dominiert, zeigt sich in einer den Beiträgen durchweg gemeinsamen Tendenz: Auf der Suche nach Tiefe führt die Bewegung der Deutungen stets von der Textoberfläche fort.[174] Auf dieser Oberfläche aber spielt sich das Wesentliche ab: Die beiden Hauptfiguren, ihre Beziehung und ihr Tun sind ohne Tiefenstaffelung, Grund und Art ihres Seins intransparent. Ihre Handlungen greifen letztlich nicht in-, sondern stehen nebeneinander. Schwierigkeiten und deren Bewältigung, Aufgaben und deren Lösung folgen als syntagmatische Einheiten in einem Verhältnis der notwendigen Abfolge aufeinander. Jede zu bewältigende Schwierigkeit steht mit einer ihr vorangehenden und/oder ihr folgenden in einem Kettenverhältnis, das durch eine binäre Gliederung nach Oppositionen gekennzeichnet ist. Hierin entspricht unsere Erzählung ebenso den Gesetzen und Grenzen des Märchens, wie der Umgang mit ihr dem Umgang mit dem Märchen gleicht: Man ist versucht, eine Zutat hinzuzufügen.

3.2 Amor und Psyche ohne Zutat von Sinn: Zweigliedrige Märchenstruktur der Erzählung

Die folgenden Überlegungen brechen mit dieser Gewohnheit. Anstatt ein weiteres Deutungsangebot zu unterbreiten, werden Beobachtungen angestellt, die sich auf das Zusammenspiel von Struktur und Inhalt der Erzählung richten; zeichnet die Erzählung doch eine ostentative Formintention auf tiefenlose Schärfe aus, die keinesfalls unbeachtet bleiben darf.

Einleitend sei abermals auf Swahn verwiesen. Von einem allgemeinen Handlungstyp ausgehend, der bei verschiedenen Völkern zu verschiedenen Zeiten immer wieder anzutreffen ist, hat er folgendes Schema herausgearbeitet: *Vermählung unter Auflage eines speziellen Verbots (Tabu) – Übertretung des Verbots – Lösung unlösbarer Aufgaben.* Das Schema soll zeigen, daß die Erscheinungsform des Bräutigams und die Art des Gebots sowie der Aufgaben variabel sind, die Grundstruktur aber konstant bleibt. Gewicht wird nicht auf den Inhalt, sondern auf den Handlungsverlauf gelegt. Der Protagonist gilt als reiner Handlungsträger.

---

174 Eine Ausnahme bildet z.B. Strabyla, »Functions«.

192   Märchenerzählungen im Altertum?

Doch unserer Erzählung liegt nicht nur die von Swahn erarbeitete Struktur zugrunde, die sich als ein Strukturtypus in über tausend Märchen findet. Die Strukturäquivalenzen gehen weiter: Sie erstrecken sich auf das Märchen als Gattung schlechthin; sie reichen vom Beginn der Erzählung über sämtliche vermittelnde Handlungselemente bis zur finalen Lösung. Die Teile der Handlung lassen sich mit den von Propp für das Märchen entwickelten Funktionstermini erfassen, wie Teresa Mantero im einzelnen dargelegt hat.[175] Strukturelles Grundmerkmal ist die Zweigliedrigkeit der Handlung. Dabei handelt es sich nicht um eine beliebige Zweiteilung, wie sie das Handlungsgeschehen zahlreicher Texte unterschiedlicher Literaturgattungen bestimmen kann. Es liegt vielmehr die spezifische Zweigliedrigkeit vor, die der linear erzählten Handlung des Märchens eigen und durch bestimmte inhaltliche und formale Konditionen ebenso bedingt ist, wie sie diese bedingt. Sie läßt sich tabellarisch folgendermaßen erfassen:

	Im ersten Teil (1)	Im zweiten Teil (2)	Dieser Teil (2) zeigt,
	lösen sich die Hauptfiguren von ihrem Zuhause, um ihren eigenen Weg zu gehen.	geraten sie regelmäßig in eine neue Notlage, werden ihres Preises beraubt, die Partnerbindung zerbricht:	welchen enormen Einsatz die Helden aufwenden müssen,
	Nach mehreren Schwierigkeiten		
a	bestehen sie einen Kampf (1a),	Ein Drachentöter gerät in die Gewalt einer Hexe, aus der er befreit werden muß (2a).	um die neuen Notlagen zu bewältigen (2a),
b	gewinnen sie ein Ding (1b),	Wer ein Ding (Ring, Lebenswasser, Teppich, Wundervogel, drei Haare des Teufels etc.) erworben hat, verspielt es durch leichtsinnigen Umgang (2b).	sich als des verlorenen Objekts für würdig zu erweisen (2b),
c	gewinnen sie eine Braut bzw. einen Bräutigam (1c)	Eine bezaubernd schöne Heldin verliert durch den Bruch eines Tabus ihren Gatten (2c).	sich als verläßlicher Partner zu zeigen und die Liebesbindung für ein Leben tragfähig zu machen (2c).
Meletinsky	*Vorprüfung ε, mit Gewinn λ*	*Hauptprüfung E*	*Große Mühen, um Mangel zu beseitigen, gesuchten Gegenstand zu erlangen: L*
		Zusatzprüfung E'	*und als wahrer Held zum Endziel zu kommen: L'.*

---

[175] Die Belegung mit Proppschen Funktionstermini wird hier daher nicht wiederholt; vgl. Mantero, *Amore*, insbes. S. 163–182; mit Bezug hierauf auch: A. Scobie, *Apuleius and Folklore. Toward a History of ML3045, AaTh567, 449a*, London 1983, insbes. S. 35 und 39.

Der Geschichte von Amor und Psyche liegt die Gliederung nach Typus (c) zugrunde. Den ersten Teil (1c) umfassen die Kapitel 4, 28–5, 23 (insgesamt 31 Kapitel), den zweiten Teil (2c) die Kapitel 5, 25–6, 24 (gleichfalls 31 Kapitel!):

| c | Apul. met. 4, 28–5, 23 | Apul. met. 5, 25–6, 24 | |

Den Übergang bildet Kapitel 5, 24. Handlungsträgerin ist die Königstochter Psyche, die wegen ihrer göttergleichen Schönheit von den Menschen verehrt, aber von Venus verfolgt wird. Das Handlungsgeschehen faltet sich in beiden Teilen (1c und 2c) in Dreierrhythmen aus.

Die Handlung setzt mit der Schilderung ein, wie Psyche sich ob ihrer (durch die Verehrung bedingten) Einsamkeit dermaßen betrübt, daß ihr Vater das Orakel des milesischen Gottes erforscht und mit Opfer und Gebet Ehe und Gemahl für sie erbittet. Daraufhin als Braut für einen unbekannten Unhold auf einem Felsen ausgesetzt, tragen sie sanfte Lüfte von dort fort. Sie kommt zu einem prachtvollen, aber verlassenen Zauberschloß, wo unbestimmte Stimmen (*voces*) sie empfangen und der Liebesgott Amor sie regelmäßig nachts aufsucht. Trotz der Warnungen Amors, der sich ihr nicht zu erkennen gibt, treibt die Neugierde sie dazu, ihn anzusehen. Endlich gibt sie – durch den dreimaligen Besuch ihrer zwei neidischen Schwestern beredet – der Schaulust nach: Sie betrachtet den Geliebten eines Nachts beim Schein einer Lampe und verbrennt ihn versehentlich mit deren siedendem Öl. Amor schreckt aus dem Schlaf auf und flüchtet (5, 23). Damit ist der erste Teil der Erzählung beendet.

Es folgt der Übergang (5, 24), in dem es zu einem kurzen Dialog zwischen den Liebenden kommt und Amor, bevor er Psyche verläßt, den unmittelbaren Fortgang des Geschehens (Untergang der Schwestern) ankündigt.

Mit einem ersten mißlingenden Selbstmordversuch Psyches beginnt der zweite Teil (5, 25–6,24). In ihm schleppt sich Psyche von einer strapaziösen Episode zur nächsten. Mehrfach dem Tode nahe, erleidet sie auf der Suche nach dem Geliebten eine Vielzahl von Drangsalierungen und Mühen. Von zwei potentiellen Helferinnen (Ceres und Iuno) abgewiesen, stellt sie sich freiwillig ihrer bösen »Schwiegermutter« Venus. Diese mißhandelt sie übel und erlegt ihr drei unlösbare Aufgaben auf: Einen Haufen Körner auseinanderzulesen, von wilden Schafen eine Flocke und das Wasser der Styx zu holen. Die drei Aufgaben vollendet Psyche mit Hilfe von Ameisen, Schilfrohr und einem Adler. Doch zusätzlich muß sie noch eine weitere, die finale Prüfung bestehen: aus der Unterwelt ein Gefäß holen. Ein Turm, von dem sie sich angesichts der tödlichen Aufgabe stürzen will, weist ihr den Weg: Sie wird einen lahmen Eseltreiber, Charon und webende Frauen treffen. Mit den Ratschlägen ausgestattet, meistert Psyche die Situation. Doch sie öffnet das Gefäß und versinkt in todesähnlichen Schlaf. Nun wendet sich die Situation jäh zum Guten: Amor eilt zu ihr, erweckt sie aus dem Schlaf und führt sie, nachdem er Iuppiters Wohlwollen erbeten hat, zur glücklichen Hochzeit.

3.2.1 Weitere Märchenmerkmale der eingerahmten Geschichte

Die Geschichte läßt sich nicht nur infolge Zweigliedrigkeit und der Dreierrhythmen als Märchen lesen. Auch die narrative Klammer – das sind Auftakt und Ende der Erzählung – entspricht der Form des Märchens. Sie beginnt mit einer im Märchen üblichen Einleitung: *Erant in quadam civitate rex et regina* (4, 28), welche die Ausgangssituation konstituiert, und endet – nachdem die Handlung über eine Reihe von Zwischenfunktionen fortgeschritten ist – mit dem märchentypischen Schluß, der alles Unglück liquidiert. Er besiegelt, daß die beiden Hauptfiguren nun in Ewigkeit glücklich einander ehelich verbunden (*perpetuae nuptae*; 6, 23) sein werden.

Wie dieser Rahmen harmoniert auch der übrige Handlungsverlauf mit dem strukturellen Gerüst des Märchens. In ihm funktioniert die Hauptfigur, die mehr durch die Handlung ›stolpert‹, als daß sie ihren Fortgang aktiv betreibt, als Handlungsträgerin: Auf sie sind alle anderen Figuren als Partner, Schädiger, Helfer oder Kontrastfiguren bezogen. Im zweiten Teil der Erzählung fungiert die mißgünstige Schwiegermutter als Kontrastfigur; im ersten Teil sind es die neidischen Schwestern. Gemeisam mit und zugleich in entschiedener Abgrenzung von diesen wird Psyche nach dem *Es-war-einmal*-Auftakt mit folgenden Worten vorgestellt:

> *Hi tres numero filias forma conspicuas habuere, sed maiores quidem natu, quamvis gratissima specie, idonee tamen celebrari posse laudibus humanis credebantur, at vero puellae iunioris tam praecipua, tam praeclara pulchritudo nec exprimi ac ne sufficienter quidem laudari sermonis humani penuria poterat. Multi denique civium et advenae copiosi, quos eximii spectaculi rumor studiosa celebritate congregabat, inaccessae formonsitatis admiratione stupidi et admoventes oribus suis dexteram primore digito in erectum pollicem residente ut ipsam prorsus deam venerabant religiosis adorationibus.*

Gleich im ersten Passus wird die Hauptfigur als jüngste dreier Schwestern und als unvergleichlich schön exponiert. Damit werden ihr zwei Merkmale zugeschrieben, die klassische Kennzeichen der Märchenheldin sind. Ihnen gesellt sich im Fortgang der Erzählung ein drittes hinzu: Die Handlungsträgerin ist nicht nur die jüngste von mehreren Geschwistern, die sie an Schönheit überstrahlt. Sie ist auch gut. Denn sogleich im Anschluß an die Einleitung erfüllt sich der ästhetisch-ethische Parallelismus des Märchens, der »schön« regelmäßig mit »gut« gleichsetzt, wenn die Schöne unter einem beträchtlichen Mangel leidet: Die ob ihrer Schönheit göttergleich verehrte Psyche ist gut, da sie tiefbetrübt an ihrer »Verlassenheit und Einsamkeit« leidet und ihr Vater infolgedessen das Orakel befragt, das ihre Aussetzung anrät (Mangelsituation/ Schädigung).

Damit erfüllt die Protagonistin Voraussetzungen, die sie selbst – und ihre Geschichte – als märchentypisch kennzeichnen: Sie befindet sich erstens als Schönheit in der Gesellschaft und zweitens als Jüngste in der Familie in einer Rand- und Extremposition.[176] Hierdurch ist sie drittens, wie jede echte Märchenheldin, »leicht isolierbar«, d.h. (aus ihrem bisherigen Kontext) ablösbar (Lüthi), und kann in eine entgegengesetzte Extremposition rücken.[177]

---

176 Ihr wird zwar wie einer Göttin gehuldigt, sie erntet aber bei all ihrer Schönheit keinen Gewinn von ihren Reizen: *cum sua sibi perspicua pulchritudine nullum decoris sui fructum percipit* (4, 32). Vielmehr sitzt sie als ledige Jungfrau daheim (*virgo vidua domi residens*) und weint über ihre Verlassenheit und Einsamkeit (*deflet desertam suam solitudinem*), krank am Körper, wund am Gemüt (*aegra corporis, animi saucia*). Mögen auch alle Leute an ihrer Schönheit Gefallen finden, sie haßt sie an sich (*quamvis gentibus totis complacitam odit in se suam formonsitatem*).
177 Vgl. Lüthi, *Volksmärchen als Dichtung*, S. 153 f.

Diese drei Vorbedingungen konstituieren die problematische Ausgangslage. Von ihr führt, wie im Märchen üblich, die zweigliedrige Erzählung in den skizzierten Dreierschritten nach dem Schema $-+/-+/-+/-\oplus$ zur Lösung:

> Die Protagonistin verläßt plötzlich die Heimat und erlebt, gleichsam in einem existentiellen Freiheitsraum, eine Reihe von Abenteuern, in deren Rahmen zuerst klassische Neiderinnen, die bösen Schwestern, ihr übel wollen und dann eine weitere märchentypische Gegenspielerfigur, die Schwiegermutter, sie peinigt und ihr unlösbare Aufgaben auferlegt. Nun treten, als Mittel zur Bewältigung der Aufgaben, im rechten Moment und ohne weitere Erklärung Helferfiguren auf den Plan. Auf deren Hilfen angewiesen, empfängt die Heldin, ohne ihren Helfern dadurch verpflichtet zu sein, Ratschläge und Hilfestellungen, die Kompensation ihres eigenen Mangels sind. Obgleich sie letztlich nur durch diese Hilfen überlebt und ihre Erfolge nicht eigenen Fähigkeiten zuschreiben kann, wartet am Ende dennoch das große Glück. In dem Moment, in dem sie in todesähnlichen Schlaf versinkt, kündigt sich die Erlösung an. Höchste Not schlägt um in größtes Glück. Amor eilt zu ihr, rettet sie und feiert mit ihr Hochzeit.

Handlung und Gegenhandlung ergeben hier, wie in allen Märchen, eine Kette von Funktionen und Werten, die alternierend aus (+)- und (−)-Bausteinen besteht. Jede Prüfung existiert als Wirkung der vorhergehenden und als Ursache der nächsten. Am Ende steht gemäß den Märchen-Spielregeln, nach denen das »Achtergewicht« (Lüthi) den Schluß bestimmt, ein ›dickes Plus‹ ($\oplus$). Oberstes Prinzip ist das »Prinzip der Balance« (Meletinsky), das alle negativen Elemente als Spannungsformeln zur Inszenierung des Triumphs des Positiven verwertet. Die Spannung, die durch die vielen Mühen und Qualen erzeugt wird, läßt das Liebespaar beim Happy-End umso glanzvoller erstrahlen.

3.2.2 Die Geschichte einer exemplarischen Märchenerzählerin:
Epischer »Rat« (Benjamin) gegen den Schrecken

Zu diesen Märchenspezifika innerhalb der Erzählung treten, als außerhalb ihrer liegend, die vorgeschalteten Kapitel und der ihr nachgestellte Passus. Die einleitenden Kapitel schaffen die Erzählsituation; sie bringen die Intention der erzählenden Person zum Ausdruck, mit der Erzählung Rat gegen Schrecken zu erteilen. Das nachgestellte Kapitel enthält ein knappes, aber aussagekräftiges Urteil über die Erzählung; es nimmt, zum einen als Lob ihrer ästhetischen Form, zum anderen als Anhaltspunkt für das Verhältnis von Oralität und Literalität, eine doppelte Sonderstellung ein.

3.2.2.1 »Narrationes lepidae« und »aniles fabulae«: Aussicht auf »rettungsbringende Hoffnung«
Wenden wir uns zunächst den der Erzählung vorgeschalteten Kapiteln zu. Darin wird geschildert, wie Räuber ein Mädchen, das sie zwecks Erpressung von Lösegeld von seiner eigenen Hochzeit entführt haben, einer alten Küchenmagd übergeben (4, 24), die es durch Zuspruch (*blando alloquio*) beschwichtigen soll (*solaretur*). Die Alte (*anicula*) jedoch kann das Mädchen weder durch irgendwelche Unterhaltungen (*ullis sermonibus*) noch durch Drohungen ruhig stellen. Das Mädchen ist verschreckt. Es weint, jammert, wimmert und wird von Alpträumen heimgesucht. So beschließt die alte Magd, auf ihre erzählerischen Fähigkeiten zurückzugreifen, und erzählt die Geschichte von Amor und Psyche.

Die Erzählintention geht demnach aus der Situation, in der erzählt wird, deutlich hervor: Die Alte will das Mädchen, das nach der Entführung glaubt, ohne »rettungsbringende Hoffnung« (*spei salutiferae*) zu sein (4, 25), begütigen (*solari*). Ihr Ziel ist zu zeigen, daß es »rettungsbringende Hoffnung« gibt: Sie will das Mädchen durch »nette Erzählungen und Altweibergeschichten« – durch *narrationibus lepidis et anilibus fabulis* – von ihren Ängsten »ablenken« (*avocabo*; 4, 27). So erzählt sie eine Geschichte mit einem eindeutigen Identifikationsangebot.

Eine solche Erzählung bietet sich für die Alte nicht nur aufgrund der objektiven Situation der Gefangenen an. Auch die subjektive Sicht des Mädchens gibt ihr hinreichend Anlaß: Die Verschreckte gibt an, sich aufgrund der Trennung von ihrem Liebsten durch Strick, Dolch oder Sturz in die Tiefe töten zu wollen (4, 25), und berichtet von einem Angsttraum, in dem der Liebste getötet wird (4, 27). Die Alte erteilt ihr daraufhin dreifachen Rat:

4, 27, 4:	Zuerst rät sie ihr, »guten Mutes« zu sein: *Bono animo esto!*
4, 27, 4:	Dann empfiehlt sie ihr, sich »von eitlen Traumgebilden« (*vanis somniorum figmentis*) nicht »schrecken« (*terreare*) zu lassen, da diese am Tag ohnehin »für falsch gelten« (*falsae perhibentur*), und nächtliche Gesichte zuweilen Geschehensausgänge verkündeten, die den tatsächlichen entgegengesetzt seien (*contrarios eventus*).
4, 28 ff.:	Schließlich, nachdem sie das Geträumte in den Raum des Terrors und Trugs verwiesen hat, erzählt sie, um den Sinn des Mädchens endgültig vom Schrecken abzulenken (*avocare*), eine Geschichte, in der sich die Protagonistin nach Trennung von ihrem Liebsten mehrfach (5, 22: durch Dolchstoß; 5, 25; 6, 12. 17: durch Sturz in die Tiefe) umbringen will, dann aber das große Happy-End eintritt.

Der dritte Rat, den die Alte zu geben weiß, besteht mithin im Erzählen. Die Alte »weiß« ihrer jungen Hörerin, um ein Wort aus Walter Benjamins *Erzähler*-Aufsatz zu verwenden, »Rat« (WB II 441; vgl. unten S. 374 f.). Ihre Erzählung trägt den nach Benjamin für viele geborene Erzähler »charakteristischen Zug« der »Ausrichtung auf das praktische Interesse«; sie ist »minder Antwort auf eine Frage als ein Vorschlag, die Fortsetzung einer (eben sich abrollenden) Geschichte angehend« (WB II 442). Die *anicula* »nimmt, was [sie] erzählt aus der Erfahrung; aus der eigenen oder berichteten«, und »macht es wiederum zur Erfahrung« derjenigen, die ihr zuhört (WB II 443). Sie hält ihre Geschichte »von Erklärungen frei«, erzählt »das Außerordentliche, das Wunderbare« möglichst genau, ohne den psychologischen Zusammenhang aufzudrängen. So stellt sie ihrer Zuhörerin frei, »sich die Sache zurechtzulegen« und das Erzählte hat maximale »Schwingungsbreite« (WB II 445). Indem die Alte derart erzählt, verweist sie auf die Möglichkeit einer Erlösung oder Befreiung aus der Not. Sie zeigt, daß ein tragischer Ausgang verhindert werden kann und ein Opfer durch Tod unangemessen ist.[178]

Vor allem hierin, nicht nur in ihrer Person als Alte, erweist die *anicula* sich als exemplarische Märchenerzählerin:[179] Sie erzählt nicht irgendeine Kurzgeschichte, Sage

---

178 Vgl. unten III.C. passim.
179 Benjamins These, zur Kunst des Erzählens gehöre es, eine Geschichte von Erklärungen freizuhalten und dem Rezipienten freizustellen, sich die Sache zurechtzulegen, bezieht Nicole Belmont in ihre *Poétique du conte* (1999), einen *Essai sur le conte de tradition orale*, ein. Belmont

oder Legende, einen Götter- bzw. Heldenmythos oder gar philosophischen Kunstmythos; sie wählt aus ihren *narrationibus lepidis et anilibus fabulis* eine »scharf auf Glück ausziehende, das Glück [...] vorhaltende« Geschichte (Bloch) vom »Vereiteln des Tragischen« (Benjamin). Mit einem Wort, sie hält dem Schrecken die Heiterkeit märchenhaften Erzählens entgegen, wie es uns etwa bei Goethe in der Novelle »Die wunderlichen Nachbarskinder« begegnet, die in seinen Roman *Die Wahlverwandtschaften* eingelegt ist; hiervon wird weiter unten noch ausführlich gehandelt.[180]

Den Kriterien des *Erzähler*-Aufsatzes zufolge ist die Alte unter die »wahre[n] Erzähler« zu rechnen. Als einen solchen will Benjamin nur den Märchenerzähler gelten lassen. Das Märchen, das »noch heute der erste Ratgeber der Kinder« sei, »weil es einst der erste der Menschheit gewesen« sei, lebe »insgeheim in der Erzählung fort«. »Wo guter Rat teuer« sei, wisse »das Märchen ihn, und wo die Not am höchsten« sei, sei »*seine* Hilfe am nächsten«. Doch hiervon ausführlich in Teil III dieser Studie.[181]

3.2.2.2 Die »bella fabula« eines ekelhaften alten Weibes: Ein märchentypischer Kontrast
Daß die Erzählung der Alten innerhalb des Romans als genau das verstanden wird, als was sie intendiert und konzipiert ist – als eine Geschichte, die im deutschsprachigen Raum heute als »Märchen« bezeichnet würde –, ergibt sich schließlich aus dem ihr nachgestellten Passus (6, 25, 1).

Der Passus, der den Übergang von der Erzählung zum Roman bildet, ist als metatextuelle Äußerung dem Ich-Erzähler Lucius in den Mund gelegt. Er enthält eine Bewertung des Erzählten, die auf das Kontrastprinzip märchenhaften Erzählens referiert und hierdurch – gleichsam immanent poetisch – die narrative Zugehörigkeit der Geschichte erkennen läßt. Wie Märchen und (vor Etablierung der Gattung) märchenhafte Erzählungen zwecks kraftvoller Stilisierung Menschen und Dinge scharf in gut und böse, schön und häßlich, groß und klein scheiden,[182] bringt Lucius die Geschichte mit ihrer Erzählerin in einen solchen märchentypischen Kontrast. Jene lobt er als »schöne Geschichte«, als *bella fabula*; diese tadelt er als »verrückte, trunksüchtige Alte«. Dabei klingt in der Formel *delira et temulenta anicula* die Negativdarstellung der Alten aus Kapitel 4, 7 an. Dort findet der Topos des ekelhaften alten Weibes erstmals dadurch Verwendung, daß ein Räuber die für ihn arbeitende Alte beschimpft. Der Räuber nennt sie erst »elendes Aas aus der Totengruft und ärgster Schandfleck der Menschheit, die einzige, vor der selbst der Orkus sich ekelt«: *busti cadaver extremum et vitae dedecus primum et Orci fastidium solum*. Dann unterstellt er ihr Trunksucht, indem

---

überprüft die These am Märchen und stellt fest, daß es psychologische Motivationen tatsächlich ignoriert. Anders als im Roman, der Handlungsmotivationen vorgebe, liefen die Abenteuer des Helden ab, ohne daß man dessen persönliche Gründe erfahre; er werde vielmehr in eine Verzahnung der Ereignisse hineingenommen. Damit biete das Märchen seinen Zuhörern ein weites Feld potentieller Beziehungen und die Erzählung fahre in ihrer Arbeit fort, nachdem sie gehört worden sei. Vgl. N. Belmont, *Poétique du conte. Essai sur le conte de tradition orale*, Paris 1999, S. 11–13, 236.
180 Johann Wolfgang Goethe, *Die Wahlverwandtschaften. Ein Roman*, textkritisch durchgesehen von Erich Trunz, kommentiert von Benno von Wiese, München ⁹1995, S. 199–207. Vgl. hierzu unten S. 328–332).
181 Vgl. insbesondere S. 374f.
182 Vgl. zu den Kontrasten, Polaritäten und Extremen des Märchens Lüthi, *Volksmärchen als Dichtung*, S. 109–123.

er sie fragt, ob sie nichts anderes zu tun habe, als sich gierig (*aviditer*) Wein in ihren tollen Bauch (*saevienti ventri*) zu gießen (*ingurgitare*).[183]

Diesen vielverwendeten Topos bringt Lucius in seinem abschließenden Urteil in einen scharfen Kontrast mit dem Charme und der Schönheit der formklaren Erzählung: Wie im Märchen selbst ist hier das Häßliche Folie des Schönen. Durch Kontrastierung mit dem Häßlichen verleiht Apuleius – durch Lucius – der Schönheit, die zu den höchsten Werten des Märchens zählt,[184] Nachdruck und gibt zu erkennen, daß er sie als zentralen Bestandteil der Erzählung ansieht. Und wer wollte leugnen, daß die Erzählung der Alten tatsächlich, nicht nur im umgangssprachlichen Sinne (der »netten Story«) eine *bella fabula* ist? Hat die *anicula* doch eine Geschichte erzählt, deren Formintention auf äußere Klarheit mit der permanenten Nennung schöner Dinge und Figuren einhergeht.[185] Apuleius bricht ironisch mit der hergebrachten Figur, wonach die geschwätzige Alte nur wertloses oder gar schädliches ›Zeugs‹ erzählt; denn er läßt gerade eine solche Alte eine wunderschöne Geschichte zu Gehör bringen.

An dieses Lob der Schönheit ist, gleichfalls ironisch gebrochen, eine zweite metatextuelle Aussage gekoppelt. Lucius verbindet sein Lob mit dem Bedauern darüber, daß er – als ein Esel – in Ermangelung von Schreibzeug die *bella fabula* nicht habe aufzeichnen können: *sed astans ego non procul dolebam mehercules, quod pugillares et stilum non habebam, qui tam bellam fabulam praenotarem* (6, 25). Daß er dann – als ein (als Mensch erneuerter) Ich-Erzähler – die Geschichte nicht nur zu memorieren vermag, sondern auch in schriftliche Form bringt, ist – bei aller Scherzhaftigkeit des Passus, bei aller Eselei – in zweifachem Sinne aufschlußreich:

- Es wird deutlich, wie selbstverständlich mündlicher Erzählung und Überlieferung noch zu Apuleius' Zeit immense Kraft beigemessen wurde; hier zeigt sich, daß es seinerzeit eine Kultur von Erzählungen gab, die sich – aufgrund von Anfangs- und Endformeln sowie stilisierter und gesetzmäßig variierter Wiederholung im Innern (v.a. Dreizahl mit Achtergewicht) – mühelos mündlich überliefern ließen.

- Zudem wird ironisch darauf hingewiesen, daß man in den Genuß von Geschichten, die nur in bestimmten Volksschichten umgingen, allein als »Esel« kommt, daß man sie als ein solcher Dummkopf aber nicht aufzuschreiben vermag, sondern es der Wandlung zu geläutertem Menschsein bedarf.

Wie auch immer man die Erzählung und den ihr nachgestellten Passus versteht; ob man in dem Lob der Geschichte eine Durchbrechung der Fiktion oder ein Spiel mit der Identität von Autor- und Ich-Erzähler vermutet: Die als unpersönliche Erzählung in die Erzählungen des Ich-Erzählers integrierte Geschichte ist eindeutig als mündlich erteilter epischer Rat vorgestellt. Und: Ob Apuleius eine spezifische Fassung vorlag oder er, ganz allgemein, zum Ausdruck bringen wollte, daß das Erzählen von *aniles*

---

183 Vgl. auch 6, 26, 8, wo Lucius selbst die Alte als *semimortua* bezeichnet.
184 Vgl. zur Schönheit im Märchen Lüthi, *Volksmärchen als Dichtung*, S. 46–52.
185 An Psyche wird wiederholt ihre »unerreichbare Schönheit« (4, 28, 3: *inaccessae formositatis*) hervorgehoben. Selbst ihren Schwestern wird ein überaus anmutiges Äußeres (4, 28, 1: *gratissima specie*) zugeschrieben. Daß Venus schön ist, muß nicht extra betont werden: doch auch von ihrer ausnehmenden Schönheit (4, 30, 3: *eximiam speciem*) wird erzählt. Und von Amor ist Psyche »hingerissen« (*deterrita*), als sie das Tabu bricht und den »schönen Gott, wie er so schön da ruht«, betrachtet (5, 22, 2: *formonsum deum formonse cubantem*).

fabulae gang und gäbe war, spielt letztlich keine Rolle. Ersichtlich ist, daß auf eine dem Roman vorausliegende mündliche Tradition des Erzählens verwiesen wird, Apuleius diese aufnimmt und, gelehrt, eine *bella fabula* erzählt. Deutlich wird mithin, daß von »einem ständigen Strom mündlicher Überlieferung [...] neben der Literatur« sehr wohl die Rede sein kann und die »Überlieferung von Volksepik« keineswegs »reiner Mythos« ist.[186]

---

186 So Fehling, *Amor und Psyche*, S. 99.

B. Odysseus' Abenteuer-Erzählung: Märchen *versus* Mythos

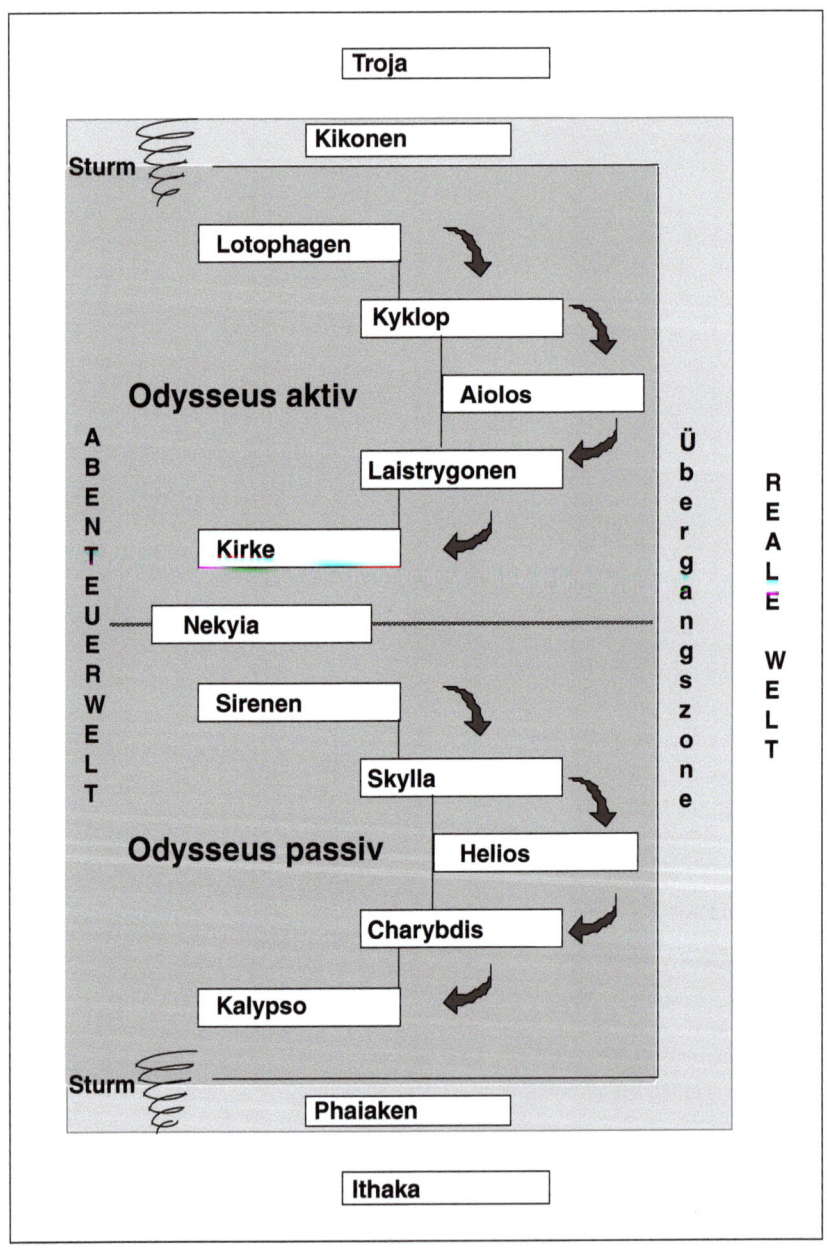

1. Epischer »Rat« in der »Odyssee«: Odysseus bei den Phaiaken

Eine »scharf auf Glück ausziehende« Geschichte, mit welcher der Erzähler »Rat weiß«, erzählt schon der Protagonist der *Odyssee*. Mit der Erzählung seiner bedrohlichen Abenteuer führt Odysseus den Phaiaken vor Augen, daß es die Möglichkeit der Befreiung aus Not gibt. Die Episoden, die allesamt von seinem Entrinnen erzählen, zeigen, daß das Tragische vereiteln werden kann. Zugleich schafft Odysseus die Möglichkeit einer solchen Befreiung bei und von den Phaiaken performativ: Kraft seiner Erzählfertigkeit entrinnt er der Not in Glücksrichtung.

Daß Odysseus als Erzähler erfolgreich sein muß, deutet sich gleich zu Beginn des Aufenthalts im Phaiakenland an und zeichnet sich im Geschehensfortgang immer deutlicher ab: Prinzessin Nausikaa, die den Schiffbrüchigen am Strand entdeckt, äußert, nachdem seine Helferin Athene ihm göttliche Schönheit verliehen hat, einen hinfort mehrfach ausgesprochenen Wunsch: αἲ γὰρ ἐμοὶ τοιόσδε πόσις κεκλημένος εἴη.[187] Da sie ihn zum Gatten begehrt, hat sich der Held auf besonders subtile Weise zu verhalten. Es gilt, die Geneigtheit der Königstochter und ihrer Familie zu bewahren und zugleich die Unerläßlichkeit der Heimkehr überzeugend darzutun.

Wie nicht anders zu erwarten, ist der Vielkluge erfolgreich. Kann er sich bei seiner Ankunft in Scheria einer freundlichen Aufnahme durch die Phaiaken nicht sicher sein,[188] qualifiziert er sich bald als heimzugeleitender Gastfreund. Er berichtet von einer ungeheuerlichen Route, die ihn von einem Abenteuer ins andere gestürzt, aufs immer neue versucht, bedroht und von seiner Heimkehr abgehalten habe. Zudem versteht er es, im Dialog rechte Akzente zu setzen. Wie Nausikaa ihm gegenüber läßt er auch ihr gegenüber, im persönlichen Kontakt sowie im Gespräch mit den Eltern, eine außerordentliche Geneigtheit erkennen, überzeugt die Königsfamilie aber zugleich, daß er im Verlauf seiner Abenteuer oft genug und zeitlich zu folgenreich versucht worden ist. Der Redegewandte vermittelt den Phaiaken, die ihn mit Nausikaa verheiraten möchten, daß die Versuchung zu bleiben zwar verlockend sei, es ihn aber doch nach Hause ziehe.[189]

Daß der *Odyssee*-Dichter die Doppelthematik von Versuchung und Macht durch Erzählvermögen auf mehreren Ebenen des Epos zu gestalten wußte, ist eine der Grundthesen der nachfolgenden Überlegungen. Ihren Ausgangspunkt bildet die – in der derzeit unitarisch bestimmten Homerforschung gängige – Ansicht, daß die *Odys*-

---

187 Od. 6, 244; vgl. auch Od. 7, 311 ff.
188 Den deutlichsten Beleg für Odysseus' Befürchtung, er möge nicht freundlich aufgenommen werden, liefert Od. 6, 327, wo der Umhergetriebene Athene bittet, daß er »zu den Phaiaken als Freund und des Erbarmens würdig komme«. Odysseus' Befürchtung entbehrt infolge der vielen Bedrohungen nicht des Grundes, zumal eine ähnliche Situation letal verlaufen war: Wie Nausikaa dem Odysseus nach der Strandung den Weg zum königlichen Haus des Vaters weist, hatte auch Artakië, Tochter des Laistrygonen-Königs Antiphates, den Gefährten den Weg zum väterlichen Haus gewiesen – mit tödlichem Ende (Od. 10, 103–116).
Zu den motivischen Parallelen im Märchen (wegweisendes Mädchen, Einkehr bei der Frau des Riesen, der abwesend ist, u.a.) vgl. Radermacher, »Erzählungen«, S. 16–18; Page, *Folktales*, S. 27–33; Germain, *Genèse*, S. 415–417, Hölscher, *Odyssee*, 144–147.
189 In Od. 9, 27–36 beschreibt Odysseus die Stärke seines Heimatgefühls. Die Passage ist seinen eigentlichen Abenteuergeschichten unmittelbar vorausgeschickt.

see stofflich und dichtungstechnisch auf eine lange *oral-poetry*-Tradition zurückgeht, ihr Dichter selbst aber eine Fassung schuf, die er als individuelle Leistung[190] erachtete.[191] Zu den Maßnahmen, die er ergriff, um die Individualität seines Werkes hervorzuheben, zählt, wie in einschlägigen Arbeiten gezeigt,[192] der spielerisch-rivalisierende Umgang mit Vorversionen der *Odyssee* und der *Ilias*. Hierzu ist m.E. auch die – in mehrfacher Hinsicht – bemerkenswerte Gestaltung der *Apologoi* zu rechnen. Die Abenteuer-Erzählung weist inhaltlich und strukturell Feinheiten auf, die einen beachtlichen künstlerischen Willen erkennen lassen. Sie enthält nicht nur metatextuelle Äußerungen über die Wirkungsmächtigkeit epischer Verse. Sie ist auch – dies ist im Kontext unserer gattungstheoretischen Überlegungen entscheidend – reich an Merkmalen, die zum einen mit Eigenschaften solcher Geschichten interferieren, denen man die Zugehörigkeit zum Märchen attestiert, und die zum anderen auf subtile Weise kontrastiv mit Elementen des Mythos kombiniert sind.

Eben hierin liegt die unerkannte doppelte Besonderheit der *Apologoi*. Sie sind bereits durch jene als typisch erkennbare Erzählweise geprägt, die erst im 20. Jh. durch die formalistische Erzählforschung als die des Märchens identifiziert wurde. Zudem stehen in ihnen terroristische und spielerische, Bedeutung auf- und abbauende, kurzum, mythische und märchenhafte Elemente – in formaler und inhalter Hinsicht – in einem aufschlußreichen Verhältnis zueinander.

2. Die »Apologoi«: Märchenhafte Erlösung von mythischen Bedeutungszwängen

Wie mehrfach ausgeführt, bildet die Suspension von Verstehen, Bedeutung und Begründung ein Merkmal märchenhaften Erzählens.[193] Inwiefern dies nicht nur an Texten der Romantik zu sehen, sondern Bestandteil einer zeitlosen Märchen-Poetik ist, legt Menninghaus dar. Im *Lob des Unsinns* rechnet er Märchen einer eigenständigen Erzählform zu, deren integrales Moment die Aufhebung von Bedeutungen ist. Er zeigt, wie sich um 1795 das ästhetische Phänomen »Unsinn« mit der Erzählform »Märchen« assoziiert und die aufklärerische Kritik an den »Unsinnsmärchen« ins Positive gewendet wird.[194] In einem Vergleich zweier romantischer Versionen des *Blaubart*-Märchens stellt er drei Pole einer romantischen Unsinnspoetik heraus: Unsinn als

---

190 Vgl. hierzu D.J. Stewart, *The Disguised Guest: Rank, Role and Identity in the Odyssey*, Lewisburg/London 1976, S. 23–26, 146–195.
191 Diese Ansicht wird variantenreich vertreten. Für eine rein mündliche Genese und schriftliche Niederlegung durch Diktat plädiert A.B. Lord, *The Singer of Tales*, Cambridge (Mass.) 1960, S. 141–157, für eine durch wiederholten Vortrag des Dichters sich verfestigende Form mit finaler Niederschrift des Epos durch den Dichter oder einen Nachfolger A. Thornton, *Homer's Ilias: Its Composition and the Motif of Supplication*, Göttingen 1984, S. 13–20 (= Hypomnemata 81). Eine schriftliche Abfassung der Epen Homers behaupten A. Lesky, »Homeros«, in: *RE* XI, Sp. 687–846, h.: Sp. 703–709; J. Latacz, *Homer. Eine Einführung*, München/Zürich 1985, S. 23–29; H. Eisenberger, *Studien zur Odyssee*, Wiesbaden 1973, S. VII–X, 327 (= *Palingenesia* 7).
192 Vgl. unten S. 205 f. Anm. 205 und 206.
193 Vgl. oben S. 79–81, 117–121.
194 Noch Kant legt auf die Zügelung einbildungskräftigen »Unsinns« durch den Verstand (die »Urteilskraft«) Wert. Vgl. KdU (Weischedel), § 50, S. 257.

negative Sinnlosigkeit des Daseins, als positives Versprechen freier ungegängelter Dichtung und als unverfügbares, allen Sinnentwürfen entgehendes Phantom des Realen.

Eine »spielerische bis provokative Suspension« von Sinn[195] kennzeichnet bereits die *Apologoi*. Schon für sie kann zum Teil geltend gemacht werden, was Menninghaus an bestimmten romantischen Märchentexten und -theorien exemplifiziert. Zwar ist es selbstverständlich unmöglich, ihnen eine mehrschichtige Poetik des Unsinns zu unterstellen, da die Antike über eine Ästhetik und poetologische Basistheoreme im neuzeitlichen Sinne nicht verfügt; ausschließen läßt sich, daß in der *Odyssee* Zusammenhanglosigkeit bewußt als »Motor der Evokation einer ›höheren‹, einer ›wunderbaren Bedeutsamkeit und rätselhafte[r] Winke‹« verwendet wurde.[196] Doch Ansätze zu einer Sinnaufhebung sind in den *Apologoi* auffindbar. Erstens überliefern sie nicht nur Reste und Bruchstücke vergangener Traditionen; das »Rest-Werden dieser Reste, das Bruckstück-Werden dieser Bruchstücke« ist vielmehr »Voraussetzung, Bahn und Substanz« (Menninghaus) ihrer Entstehung und Fixierung in der jetzigen Form (vgl. im folgenden 2.1). Zweitens besteht eine signifikante Diskrepanz zwischen dem ersten Eindruck eines ›Durcheinanders‹, eines ›chaotischen Allerleis‹, und der tatsächlichen Durchstrukturiertheit der Abenteuergeschichten (vgl. im folgenden 2.2). Schon Karl Reinhardt stellt 1948 in »Die Abenteuer der Odyssee« fest, daß uns die *Apologoi* in einer Kombination vorliegen, die ein ordnendes Prinzip verrät, während »in alter volkstümlicher Überlieferung vor der *Odyssee*« die einzelnen Episoden »unverbunden« standen und sich wie »die Abenteuer Sindbads […] vertauschen« ließen.[197]

2.1 Sinn-Suspension durch den irreversiblen Verlust des Ursprungs der »Apologoi«

Die nachstehenden Überlegungen knüpfen an Karl Reinhardts Forderung an, »aus dem Bankrott der Ursprungshypothesen alter Art die Frage nach den Ursprüngen« der *Apologoi* »im eigentlichen Sinn« zu stellen:

> Unter Ursprung […] nicht mehr zu verstehen: die Entstehung von fertigen Epen aus fertigen Epen, hinter denen als Chaos, unvermittelt, die Unendlichkeit der dem Vergleich sich bietenden ›Motive‹ läge, sondern statt dessen etwas aus der Dichtung selbst erst zu Gewinnendes.[198]

Um dieses zu Gewinnenden willen – um zu zeigen, daß der Ursprung der *Apologoi* als einer wohlstrukturierten Erzählung im Verlust des Ursprungs der Spuren, die sie tradieren, liegt – soll die Ursprungsproblematik hier aus dem der Arbeit zugrundeliegenden gattungstheoretischen Interesse erörtert werden. Birgt doch diese Problematik den Grund dafür, daß die Abenteuergeschichten seit der Antike vieldiskutiert sind: Die *Apologoi* bestehen aus Spuren vorliterarischer Traditionen, die wir zwar kaum

---

195 Menninghaus, *Lob*, S. 10.
196 Dies legt Menninghaus, *Lob*, S. 23 ff., 52 ff., am Beispiel romantischer Kunstmärchen wie Tiecks *Blondem Eckbert* und Novalis' Märchen von Klingsohr im *Heinrich von Ofterdingen* dar.
197 Reinhardt, »Abenteuer«, S. 57.
198 A.a.O., S. 49.

noch lesen können, deren ›Spur-Werden‹ aber ihre Entstehung in der jetzigen Form wesentlich bedingt hat. Da der Zugang zum Ursprung der Geschichten verstellt ist, wird der Eindruck einer Suspension von Sinn provoziert.

2.1.1 Allegorische Positionen

Auf diese Gegebenheit haben Odysseehörer und -leser seit der Antike unterschiedlich reagiert. Wer die *Odyssee* mit einem Bedürfnis nach Erklärung und einem Anspruch zu verstehen rezipierte, beurteilte sie anders als der, den solche Ansprüche nicht leiteten. Es überrascht nicht, daß schon antike Gelehrte Homer, dessen Gedichte lange eine zentrale Rolle in der Erziehung spielten,[199] unter ihresgleichen zu rehabilitieren suchten, indem sie den homerischen Dichtungen, zumal den *Apologoi*, tiefgründige Bedeutungsgehalte zu entnehmen trachteten:[200] Es galt, der Irreversibilität des Prozesses zu trotzen, in dessen Verlauf der Ursprung der Abenteuergeschichten unzugänglich geworden war. Man fahndete unter der signifikanten Textoberfläche nach einer nicht mehr unmittelbar zugänglichen Bedeutung (ὑπόνοια, später ἀλληγορία), um sie zu entschlüsseln und dem Grund der Dichtung auf die Spur zu kommen;[201] denn man bezweifelte, daß Odysseus' Abenteuer primär erdichtet wurden, um den Leser bzw. Zuhörer auf erheiternde Weise zu unterhalten. Von Pseudo-Heraklit über Numenios von Apameia bis zu Johannes Tzetzes, Eustathios und in die Renaissance hinein suchte man, die Geschichten allegorisch zu deuten und so zu ihrem Grund vorzudringen.[202]

2.1.2 Analytische/unitarische Positionen

Eine andere Form der Reaktion darauf, daß der Schlüssel zu den Ursprüngen nicht nur der *Apologoi*, sondern der gesamten *Odyssee* und *Ilias* verloren ist, bildet die analytische Betrachtung der homerischen Epen. Sie ist vor allem Gegenstand der neueren Philologie, die auf die Entdeckung, daß unsere *Ilias-* und *Odyssee*-Fassungen von ihrem Entstehungskontext unwiederbringlich entfernt sind, durch Aufstellung verschiedener Theorien zur Verfasserschaft reagiert hat. Nach Fr. A. Wolfs *Prolegomena ad*

---

199 Vgl. hierzu schon H.-J. Marrou, *Histoire de l'éducation dans l'antiquité*, Paris 1950, S. 68 f.
200 Vgl. J. Pépin, *Mythe et allégorie. Les origines grecques et les contestations judéo-chrétiennes*, Paris 1958, S. 5 ff. --- Als Begründer der allegorischen Deutung Homers gilt Theagenes von Rhegion (6. Jh. v. Chr.), von dem gesagt wird, er habe Homer gegen moralische Anstöße verteidigen wollen und daher die Götter physikalisch und psychologisch ausgedeutet; vgl. Schol. Hom. B zu Υ 67 (Porph. 1, 240, 14 Schrad.) (= Frg. 2 Diels-Kranz I, S. 51, 26 – 52, 14). Zur Thematik s. A. J. Friedl, *Die Homerinterpretation des Neuplatonikers Proklos*, (Diss.) Würzburg 1936, S. 10 f.; Fr. Wehrli, *Zur Geschichte der allegorischen Deutung Homers im Altertum*, (Diss.) Basel 1928, S. 89 f.). Die Theagenes zugeschriebenen allegorischen Interpretationen, deren Auswirkungen bis in die natursymbolische Mythendeutung des 19. Jh.s faßbar sind, stellen den Versuch dar, der schon damals geäußerten Kritik am Anthropomorphismus der Götter und deren ethischen Mängeln entgegenzuwirken.
201 Zur allgemeinen und speziellen Bedeutung von ὑπόνοια vgl. Pépin, *Mythe*, S. 85. Den Übergang von ὑπόνοια zu ἀλληγορία bezeugt Plutarch in *De audiendis poetis* 4, 19, E.
202 Für ausführliche Literaturangaben hierzu vgl. G.W. Most, »Structure and Function of Odysseus' Apologoi«, in: *TAPhA* 119 (1989), S. 15–30, h.: S. 15 f. Anm. 2–6.

Die »Apologoi« 205

Homerum (1795) ergoß sich über die Homerleser ein Strom analytischer Arbeiten,[203] der nach dem Zweiten Weltkrieg zwar in der *Ilias*-, nicht aber in der *Odyssee*-Forschung abriß. In dieser waren D. L. Page im englischen und W. Schadewaldt im deutschen Sprachraum einflußreich.[204] Ihre Arbeiten führten dazu, daß die unitarische Homererklärung, die sukzessive wieder Fuß faßte, die Vorstufen-Frage nicht stellte, da sie sich, auf die Widerlegung analytischer Positionen konzentriert, bemühte, die Einheitlichkeit des Konzepts unserer *Odyssee* auf allen Ebenen nachzuweisen. Erst der wachsende Einfluß der von Milman Parry inaugurierten *oral theory* änderte die Situation. Er zog den heutigen Forschungskonsensus nach sich, daß der *Odyssee*-Stoff bereits in der vorhomerischen Erzähltradition ausgebildet war und unsere *Odyssee* auf diese Tradition zurückgeht, sich in der Stoff-Gestaltung jedoch wesentlich von ihr absetzt. Diese Ansicht hat sich im deutschen Sprachraum in den letzten Jahren vor allem darin bemerkbar gemacht, daß Philologen, die von einem unitarischen ästhetischen Verständnis unserer *Odyssee*-Fassung ausgehen, mehrfach versucht haben, dem Text vorausliegende Versionen zu rekonstruieren, um zu zeigen, daß die Endfassung der *Odyssee* gegenüber den Vorstufen einen ›Fortschritt‹ darstelle.[205]

Die hier nur andeutungsweise umrissene Vielfalt der unitarischen und analytischen Ursprungshypothesen über die *Odyssee* ist signifikant. Sie bestätigt einmal mehr, daß die Erzählung von den Abenteuern und der Heimkehr des Odysseus am Ende eines langen und komplexen genetischen Prozesses steht, der weitgehend nicht mehr im Bereich des Erkennbaren liegt. Das Dunkel, in das die uns tradierte Heimkehrer-Erzählung gehüllt ist, hellen letztlich selbst die Spuren ihrer Vorstufen nicht auf, die sich von Analytikern ebenso wie von Unitariern von der Gestalt des uns erhaltenen Textes ablesen lassen. Denn diese Spuren vermitteln nicht etwa ein Verständnis der pragmatischen Funktion unserer *Odyssee* bzw. der Vorstufen. Sie bewahren nur ein objektives Gedächtnis an etwas, das der uns tradierten Endfassung vorausliegt: an Reste und Bruchstücke vergangener Traditionen. Der Versuch, ihnen nachzugehen, ist für ein Verständnis der Erzählung der Abenteuer nur insofern nützlich, als er zeigt, daß die Episoden Wurzeln in der Vergangenheit haben, deren Vergessenheit fast grenzenlose interpretatorische Experimentierfelder eröffnet hat.

---

203 Zu nennen sind die Liedertheorie (K. Lachmann), die Entwicklungstheorie (G. Herrmann) und die Kompilationstheorie (A. Kirchhoff).
204 D.L. Page, *The Homeric Odyssey*, Oxford 1955 (enthält Überblick über die Analytiker-Forschung bis 1955); W. Schadewaldt, *Von Homers Welt und Werk*, Stuttgart ³1958.
205 Vgl. H. van Thiel, *Odysseen*, Basel 1988; Hölscher, *Odyssee*; E. R. Schwinge, *Die Odyssee – nach den Odysseen: Betrachtungen zu ihrer individuellen Physiognomie*, Göttingen 1993. Zu beachten sind ferner die Arbeiten von Tilman Krischer. Er rekonstruiert in einer Reihe von Aufsätzen (1985–94) eine einheitliche Frühversion der *Odyssee*, die verschiedene Handlungsmotive in der Funktion enthält, die sie in der uns vorliegenden *Odyssee*-Fassung verloren haben. Krischer nimmt an, daß die jetzige Fassung funktionslos gewordene Handlungsmotive aus der Frühversion enthalte, die sie aus Traditionsgründen beibehalten habe, daß aber erst durch die Umstellung und Abänderung der Motive in der jetzigen Version die Psychologisierung der Handlung und die komplexe Strukturierung und Vielschichtigkeit auf allen Ebenen entstanden sei. Krischer, »Phäaken«; ders., »Mündlichkeit und epischer Sänger im Kontext der Frühgeschichte Griechenlands«, in: Kullmann/Reichel, *Übergang*, S. 51–63; ders., »Die Webeliste der Penelope«, in: *Hermes* 121 (1993), S. 3–11; ders., »Rez. zu: A. Heubeck u.a., A Commentary on Homer's Odyssey, 3 Bde., Oxford 1988–92«, in: *Gnomon* 66 (1994), S. 385–403.

2.1.3 Der spezifische Mischcharakter der »Odyssee«

Dieser irreversible Verlust des Ursprungs bringt es mit sich, daß die *Odyssee* allen allegorischen Lesarten und wissenschaftlichen Untersuchungen zum Trotz immer noch Ungereimtheiten birgt, die nicht nur inhaltlicher und textkritischer bzw. sprachwissenschaftlicher, sondern auch gattungstheoretischer Art sind. Maßgeblichen Anteil hieran hat der spezifische Mischcharakter der *Odyssee*. In den *Apologoi* besonders ausgeprägt, resultiert er aus der Verschmelzung von Märchenhaftem und Volkstümlichem mit alten Seefahrergeschichten und der Integration und Kombination thematischer Motive, von denen einige kaum mehr als das Gedächtnis an sich selbst überliefern. Manche Motive stammen vermutlich aus Vor- bzw. Alternativversionen der *Odyssee*, andere waren Bestandteil außerodysseischer epischer Stoffe, etwa der Argonautik, Herakles-Epik und Agamemnon-Geschichte; wieder andere wurden vom *Odyssee*-Dichter wohl für die Bedürfnisse des *Odyssee*-Kontextes erfunden; einige entstammen unbekannten Integrationszusammenhängen.[206]

Besonders schwierig sind Angaben über die Herkunft und primäre Funktion der zu Odysseus' Irrfahrten-›Bericht‹ zusammengefügten Motive. Die präzise Rekonstruktion ihrer Vorgeschichten ist unmöglich, da die einzelnen Episoden als in sich geschlossene Einheiten einer längeren Ereignisfolge in äußerst straffem Erzählstil dargeboten werden. Selbst der für einige Episoden mögliche Nachweis von Quellen wirkt den Unverständlichkeiten der *Apologoi* nur bedingt entgegen. Er erklärt weder, warum die Motive zur Erzählung der Abenteuer kombiniert wurden, noch, ob dieser Erzählung – oder gar dem ganzen Epos – ein bestimmtes narratives Modell bzw. Muster zugrundeliegt, in dessen Angesicht Odysseus' Erlebnisse erzählt wurden. Umstritten ist also, was als das »vorschwebende Gestaltschema« (Ernst Robert Curtius) zu denken ist:

ob – wie Hölscher meint[207] *– hinter der »Odyssee« ein uraltes Märchen steht, in das Elemente der Heldensage und verschiedener Mythen eingeflossen sind,*

oder

ob ein religiös begründeter Heroen-Mythos (bzw. eine Heldensage) mit verschiedenen märchenhaften Versatzstücken versehen wurde, aus dem dann die Odyssee in der uns heute vorliegenden Fassung wurde.

Die Schwierigkeiten, die *Odyssee*-Anfänge aus einer gattungstheoretischen Perspektive zu eruieren, spiegeln sich auch in der Figur des Odysseus wider. *Ilias* und *Odyssee* enthalten verschiedene Charakterisierungen des Helden. Einerseits weisen sie ihn – über Epitheta – als heroisch (als edlen, tapferen Krieger) aus, andererseits als märchenhaft (als Dulder und Irrfahrer). Odysseus wird mit Attributen versehen, die sowohl auf

---

206 Vgl. hierzu G. Danek, *Epos und Zitat. Studien zu den Quellen der Odyssee*, Wien 1998 (= *Wiener Studien*, Beiheft 22), worin gezeigt wird, daß der Text unserer *Odyssee*-Fassung Teil einer mündlich-epischen Erzähltradition ist, in der die Geschichte von Odysseus' Heimkehr von zahllosen Sängern immer wieder aufs neue und in neuer Weise vorgetragen wurde.
207 Vgl. oben S. 66 f., insbes. die kritische Darstellung S. 79.

die mündliche Tradition einer heroischen Sagengestalt von mythischem Format hindeuten als auch von einem alten Märchenwesen des Helden zeugen.[208]

Der Unterschied der Epen besteht darin, daß die märchenhaften Epitheta in der älteren *Ilias* inhaltlich nicht eingelöst werden, während sie in der jüngeren *Odyssee* voll zur Geltung kommen. Infolgedessen liegt für die *Ilias* die Annahme nahe, daß die Seeabenteuer des Odysseus schon in vorhomerischer Zeit erzählt wurden und die *Ilias* von dem älteren märchenhaften Wesen des Ithaka-Königs gewußt, es aber in der heroischen Sphäre der Trojasage nicht entrollt hat. Anscheinend war Odysseus nicht nur als Zerstörer Trojas, sondern auch als schiffbrüchiger Irrfahrer bekannt und trat in Form dieser märchenhaften Figur in die heroische Sage ein, die episiert und mit Elementen und Motiven aus alten Mythen geschmückt wurde. Ein ähnlicher Kontaminationsmechanismus läßt sich für die *Odyssee*, die um die Figur des Irrfahrers zentriert ist, annehmen.[209] Elemente, die aus Mythos, Heldensage und Märchen zu stammen scheinen, finden sich hier bunt verquickt.[210] Das Bemühen der *Ilias*, die Heldensage als Erzählmodell kontinuierlich beizubehalten, ist in diesem Epos nicht zu spüren: Die *Odyssee* episiert weder eine Heldensage oder einen umfänglichen Mythos noch ein Märchen in Reinform. Sie vereinigt vielmehr verschiedene Elemente, die aus heutiger Sicht – nach der Etablierung jener Gattungen – wie Elemente aus Mythos, Heldensage und Märchen wirken. Sie treibt mit ihnen ein Spiel, in dem die Figur des Odysseus schwer zu fassen ist.

2.1.4 Indifferenz der »Apologoi« gegen Deutungen

Seinen Höhepunkt erreicht dieses Spiel in Odysseus' Abenteuer-Erzählung. Hier tritt das schillernde Wesen des Protagonisten in aller Deutlichkeit hervor. Dabei sind die *Apologoi* für gattungstheoretische Überlegungen äußerst einträglich, da in ihnen Motive aus Integrationskontexten, durch die sie nicht länger definiert sind, als poetische Funktionsträger zu einer Erzählung kombiniert sind, die eben hierin, in der Kombination dekontextualisierter Motive, dem Märchen auffallend nahe ist. Ihre Lektüre stellt den Leser vor eine Feststellung, zu der auch der Märchen-Leser kommt: Kategorien aus dem Felde von Logik und Hermeneutik sind für das Lesen dieser Geschichten nicht sonderlich ergiebig. Sie führen nicht oder nur begrenzt zu einem tatsächlichen Verständnis des Rezipierten. Denn die Einzelepisoden bestimmt (wie die mei-

---

208 Zu Odysseus' diversen Zügen in der *Odyssee* vgl. z.B. G. Hunger, *Die Odysseusgestalt in Odyssee und Ilias*, (Diss.) Kiel 1962, der die These aufstellt, ein alter Dichter A habe Odysseus wagemutig und kühn gestaltet, ein jüngerer S indes habe ihn problematisiert. Vgl. auch U. Hölscher, »Der epische Odysseus«, in: G. Fuchs (Hrsg.), *Lange Irrfahrt – große Heimkehr. Odysseus als Archetyp – zur Aktualität des Mythos*, Frankfurt a.M. 1994, S. 29–47. Zur Ilias-Gestalt vgl. z.B. G. P. Landmann, »Odysseus in der Ilias«, in: Fuchs, *Irrfahrt*, S. 49–57.
209 Vgl. hierzu formgeschichtliche Untersuchungen, aufgeführt und vorgestellt bei A. Heubeck, *Die homerische Frage. Ein Bericht über die Forschung der letzten Jahrzehnte*, Darmstadt 1974, S. 87–176 (Literaturangaben S. 243–304); für die anschließende Zeit bis 1983 s. die zweiteilige Bibliographie von J.P. Holoka (Hrsg.), *Homer Studies 1978–1983*, Part 1, S. 396–427 [zugleich *The Classical World* 83.5 (1990)] und Part 2 [zugleich *The Classical World* 84.2 (1990)], S. 89–104.
210 Auf welche Weise sich dies innerhalb einer für das gesamte Epos repräsentativen Einzelepisode manifestiert, wird in II.C. an der Sirenenepisode gezeigt.

sten Mythen und in potenzierter Weise die Märchen) eine virtuelle hermeneutische Un-lesbarkeit aufgrund von Viel-lesbarkeit. Anders als etwa Platons Kunstmythen sind sie nicht in einem eindeutigen Sinne zugänglich, sondern genuin vieldeutig, damit aber nicht *per se* unzugänglich, sondern, positiv formuliert, un-eindeutig und viel-zugänglich.

Nicht zuletzt diese Vielzugänglichkeit der Abenteuergeschichten trägt zu dem Eindruck des fürs Märchen typischen Spielerischen bei. Sie hat ihren Grund darin, daß die *Apologoi* – anders als sakrale oder normative Texte mit *eo ipso* stark begrenzten Deutungsmöglichkeiten – einen ›profanen‹ Text bilden, der jeden Bedeutungszwang poetisch auf Distanz hält und in dem jeder Zwang zu Eindeutigkeit gebrochen ist. Wer sind die Kyklopen, wer die Lotophagen, wer die Sirenen? Die Fragen sind unzählige Male gestellt und beantwortet worden. Zahlreiche Auslegungen stehen nebeneinander. Die Interpretationsspielräume scheinen unbegrenzt. Was Lüthi für das Märchen im allgemeinen darlegt, trifft auf die *Apologoi* im spezifischen zu:

> Die bedeutenden Erzähler wählten aus der großen Zahl der ihnen bekannten Märchen Motive und Züge, die ihnen dafür geeignet schienen und integrierten sie in ihre Erzählung. Das heißt: Sie befreiten sie aus dem festen Zusammenhang, in den einer ihrer Vorgänger sie eingebunden hatte, und banden sie neu. Märchenmotive flottieren – sie sind insofern frei und immer bereit, in ein neues Zusammenspiel einzutreten, nicht unähnlich dem Märchenhelden, der innerhalb der Erzählung nicht endgültig in feste Situationen oder an feste Schauplätze gebunden bleibt, sondern isolations- und beziehungsfähig zugleich, mit anderen Figuren und anderen Welten in Kontakt kommt.[211]

Die *Apologoi* bestehen aus Motiven, die »flottieren«. Ihr Kennzeichen ist eine geradezu provokative Indifferenz gegen Deutungen. Frei von Suggestionen höherer Sinnzusammenhänge, Bedeutungszuschreibungen und Begründungsintentionen, lassen sie sich als eine Erzählung bestimmen, die den Kriterien des Märchens entspricht. Sie stellen »eine mit dichterischer Phantasie entworfene Erzählung […] aus der Zauberwelt« dar, »eine nicht an die Bedingungen des wirklichen Lebens geknüpfte wunderbare Geschichte«, die »hoch und niedrig« »mit Vergnügen anhören, obwohl sie sie unglaublich finden« (Bolte-Polívka).

Daß dies nicht auf Zufall beruht, ist Thesis dieser Arbeit: Die *Odyssee* führt vor, wie das – freilich seinerzeit terminologisch noch nicht ausgewiesene – Erzählmodell Märchen von den Herkunfts- und Herrschaftslegitimierungen des Mythos erlöst: Sie setzt einen Helden in Szene, der sich dieses Potential des Märchens zu eigen macht und seine Vorzüge nutzt. Dabei spielen die Inszenierung der Suspension von Sinn und Bedeutung sowie die vorgebliche Einfalt des Märchens, die sich in der Lektüre als listige Vielfalt ›entpuppt‹, eine wesentliche Rolle: Odysseus suspendiert den Sinn seiner Gegner und Gegnerinnen; er hebt ihre mythische Bedeutung auf und unterminiert so ihre Macht, beraubt sie ihrer Gewalt, bannt ihren Terror.

---

211 Lüthi, *Volksmärchen als Dichtung*, S. 139.

2.2 Sinn-Provokation durch die strukturalen Besonderheiten der »Apologoi«

Zu dem Eindruck, die *Apologoi* seien durch eine Suspension von Sinn geprägt, tragen überdies ihre strukturalen Eigenheiten bei:

Odysseus kommt nach seiner Abfahrt von **Troja** *zu den* **Kikonen***, von wo ihn bei Maleia ein* **Sturm** → *gen Norden an Kythera vorbei verschlägt. So kommt er zu den* **Lotophagen***, den* **Kyklopen, Aiolos***, den* **Laistrygonen** *und* **Kirke***; von dieser fährt er zur Totenbeschwörung in den Hades (***Nekyia***), wieder hinaus und nach einem kurzen Abstecher bei* **Kirke** *zu den Sirenen, vorbei an* **Skylla** *(und Charybdis) nach Thrinakia, wo seine Gefährten die Rinder des* **Helios** *essen und sich dadurch ihr Todesurteil fällen, entgeht der* **Charybdis** *(und erneut der Skylla), gelangt schließlich zu* **Kalypso** *und nach einem gewaltigen* **Sturm** →[212] *zu den* **Phaiaken***, wo er seine Irrfahrten erzählt, und sich mit ihnen seine Heimkehr nach* **Ithaka** *sichert.*

Der Handlungsgang der von Odysseus vorgetragenen Irrfahrtenerzählung ist dadurch gebildet, daß bestimmte Funktionen unter Vollzug spezifischer Gesetze auf ein feststehendes Ziel (Heimkehr) hin, also nach bestimmten *Spielregeln*, zu einer Gesamtkomposition zusammengefügt sind. Diese Spielregeln sind reine Setzungen und bestimmen als solche die Struktur und teleologische Dynamik des Erzähl-Spiels. Als dessen bindendes Mittel und Wirkungskraft gehört es zu ihren Eigenheiten, daß sie auf das Ende hin vollzogen werden müssen. Das Geschehen der *Apologoi* scheint daher in Unabhängigkeit von den Gefühlen und Absichten der handelnden Personen zustandezukommen. Der Irrfahrer wird auf eine Weise von einem Erlebnis ins nächste getrieben, die »sinnlos« erscheint, da sie eine psychologische Motivation oder Kausalgenese äußerer wie innerer Handlung vermissen läßt bzw. verdeckt. Bestimmend sind in erster Linie Form und Dynamik – nicht als Ausdruck, sondern als Erzeugung von Inhalt. Der Anspruch der Leser- bzw. Zuhörerschaft, einen Zusammenhang zwischen der Intentionalität der Figuren und ihren Handlungen zu erkennen und hierdurch den Fortgang des Geschehens zu verstehen, gerät demgemäß *in suspense*.

---

212 Beide Stürme kennzeichnet eine ungeheure Wucht, die Indikator für die Heftigkeit des Verschlagenwerdens ist und die Schwelle zu bzw. aus dem eigentlichen Irrfahrtenbereich des Odysseus markiert. Vgl. zu den Stürmen und ihren Auswirkungen auf Meer und Reise: Od. 9, 67–81 (Erregung des ersten Sturms durch Zeus). 82–84 (neun Tage von bösen Winden übers Meer getragen); 5, 291–296 (Erregung des zweiten Sturms durch Poseidon). 313–318 (Floß des Odysseus im Wüten des Sturms). 365–367 (Verstärkung des Sturms durch Poseidon). – – – Zum Passagencharakter des Sturms bei Maleia s. auch einschlägige Publikationen wie A. Heubeck/A. Hoekstra, *A Commentary on Homer's Odyssey*, vol. II, Books IX – XVI, Oxford 1989, S. 17 f.: »Contrary winds have driven him across the border separating reality of the familiar Mediterranean world from the realm of folk-tale.« J. Latacz, *Homer. Der erste Dichter des Abendlands*, München und Zürich 1989, S. 185: »Vom Sturm bei Kap Malea [...] an [...] Kythera vorbei [...]: Ausfahrt aus der realen Welt, Einfahrt ins Land der Schiffermärchen.«

2.2.1 »Motivation von hinten«

Die Beobachtung, daß die Form in den Apologen den Inhalt erzeugt (bzw. einschränkt), läßt sich mit Viktor Sklovskij auf folgende Formel bringen:

> Hier geht der Aufbau vom Schluß aus, die Erzählung wird geschaffen zur Motivierung der Unerläßlichkeit einer zutreffenden Lösung.[213]

Sklovskij trifft diese Feststellung bei Analyse der Sujetfügung in Erzählungen; er erkennt, daß ein Geschehen so abläuft, wie es abläuft, um eine bestimmte, mit der gewählten Gattung vorgegebene Lösung zu motivieren.

Dieselbe Entdeckung macht Clemens Lugowski bei der Lektüre früher deutscher Prosaerzählungen. Auch er stellt eine »Motivation von hinten« fest, die, wie der Begriff erkennen läßt, die einzelnen Ereignisse vom Schluß begründet. Ihr stellt er als begriffliche Opposition die »Motivation von vorne« gegenüber: die »vorbereitende«, psychologisch realistisch erscheinende Motivation, in der er einen Kunstgriff zum Verdecken des poetischen Verfahrens »von hinten« und zur Erzeugung der realistischen Illusion erkennt.[214]

Für unsere Überlegungen aufschlußreich ist, daß Lugowski die »Motivation von hinten« als Signum des sogenannten »mythischen Analogons« auffaßt. Dieser Begriff, den Lugowski vornehmlich an Prosa-Romanen der frühen Neuzeit entwickelt, bezeichnet eine poetische Formgebung, die Charakteristika mythischer Anschauungen und mündlicher Dichtung übernimmt, um auf ähnliche Weise zu poetischen Weltbildern zu gelangen wie in archaischer Zeit, als die Grundlinien mythischer Weltbilder abgesteckt wurden. Die dem Mythos analoge Formgebung übernimmt nicht etwa mythische Gehalte im Sinne von Göttergeschichten oder Aitiologien. Vielmehr hält sie, aus geschichtlich gewonnener Distanz zum Mythos, die Erinnerung an ihn vermittels formaler Gesetze lebendig. Entstehen kann das mythische Analogon, so Lugowski, nur aufgrund der geschichtlichen Entfernung von ihm.

Geschichtsphilosophisch betrachtet, impliziert Lugowskis Theorie, daß sich »Restbestände mythischen Denkens« in der Neuzeit »auf ästhetische Strukturen zurückgezogen haben, während seine ursprüngliche Lebensmacht verschwunden ist«.[215] Dürfte an dieser Verflüchtigungsthese – aus denselben Gründen wie an Blumenbergs *Arbeit am Mythos*[216] – einige Kritik angebracht sein, bleibt bemerkenswert, daß Lugowski ein literarisches Phänomen in den Vordergrund stellt, das bei der Deutung von Texten häufig unbeachtet bleibt: Die Formbedingtheit literarischer Gehalte.

Diese Formbedingtheit des Inhalts bestimmt die *Apologoi*. Hier finden sich einige der von Lugowski bestimmten formalen Gesetze des mythischen Analogons: etwa das beziehungslose Nacheinander von Handlungsschritten, das allein in der Handlung

---

213 V. Sklovskij, »Der Zusammenhang zwischen den Verfahren der Sujetfügung und den allgemeinen Stilverfahren«, in: J. Striedter (Hrsg.), *Russischer Formalismus*, München 1971, S. 38–121, h.: S. 81.
214 Vgl. Lugowski, *Die Form der Individualität im Roman*, S. 66–81.
215 Vgl. die Ausführungen von H. Schlaffer, »Clemens Lugowskis Beitrag zur Disziplin der Literaturwissenschaft«, in: Lugowski, *Form*, S. VII–XIV, h.: S. XIII.
216 Vgl. oben S. 8f., 139–141.

begründete Dasein der Figuren und die Motivation von hinten. Wer den Blick auf die Einbettung der *Apologoi* in die Rahmen- bzw. extradiegetische Erzählung richtet, dürfte das Handlungsgeschehen *prima vista* zwar als »von vorne« motiviert ansehen: Odysseus' persönliche Motivation, die Geschehnisse zu erzählen, sein Wunsch heimzukehren, läßt sich psychologisch als Bestimmung des Handlungsverlaufes verstehen. Doch eben dieser Blick bestätigt zugleich den Eindruck, daß das Geschehen so abläuft, wie es abläuft, um das von Odysseus – bzw. vom homerischen ›Erzähler‹ – klar definierte Ziel (Heimreise) zu motivieren (Motivation von hinten). In seiner Doppelfunktion als Erzähler und Protagonist der Abenteuer, verfolgt Odysseus mit den *Apologoi* die Intention, die Phaiaken zu Vollziehern seines persönlichen Happy-Ends zu machen. Die Ausrichtung »von vorne« → *auf* dieses Happy-End *hin* und die Begründung der Episoden ← *von* diesem Schluß *aus* deuten auf ein Ineinander der beiden Motivationsarten hin.

Immerhin bleibt der Eindruck, daß die wesentliche Motivierung der Ich-Erzählung vom Ergebnis aus erfolgt. Das Prinzip dieser Motivationsform liegt darin, daß alle Einzelzüge der Handlung im Sinne ihres Ausganges motiviert und angesichts des Ergebnisses zwar nicht klar begründet, aber doch gerechtfertigt erscheinen. So treibt nicht so sehr das Wollen und Wünschen des Protagonisten und seiner Antagonisten die Handlung der *Apologoi* in Glücksrichtung voran. Die ›Glücksdynamik‹ kommt vielmehr durch ihr Tun, die Aktionen und Reaktionen, zustande. Deren beider – auf das Handlungsende gerichtete – Verknüpfung zu binären Doppelfunktionen bildet, wie weiter unten ausführlich dargelegt wird, das Geschehen.[217]

3. Erzählen als organisierte Angelegenheit: Zur Struktur und Funktion der Irrfahrten

Auf den ersten Blick wirkt Odysseus' Erzählung wie eine Reihung von Motiven, die planlos zu einer umfassenden Erzählung kontaminiert wurden. Ihre strukturale Analyse indes beweist das Gegenteil. Sie zeigt einmal mehr, was die jüngere Homerforschung wiederholt erwiesen hat:[218] Schon bei Homer war Erzählen eine organisierte Angelegenheit. Die Strukturanalyse der *Apologoi* ergibt, daß der Ich-Erzählung ein scharf konturiertes Modell zugrundeliegt: Odysseus bedient gleichsam ein ›erzählerisches Triebwerk‹, dessen einzelne Elemente und Teile in bestimmten Bahnen und regelmäßiger Wiederkehr bewegt werden. Hierzu zieht er in immer neuer Variation unermüdlich die Register des Skandalösen – von Versuchung durch Drogen, Verzauberung und Frauen bis hin zu lebensgefährlichen Bedrohungen durch Menschenfres-

---

217 Vgl. unten S. 223–232.
218 Vgl. neben Hölschers Studien u.a. B. Fenik, *Studies in the Odyssey*, Wiesbaden 1974; M.N. Nagler, *Spontaneity and Tradition. A Study in the Oral Art of Homer*, Berkeley/Los Angeles 1974; R.B. Rutherford, »At Home and Abroad: Aspects of the Structure of the Odyssey«, in: *Proceedings of the Cambridge Philological Society* 211 [N.S. 31] (1985), S. 133–150; G.W. Most, »Structure«; J. Latacz, »Die Erforschung der Ilias-Struktur«, in: ders. (Hrsg.), *Zweihundert Jahre Homer-Forschung. Rückblick und Ausblick*, Stuttgart/Leipzig 1991, S. 381–414; M. Skafte Jensen, »The Fairy Tale Pattern of the Odyssey«, in: M. Chesnutt (Hrsg.), *Telling Reality. Folklore Studie in Memory of Bengt Holbeck*, Copenhagen/Turku 1993, S. 169–193; B. Louden, *The Odyssey. Structure, Narration, and Meaning*, Baltimore (Maryland) 1999.

ser. Die einzelnen Episoden seiner Erzählung gehorchen dabei jeweils demselben Ordnungsplan. In ihnen wiederholen sich Handlungen, die mit demselben Ergebnis aufeinanderfolgen: Immer wird die Heimkehr der Reisenden gefährdet. Nur der Typus der Gefahr, und mit ihm die Orte und Personen, die für Odysseus und die Gefährten gefährlich sind, variieren. Bestimmte typische Handlungseinheiten werden mithin verschiedenartig, mittels unterschiedlichen semantischen Materials, realisiert. Invariable Textelemente bilden gemeinsam mit variablen Elementen narrative Einheiten: Die Namen und Attribute bzw. Fähigkeiten der handelnden Personen wechseln, die Aktionen bzw. Funktionen bleiben konstant.

Die Anzahl der Abenteuerepisoden beträgt zwölf. Zehn davon ranken sich zu zwei Fünfergruppen in ihrer Motivik spiegelbildlich um die *Nekyia*, die zentrale Erzählung vom Abstieg in die Unterwelt:[219]

		LOTOPHAGEN	KYKLOPEN	AIOLOS	LAISTRYGONEN	KIRKE	NEKYIA	SIRENEN	SKYLLA	HELIOS	CHARYBDIS	KALYPSO
T Y P U S	Verbot			x						x		
	Verschlungenwerden		x		x				x		x	
	Versuchung	x				x		x				x

Zwei der Episoden, die jeweils mittleren der Fünfergruppen, die Aiolos- und die Heliosepisode, haben damit zu tun, daß Odysseus' Gefährten aus Torheit ein *Verbot* übertreten, was für sie katastrophale Folgen hat. Mit den Kyklopen, Laistrygonen, der Skylla und der Charybdis bietet Odysseus eine bunte Palette von menschenfressenden bzw. -verschlingenden Monstern.[220] Ihnen liegt das Motiv des *Kannibalismus* bzw. des *Verschlungenwerdens* zugrunde.[221] Die übrigen vier Erlebnisse erzählen paradigma-

---
219 Zur näheren Darstellung von Struktur und Funktion der Einzelstationen vgl. unten S. 217–220.
220 Od. 9, 291–293. 311–312. 344; 10, 116. 124; 12, 237–243. 256. 431–441.
221 Im Falle des *Kyklopen* und der *Laistrygonen* – beide Episoden sind Variationen des Themas des menschenfressenden Riesen (vgl. die Beschreibungen in 9, 181–192. 287–298. 307–311. 336–344; 10, 112–124) – handelt es sich im herkömmlichen Sinne um *Kannibalismus*. Im Falle der *Skylla* – sie ist ein häßliches Ungetüm mit zwölf unförmigen Füßen und sechs langen Hälsen und Köpfen mit je drei Zahnreihen; bellend wie ein junger Hund schnappt sie aus der Höhle eines Steilfelsens nach Nahrung (vgl. die Beschreibungen in 12, 85–100. 223–259) – und der Meerwasser einschlürfenden *Charybdis* (vgl. die Beschreibungen in 12, 101–110. 235–244).

tisch von *Versuchung*: von Verlockung und Verführung zur Hingabe. Die Lotophagen und Kirke[222] läßt Odysseus mit Drogen operieren; Kirke stattet er überdies, ähnlich wie Kalypso, mit Zügen der über besondere Kräfte verfügenden göttlichen Verführerin aus.[223] Auch die Episode von den Sirenen basiert auf dem Motiv der Versuchung.

Eine Eigenheit der Abenteuer-Erzählung besteht darin, daß die mehrfach variierten Bausteine der drei Typen *Versuchung*, *Verschlungenwerden* und *Verbot* paarweise Funktionen (Handlung/Gegenhandlung) bilden, die, miteinander verkettet, das Gesamtgeschehen konstituieren. Das Grundmotiv *Versuchung* spaltet sich auf in die Doppelfunktion *Versuchung – Entgehen/Erliegen der Versuchung*. Das Motiv *Verschlungenwerden* umfaßt die *Bedrohung* und *Errettung aus der Bedrohung* wie den möglichen *Untergang*. Das *Verbot* bekommt erst im Moment *der Erteilung* und *Übertretung* Bedeutung.

Wenn die *Apologoi* folglich auf der Verkettung von Bausteinen bzw. »Elementen« (Bédier) oder »Funktionen« (Propp) gründen, sind sie doch nicht als unilineare Motivreihung vorzustellen. Vielmehr implizieren alle paarigen Funktionen eine zeitliche Verzögerung von Odysseus' Heimkehr, narratologisch formuliert: eine Verschiebung der Linie des Handlungsablaufes. Die Geschehenslinie verläuft daher nicht geradlinig, sondern stufenförmig. Jede Stufe, die aus einer Doppelfunktion besteht, stellt einen Aufschub dar, eine Retardierung der Handlung, treibt diese aber zugleich der Lösung zu. Die Handlung erhält so stark phasischen Charakter. Sie schreitet schritt-, nämlich stufenweise voran: von einer Probe, deren Bestehen Bedingung für den Fortgang der Handlung ist, zur nächsten Probe und immer so fort.[224] Die Besonderheit dieser stufenförmigen Handlungslinie liegt darin, daß sie aus zwei strukturell gleichartigen Teilen besteht, deren Verbindungsglied das größte Abenteuer des Odysseus, die zentrale Gefahr der Irrfahrten, ist: die *Nekyia*,[225] die Erzählung vom Abstieg in die Unterwelt.

Die nachstehenden Diagramme dienen dazu, die Stufenform der Abenteuerabfolge zu veranschaulichen. Das erste Bild konstruiert den denkbaren unilinearen Ablauf. Das zweite enthält den tatsächlichen, durch die Verschiebungen bedingten Stufenverlauf der Handlungslinie. Es bezieht den Aspekt mit ein, um den es Odysseus bei seiner Erzählung vor allem geht: den Aufschub, die Retardation des *Nostos*. Odysseus erzählt den Phaiaken seine Abenteuer, um das Ausmaß an Verzögerung, das sie seiner Heimkehr bereits eingebracht haben, zu verdeutlichen.

Dieses Spiels wird man durch die signifikante Textoberfläche der *Apologoi* hindurch ansichtig: Wer als Leser bzw. Zuhörer Odysseus' Erzählung aufmerksam verfolgt, vermag sich Einblick in den Verlauf des Spiels und seine Regeln zu verschaffen. Welcher Art die Regeln (Erzählgesetze) sind, soll in den folgenden Kapiteln erschlossen wer-

---

430 f.; vgl. auch unten S. 264 f.) ist es, lassen wir spätere antike Schilderungen außer Acht, angebrachter von Verschlingen bzw. der Gefahr des *Verschlungenwerdens* zu sprechen. Diese Differenzierung ist zu beachten, auch wenn im folgenden gelegentlich, um der Einfachheit willen, alle vier Episoden unter Kannibalismus zusammengefaßt werden.
222 Od. 9, 94–97; 10, 235–236.
223 Od. 1, 13–15. 55–57; 10, 347 ff.
224 Diese Eigenheit teilen die *Apologoi* mit vielen Erzählungen, die paarige Funktionen enthalten, auch und insbesondere mit dem *Märchen*. Denn die Struktur eines Märchens – darin folgen die hier angestellten Überlegungen Bremonds Kritik an Propp – vgl. oben S. 113–115 – besteht in der Regel aus mehr als einer »unilinearen« Kette von Funktionen, die eine lineare Reihe von Syntagmen bilden.
225 Zur *Nekyia* vgl. unten S. 244–248.

214 Odysseus' Abenteuer-Erzählung: Märchen *versus* Mythos

Denkbare unilineare Abfolge:

Versuchung	Kannibalismus	Verbot	Kannibalismus	Versuchung	zentrale Gefahr	Versuchung	Kannibalismus	Verbot	Kannibalismus	Versuchung
Lotophagen	Kyklopen	Aiolos	Laistrygonen	Kirke	Nekya	Sirenen	Skylla	Helios	Charybdis	Kalypso
9, 62-104	9, 105-564	9, 565-10, 76	10, 77-132	10, 133-466	10, 467-12, 28	12, 153-200	12, 201-259	12, 260-398	12, 399-446	12, 447-53 (-> 5, 28-269 und 7, 244-266)

Tatsächliche stufenförmige Abfolge:

[Diagram showing stepped arrangement with categories: Versuchung, Kannibalismus, Verbot, Kannibalismus, Versuchung, zentrale Gefahr, Versuchung, Kannibalismus, Verbot, Kannibalismus, Versuchung]

Die Visualisierung der denkbaren und der tatsächlichen Abenteuerabfolge in den Diagrammen bringt die Unterschiede zwischen beiden Modellen deutlich zum Vorschein. Sie zeigt, daß die Reduktion der Episoden auf eine unilineare Kette zentraler Aspekte des *Apologoi* nicht gerecht wird: Unberücksichtigt bleibt so nicht nur die Verzögerung der Heimkehr, der Odysseus doch besonderen Nachdruck zu verleihen sucht. Auch dem Moment des Spiels, auf das oben (S. 209, 213) hingewiesen wurde und um das es im folgenden geht, wird nicht Rechnung getragen. Eben dieses Moment macht das Diagramm der stufenförmigen Handlungsabfolge anschaulich. In ihm sind die Rubriken *Versuchung*, *Verschlungenwerden* bzw. *Kannibalismus* und *Verbot* zu einem Übereinander von fünf Ebenen mit Spielbrettcharakter geschichtet. Spieler ist Odysseus als Ich-Erzähler und Protagonist, der in beider Position, erzählerisch und handelnd, Spielregeln folgt, also in bestimmten Spielsituationen zu vollziehende Züge vollzieht. Der während des Spiels ungewisse Ausgang stellt sich für ihn als Gewinn oder Verlust (Heimkehr oder Untergang) dar.

den. Zu diesem Zweck seien zuerst zwei Momente der erzählten Abenteuer in den Blick genommen, welche die beiden vorangehenden Diagramme illustrieren: die Symmetrie und der sehr eigene Rhythmus im Handlungsablauf der *Apologoi*.

3.1 Symmetrie und Rhythmus

Daß der Handlungsverlauf der Abenteuergeschichten rhythmisch gestaltet ist, hat die Homerforschung früh erkannt. Zunächst herrschte die Ansicht vor, die Abenteuer zerfielen in Gruppen von je drei Episoden, wobei die letzte die längste und eindrucksvollste sei.[226] Es wurde von einem das Geschehen beherrschenden anapästischen Rhythmus ausgegangen (kurz, kurz, lang):

ᴗ	ᴗ	—
Kikonen	Lotophagen	Kyklopen
Aiolos	Laistrygonen	Kirke
(Nekyia)		
Sirenen	Skylla	Helios
Charybdis	Kalypso	Phaiaken

Dieses Konzept fügt sich nahtlos ein in die Ergebnisse der Erforschung des Märchens ein, unter dessen Stilmittel und Erzählgesetze Dreizahl und, damit verbunden, Achtergewicht gerechnet werden.[227] Dreimal muß etwas erreicht bzw. bewältigt werden. Dreimal geschieht nahezu das gleiche, bis auf das letzte Mal; an letzter Stelle steht in einer Reihe von Personen oder Dingen das, was von besonderem epischen Interesse ist. Die dritte Person ist erfolgreich, der dritte Versuch gelingt oder hat besonders nachhaltige Auswirkungen auf das Handlungsgeschehen. Diese Neigung des Märchens zu triadischen Strukturen, zu Wiederholung und Formel, wird erzählbiologisch und ästhetisch erklärt: aus der mündlichen Übertragung, die »bei längeren Erzählungen auf solche Gedächtnishilfen angewiesen ist«, sowie aus »künstlerischen Bedürfnissen beim Bau«.[228] Mihai Pop etwa, der sich wie Propp mit den strukturellen Eigenheiten von Märchen befaßt, spricht im Rahmen einer Darstellung der kompositionellen Struktur eines rumänischen Märchens von »zwei statischen Teilen und einem

---

226 C. Rothe, *Die Odyssee als Dichtung und ihr Verhältnis zur Ilias*, Paderborn 1914, S. 72; W.J. Woodhouse, *The Composition of Homer's Odyssey*, Oxford 1930, S. 43 f.; Fr. Eichhorn, *Homers Odyssee. Ein Führer durch die Dichtung*, Göttingen 1965, S. 63 f.
227 Zum Rhythmus der Dreigliedrigkeit s. Panzer, »Märchen«, S. 95 f.; zu Dreierrhythmus und Achtergewicht s. Lüthi, *Volksmärchen als Dichtung*, S. 57 f., 97–104, 109 f., 113, 118 f., 126, 185.
228 M. Lüthi, »Das Volksmärchen als Dichtung und Aussage« (1956), in: Karlinger, *Wege*, S. 295–310, h.: S. 296.

dynamischen«, aus dem die »dreigeteilte Struktur« vieler Sequenzen bestehe. Er betrachtet die Teile als »statisch«, »die den Handlungsablauf verlangsamen und demnach eine verzögernde Rolle haben«, und die als »dynamisch«, »welche die Verbindung mit den folgenden Sequenzen herstellen«.[229]

Die Applikation dieses Dreierschemas auf die *Apologoi* scheint auf den ersten Blick problemlos durchführbar zu sein. Genau besehen, birgt sie jedoch eine Schwierigkeit: Bei strenger Scheidung der Erzählebenen der *Odyssee* – der Binnen- und der Rahmenerzählung, der intra- und der extradiegetischen Ebene – läßt sich das Modell des anapästischen Rhythmus nur bis zur Heliosepisode anwenden. Die beiden Folgeerlebnisse (Charybdis und Kalypso) ›hängen‹ nach der Helios-»Länge« gewissermaßen ›in der Luft‹, da die *Apologoi* keine – für die Vervollständigung einer weiteren anapästischen Einheit erforderliche – »Länge« enthalten. Man müßte schon, wie in der Übersicht S. 215) veranschaulicht, den Aufenthalt im Phaiakenland Scheria als die – für die Komplettierung des Episoden-Anapästs unentbehrliche – »Länge« auffassen und mit der Charybdis- und Kalypsoepisode als »Kürzen« zu einer Trias bündeln.

Die Möglichkeit einer solchen Bündelung verdankt sich der narrativen Schwellenposition, die dem Scheria-Aufenthalt zukommt. Die Ereignisse bei den Phaiaken gehören zwar nicht zu den Abenteuern der Ich-Erzählung. Sie bilden aber ein Abenteuer des Odysseus, das sich an den narrativen Akt des Helden (Ich-Erzählung) anschließt, um zu den finalen Ereignissen der *Odyssee* auf Ithaka überzuleiten. Narratologisch betrachtet, haben die Geschehnisse nach Odysseus' Landung am Scheria-Strand ›Scharnier-Funktion‹. Sie bilden ein hochgradig expandiertes Erzählsegment der *Odyssee*, innerhalb dessen die Erzählebenen des Epos verschachtelt sind: In ihrem Verlauf berichtet erst, wie in den Gesängen zuvor, ein eposexterner, nach Genette extradiegetischer Erzähler vom Schicksal des Odysseus, der dann seinerseits zu einem eposinternen, intradiegetischen Erzähler wird:

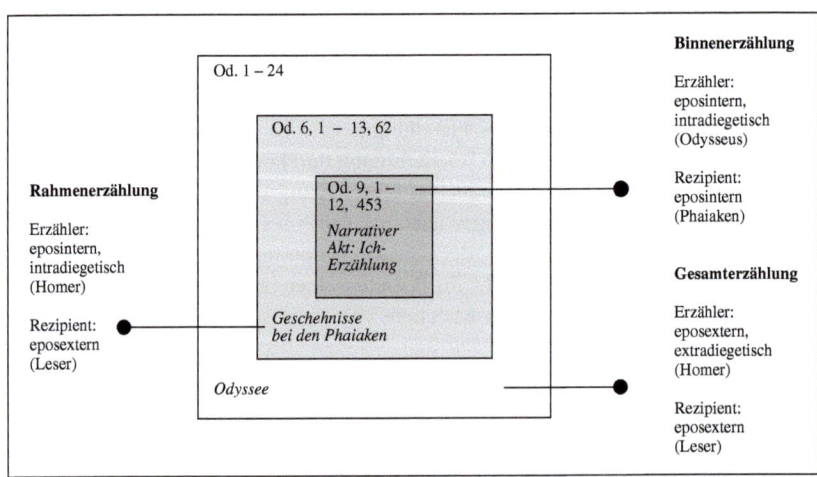

---

229 M. Pop, »Neue Methoden zur Erforschung der Struktur der Märchen«, in: Karlinger, *Wege*, S. 428–439, h.: S. 437.

Die Abenteuergeschichten des intradiegetischen Erzählers erfüllen zwei Funktionen. Erstens kommt ihnen erzähltechnisch – als Binnenerzählung – explikative Funktion zu: Sie beantworten dem eposinternen und -externen Publikum die Frage, welche Ereignisse die gegenwärtige Situation herbeigeführt haben. Zweitens spielen sie – als Handlung in der Rahmenerzählung, als Narrationsakt – eine entscheidende Rolle: Indem sie bewirken, daß die Phaiaken Odysseus Heimgeleit anbieten, erfüllen sie die Funktion, die ihnen Odysseus zugedacht hat. Entfaltet doch der Vielkluge seine Erzählkünste vor den Phaiaken mit dem Ziel, sich eine gastliche Behandlung und die Heimkehr nach Ithaka zu er-werben bzw. zu er-zählen, und zwar erfolgreich: Nachdem er seine Irrfahrten vor den Phaiaken narrativ ausgebreitet hat, um sie davon zu überzeugen, er sei zu oft versucht und zu lange aufgehalten worden, als daß er nicht eilig heimzureisen habe, sichern sie ihm das Heimgeleit zu, das ihm die Rückkehr nach Ithaka endlich ermöglicht.[230]

Als »Länge« nach zwei »Kürzen«[231] in das triadische Schema einbeziehen läßt sich der Aufenthalt bei den Phaiaken folglich dann, wenn man seine narrative Schwellenposition berücksichtigt: Wenn man einrechnet, daß nicht nur Odysseus – als *Erzähler* und *Protagonist* der Abenteuer – im Zentrum des narrativen Spielraumes angesiedelt ist, sondern auch die Phaiaken – als *Zuhörer* und *potentielle Helfer* – in diesen Raum hineinreichen, den Odysseus mit der Einleitung »Von Ilion her trug mich der Wind und brachte mich zu den Kikonen [...].« (Od. 9, 39) eröffnet. Nur dann läßt sich der Scheria-Aufenthalt – wie schon zuvor die Kyklopen-, Kirke- und Heliosepisode – als dynamisches Ereignis (»Länge«) lesen, das auf zwei handlungsretardierende Episoden (»Kürzen«: Charybdis/Kalypso) folgt und »die Verbindung mit den folgenden Sequenzen« (der Rahmenerzählung) herstellt.[232]

3.2 Struktur und Funktion

1978 erschien eine Studie, welche die geschilderte Problematik umgeht, indem sie das Schwergewicht von dem Dreierrhythmus auf einen anderen erzähltechnischen Gesichtspunkt verlegt: In *Patterning in the Wandering of Odysseus* interpretiert John D.

---

230 Zur These, daß die Positionierung von Odysseus' Abenteuern an der uns überlieferten Stelle (Od. 9–12) kompositionstheoretisch und erzählökonomisch sehr günstig gewählt ist (durch ihren Vortrag vor den Phaiaken müssen sie an keinem anderen Ort die *Odyssee* erzählt werden) vgl. schon A. Kirchhoff, *Die Composition der Odyssee. Gesammelte Aufsätze*, Berlin 1869, S. 68 f.; W. Suerbaum, »Die Ich-Erzählungen des Odysseus. Überlegungen zur epischen Technik der Odyssee«, in: *Poetica* 2 (1968), S. 150–177, h.: S. 169–171; T. Krischer, »Phäaken und Odysse«, in: *Hermes* 113 (1985), S. 9–21, h.: S. 12 f. (Krischer nimmt sogar an, die Phaiaken seien eingeführt worden, um die Apologen an ihrer jetzigen Stelle zu plazieren). Denkbar wäre auch eine Plazierung der Erzählungen in Od. 23 (in Odysseus' Bericht an Penelope), wo die Episode allerdings, zumal im Kontext mit den anderen Apologen, übermäßig retardierend wirkte und eher den Effekt einer Antiklimax als den einer Spannungssteigerung besäße.
231 Nicht nur die Charybdis-, auch die Kalypsoepisode kann als »Kürze« im anapästischen Rhythmus der Erzählungen gelten. Denn obschon sie im fünften Buch (in der Rahmenerzählung) eingehend erzählt wurde, nimmt sie doch innerhalb der Abenteuergeschichten (in der Binnenerzählung) faktisch wenig Raum ein, nachdem Odysseus sie den Phaiaken schon am Tag zuvor summarisch erzählt hat (Teil der Ereignisse in Od.7; vgl. unten S. 220 f. Anm. 241).
232 Pop, »Methoden«, S. 437.

Niles die *Apologoi* als eine Ringkomposition um das elfte Buch der *Odyssee*, die *Nekyia*.[233] Niles macht Gabriel Germains und Cedric Whitmans Fokussierung auf die Unterweltsepisode als Zentrum von Odysseus' Abenteuer-Erzählung zu seinem Ausgangspunkt.[234] Er teilt die Episoden in drei Gruppen (I: »temptations«, II: »physical attacks« und III: »taboos«) und gruppiert sie zu Paaren. Wie er Odysseus' Liebhaberinnen Kirke und Kalypso als verführerische Halbgöttinnen einander zuordnet (I), fügt er die Erlebnisse bei Aiolos und mit Helios auf Thrinakia als signifikante Verbotsüberschreitungen zusammen (III). Er betrachtet die Abenteuer bei den Laistrygonen und den Kyklopen sowie die Begegnungen mit Skylla und Charybdis allesamt als lebensgefährliche Bedrohungen durch kannibalistische Monster (II) und subsumiert die Zusammentreffen mit den Lotophagen und den Sirenen unter eine Kategorie (I): »In each incident Odysseus is offered a fool's paradise, not a real one.«[235] Doch anstatt die einzelnen Episoden auf ihre narrative Funktion im Rahmen von Odysseus' Erzählung bei den Phaiaken zu beziehen, schließt er sich der traditionellen Ansicht[236] an, es handele sich bei den Irrfahrten um eine Allegorese: um den Bericht einer psychischen Reise.

Erst Glenn W. Most wendet sich 1989 Struktur und Funktion als einander bedingenden Faktoren zu.[237] In seiner Bestimmung der Struktur entwickelt er, im Anschluß an Niles, ein Diagramm, das die symmetrische Ringkomposition der Abenteuer um die *Nekyia* illustriert und zugleich die Rahmenhandlung der Irrfahrtenerzählung miteinbezieht:[238]

Die von Niles als »temptations« (I) gebündelten Abenteuer kennzeichnet Most durch Kursive, die »physical attacks« (II) durch Unterstreichung, die »taboos« (III) beläßt er in Standardschrift. Den hervorgehobenen Episoden verleiht er besonderen Nachdruck, indem er sie in den Brennpunkt seiner Überlegungen zur Funktion der *Apologoi* stellt. Er weist nach, daß das Motiv der physischen Bedrohung durch Kannibalismus (II), gekoppelt mit dem des Zu-lange-Verweilens aufgrund einer Versuchung (I), die doppelte Folie der *Apologoi* darstellt: Der von den Phaiaken aufgenommene Odysseus erzählt, um beiden Gefahren, die er durch je vier hyberbolisch verzerrte Extrembeispiele zur Anschauung bringt, zu entgehen.

---

233 J. D. Niles, »Patterning in the Wandering of Odysseus«, in: *Ramus* 7 (1978), S. 46–60.
234 Germain, *Genèse*, S. 332 f.; C. Whitman, *Homer and the Heroic Tradition*, Cambridge (Mass.) 1958, S. 288.
235 Whitman, *Homer*, S. 49.
236 Den allegorischen Blick auf die *Apologoi* teilt Niles mit zahlreichen Autoren, antiken und modernen. Vgl. hierzu F. Buffière, *Les mythes d'Homère et la pensée grecque*, Paris 1956; R. Lamberton, *Homer the Theologian. Neoplatonist Allegorical Readings and the Growth of the Epic Tradition*, Berkeley/Los Angeles 1986.
237 Most, »Structure«.
238 In seine Überlegungen zu Odysseus' »Transit« von der realen (geographisch faßbaren) Welt (Troja, Ithaka) ins Märchenland bezieht Most u. a. Krischer, »Phäaken«, S. 10 ff., ein sowie Fenik, *Studies*, S. 54 ff., inkl. Anm. 74 (enthält weitere Referenzen). Vgl. im übrigen das »Zwei-Serien-Modell« von Focke, *Odyssee*, S. 129 ff., das deshalb als unzutreffend erscheint, weil es als erste Serie die ersten drei Abenteuer und als zweite die restlichen Episoden von Aiolos an zusammenfaßt.

Zur Struktur und Funktion der Irrfahrten 219

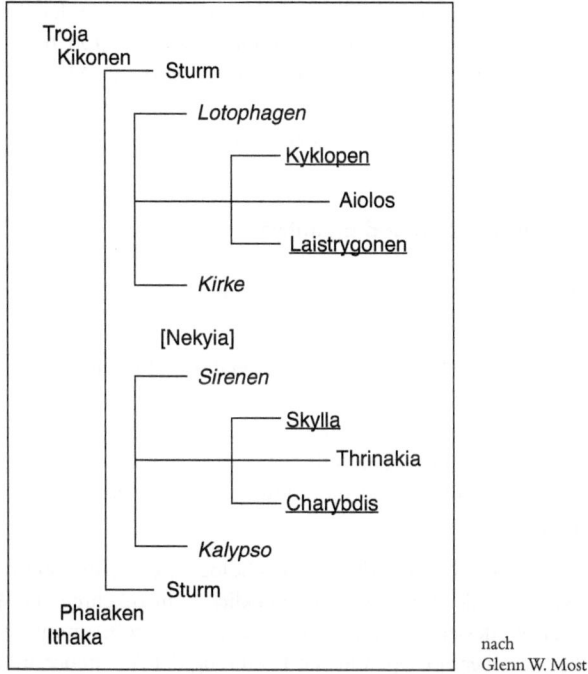

nach
Glenn W. Most

Die Besonderheit dieser Lesart gegenüber den ihr vorangehenden besteht m.E. darin, daß die Figuren I und II in der zweifachen Bedeutung des Wortes »Motiv« zur Geltung kommen:

- als Thema (bzw. nach Genette als das vom extradiegetisch-heterodiegetischen Erzähler Homer gewählte Motiv) der Erzählung,
- als Beweggrund (bzw. nach Genette als das dem intradiegetisch-homodiegetischen Erzähler Odysseus eigene Motiv) zu erzählen.

Beide Motiv-Ebenen werden von Most miteinander verknüpft: An die formale Analyse der *Apologoi*-Struktur ist die Theorie gekoppelt, die psychologische Erzählmotivation des Odysseus sei es, den Phaiaken die Pflichten der Gastfreundschaft an Negativexempeln vorzuführen, um dann – nach gastlicher Behandlung – auf Wunsch und beschenkt wieder rechtzeitig abreisen zu dürfen. Durch diese Erklärung setzt Most den Leser instand, die *Apologoi* in ihrer Gesamtheit zu erfassen und aus einer neuen Perspektive zu betrachten. Denn wurden einzelne Beweggründe für die Abenteuer-Erzählung auch häufig benannt, existierte doch bis zu Mosts Studie keine plausible Erklärung von Inhalt *und* Form der Abenteuergeschichten. In der Regel erwog man entweder mögliche Gründe des extradiegetisch-heterodiegetischen Erzählers/Dichters, die Abenteuer auf die uns überlieferte Weise anzuordnen. Oder man suchte nach Motiven des intradiegetisch-homodiegetischen Erzählers, seine Geschichte so zu erzählen, wie er sie erzählt. In Deutungen von Odysseus' Verhalten und seiner Entscheidung, die Irrfahrten zu erzählen, wurden dabei zumeist nur Teilaspekte Gdes Ganzen behandelt: So wurde als Erzählanlaß die Not des Odysseus angegeben, der

Phaiakenkönigin Arete das Tragen der Kleider zu begründen, die ihm ihre Tochter Nausikaa nach seiner Ankunft als Schiffbrüchiger gibt (Od. 6, 214) und die Arete an ihm wiedererkennt (Od. 7, 238). Oder man führte als Motiv des Odysseus dessen Bedürfnis an, sein soziales Geschick und seine athletische Kraft unter Beweis zu stellen, um anerkannt und begünstigt zu werden.[239]

3.3 Erzählsituation und Erzählziel

Die nachstehenden Überlegungen zu Funktion und Struktur der *Apologoi* erfolgen aus dem Blickwinkel, daß

- Odysseus seine Doppelrolle als erzählendes und erzähltes bzw. erlebendes Ich mit dem Ziel aus-spielt, den Adressaten der Erzählung ihre Rolle als mögliche Helfer ins Bewußtsein zu bringen, und
- das Motiv *Versuchung* Titel, Rahmen und Klammer der von Odysseus selbst erzählten Abenteuer bildet und die intra- mit der extradiegetischen Erzählebene verknüpft.

Gezeigt werden soll, daß Odysseus' psychologische Erzählmotivation, der Versuchung »Nausikaa« zuwiderzuhandeln und glücklich heimzukehren, die Wahl des narrativen Modells, nach dessen Gesetzen er erzählt, konstitutiv bestimmt. Odysseus betont unmittelbar bevor er zur eigentlichen Erzählung der Abenteuer anhebt, daß nicht einmal die Versuchung, Gemahl einer Göttin zu werden, den Wunsch heimzukehren getilgt hätte (Od. 9, 29–33):

> Zwar suchte mich Kalypso [...], die hehre unter den Göttinnen, in den gewölbten Höhlen festzuhalten, begehrend, daß ich ihr Gatte wäre, und ebenso wollte mich Kirke zurückhalten in den Hallen, [...] die listige, begehrend, daß ich ihr Gatte wäre, doch konnten sie mir niemals den Mut in der Brust bereden. So ist nichts süßer, als das eigene Vaterland [...].

In der Erzählung, die folgt, erscheint das Versuchungsmotiv nicht nur variiert, und kunstvoll mit den zwei anderen Motiven zu einer spannungsreichen Handlungsfolge kombiniert, sondern auch regelmäßig an prominenter Stelle: jeweils direkt nach und vor dem Sturm, der Odysseus in den Raum seiner Abenteuerwelt hinein- und aus diesem wieder hinausträgt,[240] sowie innerhalb dieses Raums direkt vor und nach der Reise zu den Toten (*Nekyia*). Die Versuchung bildet so Klammer beider Fünfergruppen: der Episoden *vor* und der Episoden *nach* der *Nekyia*. Odysseus beendet seine Erzählung mit der kurzen Erwähnung der Versuchung durch die flechtenschöne Kalypso, die ihn geliebt und gepflegt habe, und dem Verweis, schon zuvor hiervon erzählt zu haben und sehr deutlich Gesagtes (ἀριζήλως εἰρημένα) nicht wieder erzählen (αὖτις μυθολογεύειν) zu wollen (Od. 12, 453).[241] Um die Phaiaken dahin-

---

239 Vgl. z.B. W. Mattes, *Odysseus bei den Phäaken. Kritisches zur Homeranalyse*, Würzburg 1958, S. 123 ff.; S. Besslich, *Schweigen – Verschweigen – Übergehen. Die Darstellung des Unausgesprochenen in der Odyssee*, Heidelberg 1966, S. 60 ff.; Th. Reuter, *Der unbekannte Odysseus. Eine Interpretation der Odyssee*, Bern/Stuttgart 1989, S. 103 ff.
240 Vgl. oben S. 209 Anm. 212.
241 In der Tat gab Odysseus am Tag zuvor auf Aretes Frage hin, wer und woher er sei und wer

gehend zu beeinflussen, daß sie die – hoffentlich letzte – große Versuchung durch Nausikaa abzuwenden helfen und für ein positives Irrfahrtenende in seinem Sinne das Ihre tun, schildert er sich als Typus des Isolierten, auf den formapriorisch die Erzählgesetze, die eine Glückssituation herbeiführen, zutreffen. Seine Erzählung, die auf der semantischen Ebene ebenso durchstrukturiert ist wie auf der formalen, enthält syntagmatische Einheiten (*Prüfungen*: Schwierigkeiten und deren Bewältigung, Aufgaben und deren Lösung), denen ein Verhältnis der notwendigen Abfolge zugrunde liegt. Jede Prüfung ist zugleich Ergebnis einer vorangehenden und Auslöser einer nachfolgenden. Mit beiden steht sie in einem Kettenverhältnis, das durch eine binäre Gliederung gekennzeichnet ist, welche die syntaktische ebenso wie die semantische Textebene bestimmt, nämlich das Fortkommen des Helden gewährleistet:

Minus		*Plus*
Odysseus wird versucht (–).	→	Odysseus entgeht der Versuchung (+).[242]
Ein Riese/Monster will Odysseus verschlingen (–).	→	Odysseus entgeht der Gefahr (+).[243]
Odysseus' Gefährten übertreten, während dieser schläft, ein Verbot [und werden bestraft] (–).	→	Odysseus entgeht der Bestrafung (+).[244]

Die Negativbausteine in dieser Serie von Doppelfunktionen dienen der Spannungssteigerung. Gemäß Meletinskys Balanceprinzip ist als zwingendes Ende der Triumph des Positiven zu erwarten.[245] Kurz, Odysseus greift zu einer Erzählweise, die wir als »Märchen« kennen.

Odysseus' Wahl liegt aus zwei Gründen nahe. Erstens ist die Erzählweise strukturell von Optimismus getragen. Zweitens bietet es sich in seiner Situation als Schiffbrüchiger auch aus inhaltlichen Gründen an. Zu den friedfertig und glücklich lebenden Phaiaken gekommen, deren Reich vergleichsweise wie eine »Märchenwunderwelt« (Reinhardt) anmutet, vermag der Vielkluge *sich in die neue Situation zu fügen*. Er *schmiegt sich* einer Welt *an*, der Krieg und Elend fremd sind. Indem er den Menschen auf Wanderschaft herauskehrt, der, aus der Heimat aufgebrochen, in eine realitätsentbundene Abenteuerwelt geraten ist, gibt er sich kraft Narration eine Anziehungskraft, die wir heute »märchenhaft« nennen würden. Odysseus erzählt davon, wie er in eine Welt gekommen ist, in der das Wunder vorherrscht, die Regeln der Alltagswirklichkeit ›außer Kurs gesetzt‹, die Naturgesetze aufgehoben und die Grenzen zwischen Mensch und Tier, Natürlichem und Übernatürlichem verwischt sind. Dabei erhält seine Erzählung auf inhaltlicher und struktureller Basis das Gepräge des Erzählmodells, das, wie erwähnt, dem Märchen zugrundeliegt: Nachdem knapp die ursprüngliche Ruhelage, nämlich Ithaka, vorgestellt (Od. 9, 21–28. 34–36) wurde, entwickelt

---

ihm die Kleider gegeben habe (Od. 7, 237–239), unmißverständlich zu verstehen, daß er sieben tränenreiche Jahre zu lang bei Kalypso verweilt habe (7, 244–297).
242 Vgl. unten S. 240–244.
243 Vgl. unten S. 232 f. (s. auch oben S. 201 Anm. 188).
244 Vgl. unten S. 228–231.
245 Ausführlich S. 223–228.

sich die Handlungsdynamik (9, 39 ff.) – über das »Troerland« (9, 38) als der Ausgangslage – zu den nachfolgend erzählten Geschehnissen in eine zeitlich und räumlich nicht festgelegte Sphäre hinein. In ihr erscheint Odysseus als ein Held, dessen Eigenschaften und Begegnungen allein auf die jeweilige Ereignisfunktion und den Fortgang der Handlung hin angelegt sind. Der Vielkluge inszeniert sich in seinen Erzählungen als Reisender, der eine von der Erfahrungswelt klar gesonderte Sphäre durchquert: eine Sphäre, in der die Orts- und Zeitangaben der zurückgelegten Wege, die Dauer der Abenteuer und die landschaftlichen Zusammenhänge – allen denkbaren Spekulationen zum Trotz[246] – letztlich ungewiß bleiben, da sie entweder ausgeklammert werden oder unbestimmt bzw. formelhaft sind. In diese Sphäre geworfen, besteht Odysseus, so die Selbstdarstellung, unter Verlust der Kameraden zahlreiche Abenteuer, Proben und Konfrontationen.

Daß diese Selbstdarstellung bei den Phaiaken Respekt, Mitgefühl und den Wunsch zu helfen weckt, geht aus der Reaktion des Königs und der Königin unmißverständlich hervor. Schon nach der ersten Hälfte der Geschichten, als Odysseus seine Erzählung unterbricht (Od. 11, 363–367), lobt der König Odysseus mit den Worten, ihm sei »Gestalt der Worte (μορφὴ ἐπέων) gegeben«, in ihm lebe »ein rechter Sinn« (φρένες ἐσθλαί) und er habe seine »Geschichte« (μῦθον) »wie ein Sänger mit kundigem Verstand erzählt« (ὡς ὅτ᾽ ἀοιδὸς ἐπισταμένως κατέλεξας). Nach Beendigung der Erzählungen (Od. 13, 1 ff.) erweisen Alkinoos und seine Frau Arete ihrem Gast äußerstes Wohlwollen. Wieder sind sie (wie in Od. 11, 333 f.) zunächst »stumm in Schweigen« (ἀκὴν ἐγένοντο σιωπῇ) und »von Bezauberung gefangen« (κηληθμῷ δ᾽ ἔσχοντο). Dann verleihen sie ihrem Respekt und der Bereitschaft zu höchster Gastfreundschaft verbal Ausdruck. Zudem sichern sie Odysseus das Heimgeleit zu, das sie ihm bereits bei der ersten Begegnung in Aussicht gestellt hatten (Od. 7, 317).

Auf eben diese Zusicherung kommt es an. Als die Geschichten beendet sind, äußert Alkinoos erneut den Wunsch, dem Gast zu helfen, und bezieht – im Bewußtsein der Möglichkeit, als Helfer zu figurieren – seine Person in diesen Wunsch ein. Seine Worte, Odysseus solle, da er nun »zu *ihm* gekommen« sei, »auf der Heimreise nicht wieder verschlagen werden« (Od. 13, 4 f.), machen die Wirkungsmacht der μορφὴ ἐπέων deutlich. Die königliche *Entscheidung*, Odysseus durch Einlösung des Heimgeleit-Versprechens hilfreich beizustehen, verdankt sich dem *entscheidenden* spielerischen Schachzug des Helden, sich in seinem narrativen »Rückblick« ein gewaltiges Aufgebot an Antagonisten und Helferfiguren entgegen- und zur Seite zu stellen. Mit ihrer Inszenierung führt er den Phaiaken vor Augen, daß auch sie selbst, je nach Verhalten, die eine oder andere Position – die der *bad guys* oder die der *good guys* – einnehmen können, allerdings mit dem Ziel, mit ihnen die Reihe der zaubermächtigen Helfer zu krönen. Alkinoos' Wahl fällt auf diese Option. Mit der finalen Zusicherung des Heimgeleits stellt er sich und sein Volk in die Reihe der »guten Geister« (Helfer), die im Märchen unabdingbar sind.

---

246 Man denke an die seit der Antike zahlreich unternommenen Versuche, die Stationen geographisch (bisweilen unter Zuhilfenahme kartographischer Maßnahmen) zu lokalisieren; vgl. etwa die »Homerische Welttafel« mit Odysseus' Reiseroute, die Johann Heinrich Voß seiner *Odyssee*-Übersetzung beigegeben hat (wiederabgedruckt in: A. Wolf/H.-H. Wolf, *Der Weg des Odysseus*, Tübingen 1968, Taf. 45). Zum Thema vgl. unten S. 255 f.

Die Besonderheiten der Erzählung des Odysseus und die narrativen Hilfsmittel, die ihm das Lob der μορφὴ ἐπέων eingetragen haben, werden im folgenden erörtert. Ausgegangen wird weiterhin davon, daß die intra- die extradiegetische Erzählebene spiegelt: Wie Odysseus als intradiegetischer Erzähler sein bei den Phaiaken durch den Sänger Demodokos besungenes κλέος als listiger Trojaheld (8, 500–520: *Episode vom Holzpferd*[247]) durch seine Erzählung zu ergänzen trachtet, dichtet auch der extradiegetische *Odyssee*-Erzähler an diesem κλέος weiter. Seine Intention ist es, die Dichtung gegenüber ›konkurrierenden‹ Gedichten wie der *Ilias* (oder denkbaren *Odyssee*-Varianten) an Profil gewinnen zu lassen. Sein Ehrgeiz zielt auf den Beweis der Überlegenheit seiner Dichtung gegenüber anderen Dichtungen.[248] Odysseus' Darstellung in den *Apologoi* unterscheidet sich daher bewußt von anderen Präsentationen des Helden. Das Heroische der mythischen Zeit dient nur mehr als ferner Hintergrund, vor dem sich das Odysseus-Bild der *Apologoi* deutlich abhebt.

Auf die intradiegetische Erzählebene rückbezogen heißt das: Odysseus' Selbstdarstellung als ein Held, der wie ein Märchenheld ›funktioniert‹, dient der doppelten Profilierung in einer Welt, die wir aus heutiger Sicht als Märchenwelt betrachten. *Als Protagonist* seiner Abenteuer sucht er sich als ein Held zu profilieren, dessen Qualitäten über die Eigenschaften des mythischen Erfinders des Trojanischen Pferdes weit hinausgehen. *Als Erzähler* zielt er darauf ab, durch die Kunst seiner Darstellung Anerkennung zu finden.

4. Die strukturelle Basisaktion der »Apologoi«: Verlagerung von Machtpositionen, Bannung von Gewalt und Terror

Daß Odysseus die doppelte Profilierung als Held und Erzähler gelingt, wird, *quasi als* ›Selbstlob‹ des *Odyssee*-Dichters, deutlich zum Ausdruck gebracht: Bezauberung und Lob der Phaiaken stellen klar, daß die Gestaltung der Geschichte das erwünschte Er-

---

247 Odysseus' Erzählung voraus geht die Szene, in der Demodokos (Sänger der Phaiaken) das Lied von der List des Odysseus mit dem hölzernen Pferd singt (Od. 8, 500–520). Sie zeigt, daß Odysseus sein Leben auf allen Ebenen nach Werten wie Ruhm und Ansehen ausrichtet und auch die Kunst des Erzählens zu den ruhmreichen Tätigkeiten zählt. Zunächst lobt er Demodokos für dessen erstes Lied in Od. 8, 37 ff.; dann fordert er ihn auf, von der List des Trojanischen Pferdes zu singen und verspricht, ihn überall zu rühmen, allen Menschen von ihm zu künden, wenn er ihm auch dieses Lied nach Gebühr singe. Als er dann aus dem Munde des Sängers von den eigenen Ruhmestaten vor Troja hört, schmilzt er, außerstande, seine Rührung zu meistern, unter den Versen des Sängers dahin (Od. 8, 521–23, 531): »Dies sang der rings berühmte Sänger. Aber Odysseus schmolz hin, und Tränen quollen ihm aus den Lidern hervor und benetzten seine Wangen. Und wie eine Frau weint, [...] so ließ Odysseus zum Erbarmen unter den Brauen die Tränen fließen.« Kurz darauf beginnt er – da die Tränen nicht verborgen bleiben, der Gesang auf Geheiß des Königs Alkinoos abgebrochen und er selbst aufgefordert wird, seine Geschichte zu erzählen – seine Abenteuer-Erzählung. Selbstbewußt stellt er sich als Odysseus vor, dessen »allfertige Listen« die Menschen beschäftigten und dessen »Kunde« (κλέος) »bis zum Himmel« reiche, und geht dann zu der erwünschten Erzählung über – um auf diese Weise sein κλέος zu erweitern. --- Zur Episode vom Trojanischen Pferd vgl. unten S. 335–339.
248 Diese These ist Leitmotiv von Danek, *Epos*, insbes. S. 160 ff., der die intradiegetische Ebene als »Figurenebene« und die extradiegetische als »Erzählebene« bezeichnet.

gebnis erzielt hat; das Heimgeleit, das sie Odysseus geben (Od. 13, 63–124), besiegelt dies.

Die Äquivalenzen der Gestaltung der *Apologoi* und der späterer Märchen sind vielfältig. Die hochgradig durchmodellierte Struktur der Episoden entspricht Lüthis Beschreibung struktureller Märchenspezifik:

> [...] stereotype Wiederkehr gleichen oder ähnlichen Geschehens, Wiederholungen und Variationen, strukturiert durch die ebenso konventionelle wie symbolträchtige Drei- oder Zweizahl; der hohe Grad der Durchformung überhaupt, die Perfektion, das Maß [...].[249]

Vor allem aber ist die Erzählweise als jene, die Meletinsky als märchentypisch identifiziert hat, erkennbar: Die Oppositionen, die den mehrfach wiederholten und variierten Elementen und Funktionen zugrundeliegen, haben keine globale oder kosmogonische Bedeutung; sie sind für das Happy-End der persönlichen Geschichte des Verschlagenen bedeutsam. In ihnen ist kein universelles Modell von Weltwahrnehmung und -erklärung enthalten, sondern eines, das dazu dient, Odysseus' Interaktionen mit anderen Figuren darzustellen.[250] Der in Märchen und Mythen gleichermaßen anzutreffende Gegensatz *mein eigen/fremd*[251] ist ganz auf Odysseus' Beziehung zu seinen Gegenspielern, also, subjektiv eingefärbt, auf die märchentypische Unterscheidung *Freund/Feind*, bezogen. Die Interaktionen sind vom harmonisierenden »Prinzip der Balance« bestimmt: Direkt proportional zur antagonistischen Aggressivität sind Odysseus' Aktionen in erster Linie Re-aktionen, die übermächtigen Gewalten Einhalt gebieten und ihren Terror, zumindest vorübergehend, bannen.

Diese und weitere Merkmale und Regeln der märchenhaften Erzählweise der *Apologoi* seien im einzelnen erörtert.

4.1 Die Spielregeln der »Apologoi«:

Odysseus' Erzählung weist zunächst zwei Spezifika auf:

(1) Die eindringliche Schilderung von Konflikten *in the subject matter* (⇒ Odysseus repräsentiert die »Klasse Held«, die »allen anderen Klassen gegenübergestellt« ist, »da alle anderen Funktionen durch den Bezug auf sie definiert sind«).[252]
(2) Eine zwingende Happy-End-Dynamik, die hinter der stringenten, nahezu perfekt[253] durchmodellierten Aneinanderfügung der Konflikt-Episoden steht (⇒ Odysseus repräsentiert den Typus Heimkehrer).

---

249 Lüthi, *Volksmärchen als Dichtung*, S. 86.
250 Vgl. Meletinsky, »Problems«, S. 115: »The class ›hero‹ is contrasted to all the other classes since all the functions are defined according to it.« Vgl. auch a.a.O., S. 87: »All functions describe the actions from one point of view: that of the hero. This can be explained by the essential fact that fairytales, as opposed to myths, are particulary ›hero oriented‹.«
251 Vgl. oben S. 123 f.
252 In Übersetzung zit. nach Meletinsky, »Problems«, S. 87 und 115.
253 Zur »Perfektion« im Märchen vgl. Lüthi, *Volksmärchen als Dichtung*, S. 71 ff.

Die »Apologoi«: Bannung von Gewalt und Terror 225

Im Zusammenspiel dieser beiden Spezifika dienen die Handlungsformeln *Gefahr* und *Entkommen, Tabu* und *Übertretung* der Inszenierung der Konflikte, die den Handlungsablauf über Handlung und Gegenhandlung kontinuierlich in Glücksrichtung vorantreiben.

In der zweiten Abenteuergruppe ist zudem ein drittes Spezifikum besonders wirksam, das schon im fortgeschrittenen Teil der ersten Gruppe eine Rolle spielt:

(3) Neben den Personen und Aktionen, die sich in Opposition zu einander befinden, steht ein *Helfer* bzw. (nach Lévi-Strauss) *Vermittler* mit Ratschlägen, Geschenken oder sonstigen Aktionen, durch dessen Hilfeleistung die Gefahr, der Minus-Teil der paarigen Funktion, in ihre Vermeidung oder Beseitigung, den Plus-Teil des zweiteiligen narrativen Blockes, übergeführt wird (⇒ Odysseus besteht Abenteuer durch »Vermittlung«).

Wie die beiden erstgenannten Spezifika gehört auch dieses dritte Spezifikum – die Überführung »vom Minus zum Plus« (Lüthi) durch vermittelnde Instanzen – nach Meletinsky[254] zu den Spielregeln des Märchens. Dagegen entbehren Mythen, wenn auch ihre Handlung durch ein »Vorschreiten vom Minus zum Plus« (Lüthi) mitgestaltet sein kann, gewöhnlich eines von außen kommenden Mediators, der physische Gefahr in Entkommen oder Versuchung in Widerstehen überleitet. In Mythen hat der Held zumeist selbst vermittelnde Funktion.[255]

Da alle drei Regeln zu den Gesetzen der formal orientierten Organisation des Märchens zählen, erlauben sie eine Scheidung der Gesamtkomposition der *Apologoi* vom Mythos.[256] Sie zeigen, daß die *Apologoi* nicht erzählt werden, um »the conditions of the world and its change as a result of the hero's actions« (Mythos) zu erklären, sondern um »the condition of the hero and the change of that condition as a result of the successful overcoming of mishaps, misfortunes and obstacles« (Märchen) zu präsentieren.[257] Odysseus' Erzählung will nicht Weltdeutung sein. Dem Publikum werden keine Geschichten zur Erklärung bzw. Legitimation bestimmter Gegebenheiten dargeboten. Die Handlungen des Protagonisten zeigen vornehmlich, wie interpersonelle Konflikte das Schicksal des Individuums beeinflussen können. Mit Meletinsky lassen sich die *Apologoi* auf folgende Formel bringen:

> The hero's behavior is not conditioned by a system of specific beliefs and rituals, nor is it ethnographically conditioned, as it is in myths […], it shows the somewhat formalistic *rules of the game* […].[258]

Von Handlungsfiguren als Verhaltensregeln auf der Figurenebene vorgegeben, bestimmen diese *Spielregeln* in der Art narrativer Gesetze maßgeblich den Fortgang des Geschehens. Ihre Vorgabe als Verhaltensregeln durch Figuren wie Kirke dient dem Erzähler als Vorwand, die Erzählgesetze wie Spielregeln zu erfüllen; dies gilt für den eposinternen Erzähler ebenso wie für den eposexternen Erzähler. Auf Odysseus'

---
254 Vgl. oben S. 123–128.
255 Meletinsky, »Problems«, S. 100.
256 A.a.O., S. 74ff.
257 A.a.O., S. 93.
258 A.a.O., S. 84 [Hervorhebung durch Kursive, A.-B.R.].

Doppelfunktion bezogen, heißt das: *Als Protagonist* der Ich-Erzählung erhält er Regeln, an die sich zu halten er nicht versäumt, da sie ihm *als Erzähler und Irrfahrer* den zügigen Fortgang des Geschehens in Richtung Happy-End (Heimkehr) gewährleisten.

Vergegenwärtigt man sich die dargelegten Implikationen der Funktion des Odysseus als Subjekt und Objekt seiner Erzählung, überrascht es nicht, daß sein Verhalten in den *Apologoi* derealisiert oder, um Meletinskys Begriff des »formalen Charakters im Verhaltenssystem« aufzugreifen, »formalisiert«[259] wirkt. »Gebärden- und Verhaltensformeln« (Lüthi) beachtend, besteht Odysseus – wie es dem »stufenweisen Fortschreiten von Station zu Station« entspricht, das Märchen kennzeichnet[260] – eine Gefahr nach der anderen. Der »Akzent« ist dabei »auf das Ziel« gelegt, »nicht auf den Anfang«.[261] Wie die Spielregeln im einzelnen vollzogen werden, verdeutlichen die nachfolgenden Kapitel mit Hilfe von Schaubildern.

4.2 Fortgang der Handlung durch »Vorschreiten vom Minus zum Plus«

Den fürs Märchen charakteristischen »formalen Charakter« in Odysseus' »Verhaltenssystem« konstituieren oben genannte Formeln *Gefahr/Entkommen, Tabu/Übertretung*, die sich in den drei variierten Motiven wiederfinden. Dabei ist die schematische Bewältigung von Schwierigkeiten – *Aktion* und *Reaktion des Helden* bilden paarige Formeln mit entgegengesetzten Merkmalen – regelmäßig mit einer *Verlagerung von Machtpositionen* verbunden:

Minus		*Plus*
Odysseus begegnet den Sirenen, die ihn verführen wollen (−).	→	Odysseus entgeht ihnen (+).
Odysseus begegnet dem Kyklopen, der ihn fressen will (−).	→	Odysseus entgeht ihm (+).
Odysseus' Gefährten verzehren, während dieser schläft, Helios' Rinder [und werden bestraft] (−).	→	Odysseus entgeht der Bestrafung (+).

Werden die *Minus-Teile* der paarigen Funktionen abermals in Erzählsegmente zerlegt, die auf typisierte Kernaktionen reduziert sind, kristallisieren sich erneut je zwei Handlungen (*Handlung 1* und *Handlung 2*) heraus. Sie folgen in der Regel mit derselben Narrationsdynamik und demselben Zwischen-*Resultat* aufeinander. Dies sieht für die Episoden, die von der *Bedrohung, verschlungen zu werden*, handeln, folgendermaßen aus:

---

259 Meletinsky, »Erforschung«, S. 211.
260 Lüthi, *Volksmärchen als Dichtung,* S. 85.
261 A.a.O., S. 69.

Aktion	Reaktion
Odysseus und die Gefährten begegnen dem Kyklopen, den Laistrygonen, der Skylla, der Charybdis, *Handlung 1*	
die sie jeweils bedrohen, indem sie Odysseus und die Gefährten zu verschlingen drohen, *Handlung 2*	
was die Heimkehr gefährdet. *Resultat*	
	Odysseus' Reaktion gewährleistet die Überwindung der Gefahr. *Ausgang der Episode*

Die physische Bedrohung stellt jeweils eine Aktion dar, auf die, durch sie bedingt, eine Reaktion des Odysseus folgt, die regelmäßig einen – zumindest für ihn selbst – positiven *Ausgang der Episode* nach sich zieht. An sie schließt die nächste Aktion der Folgeepisode an. Zu beobachten ist, daß in allen Aktionen die Namen der Gegenspieler des Odysseus und Attribute der Handlungsopponenten wechseln. Als erzählerische Ausschmückung der Umstände der Ereignisse sind sie variabel. Konstant, invariabel bleiben jeweils die »Funktionen« der Handelnden. Sie fungieren als Überleitung zu einer weiteren Aktion, die ihrerseits als Voraussetzung einer Handlung dient. Auch dies ist typisch fürs Märchen.[262]

In diesem Zusammenhang überrascht es nicht, daß die Doppelfunktionen wie initiatorische[263] Proben anmuten. Zu einer umfangreichen Erzählung kombiniert, gleichen sie einem – möglicherweise ehemals sakral eingebundenen, nun narrativ profanisierten – *rite de passage*.[264] Mag sich auch in Ermangelung ethnologischen Materials nicht angeben lassen, ob die dargestellten Handlungen direkt von bestimmten Riten abgeleitet wurden bzw. diesen symbolischer Ausdruck verliehen wurde, oder ob sie auf einer imaginären Ebene als Initiationsszenarium nur fingiert wurden: Odysseus trägt in jedem Fall Züge des typischen Initianden. Vorübergehend aus der Gemeinschaft verstoßen, aber ohne Bewußtsein von einem initiatorischen Zweck seiner Isolation, geht er in der *Nekyia* (Od. 11)[265] seinen Weg durch den symbolischen Tod. Er geht ihn gleichsam als Einzuweihender: als sozial Vereinzelter, wie er zumal aus Mär-

---

262 Vgl. oben S. 110–112.
263 Vgl. P. Scarpi, »Il ritorno di Odysseus e la metafora del viaggio iniziatico«, in: M.-M. Mactoux/ E. Geny (Hrsg.), *Mélanges Pierre Lévêque*, Bd. 1, *Religion*, Paris 1988, S. 245–259.
264 Einen rituellen Charakter sieht in der *Odyssee* z.B. Ch. P. Segal, »The Phaeacians and the Symbolism of Odysseus' Return«, in: *Arion* 1 (1962), Heft 4, S. 17–64; ders., »Transition and Ritual in Odysseus' Return«, in: *La Parola del Passato* 116 (1967), S. 321–342. Vgl. auch von dems. *Singers, Heroes and Gods in the Odyssey*, Ithaca/London 1994, S. 12–84.
265 Vgl. unten S. 244–248.

chen bekannt ist. In seinen Abenteuern finden sich etliche verbotene Räume und Handlungen, die in Initiationsriten eine besondere Rolle spielen.[266] In dieser Eigenart genügen die *Apologoi* Eliades Ansicht, daß Märchen das in Riten zelebrierte archetypische Initiationsschema mit eigenen Ausdrucksmitteln wiederholen und in der Tiefe des Unbewußten Veränderung bewirken, da sie Initiationsvorgänge als Seelendrama narrativ in Szene setzen und so einem genuin menschlichen Bedürfnis entgegenkommen.[267]

4.3 Die Verbotsepisoden

Eine besonders wichtige Position innerhalb der *Apologoi* nehmen die Episoden vom Windschlauch des Aiolos und von den Rindern des Helios ein. Senkrecht zur vertikalen Achse der *Nekyia*, um welche die Prä- und Post-*Nekyia*-Abenteuer in ihrer Motivik spiegelbildlich gruppiert sind, bilden sie gewissermaßen eine horizontale Achse, um die, ebenfalls motivisch spiegelbildlich, jeweils die Abenteuer vor und nach ihnen angeordnet sind

Versuchung		N		Versuchung
	Prä-		Post-	
Kannibalismus		E		Kannibalismus
	Nekyia-		Nekyia-	
Verbot		K		Verbot
Kannibalismus	Abenteuer	I	Abenteuer	Kannibalismus
		A		
Versuchung				Versuchung

Die zwei Episoden enthalten zahlreiche Äquivalenzen. Beide implizieren einen furchtbaren Frevel an einer Naturgottheit: *Aiolos* ist für die Winde, *Helios* für die Sonne zuständig. In beider Namen signifikanter Lautähnlichkeit – dies trifft fürs Griechische auf die erasmianische wie auf die iotazistische Aussprache zu – klingt die Gleichartigkeit der Episoden gewissermaßen onomatophonetisch an.

Eine weitere – besonders hervorzuhebende – Gemeinsamkeit der Episoden besteht darin, daß sie, ähnlich wie die *Nekyia* (vgl. unten S. 244–248), die Funktion einer Schaltstelle im »Passagenritus« des Helden haben: Beide Male vertun die Gefährten, indem sie gegen Odysseus opponieren, die Chance der Heimkunft. Beide

---

266 So sieht z.B. G.R. Levy, *The Gate of Horn*, London 1948, S. 268 Anm. 2, in Odysseus' Abenteuern eine Serie wiederholter Erfahrungen auf Inseln, »which bear traces of a kindred ritual, the episode of Scheria being the most complete example«. Initiationsschemata für die Kyklopen- und Kirkeepisode nimmt auch Germain, *Genèse*, S. 78–86, an.
267 Vgl. oben S. 82–85.

Male kommt es dadurch für Odysseus zu einem Einschnitt, der eine neue Phase eröffnet.

Diesen Einschnitt markiert in der Aiolosepisode der Suizidgedanke, den Odysseus hegt, als er die Heimkehr nach Ithaka durch die Gefährten vereitelt sieht: »Ich aber [...] überlegte in meinem untadeligen Mute, ob ich mich aus dem Schiff werfen und in dem Meer zugrundegehen oder schweigend aushalten und noch unter den Lebenden bleiben sollte« (Od. 10, 49–52). Die Verzweiflung des Helden erweist sich schon kurz darauf als berechtigt: Als er den Gebieter der Winde, zu dem es ihn zurück verschlägt, erneut um Heimgeleit bittet, jagt ihn dieser, der ihn zuvor freundlich aufgenommen und Geleit gewährt hat (10, 13–17), unverzüglich davon: »Fahr hin von der Insel, schleunigst, Schändlichster derer, die da leben!« (10, 72). Auch in den nächsten Tagen, in denen das Schiff auf dem Meer herumirrt, »zeigt sich kein Heimgeleit mehr« (10, 79): Die *Heim*fahrt ist zur *Irr*fahrt geworden.

Der Einschnitt, den die Heliosepisode birgt, manifestiert sich im Schiffbruch, den das Handeln der Gefährten auf der Insel Thrinakia nach sich zieht. Er bedeutet für Odysseus Reduktion auf bloßes Sein: Bar seiner Mannschaft, bar des Schiffes, treibt er neun Tage lang an den Schiffskiel geklammert, durchs Meer (Od. 7, 252f.; 12, 444–447). Hinfort fristet er sein Leben über sieben Jahre lang (zur Kalypsoepisode vgl. unten S. 242f.) nurmehr als Dulder – bis er zu den Phaiaken kommt.

Die Opposition der Gefährten zu Odysseus, um die das Aiolos- und das Heliosgeschehen zentriert sind, ist ein weiteres auffälliges Merkmal, daß die zwei Episoden aus den übrigen heraushebt: Sie zieht sich zwar variantenreich durch den gesamten *Nostos* – schon bei den Kikonen widersetzen sich die Gefährten dem Helden (Od. 9, 43–61), der wiederum beim Kyklopen zweimal ihren Rat überhört (9, 224–228. 492–500), worüber sich der Geselle Eurylochos, noch bei Kirke ereifert und so Odysseus' Zorn erregt (10, 431–441)–; sie wirkt sich aber an keiner Stelle so fatal für alle Beteiligten aus wie in der Aiolos- und in der Heliosepisode. Hier führt die Opposition dazu, daß die Aufgabe bzw. Prüfung, welche die Episode bildet, von den Gefährten jeweils nicht positiv gelöst bzw. bestanden wird. Im Handlungsverlauf kommt es jeweils zu einem *Mangel*, der durch die *Übertretung* eines Verbots bzw. Tabus ›behoben‹ wird, doch diese Übertretung hat üble Folgen, sie führt zu einem neuen, weitaus schlimmeren *Mangelzustand*:

Aiolos nimmt Odysseus freundlich auf und händigt ihm einen Windschlauch aus (Od. 9, 565 – 10, 27), für dessen Herstellung er ein Rind schlachtet und häutet, und den er, damit kein Lufthauch entkomme, mit einer Silberschnur verschließt (10, 18–24). Ob, wann und wo die Gabe zu nutzen sei, gibt der Verwalter der Winde nicht an; für die Fahrt erforderlich scheint der Schlauch jedenfalls nicht zu sein, da Aiolos den Westwind, der das Schiff gen Ithaka tragen soll (10, 24–26), sendet. So erweckt der fest verschlossene Schlauch die Neugier der Gefährten, zumal sie darin ihnen vorenthaltenen Reichtum vermuten (10, 34–46; *Mangel*): Sie öffnen ihn, obwohl Aiolos ihn extra fest verschlossen hat (10, 47; *Übertretung*), werden – Ithaka ist bereits in Sichtweite – übers Meer wieder zurück verschlagen (*neuer Mangelzustand*) und finden kein neues Heimgeleit (10, 48–76).

Helios hat auf der Insel Thrinakia Schafe und Rinder. Von Teiresias und Kirke gewarnt (11, 104–115. 12, 127–141), sucht Odysseus die Insel zu meiden, stößt aber auf Widerspruch der Gefährten (12, 260–311). Er läßt sie, da er die Landung nicht verhindern kann, noch vor Betreten der Insel einen Eid schwören, keinerlei Vieh des Sonnengottes zu schlachten (12, 297–303). Doch die Gefährten leiden Hunger (12, 329–352; *Mangel*): Sie schlachten und verzehren die besten Rinder (12, 353–356. 397 f.; *Übertretung*). Zornerfüllt klagt Helios darauf bei Zeus Strafe ein (12, 374–390), und nach Abfahrt von der Insel erleidet die Mannschaft in einem Sturm Schiffbruch (*neuer Mangelzustand*), bei dem die Gefährten untergehen und Odysseus alleine auf einem Balken zurückbleibt (12, 399–425).

Wenn auch in der Aiolosepisode ein Verbot nicht explizit ausgesprochen wird, zeigt doch ihre Morphologie, daß es sich um die Proppsche Funktion *Verbot* handelt. Auch die Handlungsdynamik spricht hierfür: Sie ist, wie die der Heliosepisode, dadurch gekennzeichnet, daß eine Vorwegnahme des nachfolgenden Geschehens zu dessen Verwirklichung drängt: Das Verschließen des mysteriösen Schlauches und das explizit erteilte Verbot, Helios' Vieh anzutasten, indizieren bzw. sagen jeweils negativ (»nicht öffnen!«, »nicht schlachten!«), was positiv geschehen wird. Insofern ist das, was später auf der Handlungsebene als Aktion realisiert wird, auf der signifikanten Textoberfläche Wiederholung des zuvor Angedeuteten bzw. Ausgesprochenen. Dabei ist die Realisation *qua* Handlung jeweils entscheidend durch die Torheit der Gefährten bedingt. Sie steht zur Klugheit des Helden in einem nach Meletinsky märchentypischen Gegensatz (*dumm/klug, häßlich/schön, gut/schlecht*) und kann sich besonders dann in ihrer destruktiven Macht entfalten, wenn der Held schläft (10, 31–49; 12, 338–366):[268]

Aktion	Reaktion
Odysseus und die Gefährten kommen – zur Insel des Aiolos, – zur Insel des Helios; *Handlung 1*	
– Aiolos gibt dem Odysseus einen fest verschlossenen Windschlauch, – Helios' Rinder zu essen wird verboten, *Handlung 2*	
was die Heimkehr potentiell gefährdet. *Resultat*	
	Die Reaktion der Gefährten, während der Held schläft, wendet die Heimkehr ab. *Ausgang der Episode*

Während der Protagonist dem Reiz des Verbotenen mühelos widersteht – weder öffnet er den Schlauch oder beteiligt er sich an Rinderschlachtung und -verzehr noch verschwendet er auch nur einen Gedanken daran –, erliegen die Gefährten jeweils der Versuchung. Ihr durch Torheit bestimmtes Handeln vermag ein Vorschreiten des Geschehens vom Minus zum Plus nicht zu gewährleisten. Diese Dynamik des Geschehens und Bewegung der Semantik von einem negativen zu einem positiven Inhalt kommt allein Odysseus zu:

---

268 Vgl. Od. 10, 31: γλυκὺς ὕπνος mit Od. 12, 338: γλυκὺν ὕπνον.

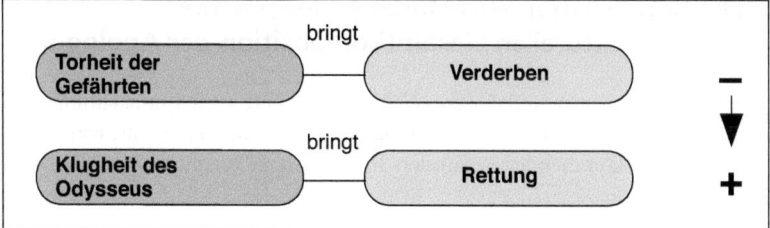

Hierin erweist er sich als »wahrer Held«, die Gefährten indessen entpuppen sich gleichsam als »falsche Helden«, die mit dem Tod bestraft werden.

Eben diese Strafe näher in den Blick zu nehmen verlohnt aus zwei Gründen. Zum ersten läßt sie sich als Proppsche Funktion *St* lesen, die sich in vielen Märchen gegen Ende hin findet und auf den guten Schluß verweist.[269] Daß Odysseus sie (Od. 12, 405–419) den Phaiaken kurz vor Beendigung seiner länglichen Irrfahrtenerzählung (12, 453) präsentiert, könnte mithin zu seiner Strategie gehören, narrativ auf ein Happy-End in dem von ihm erwünschten Sinne hinzuwirken. Zum zweiten markiert der tödliche Ausgang einen wesentlichen Unterschied der Prä- und der Post-*Nekyia*-Abenteuer, zugespitzt formuliert, den Unterschied von »Spiel« und »Ernst«, von Märchen und Mythos. Während die Gefährten zunächst nur mit »schmerzlicher Ruderarbeit« fern der Heimat (10, 79) büßen, bezahlen sie das spätere Sakrilegium mit dem Leben: »ein Gott raubt ihnen die Heimkehr« (12, 419).[270] Diese Differenz erklärt sich daraus, daß wir in Aiolos' Fall die Funktionsweise einer vermittelnden Märchengestalt (Schlauch als Zaubermittel) vor uns haben, während mit dem Vergehen an Helios' Rindern gegen einen Gott gefrevelt wird, der, unübersehbar in Mythos und Kult verwurzelt, jenseits aller Märchenhaftigkeit steht.[271] Der schon im Proöm der *Odyssee* erwähnte Religionsfrevel (Od. 1, 7–9), vor dem im Fortgang der Handlung mehrfach (von Teiresias und Kirke) gewarnt wird, repräsentiert in augenfälliger Weise eine πεῖρα, die sichtbar an religiöse Glaubensvorstellungen gebunden ist: Odysseus besteht die πεῖρα, seine Gefährten scheitern endgültig an ihr.

---

269 Propp, *Morphologie*, S. 64.
270 Reinhardt, »Abenteuer«, S. 88, liest die Episode daher als ihrer »inneren Form nach etwas Legendäres, [...] Religiöses« und begründet dies mit folgender Geschehensanalyse: »Warnung; erster Schritt ins Unglück, daß sie [Odysseus und die Gefährten, A.-B.R.] nicht vorüberfahren; das durch Eid bekräftigte Versprechen; dann die Probe, die Versuchung durch den Hunger, durch die anhaltend widrigen Winde; Murren, Obsiegen des Schlechten, böse Vorbedeutungen beim Opfer [...], alles das erinnert sehr viel mehr an Kultlegenden als an etwas Märchenhaftes: Kultlegenden, die von der Bestrafung irgendeines Frevels an göttlichem Eigentum, an Tempelgut, heiligen Hainen, Herden und dergleichen zu berichten wissen.«
271 Zur religiösen Dimension der Heliosepisode vgl. auch Radermacher, »Erzählungen«, S. 111–115; Page, *Folktales*, S. 23–26; Heubeck/Hoekstra, *Commentary*, S. 132 f. (enthält Angaben antiker Literatur zu den heiligen Rindern des Helios).

5. Die Konstellation von Märchen und Mythos in der strukturellen Gesamtkomposition der Apologoi

Im großen und ganzen sind Odysseus' Abenteuer von zwei Entmachtungsformen bestimmt, von vermittelnder List und Courage des Helden einerseits, von der Hilfe eines von außen kommenden Vermittlers bzw. mehrerer vermittelnder Instanzen andererseits:

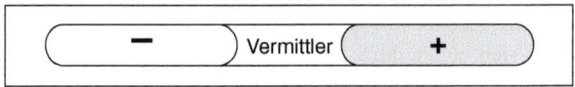

5.1 Die Prä-»Nekyia«-Episoden: Odysseus als mythischer Heros

Die erstgenannte Form der Entmachtung von Gegenspielern finden wir vor allem in den Abenteuern vor dem Kontakt mit den Toten in der *Nekyia*. Odysseus verfügt hier über eine Kraft, die ihn zum Überlegenen macht und als mythischen Heros vorführt: In diesem Fall ist er selbst Vermittler. Mutig und listig ergreift er die Initiative, ohne von außen beraten zu sein. Schon die Anfangsepisode zeigt deutlich dieses Muster:

> Die Lotophagen verführen drei Gefährten zum Lotosessen (Od. 9, 92 f.). Odysseus greift ein, indem er die der Droge Verfallenen gewaltsam zum Schiff zurückbringt und festbindet (9, 98 f.). Dann treibt er die übrige Mannschaft rasch aufs Schiff, damit »keiner auf irgendeine Weise von dem Lotos äße und der Heimkehr vergäße« (9, 102).[272]

Auch das unmittelbar darauf folgende Ereignis, die Κυκλωπεία, gründet ersichtlich auf dem Schema:

> Der Kyklop frißt einige der Gefährten, die mit Odysseus in seine Höhle gekommen sind (Od. 9, 231–298). Odysseus will den Riesen zunächst mutig mit dem Schwert töten, nimmt dann aber hiervon Abstand – denn ein großer Stein verschließt die Höhle, der nicht von Menschenhand, sondern nur durch Polyphem selbst verschoben werden kann – und denkt nach (9, 299–318), wie er Rache nehmen und ihm Athene Ruhm (εὖχος: 9, 317)[273] verleihen könne. Als ihm in seinem Sinn »der beste Rat« (9, 318) – Blendung des schlafenden Kyklopen mit einem zugespitzten Pfahl (9, 319–335) – erscheint, folgt er dem Rat und rettet so sich und zumindest einen Teil seiner Begleiter durch List: Er macht den Kyklopen mit Wein betrunken, blendet ihn dann und entflieht, nachdem der Riese den Stein vom Höhleneingang fortgerollt hat, aus der Höhle (9, 299–461).[274]

In beiden Episoden agiert Odysseus jeweils aus eigenem Antrieb, was eher mythentypisch ist, während der typische Märchenheld sein Weiterkommen zumeist vermittelnden Instanzen verdankt.

Bei den menschenfressenden Laistrygonen – nach der einschneidenden Zurückweisung durch Aiolos – nimmt sich Odysseus stark zurück, handelt aber immer noch

---
[272] Vgl. zur Lotophagenepisode unten S. 240 f.
[273] Das Anliegen, Ruhm zu erlangen, ist ein typischer Zug des Odysseus. Vgl. oben S. 223 Anm. 247. Es ist für den Märchenhelden untypisch, motiviert vielmehr das Handeln mythischer Helden.
[274] Vgl. zur Kyklopenepisode die unmittelbar folgenden Ausführungen S. 233 f., 239.

ohne vermittelnde Unterstützung von außen, eigenständig. Er agiert von einem Beobachterstandpunkt außerhalb des Hafens aus, wo er sein Schiff vorsorglich angebunden hat, während die übrigen Schiffe eingelaufen sind (10, 95 f.):

> Nach dem Verzehr eines Gefährten des Odysseus, der vorausgeschickt worden war, ruft der Laistrygonenkönig Antiphates die übrigen Riesen. Sie eilen zu zehntausenden zum Hafen, werfen Felsbrocken auf die Schiffe, spießen die sterbenden Gefährten wie Fische auf und tragen sie zur Mahlzeit fort (Od. 10, 120–125). Geschwind durchtrennt Odysseus mit dem Schwert die Taue, die das Schiff binden, heißt die Gefährten rudern und entkommt (10, 126–132).

Obwohl die Prä-*Nekyia*-Abenteuer durch Odysseus' Handeln eher die Signatur des Mythos tragen, herrscht gleichwohl eine märchenhafte Grundstimmung. Sie verdankt sich nicht nur Kirke, um die es unten ausführlicher geht.[275] Auch die übrigen in diesem Raum präsenten Figuren, die sich keinesfalls pauschal dem Märchen zuweisen lassen, haben an dieser Grundstimmung ihren Anteil.[276]

Beispielhaft läßt sich dies an den Riesen der Κυκλωπεία zeigen, die nach Radermacher »auf einen echten, ursprünglichen Märchenstoff zurückweisen«, ohne daß die »Erzählung [...], wie sie im Epos vorliegt, [...] als Märchen einzuschätzen«[277] sei: Der Riese *Polyphem* (AT 1135–37), der zum Typ *stupid ogre* zählt, gilt als einäugig und weist damit den Augendefekt auf, der Gegenspieler der Helden im Märchen kennzeichnet.[278] *Einäuglein und Dreiäuglein (*KHM 130, AT 511) etwa agieren erfolglos gegen Schwester Zweiäuglein. Und in KHM 11 (AT 450: *Brüderchen und Schwesterchen*) heißt es von der Tochter der Stiefmutter, die dem König als Frau untergeschoben werden soll, sie sei »häßlich wie die Nacht« und habe »nur *ein* Auge«. Beide Merkmale, Häßlichkeit und Einäugigkeit, gehören in der Wertung des Märchens zusammen. Zumal in ihrer Kombination sind sie als Gegenbilder zum Schönen, dem positiven »Movens« und »Absolutum« (Lüthi)[279] des Märchens, deutlich negativ besetzt. Da auch Polyphem dieses Häßlichkeitsmerkmal eignet, nimmt er in dem märchentypischen Freund-Feind-Schema, zu dem Oppositionen wie *schön/häßlich* als Indikatoren der Minus-Plus-Wertbewegung zu rechnen sind, seinen festen Platz ein: als Gegenspieler des Odysseus, der ihn zu überwinden hat, damit die Handlung dem glücklichen Ende zugetrieben werde.

---

275 Vgl. zu Kirke unten S. 235–238, 242–244.
276 Selbst die nur sehr knapp gezeichnete Episode von den riesigen Laistrygonen (Od. 10, 77–132), die man keinesfalls ohne weiteres als Märchen bezeichnen kann, ist, wie Radermacher, »Erzählungen«, S. 17 f., dargelegt hat, stark märchenhaft eingefärbt. Die übrigen Prä-*Nekyia*-Episoden werden im Verlauf der folgenden Argumentation behandelt.
277 Radermacher, »Erzählungen«, S. 15 ff. Für keine andere Episode der *Apologoi* gibt es so viele Parallelen im Märchengut wie für diese; vgl. Hackmann, *Polyphemsage*, passim. Es wurden bereits über zweihundert Versionen der antiken Episode aufgefunden. Da sie nicht – wie die von Kirke – unter die Rubrik *Versuchung* fällt, wird sie im folgenden keiner detaillierten Analyse unterzogen, sondern nur partiell in den Blick genommen. Eine ausführliche Bibliographie zum Thema bietet J. Glenn, »The Polyphemus Folktale and Homer's Kyklopeia«, in: *TAPhA* 102 (1971), S. 133–185; vgl. auch Germain, *Genèse*, S. 55–129 (afrikanische Parallelen).
278 Der Augendefekt wird in der *Odyssee* zwar nicht explizit erwähnt, kann aber aus dem Kontext erschlossen werden; vgl. Röhrich, »Redaktionen«, S. 245 ff.
279 Vgl. Lüthi, *Volksmärchen als Dichtung*, S. 46–52.

Odysseus selbst handelt in der Episode kühn, waghalsig, abenteuerlustig. Wie nach seiner Heimkehr nach Ithaka, als er die »Gesinnung der Weiber und so manchen von den dienenden Männern« (16, 304 ff.) erproben will, geht es ihm darum, die Kyklopen zu prüfen und zu erkunden, wer sie sind: »ob sie Unbändige sind und Wilde und nicht Gerechte, oder gastfreundlich und einen Sinn haben, der die Götter scheut« (9, 174–176).

Ruft man sich ins Gedächtnis, daß die *Apologoi* ein Erzähler auf zweiter Stufe erzählt (intradiegetisch-homodiegetischer Erzähltypus[280]) – richtet man den Blick also von der Figuren- auf die Erzählebene –, läßt sich über dieses Verhalten Aufschluß gewinnen. Odysseus agiert wie der mythische Held, als der er zum Zeitpunkt seiner Selbstdarstellung bei den Phaiaken bekannt ist (und von dessen mythischem Ruhm der Sänger Demodokos gerade noch ein Lied gesungen hat: 8, 500–520). Die Darstellung seiner Person entspricht hier folglich seinem κλέος. Da er dieses κλέος durch die Erzählung der Abenteuer zu erweitern trachtet, tritt bald eine Verhaltensänderung ein. Durch diesen erzähltechnischen Kunstgriff wird das herkömmliche Bild von Odysseus um entscheidende Eigenschaften ergänzt. Zunächst erscheint er in der Erzählung »als Iliasheld, gewohnt, um seines Ranges, seines Ruhmes willen allenthalben höchste Ehren, reichste Gastgeschenke zu empfangen«.[281] Dann erweitert er dieses Bild durch Darstellung auch anderer Eigenschaften. Kurzum, Odysseus passiert, seinem ›Bericht‹ zufolge, im ersten Abschnitt der Abenteuerwelt märchenhafte Bereiche als ruhmreicher Heros; er kämpft sich durch einen mit Märchenfiguren bevölkerten Raum wie ein Held des Mythos:[282]

Mit der Kirkeepisode indes wird eine Änderung eingeleitet. Ab jetzt vermitteln die Abenteuergeschichten den Eindruck, hier handele ein Märchenheld.

---

280 Vgl. oben S. 174, 176, 216.
281 So analysiert schon Karl Reinhardt die Situation. Reinhardt liest aus der Episode den »Zusammenstoß« zweier »Welten« heraus: (1) »der, aus der Odysseus kommt« (der ›realen‹ Welt, der Ilias- und Ithaka-Welt), und (2) »der, in die er sich begibt« (der Märchenwelt). Schon »die Lotophagen«, so Reinhardt, »deuten an, von nun an geht die Fahrt ins Märchenhafte«. Vgl. Reinhardt, »Abenteuer«, S. 64–69. --- Wie sehr Odysseus' Handeln in der Episode noch um den Gewinn von Ruhm, mit dem er prahlen kann, zentriert ist, macht auch Od. 9, 317 transparent (εὖχος: »an achievment with which one can boast«, so Heubeck/Hoekstra, *Commentary*, S. 30).
282 Vgl. auch unten die beiden Abbildungen S. 239 und S. 240.

5.2 Die Post-»Nekyia«-Episoden: Odysseus als Märchenheld

Dieser Eindruck ist vornehmlich darauf zurückzuführen, daß sich, seit Kirkes Bezwingung, die Entmachtung der Gegenspieler primär Vermittlerfiguren verdankt. Entweder geben der Seher Teiresias bzw. übermenschliche Frauen wie Kirke und Kalypso dem Helden maßgebliche Hinweise. Oder dieser erhält bei drohender Gefahr Beistand von hilfreichen Göttern wie Athene und Hermes. Synoptisch transkribiert und in ein Bausteinschema gebracht, stellt sich die Ereignisabfolge *Vermittlung* → *Abwendung der Gefahr*, der stets eine *drohende Gefahr* vorausgeht und die *Fortsetzung der Abenteuer* folgt, so dar:

Grundschema Vermittlung:

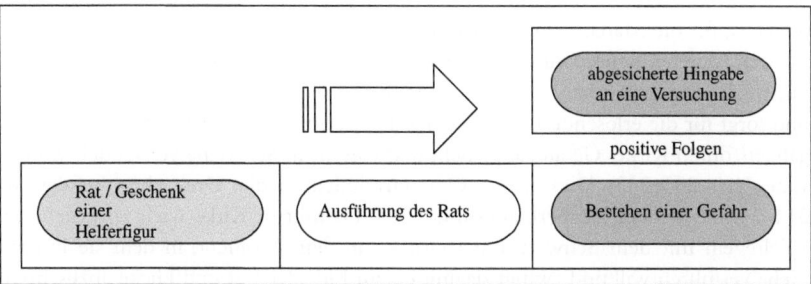

Die Ratschläge sind im doppelten Sinne, auf inhaltlicher wie auf formaler Ebene, hilfreich – nicht nur für den Protagonisten, sondern auch in Hinblick auf die Erzählstruktur: Sie dienen der narrativen Verbindung der Einzelepisoden. Sie sind Teil der »Spielregeln«, die weniger durch Glaubensvorstellungen als durch die Gesetze der Erzählform selbst bedingt sind. Die Verknüpfung der Sequenzen zur Gesamthandlung wird weder seelisch aus dem Inneren des Protagonisten begründet, noch aus seinem sittlichen Sein oder Erleben abgeleitet oder von Traditionen und Gebräuchen her kollektiv motiviert. Vielmehr wird sie – märchentypisch – gleichsam von außen her formalisiert.

5.2.1 Wandlungen: Odysseus bei Kirke

Demonstrieren läßt sich dies an der Kirkeepisode, deren Märchencharakter in der Forschung unumstritten ist. Schon Radermacher spricht davon, daß in dieser Erzählung »die Züge eines Märchens wohl am echtesten und treuesten« erhalten geblieben seien.[283] Dem schließen sich Forscher wie Wolf Aly, Walther Kranz und Friedrich von der Leyen[284] nicht unbegründet an.

---
283 Radermacher, »Erzählungen«, S. 4 ff.
284 Aly, »Märchen«, S. 269 ff.; S.W. Kranz, »Die Irrfahrten des Odysseus«, in: *Hermes* 50 (1915), S. 93–112, h.: S. 106 Anm. 2; L. Mackensen, »Antike Motive im deutschen Märchen«, in: *HDM* 1, S. 81–90, h.: S. 82; von der Leyen, *Märchen*, S. 75, 127; R. Wildhaber, »Kirke und die Schweine«, in: *Heimat und Humanität. Festschrift für Karl Meuli*, Basel 1951, S. 233–261 (= *Schweizerisches Archiv für Volkskunde* 47).

Den Eindruck, hier liege ein Märchen vor, erweckt nicht nur die berühmte Szene der Verwandlung der Gefährten durch Berührung mit dem Zauberstab (Od. 10, 237–240),[285] sondern auch die Szenerie des »Hexenmärchens«:[286] Kirke lebt wie die Volksmärchen-Hexe in einem *Haus im Walde* (AT 431), aus dem Rauch aufsteigt; dieser zeigt die Lage des Hauses an, in dessen Umgebung zahme Löwen und Bären umherstreifen (vgl. KHM 15, 68, 69, 123, 169 u.a.). Auch die Handlung selbst verläuft wie im Märchen. Schon der Auftakt ist signifikant, er besteht darin, daß der Held dreifältigen[287] Ratschlag erhält (10, 275–306): Hermes teilt Odysseus mit, wie Kirke mittels

Zauberkraut,
Schwert
und *Schwur*

zu bezwingen sei (Das Kraut μῶλυ, das Odysseus gegen Kirkes Umwandlungskünste erhält, ist für die Märchentypik der Episode besonders treffend, da es jener – wie die meisten Märchenfiguren, die Helferobjekte erhalten[288] – nicht aktiv erlangt, sondern nur passiv empfangen hat.). Der Held begibt sich daraufhin zu Kirke, überwindet sie und sorgt für die erlösende Entzauberung der Gefährten (10, 308–399), die vorangegangen, durch Kirkes Gesang angelockt und von ihr in Schweine verwandelt worden waren (10, 203–243). Dies gelingt Odysseus, indem er den Dreifachrat befolgt (10, 314–347): Mit dem Zauberkraut ausgerüstet, bedroht er Kirke nach vorgegebenen Spielregeln mit dem Schwert, unterwirft sie in dem Moment, in dem sie ihn zur Liebe verführen will und zwingt sie, mit einem Eid aller List und Tücke abzuschwören, um sodann mit ihr das Liebeslager zu besteigen. Die Handlung schreitet mithin nicht aus dem inneren Erleben des Odysseus, sondern von außen bestimmt fort:

Vermittlung des Hermes:

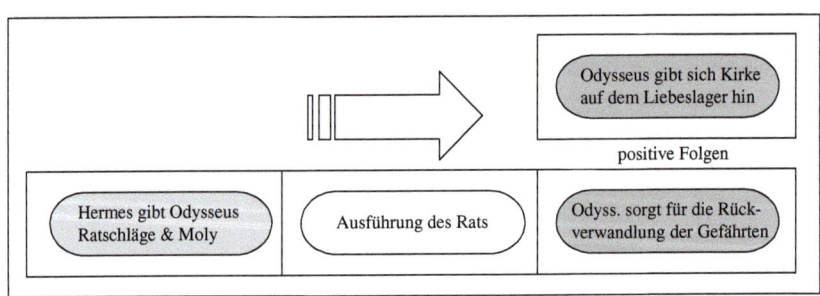

Nach diesem Vorspann folgt Odysseus Kirkes Einladung zu bleiben und erlebt bei ihr ein genußvolles Jahr, bis die Gefährten ihn drängen heimzukehren (10, 400–465), ihm »sich der mannhafte Mut bereden« läßt und er Kirke auf dem Liebeslager bittet, ihn

---

285 Der Kirkestoff weist überdies Berührungen mit den verbreiteten Märchentypen AT 303, 313, 403, 405, 442, 450 und 451 auf. Vergleichende Sekundärliteratur bieten Heubeck/Hoekstra, *Commentary*, S. 50 ff.
286 Radermacher, »Erzählungen«, S. 7.
287 Zur Dreizahl vgl. oben S. 84, 157, 193; vgl. im übrigen auch Petersmann, »Homer«, S. 65.
288 Vgl. hierzu Lüthi, *Das europäische Volksmärchen*, S. 52–56.

heimzusenden (10, 466–486). Diese eröffnet ihm darauf, daß sie ihn keineswegs gegen seinen Willen festzuhalten gedenke, er aber erst eine andere Fahrt als die in die Heimat unternehmen müsse – die Fahrt in den Hades, um Teiresias zu befragen – und rät ihm, nachdem er sich angesichts der erneut anstehenden Mühsal ausgeweint hat, wie die Fahrt zu bewältigen sei (10, 487–540). Die »Hexe« wird im Fortgang des Geschehens mithin nicht, wie dies in üblichen Hexenmärchen geschieht, bestraft, sondern es findet gleichsam ein Wechsel vom *Zauber-* zum *Helfermärchen* statt: Kirke wird zur guten Fee, zu Helferfigur des Märchens schlechthin, indem sie ihrem Bezwinger zweimal rät, wie er die weiteren Gefahren bestehen könne. Erst unterrichtet sie ihn über die Notwendigkeit des Gangs in die Häuser des Hades (10, 487–495) und erteilt ihm hierfür konkrete Ausführungsbestimmungen (10, 503–540); dann, nach bestandener Totenbegegnung (11, 12–637) und Rückkehr der Mannschaft (11, 638 – 12, 7), weist sie Odysseus auf die weiteren Gefahren des Heimwegs hin (12, 36–141). Das Handlungsmuster folgt hierbei demselben Schema wie der Vorspann der Episode: auf einen Rat folgt dessen Ausführung, der positive Folgen hat und den Fortgang der Abenteuer sichert. Wie zunächst Hermes nimmt nun Kirke die Position der Vermittlerfigur ein und Odysseus besteht dank Vermittlung die anstehenden Gefahren bzw. Proben:

1. Vermittlung der Kirke:

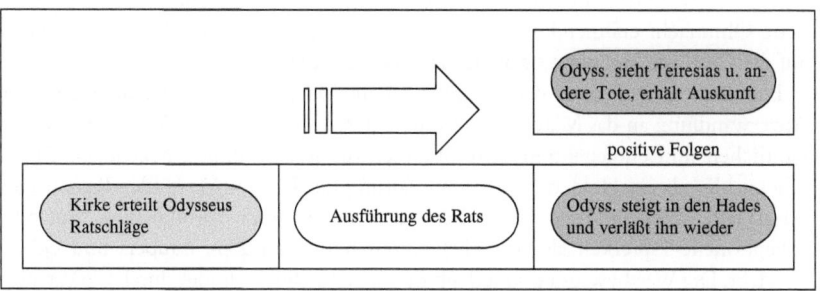

2. Vermittlung der Kirke:

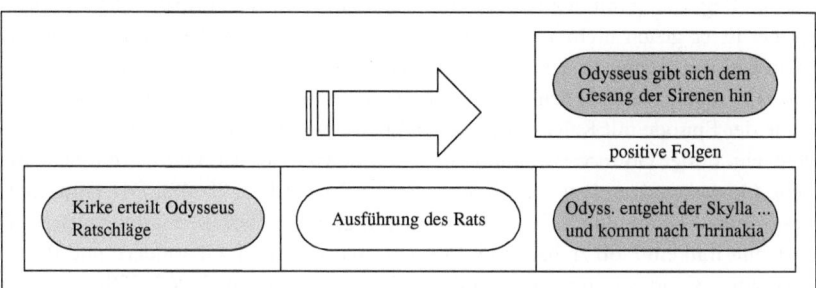

Aneinandergereiht und in ein Schema gebracht, ergeben die Einzelsegmente der Kirkeepisode – in Zusammenschau mit der vorausgehenden drohenden Gefahr und dem anschließenden Ereignisgang – nachstehendes Handlungsmuster:

Die drei Vermittlungen der Kirkeepisode im Handlungsfortgang:

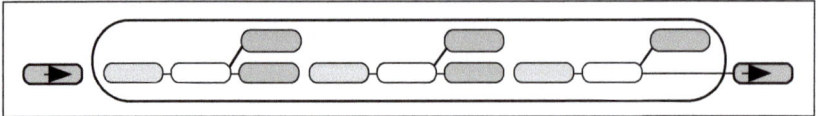

5.2.2 Märchenhafte Entmachtung mythischer Gewalten

Das in der Kirkeepisode reich entfaltete Muster der *Verschiebung von Machtpositionen* durch eine Vermittlerfigur, die bei der Verschiebung der Werte von einem negativen in einen positiven Bereich eine wesentliche Rolle spielt, beherrscht durchgängig die zweite Fünfergruppe der Episoden. Hier begegnet Odysseus nicht mehr riesenhaften und befremdlichen Märchengestalten und -völkern, sondern durchreist einen Raum, der zugleich weiblich und mythisch dominiert ist. Dabei gleicht sein Verhalten nicht länger dem (an einen aristokratischen Code gebundenen) rauhen Gebaren eines mythischen Heros, sondern ist von einer subtileren Form zu obsiegen bestimmt. Hat er sich zuvor mutig, geradezu wild gebärdet, mitunter laut gebrüllt und Gewalt angewendet (aktiv), bleibt er jetzt, zumindest weitgehend, ruhig und zurückhaltend (passiv). Seit er bei Kirke mit einem Prinzip listigen Überwindens durch Sicheinlassen erfolgreich war, wendet er dieses Prinzip in jedem neuen Abenteuer an: Seine eigentliche Ohnmacht erahnend, läßt er sich, mit ihm zugetragenem Wissen ›gewappnet‹, auf die Gefahren ein, ohne sie aggressiv herauszufordern.

Durch dieses Verhalten, das äußerlich einem Märchenhelden gleicht – also kraft Anverwandlung an das Märchen – nimmt Odysseus in den Post-*Nekyia*-Abenteuern sämtlichen ihm entgegentretenden Gewalten die Macht, ihn zu bezwingen. Er erscheint hier als ein Held, der ohne sein Zutun glückhaft mit Vermittler-Ratschlägen oder Helferobjekten ausgestattet wird und (weniger durch vorbildhaften Mut oder exzeptionelle Tapferkeit als vielmehr) mittels hilfreicher Tips, Zaubers und Glücks überlebt. Die Wertbewegung innerhalb der binären Blöcke findet durch die Vermittlung einer Helferfigur statt: Odysseus richtet sich nach Kirkes Weisungen für die Sirenen (Od. 12, 36–54), für Skylla und Charybdis (12, 55–126) und, soweit ihm möglich, für die Begegnung mit den Rindern des Helios auf der Insel Thrinakia (12, 127–141). Dabei ist er gleich mehrfach ausgerüstet: mit *Wissen* von Kirke und dem, das ihm Teiresias' Weissagung in der Unterwelt vermittelt hat (11, 104–134), sowie mit dem *Beistand* seiner Helferin Athene. Die Zeustochter setzt sich für Odysseus speziell im Falle der Episode mit Kalypso, der letzten Station vor dem Aufenthalt bei den Phaiaken, ein. In der Götterversammlung (5, 1–27) bewirkt sie, daß Hermes mit dem Befehl, Odysseus zu entlassen, zu Kalypso entsendet wird (5, 28–42). Der Götterbote führt seine Mission durch (5, 43–148): Kalypso gibt den Geliebten ›zähneknirschend‹ frei, hilft ihm ein Floß zu bauen (5, 149–261), stattet ihn mit Gewändern und Reiseproviant aus und läßt ihm einen günstigen Fahrtwind wehen (5, 262–278).

An den Post-*Nekyia*-Episoden bemerkenswert ist, daß die diversen Wesen und Gewalten, mit denen Odysseus konfrontiert wird oder in deren Bereiche er gerät – die Sirenen, Skylla und Charybdis, aber auch Kalypso und Helios –, nicht an Märchengestalten gemahnen wie die »Gegner« der Prä-*Nekyia*-Episoden, sondern in den Be-

Die Konstellation von Märchen und Mythos in den »Apologoi« 239

reich des Mythos gehören, wie am Beispiel der Sirenen weiter unten ausführlich dargestellt werden wird.²⁸⁹ Odysseus passiert hier einen mythisch dominierten Raum wie ein Märchenheld, von Helferfiguren und -objekten unterstützt:

Diese Darstellung der Episoden nach dem Aufstieg aus der Unterwelt bildet die von Odysseus als zweite Möglichkeit wahrgenommene Option ab, sich in Gefahren zu bewähren. Von der Figurenebene aus betrachtet, bietet sich dem Helden diese Verhaltensvariante – als ›schonende‹, bescheidene Variante der Bewährung – unmittelbar an. Denn nach den anfänglichen Anstrengungen waren nicht nur die entsetzte Reaktion des Aiolos auf seine Rückkehr und die Begegnung mit Kirke in mehrfacher Hinsicht lehrreich. Auch die Darbietungen im Hades, von denen noch gehandelt werden wird,²⁹⁰ – zumal der Anblick der *für ihre Vergehungen gegen Götter gestraften* Helden Minos, Orion, Tityos, Tantalos und Sisyphos (11, 568–600) – haben Odysseus gewiß nicht unbeeindruckt gelassen. Immerhin hat er im Kyklopenland eine dreifache Äußerung der Hybris getan, indem er zuerst seinen Triumph über Polyphem in einem höhnischen Abschiedsgruß zum Ausdruck gebracht (9, 473–479), bei einem zweiten Anruf des Geblendeten seinen Sieg für sich allein in Anspruch genommen (9, 500–505) und schließlich die Macht Poseidons, des Vaters von Polyphem, herabgesetzt (9, 522.542) und sich dadurch den Zorn des Meeresgottes zugezogen hat.

Aus der Perspektive des intradiegetischen Erzählers Odysseus betrachtet, liegt in der Selbstdarstellung als Märchenheld die Chance, den Ruhm als mythischer Held um Aspekte zu ergänzen, die sein Ansehen bei den Phaiaken noch steigern; diese Perspektive spiegelt den Blickwinkel des extradiegetischen *Odyssee*-Erzählers wider, dessen Ziel es gewesen sein dürfte, die Besonderheit seiner Dichtung gegenüber anderen Dichtungen hervorzuheben.²⁹¹ Das Heldentum der mythischen Zeit

---

289 Vgl. die obenstehenden und nachfolgenden Ausführungen v.a. zu *Helios*, S. 229–231, *Kalypso*, S. 242 f., sowie zu den für den Mythos repräsentativen *Sirenen*, S. 252–269. Schon Radermacher, »Erzählungen«, S. 22 f., versteht die Sirenen, Skylla und Charybdis als »nicht aus dem Märchen […], sondern aus aitiologischer Ortssage« stammend; »und wenn ähnliches im Märchen erzählt« werde, so begreife sich dies »am leichtesten aus der freien Wanderung der Motive«.
290 Vgl. unten S. 246 f.
291 Vgl. oben S. 205 f., 223.

dient als Folie, vor der sich das absichtsvoll gezeichnete Bild des Märchenhelden abhebt.

5.3 Die Versuchungsepisoden

Durch Odysseus Verhalten als mythischer Heros einerseits und Märchenheld andererseits sind Märchen und Mythos in der Erzählung der Abenteuer oppositionell miteinander verschränkt. Die Lotophagen, Kyklopen, Aiolos und seine Insel, die Laistrygonen und Kirke konstituieren den märchenhaft besetzten Raum, die Sirenen, Skylla, Thrinakia, wo die Rinder der Helios weiden, Charybdis und Kalypso den mythisch dominierten Bereich. In ein Schaubild gebracht, das die beiden Fünfergruppen gegeneinander installiert, läßt sich dies folgendermaßen schematisieren:

Lotophagen			Sirenen
Kyklopen	*märchenhaft* besetzter Raum, den Odysseus	*mythisch* dominierter Raum, den Odysseus	Skylla
Aiolos			Helios
Laistrygonen	als mythischer Held durchquert	als Märchenheld durchquert	Charybdis
Kirke			Kalypso

Daß die Prä-*Nekyia*-Abenteuer gegenüber Odysseus *märchenhafte* Figuren exponieren, während ihn dagegen die zweite Abenteuersequenz *mythischen* Gewalten aussetzt, wird auch an den vier Versuchungsepisoden deutlich.

5.3.1 Die Lotophagenepisode im Vergleich:
   Vergessen als Resultat einer Verzauberung

Nach der Kikonenepisode (Od. 9, 39–61), die, wie u.a. von Alfred Heubeck überzeugend dargelegt wurde, in den Kontext der realen Welt gehört,[292] führt die Lotophagenepisode ins narrative Terrain des Märchens, dem langatmige Schilderungen, Reflexionen, Charakterzeichnungen und Analysen fremd sind. In dieser Hinsicht signifikant ist vor allem der Mangel an Informationen über die Szenerie, die eine Einstufung in den Raum der Wirklichkeit ermöglichte. Geographische Anspielungen fehlen ebenso wie jegliches Indiz für ein historisches Ereignis oder figurale Repräsentanten der Wirklichkeit. Nichts wird gesagt über das Äußere der Lotophagen, nicht einmal, ob man sie sich als Menschen, Mischwesen oder Geister etc. vorzustellen habe. Auch

---

292 Vgl. Heubeck/Hoekstra, *Commentary*, S. 15f., wo überzeugend dargelegt wird, daß es der Kikonenepisode an jeglicher Märchenhaftigkeit fehlt.

Die Konstellation von Märchen und Mythos in den »Apologoi« 241

durch die nur sehr lakonische Erwähnung der seltsamen, aber doch höchst effizienten Lotosfrucht verbleibt die Episode auf fürs Märchen charakteristische Weise im Mysteriösen.²⁹³ Wie in Odysseus' Intermezzo mit den Sirenen, weiter unten ausführlich behandelt,²⁹⁴ wird einzig die verzaubernde Wirkung νόστου λαθέσθαι²⁹⁵ hervorgehoben: Wer vom Lotos ist, *vergißt* – ebenso wie der, der dem Gesang der Sirenen lauscht – *die Heimat*. Diese bruchstückhaften Angaben verleihen der Episode ihren Zauber und legen ihr – ein einfacher narrativer Trick! – das Gewand des Märchens an.

Das die Lotosepisode prägende Motiv von Verzückung, Zauber und Rausch, die dazu führen, die Weiterfahrt aufzuschieben oder gar aufgeben zu wollen – *Vergessen als Resultat einer Verzauberung* –, ist Kern auch der übrigen drei Versuchungsepisoden:

• *Kirke* bietet Odysseus und den Gefährten ein sinnliches Luxusleben, das sie die harte Irrfahrt, ἄλης χαλεπῆς, nicht mehr in Erinnerung rufen (μεμνῆσθαι) läßt, so daß sie ein Jahr bei der Zauberin bleiben.²⁹⁶
• Wer die *Sirenen* hört vergißt sich selbst und mit seiner Person das, was sie ausmacht, die Heimat eingeschlossen.²⁹⁷
• *Kalypso* singt über sieben lange Jahre Liebesgemeinschaft hin, damit Odysseus die Heimat vergesse: Ἰθάκης ἐπιλήσεται.²⁹⁸

Ein entscheidender Unterschied zwischen der Lotophagen- und der Kirkeepisode einerseits und der Sirenenepisode andererseits liegt darin, daß in jenen beiden, anders als in dieser, das *Vergessen* wie eine *Selbstverständlichkeit* erscheint: Die Empfindung der Zauberwirkung erweckt nicht den Schauer des Numinosen, der sich in der Sirenenbegegnung anzudeuten scheint (vgl. unten S. 267–270). Wie im Märchen fehlt bei jenen beiden Begegnungen das Unheimliche, »die unbestimmbare Gewalt des Numinosen«.²⁹⁹ Was bei den Sirenen wie ein mythisches *Erlebnis* anmutet, ist dort bloßes Formelement. Dadurch haben die Geschichten von der Lotosdroge und vom Luxusleben mit der Zauber- und Liebeskunst der Kirke *in ihrer Märchenhaftigkeit* schärfere Konturen als das Sirenenerlebnis. Sie scheinen, um mit Jan de Vries und Max Lüthi zu sprechen, eine »radikale Lostrennung von der Welt des Numinosen« zu zeigen.³⁰⁰ Die Gestalten »haben nichts Gespenstisches an sich«: »Zauber und Wunder werden erzählt, als ob sie sich von selber verstünden [...].«³⁰¹

---

293 Damit unterscheidet sich die Episode z.B. deutlich von Herodots ethnologischen und zoologischen Anstrengungen, die im Zusammenhang mit Nordafrika von den Lotosessern erzählen und den Lotos als pistaziengroße Frucht von der Süße der Datteln, aus der auch Wein hergestellt werde, beschreiben. Vgl. hierzu Page, *Folktales*, S. 3–21, der darlegt, daß der Lotos eine Pflanze ist, die schon in frühester Zeit in Ägypten als wichtiges Nahrungsmittel diente.
294 Vgl. unten S. 262–264.
295 Zu Genuß und bezaubernder Wirkung der Lotosfrucht und des Sirenenliedes vgl. Od. 9, 93–97. 12, 39–45.
296 Zitat: Od. 10, 464f.; zur Versuchung durch Kirke vgl. im folgenden II.B.5.2.2, S. 251 ff.
297 Zur Versuchung durch die Sirenen vgl. unten S. 258–264.
298 Zitat: Od. 1, 57; zur Versuchung durch Kalypso vgl. im folgenden II.B.5.2.2, S. 250 ff.
299 Lüthi, *Das europäische Volksmärchen*, S. 65.
300 De Vries, *Betrachtungen zum Märchen*, S. 173.
301 Zur Rolle des Numinosen im Märchen vgl. M. Lüthi, *Die Gabe im Märchen und in der Sage*, (Diss.) Bern 1943, S. 60, 79f., 96, 119, 122f.,139, und dens., *Märchen*, S. 7–13.

5.3.2 Kalypso und Kirke im Vergleich: Liebesgram und Liebeslust

Ein weiterer Unterschied, den gesondert zu behandeln verlohnt, liegt zwischen der Kirke- und der Kalypsoepisode vor. Er kommt darin zum Ausdruck, daß die ›bezirzende‹ Zauberwirkung, die Kirke auf Odysseus ausübt, bei Kalypso nicht eintritt: Odysseus will nach Hause, er vergißt die Heimat nicht. Kalypso ist demzufolge wohl der Verlockung, nicht aber des Zaubers mächtig. Sieben Jahre – so berichtet Odysseus den Phaiaken – hält sie ihn von seiner Heimkehr ab. Sieben Jahre verbringt er jede Nacht mit der Nymphe in ihrer Grotte, kann seine Heimat nicht vergessen und benetzt seine Kleider beständig mit Tränen (Od. 7, 244–266).

Daß Kalypso Odysseus durch ihre Reize letztlich nicht zu bezaubern vermag, unterscheidet die Episode grundsätzlich sowohl von Odysseus' Aufenthalt bei Kirke als auch von der Begegnung mit den Sirenen.[302] Kalypso, die mit Odysseus leben möchte, sucht vergeblich, ihn auf Dauer an sich zu binden. Weder zeitigt ihr steter Gesang die gewünschte Zauberwirkung des Heimat-Vergessens, noch erliegt Odysseus ihrem Angebot göttlicher Unsterblichkeit und ewiger Jugend. Auch die fürsorglichen Bemühungen, ein heimeliges, familiäres Klima zu schaffen, fruchten nicht: Kalypso will die eheliche Gemeinschaft. Doch die Liebe ist einseitig und die Nymphe gebiert Odysseus trotz sieben Jahre andauernder Liebesgemeinschaft keine Kinder.[303] Ihrer Liebe überdrüssig, verbringt Odysseus seine Zeit gezwungenermaßen[304] bei der »Flechtenschönen«. Tagsüber sitzt er am Gestade, schaut trübe aufs Meer und weint unablässig.[305]

Kurzum, Kalypso kann den Geliebten – dies hebt Odysseus in seiner Erzählung bei den Phaiaken mit Nachdruck hervor – nicht halten. Anders als noch während seines mannhaften Gastspiels bei Kirke und bei den Sirenen oder, wo er in seiner Eigenschaft als Waghals und Hasardeur Befriedigung erfährt und jeweils selbst zu bleiben begehrt, will er fort. Odysseus ist am Ende seiner Abenteuer. Ihn drängt es aus der Situation des isolierten Irrfahrers hinaus zu seinem Oikos. Er will nicht nur als Familienvater zu Penelope und seinem Sohn Telemach. Er will auch zu seinen Eltern, die seine Adelstradition verkörpern, und zu seinem Besitz. Odysseus sehnt sich nach seiner Macht als König, danach, mit seinem erworbenen κλέος heimzukehren. Denn die Abenteuer und Verzögerungen auf dem *Nostos* haben die Chance erbracht, als menschlicher Held auf immer unvergessen zu bleiben. Im Falle einer Annahme des Angebotes ewiger Jugend und Unsterblichkeit indes hätte er sein Leben ›umsonst‹ gelebt. Sein Bleiben – dies weiß Odysseus – bedeutete das Ende der Karriere als be-

---

302 Die *Gemeinsamkeiten* zwischen Kalypso und den Sirenen seien hier nur kurz skizziert: Wie die Sirenen wohnt Kalypso auf einer Insel, deren Wiesen, λειμῶνες, weich, μαλακοί, sind (Od. 5, 72), und auch sie sucht, durch Singen zu betören, während sie am Webstuhl sitzt und ihr Netz webt, in das sie Odysseus verstricken möchte; mit bezaubernder Stimme singt sie, damit er Ithaka vergesse: αἰεὶ δὲ μαλακοῖσι αἱμυλίοισι λόγοισι θέλγει, ὅπως 'Ιθάκης ἐπιλήσεται (Od. 1, 56 f.). Weitere Einzelheiten bei S. L. Schein, »Female Representations and Interpreting the *Odyssey*«, in: B. Cohen (Hrsg.), *The Distaff Side. Representing the Female in Homer's Odyssey*, Oxford 1995, S. 17–27.
303 Die Kinder Nausithoos, Nausinoos und Auson sind Ergebnis späterer mythographischer Rekonstruktion.
304 Daß Odysseus unfreiwillig bei Kalypso bleibt, wird in der *Odyssee* mehrfach deutlich gesagt: Od. 1, 14. 55. 4, 557–558. 5, 14–15. 154–154. 7, 259–260. 23. 334–337.
305 Od. 5, 151–158. 7, 259 f.

rühmter Held: Seine Mühen sowie sein hart erworbener und stetig erneuerter Ruhm fielen, bliebe er bei Kalypso, dem Vergessen anheim. Ein (im griechischen Sinne) schöner Tod nach einem erfüllten Heldenleben indessen schriebe ihn der Menschheit in die Ewigkeit ein.

Das Wissen hiervon machen sich, wie noch zu zeigen ist, die Sirenen zunutze. Schmeichelnd und werbend, preisen sie die »honigtönende« Stimme »von ihren Münder« (Od. 12, 187), indem sie Odysseus an sein Troja-κλέος erinnern und ihm den ›süßen Honig ihrer Stimme‹[306] gleichsam um den Mund ›schmieren‹.[307] Kalypso hätte ähnliche Maßnahmen ergreifen müssen, was ihr freilich, wie ihr Name (»Verhüllerin« bzw. »Verhüllte«) anzudeuten scheint (vgl. καλύπτω), nicht möglich gewesen sein dürfte: Anstatt Odysseus weiterhin zu isolieren (bzw. zu verhüllen), hätte sie ihm – mit wahrscheinlicher Aussicht auf Erfolg – anbieten sollen, *ihm bei der Vergrößerung und Verbreitung seines Ruhms zu dienen.* »Die flechtenschöne furchtbare Göttin« entläßt Odysseus auf Götterbeschluß zuletzt traurig und erfüllt die Pflichten der Gastfreundschaft: Sie hilft beim Floßbau, badet den Geliebten zum Abschied, kleidet ihn neu ein und gibt ihm Verpflegung mit auf den Weg. Frohgemut fährt Odysseus ab. Übrig bleibt, noch von der Wissenschaft der 60er Jahre des 20. Jh.s übernommen, *der Mythos eines »dämonischen Weibs«,*

das den Helden mit ganzer Leidenschaft liebt und, nur an sich denkend und jedes Mitgefühls für das ihm durch Trennung von Heimat und Gattin verursachte Leid bar, bis zum letzten Augenblick festzuhalten trachtet.[308]

Kirke hingegen hinterlässt einen anderen Eindruck. Als der »arme Dulder«, dem es in dem luxuriösen Ambiente der Bezaubernden sehr gefallen haben dürfte, von den Gefährten veranlaßt, nach einem Jahr Heimsendung erbittet (Od. 10, 478–486), gibt sie ihn, ohne zu zögern, frei; von Trauer ist keine Spur zu bemerken.[309] Wie die typische Märchenfigur scheint Kirke Affekte und Emotionen kaum zu kennen. Vielmehr reagiert sie wie gewünscht, indem sie dem Liebhaber zum Abschied noch Rat für Überleben, Lusterleben und erfolgreichen Ruhmeserwerb gibt. Unter den Empfehlungen, die sie ihm nach seiner Rückkehr aus der Totenwelt gibt, ist auch die Idee, sich gefesselt auf den Genuß des Liedes der Sirenen einzulassen.

Odysseus nimmt die Ratschläge jeweils dankbar an. Sein Verhalten ist fortan primär auf das Ende der Irrfahrt hin und damit auf die Vermeidung von Konfrontationen ausgerichtet. Er läßt sich nicht mehr zu gewaltsamem Verhalten hinreißen, sondern entgeht den zu passierenden mythischen Gewalten ohne unnötige Auseinandersetzungen.[310] Dabei treten, neben gegnerischen, ihm zugetane weibliche Gestalten un-

---

306 Vgl. ein Frg. von Alexander Aitolos über Euripides: »Aber was er schrieb, dies hatte er voll des Honigs und der Sirenen verfaßt.« *Collectanea Alexandrina, reliqiae minores poetarum Graecorum aetatis Ptolemaicae 323–146 A. C.,* ed. J. U. Powell, Oxford 1925, S. 126, Nr. 7.
307 Vgl. unten S. 250f., 263f.
308 So Eichhorn, *Homers Odyssee,* S. 55.
309 Die Unterschiede zwischen Kalypso und Kirke hat im einzelnen B. Louden, *The Odyssey. Structure, Narration and Meaning,* Baltimore (Maryland) 1999, S. 105–122 herausgearbeitet; vgl. a.a.O. insbes. S. 112–115 (»The Goddesses' Different Reactions When Odysseus Departs«).
310 Selbst dort, wo Odysseus eine kriegerische Pose einnimmt – in der Begegnung mit der Skylla (vgl. unten S. 264f., 267) – erweist sich diese als vergeblich und er wird auf den Rat der Kirke, nicht abzuwehren, sondern zu fliehen (Od. 12, 120), zurückverwiesen.

terstützend in sein Leben. Alle, ob Nymphe (Kalypso), Tochter (Nausikaa) oder Mutter (Arete), fühlen sich angezogen und sind dem von Kirke im ›Bezirzen‹ belehrten vermeintlichen Märchenprinzen gewogen. Sogar die Göttin Athene ist ganz für Odysseus da.

6. Die »Nekyia«: Fall in die Isolation

Der Verhaltenswandel des Odysseus ist bereits in der *Nekyia* (Od. 11, 12–637) angelegt. Am Eingang des Hades angekommen (11, 20), zeigt Odysseus wie ein typischer Held im Märchen, daß sich Jenseitsreiche geradezu mit spielerischer Leichtigkeit erwandern lassen: Ohne jegliche numinose Angst kommt er Kirke Ausführungsbestimmungen nach, ohne sich zu verwundern oder zu fürchten (11, 23–50). Auch bei der dann folgenden Begegnung mit den Toten (11, 51 ff.) scheint ihm ein Gefühl für das Absonderliche zu fehlen; ein geistiger Abstand zwischen dies- und jenseitiger Dimension ist nicht spürbar. Wie zuvor bei Kirke empfängt Odysseus Rat und Informationen, ohne erregter zu sein als bei einem ähnlichen Zusammentreffen mit diesseitigen Figuren. Er sieht, hört zu und nimmt auf. Teiresias weist ihn auf Poseidons Zorn hin und prophezeit ihm, wie von Kirke vorausgesagt, die wichtigsten Punkte im Ablauf seines Schicksals (11, 99–134). Dann zieht eine beachtliche Reihe von Frauen, die gleichsam die nachfolgenden Rencontres mit weiblichen Wesen vorwegnehmen, an ihm vorüber (11, 152–327), und gefallene Helden und strafmythische Gestalten erscheinen (11, 385–627). Erst am Ende, nachdem Odysseus Herakles gesehen hat, fällt er aus der Rolle des Märchenhelden, dem numinoses Grauen unbekannt ist: Als er den Wunsch hegt, weitere Männer der mythischen Vorzeit wie Theseus und Perithoos zu sehen (11, 630 f.), aber in Scharen die Völker der Toten mit unsäglichem Geschrei nahen (11, 632 f.), ergreift ihn plötzlich die Furcht, Persephone möge ihm »das Haupt der Gorgo, der schrecklichen, der ungeheueren« (11, 634) schicken. Er verläßt eilends das Reich des Hades (11, 636 f.) und kehrt zu Kirkes Insel Aiaia zurück (11, 638 – 12, 28). Die zweite Abenteuer-Sequenz beginnt.

Erzähltechnisch ist die Verbindung der *Nekyia* zu den beiden Abenteuer-Blöcken mithin dadurch hergestellt, daß der Gang zu den Toten wie ein von Kirke ausgehender und zu ihr zurückführender Abstecher gestaltet ist.[311] Metaphorisch ist die *Nekyia* mit den um sie herum gruppierten Abenteuern dadurch verbunden, daß sie als ›Todesrachen‹, der alles Lebende verschluckt, also als physische Bedrohung durch *Kannibalismus* bzw. *Verschlungenwerden* aufgefaßt werden kann. Dabei nimmt die Jenseitsreise innerhalb der *Apologoi* eine Zentralposition ein, da Odysseus hier sich und die Gefährten zu δισθανέες, »Zweimal-Sterbenden« (12, 21), macht und, indem er das To-

---

311 Od. 10, 487–495: *Kirke teilt die Notwendigkeit der Fahrt in den Hades mit*; 10, 496–574: *Reaktion des Odysseus, Weisungen der Kirke, Vorbereitungen*; 11, 1–11: *Abfahrt*; 11, 12–635: *Begegnung mit den Toten*; 11, 636–637: *Aufbruch*; 11, 638–12, 28: *Von der Totenwelt zu Kirke*; 12, 29–145: *Abschied von Kirke*; 12, 146 ff.: *Weitere Fahrt*. --- Die Position der *Nekyia* ist viel diskutiert worden. Einen knappen Überblick über das Pro und Contra der Forschung zum Thema »dispensibility of the Nekyia« gibt Most, »Structure«, Anm. 39.

tenreich als Lebender betritt und wieder verläßt, *die* zu lösende »unlösbare« Aufgabe des Menschen *schlechthin* löst: Er überwindet den Tod.[312]

Die Reise, die der Held zu diesem Zweck tut, führt über weite Strecken in ferne Reiche. Odysseus tritt, vom Maleia-Sturm hinfortgetragen, *aus der realen Welt (Troja und Kikonen) in* die Märchenwelt seiner Abenteuer ein, durchquert sie in Richtung Totenwelt, in die er dann eintaucht, um danach erneut die Abenteuerwelt zu durchreisen und wieder in die »reale« Welt zu gelangen. In den ersten Abschnitt seiner Abenteuerfahrt wird er durch den Sturm bei Maleia geradezu hinein*gewirbelt*:

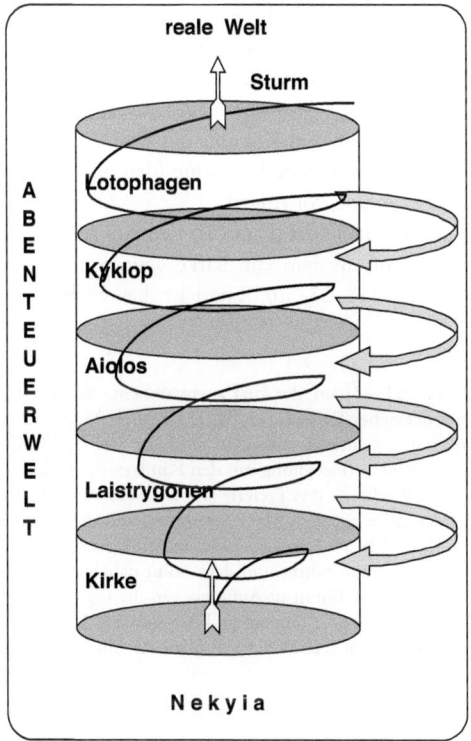

Der Abstieg zu den Toten, in dem die alten Motive *Katabasis* und *Nekromantie* verbunden sind, bildet, wie erläutert, die zentrale Gefahr der Irrfahrten, ihren Mittel- und Höhepunkt. In dieser Probe gelingt es Odysseus, das Unmögliche möglich zu machen: Er durchbricht das Gesetz des Todes und bekommt die Gelegenheit zu einem

---

312 Vgl. schon Eichhorn, *Odyssee*, S. 79 f.: »Die tiefere Absicht des Dichters ergibt sich daraus, wie er die Nekyia auch schon durch die Stellung vor den anderen Abenteurern des Odysseus hervorgehoben hat. Wohl führen ihn diese [...] in Gefahren, die für andere unentrinnbar wären [...]; durch die Fahrt in die Unterwelt aber vollendet er sich. Gelingt ihm doch das Unmögliche, als Lebender in das Reich der Toten zu fahren und als Lebender auch wieder zurückzukommen, was doch nichts anderes heißen soll, als daß er die Unsterblichkeit gewonnen hat, insofern der Ruhm seiner wunderbaren Taten in der Erinnerung der Menschen unvergänglich fortleben wird.«

Blick dorthin zurück, von woher er kommt, in die Vergangenheit, und dorthin voraus, wohin er geht, in die Zukunft.

Wie sich dies ereignet, wessen Schatten er gesehen und durch wen er entscheidende Auskünfte und Impulse für die Heimkehr erhalten hat, erzählt Odysseus den Phaiaken in zwei Etappen; in diesen führt er jeweils zunächst *drei Einzelerscheinungen* und dann *eine größere Gruppe* von Frauen bzw. Männern als vorbeiziehende Gesichte an. Nach der ersten Etappe unterbricht er die Erzählung mit Rücksicht auf die späte Stunde (11, 305–332), knüpft dann aber – nach Aretes Vorschlag und der von Alkinoos geäußerten Bitte weiterzuerzählen – an das Erzählte an. Während in der ersten ›Etappe‹ – wohl um Aretes Neugier zu befriedigen – Frauen dominieren,[313] werden in der zweiten – da Alkinoos konkret nach Helden fragt – nur Männer genannt; die jeweilige Bewegtheit von Arete und Alkinoos zeigt den Erfolg dieses erzähltechnischen Kunstgriffs an. Mit der Darstellung der Angaben des Teiresias und der Kriegskameraden über Vergangenheit und Zukunft des Odysseus in Troja und auf Ithaka führt dieser den Phaiaken – einmal mehr – seine Identität und die Dringlichkeit, daß ihm Heimgeleit gewährt werde, vor Augen.

Eingeleitet wird die Toten-Schau (I und II) den Angaben des Helden gemäß dadurch, daß er nach Ankunft an dem von Kirke gewiesenen Platz Trank-, Schlacht- und Brandopfer darbringt (11, 23–50). Kaum ist dies vollbracht, erscheint die erste Seele:

I
Erst taucht Elpenor (11, 51–83) auf, der kurz zuvor unbemerkt zu Tode gestürzt ist (10, 551–550). Dann erscheint der Seher Teiresias (11, 84–151), durch dessen Weissagung Odysseus über den weiteren Verlauf seines Schicksals aufgeklärt wird (11, 104–134): Der Held erfährt von der seine Heimkehr gefährdenden Begegnung mit den Rindern des Helios auf der Insel Thrinakia (11, 104–115), von der Rache an den Freiern (11, 115–118) und wird über seinen Frevel an Poseidon, aufgrund dessen er auf dem Meer herumirrt, und die Möglichkeit seiner Sühnung aufgeklärt (11, 119–134).[314] Nach Teiresias erscheint Antikleia, Odysseus' Mutter, die von der Familie erzählt, Penelopes Treue rühmt und dem Sohn nahelegt, schnellstmöglich zur Gattin zurückzukehren (11, 152–224). Kaum ist Antikleia verschwunden, nahen die Frauen, die sich Odysseus vorstellen: Tyro, Antiope, Alkmene und Megara (11, 225–70), Epikaste, Chloris, Pero und Leda (11, 271–304), Iphimedeia, Phaidra, Prokris, Ariadne, Maira, Klymene und Eriphyle (11, 305–327).

II
Der zweite Teil der *Nekyia* beginnt mit der Erscheinung Agamemnons (11, 385–464): Odysseus erzählt, wie er im Gespräch mit ihm das Übel der »Weiberränke«, die das Atridengeschlecht stets belastet hätten, erörtert und der Heereskönig – in Abgrenzung von der eigenen Frau, die ihn erschlug (Klytaimnestra) – die Qualitäten der Penelope gerühmt habe. Danach zieht Achill

---

313 In der Forschung wurde wiederholt auf den möglichen Bezug der *Nekyia*-Frauen zum Frauen-Katalog der *Theogonie* Hesiods hingewiesen; vgl. W. B. Stanford, *The Odyssey of Homer*, vol. 1, London/New York, S. 398 f., und Heubeck/Hoekstra, *Commentary*, S. 90 f. Für eine Interpretation der Frauen in der *Nekyia* vgl. V. J. Wohl, »Standing by the Stathmos: The Creation of Sexual Ideology in the *Odyssey*«, in: *Arethusa* 26 (1993), S. 19–50, h.: S. 36 f.

314 Die Sühne, der sich Odysseus erst nach der Heimkehr unterziehen kann, soll in einer weiteren Reise über das Meer bestehen, um bei »solchen Männern […], die nichts von dem Meer wissen noch mit Salz gemischte Speise essen«, den Poseidonkult zu erweitern und dem Meeresgott vor den Fremden »richtige Opfer« – »Schafbock und Stier und einen die Schweine bespringenden Eber« – darzubringen und anschließend, nach erneuter Heimkehr, allen Göttern zu opfern. Vgl. Od. 11, 119–134.

vorüber (11, 465–540) und klagt über seine Tatenlosigkeit in der Totenwelt. Schließlich taucht Aias auf (11, 541–564), der Odysseus wegen seines Sieges im Wettstreit um die Waffen Achills unversöhnlich entgegentritt. Am Ende ziehen die Heroen Minos und Orion (11, 565–576), die drei Büßer Tityos, Tantalos und Sisyphos (11, 577–600) sowie der berühmte Herakles (11, 601–627) vorüber.

Diese Darbietung im Totenreich bildet für den Helden ein einschneidendes Erlebnis, werden ihm doch Einblick und Aussicht gewährt: Einblick in die Greuel der Unterwelt und die Unzufriedenheit der mythischen Heroen und Aussicht auf ein Happy-End: die Wiederaufnahme seines Lebens als König und Gatte der treuen Penelope. Gleichsam geläutert, taucht er aus der Totenwelt auf. Von nun an steigt der Handlungsablauf hoch in Richtung reale Welt, in die Odysseus, gleichfalls von einem Sturm gewirbelt, schließlich, mit dem Happy-End am Horizont, glücklich eintritt:

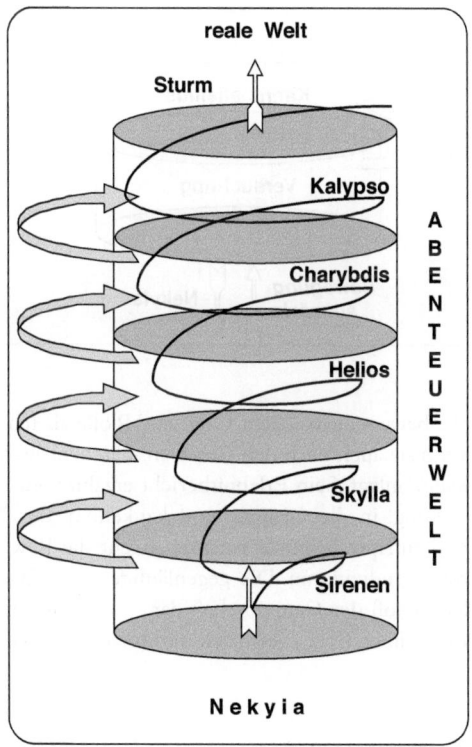

Bildlich faß- oder denkbar ist die doppelte Bewegung des Odysseus – in die *Nekyia* hinein und wieder aus ihr heraus – durch eine *Spirale*, die erst aus einem Kreis (reale Welt) hinunter und nach innen wächst, bis sie schließlich fast vom Zentrum eingesogen ist (*Nekyia*), und die dann zentrifugal, nach oben wachsend, aus der Abenteuerwelt heraus in Richtung Erlösung führt:[315]

---

315 W. J. T. Mitchell, »Metamorphoses of the Vortex: Hogarth, Turner, and Blake«, in: R. Wendorf (Hrsg.), *Articulate Images. The Sister Arts from Hogarth to Tennyson*, Minneapolis 1983, S. 23–35

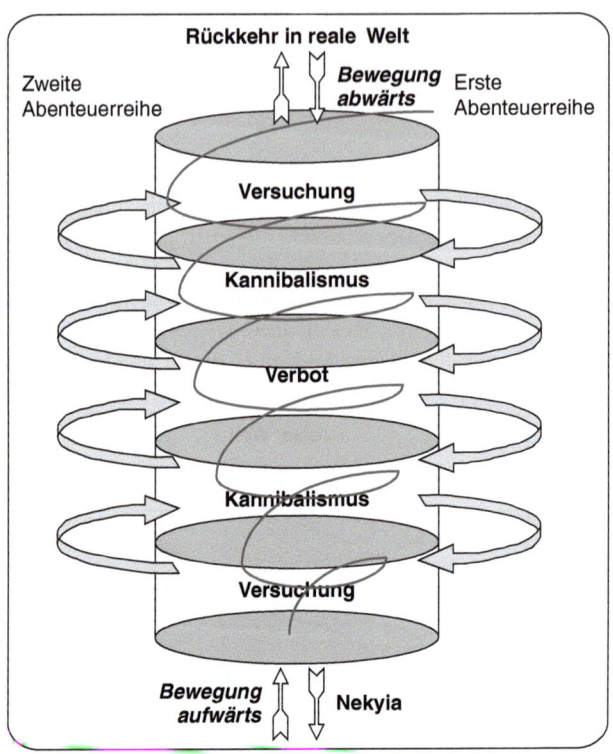

Diese doppelte Spiralbewegung vollzieht Odysseus' Rolle als Ich-Erzähler nach, der seine Erzählung, wenn sie auch nach den Gesetzen märchenhaften Erzählens organisiert ist, *autobiographisch* anlegt. Sein Erlebnisbericht erzählt vom Fall in die Isolation und von der Bestrebung, in die Gruppe zurückzukehren. Das Bild der sich nach innen verengenden Zentripetal-Spirale veranschaulicht die Bewegung in die Isolation – zu sich selbst als Individuum. Die gegenläufige Zentrifugal-Spirale stellt den Gang zurück in den Schoß der Gemeinschaft dar.[316] Es geht um die Überwindung der Trennungen von Heimat, Kriegsgefährten und (getöteten) Reisegenossen.

---

und A. Villaneuva-Collado, »Dante Alighieri, W. B. Yeats y Gabriel García-Márquez: El inferno como espiral en Cien anos de soledad«, in: *Alba de América* 8 (1990), S. 157–169 verfolgen die in die Tiefe führende zentripetale Spirale bei Dante, Yeats, Blake u.a.; M. Constanzo, »La spirale e l'infinito«, in: *Rassegna della lettura Italiana* 85 (1981), S. 37–55 und M.O. Meara, »La Suggestivité des structures spirales dans cinque poèmes-clé de Baudelaire, Verlaine, Mallarmé et Apollinaire: Harmonie avec le mouvement cosmique«, in: *Language and Style* 19 (1986), S. 368–376, zeigen in italienischer Barockliteratur und französischer Lyrik des 19. Jh.s die zentrifugale, in Richtung Himmel oder Kosmos führende Spirale.

316 Zu derartigen Darstellungen vgl. H.S. Daemmrich/I.G. Daemmrich, *Spirals and Circles. A Key to Thematic Patterns in Classicism and Realism* (= Studies on Themes and Motifs in Literature, vol. 7), 2 Bde., New York 1994.

C. Die Sirenenepisode im Kontext der »Apologoi«

1. Sirenenlied – Abenteuer-Erzählung – Epos: Von Dichtung und Wirkung

Von der Unterwelt zurückgekehrt, setzt sich Odysseus, nachdem er sich bei Kirke kurz ›erfrischt‹ hat, dem Gesang der Sirenen aus. Od. 12 erzählt, wie er dem Lied fast erlegen wäre; wie sein Schiff ihn nur deshalb an den Sängerinnen vorbeitrug, weil er den rudernden Gefährten die Ohren mit Wachs verstopft hatte und selbst an den Mastbaum seines Schiffes gefesselt war.[317]

Daß, *wo* und *wie* vom unwiderstehlichen Sirenengesang erzählt wird, ist nicht zufällig. Kommen doch die Sirenen an exponierter Stelle der *Odyssee* zu verlockendem Wort (Od. 12, 184–191); und gibt doch der – als ῥητορικώτατος, als für seine List berühmter ῥήτωρ σοφώτατος[318] bekannte – Held selbst das Lied wieder, als er den Phaiaken seine Abenteuer erzählt. Dabei verleiht er der Verführungskraft der Sangesmächtigen eine Emphase, die der Positionierung der Episode innerhalb sowohl der intra- als auch der extradiegetischen Erzählung entspricht. Diese Sonderstellung, die der Sirenenepisode in den *Apologoi*, aber auch in der *Odyssee* jeweils auf der Textebene zukommt, hat metatextuellen Sinn.

Innerhalb der *Apologoi*, in denen das Motiv *Versuchung* eine vierfach variierte Funktion darstellt, steht die Episode von der Versuchung durch die Sirenen gleich in dreifacher Hinsicht an bedeutsamer Stelle. Sie bildet die erste Episode der Post-*Nekyia*-Abenteuer, umklammert diese zudem gemeinsam mit der vierten Versuchungsepisode, der Kalypsoepisode, und umrahmt ferner mit der dritten Versuchungsepisode, der Kirkeepisode, den Gang ins Totenreich.[319] Zugleich dient sie – durch die Darstellung der besonderen Heftigkeit der Versuchung – als Muster: Sie führt exemplarisch vor Augen, daß Odysseus an entscheidender Stelle der Abenteuer einer Versuchung zuwiderhandelt. Damit gibt sie den Handlungsverlauf der die *Apologoi* rahmenden Situation vor. Denn auch dort ist das Motiv der Versuchung bestimmend: Wie in den vier Episoden innerhalb der *Apologoi* hat sich der Held bei den Phaiaken der Versuchung, die Heimat zu vergessen, zu erwehren.

Innerhalb des Epos steht die Sirenenepisode gleichfalls an bedeutender Stelle: etwa in der Mitte der – 24 Bücher umfassenden – *Odyssee*. Diese Zentralposition auf der Textoberfläche macht einmal mehr wahrscheinlich, daß die Episode auch metatextuell als Kernepisode des Epos, als ihm innewohnende ›Poetik‹ epischer Dichtung, anzusehen ist. Selbst bei Nicht-Beachtung der exponierten Stellung der Episode im Dichtungsganzen liegt es nahe, das Sirenenlied als Widerspiegelung der Wirkungskraft epischen Gesangs zu fassen.[320] In der Gestalt der Sirenen werden uns dämonisierte

---

317 Vgl. unten II.C.3., S. 267 ff.
318 Philostr. Her. 34, 1; Iul. Or. 3, 113C.
319 Vgl. oben die Abbildungen S. 245–248.
320 So auch jüngere Publikationen; vgl. etwa L.E. Doherty, »Sirens, Muses and Female Narrators

Dichtungsmächte präsentiert, deren Gewalt bzw. Vermögen in einer Kultur der Mündlichkeit zunächst akustisch gegenwärtig ist, sich aber mit dem Übergang von der Mündlichkeit zur Schriftlichkeit im Bild der Sirenen zu visualisieren beginnt.

Für das Verständnis der Episode als Kernepisode in metatextuellem Sinn spricht einiges. Erstens ist die Verführungsmacht der Sirenen eindeutig an ihren Gesang gebunden. Zweitens enthält die Episode eine konkrete, auf epische Dichtung bezogene autoreferentielle Äußerung, indem Odysseus angibt, durch die Verskunst der Sirenen in höchste Erregung versetzt worden zu sein: »So [...] entsandten [sie] die schöne Stimme. Jedoch mein Herz wollte hören. Und ich hieß die Gefährten mich zu lösen und winkte ihnen [...]« (Od. 12, 192–194a). Und drittens beläßt es Odysseus nicht bei dieser Äußerung, sondern bezeugt seine Erfahrung mit der überwältigenden Macht, die Worten inhärieren kann, performativ. Seine Erzählung der Abenteuer zeigt, daß er genau weiß, welche Suggestionskraft brillante Rede und Narration besitzen. Mag er hiervon auch vor dem Erlebnis mit den Sirenen bereits gewußt haben: In der Begegnung mit ihnen hat er sich jenes Wissen ein für allemal verinnerlicht. Er hat die suggestive Macht am eigenen Leibe er-fahren und sich ein-verleibt. Eben diese Er-fahrung und das aus ihr resultierende Wissen macht er in der Erzählung seiner Abenteuer geltend: Die Geschichten besitzen die Suggestionskraft, die nötig ist, um das erstrebte Ziel *Heimkehr* zu erreichen. Das Handlungsgeschehen schreitet infolge der Erzählung in Glücksrichtung fort. Das internalisierte Wissen stellt dabei ein Analogon zu dem handlungsvermittelnden Wissen dar, das Odysseus von Figuren wie Kirke erhält: Es bildet das handlungsvermittelnde Moment, das den Fortgang der Handlung garantiert.

Wer diesem Gedankengang nicht folgen mag, dürfte – als Argument für die Auffassung des Sirenenabenteuers als immanent-poetischer Kernepisode – immerhin folgende drei Punkte gelten lassen:

(1) Aus der Schilderung der Begegnung des Odysseus mit den Sirenen (intradiegetische, eposinterne Ebene) wird ersichtlich, wie außerordentlich der Held von den Versen der Sängerinnen, in denen Wissen, Wahrheit, Dichtung und Lebenserfahrung noch ungeschieden sind, fasziniert ist.

(2) Aus der Darstellung der Wirkung von Odysseus' Abenteuergeschichten auf die Phaiaken (extradiegetische, eposinterne Ebene) wird wiederum deutlich, wie fasziniert diese von Odysseus' Erzählung sind. Odysseus gibt sein Erlebnis absoluter Absorption an die Phaiaken weiter, indem er nicht nur davon berichtet, sondern es auf sie überträgt. Durch Zitation des betörenden Liedes verdeutlicht er ihnen, was ihn gefesselt hat, und erzielt denselben Fesselungseffekt (Od. 11, 333f.; 13, 1ff.): Die Phaiaken sind »stumm in Schweigen« (ἀκὴν ἐγένοντο σιωπῇ) und »von Bezauberung gefangen« (κηληθμῷ δ' ἔσχοντο).

(3) Der κηληθμός der Phaiaken wiederum dürfte die Intention des *Odyssee*-Erzählers widerspiegeln, der die Hörer bzw. Leser seiner Dichtung gewiß zu bezaubern sucht (eposexterne Ebene).

---

in the *Odyssey*«, in: B. Cohen (Hrsg.), *The Distaff Side. Representing the Female in the Odyssey*, Oxford 1995, S. 81–92.

Die Sirenenepisode reflektiert mithin Funktion, Intention und Wirkung der Ich-Erzählung des Odysseus ebenso wie der *Odyssee* als Gesamterzählung. In ein Schema gebracht, das die Verschachtelung der Rezeptionsebenen zur Darstellung bringt, läßt sich dies wie folgt veranschaulichen:

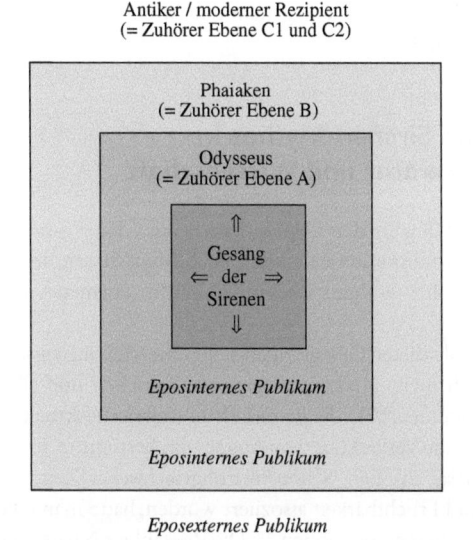

Rezeptionsebene A

Odysseus rezipiert das Sirenenlied, mit dem er bezaubert werden soll.

Das Lied ist erfolgreich.

Rezeptionsebene B

Odysseus ver- und übernimmt das Sirenenlied, trägt es den Phaiaken vor, um sie ebenfalls zu bezaubern.

Er ist erfolgreich.

Rezeptionsebene C1

Der antike Erzähler, trägt all dies wiederum seinen Zuhörern vor, um sie zu bezaubern.

Die Überlieferung zeigt:
Er ist erfolgreich

Rezeptionsbene C2

Die *Odyssee* gehört noch heute als „Steadyseller" zur meistgelesenen Weltliteratur.

Sie bezaubert ihre Rezipienten erfolgreich

Schon aufgrund dieser metaliterarischen Schlüsselstellung lohnt es sich, die Sirenenepisode näher zu betrachten. Ein weiterer Grund für die eingehende Befassung mit ihr liegt in unserer gattungstheoretischen Thematik. Die homerische Darstellung überliefert uns die Sirenen als *Bruchstück* vergangener Tradition, das es erlaubt, den »Bankrott der Ursprungshypothesen alter Art« (Karl Reinhardt) zu demonstrieren. Die genaue Lektüre der Episode zeigt, was auch der Blick auf gelehrte Versuche, ihrer habhaft zu werden, transparent macht: Daß das »Bruckstück-Werden« dieses *Bruchstücks* »Voraussetzung, Bahn und Substanz« (Menninghaus) der Entstehung und Fixierung der Episode in ihrer jeweils jetzigen Form ist. An den Sirenen – ihrer Darstellung von Homer bis Kafka – wird beispielhaft deutlich, daß der Mythos »immer schon in Rezeption übergegangen« ist und in ihr bleibt;[321] daß er sich – wenn auch seine Stillstellung in »einer letzten und unüberbietbaren Reindarstellung seiner ›Form‹«[322] immer schon einen besonderen Reiz dargestellt hat – nicht »zu Ende bringen«[323] läßt. Sein Potential zu Nutzbarmachung zwecks eigener Aussagen ist daher schier unendlich. Schon Odysseus selbst führt uns dies vor Augen, als er den Phaiaken die *Konfrontation* mit den Sirenen von seinem Standpunkt aus und mit seiner eigenen

---

321 Blumenberg, *Arbeit*, S. 299.
322 A.a.O., S. 299.
323 A.a.O., S. 291.

Zielsetzung schildert: Sie bringt die Differenz seiner Person und Identität zum Bereich der Andersheit – zum Raum der supranaturalen Wesen, Riesen, Zauberfrauen und Meeresmonster, in den es ihn auf der Heimfahrt von Troja nach Ithaka verschlagen hat – besonders deutlich zum Vorschein. – Ferner enthält die Sirenenepisode, morphologisch-strukturell sowie inhaltlich repräsentativ für die *Apologoi*, Elemente, die sowohl für den Mythos als auch für das Märchen beispielhaft sind. Sie erscheint deshalb bevorzugt geeignet, die genannten Arten des Erzählens und ihr Verhältnis zueinander darzustellen.

2. Arbeit am Sirenen-Mythos in Kunst, Literatur und Wissenschaft

Seit ihrer Darstellung in der *Odyssee* haben die schaurig-holden Sängerinnen – in anderen antiken Testimonien halb Vogel, halb Mensch, seit dem Mittelalter auch halb Fisch, halb Mensch[324] – ihren Weg in zahlreiche Formen von Literatur und Kunst gefunden.[325]

Neben der Fülle dieser Gestaltungen steht eine Vielzahl wissenschaftlicher Untersuchungen, die sich meist Herkunftsfragen, symbolischen und allegorischen Deutungsmöglichkeiten widmen. Wie die literarisch-künstlerische Arbeit an den Sirenen führen sie exemplarisch die Verlockung vor Augen, die bestimmte Erzählungen infolge ihrer Herkunftsunschärfe ausüben. Schon in frühgriechischer Zeit, als die Sirenen vorwiegend mit Tod und Fruchtbarkeit assoziiert wurden, hatte man etliche von einander abweichende Vorstellungen von ihnen.[326] Die Vielzahl an Nuancen eröffnete jenen spannungsgeladenen Raum, den die unterschiedlichen Rezeptionen auf jeweils spezifische Weise ausschritten. Der Volksglaube schrieb den facettenreichen Wesen verschiedene Eigenarten zu, unter denen mysteriöse, dunkle Züge die Regel waren. Sie wurden ihnen nicht nur inner-, sondern auch außerhalb der literarischen Tradition zugesprochen, wo sie hauptsächlich im chthonischen und sepulchralen Raum zu finden sind.

---

324 Das *Bestiarium* von Guillaume Le Clerc de Normandie (1211) kennzeichnet die Sirene oberhalb des Nabels als Frau und abwärts als Fisch oder Vogel; vgl. H.A. Mode, *Fabeltiere und Dämonen in der Kunst. Die fantastische Welt der Mischwesen,* Stuttgart 1977, S. 106.

325 S. Wedner, *Tradition und Wandel im allegorischen Verständnis des Sirenenmythos,* Frankfurt a.M. 1994, geht von der These aus, daß ein Werk sein Sinnpotential in der Kette seiner Rezeptionen entfalte. Sie untersucht die Sirenenrezeption bei über vierzig Autoren von der heidnischen und christlichen Antike bis zur Renaissance. Zur Sirenenrezeption der Neuzeit vgl. H. Beese (Hrsg.), *Von Nixen und Brunnenfrauen. Märchen des 19. Jahrhunderts,* Frankfurt a.M./Berlin/Wien 1982; B. Stamer (Hrsg.), *Märchen von Nixen und Wasserfrauen,* Frankfurt a.M. 1987; F. R. Max (Hrsg.), *Undinenzauber. Von Nixen, Nymphen und anderen Wasserfrauen,* Stuttgart 1991; B. Volmari, »Die Melusine und ihre Schwestern in der Kunst. Wasserfrauen im Sog gesellschaftlicher Strömungen«, in: I. Roebling (Hrsg.), *Sehnsucht und Sirene. Vierzehn Abhandlungen zu Wasserphantasien,* Pfaffenweiler 1992, S. 329–350; A.-B. Renger, »Imagination gefährlicher Liebschaften: Die Sirenen in der Malerei des europäischen Spätsymbolismus«, in: M. Kunze (Hrsg.), *Wiedergeburt griechischer Götter,* (Ausst.kat.) Mainz 1999, S. 277–293, 312 f. (Tafeln), 316 ff. (Tafeln).

326 Vgl. E. Hofstetter, *Sirenen im archaischen und klassischen Griechenland,* Würzburg 1990, S. 14 (mit Anm. 37–42), und dies., »Seirenai«, in: *Lexicon Iconographicum Mythologiae Classicae* VIII.1, S. 1092–1104, VIII.2, S. 734–744. Vgl. auch unten S. 298.

2.1 Das polymorphe Erscheinungsbild der Sirenen: Für Kunst und Literatur unerschöpflich, der Wissenschaft uneroberbar

Transparent wird die Vielfalt der Vorstellungen von den Mischwesen durch die Diversität der ikonographischen Darstellungen. Einige Kennzeichen gehen auf ägyptische und orientalische Anregungen zurück. Andere Merkmale wurzeln in der griechischen Kultur: Hier begegnen die Sirenen vornehmlich in Vasenmalerei, Plastik, Kleinkunst und auf Grabdenkmälern, oft als Bestandteil eines Tierfrieses (auf korinthischen Vasen etwa von Panthern, Löwen und Sphingen eskortiert), oder in religiösem Zusammenhang (mit Göttern wie Artemis, Dionysos, Hermes). Den Keren, Erinnyen und Harpyien wesensverwandt, indes längst nicht so eindeutig negativ besetzt wie diese, erscheinen sie in der Archaik zunächst als Wesen allgemein dämonischen Charakters, in der Klassik dann zunehmend spezialisiert: etwa als mit Instrumenten ausgestattete klagende Grabsirenen. Ferner tauchen sie als Attribut auf der Schulter oder Hand chthonischer Gottheiten auf und als dämonische Vermittler zwischen Menschen und Göttern.

Aufgrund dieses vielgestaltigen Erscheinungsbildes verwundert es nicht, daß das Potential der Sirenenerzählung im Lauf der Jahrhunderte unter verschiedenen geschichtlichen und ästhetischen Aussageansprüchen variantenreich genutzt wurde. Die Folge ist eine Vielzahl von Wiederaufnahmen und Weiterverarbeitungen sowohl präformierter als auch der Erzählung hinzugefügter Elemente. In ihrer Unüberschaubarkeit macht diese Fülle die Unerschöpflichkeit des Sirenenstoffs erklärlich. Die Sirenen zeigen einmal mehr, daß Kategorien aus dem Felde von Logik und Hermeneutik für das Lesen von Mythen und Märchen nicht hinreichen. Außerordentlich bunt, aber unscharf besetzt, fügt sich ihr polymorphes Erscheinungsbild nahtlos in Propps Thesen ein: Die Darstellung der Sirenen in Kunst und Literatur »bewahrt Spuren uralter [...] Vorstellungen und längst vergangener Sitten und Gebräuche«, die offensichtlich »eine allmähliche Metamorphose durchlaufen« haben. Dieser Prozeß hat »zu einer Vielfalt an Formen« geführt, »die sich nur schwerlich erfassen läßt«.[327]

Auch wer ein und dasselbe Genre, etwa die Vasenmalerei, näher betrachtet, vermag nicht, die unterschiedlichen Gestaltungen der faszinierenden Wesen auf einen gemeinsamen Nenner zu bringen.[328] Ihm eröffnet sich vielmehr eine bemerkenswerte Diversität der Darstellungen in unterschiedlichen Kontexten. Dabei mag *die Frage nach der Herkunft* der einzelnen Abbildungsweisen zwar hier und dort durch archäologische Befunde scheinbar eine Antwort finden; sie überführt die Darstellungen aber nur gebrochen in ein Verstehen, da sich der Ursprung Ansprüchen auf Eindeutigkeit entzieht. Der Versuch, aus dem »Zurückgehen auf den Ursprung« (Propp) ein Verständnis der Sirenen zu gewinnen, bringt Widerstände zum Vorschein, die Mythen –

---

327 Zitate aus Propp, *Morphologie*, S. 87.
328 Die Sirenen-Darstellungen weisen einen stetigen Wandel ihres Bildcharakters auf: Ab ca. 570 v. Chr. wechselt der imminent-dämonische Ausdruck der Abbildungen zugunsten eines zunächst heiter-dämonischen, der sich zuletzt in einer menschlich-göttlich wirkenden Sphäre verharmlost findet. Daß schwarzfigurige Vasen eindeutiger als spätere rotfigurige eine Vermenschlichung zeigen, mag daher irritieren, läßt sich aber damit erklären, daß die Sirenen in der rotfigurigen Vasenmalerei – infolge schwindenden Interesses an ihnen – ohnehin nur punktuell vorkommen. Vgl. Hofstetter, *Sirenen*, S. 124 ff.

und in potenzierter Form Märchen – einer Entdeckungsreise zu ihrem Sinn prinzipiell entgegenstellen. Es läßt sich kein anderer »Schlüssel« (Propp) zum Verständnis der Sirenen als der finden, daß ihr Ursprung sich im Dunkel verliert.[329]

Diese Herkunftsunschärfe, die erst vom frühen Dunkel ihr kennzeichnendes Licht erhält, teilt auch Homers Sirenenepisode. Anders als die Mehrzahl ihrer späteren Rezeptionen liefert sie keine allegorische Ausdeutung ihrer selbst mit. Sie *er*klärt nicht, sondern *ver*klärt, indem sie *verun*klärt: In ihr sind mythisch bedeutungsschwangere Elemente, Fragmente alter Vorstellungen und Gebräuche, verfremdet rekombiniert. Genau das macht die partielle Unverständlichkeit der Episode aus, die ihre Auflösung vom Rezipienten nicht verlangt. Eine hinreichende Anschauung der homerischen Sirenenepisode – wie der anderen Abenteuergeschichten – läßt sich nur von diesem Ausgangspunkt her gewinnen.

2.2. Herkunftsfragen

Für die Sirenen eine Bedeutung *in toto* zu ermitteln, ist mithin nicht möglich. Wer sich der frühgriechischen Kunst zuwendet, steht zwar vor einer farbigen Palette mädchenköpfiger Vogelwesen, die in der archäologischen Literatur einstimmig »Sirenen« genannt werden.[330] Doch die faszinierenden Wesen lassen sich wissenschaftlich nicht erobern. Sie sind weder ikonographisch noch etymologisch, weder anthropologisch noch philologisch fixierbar.[331] Es läßt sich ausschließen, daß alle Merkmale der Sire-

---

329 Vgl. oben S. 118–121.
330 Angenommen wird, daß die in die *Odyssee* eingegangenen Sirenen mit allgemeinen dämonischen Wesen gleichgesetzt wurden, daß für die Abbildung von Odysseus' Kontrahentinnen also die bekannten Menschenvögel aufgegriffen wurden. Vgl. E. Buschor, *Die Musen des Jenseits*, München 1944, S. 12; K. Fittschen, *Untersuchungen zum Beginn der Sagendarstellungen bei den Griechen*, Berlin 1969, S. 199 (inkl. Anm. 942). Hofstetter, *Sirenen*, S. 35. D. Buitron-Oliver/B. Cohen, »Between Skylla and Penelope: Female Characters of the *Odyssey* in Archaic and Classical Greek Art«, in: B. Cohen (Hrsg.), *The Distaff Side. Representing the Female in Homer's Odyssey*, New York/Oxford 1995, S. 29–58, insbes. S. 30–34.
331 Daß man in der Forschung nicht zu übereinstimmenden Ergebnissen kommt, verdeutlicht allein die Vielzahl der *etymologischen* Befunde zu den Σειρῆνες. H. Mühlenstein, »Sirenen in Pylos«, in: *Glotta* 36 (1962), S. 152–166, hat herausgefunden, daß das Wort *Seiremes* (> -enes) auf Pylos-Tafeln zu lesen ist. Die Köpfe der Sirenen scheinen dort als Ornament auf Thronen erwähnt zu werden. P. Chantraine, *Dictionnaire étymologique de la langue grecque. Histoire de mots*, Paris 1977, S. 993–994, zählt verschiedene Hypothesen auf, ohne sich selbst auf eine der Optionen festzulegen. Im Griechischen selbst wurde das Wort Σειρήν mit σειρά (= Seil/Strick/Kette) in Verbindung gebracht. Geht man von dieser Verbindung aus, sind die Sirenen diejenigen, die *Vers an Vers* (bzw. Formel an Formel) *ketten* und auf diese Weise ihrer Zuhörer *fesseln* oder *binden*, was sie in der *Odyssee*-Version im metonymischen Sinn tatsächlich mittels ihres Gesangs tun. --- Andererseits hat man das Substantiv auch auf σείριος, Sirius (Stern im Sternbild des »Großen Hundes«), und auf ein dieses Nomen voraussetzendes Adjektiv ›glühend, brennend‹ bezogen, womit das Schwergewicht auf die Epiphanie der Sirene in der *Mittagsglut* eines Sommertages gelegt würde. Vgl. F. Solmsen, *Beiträge zur Griechischen Wortforschung*, Straßburg 1909, S. 127. Auch K. Latte, *Kleine Schriften zu Religion, Literatur und Sprache der Griechen und Römer*, hrsg. von O. Gigon/W. Buchwald/W. Kunkel, München 1968, S. 106–111, besteht darauf, daß man die Sirene im 6./5. Jh. v. Chr. und schon früher als *meridianus daimon* aufgefaßt hat. Er stellt dar, daß die *Odyssee* selbst diese These verifiziere, daß die Szenerie des von Kirke vorhergesagten Rencontres von Glut und Glanz des Mittags beherrscht

nen *quasi* ›genetisch determiniert‹ sind: Sie können nicht in einer Linie auf einen Anfangspunkt im Sinne einer Urform zurückgeführt werden.

Gleichwohl hat man mehrfach versucht, der Sirenen habhaft zu werden. Sie auf ihren Ursprung zu untersuchen, unter eine bestimmte Kategorie einzuordnen und *nicht* in ihrer Vielheit zu belassen, stellt eine Herausforderung dar, der, wie die Geschichte der schillernden Wesen für sämtliche Episoden der *Apologoi* exemplarisch zeigt, kaum widerstanden werden kann.

2.2.1 Geographische Lokalisierung

Die geläufigste Deutung der Erzählung von den Sirenen beruht darauf, daß man ihr den Hintergrund des verlockenden Reizes klippenreicher, vom Meer umfluteter Inseln zwischen Sizilien und Italien zuschreibt. Dort will manche Überlieferung die Mischgestalten aus Mensch und Vogel beheimatet wissen.[332] Und in der Tat: Die Annahme, daß die Sängerinnen ihren festen Ort im griechischen Volksglauben hatten,

---

seien. Latte, a.a.O., S.109: »Am Morgen fährt Odysseus von der Insel der Kirke ab (μ 142), günstiger Fahrtwind schwellt die Segel [...]. Die Gefährten des Odysseus brauchen nicht zu rudern. Er kann ihnen vorbereitende Worte sagen und seine Anordnungen nach den Geboten der Kirke treffen. Plötzlich legt sich der Wind, sie müssen zu den Rudern greifen (168), wie so oft in der Mittagszeit auf dem ägäischen Meer Windstille eintritt. Die Sonne brennt so heiß herunter, daß sie das Wachs weich macht, mit dem Odysseus die Ohren der Gefährten verstopft (177).« --- K. Marót, *Die Anfänge der griechischen Literatur. Vorfragen*, Budapest 1960, S. 142–149, versucht, den Namen aus dem Orient herzuleiten, da alle etymologischen Ansätze, seine Wurzel im Griechischen zu finden, gescheitert seien. Er verwirft die von Germain, *Genèse*, S. 382 f., entwickelte Theorie, σειρήν habe *ab ovo* zwei verschiedene archaische Werte gehabt: a) wie von Aristoteles in Abschnitt neun der *Historia Animalium* dargelegt, neben dem Wort μελίσσα die Bezeichnung für eine Abart wilder Bienen und b) den Namen eines überirdischen Wesens, das man sich einst in Bienengestalt vorgestellt hatte. Marót vertritt die These, daß es sich um ein zufälliges Zusammenklingen handle *oder* daß der Name der damals eventuell als Todesvögel geltenden Sirenen zur aristotelischen Bezeichnung der wilden Bienen aufgrund einer supponierten gemeinsamen Eigenschaft später übertragen worden sei. Er übernimmt den Vorschlag von V. Bérard, *Les Phéniciens et l'Odyssée*, Bd. 2, Paris 1903, S. 334, die erste Silbe des griechischen Wortes Σ(ε)ιρήν stamme aus dem hebräisch-phönizischen Wort »sir« (= Gesang/Zaubergesang). Kritisch steht er aber der Vermutung des Franzosen gegenüber, die zweite Silbe sei aus einer Silbe ableitbar, die in allen semitischen Sprachen aufzufinden sei; sie hieße bei den Arabern z.B. *durch Beschwörung erfolgte Fesselung, Strick, Zügel, Liebeszauberband*; bei den Hebräern wird gemäß Bérard aus dieser Wurzel ein Verb unklarer Bedeutung gebildet, das er ebenfalls in die Richtung der Faszination interpretiert. --- Eine Entscheidung zu treffen, welche etymologische Erklärung die richtige ist, scheint unmöglich. Wichtig ist nach allem, daß die antiken Rezipienten der epischen Gesänge sehr wahrscheinlich weniger häufig die Verbindung zur Bienenabart als zu σειρά gezogen haben, sei es beim Hören, sei es beim Lesen der Verse. Daß für die Fesseln des Odysseus in der Sirenenszene nur Synonyma zu σειρά verwandt werden, keineswegs das Wort selbst, hält nicht davon ab, von seinen Fesseln, die er sich selbst gleichsam homöopathisch zum Schutz gegen die ›Fesseln‹ der mit Gesang bestrickenden Verführerinnen anlegen ließ, die Parallele zu letzteren zu ziehen.

332 Die Fülle der Funktionen, die den Sirenen schon in antiken Texten zugeschrieben werden, deutet darauf hin, daß es lokale Varianten der Geschichte von Odysseus und den Sirenen gab. Sämtliche Schriftquellen zur Lokalisierung der Sirenen bzw. der Sireneninseln finden sich bei P. Mingazzini/F. Pfister, *Forma Italiae*, I 2, Florenz 1946, S. 45 ff., und G. Gianelli, *Culti e Miti della Magna Grecia*, Florenz 1963, S. 131 f., 173 f.

drängt sich geradezu auf; mühelos lassen sie sich als Verkörperung der Gefahren bestimmter Uferstellen und Meeresuntiefen in inselreicher Welt vorstellen.

Die Problematik, die in dieser aitiologischen Deutung liegt, ist eine doppelte. Zum einen ist es unmöglich, eine Insel der Sirenen geographisch festzustellen. Mag es auch, wie Ludwig Radermacher meint, ursprünglich einen festen Ort gegeben haben, mit dem die Schiffererzählung zusammenhängt: Auffindbar ist er nicht. Radermachers Annahme, daß die Episode von den Sirenen wie die von Skylla und Charybdis den Ursprung einer »ätiologischen Ortssage« hätte, läßt sich nicht sichern.[333] Zum anderen ist die homerische Episode für eine derart simplizistische Aitiologisierung zu intransparent: Die in ihr gegebenen Informationen über die Sängerinnen (s.u. S. 258–260) reichen nicht aus, um ihnen schlüssig eine bestimmte Herkunft zuzuschreiben.[334]

2.2.3 Transzendierende Lokalisierung (Ernst Buschor)

Nicht minder problematisch ist Ernst Buschors Versuch, die Frage nach dem Ursprung der Geschichte zu beantworten. Buschor vertritt die Ansicht, daß es »ursprüngliche« Sirenen gab, will als diese aber nicht die Meeresmonster der homerischen *Odyssee* verstanden wissen. Ganz am Anfang stehe vielmehr das infernale Pen-

---

333 Infolge dieser Unsicherheit steht auch Radermachers Ausgangspunkt in Frage, daß die Sirenen nicht dem Märchen, sondern dem Bereich der aitiologischen Sage angehören, und sich das Vorkommen ähnlich konzipierter Wesen im Märchen »aus der freien Wanderung der Motive« erkläre. Vgl. Radermacher, »Erzählungen«, S. 22.

334 Die geographische Lokalisierung der Episode ist kein Einzelfall. Die diversen Erlebnisse und Stationen nach Μάλεια werden seit der Antike kontinuierlich allegorisch und symbolisch oder geographisch gedeutet. (L.G. Pocock, *Reality and Allegory in the Odyssee*, Amsterdam 1959, S. 109–116, sucht Allegorie und Geographie zusammenzubringen; andere topographische Versuche werden allein um einer geographischen Fixierung willen unternommen, vgl. z.B. A. Wolf/H.-H. Wolf, *Die wirkliche Reise des Odysseus. Zur Rekonstruktion des Homerischen Weltbildes*, München/Wien 1983, S. 61–66). Auch Lokalisierungen ohne Bezug auf die Landkarte oder Berufung auf die Allegorese werden vorgenommen; Ziel dieser Verortungen ist es, Odysseus' Begegnungen dem reinen Märchenland, das als überall und nirgends liegend gedacht wird, zuzuordnen *oder* einem festen Platz im uralten Mythenland. Die Ansichten, welcher Kategorie von Raum die diversen Abenteuerorte zuzurechnen sind – ob dem Bereich des Mythos, dem des Märchen oder der Realität – divergieren folglich. A. Lesky, »Aia«, in: *Wiener Studien* 63 (1948), S. 22–68, h.: S. 52, der sich gegen das Prinzip wendet, Odysseus' Irrfahrten aus dem mythischen Bereich in Geographie umzusetzen, nimmt für Kirkes Wohnort, die Insel Aiaia, eine Verortung im alten »Mythosgebiet« vor. Desgleichen spricht Radermacher, »Erzählungen«, S. 4, von »einem mythischen Ostland«, in dem die Zauberin wohne. Dabei betont er, daß »die Züge eines Märchens« wohl »am echtesten und treuesten« in der Geschichte von Kirke »erhalten geblieben« seien. Beide Forscher weisen der Episode folglich keinen realen geographischen Hintergrund zu, sondern gehen von einer phantastischen Verquickung von Märchen und Mythos aus. Zur Sirenenepisode aber stellen sie konkrete geographische Bezüge her. —— Die Problematik des zwischen realer und imaginärer Länderkunde oszillierenden Epos bringt Hölscher, *Epos*, S. 140, auf den Punkt. Auch er hebt an den einzelnen Stationen von Odysseus' Reiseroute unterschiedliche Hintergründe hervor und begründet das damit, »in der *Odyssee* einrechnen« zu müssen, daß »man sich nicht mehr auf der Stufe des reinen Mythos, des spontanen Weltentwurfs« befinde, sondern »Erfahrungsgeographie [...] bruchlos in die mythologische« übergehe und sie »mit ihrer spezifischen Realität« einfärbe.

dant zu den himmlischen Musen: Die »Musen des Jenseits«, die durch bezaubernden Gesang und Musik den Weg ins Jenseits erleichtert hätten.

Auch diese *Herkunftstheorie* ist fragwürdig. Die romantisierende Bezeichnung »Musen des Jenseits« mag zwar *ein* Merkmal einiger Abbildungen treffen. Doch mit der Benennung, zu der Buschor das Bemühen, die Sirenen in ihrer vielfältigen Erscheinungsweise zusammenzufassen, veranlaßt haben dürfte, lassen sich keineswegs alle überlieferten Darstellungen vereinbaren. Buschor unterscheidet zwar Himmels-, Unterwelts, Meeres- und Märchensirenen. Er beläßt es aber nicht bei dieser Auffächerung, sondern versucht, für alle vier Typen einen gemeinsamen transzendenten Ursprung aufzuweisen. So spricht er von »himmlische[n] Wesen«, die »im Äther, im Sternenbereich, im Gefilde der seligen Geister« weilten.[335] Angesichts der Polymorphie der Sirenen in der Überlieferung ist es jedoch nicht erkennbar, wie ein derartiger Weg der Ursprungsreduktion erfolgreich beschritten werden kann.

Im Kontext unserer Überlegungen zu Mythos und Märchen interessant ist an Buschors Theorie vor allem das Stichwort »Märchensirenen«. Buschor nimmt an, daß sich der Volksglaube der »Jenseitsmusen« in Sage und Märchendichtung bemächtigt und so den Sirenen »den Weg vom Jenseits ins Diesseits« gebahnt habe. Den Hintergrund der in der *Odyssee* dargestellten Begegnung des Odysseus mit den Sirenen (Diesseits) bilde ein Märchen. Für die griechischen Schiffer, die Erzähler solcher Märchen, seien die Sängerinnen keine »grausamen Würgeengel«, sondern »zwei liebliche, verführerische, wissende Meerwesen« gewesen. Bevor die orientalische Vogelwesen-Konzeption in die griechische Kunst eingegangen sei, habe man sich die Sirenen nicht als Vögel, sondern als »ein menschlich gebildetes Mädchenpaar« vorgestellt. Das Mischbild des Vogeldämons habe dann »die Gemüter der frühen Betrachter und Bildner aufs Tiefste erregt«. Es sei als Abbildung von raubvogelartigen Todesdämonen, Götterboten und Vogelzeichen, vor allem aber als Darstellung der »göttlichen Sängerinnen des Himmels und des Hades« gedeutet worden. Erst auf diesem Weg sei das Mischbild zur Bezeichnung der sterblichen »Märchensirenen« geworden. Es habe sich der Kultur stark eingeprägt und nur allmählich das Aussehen des Menschenvogels wieder abgestreift.[336]

---

335 Dieses »Lichtreich des Elysiums stand«, so Buschor, *Musen*, S. 6, »im Glauben der Griechen zurück gegenüber dem dunklen und trüben Reich des Hades, das an unser Diesseits« grenze »und das der Mensch nach dem Tode« betrete. Mit seiner transzendierenen Verortung will Buschor das antike Vorkommen der Sirenen im lichten Raum des Himmels und dunklen Bereich des Hades erklären. Vgl. hierzu im übrigen schon U. von Wilamowitz, *Glaube der Hellenen*, Bd. 1, Berlin 1931, S. 268 ff., und Fr. Cumont, *Recherches sur le Symbolisme funéraire des Romains*, Paris 1946 [wiederabgedr. 1966], S. 147 f. Buschors Vorstellung von den »Musen des Jenseits« ist u.a. an Platons *Kratylos*, Euripides' *Helena* und ein Fragment gebunden, das Euripides' *Antiope* zugewiesen wird. In Plat. Krat. 403d–e und Eur. Hel. 164–178 werden die Sirenen musizierend vorgestellt und in den Hades verwiesen. In Frg. 911 von *Tragicorum Graecorum Fragmenta*, ed. A. Nauck, Leipzig ²1889, geht es darum, daß der Chor von Amphilons Lyraspiel so fasziniert ist, daß seine Mitglieder mit den goldenen Flügeln und Flügelschuhen der Sirenen zum Ätherkreis, zum höchsten Gott Zeus, emporschweben. Buschor, *Musen*, S. 6, nimmt an, hier liege der Gedanke zugrunde, die Sirenen seien »geflügelte Götterbotinnen menschlicher Gestalt, deren Amt es sei, die Seelen in jenes göttliche Reich zu verbringen.«

336 Buschor, *Musen*, S. 11 f.; Marót, *Anfänge*, S. 109, geht von einer ähnlichen Entwicklung aus. Er vertritt die These, man müsse sich die Sirenen lange vor der Einwirkung der orientalischen Kunst als anthropomorphe Sängerinnen vorgestellt. Auch die homerischen Dichter seien von

258 Die Sirenenepisode im Kontext der »Apologoi«

Diese Erklärung stützt Buschor durch verschiedene archäologische Funde. Zwar ist die Mehrzahl seiner Spekulationen über die »ursprünglichen« Sirenen problematisch. Doch die These, daß die »Märchensirenen« in der Frühzeit hinter »den geheimnisvolleren und mächtigeren jenseitigen Sirenen«, für die »das phantastische Mischbild der Fremde eine echtere sinnvollere Bezeichnung« war, zurücktraten, hat etwas für sich.[337] Es ist durchaus denkbar, daß der mesopotamische und ägyptische Einfluß auf die griechische Kunst – wie bei vielen Wesen der Mythologie – auch im Falle der Sirenen eine zusätzliche Verfremdung bedingt hat. Vorstellbar ist, daß die »Odyssee-Sirenen«, die »Märchenmädchen der Odyssee«,[338] als Menschenvögel gedacht wurden, als solche in der Kultur heimisch wurden, die orientalischen Vogelzüge nur allmählich wieder zurücktraten und mit dem Schwinden der orientalisierenden Elemente sich das hochgradig dämonisch wirkende Vogelwesen zur Flügelfrau wandelte, die menschliches Schicksal erleidet, etwa Selbstmord[339] verübt.[340]

3. Funktion und Position des Abenteuers: Die Sirenenepisode als Formbestandteil der »Apologoi«

In der *Odyssee* sind die Sirenen nur mit knappen Strichen gezeichnet. Über ihre Gestalt oder Genealogie wird nichts gesagt. Ersichtlich ist einzig ihr weibliches Geschlecht und daß sie zu zweit sind. Die Weiblichkeit geht sprachlich aus den Nominalendungen hervor.[341] Die Zweizahl läßt sich aus dem Dualis Σειρήνοιϊν eruieren.[342] Keine Informationen werden über das genaue Schicksal der Verlockten und über ihr eigenes Schicksal erteilt.[343]

---

singenden Mädchen ausgegangen. Gegen Wilamowitz, Weicker und Hunger argumentiert er mit Frazer, der meint, man könne daraus, daß Homer nichts vom Vogelwesen der Sirenen erwähnt, »logischerweise nur folgern, daß er nichts davon wußte«, d.h. »that they were purely women« (Frazer). Zum Zitat vgl. a.a.O., S. 112 (inkl. Anm. S. 188). »Kritisch betrachtet« könne man »nur annehmen«, daß ihm »nichts von der späteren Hybridenform der Sirenen bekannt« gewesen sei. Dafür spreche etwa das in Od. 12, 158 verwendete Beiwort θεσπεσιάων (= göttlich redend), »das recht der Vorstellung eines Vogelungeheuers entspräche«. A.a.O., S. 113 f.

337 Buschor, *Musen*, S. 25.
338 A.a.O., S. 23.
339 Vgl. unten S. 281.
340 Die Resultate von Hofstetter, *Sirenen*, und U. Kopf-Wendling, *Die Darstellungen der Sirene in der griechischen Vasenmalerei des 7., 6. und 5. Jhs. v. Chr.*, Freiburg/St. Georgen 1989 [zugleich (Diss.) Freiburg i.Br 1988], bestätigen diesen Verlauf.
341 Od. 12, 45. 158. 192.
342 Od. 12, 167.
343 Ausführlicher schildert im 3. Jh. v. Chr. Apollonius Rhodius, der in Alexandria Zugang zu sämtlichen Texten und Kommentaren über die Sirenen hatte, die Sirenen in seinen *Argonautika*, dem einzigen erhaltenen griechischen Großepos zwischen Homer und Nonnos: Apoll. Rhod. 4, 896f. Darin wird – außer auf die von Homer bekannten Züge – auf ihre Handlungsweise und ihr Äußeres eingegangen: Sie werden als jungfräuliche Mischwesen aus Vögeln und jungen Mädchen bezeichnet, die rauben und kontinuierlich nach ihren Opfern Ausschau halten, »von hoher Warte immer spähend«. Überdies hebt Apollonius, wie es bereits Alkman in der zweiten Hälfte des 7.Jh.s v. Chr. getan hatte, ihre Sangeskunst hervor – die Sirenen singen im Chor und erziehen so die junge Persephone. Ihr Bezug zum Bereich der Musen manifestiert sich zudem in der Genealogie: Apollonius nennt als Mutter Terpsichore,

Der Schilderung des eigentlichen Abenteuers gehen zwei Passagen voraus, die den Rezipienten auf die Begegnung von Odysseus und den Sirenen vorbereiten.

(1) In 12, 39–54 warnt Kirke Odysseus vor den Sängerinnen:

»Zuerst wirst du zu den Sirenen gelangen, die alle Menschen bezaubern, wer auch zu ihnen hingelangt. Wer sich in seinem Unverstande ihnen nähert und den Laut der Sirenen hört, zu dem treten nicht Frau und unmündige Kinder, wenn er nach Hause kehrt, und freuen sich seiner, sondern die Sirenen bezaubern ihn mit ihrem hellen Gesang, auf einer Wiese sitzend, und um sie her ist von Knochen ein großer Haufen, von Männern, die verfaulen, und es schrumpfen rings an ihnen die Häute ein. Du aber steuere vorbei und streiche die Ohren der Gefährten Wachs, honigsüßes, nachdem du es geknetet, daß keiner von den anderen höre; selbst aber magst du hören, wenn du willst. Doch sollen sie dich in dem schnellen Schiff mit Händen und Füßen aufrecht an den Mastschuh binden – und es seien die Taue an ihm selber angebunden –, damit du mit Ergötzen die Stimme der beiden Sirenen hören magst. Doch wenn du die Gefährten anflehst und verlangst, daß sie dich lösen, so sollen sie dich alsdann mit noch mehr Banden binden!«

(2) In 12, 154–164 gibt Odysseus den Rat der Kirke als Befehl an die Gefährten weiter:

»Freunde! denn es ist not, daß nicht nur einer noch auch nur zwei die Wahrsprüche wissen, die mir Kirke verkündet hat, die hehre unter den Göttinnen, sondern ich will sie sagen, daß wir sie wissen und entweder sterben oder auch den Tod und die Todesgöttin vermeiden und entrinnen mögen. Zuerst befahl sie, die Stimme der Sirenen, der göttlich Redenden, und die blumige Wiese zu vermeiden. Nur mich allein hieß sie die Stimme hören. Doch bindet mich in Banden, schmerzliche, daß ich an Ort und Stelle fest verharre, aufrecht an den Mastschuh [...]. Und wenn ich euch anflehe und verlange, daß ihr mich löst, so sollt ihr mich alsdann in noch mehr Bande zwängen.«

Es folgt die Schilderung der Ausführung der zu treffenden Maßnahmen (173–180):

Ich aber schnitt eine große runde Scheibe Wachs mit dem scharfen Erz in kleine Stücke und preßte sie mit den starken Händen, und alsbald erwärmte sich das Wachs [...]. Und der Reihe nach strich ich es den Gefährten allen auf die Ohren, sie aber banden mich [...] mit den Händen und den Füßen aufrecht an den Mastschuh und banden die Taue an ihm fest, und setzten sich selber und schlugen die graue Salzflut mit den Riemen.

(3) Und unmittelbar darauf, in der Übergangspassage zu der Beschreibung der eigentlichen Begegnung von Odysseus und den Sirenen (184–200), heißt es (181–183):

Doch als wir so weit entfernt waren, wie ein Rufender reicht mit der Stimme, und geschwind dahintrieben, da entging jenen nicht, wie sich das schnellfahrende Schiff heranbewegte, und sie bereiteten einen hellen Gesang,

der da lautet (184–191):

»Auf! hergekommen! vielgepriesener Odysseus! du große Pracht unter den Achaiern! Lege mit deinem Schiffe an, damit du unsere Stimme hörst! Denn noch ist keiner hier mit dem Schiff vorbeigerudert, ehe er nicht die Stimme gehört, die honigtönende, von unsern Mündern, son-

---

die Muse der Tanzkunst. Und: Ihr Gesang wird als λείριος (Apoll. Rhod. 4, 903. 914) sie selbst werden als λίγειαι (häufiges Epitheton des Winds und der Musen, auch von Nestor in Il. 1, 248: *nachdrücklich redend*) bezeichnet.

dern heim kehrt er ergötzt und an Wissen reicher. Denn wir wissen dir alles, soviel in der weiten Troja Argeier und Troer sich gemüht nach der Götter Willen, wissen, wieviel nur geschehen mag auf der an Nahrung reichen Erde.«

»So«, schließt Odysseus (192–200),

> sagten sie und entsandten die schöne Stimme. Jedoch mein Herz wollte hören. Und ich hieß die Gefährten mich lösen und winkte ihnen mit den Augenbrauen. Die aber fielen nach vorn aus und ruderten, und alsbald standen Perimedes und Eurylochos auf und banden mich in noch mehr Bande und zwängten mich noch fester ein. Doch als sie an ihnen vorbeigerudert waren, und wir alsdann die Stimme der Sirenen und ihr Singen nicht mehr hörten, da nahmen sich die mir geschätzten Gefährten alsbald das Wachs ab [...] und machten mich aus den Banden los.

Nicht zuletzt aufgrund ihrer jeweiligen Kürze geben die drei Abschnitte keine weiteren Informationen über das Geschehen. Wie stets in solchen Fällen von Detailmangel erheben sich daher folgende Fragen: Hat das Fehlen einer Beschreibung der Sirenen eine spezifische Funktion? Ist die genaue Kenntnis des Stoffes vorausgesetzt? Aktualisiert der Erzähler nur dasjenige Potential, das für die Darstellung des ›Schiffermärchens‹ relevant ist?

Der Blick auf den Kontext erteilt einigen Aufschluß: Die anderen Szenen der *Apologoi* zeigen, daß die Behandlung der Sirenen durchaus nicht singulär ist. Die Sängerinnen sind nicht die einzigen opak erscheinenden Wesen, die als Odysseus' Gegenspieler auftreten und deren Darstellung auf diese Funktion reduziert ist. In den *Apologoi* trifft man eine ganze Reihe undurchsichtig skizzierter Antagonisten, die wie tiefenlose »Papierfiguren« (Lüthi) wirken, bei denen man beliebig etwas wegschneiden kann, ohne daß eine wesentliche Veränderung vor sich geht.[344] Ob man die Sirenen, Lotophagen, Laistrygonen, Kirke, Skylla oder Charybdis betrachtet: Sie alle, auch diejenigen, denen eine strafmythische Qualität[345] anhaftet, sind *flächenhaft skizzierte Gestalten ohne Körperlichkeit und Innenwelt*. Sie werden wie Figuren im Märchen genannt und gesetzt, ohne daß Grund und Art ihres Seins enthüllt würden. Ihre Begegnung mit Odysseus ergibt je eine Episode, die in sich verkapselt, isoliert und nur insofern auf die anderen Episoden bezogen ist, als die *Apologoi* ein und derselbe Formwille durchdringt, aus dem alle Episoden fließen.[346] Kraft dieses Formwillens sind sie ingeniös elegant durchstrukturiert und in Odysseus' *Nostos*-Geschichte integriert. Ihr Handlungsablauf wird, wie erläutert, von einem oppositionell strukturierten System regiert, das Aktionen seitens der Gegenspieler mit Reaktionen seitens Odysseus paart.

Diese Gemeinsamkeit der Episoden deutet darauf hin, daß hier eine narrative Absicht zugrundeliegt, die mit der gewählten – märchenhaften – Erzählweise in Zusammenhang steht. Nicht nur die Gegenstände, selbst die *Figuren der Erzählung sind dem »abstrakten Stil«* (Lüthi) *des Märchens unterworfen. Dessen Formintention auf tiefenlose Schärfe läßt die Figuren und Objekte opak und damit hermeneutisch schwer zugänglich* werden. Eben diese Opazität ist m.E. intentional. In ihr liegt der Grund für den Ver-

---
344 Zum Personal des Märchens vgl. Lüthi, *Das europäische Volksmärchen*, S. 13.
345 Vgl. unten S. 265 f.
346 Dies entspricht vollständig den Gattungsspezifika des Märchens, die Lüthi, *Das europäische Volksmärchen*, S. 44, 48 f., beschreibt.

zicht auf eine detaillierte Schilderung der Sirenen – mit dem Ergebnis, daß der Text aus früherer Zeit datierende Elemente und Figuren enthält, die er »selbst nicht mehr versteht, sondern radikal ›entleert‹ und dem Verstehen entzieht«.[347] Obwohl die Sirenen als dämonisierte Dichtungsmächte eine *metapoetische Schlüsselposition* haben, die alle Erzählebenen durchzieht, spielt doch innerhalb der Abenteuer-Erzählung nur ihre Funktionalisierung eine Rolle. Weder ihre Emotionen und Intentionen, noch eine ihren als Figuren verliehene Bedeutung bestimmen das Geschehen, sondern ihre Aufgaben, die sie als Elemente auf der Oberfläche des Textsubstrats erfüllen und deren Verknüpfung die auf das Happy-End hin ausgerichtete Handlungsfolge ergibt. Wie die Lotophagen, Kirke und Kalypso fungieren die Sirenen als Versuchung, der zu widerstehen ist.

Die Knappheit der homerischen Sirenenepisode hat mithin ihren Grund. Gezeigt wird, daß der Protagonist mit Mediatorenhilfe eine scheinbar unlösbare Aufgabe bewältigt: daß Odysseus auf Rat der Zauberin Kirke hin der tödlichen Versuchung durch die Sirenen entgeht. Der »Aktion« der Sirenen ist eine »Reaktion« des Helden entgegengestellt, so daß der Handlungsverlauf vom »Minus« (Versuchung durch die Sirenen) über den »vermittelnden« Rat der Kirke zum »Plus« (Entkommen) vorwärtsgebracht, die Fahrt in Richtung Heimat vorangetrieben wird Odysseus hört den Gesang, heißt seine Gefährten die Fesseln zu lösen, diese aber legen sich, wie infolge von Kirkes Hinweis zuvor besprochen, umso fester in die Riemen und erleiden, als Konsequenz, nicht das – sich sonst *in mythischer Wiederholung* abspielende –Todesschicksal.

4. Substanz und Bewandtnis des Abenteuers: Die Sirenenepisode als Paradigma der »Apologoi«

Daß die Abenteuer-Erzählung trotz aller Formbestimmtheit nicht nur eine vom Ende her motivierte Handlungsreihe ist, sollen die Überlegungen in diesem Kapitel zeigen. Mag auch die *Apologoi*-Struktur den Eindruck der Unilinearität erwecken, mögen die einzelnen Figuren »Instrumente im Dienste der Handlung« sein: Odysseus selbst ist, mit Bremond gesprochen, mehr als ein »Instrument im Dienste der Handlung«, mehr als eine märchenhafte Papierfigur. Er präsentiert den Zuhörern ›in Fleisch und Blut‹ die Hauptperson »unerhörter Begebenheiten« (Goethe) und erweist sich, da die Phaiaken die Unterstützung seiner Heimkehr als eigene Entscheidung beschließen, als Subjekt und Objekt, als »Mittel und Mittelpunkt der Erzählung«[348] als erfolgreich.

Mehr als ein bloßer Baustein und damit Formbestandteil der *Apologoi* ist auch die Sirenenepisode. Sie macht die Botschaft der Gesamtkomposition der *Apologoi* paradigmatisch deutlich: Der Mythos kann mit Mitteln des Märchens ent-terrorisiert werden. Um dies zu zeigen, stellt der homerische Dichter der *mythischen Valenz der Sängerinnen* eine andere Wertigkeit entgegen: die *Wirksamkeit der absolut sicheren Mittel und Informationen, mit denen die Märchenfrau Kirke den Helden versorgt hat.* Die mythische

---

347 Menninghaus, *Lob*, S. 227.
348 Bremond, »Auseinandersetzung«, S. 192.

Wertigkeit der Sirenen wird, durch Schilderung der Bannkraft des Liedes, geradezu ostentativ in den Vordergrund gerückt, *um durch den Einsatz der Mittel einer Märchenfigur in ihrer Macht entwertet zu werden.* Pointiert formuliert, heißt das: Odysseus entmachtet die als mythisch gekennzeichneten Sirenen, indem er das *Märchen* als eine Art Alternativmodell zum *Mythos* gegen diesen einsetzt.

4.1 Wider die Sirenen, wider Skylla: Märchenhexe Kirke gegen mythische Bannkraft

Dieser gewaltlose Einsatz geht wie folgt vonstatten: Als Odysseus' Schiff den Bereich der Sirenen invadiert, tritt plötzlich die γαλήνη, völlige Windstille, ein, da ein δαίμων die Wogen geglättet hat.[349] Der Flaute eignet etwas Imminentes. Die Seefahrer, denen Kirke noch einen guten Fahrtwind hinterhergeschickt hatte, reagieren ›blitzschnell‹, da sie einschlägige Erfahrungen gemacht haben. Die letzte Windstille haben sie nach dem (durch Öffnung des Aiolosschlauchs ausgelösten) Sturm bei den Laistrygonen erlebt. Dort hat die Lage des windstillen Hafens zur Zertrümmerung der Schiffe und zum Verzehr der Besatzung durch die Riesen geführt.[350] Da die Laistrygonen-Flaute die Zahl der Schiffe drastisch von zwölf auf eins reduziert hat, trifft die Crew diesmal, zusätzlich von Kirke gewarnt, Vorkehrungen, um sich zu retten. Die Gefährten rollen schnell die Segel ein, legen sich kräftig in die Riemen, Odysseus versiegelt ihnen, wie von Kirke geboten, die Ohren und läßt sich von ihnen an den Mast binden. Denn mit Winden ist, wie die Mannschaft mehrfach erfahren hat, nicht zu spaßen. Sie wehen oder legen sich, den Darstellungen des homerischen Epos gemäß, meist helfend oder strafend: ἐκ θεῶν.

Die Erzählung des dann folgenden Ereignisses enthält einen entscheidenden Hinweis auf die Bannkraft des mythischen Liedes: Kaum sind die Vorkehrungen getroffen, die Odysseus gleichermaßen Rettung wie Lusterleben in Aussicht stellen, ist das Schiff schon an die Insel der beiden Sängerinnen gelangt, die sich Odysseus' Eindruck nach *in Ruf-, nicht etwa in Sehweite* befinden.[351] Der Held beschreibt die Szene in rein akustischen, nicht in visuellen Kategorien. Die von Kirke angeführten sichtbaren Phänomene, die blumige Wiese oder die Knochen, erwähnt er nicht. Vielmehr erweckt er den Eindruck, seine Wahrnehmung sei ausschließlich *über das Ohr* abgelaufen. Dem mythischen Lied hingegeben, hat er alle anderen Sinnesorgane offenbar abgeblendet, während dagegen die Sirenen ihn sehr wohl sehen. Dies folgt aus der Angabe, daß sie ihn sogleich erkennen und mit Raffinesse in iliadischer Reminiszenz

---

349 Vgl. Od. 12, 168 ff.: ἄνεμος [...] ἐπαύσατο [...]. Der Effekt des Gesangs wird auch von Hesiod in Verbindung mit den Winden genannt. Zwei Fragmente aus unbekanntem Kontext enthalten Bemerkungen, aus denen hervorgeht, daß den Sirenen ihre Insel mit Namen Anthemóëssa (blumenreich) von Zeus geschenkt wurde und die Sirenen die Winde bezauberten. *Fragmenta Hesiodea,* ed. R. Merkelbach et M.L. West, Oxford 1967, Frg. 27/28.

350 Od. 10, 77–132. 10, 87–94 legt Nachdruck auf die perfekte natürliche Lage des Hafens: Ringförmig von Felsen umgeben, liegt er geschützt und windstill; die ἀκταί lassen nur eine schmale Wasserstraße, den Zugang zum Hafen gewährt. Diese Bedingungen sind Grund für die Zerstörung der Flotte in 10, 121–124.

351 Od. 12, 181: ἀλλ' ὅτε τόσσον ἀπῆμεν, ὅσον τε γέγωνε βοήσας.

und Diktion³⁵² ›ansingen‹. Indem sie ihr Opfer als den großen, bedeutenden Troja-Krieger identifizieren, nutzen sie den frühgriechischen τιμή-Begriff. Sie umschmeicheln Odysseus durch Verleihung des Epithetons μέγα κῦδος Ἀχαιῶν – einer Formel, mit der nicht zuletzt Agamemnon Odysseus in der *Ilias* (Il. 6, 73) preist –, feiern ihn auf diese Weise schlicht, aber effizient als Troja-Helden und ziehen ihn in ihren Bann.³⁵³

Zur Bannkraft des Gesanges trägt zudem die Art bei, wie die Sirenen mit dem Wert *Wissen* umgehen. Mit ihm ›erwischen‹ sie Odysseus an einem seiner schwächsten Punkte: dem in der *Ilias* (Il. 19, 219) verkündeten Anspruch, auf dem *Gebiete des Wissens* über Achill, der ihn in kriegerischer Hinsicht übertrifft, zu stehen (πλείονα οἶδα). Die Sirenen behaupten, jeder Vorbeireisende sei ergötzt und πλείονα εἰδώς, als Klügerer, heimgekehrt. Unter Beschwörung der Vergangenheit sagen sie Odysseus die endgültige Besiegelung seines – gewiß nicht nur auf Achill bezogenen – Überlegenheitsanspruchs zu. In genau diesem Versprechen, das zugleich das Postulat ungeheuren Wissens enthält, liegt die mythische Verführungsmacht ihrer »honigtönenden Stimme« (μελίγηρυν [...] ὄπ᾽). Die Sängerinnen, die offenbar kenntnisstark sind, da sie den Helden bei seiner Ankunft sofort identifizieren, rühmen sich, alles zu wissen, was im Kampf von Troja geschah.³⁵⁴ Zudem stellen sie als verlockende *Zukunftsperspektive* die mit einer *Wissenserweiterung* gekoppelte *Rückkehr* in Aussicht. Die aber ist, wie von Kirke verkündet und vom Knochenhaufen (s.u. S. 268–270) dementiert, nichts als eine faustdicke Lüge.

All dies erklärt, warum das Lied als mythisches *dulce malum* in die abendländische Kultur eingegangen ist. Auf Odysseus' Schwächen zugeschnitten, hat es exakt den intendierten Effekt: Der am Erhalt seines Heldenstatus Interessierte lauscht gebannt den Worten. Eingefangen von Verheißungen und der Schmeichelei πολύαιν᾽ Ὀδυσεῦ, μέγα κῦδος Ἀχαιῶν, mit der die Sirenen anheben, wird auch er bestrickt: »Die große Pracht unter den Achaiern«, der vielgepriesene mythische Held, zappelt am Mastbaum. Vom unwiderstehlichen Lied erweicht, bedeutet er den Gefährten, die Fesseln zu lösen. Unwillig, reglos lauschend am Baum zu verharren, verleiht er der Unzufriedenheit mit der selbst herbeigeführten Zwangslage Ausdruck. Die Sängerinnen, die wissen, wie Ruhm aus Dichtermund erschüttert, haben ihn willig gemacht: Er will der Aufforderung δεῦρ᾽ ἄγ᾽ ἰών nachkommen, will zu den Stimmächtigen, wie jeder andere, der ihre Lockungen gewahrt hat und ihnen um den Preis des Todes

---

352 P. Pucci, »The Song of the Sirens«, in: *Arethusa* 12 (1979), S. 121–129, weist anhand von Formeln und lexikalischen Elementen die iliadische Natur des Sirenengesangs nach. Die Verse reproduzieren nach Pucci die Diktion der *Ilias* derart, daß der Unterschied zur *Odyssee* unüberhörbar ist. Viele Elemente, die in der *Ilias* gehäuft auftreten, begegnen in der *Odyssee* nur selten oder sogar ausschließlich im Sirenenlied, wie z.B. ἐπὶ χθονὶ πουλυβοτείρῃ.
353 Die Formel wird weder ausschließlich Odysseus beigefügt noch an anderer Stelle in der *Odyssee* mit Bezug auf ihn verwandt.
354 Auf den Aspekt der Wissensvermittlung bezieht sich schon Ciceros Verständnis der Sirenen als Verkörperungen der *scientia:* Cic. fin. 5, 48 f. begründet ihre Attraktivität weder mit dem Klang ihres Gesanges noch mit ihrem Liebreiz, sondern mit dem Vermögen, den menschlichen Wissensdrang zu befriedigen. Impliziert ist in Ciceros Interpretation der Begriff der *doctae sirenes,* der sich häufiger bei den römischen Dichtern findet und auf den *poeta doctus* anspielt. Das an den Sirenen herausgestellte Vermögen, Wissen zu vermitteln, ließe sich auf dieser Ebene mit ihrer Existenz als Dichtungsmächte in Einklang bringen.

verfallen ist. Denn Odysseus ist seinem Selbstverständnis nach der mythische Held, als den ihn die Sirenen ansprechen: ein Held, der zum einen von der Macht der Rede- und Erzählkunst (zumal der Kunst, Märchen, Lügen und Lügenmärchen zu erzählen) weiß und zum zweiten in der ›realen‹ Welt, von der die Sirenen zu erzählen versprechen, beheimatet ist. Dorthin zieht es ihn mit aller Heftigkeit: Odysseus ist verführt.

Der *wirksam* Versuchte hat gleichwohl Glück. Kirkes Wissen folgend, hat er – ebenfalls *wirksame*: rettende – Maßnahmen getroffen. Ans Schiff gefesselt, entrinnt er; auf seine eindeutigen Gestikulationen hin binden ihn die Ruderer noch fester an den Mastbaum und kommen auch hierin den vermittelnden Anweisungen der Märchenzauberfrau nach. Bald ist das Schiff außer Rufweite (Od. 12, 197 f.), und es kündigt sich – mit derartigem Gedröhn, daß den Ruderern vor Schreck die Riemen aus den Händen fliegen (12, 202 f.) – die nächste von Kirke vorausgesagte Gefahr akustisch an: die gefräßige Skylla. Auch ihr entkommt Odysseus; allerdings nicht, ohne in die Schranken gewiesen zu werden, als er die vermittelnden Ratschläge der Märchenhexe nicht konsequent befolgt. Auf »kriegerische Werke« und »Mühsal« (12, 116) sinnend, nimmt er heroische Pose ein, fällt mithin in die Rolle des mythischen Heros, obwohl die Helferin ihm hiervon deutlich ab- und gewaltloses Verhalten eindringlich angeraten hat: vor Skylla sei »keine Abwehr, vor ihr zu fliehen das Beste«. Wenn er sich rüste und bei ihrem Felsen verweile, werde sie angreifen und sich mit ihren sechs Köpfen sechs Männer aus dem Schiff holen. Odysseus solle kräftig rudern und laut zu der Krataiis, Skyllas Mutter, rufen, die ihre Tochter alsdann daran hindern werde, hernach noch anzugreifen (12, 120–125).

Kaum ist Odysseus von diesen Ausführungsbestimmungen abgewichen, wird ihm seine Hilflosigkeit – die Vergeblichkeit, in dem von weiblichen Mächten des Mythos dominierten Prä-*Nekyia*-Terrain als Trojaheros zu agieren – brutal demonstriert; und dies, seiner heroischen Identität zum Spotte, just, nachdem er von den Sirenen in dieser getroffen wurde und die Gefährten an seine »Tüchtigkeit«, seinen »Rat« und »wachen Sinn« (in Polyphems Höhle) erinnert hat (12, 211). Es gelingt ihm mit dieser Erinnerung zwar, die Ruderer angesichts der drohenden Gefahr anzufeuern und den Steuermann anzuhalten, nahe am Skyllafelsen vorbeizusteuern (12, 217–221); hierin kommt er Kirkes Anweisungen (12, 108 f.) nach. Doch dann macht er sich regelrecht zum Narren: Kirkes »schmerzlichen« Rat, von kriegerischem Verhalten abzusehen, vergessend (12, 116–122. 226 f.), legt er seine Rüstung an, ergreift zwei lange Speere, steigt aufs Verdeck und späht überall am Felsen umher, um dem Ungeheuer zu begegnen (12, 228–231). Die Vergeblichkeit dieses iliadischen Gebarens – das Anlegen der Rüstung (12, 228 f.) ist in Termini der *Ilias* geschildert[355] – erfährt er umgehend: Die Skylla zeigt sich nicht und wird erst, als Odysseus und die Mannschaft, »in Furcht vor dem Verderben« (12, 244), entsetzt in Charybdis' Strudel starren, aktiv. Wie von Kirke vorausgesagt, holt sie sich sechs Gefährten aus dem Schiff. Zappelnd, Odysseus beim Namen rufend und die Hände nach ihm ausstreckend, schweben sie in die Höhe, um dann vor den Augen des Helden gefressen zu werden (12, 244–257). Die Lehre, die der Ohnmächtige hieraus zieht: Er tritt endgültig von heroisch identifiziertem Handeln zurück.

---

355 Vgl. Il. 6, 504. 13, 241.

4.2 Entmachtung des Mythos durch Eingriff in den Kreislauf des Immergleichen

Wie die Sirenen agiert Skylla im Zusammenspiel mit Charybdis auf immer gleiche Weise destruktiv. Jene »bezaubern alle Menschen, wer auch zu ihnen hingelangt,« und rauben die Heimkehr (Od. 12, 39 f.); an dieser »unversehrt mit dem Schiff vorbei entronnen« zu sein, kann sich kein Schiffer rühmen (12, 98 f.). Jene wie diese stellen furchterregende Gewalten dar, die selbstlegitimiert dem Anspruch huldigen, als Übermacht naturbestimmt zu faszinieren, zu erschrecken und so zu besiegen. Indem sie diese Aufgabe regelmäßig erfüllen, sind sie Bestandteil der Naturverhältnisse, die einen Kreis von Macht und Ohnmacht gebieten. Sie leben aus der Wiederholung. Ihre natürliche Notwendigkeit besteht in der stets gleichartig ausgeführten Vernichtung eines jeweils neuen Opfers.[356]

Auf diesem spezifisch mythischen Terrain durchkreuzt Odysseus nun die sich ewig wiederholende schreckliche Bemächtigung des Seefahrers durch die archaischen Gewalten. Indem er die mythische Macht der Sirenen, die sich vornehmlich über Wiederholungszwang konstituiert, aufsprengt, durchbricht er den zeitlosen mythischen Kreis der ewigen Wiederkehr des Geschehens. Das Verdienst des πολύμητις, seine spezifische Arbeit am Mythos, besteht in der –*durch die Märchenzauberin Kirke vermittelte* – Eindämmung von dessen Gewalt. Mit diesem Eingriff konterkariert er die Existenzberechtigung und Legitimation der Gewalten, indem er sie zu einem bestimmten Zeitpunkt, im Augenblick des Zusammentreffens, ihres vom Wiederholungszwang getragenen und naturbestimmten grausamen Amtes enthebt. Odysseus geht nicht unter, wie alle seine Vorgänger, die ebenfalls die gefährlichen Stellen passieren wollten. In dem Moment der Delegitimierung der Gewalten entkommt Odysseus ihnen und hat der Zeitlosigkeit ein Stück Zeitlichkeit entgegengesetzt

Ob der Kreis sich vernarbend wieder schließt, die Gewalten vorübergehend nur entkräftet waren oder der Bruch bleibt und die Entmachtung endgültig ist, bleibt offen. Die Sirenenepisode thematisiert nicht Vernichtung und Tod, wie sie sich etwa in der *Ilias* geschildert finden. Diese haben gleichwohl – in Gestalt der Sirenen – die Szene betreten. Ihrem zerstörerischen Wirken setzt Odysseus nicht seinerseits Zerstörung, sondern Entmachtung durch die genannten Maßnahmen entgegen. Dadurch ›knackt‹ er sozusagen den Mythos mit Mitteln des Märchens und unterzieht ihn einer *ent*terrorisierenden Behandlung. Das in und durch die Repetition unerreichbare Moment des Übermenschlichen, das dem Mythos auch der Sirenen eignet, erfährt eine Profanisierung durch Unterminierung der Wiederholung: Das Mythische wird auf märchenhafte Weise suspendiert.

Mit diesem Durchbruch hat Odysseus in der Sirenenepisode einen ersten Schritt zu einem Umbruch im Sinne einer Befreiung vom unüberwindlichen Terror des

---

356 In dieser Hinsicht unterscheiden sie sich vom Zwangscharakter der strafmythischen Gestalten der Unterwelt wie Tityos, Tantalos, Sisyphos und den Danaiden, die für ihr Fehlverhalten furchtbar büßen müssen. Sie sind mit Sinnlosigkeit und Aussichtslosigkeit auf Erfolg gestraft, während die naturbestimmten Gewalten der Oberwelt, aus ihrer Naturgegebenheit heraus legitimiert, den Sinn ihres Daseins erfüllen. Die drei Büßer sieht Odysseus übrigens, gleichsam als Warnung, am Ende der *Nekyia* in Od. 11, 577–600.

Mythos vollzogen: Mit seiner Rettung verzeitlicht er die Zeitlosigkeit und entkräftet dadurch das Unabwendbare. Die Erinnerung daran bleibt.

5. Die »Sagenhaftigkeit« der Sirenenepisode

Trotz ihrer (über Kirkes Vermittlung) auf das Märchen und (über die Sirenen) auf den Mythos verweisenden Bestandteile wird die Episode häufig als Sage angesehen. Dabei liegen den Forschungsbeiträgen, die behaupten, die Episode fiele dem Genre Sage zu, im wesentlichen aitiologische Überlegungen zugrunde. Auf diese soll hier nicht erneut eingegangen werden, da das Empfinden von Sagenhaftigkeit interessantere Aspekte als aitiologische birgt. Es läßt sich beispielsweise dadurch erklären, daß die Abenteuer-Erzählung als Reisebericht und damit als Erinnerungsliteratur, die einst Geschehenes beschwört, aufgefaßt werden kann; so verstanden, träte die Sirenenepisode mit dem historischen Anspruch auf, einen wirklichen Vorgang wiederzugeben und erhielte hierdurch den Charakter einer Sage.[357]

Die Sagenhaftigkeit, die beim Lesen der Episode empfunden wird, birgt indes noch einen anderen Gesichtspunkt, den in Betracht zu ziehen verlohnt: Sie erteilt Aufschluß über die eposinterne Funktion der Episode – über die Frage, *warum* Odysseus den Phaiaken von den Sirenen erzählt. Diesem Aspekt der eposinternen Produktionszusammenhänge sei im folgenden nachgegangen.

5.1 Botschaft an die Phaiaken

Wenn der Mensch Lüthis Forschungsergebnissen zufolge im Volksmärchen vorwiegend als Täter, »in der Volkssage« aber »als Erlebender, Erschütterbarer, als Fühlender«[358] skizziert wird, dann zeigt sich am Odysseus auch der Ich-Erzählung deutlich, daß ihm nicht nur Züge des Märchenhelden, sondern auch des Protagonisten der Sage und des Mythos zukommen: Odysseus, der sich in den ersten Abenteuern als zu mythischen Heroentaten fähig erwiesen hat, handelt in dem Sirenenabenteuer zwar wie ein Märchenheld, indem er, märchenhaft bemittelt, unbekümmert auf die Sirenen zufährt; und noch darin, daß er sich vom Sirenengesang bestricken läßt, erweist er sich als das vom Märchen so gern exponierte »Mängelwesen Mensch«. Gleichwohl aber – wie schon in der *Nekyia*, als ihn die »blasse Furcht« ergreift, Persephone möge ihm »das Haupt der Gorgo, der schrecklichen, der ungeheueren« schicken[359] – wird er sagenhaft erschüttert: Im Moment der für ihn stärksten Versuchung er-

---

357 »Das Märchen ist poetischer, die Sage historischer.« Vgl. die Vorrede von J. Grimm, *Deutsche Sagen I u. II*, hrsg. von den Brüdern Grimm und mit einem Nachwort versehen von L. Röhrich, München 1981, S. V. --- Die *Odyssee* bildet nicht das einzige Stück Literatur, in dem Märchen – unter Verquickung realer und unschwer erkennbar phantastischer Elementen – auf der Folie eines Reiseberichts erzählt werden: Ganz ähnlich wird etwa, um ein besonders bekanntes Beispiel zu nennen, in den Märchen von Sindbad dem Seefahrer verfahren. Auch sie stehen unter dem Anspruch, aus der Erinnerung an eigene Abenteuer und Irrfahrten heraus erzählt zu werden.
358 De Vries, *Betrachtungen zum Märchen*, S. 169.
359 Od. 11, 633–635.

scheint er als fühlende, in ihrer Körperlichkeit und Persönlichkeit verletzbare Person.

Die Darstellung dieser Erschütterung bildet einen der subtilsten narrativen Kunstgriffe des Odysseus. Sie manifestiert, daß – bei allem Bemühen, bei aller Befähigung zum Glück – Odysseus doch kein genuiner Märchenheld ist, da er sich in der Sirenenepisode als »Handelnder« ebenso wie als »Erlebender« und als »Fühlender« ausweist. Er wird von den Sirenen versucht, zutiefst erschüttert und verfällt der Versuchung der Sirenen, die das von Mythos und Sage gleichermaßen umkreiste Gefühl des Geheimnisvoll-Numinosen hervorrufen. Odysseus gerät in starke Gefühlsspannungen, die einen Märchenhelden in einer derartigen Situation nicht erfassen würden. Kann doch der Held des Märchens dem Jenseitigen und Zauberischen begegnen, ohne aus der Ruhe gebracht zu werden.[360] Hier aber kollidieren zwei Welten: die profane und die numinose. Es kommt zu heftigen Erregungen auf der Seite des mit dem Außerordentlichen Konfrontierten und von ihm Versuchten.

Mit dieser Kollision wird ein Ereignis präsentiert, das in der Sage meist zu außerordentlichen Gefühlsspannungen führt. Eben solche Spannungen werden im eigentlichen Begegnungsmoment sichtbar: am Handlungsträger, der *nolens volens* zu den Singenden will, sich aber zu seinem *Glück* abgesichert hat. Als echter Märchenheld wäre er dem Außergewöhnlichen ohne bemerkenswerte Emotionen oder Erstaunen begegnet. Odysseus aber vermag es lediglich, sich dem Märchen anzuverwandeln und sich entsprechend zu verhalten, zumal wenn ihm die geeigneten Ratschläge und Mittel erteilt werden. Er mag zwar in der Lage sein, zwecks Entmachtung mythisch selbstlegitimierter Gewalten sein eigenes Märchen zu inszenieren, gehört aber grundsätzlich nicht in die Märchenwelt, sondern, wie seine Reaktion bei der Skylla einmal mehr demonstriert hat, in die ›reale‹ Welt von Troja und Ithaka.[361] Auf die episinternen Produktions- und Rezeptionsbedingungen bezogen, heißt das: Ein wahrer Märchenprinz, der in die Welt der Phaiaken paßt und gekommen ist, um Nausikaa zu heiraten, ist Odysseus – dies vermittelt er den Phaiaken mit seiner Erzählung – nicht.

5.2 Odysseus im spannungsgeladenen Erlebnisraum

Zur Entstehung der immensen szenischen Spannung tragen mehrere Faktoren bei. Einen wesentlichen Faktor bildet die geschilderte Kollision zweier Welten: der Zusammenprall der profanen Welt, repräsentiert von Odysseus, mit der numinosen, dargestellt von den Sirenen. Weitere Umstände, die zur Spannung beitragen, bilden das Vorwissen von Kirke und die Windverhältnisse, zumal die Unheil androhende Windstille, die das Eiland der Sirenen umgibt. Einen ganz entscheidenden Faktor aber bilden die statischen Elemente des fast gespenstisch anmutenden Szenariums:

---

360 Lüthi, *Märchen*, S. 7.
361 Deutlich wird dies durch die Art, wie Erregung und Selbstverständlichkeit in der Episode miteinander verschränkt sind. Zeigt sich die Erregung beim Hören des Gesangs, so tut sich die Selbstverständlichkeit in der Weise kund, wie Odysseus Kirkes Rat annimmt und sich auf das Zusammentreffen mit den Sirenen einstellt. Beide überlagern sich hier in einem von Odysseus inszenierten Märchen von der Überwindung des Mythos.

- Erstens ist Odysseus gefesselt. Es ist absehbar, daß er den Punkt erreichen wird, an dem er seine Unbeweglichkeit nicht mehr ertragen und die Lösung der Fesseln begehren wird.
- Zweitens sitzen die beiden Sirenen unbeweglich auf der blumigen Wiese ihrer Insel und lassen – aus der Stille heraus und in sie hinein – einen hellklingenden Gesang ertönen; dabei umgibt sie ein Haufen von Knochen verfaulender Männer, deren Häute zusammenschrumpfen: πολὺς δ' ἀμφ' ὀστεόφιν θὶς ἀνδρῶν πυθομένων, περὶ δὲ ῥινοὶ μινύθουσιν.[362] Diese Statik, die mit der Windstille korreliert, läßt sich unschwer als ›Ruhe vor dem Sturm‹ entziffern.
- Drittens geht aus dem griechischen Text hervor, daß die verführerischen Wesen feminin sind (die sie beschreibenden Adjektive enden weiblich).

Der Umstand, daß die griechische Kunst auch bärtige, wohl männliche Sirenen kennt,[363] vermindert den Eindruck, daß hier eine *Geschlechterspannung* vorliegt, keineswegs; zumal Kunst und Leben lehren, daß Seeleute vornehmlich weiblicher Verführungskunst erliegen, und Kirkes Warnung lautet, jeder Mann, der an den Singenden vorbeifahre, sehe Frau und Kinder nicht wieder, sondern erliege dem Zauber. Die erfahrene Kirke, die Männer ebenfalls mit Gesang lockt und dann verzaubert, ›muß es ja wissen‹, könnte man mutmaßen.[364]

Einen Hinweis darauf, daß die Spannung der Szene zu einem erheblichen Teil von der Mann-Frau-Konfrontation getragen wird, gibt zudem die Wiese, auf der die Sirenen Kirkes Beschreibung nach sitzen.[365] Die Wiese, ὁ λειμών, besitzt mehrere Konnotationen, die einander nicht ausschließen. John Pollard interpretiert sie rein naturalistisch.[366] Siegfried de Rachewiltz[367] hebt ihre das Todesmotiv unterstreichende Funktion hervor. Selbstverständlich kann man die Wiese – als repräsentatives Element der Natur – auch als Verweis darauf verstehen, daß die Sirenen als unheimliche Natur-

---

362 Od. 12, 45 f.
363 Bis ca. 550 v. Chr. lassen sich zahlreiche bärtige Sirenen in der griechischen Kunst finden. Der früheste bekannte bärtige Siren ist auf einer protokorinthischen Vase (MPK: Platschkanne Athen, aus Perachora [frgt.]) abgebildet und gehört der Sphäre des Tierfrieses und Tierkampfes an: Er steht mit beiderseits des Körpers ausgebreiteten Flügeln, den Körper senkrecht aufgerichtet und den Schwanz auf den Boden gestützt, neben einer Tierkampfgruppe (Hirsch, Löwen-Panther). Bärtige Sirenen finden sich insbesondere auf *korinthischen* Gefäßen, einige wenige auch auf *attischen* und *böotischen* Vasen; vgl. Hofstetter, *Sirenen*, Taf. 1/2. Im British Museum befindet sich zudem eine *rhodische* Kanne, die zwei Sirenen (Vogeldämonen) mit Bart abbildet (London, Brit. Mus. 88 9–27 19); vgl. Hofstetter, *Sirenen*, S. 226. Diese Befunde haben in der Forschung häufiger zum Zweifel an der Weiblichkeit der Sirenen auch bei Homer geführt.
364 Schon Petron. 125, 5 läßt Kirke als liebeshungrige freizügige Verführerin auftreten, deren Stimme bei der Liebeswerbung den Vergleich mit den Sirenen evoziert.
365 Od. 12, 45. 159.
366 J. Pollard, »Muses and Sirens«, in: *The Classical Review* 66 (1952), S. 60–63, h.: S. 62.
367 S.W. de Rachewiltz, *De sirenibus*, Harvard 1983, S. 19: »Today's reader might take it to be a euphemism for a cemetery, and he would not be too far off the mark, for this meadow unmistakably recalls the asphodel meadow by the stream of Okeanos, the dwelling place of the dead (XI, 539; XXIV, 13), and other distant meadows such as that of the clear singing Hesperides.« Interessant ist dieser Hinweis m.E. deshalb, weil wir von den Griechen wissen, daß sie Lilien auf ihre Gräber streuten und Asphodill (adj. ἀσφοδελός) tatsächlich eine Gattung der Liliengewächse ist.

wesen auftreten. Insbesondere aber hat sie, wie von André Motte erläutert, *als weiche saftige und fruchtbare Fläche* erotischen Valeur.³⁶⁸ Sie kann daher durchaus das weibliche Geschlecht bezeichnen.³⁶⁹ Der λειμών umfaßt all das, was die nachhomerische Literatur in die Sirenen hineinverlegt hat. Ein extremes Exempel statuiert das 20. Jh. mit Franz Kafkas Sirenenerzählung, einer Reflexion über innere und äußere Natur, die den Blumenteppich zum nackten Fels, auf dem die Verführerinnen sitzen, hat werden lassen. Darüber mehr in Teil III dieser Studie.³⁷⁰

Zunächst noch einmal zurück zu der Szene, wie sie die *Odyssee* überliefert: zurück zu der Aussage, πολὺς δ' ἀμφ' ὀστεόφιν θὶς ἀνδρῶν πυθομένων, περὶ δὲ ῥινοὶ μινύθουσιν. Denn diese anderthalb Verse verleihen der Szene eine weitere entscheidende Einfärbung: Sie verstärken das *tremendum et fascinosum* der Sirenen, indem sie primitive Vorstellungen und Gebräuche anklingen lassen, deren historische Semantik ungeklärt ist, die derealisiert und defunktionalisiert und daher nicht mehr bekannt sind.

In den Versen schwingen verschiedene ungriechische Momente mit. Zunächst lassen sie mit πολὺς δ' ἀμφ' ὀστεόφιν θὶς ἀνδρῶν πυθομένων das Moment des Kannibalismus anklingen, um im selben Augenblick, in einer *quasi* gegenläufigen Bewegung, mit περὶ δὲ ῥινοὶ μινύθουσιν zu bedeuten, daß die Sirenen, anders als Polyphem und die Laistrygonen, *nicht* kannibalisch ausgerichtet sind.³⁷¹ In welches

---

368 A. Motte, *Prairies et jardins de la Grèce antique. De la religion à la philosophie*, Brüssel 1973, S. 50–56, 83–87.
369 Kirke erwähnt die Wiese als eine, auf der die Sirenen auf der Lauer sitzen: ἥμεναι ἐν λειμῶνι. Odysseus macht sie in dem leicht verfälschten Bericht an die Gefährten (Od. 12, 154–164), der ihm dazu dient, darzutun, er allein solle Kirkes Geheiß gemäß sich an den Sirenen ergötzen, gleich zu einer blumigen (λειμῶν' ἀνθεμόεντα). Der Tenor lautet dabei, ihr sei zu entkommen, sie sei zu meiden (ἀλεύασθαι): Od. 12, 159.
370 Vgl. unten S. 283, 304–306, 311–315.
371 W. B. Stanford, *Odyssey*, vol. 2, S. 405, begreift ὀστεόφιν als einen auf ἀμφί bezogenen Dativ, da -φι an keiner anderen Stelle bei Homer als ein einfacher von einem Substantiv abhängiger Genitiv verwandt wird. Sein Übersetzungsvorschlag lautet: »A heap of men rotting on their bones.« Περὶ in Vers 46 faßt er als epexegetisch auf. Als Parallele, die das Abhängigkeitsverhältnis von ὀστεόφιν und ἀμφί exemplifiziert, führt er Od. 16, 145 an. Dort wird im Gespräch zwischen Eumaios und Telemach geschildert, wie Odysseus aus Gram sich abhärmt und hungert und ihm die Haut über den Knochen hinschwindet: φθινύθει δ' ἀμφ' ὀστεόφιν χρώς. Heubeck/Hoekstra, *Commentary*, vol. 2, S. 120, hingegen fassen ἀμφί nicht als Präposition, sondern als zum Adverb geworden auf und ὀστεόφιν als einen Genitiv wie die bekanntere Form ὀστέων. Unerwähnt gelassen wird, ob περὶ a) wie so häufig in Tmesis zu einem Verb auch hier als zu μινύθουσιν gehörig verstanden werden soll oder b) adverbial. Eine Klärung dieser Stelle soll hier versucht werden: Im wahrscheinlicheren Fall a) würde berichtet, daß rings an den Männern die Häute eintrocknen. Das bedeutete, daß die Leichen als ganze unberührt dalägen und ein postmortalischer Dehydratationsprozeß abliefe, bei dem sich unter Austrocknung aller übrigen organischen Substanzen wie Muskeln und Bindegewebe die Haut um die Knochen spannte, ohne daß eine Verwesung stattfände. In Fall b), der Selbständigkeit von περὶ, bestünde die Möglichkeit, daß die Häute von den Körpern getrennt sind, also abgezogen wurden und nun zusammenschrumpfen, während die restlichen Substanzen verfaulen – ob »auf« (ἀμφὶ als Präposition) oder »an« (die Knochen als substantivisches Genitivattribut zu θὶς und davon abhängig wiederum ἀνδρῶν πυθομένων) den Knochen, spielt keine Rolle. Für b) spricht, daß der Text Dehydratation und Verwesung zugleich erwähnt, was biologisch ausgeschlossen ist. Eine Vertrocknung der Häute kann bei gleichzeitiger Verwesung der Körper nur bei Trennung jener von diesen stattfinden. Auf der anderen Seite wird es Homer oder den Verfassern bzw. Bearbeitern der *Odyssee* nicht daran gelegen haben, medizi-

Verhältnis man ὀστεόφιν und ῥινοὶ zu ἀνδρῶν πυθομένων auch bringt: Daß die Männer aufgefressen werden, läßt sich nicht belegen, zumal an keiner Stelle zuvor oder hernach irgend etwas geäußert wird, das Anlaß gäbe, die Sirenen als anthropophage Monster einzuordnen. Die Verse dienen demzufolge als Verweis auf das Unerhörte, als Bezug auf historische Wirklichkeit, an die keine Erinnerung mehr vorhanden ist. Ihnen eigen ist die Absicht zu empören. Denn erzählt wird das Skandalöse: daß die Körper der den Hungertod gestorbenen Sangessüchtigen – *ohne gebührliche Bestattungsmaßnahmen* – im Freien zusammenfallen, während die Sirenen, auf ihrer Wiese der Wiederkehr des Schrecklichen frönend, der nächsten Opfer harren.

Daß der Zug der Menschenfresserei, der den Sirenen in manchen späteren Bearbeitungen der Erzählung[372] zugeordnet wird, nicht originär homerisch ist, mindert nicht die schockierende Wirkung, welche die aufgehäuften Knochen und dahinfaulenden Leichen zeitigen. Dies gilt zumal für den antiken Hörer. Stellte doch in der griechischen Kultur das, worauf noch die *Antigone* des Sophokles kritisch verweist: *die Totenbestattung*, einen religiösen Maximalwert dar. Mit ihm zu brechen galt als eine besonders hohe und verachtete Form der *Unkultur*.[373] Das Fehlen jeglicher funeraler Behandlung der Leichname durch die Sirenen, die auf ihrer Wiese gleichsam festgewachsen zu sein scheinen, wirkt höchst spektakulär. Überdies verleiht den Sirenen der vollständige Verzicht auf ›Wohnkultur‹ das Etikett empörender Unzivilisiertheit. In diesem Mangel unterscheiden sie sich von den beiden anderen Verführerinnen des Odysseus: von Kalypso, deren Leben in der heimeligen Höhle geschildert wird, und von der schlauen Kirke, welche die personifizierte luxuriöse Gefahr darstellt. Die Sirenen dagegen sind Paradigma der rohen bedrohenden Natur.

Auf anthropologischer Ebene ist an der dargestellten ›Unkultur‹ der Sirenen insbesondere das Bild des Knochenhaufens interessant. Es verweist nicht bloß auf die rohe Mißachtung des Beerdigungsgebotes. Es repräsentiert zudem eine volkstümliche Vorstellung dessen, was zur Zeit der Entstehung des Epos als gesellschaftlich grob disfunktional galt. So dokumentiert die Episode eine anthropologisch aufschlußreiche Umorientierung des Menschen in seinem realen kulturellen Verhalten. In ihr wird das Selbstverständnis des Menschen als Mitglied einer ›zivilisierten‹ Gemeinschaft deutlich, die sich von bestimmten ›unzivilisierten‹ mythischen Terrormächten zu emanzipieren beginnt.

---

nische Akribie walten zu lassen; zumal man davon ausgehen kann, daß die Griechen zur damaligen Zeit noch keine genauen Kenntnisse über postmortalische physische Prozesse hatten.

372 So etwa Brecht in seiner »Berichtigung« der Sirenenepisode: B. Brecht, *Gesammelte Werke in 20 Bänden*, Frankfurt a.M. 1967, Bd. 11, S. 207 f.

373 Aus Homer sind Bestattungsgepflogenheiten bekannt, die Aufschluß über die Höhe der rituellen Bedeutung der Beisetzung und den damaligen Zivilisationsgrad geben. Der Tote wurde gewaschen, gesalbt, geschmückt, bekleidet (Il. 18, 343 ff.), öffentlich aufgebahrt und im »γοός« gemeinschaftlich beklagt. Nach diesen präliminarischen Handlungen erfolgte das pompöse Leichenbegängnis, das durch Anlage und Dekoration der Grabstätte abgeschlossen wurde. Vgl. Il. 18, 314 ff., 354 ff.; 19, 212 ff.; 23, 9 ff., 127 ff.; dazu W. Burkert, »ΓΟΗΣ. Zum griechischen ›Schamanismus‹« in: *Rheinisches Museum für Philologie* 105 (1962), S. 36 ff., h.: S. 45 ff.

6. Die Ordnung der »Apologoi«: Ausgleichende »Gerechtigkeit« – »Moral« des Märchens

Die Märchenhaftigkeit der Sirenenpassage verdankt sich vornehmlich – dies zeigen die skizzierten Kriterien – dem *Verhalten* des Odysseus. Es entspricht einer »naiven« Märchenmoral: einer Moral nicht im spezifisch-biedermeierlichen Sinne der Brüder Grimm, nicht im Sinne einer sittlichen Grundhaltung, vielmehr im Sinne einer »Ordnung«, wie sie im folgenden – unter Rekurs auf Jolles und Meletinsky – dargelegt sei.

Jolles erörtert diese »Moral« in den *Einfachen Formen*. Er analysiert dort eine wesentliche Eigenschaft des Märchenhelden, die diesen sympathisch macht und dem Leser/Hörer eine gewisse Befriedigung verschafft: die Eigenschaft, weder ein unbedingter Tugendheld zu sein, noch einen unmoralischen Eindruck zu erwecken, sondern eine Ausgleichung von Ungerechtigkeiten zu erleben, die »unserem Empfinden«, d.h. dem Gefühl, nicht einer »Ethik im philosophischen Sinne«[374] nach, das Weltgeschehen prägen müßte. Was strukturorientierte Märchenforscher, allen voran Meletinsky, mittels Termini wie »Prinzip der Balance« und »Balance der Oppositionen mit Ausrichtung auf das Positive« erklären, erläutert Jolles mit traditionellen Begriffen wie »Gerechtigkeit« und »Moral«. Während Meletinskys Überlegungen sich primär auf die Form des Märchens richten, geht es Jolles um den Gehalt selbst.

Daß beider Ansätze keinen Gegensatz bilden, liegt daran, daß sie letztlich dasselbe Phänomen bezeichnen. Unterschiedlich ist die Sichtweise darin, daß Jolles das Märchen als von einer Idealität getragen erkennt, die unter der Oberfläche des Textes den Handlungsgang bestimme, während Meletinsky sein »Prinzip der Balance« auf der Oberfläche sich vollziehen sieht. Meletinsky vertritt die Ansicht, die *Ordnung* des Märchens werde durch sein Gattungsapriori und Strukturgesetze hergestellt. Jolles indes nimmt an, das Märchen sei Programm seiner selbst, indem es ein In-*Ordnung*-Sein der Welt skizziere und damit postuliere.

Auch jüngere Forschungsbeiträge verdeutlichen, daß Jolles' und Meletinskys Theorie durchaus vereinbar sind. So zeigt Menninghaus 1995, daß die Oberfläche des Märchens, wenn es »die Welt so sieht, wie es sie zeichnet«, d.h. »wenn seine Darstellung die seinsollende mit der seienden Welt identifiziert«, nicht auf eine »Differenz zu sich selbst«, auf irgendeine Tiefe, untersucht werden muß. Denn die Flächigkeit des Märchens bedeute, daß es gar nichts weiter zu bedeuten habe, »um die Welt darzustellen, wie sie ist und sein soll«.[375] Ähnlich stellt Wilhelm Solms 1999 fest, daß die »gute Lehre« des Märchens nicht in den Moralia liegt, die Erzähler als Pro- oder Epimython voranstellen, anfügen oder gar Handlungsfiguren in den Mund legen, sondern »in der poetischen Gestalt«, »an der Textoberfläche zu finden« ist.[376] Und er fügt hinzu, daß Märchen »das Gerechtigkeitsempfinden« befriedigen, da die gute Hauptfigur nach etlichen Konflikten mit bösen Gegenspielern mittels Helfer oder Zaubergaben – infolge der »Logik, die der Handlung zugrundeliegt« – »allein das Glück gewinnt«.[377]

---

374 Vgl. Jolles, *Formen*, S. 239 f.
375 Menninghaus, Lob, S. 225–234, h.: S. 232.
376 W. Solms, *Die Moral von Grimms Märchen*, Darmstadt 1999, S. 5.
377 A.a.O., S. 9–17 (Zitate: S. 10, 15).

Diese Art der Sicht auf die Welt bestimmt auch die *Apologoi*. Auch hier gibt es zahllose – zumindest als solche empfundene – »Ungerechtigkeiten« gegen Odysseus, die zu beseitigen Teil der *Ordnung* ist, die auf der Textoberfläche die *Struktur* und unter ihr, sozusagen ›subkutan‹, den *Gehalt* bestimmt. Odysseus' Herumirren auf dem Meer, die vielfachen Gefahren, denen er sich aussetzt und die häufig den Tod einiger seiner Gefährten verursachen, sind sämtlich beispielhaft. Mag sich der Held auch den Göttern gegenüber hybride verhalten: Die Gefahren, Bedrängnisse und Versuchungen werden als skandalös erlebt, das Gerechtigkeitsgefühl der Zuhörer bzw. Leser gerät ins Wanken; daß der Held alle Bedrohungen durchsteht und Hilfe von den Phaiaken erhält, befriedigt das Gerechtigkeitsgefühl umso stärker. Dieses Empfinden wird, mit Jolles gesprochen, »durch eine Reihe von Begebenheiten«, durch »Geschehen besonderer Art wieder ins Gleichgewicht gebracht«.[378] Die durchlebten Gefahren und Konflikte sind, mit Meletinsky gedacht, so dargestellt, daß die Semantik der *Apologoi* zum Indikator für eine ihnen gleichermaßen zugrundeliegende wie sich in ihnen hervorbringende Ordnung wird.

Wie das Märchen nehmen die *Apologoi*, um abermals Jolles' Argumentation aufzunehmen, eine Kontrastfunktion gegenüber der Wirklichkeit ein: gegenüber einer »tragischen«[379] Welt, die dem »naiven« Gefühlsurteil zufolge »unmoralisch« erscheint. Zur Kennzeichnung dieses Gegensatzes bedient sich das Märchen nach Jolles wesentlicher Elemente seiner Gegenwelt. Es evoziert den Eindruck möglicher Tragik allein um der Befriedigung willen, den die tatsächliche Vereitlung des Tragischen den Rezipienten verschafft. Das Tragische wird im Märchen »hingestellt«, um wieder »aufgehoben« zu werden.[380] In den *Apologoi* wird entsprechendes inszeniert: Mehrere »tragisch« anmutende Motive – man denke nur an die Episode von den Sirenen, denen sonst keiner entgeht – werden als Spannungsformeln durchgespielt, um sie letztlich nach dem bekannten Minus-Plus-Muster aufzuheben.[381] Ihr Protagonist selbst ist un-

---

378 Hier und im nächsten Passus Jolles, *Formen*, S. 240. Was und wer in diesen austarierenden Funktionen bzw. Minus-Plus-Ereignissen der *Apologoi* tugendhaft ist, wird dabei nirgends gesagt. Wer wie handelt, wird nicht ethisch kritisch reflektiert. Die *Odyssee* kennt keine scharfen moralischen Zuweisungen oder ästhetisch-kritische Wertungen. Ihr Wirkungsprinzip beruht ganz wie im eigentlichen Märchen auf dem Gefühlsurteil, das apodiktisch und kategorisch funktioniert, das ohne Ismen wie Rationalismus, Utilitarismus, Dogmatismus oder Hedonismus operiert. Es besteht in der Erfüllung der »Erwartung, wie es eigentlich in der Welt zugehen müßte«. Nur insofern kann es als »moralisch« bezeichnet werden. Jolles führt dies folgendermaßen aus: »Sagen wir mit Kant, daß die Ethik antwortet auf die Frage: ›was muß ich tun?‹ und daß unser ethisches Urteil demzufolge eine Wertbestimmung des menschlichen Handelns umfaßt, so gehört das Märchen nicht hierher. Sagen wir aber, daß es darüber hinaus eine Ethik gibt, die antwortet auf die Frage: ›wie muß es in der Welt zugehen?‹ und ein ethisches Urteil, das sich nicht auf Handeln, sondern auf Geschehen richtet, so sehen wir, daß dieses Urteil in der Form Märchen von der Sprache ergriffen wird. Im Gegensatz zur philosophischen Ethik, zur Ethik des Handelns, nenne ich diese Ethik die Ethik des Geschehens oder die naive Moral, wobei ich das Wort naiv in demselben Sinne gebrauche wie Schiller, wenn er von naiver Dichtung redet.«
379 Jolles, *Formen*, S. 241, betont, daß er auch dieses Adjektiv (wie »naiv« und »unmoralisch« bzw. »moralisch«) nicht im ästhetischen Sinne, sondern dem apodiktischen, kategorischen Gefühlsurteil angepaßt verwendet.
380 A.a.O., S. 242.
381 Märchentypisches Grundmotiv, die Rahmenhandlung von Odysseus' Irrfahrten, ist hierbei die Trennung und Wiedervereinigung von Gatte und Gattin, Odysseus und Penelope.

tragisch. Er verstrickt sich nicht in klassisch tragische Situationen und stirbt nicht wie noch die mythischen Helden der *Ilias* auf dem Schlachtfeld eines ruhmvollen Todes. Von Odysseus gehen Optimismus und Lebensbejahung aus. Zwar geht aus seiner Erzählung hervor, daß er sein leichtfertiges und neugieriges Verhalten während der jahrelangen Reise ändert. Doch diese ›Entwicklung‹[382] impliziert keine Tragik. Odysseus tritt zum Schluß nicht als gebrochener Mann auf.

Odysseus stellt eine untragische Identifikationsfigur für die Rezipienten dar. Durch eine Kette von Bedrohungen hindurch steht er unabänderlich für eine glücklichere Weltsicht. So lebensgefährlich und auszehrend die Abenteuer, in denen archaische Motive und Gestalten inszeniert sind, auch sein mögen: Odysseus ist das Glück gewogen. Je spannender die Erlebnisse und je stärker die Dramatik, desto ausgeprägter ist die Empfindung, daß dem Verschlagenen das Glück gerechterweise zuteil werde. Wie die von Jolles beschriebenen Märchenhelden hat Odysseus beispiellos schwere Aufgaben zu bewältigen, denen er mit spielerischer Leichtigkeit nachkommt. Er muß fliehen, wird verfolgt und gegen seinen Willen festgehalten,

> aber immer wird das alles im Laufe des Geschehens aufgehoben, kommt es zu einem Ende, das unserem Empfinden des gerechten Geschehens entspricht. Mißhandlung, Verkennung, [...] Schuld, Willkür – sie treten im Märchen nur auf, um nach und nach endgültig aufgehoben und durch die naive Moral gelöst zu werden [...] – ja, der Tod, der in gewissem Sinne einen Gipfel der naiven Unmoral bedeutet, wird im Märchen aufgehoben: ›wenn sie nicht gestorben sind, leben sie heute noch‹.[383]

Ein Analogon zum Inhalt bildet der Modus der Aneinanderreihung der Abenteuer. Er zeigt deutlich, daß sich Inhalt und Struktur demselben Ordnungsschema verdanken. Denn wie es Grübeleien über zu vollziehende Ratschläge oder detaillierte Situationsanalysen seitens des Odysseus nicht gibt, ihre Stelle durch Aktionen bzw. Funktionen, die sich aus vorherigen Handlungen ergeben, eingenommen wird, zaudert Odysseus auch als Erzähler nicht. Er redet, leger formuliert, nicht herum. Er ›wickelt‹ seine Abenteuergeschichten vielmehr nacheinander ab, als ob er unterschiedlich gemusterte Perlen nach einem bestimmten Schema – erste Perle: *Versuchung*, zweite Perle: *Kannibalismus*, dritte Perle: *Verbot*, vierte Perle: *Kannibalismus*, fünfte Perle: *Versuchung* etc. – auf eine Schnur zu ziehen hätte:

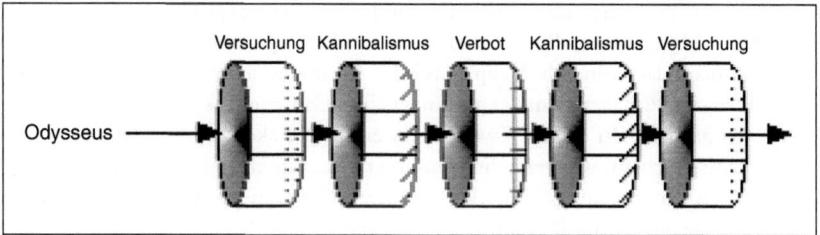

---

382 Zum Begriff »Entwicklung« im Märchen vgl. Lüthi, *Volksmärchen als Dichtung*, S. 158.
383 Jolles, *Formen*, S. 243.

Auf diese Weise wird das Geschehen erzählerisch kontinuierlich vorangetrieben. Wie das Märchen legt jede Einzelepisode, die Odysseus erzählt, legen alle seine Geschichten in ihrer Gesamtheit »den Akzent auf das Ziel, nicht auf den Anfang«. Sie interessieren »sich für die Erlösung weit mehr als für die Verwünschung« und zielen »deutlich nach vorn, während die Volkssage […] im Zurückliegenden bohrt und der Mythus die Vergangenheit mythisiert«.[384]

Diese Zielgebundenheit bildet im übrigen auch den Grund dafür, daß es in den Apologen keine eigentlichen Rückblenden gibt. Auch hierin entsprechen sie dem Märchen. Denn darin gibt es

> wohl […] Ausbuchtungen der Handlungslinie, Rückschläge, die z.B. durch Verbotsverletzungen entstehen, aber die Linie biegt sich danach sogleich wieder dem Ziele hin.[385]

Eben dieser Ausrichtung auf das Ziel verdankt es sich, daß Odysseus stets das empfängt, was die äußere Situation (Notlage) erfordert: eine Gabe, d.h. eine *Dinggabe*, einen *Ratschlag* oder eine *Information*. Sie bringen ihn glückhaft voran. Häufig – und so auch im Falle der Sirenen – stützt sich Odysseus auf einen Rat von Wesen mit übermenschlichen Kapazitäten: einen Rat, dem zu folgen Teil der narrativen »Spielregeln« ist. Sein Handeln begründet sich damit weder kollektiv noch aus kritischer Reflexion. Vielmehr erfolgt es gewissen Vorgaben, »Verhaltensregeln« gemäß, infolge deren Odysseus zu guter letzt erfolgreich ist.

7. Bilanz: »Honigtönende« Apologetik in märchenhaftem Gewand – Die »Apologoi« als Verteidigung eines Bekenntnisses

Was Odysseus den Phaiaken, zumal mit der Sirenenepisode und den anderen Versuchungsgeschichten, sagen möchte, ist eindeutig: So sehr die märchenhafte Insel, insbesondere die zauberhafte Prinzessin ihn reizt: Er möchte nach Hause. Die *Apologoi* des ῥήτωρ σοφώτατος sind mithin *apologetisch*. Sie liefern die Verteidigung seines Bekenntnisses, der Versuchung »Nausikaa« nicht zu erliegen, sondern heimkehren zu wollen, und zuletzt die Rechtfertigung dafür, trotz der von Nausikaa und ihren Eltern mehrfach geäußerten Wünsche nach Ithaka fahren zu wollen. Verzögerungen in Form von Abenteuern, zumal Amouren, hat es für ihn zur Genüge gegeben.

Indem Odysseus diese Botschaft zum Ausdruck bringt, macht er klar, wie seinem Wunsch nach das krönende Happy-End der Abenteuer aussehen soll. Er appelliert indirekt an die Phaiaken, ihm das großmöglichste Gastgeschenk zu machen: ihn nach Ithaka zu geleiten. Zu diesem Zweck sucht er die Phaiaken dazu zu bewegen, seine Geschichte gleichsam weiterzuschreiben und nicht tragisch enden zu lassen. Das entspricht dem Gattungsapriori und den narrativen Gesetzen des Märchens, aus seinem isolierten Dasein in die Position des Glücklichen, dem letztlich alles Erlebte zum Guten ausschlägt, zu gelangen.

---

384 Lüthi, *Volksmärchen als Dichtung*, S. 69.
385 A.a.O.

Das Ergebnis des apologischen Appells ist das erwünschte. Um das Bild von den unterschiedlich gemusterten, auf ein Band gezogenen Perlen noch einmal aufzunehmen, heißt das: Odysseus hält die Phaiaken erfolgreich dazu an, die letzte Perle, die Glücksperle, auf die Schnur zu ziehen, so daß er endlich aus dem Irrfahrerdasein erlöst, und das Happy-End – die Rückkehr zur rechtmäßigen Gattin, zur Familie und zu seinem Besitz – erreicht werde:

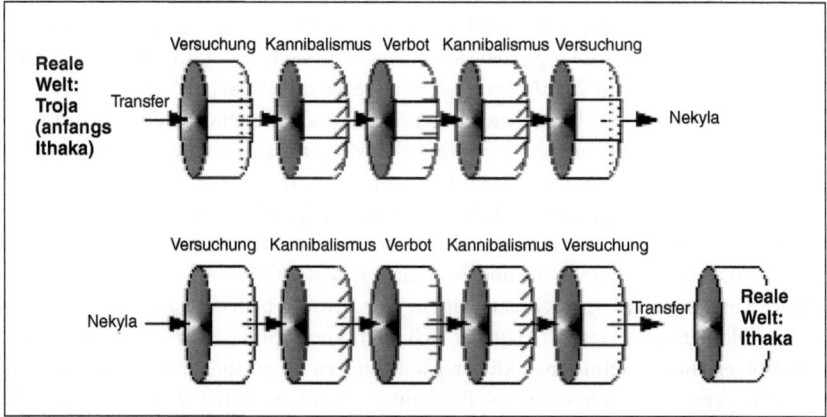

Daß es zu diesem glücklichen Ende kommt, hat Odysseus seinen vielen Gaben zu verdanken. Ist er doch, wie ich zu zeigen versucht habe, mehr und anderes als ein Märchenheld, auch wenn er sich diesem Typus noch so täuschend echt anverwandeln kann. Odysseus ist keine tiefenlose »Papierfigur«, bei der »man beliebig etwas wegschneiden kann, ohne daß eine wesentliche Veränderung vor sich geht«.[386] Odysseus ist sagenhaft, geradezu mythisch: Er ist ein ›Frauenkenner‹, er weiß um die Vorzüge der Gerissenheit – und er ist einer hohen Erzählkunst kundig. Wenn er seine Figuren und die Szenarios, in denen diese ihren Auftritt haben (etwa den landschaftlichen Hintergrund) nicht näher beschreibt, sondern holzschnittartig skizziert, dann folgt er damit einer spezifischen Eigenart märchenhaften Erzählens, durch die der Phantasie eigene Räume eröffnet werden. Odysseus verhält sich mit seinen Reden dem Märchenland der Phaiaken gemäß. Da er der Gewogenheit seiner Zuhörer anfangs nicht gewiß sein kann, gibt er ihnen genügend Gelegenheit, sich von den als gefährlich gekennzeichneten Situationen eine Vorstellung zu machen, die teils von Vorgaben geleitet ist, teils der eigenen Einbildungskraft entspricht und der Phantasie Raum gibt, sich zu entfalten: Das erfolgreiche Handeln des Helden, sein stetiges Fortschreiten von einem negativen zu einem positiven Pol (Gefahr/Überwindung), kann ästhetisch genußvoll durchlebt werden.

Zu Odysseus' größten Kunstgriffen zählt die doppelte Perspektivierung seiner Person: Einerseits verwandelt er sich in der Abenteuer-Erzählung seinen Zuhörern an, andererseits hebt er die Differenzen zwischen sich und ihnen hervor. Die Herrscher des Inselvolks, das sich durch besondere Leichtlebigkeit und Sorglosigkeit auszeichnet, müssen sich so von Odysseus' Darstellung seiner Identität unmittelbar angespro-

---

386 Lüthi, *Das europäische Volksmärchen*, S. 13.

chen fühlen. Die Schilderung der Irrfahrten, die Betonung der Leiden bei gleichzeitiger Hervorhebung von Glücks- und Genußfähigkeit erregen Mitgefühl wie Bewunderung: Kommt da doch plötzlich einer, der es wert wäre, die Tochter Nausikaa, die Prinzessin, zu heiraten und königlicher Schwiegersohn zu werden; die Leiden und der Wunsch des Verschlagenen indes machen die Beihilfe zur Rückkehr zwingend einsichtig.

Wie Situationen, in denen Odysseus einer außergewöhnlichen Frau begegnet, deutlich zeigen, entspricht das Erzähltalent des Helden seinem Charakter als Opportunist. Trieb und Verstand ergänzen sich in diesen Situationen aufs Beste. Denn Odysseus lernt zur richtigen Zeit Angemessenes zu sagen oder zu schweigen. Von besonderem Vorteil ist für ihn dabei seine ausgeprägte soziale Geschicklichkeit. Von Athene beschützt und beraten, gewinnt er Arete, die Mutter Nausikaas, und auch den Vater für sich.[387] Nausikaa nimmt er bereits bei der ersten Begegnung für sich ein.[388] Wie Märchenprinz und -prinzessin stehen sie voreinander. Zwar ist Odysseus äußerlich »entstellt von der Salzflut« (Od. 6, 137), stimmt sich aber dennoch die junge Frau, die »den Unsterblichen an Wuchs und Aussehen gleicht« (Od. 6, 16), geneigt. Der vom Meer Angespülte, der seine Scham mit ein paar Blättern bedeckt hat, beweist sogleich sein diplomatisches Gespür: Hätte er sich auch gern vor sie gekniet und ihre Knie umfaßt, erscheint es ihm doch klüger, *par distance* zu ihr zu sprechen, um sie nicht zu verschrecken. Sein befremdliches Erscheinen macht er durch Wortkunst wett. Er schwärmt Nausikaa von einer harmonischen Mann-Frau-Beziehung vor und preist den glücklich, der sie heiraten dürfe (Od. 6, 149–185:

»Bei Deinen Knien flehe ich zu Dir, Herrin. Bist Du ein Gott oder eine Sterbliche? Wenn Du ein Gott bist, [...] der Artemis mag ich dich dann, der Tochter des großen Zeus, an Aussehen und Größe und an Wuchs am ehesten vergleichen. Bist du aber eine der Sterblichen, [...] dreimal selig sind dir dann Vater und hehre Mutter und dreimal selig die Brüder! erwärmen ihnen doch wohl sehr der Mut immer in Wohlgefühl um deinetwillen [...]. Er aber ist im Herzen der weit Seligste, ausnehmend vor andern, der dich mit Brautgeschenken schwer aufwiegend zu sich in sein Haus führt! Denn noch nie habe ich so eines gesehen mit den Augen, weder Mann noch Weib, heilige Scheu faßt mich, wenn ich dich ansehe [...]: wie ich vor dir, Frau verwundert bin und starr bin und mich gewaltig fürchte, deine Knie zu berühren [...]. Und mögen dir die Götter so viel geben, wieviel du begehrst in deinem Herzen: Mann wie auch Herz, und mögen sie dazu die rechte Eintracht geben. Denn es ist nichts Kräftigeres und Besseres als dies: daß einträchtigen Sinns [...] haushalten Mann und Frau [...].«

Nausikaas Reaktion demonstriert die Wirkung kunstfertig eingesetzter Worte: Mit ihnen weckt Odysseus, wie wohl beabsichtigt, in der jungen Frau den eingangs referierten[389] Heiratswunsch. Die Versuchung, bei dem Redegewandten zu bleiben und sich lebenslang an ihn zu binden, ist für sie genauso groß wie die auf Odysseus einwirkende Versuchung, bei den sangesmächtigen Sirenen zu bleiben und ihrem Gesang bis zu seinem Tod zu lauschen. »*Honig*tönend« klingt der Gesang vom Mund des Odysseus, unendlich ist die Verführungskraft seiner Rede. Auf sie kann Nausikaa nicht anders reagieren als mit Nach- und Hingabe.

---

387 Od. 13, 1–15 schildert die erfolgreiche Wirkung der Erzählung.
388 Od. 6, 117–141 und Zusammenfassung in Ich-Version 7, 290–296.
389 Vgl. oben S. 201.

Odysseus' Rede- und Sangeskunst, zumal die Finesse, seiner Zuhörerin gleichsam ›Honig um den Mund zu schmieren‹, gleicht der machtvollen Methode der Sirenen.[390] Der von Kirke im Bezirzen und von den Sirenen mit überwältigender Rede belehrte Odysseus erreicht sein Ziel: Nausikaa leistet ihm wesentliche Hilfestellung, führt ihn zu ihren Eltern und trägt damit entscheidend zur glücklichen Beendigung der Irrfahrten bei. Gleichfalls von Odysseus' »apologetischer« Sprachkunst beeindruckt, geben ihre Eltern unter dem Eindruck, sie seien »ergötzt« und »an Wissen reicher« – Alkinoos glaubt, Odysseus habe »einen genauen Bericht gegeben, kundig wie ein Sänger« (Od. 11, 368) – dem Vielklugen Heimgeleit. Das Märchen wird in Odysseus' Sinne zuendegeschrieben: Das große Märchenglück geht auf.

---

390 Beide wiederum, Odysseus und die Sirenen reflektieren Geltung, Ansehen und Einfluß, die, innerhalb des Epos, der am Phaiakenhof hochgeachtete Sänger Demodokos (Od. 8) und, eposextern, von jeher Homer in der Weltliteratur genießen.

TEIL III

Von der Antike zur Moderne.
Märchen und Mythos bei Kafka und Benjamin

> *Man würde irren mit der Annahme, was die ältesten Geschichten der Menschheit an Zaubermären, Fabelgut, Verwandlungen und Geisterwirken enthielten, sei nichts als der Niederschlag ältester, religiöser Vorstellungen. Gewiß sind Odyssee und Ilias, sind die Märchen der 1001 Nacht gleichsam Stoffe gewesen, die nur erzählt wurden; genauso wahr aber ist der Satz, die Stoffe dieser Ilias, dieser Odyssee [...] haben erst im Erzählen sich zusammengewoben. [...] Erzählen [...] ist mit seinem Fabulieren und Spielen, seiner von Verantwortung entbundnen Phantastik, im Grunde dennoch nie bloßes Erfinden, sondern ein weitergebendes, abwandelndes Bewahren im Medium der Phantasie gewesen. [...] und wir können keinen der großen Erzähler losgelöst denken vom ältesten Gedankengute der Menschheit.*
>
> Walter Benjamin*

---

* Aus: »E.T.A.Hoffmann und Oskar Panizza«, in: WB II 642.

A. Einführung in Teil III: Probleme, Zusammenhänge, methodische Vorüberlegungen

1. Vom Gesang zum Schweigen

Wie es den Sirenen nach der Begegnung mit Odysseus ergangen ist, verschweigt die *Odyssee*. Weder schildert sie – wie eigentlich nahe läge –, daß die Sangesmächtigen konsterniert auf ihrer Wiese sitzen geblieben seien. Noch wird erzählt, die Verführerinnen hätten aufgrund des mißlungenen Unterfangens unbefriedigte Lust und Verdruß empfunden. Ebenso wenig wird als Reaktion von Suizid berichtet, wie er Lykophron und anderer Überlieferung zufolge[1] im Anschluß an den vereitelten Anschlag vollzogen wurde. Wenn auch der Wunsch nach Selbstvernichtung seitens der archaischen Übermächte des Mythos nicht fern liegt – der Selbstmord der thebanischen Sphinx[2] liefert eine beispielhafte Parallele –, verschwinden die Sirenen ganz einfach aus der Geschichte. Wichtig ist ihre Entmachtung, deren Grad allerdings, anders als etwa bei Lykophron, ungewiß bleibt: Hat Homers Odysseus die Sängerinnen ihrer Macht entkleidet, indem er ihre Stimme mit sich mitgenommen hat?[3] *Hat er die Sirenen zum Schweigen und damit den Mythos zur Ruhe gebracht?*

Anzeichen für das Schweigen der Sirenen und die ›Be-ruhigung‹ des Mythos scheint es eine ganze Reihe zu geben. So ist als ein solches die schlichte Tatsache deutbar, daß die *Odyssee* zur Beschreibung der Verführungskraft der Sirenen akustische Kategorien verwendet, Hörsinn und Macht des Gehörten betont, aber das Lied

---

1 Bildlich schon früh überliefert auf einem ostgriechischen Vasenfragment aus Naukratis (ca. 600 v.Chr.) und auf einem recht bekannten rotfigurigen Stamnos, der sich im British Museum befindet (Ende des 6. Jh.s). Von drei Sirenen stürzt sich in dieser Darstellung eine mit geschlossenen Augen und weit ausgebreiteten Flügeln von ihrem Felsen hinab ins Meer. Vgl. Hofstetter, *Sirenen*, Taf. 27, 2. - - - Die früheste erhaltene literarische Überlieferung des Suizids findet sich im 3. Jh. v.Chr.: in Lyc. Alex. 653. 670–672. 712–735. In nur wenigen Zeilen geht Lykophron in einem »Odysseus-Epyllion«, das in die *Alexandra* (Prophezeiung Kassandras vom Untergang Trojas) eingeschoben ist, auf die Sirenenepisode ein. Er erwähnt, Odysseus sei Urheber des Selbstmordes der Sirenen, deren listiger Gesang allein der Intention diene, die Vorüberfahrenden durch den Hungertod umkommen zu lassen; dies läßt sich leicht mit dem in Od. 12 überlieferten Ausdruck von den sich zusammenziehenden Häuten (vgl. oben S. 268–270) und der Parallelstelle in Od. 16, 145 assoziieren: »[...] und es schwindet die Haut ihm hin über den Knochen«. Ferner berichtet er, wie es den Sirenen nach ihrem Tod ergangen sei: daß ihre Leichname an verschiedenen Stellen der Westküste Unteritaliens angespült worden seien.

2 In Verquickung mit ihrer Geschichte *könnte* die Version des Sirenenselbstmords entstanden sein: Das mit Kopf und weiblicher Brust ausgestattete Löwenungeheuer, das bei Theben allen Vorübergehenden auflauerte und sie, wenn sie das Rätsel vom Menschen nicht lösten, verschlang, suizidierte sich nach der geistigen Überwindung ihres Änigmas durch Ödipus.

3 De Rachewiltz, *de sirenibus*, S. 15, erwägt die Möglichkeit des Diebstahls, da der Held das Lied ungestraft gehört habe. Allerdings nimmt er von dieser These Abstand, da er davon ausgeht, daß das Sirenenlied kein Wissen gewähre. Wissen wiederum sei im homerischen Epos entweder als Geschenk der Götter oder als Beute zu betrachten; letztere allein könne das gestohlene Lied, sofern es Wissen enthalte, darstellen. Da es ein solches nicht vermittelt, erledigt sich für de Rachewiltz anscheinend die Frage des Raubes.

selbst aus der Mündlich- in die Schriftlichkeit übergegangen ist. Von dem Aspekt aus betrachtet, daß Odysseus das Lied wiedergibt, ist der Liedtext als in den *Endzustand* gezwungener, vager Erinnerungsversuch, der von der Authentizität weit entfernt ist, faßbar.

Als Anzeichen läßt sich zudem die *Ästhetisierung* der dämonischen Bannkraft der Sirenen durch die nachhomerische *Bildkunst* lesen. Doch enthält auch sie keinen Beweis dafür, daß der Mythos zur Ruhe gebracht wurde. Wie die Schriftquellen von der Antike und Spätantike über das christliche Mittelalter bis in die Neuzeit dokumentiert sie vielmehr, daß die Sirenen, durch keine ihrer Darstellungen gebannt, unter permanentem Wandel der Auffassungen ihres Wesens und ihrer Gestalt weiterhin durch die abendländische Kultur zirkulierten, sich ihr Schrecken in Literarisierungen und Abbildungen als bloß vermindert erwies (vgl. oben S. 252–258). Offenbar, so läßt sich rückschließen, war schon die homerische Darstellung nur Dokument eines Schritts des Menschen auf dem Weg seiner theoretischen und praktischen Daseinsbewältigung: eines Schritts, das, was ihn beunruhigt, zu verarbeiten und umzusetzen.

Ein entscheidender Schritt auf diesem Weg dürfte in der Moderne liegen. Zumindest stehen wir vor dem Phänomen, daß die Sirenen (und ihre nördliche Loreley->Fortsetzung‹, die sich gleichfalls als Figuration der Dichtung auffassen läßt) sukzessive transformiert wurden und in die Tradition der Schweigenden übergingen, wie sie die moderne Lyrik, die zu Teilen weniger Gesang als am Rande des Schweigens sich artikulierende Dichtung ist, widerspiegelt. Diese Entwicklung vom Singen zum Schweigen hat – unter Verweis auf Meereswunder und Zauberfrauen, welche die mysteriöse Verbindung von Frau und Wasser repräsentieren – Heinz Politzer nachzuskizzieren versucht.[4] Politzer setzt mit der klassisch-romantischen Parodie von Goethes zweiter Walpurgisnacht an der Schwelle vom Traditionellen zum Modernen an, wo die Wasserfrauen noch in »ursprünglicher« Gestalt als Sirenen auftreten. Über Brentanos dekadent-narzißtische Lore Lay (Lureley), die an ihrer eigenen Schönheit zerbricht und sich selbst in den Tod stürzt, spannt er den Bogen weiter zu Heines Rheinfrau, deren Lied »lediglich zur Begleitung einer Gebärde herabgemindert« ist.[5] Von Rimbauds Ophelia, einer ganz anderen Wasserfrau, die jedoch wie Heines Lorelei Selbstaussage der Dichtung über ihren eigenen Zustand ist, kehrt Politzer zu den Sirenen zurück, die inzwischen bei Rilke in der Vision von einem unfaßbaren Geschehen völlig depersonalisiert, entmythisiert und still sind: genauso stumm und namenlos wie Odysseus.

Müssen diese »Anzeichen« vage bleiben, ist doch eines sicher: Geraubt hat Odysseus den Sirenen ihre Stimme nicht. Jedes Wort, jeder Ton, jede Rede und so auch der Gesang der Sirenen sind in ihrer Ursprünglichkeit *per se* nicht raubbar. Alle Entsendungen der Stimme tauchen aus einem Raum der Stille auf, bewegen sich in und verhallen in ihm, um sich in erneuter Artikulation aus der Stille zu erheben, vor dem Schweigen gleichsam abzuheben, und wieder, nicht faßbar, zu verschwinden.

---

4 Vgl. auch H. Politzer, *Das Schweigen der Sirenen*, Stuttgart 1968, S. 13–41.
5 A.a.O., S. 30 f.

2. Die Sirenen als mythische Mächte der Versuchung bei Franz Kafka

Welche Anstalten die Sirenen treffen, um erfolgreich zu verlocken, und wie sich Odysseus gegenüber diesen weiblichen Kapazitäten der Versuchung verhält, hat auch Franz Kafka beschäftigt.[6] In einer kurzen Neuskizzierung der Episode konzipiert er Odysseus als modernen Helden, der über ein Bewußtsein der eigenen Entscheidung verfügt: Als autonomes Individuum gegen die Abwesenheit von Gefährten und Göttern installiert, macht sich Kafkas Odysseus – unter Inversion der Herrschafts- und Gewaltverhältnisse des Mythos – die übermächtigen weiblichen Naturwesen handhabbar und vereitelt ihren Anschlag. Er realisiert die – schon Homers *Apologoi* prägende – optimistische Einsicht, daß mythischen Gewalten Einhalt geboten werden kann.

> Beweis dessen, daß auch unzulängliche, ja kindische Mittel zur Rettung dienen können.
> Um sich vor den Sirenen zu bewahren, stopfte sich Odysseus Wachs in die Ohren und ließ sich am Mast festschmieden. Ähnliches hätten natürlich seit jeher alle Reisenden tun können (außer jenen welche die Sirenen schon aus der Ferne verlockten) aber es war in der ganzen Welt bekannt, daß das unmöglich helfen konnte. Der Gesang der Sirenen durchdrang alles, gar Wachs, und die Leidenschaft der Verführten hätte mehr als Ketten und Mast gesprengt. Daran nun dachte aber Odysseus nicht obwohl er davon vielleicht gehört hatte, er vertraute vollständig der Handvoll Wachs und dem Gebinde Ketten und in unschuldiger Freude über seine Mittelchen fuhr er den Sirenen entgegen.
> Nun haben aber die Sirenen eine noch schrecklichere Waffe als ihren Gesang, nämlich ihr Schweigen. Es ist zwar nicht geschehn, aber vielleicht denkbar, daß sich jemand vor ihrem Gesang gerettet hätte, vor ihrem Verstummen gewiß nicht. Dem Gefühl aus eigener Kraft sie besiegt zu haben, der daraus folgenden alles fortreißenden Überhebung kann nichts Irdisches widerstehn.
> Und tatsächlich sangen, als Odysseus kam, diese gewaltigen Sängerinnen nicht, sei es daß sie glaubten, diesem Gegner könne nur noch das Schweigen beikommen, sei es daß der Anblick der Glückseligkeit im Gesicht des Odysseus, der an nichts anderes als an Wachs und Ketten dachte, sie allen Gesang vergessen ließ.
> Odysseus aber, um es so auszudrücken, hörte ihr Schweigen nicht, er glaubte, sie sängen und nur er sei behütet es zu hören, flüchtig sah er zuerst die Wendungen ihrer Hälse, das Tiefatmen, die tränenvollen Augen, den halb geöffneten Mund, glaubte aber, dies gehöre zu den Arien die ungehört um ihn erklangen. Bald aber glitt alles an seinen in die Ferne gerichteten Blicken ab, die Sirenen verschwanden ihm förmlich und gerade als er ihnen am nächsten war, wußte er nichts mehr von ihnen.
> Sie aber, schöner als jemals, streckten und drehten sich, ließen das schaurige Haar offen im Wind wehn, spannten die Krallen frei auf den Felsen, sie wollten nicht mehr verführen, nur noch den Abglanz vom großen Augenpaar des Odysseus wollten sie solange als möglich erhaschen. Hätten die Sirenen Bewußtsein, sie wären damals vernichtet worden, so aber blieben sie, nur Odysseus ist ihnen entgangen.
> Es wird übrigens noch ein Anhang hierzu überliefert. Odysseus, sagt man, war so listenreich, war ein solcher Fuchs, daß selbst die Schicksalsgöttin nicht in sein Innerstes dringen konnte, vielleicht hat er, obwohl das mit Menschenverstand nicht mehr zu begreifen ist, wirklich gemerkt, daß die Sirenen schwiegen und hat ihnen und den Göttern den obigen Scheinvorgang nur gewissermaßen als Schild entgegengehalten.

---

6 Franz Kafka, *Nachgelassene Schriften und Fragmente II in der Fassung der Handschriften*, hrsg. v. J. Schillemeit, Frankfurt a.M. 1992, S. 40–42. Parallel hierzu liegt in Franz Kafka, *Nachgelassene Schriften und Fragmente II. Apparatband*, hrsg. v. J. Schillemeit, Frankfurt a.M. 1992, eine vollständige Rechenschaft über die Eingriffe des Herausgebers vor.

Ein Vergleich der homerischen Sirenenepisode mit ihrer Transformation durch Kafka zeigt vor allem eines: das erwachte kritische Bewußtsein der Moderne und ihr verändertes Weltkonzept bei Beibehaltung bestimmter mythischer Strukturen. Der Text befindet sich im dritten Oktavheft, dem zweiten von Kafkas vier *Zürauer Tagebüchern*, und ist auf den 23. Oktober 1917 datiert. Er stammt aus der Zeit von Kafkas böhmischem Landaufenthalt. Die lakonischen Schriften und Aphorismen dieser Monate, oftmals nur Einzelstichworte zur Lebenssituation, sind allesamt Resultat intensiver religionswissenschaftlicher und philosophischer Studien sowie der veränderten Auseinandersetzung mit sich selbst. Der Sommer des Jahres hatte für Kafka aufgrund des Ausbruchs seiner Lungentuberkulose einen tiefen Lebenseinschnitt bedeutet. Er begab sich für ein halbes Jahr – vom Herbst 1917 bis zum Frühjahr 1918 – nach Zürau in Nordwestböhmen, wo er, vorerst von seiner verhaßten Büroarbeit befreit, bewußt eine neue Lebensphase beginnen wollte. In diese Zeit fällt auch die Beendigung des umfangreichen Briefwechsels mit seiner Verlobten Felice Bauer.[7] Daß kurz danach die Sirenenerzählung entsteht, ist bestimmt kein Zufall. Die auch erotisch kolorierte Skizze thematisiert Verführung und Entsagung und läßt sich als verschlüsselter Vorsatz lesen, sich endgültig von Felice zu trennen.[8]

Doch der Text enthält mehr als nur den selbstreferenziellen Rekurs auf eine zum Scheitern verurteilte Liebesbeziehung. Er datiert aus einer Epoche, der es an radikaler Kritik der modernen Zivilisation nicht gefehlt hat. Ihre Signatur läßt sich als ein komplexes Spannungsfeld von Entfremdungserfahrungen des Subjekts und Erneuerungsbestrebungen beschreiben. Sie ist davon geprägt, daß die vom Subjekt gesetzte, ihm aber entfremdete diffuse Wirklichkeit sowohl auf das »Wahrnehmungs-Ich« als auch – über den Akt der Wahrnehmung – auf dessen Objektwelt auflösend einwirkt. Ihre Grundlage bildet die Annahme, daß alle Wahrheitsbehauptungen und Aussagen über die Wirklichkeit subjektabhängig, relativ und fiktional sind.

In eben diesem Spannungsfeld steht Kafkas Text, der jede Aussage, die er trifft, und jede Auslegung, die er anbietet, sogleich wieder in Zweifel zieht. Seine semantische Tiefenstruktur bilden dabei vor allem zwei miteinander verbundene Probleme:

- Wie unter den veränderten Wahrnehmungs- und Erkenntnisbedingungen das »Ich« zusammenhalten?
- Und wie sich in einer modernen Welt vor der Übermacht der als mythisch erlebten Gewalten retten?

Der zur damaligen Zeit hochaktuelle Zusammenhang beider Fragen ergibt sich daraus, daß die Depersonalisationsprobleme des modernen Subjekts dem Gefühl entspringen, von undurchschaubaren Mächten mythischer Qualität überfremdet zu sein.

---

[7] Vgl. zum Briefwechsel z.B. E. Canetti, *Der andere Prozeß. Kafkas Briefe an Felice*, München ⁴1973, insbes. S. 119–28.
[8] Im ersten Tagebucheintrag vom 15.9.1917 heißt es bei Franz Kafka, *Tagebücher*, hrsg. v. H.-G. Koch, M. Müller und M. Pasley, Frankfurt a.M. 1990, S. 831: »Du hast […] die Möglichkeit, einen neuen Anfang zu machen. Verschwende sie nicht. Du wirst den Schmutz, der aus dir aufschwemmen wird, nicht vermeiden können […]. Wälze dich aber nicht darin. Ist die Lungenwunde nur ein Sinnbild, […] der Wunde, deren Entzündung Felice und deren Tiefe Rechtfertigung heißt, ist dies so, dann sind auch die ärztlichen Ratschläge (Licht Luft Sonne Ruhe) Sinnbild. Fasse dieses Sinnbild an.« Dies tut Kafka. Ende des Jahres trennt er sich endgültig von Felice.

Wie schon der mythisch gebundene Mensch vor zweieinhalb Millenien sieht sich der Mensch Anfang des 20. Jh.s übermächtigen Gewalten gegenüber. Nur gibt er ihnen, »aufgeklärt«, wie er ist, andere Namen und ordnet sie anderen Sphären zu. Gleichwohl üben sie, in der Regel Errungenschaften des Fortschritts und aus gesellschaftlicher Veränderung erwachsene Denkkonstrukte, auf ihn ebenso terroristische Zwänge aus, wie sie für Mächte der vorliterarischen Welt des Mythos typisch sind. In der Großstadtlyrik der Zeit etwa wird die Stadt unter dem Blickwinkel dämonisierender Allegorese dargestellt, der Objektwelt eine erdrückende Eigendynamik zugeschrieben. Das Subjekt steht einer aggressiven übergewaltigen Dingwelt gegenüber, die an das Räderwerk der Technik gekoppelt ist. Es sieht sich vor einen übermächtigen »Gott der Stadt«[9] gestellt, der das Analogon zu Göttern und Dämonen bildet, denen sich der Mensch der Vorzeit ausgeliefert fühlte.

Als derartige Übermächte figurieren in Kafkas *Schloß* und *Proceß* der hierarchische Beamtenapparat und das Labyrinth der bürokratischen Gerichtswelt. Beide repräsentieren – in Kafkas gesamtem Werk gegenwärtige – unergründliche paternalistischmythische Gewalten, die eine spezifische Todes-Phänomenologie auszeichnet. Sie sind durchsetzt von weiteren mythischen Gestalten: Frauen als zwielichtigen Versuchungsmächten und Chiffren animalisch-triebhafter Gier und Lüsternheit. Da sie den Anschein erwecken, an dieselbe Machtstruktur gebunden zu sein wie die Behörde, stellen sie sich dem Mann – jeweils K. – als Verlockung dar: als Mittel, Zugang zu den maßgebenden Machtinstanzen zu erhalten und so dem Labyrinth, in das er geworfen wurde, zu entkommen. Doch diese instrumentelle Perspektive auf die Frauen erweist sich als fruchtlos. Das Glücksversprechen, das K. bei Frauen zu finden glaubt, stellt sich als Irrung und die versuchte erotische Funktionalisierung als abwegig dar: als ein falscher Ausweg aus der verwirrenden leidvollen Welt, in der er orientierungslos herumirrt.[10]

Abweichend von diesen K.-Gestalten zeigt sich uns Kafkas Odysseus. Zwar wird auch er von weiblichen Mächten der Versuchung verlockt, doch erliegt er ihren Lokkungen nicht. Dieser Odysseus hat solche Veranstaltungen getroffen, daß er dem Bann des Mythos, repräsentiert durch die Sirenen, nicht ausgeliefert ist. Anders als sein homerischer Vorgänger und die K.-Gestalten ist er nicht verführbar.

Wie dies vom Text inszeniert wird, ist Untersuchungsgegenstand des folgenden dritten Teils der vorliegenden Studie. Vor Überlegungen zur Figur des Odysseus, wie er in Kafkas Text erscheint, und wie ihn Walter Benjamin im Kontext seiner Bemerkungen zu Märchen und Mythos liest, sind zwei kürzere Abschnitte (B.1, B.2) geschaltet. In B.1 geht es um die strukturellen und stilistischen Besonderheiten, in B.2 um das zentrale inhaltliche Textmerkmal: die Inversion der Wahrnehmungs- und Versuchungsverhältnisse. Beide Abschnitte sind Teil eines *close reading* des Textes.

In einem weiteren Abschnitt (B.3) wird, ausgehend von mythischen Weiblichkeitsfigurationen der Zeit und persönlichen Aufzeichnungen Kafkas, die Semantik des im Text exponierten Topos »Sirene« eingehend nachgezeichnet. Das Besondere an Kafkas Darstellungen naturhaft-dämonischer Weiblichkeit besteht darin, daß sie zwar den

---

9 Titel eines Gedichts von Georg Heym, das wie andere zeitgenössische Gedichte (von Armin Wegner, Johannes R. Becher u.a.) die damalige Großstadterfahrung zum Gegenstand hat. Vgl. S. Vietta, *Lyrik des Expressionismus*, München 1976, S. 30–68.
10 Vgl. D. Kremer, *Kafka. Die Erotik des Schreibens*, Frankfurt a.M. 1989, S. 93–116.

um 1900 und im ersten Viertel des 20. Jh.s gängigen erotischen Phantombildern mythisierter Weiblichkeit entsprechen, zugleich aber den Blick auf die projektiven Mechanismen ihrer Erzeugung freigeben. Dadurch wirken sie entmythisierend. Sie machen die Präsenz der Frau als eines Mythos, der sich männlicher Projektion verdankt, selbst thematisch, ohne dabei unmittelbar von den gängigen Mythisierungen zu befreien. Kafkas Skizzierung weiblicher Figuren perpetuiert vielmehr, was der männliche Blick auf die Frau schon seit Jahrhunderten in Kunst und Literatur vorinszeniert hat.[11] Trotz dieser Gebundenheit an vorgegebene Bilder jedoch, gerade aufgrund ihrer nahezu ostentativen Entfaltung, tragen Kafkas Texte zu einer Lösung vom mythischen Bann bei. Indem sie zeigen,

> wie die aus männlicher Psychologie, weiblicher Sozialisation, patriarchaler Machtstruktur und einer Reihe weiterer soziokultureller Faktoren erwachsenden vielfachen Spannungen in einfache mythische Bilder umschlagen,

lösen sie sie gewissermaßen in den Geschichtsraum auf.[12]

Abschnitt B.3 behandelt, wie sich eben dies in Kafkas Umgang mit den Sirenen darstellt, wie der Sirenentypus Frau als eine *mythische* Konstruktion des Weiblichen übernommen wird und in welchem Kontext diese steht. Seine Ausführungen zur Zeitstimmung scheinen auf den ersten Blick wenig zu einer Gattungstheorie von Märchen und Mythos beizutragen. Sie näher zu betrachten, ist indes unerläßlich, da sie zeigen, wie sehr die herrschenden Bewußtseinsinhalte und Anschauungen des beginnenden 20. Jh.s von Formen geprägt sind, die mythisch verhaftet sind: Die Radikalisierung eigener Vorstellungen, Wünsche und Ängste zu Bildern mythisierender Qualität oder ihre Kontextualisierung in antiken Mythen ist um und nach 1900 ein geläufiges Mittel, das die überwiegend männlichen Literaten ergreifen, um mit den Dissonanzen des modernen Lebens umzugehen. Motive und Themen wie die Frau als Heilige oder Hure, Geschlechterkampf und Vater-Sohn-Konflikte werden ebenso vor einer entweder antikischen oder mythisch strukturierten Kulisse inszeniert wie die rapide Entwicklung von Technologie, Industrie und Geldwirtschaft. Die eigene oder die politische bzw. gesellschaftliche Situation wird fiktional in eine mythische Welt transponiert. Aktuelle Phänomene – Depersonalisation, Ichdissoziation, soziale Isolierung, ideelle und metaphysische Desorientierung sowie erkenntnis- und wahrnehmungstheoretische Probleme – sucht man im Gewand des Mythos zu bewältigen. Die Krise des Ichs wird mit dem Entwurf mythischer Imagines oder Szenarios beantwortet.

---

11 Seit der Antike exekutiert, zugespitzt formuliert, die Bildmaschine männlicher Phantasien Frauen-Imagines, die zwischen bieder, schlüpfrig, mondän und rätselhaft changieren. Ihre Spannung gewinnen sie aus der Ambivalenz von dem Verlangen nach Lust und Liebe und einer Frauenverachtung, die in der Moderne nicht zuletzt durch die Identitätskrise des männlichen Subjekts bedingt ist. Vgl. hierzu z.B. W. Hofmann, »Evas neue Kleider«, in: ders. (Hrsg.), *Eva und die Zukunft. Das Bild der Frau seit der Französischen Revolution*, München 1986, S. 13: Das Bild der Frau ist das Bild des Mannes von der Frau. [...] In den Bildern, die der Mann sich vom anderen Geschlecht macht, tut er dieses selbst mitenthalten. Im Gegenüber bringt er das Wunschbild hervor, das er sich von seiner eigenen Rolle im Geschlechterdialog erfindet.«

12 R. Stach, *Kafkas erotischer Mythos. Eine ästhetische Konstruktion des Weiblichen*, Frankfurt a.M. 1987, S. 226. An die Ergebnisse dieser Untersuchung wird hier angeknüpft.

3. Walter Benjamins Sicht auf Kafkas Sirenenepisode: Ein »Märchen für Dialektiker«

Diese Entwürfe haben sehr verschiedenartige Intentionen, deren enorme Bandbreite sich kaum überschauen läßt. Die zwei Hauptfunktionen der damals üblichen Hinwendung zu mythischen Stoffen stehen sich diametral gegenüber. Den einen Pol bildet der positive Rekurs auf die frühe Geschichte der Menschheit und ihre Mythen. Wer diesem Lager zuzurechnen ist, besinnt sich, wie schon die Romantiker, auf die synthetische Qualität der Mythen: auf Momente wie kollektive Sinnstiftung, Verbindlichkeit und Legitimation. Den Gegenpol bildet der negative Bezug. Zu ihm gehört, wer im Anschluß an die Tradition der Aufklärung das Blendwerk mythischer Unwahrheiten zu entlarven und seine Identität als vernunftbegabter Bezwinger mythischer Macht zu konstituieren sucht.

Als dieser Position nahestehend stuft Walter Benjamin Kafka ein. Benjamin selbst zeichnet die moderne wie die griechische Welt als unvermindert mythisch: als bedrohlich, überwältigend, undurchschaubar. Dabei hebt er *die Mythen* als Erzählungen einer bestimmten narrativen Form positiv von *dem Mythos* ab, dessen Verständnis er wesentlich aus der Negativkontrastierung mit anderen Paradigmen wie etwa Freiheit gewinnt. Benjamin denkt *den Mythos* mit Begriffen wie Schicksal, Angst, Opfer, Gewalt und unbeherrschter naturverhafteter Gesellschaftlichkeit zusammen. Er perhorresziert ihn als gesellschaftlichen Zwangszusammenhang von der Art einer ›zweiten Natur‹, die Ideen wie sittliche Selbstbestimmung, vernünftige Selbstbehauptung, Freiheit des Individuums ausschließt. Freiheit, realisierbar durch sittliches Handeln wider mythisch bedrohliche Natur bzw. unbeherrschte Naturgesetzlichkeit, setzt er als Gegenfigur zur »mythische[n] Verknechtung der Person« (WB II 178). Er siedelt sie in der emphatischen Opposition gegen die terroristischen Zwänge des Mythos an.

Im Zeichen dieser Opposition gegen mythische Gewalt und Zwänge, die Benjamin in der frühgriechischen Welt gleichermaßen sedimentiert sieht wie in den Sozial- und Rechtsordnungen der Moderne, steht seine Kafka-Lektüre. Benjamin deutet Kafkas Œuvre vorrangig unter dem Gesichtspunkt der Befreiung von mythischen Übermächten, die den Menschen, unerkennbar, wie sie sind, terrorisieren. Er liest es als Werk dessen, »den jeder Tag seines Lebens vor unenträtselbare Verhaltungsweisen und undeutliche Verlautbarungen gestellt hat« (WB II 422), und dem sein Schreiben zur Auflehnung gegen die undurchschaubaren Mächte, von denen er sich umringt sah, diente. So veranschaulicht er den Zusammenhang von Kafkas korrupter Welt der »Väter«, deren Imagines in den obskuren Instanzen und Figuren der verwalteten Welt verkörpert sind, mit der materiellen – vornehmlich ökonomischen – Basis der Gesellschaft und der Verdinglichung ihrer Individuen.

Als spezifisches Zeugnis für Kafkas Auseinandersetzung mit mythischen Verhältnissen führt Benjamin den Text über Odysseus und die Sirenen an. Darin sind im Bild von Odysseus' Rettung vor der mythischen Macht der Sirenen biographisch bedingte Schwierigkeiten Kafkas ebenso wie überindividuelle paradigmatische Probleme literarisiert. Zu beiden äußert sich Benjamin nur sehr fragmentarisch. *Inwiefern* und *warum* die Sirenen als Repräsentantinnen des Mythos auftreten – eines Mythos, wie er noch durch die Vorstellungsformen der Moderne zirkuliert –, löst Benjamin nicht auf. Sein Interesse an Kafkas Text beläuft sich auf die Feststellung, *daß* die Sirenen schlechterdings den Mythos repräsentieren. Daß sie modernen Bewußtseinsinhalten entsprechen, setzt er voraus. Doch wie diese Entsprechung aussieht und inwiefern zwischen den modernen und den antiken Verfaßtheiten Korrespondenzen bestehen, schlüsselt er nicht auf. Ihm geht es nicht um den Topos »Sirene« und dessen mythische Gehalte, sondern um die inszenierte Entmythisierung schlechthin.

Benjamin führt den Text mithin kurzerhand, ohne ihn einer detaillierten Lektüre zu unterziehen, als Beispiel an: Er sieht in ihm den »Beweis« dessen, daß Kafka der »Erlösung«, die vom Mythos »versprochen« werde, widerstanden habe und »seiner »Lockung nicht gefolgt« sei; daß er sie als »ein anderer Odysseus« vielmehr »an seinen in die Ferne gerichteten Blicken« habe »abgleiten« lassen und, wie schon der homerische Vorfahr, dem Mythos das Märchen entgegengesetzt habe (WB II 415):

> Unter den Ahnen, die Kafka in der Antike hat, [...] ist dieser griechische nicht zu vergessen. Odysseus steht ja an der Schwelle, die Mythos und Märchen trennt. Vernunft und List hat Finten in den Mythos eingelegt; seine Gewalten hören auf, unbezwinglich zu sein. Das Märchen ist die Überlieferung vom Siege über sie. Und Märchen für Dialektiker schrieb Kafka, wenn er sich Sagen vornahm. Er setzte kleine Tricks in sie hinein; dann las er aus ihnen den Beweis davon, ›daß auch unzulängliche ja kindische Mittel zur Rettung dienen können‹.

Im Vordergrund von Benjamins Überlegungen zu Kafkas Sirenenepisode steht folglich das Prinzip der »Entmythisierung«, nicht deren konkreter Gehalt.

Diesen Gehalt für den Text zu dechiffrieren, macht sich die vorliegende Studie in III.B. zur Aufgabe, bevor sie in III.C. (Vergleich mit Ernst Blochs Aussagen über das Märchen) an das zentrale Moment von Benjamins Lektüre der Episode Kafkas anknüpft. Dort, in C., steht Benjamins – zumal für gattungstheoretische Überlegungen – aufschlußreiche Behauptung im Zentrum, die von Kafka umgestaltete Episode sei ein Märchen; freilich nicht ein echtes Märchen, sondern ein »Märchen für Dialektiker«.

Was das heißt, von welchem Hintergrund sich diese Behauptung herschreibt und welcher Art die gemeinsamen Interessen Kafkas und Benjamins an der antiken Episode sind, versuchen die nachfolgenden Überlegungen transparent zu machen. Dazu werden vorab die mythische Bedeutung der Imago »Sirene« und damals üblicher Konstruktionen sirenischer Frauen vergegenwärtigt und die Finessen und Eigentümlichkeiten von Kafkas Bearbeitung der antiken Vorlage skizziert. Dann werden Benjamins Mythosbegriff, so weit, wie für sein Verständnis des Märchens nötig, geklärt und die märchenhaften Züge der in Goethes *Wahlverwandtschaften* eingefügten Novelle angesprochen. Gewährleistet doch, so Benjamin, nur sie als »Antithesis« zum »Mythischen«, wie es »im Roman [...] als Thesis angesprochen wird«, Freiheit und »Erlösung« hiervon (WB I 171).

In Benjamins Sicht steht das Märchen für das, was der Mythos ausschließt: Freiheit durch »Vernunft«. Es ließe sich daher annehmen, daß Benjamin Odysseus und seinen ›Nachfahren‹ Kafka als »Aufklärer« im herkömmlichen Sinne deutet.[13] Doch von einer solchen Position ist Benjamin weit entfernt; nimmt er doch häufig Gelegenheit,

---

13 So R.-P. Janz, »Mythos und Moderne bei Walter Benjamin«, in: K.H. Bohrer (Hrsg.), *Mythos und Moderne*, Frankfurt a.M. 1983, S. 363–381, h.: S. 367; vgl. aber W. Menninghaus, *Schwellenkunde. Walter Benjamins Passage des Mythos*, Frankfurt a.M. 1986, insbes. S. 14–19.

blind-optimistischen Vernunfts- und Fortschrittsglauben scharfzüngig anzufechten. Die »Vernunft«, die Benjamin an beiden lobt, ist nicht klassisch aufklärerisch. Sie will nicht das erste und letzte Vermögen sein, über Wahr- und Falschheit von Erkenntnissen zu entscheiden und die in ihrer Gesamtheit vermeintlich vernünftig angelegte Welt zu erkennen. Sie ist nicht Teil einer idealistischen Selbstaufstufung des Geistes. Unter »Vernunft« versteht Benjamin, der sich wiederholt das Gewand einer Metakritik des aufklärerischen Kritizismus anlegt, vielmehr ein Denken, das sich im Wissen darum, daß die Welt mythisch beherrscht ist, mit der »List« verbündet; ein Denken, das, um mythische Gehalte nicht gegenaufklärerischer, pseudo-romantischer Politik auszuliefern, mit »Finten« operiert – mit Flausen, Mätzchen, Winkelzügen. Odysseus ist so gewitzt, gerissen, durchtrieben, daß er sich – unter Anverwandlung an den naiven Märchenhelden – den bedrohlichen mythischen Mächten scheinbar einfältig entgegenzustellen vermag. Indem er uns nach Art des Märchens »in der Gestalt des Dummen« zeigt, »wie die Menschheit sich gegen den Mythos ›dumm stellt‹ «, »zeigt [er] uns in der Gestalt des Klugen, daß die Fragen, die der Mythos stellt, einfältig sind« (WB II 458). Darin besteht, *in nuce*, die Dialektik seiner Vorgehensweise. Er läßt sich von der mythisch eingerichteten Welt nicht locken, sich nicht zu ihr verführen; stattdessen greift er auf die Kunst geschickter Täuschung und gewaltfreier Konfliktregelung durch Anverwandlung an das Märchen zurück.

Dies ist das Moment an Homers Erzählung und deren Transformation durch Kafka, das für Benjamin, den Liebhaber und Sammler von Märchen und Kinderliteratur, attraktiv ist. Odysseus ist für ihn ein Bezwinger mythischen Terrors, weil er »so listenreich«, ein »solcher Fuchs« (WB II 415) ist, daß er vermag, sich von der Gewalt und den Verstrickungen des Mythos mit »kindischen« Mitteln des Märchens frei zu machen. Benjamins Verständnis nach verfährt Kafkas Odysseus, an der Schwelle von Märchen und Mythos stehend, ebenso dialektisch wie Kafka selbst, der sich dies in Anlehnung an seinen »Lehrmeister«, den Odysseus Homers (WB II 1263), zu eigen macht: Ganz am Vorbild der *Odyssee* orientiert, schreibt er die antike Erzählung, die bereits Märchen und Mythos gegeneinander installiert, in ein modernes »Märchen für Dialektiker« um.

B. Das »Schweigen der Sirenen« von Franz Kafka

1. Strukturelle und stilistische Merkmale des Textes

Kafkas Erzählung über Odysseus und die Sirenen gehört zu den Nachlaßtexten, die Max Brod publiziert hat. Von Brod leicht abgeändert und nachträglich mit dem Titel »Das Schweigen der Sirenen« versehen, wurde der Text bis Ende des 20. Jh.s ausschließlich in dieser Fassung herausgegeben und gedeutet. Hier soll das kurze Prosastück in der handschriftlichen Originalfassung zu seinem Recht kommen.

Vorab sei darauf hingewiesen, daß die Originalfassung ohne Titel ist. Dieses Fehlen ist so signifikant, wie das Nicht-Singen der Sirenen kennzeichnend für den Text ist. Denn der Gesang von Kafkas »gewaltige[n] Sängerinnen« zeichnet sich wie der Titel durch eine Absenz von hintergründiger Qualität aus. Beide Abwesenheiten besitzen zentralen Stellenwert. Beide sind weniger Problem als vielmehr Programm des Textes: eine radikale Form absichtsvollen Nicht-Sprechens, gerichtet gegen herkömmliche Zuweisungen von Macht und Bedeutungen.

Derart programmatischen Valeur hat auch der Anfangssatz. Da er anstelle des fehlenden Titels Kafkas Skizze voransteht, kann er als eine Überschrift besonderer Art gelten: als Titelersatz ohne Anrecht, Titel zu sein. Mit ihm wird das Prinzip traditioneller Betitelung subversiv unterlaufen und zugleich an die Verfaßtheit des Textes sowie das, was er thematisiert – die gewaltlose Subversion herkömmlicher Geltungsansprüche – angespielt: Die den Text eröffnenden Worte »Beweis dessen, daß auch unzulängliche, ja kindische Mittel zur Rettung dienen können« sind zwar nicht eindeutig als Titelsubstitut markiert; Kafkas Manuskript kennzeichnet sie auch nicht wie Brods Ausgabe durch einen nachgesetzten Doppelpunkt als Ankündigung oder Resümee dessen, was folgen soll. Sie indes dennoch als Programmüberblick in Form einer in den Text eingezogenen *superscriptio* zu begreifen, bietet sich unmittelbar an.[14] Denn die Eingangsworte bilden erkennbar die Vor-schrift, die der Text sich selbst gibt – und letztlich nicht wirklich erfüllt: den Beweis zu erbringen, daß unzureichende, nahezu alberne »Mittel zur Rettung dienen können«. Sie fungieren zugleich als (erster) Teil des Textes wie als Metatext: als Text nicht nur über *dem*, sondern auch über *den* Text. Indem sie das, was der Text mittels eines mythischen Beispiels und dessen Kommentierung in Szene setzt, nicht zu einer *narratio*, sondern zu einer *argumentatio* erklären, bestimmen sie die im Anschluß veranstaltete Neuinszenierung von Odysseus' Umgang mit den mythischen Gewalten als Beweisführung. Das hat zwei Funktionen: Es wird angekündigt, daß das nachfolgende Verfahren metafiktiv ist, daß die Erzählfiktion bewußt durchbrochen und die Frage nach dem Verhältnis von Fiktion

---

14 Vgl. auch B. Menke, »Das Schweigen der Sirenen: Die Rhetorik und das Schweigen«, in: *Kultureller Wandel und die Germanistik in der Bundesrepublik, Vorträge des Augsburger Germanistentages 1991*, Bd. 3, *Methodenkonkurrenz in der germanistischen Praxis*, hrsg. von Johannes Janota, S. 134–162, insbes. S. 136 f.

und Realität neu gestellt wird. Zudem wird eine Erwartungshaltung aufgebaut und schließlich enttäuscht. Der Text erfüllt die Vor-schrift, das Gebot, das er sich gibt, nicht; er belegt die Zulänglichkeit unzulänglicher Mittel nicht. Nur nominell argumentativ, entscheidet er sich gegen die Konvention der Beweisführung wie gegen die Tradition des mächtigen Sirenengesangs. Eindeutig vermitteln will er einzig, daß eine »Rettung [...] vor den Sirenen«, den exemplarischen Repräsentantinnen mythischer Zwangszusammenhänge, möglich ist. Was letztlich die »Rettung«, die Erlösung verursacht, bleibt zu ermitteln.

Zur Einlösung des Unterfangens »Rettung« wandelt Kafka Homers Fassung von Odysseus' Umgang mit den Sirenen in mehrfacher Hinsicht ab. Zum Beispiel übernimmt er die apologische Folie, spielt mit ihr, modifiziert sie dabei aber erheblich. Schon Homers Odysseus will mit den Episoden der *Apologoi*, beispielhaft der Sirenengeschichte, einen »Beweis« erbringen: Ihm ist daran gelegen, mit den Apologen die Dringlichkeit seiner Rückkehr zu demonstrieren, was ihm gelingt. Mit vermeintlich »unzulängliche[n], ja kindische[n]« Geschichten »bewahrt« er sich davor, von den Phaiaken festgehalten zu werden. Damit beweist er, von einer Metaebene betrachtet, daß Eloquenz, Rede- und Erzählkunst als »Mittel zur Rettung dienen können«: Die Phaiaken hätten sich schon »Wachs in die Ohren« stopfen oder Odysseus zum »Schweigen« bringen müssen, um sich ihrerseits vor seiner Redekunst zu bewahren. Sie hätten auf das zurückgreifen müssen, was später die Patristik, in der der süße Sirenengesang emblematisch für die Redekunst der Antike stand, als Heilmittel gegen die Versuchung führte: das speziell zum Ohren-Verstopfen empfohlene ›odysseische Wachs‹. Schon die Antike kannte es gut. Durch die Renaissance zirkulierte es als geläufiger Topos; etliche ihrer Texte erwähnen Odysseus' verstopfte Ohren, ohne zwischen dem Helden und seinen Gefährten zu unterscheiden.[15]

In Kafkas Text wird das *Apologoi*-Muster

»Ich muß nach Hause«, sagt Odysseus und überzeugt die Phaiaken mit einer Reihe von Geschichten

zum Schema:

»Beweis dessen, daß ...«

mit anschließender narrativer Beweisführung umgeändert. Der Text repräsentiert sich als ein *Apolog*, der in einem bewußt und betont fingierten Beispiel den Lehrsatz »Auch unzulängliche, ja kindische Mittel können zur Rettung dienen« enthält. Das angefügte Beispiel jedoch ergibt nicht, wie zu erwarten wäre, eine homogene Beispielerzählung, die ihre Aufgabe erfüllt, die Richtig- und Wichtigkeit des einleitenden Lehrsatzes einleuchtend und eindeutig darzulegen. Es enthält vielmehr die Lektüre der Sirenenepisode aus Homers Apologen, die – zwar in eine moderne Tonlage transponiert, aber nach wie vor vieldeutig – neben etlichen Umarbeitungen sowohl Erzähl- als auch Kommentarcharakter aufweist. An das auf den Lehrsatz folgende

---

15 Vgl. hierzu H. Rahner, *Griechische Mythen in christlicher Deutung*, Zürich 1945, S. 414–486, h.: S. 463 (Sidonius Apollinaris), 476, 481 (Maximus von Turin); de Rachewiltz, *De sirenibus*, S. 158 (Pietro Aretino), 195 (Matteo Maria Boiardo). E. Kaiser, »Odyssee-Szenen als Topoi« (Teil 1), in: *Museum Helveticum* 21 (1964), S. 109–136, insbes. S. 128 ff. (Überblick über alle Orte in (zumal) der (antiken) Literatur, an denen »verstopfte Ohren« angeführt werden).

Beispiel »Um sich vor den Sirenen zu bewahren, stopfte sich Odysseus Wachs in die Ohren und ließ sich am Mast festschmieden« ist, statt der erwarteten Erzählung, eine Art Kommentar geknüpft, der verschiedene Exegesen der angeführten Homer-Referenz suggeriert.

Dieser »Kommentar« zerfällt in zwei Hauptteile. Den ersten bildet die Konzeption und Apologie des Gedankens, Odysseus sei unendlich naiv. In ihm mutiert Odysseus zum tumben Märchenhelden, der unbedarft und unbefangen, ohne jede Scheu, auf die ihm bevorstehende Gefahr zufährt. Der zweite suspendiert diese Typologie retroaktiv, indem er im »Anhang« den emphatischen Verweis auf Odysseus' übernatürliche Verstandestätigkeit und szenische Handlungsrationalität liefert. Hier erscheint der Vielgewandte, der πολύτροπος, als ›Super-Odysseus‹: so listig, daß es »mit Menschenverstand nicht mehr zu begreifen ist«. Zahlreiche Wendungen und Stilmittel, die für Kafkas Prosa typisch sind und in hochpotenzierter Anzahl durch den Text zirkulieren, tragen überdies dazu bei, auch diese beiden Konzepte wiederum in Frage zu stellen. Konjunktive[16] und hypothetische Wendungen, die das Mögliche[17] anzeigen, relativierende[18] und disjunktive Formeln der Unentscheidbarkeit[19] bewirken eine Vieldeutigkeit und Unbestimmtheit des Textes, die schon in der Abwesenheit eines Titels aufscheint.

Kafkas Skizze ist nicht so sehr Erzählung als eher, wie schon gesagt, Lektüre, die mehrere Figuren des Vorbehalts und Widerrufs, der Einschränkung und Zurücknahme erkennen läßt. Kafka erzählt nicht. Er liest, dem Anschein nach um juridische Objektivität bemüht, den aus der Antike vorgegebenen Fall, auf den er über wenige ausgewählte Referenzen rekurriert. Neben den Hauptakteuren, Odysseus und den Sirenen, stellt einzig der »Mast« die Beziehung zur antiken Geschichte her; er referiert synekdochisch auf Schiff und Meer wie die Tatsache, daß Odysseus sich anketten »läßt«, auf die Dienste seiner sonst ausgeblendeten Gefährten Bezug nimmt. Zudem werden dem Erzählten seine Voraussetzungen narrativ zugeschoben.[20] Sätze wie »es war in der ganzen Welt bekannt« und die Einspielung affirmierender Partikeln (»natürlich«, »vollständig«, »gewiß«, »tatsächlich«, »wirklich«) rufen den Eindruck hervor, »gleichsam vor jeder Erzählung liegende unumstößliche Wahrheiten« (Ramm) dartun zu wollen, die durch die im Text erscheinenden relativierenden Figuren sogleich wieder aufgehoben oder zumindest bezweifelt werden. Durch dieses Prinzip wird die Hypothezität allen Erzählens zum Metathema des Textes erhoben: Der Text ›schwebt‹.

Stéphane Mosès setzt den apologischen Aufbau des Textes mit der Struktur des Midrashs, einer altjüdischen literarischen Gattung, die der Deutung des Alten Testa-

---

16 »Ähnliches *hätten* natürlich seit jeher alle Reisenden tun *können* [...].« --- »[...] die Leidenschaft der Verführten *hätte* mehr als Ketten und Mast gesprengt.« --- »Es ist [...] denkbar, daß sich jemand vor ihrem Gesang gerettet *hätte* [...].« --- »[...] er glaubte, sie *sängen* und nur er *sei* behütet es zu hören.« --- »*Hätten* die Sirenen Bewußtsein, sie *wären* damals vernichtet worden [...].«

17 »Daran nun dachte aber Odysseus nicht obwohl er davon *vielleicht* gehört hatte [...].« --- »Es ist zwar nicht geschehn, aber *vielleicht* denkbar, daß [...].« --- »[...] *vielleicht* hat er, obwohl das [...] nicht mehr zu begreifen ist, wirklich gemerkt, daß [...].«

18 »um es so auszudrücken« --- »sagt man« --- »heißt es«.

19 »[...] sei es daß sie glaubten, diesem Gegner könne nur noch das Schweigen beikommen, *sei es* daß der Anblick der Glückseligkeit [...] des Odysseus [...] sie allen Gesang vergessen ließ.«

20 Vgl. K. Ramm, *Reduktion als Erzählprinzip bei Kafka*, Frankfurt a.M. 1971, S. 138, 148.

ments dient, in Beziehung und zeigt so, wie sich griechische und jüdische Tradition in Kafkas Text überkreuzen. Die oben herausgearbeiteten ersten drei Teile (Lehrsatz, Beispiel, Kommentar) vergleicht er mit denen einer geläufigen Form der homiletischen Auslegung der jüdischen Midrashim. Sie fügt an einen allgemeingültigen Lehrsatz (1) (hier: »Beweis dessen, daß auch unzulängliche, ja kindische Mittel zur Rettung dienen können.«) einen Bibelvers (2), der dessen Wahrheit bekräftigen soll (»Um sich vor den Sirenen zu bewahren, stopfte sich Odysseus Wachs in die Ohren und ließ sich am Mast festschmieden.«). Dann folgt die Exegese des Bibelverses (3) (ab »Ähnliches hätten [...]«). Daß Kafkas Lektüre der Sirenenepisode einen weiteren Teil, eine alternative Interpretation (4) (ab »Es wird übrigens noch ein Anhang hierzu überliefert.«), enthält, wertet Mosès als entschiedene Differenz zum Midrash, dessen Intention er darin sieht, »zeitgenössische Fragen mit einem System kanonischer Normen« schlüssig »in Einklang zu bringen« und »die Beständigkeit seiner Autorität zu behaupten«.[21]

Eben dies mißlingt in Kafkas Skizze, und zwar vorsätzlich. Die Exegese bestätigt den Lehrsatz nicht. Vielmehr schlägt sie nach einigem Innehalten einen anderen Kurs ein, um eine weitere mögliche Auslegung anzubieten. Auf diese Weise wird die vorangegangene Lektüre der Episode von Odysseus und den Sirenen retroaktiv in einen Schwebezustand gehoben, suspendiert, und gegen diese eine geradezu antinomische Lesart installiert. Das Zusammenlesen beider potenziert den schon bis dahin mit stilistischen Mitteln erweckten Eindruck vorherrschender Hypothezität und eröffnet eine Vielfalt von Deutungsmöglichkeiten, denen der Leser nur im Modus des Zulassens einer Bedeutsamkeit genügen kann, die begrifflichen Festlegungen und eindeutigen Lesarten entgeht. Damit erfüllt der Text sein Programm: Er unterläuft das herkömmliche Verfahren eindeutiger Beweisführung, das tradierten Mustern genügt. Seine Finesse besteht darin, daß er einem bewährten, etablierten Modell der Tradition gerade nicht gerecht wird – und dadurch die Tradition kaum sichtbar, aber nachhaltig *generaliter* anficht.

Daß dies unter Rekurs auf ein antikes Beispiel der Bezwingung mythischer Mächte geschieht, bildet den eigentlichen Glanzpunkt der Vergegenwärtigung des Stoffes. Ihr Kunstgriff liegt darin, daß sie Tradition gegen Tradition ins Feld führt. Indem sie Überliefertes zur Sprengung überkommener Wahrheits- und Gültigkeitsansprüche verwertet, führt sie deutlich vor: Tradiertes muß weder als zu bewahrendes Erbe grundsätzlich fortgeführt noch vollständig destruiert werden; es gilt vielmehr, althergebrachte Bedeutungs-, Macht- und Herrschaftsinstanzen durch Kritik und Revision gewaltlos zu entmachten. Dazu ist die Sirenenepisode als Überlieferung eines Beispiels der Suspension eingespielter Machtinstanzen denkbar geeignet – freilich nicht einfach als affirmativ zu tradierende, sondern durch Potenzierung ihres subversiven Gehalts, der jede reaktionäre Tradition immer schon hintertreibt.

---

21 St. Mosès, »Franz Kafka: ›Das Schweigen der Sirenen‹«, in: ders., *Spuren der Schrift: Von Goethe bis Celan,* Frankfurt a.M. 1983, S. 52–72, h.: S. 58.

2. Das inhaltliche Hauptmerkmal des Textes: Inversion der Wahrnehmungs- und Versuchungsverhältnisse

Zu den Maßnahmen, die Kafka ergreift, um traditionelle Ansprüche auf Wahrheit und Gültigkeit zu konterkarieren, gehört das Prinzip der Inversion. Es findet in der Skizze von Odysseus und den Sirenen mehrfach Anwendung. Dort wird mit der Wahrnehmungs- auch die Versuchungssituation und damit das gesamte Machtverhältnis verkehrt: Odysseus wird den Sirenen zur Versuchung.

Diese Inversion bildet den Hauptunterschied zwischen der modernen und der antiken Inszenierung des berühmten Rencontres. Sie wird vornehmlich von zwei Faktoren konstituiert. Zum einen sichert sich Kafkas Odysseus doppelt ab: »Um sich vor den Sirenen zu bewahren« stopft er nicht seinen Gefährten, sondern sich selbst »Wachs in die Ohren« und läßt »sich am Mast festschmieden«. Zum anderen singen die »gewaltigen Sängerinnen« nicht. Sie schweigen. Dabei werden sie mit einem neuen Bildwert versehen, der zwischen dem Modell der pathetischen Opernsängerin vom Typus Wagner-Walküre und dem der sexuell erregten Frau oszilliert. Die »Wendungen« der »Hälse«, »das Tiefatmen, die tränenvollen Augen« und der »halbgeöffnete Mund« der Sängerinnen verweisen sowohl auf die Kunst des Gesangs als auch auf das Empfinden erotischer Lust. Zumal, da die Sirenen nicht singen, da sie schweigen, erhält das exaltierte Pathos ihrer Gesten besonderes Gewicht, rücken Mimik und Gestik lautlos in den Vordergrund der visuell beherrschten Szenerie. Momente wie Visualität und Perspektive werden durch dieses Schweigen zu zentralen Paradigmen des Textes. In der stummen Expressivität der Sirenen scheint ein zu Kafkas Zeit hochaktuelles Medium auf: der Stummfilm. Seine Einspielung in den Text reflektiert, was den Beginn des 20. Jh.s markiert: den Bruch zwischen tradierten Kulturvorstellungen und der ästhetischen Realität der Moderne.

2.1 Die filmische Melodramatik der Szenerie

In der Anspielung auf das dynamisch-visuelle Medium, eines der Ergebnisse fortgeschrittener Rationalisierung, liegt ein subtiler Verweis auf die technische Erhebung und die daran gekoppelten veränderten Wahrnehmungsweisen des Menschen vor. Während die *Odyssee* noch den akustischen Sinneseindruck des versuchten Odysseus schildert, verschiebt Kafkas Text den Blick auf die optische Wahrnehmung. Jeglicher Ton wird ausgeblendet, die Melodramatik der Szenerie ist ausschließlich durch Visualität gewährleistet. Macht hat hier, wer die Kunst des Sehens beherrscht, wer sein Sehen zu kontrollieren vermag:[22] Odysseus. Sein Wahrnehmungsapparat ist gänzlich

---

22 Den Aspekt der Macht betont schon W.H. Sokel, *Franz Kafka – Tragik und Ironie*, München/Wien 1964, S. 244f.; allerdings geht es Sokel nicht um Visualität und Perspektive, sondern er begründet seine Argumentation mit dem in Brods Überarbeitung enthaltenen Satz »[...] die Sirenen verschwanden förmlich *vor seiner Entschlossenheit* [...].« (Im Original: »[...] verschwanden *ihm* förmlich [...]«. So schreibt Sokel: »Die »Entschlossenheit« des Individuums kehrt die Beziehung zwischen Individuum und Macht völlig um. [...] Im SCHWEIGEN DER SIRENEN sind es die Sirenen, die von ihrer ursprünglichen Machtposition [...] zu bedeutungslosen und selbst nach Bedeutung haschenden Figuren erniedrigt werden. Odysseus aber steigt vom

von den Sirenen abgezogen. Wie auch immer sie sich ihm gegenüber zu inszenieren suchen, was sie auch repräsentieren: Er hört sie nicht und sieht sie nur »flüchtig«. Seine Perspektive bezeugt, daß er über seine Optik Kontrolle hat.[23] Er verfügt über das Vermögen, von etwas *ab*zusehen, mit den Augen *fort*zusehen. Denn mag auch das *Hin*sehen, das Etwas-*An*sehen eine Leidenschaft sein, bedeutet doch die Kraft, den Blick zu lösen, erst die Meisterung dieser Passion.

Eben diese Kunst beherrschen Kafkas Sirenen nicht. Ihr Blick mißt Odysseus nicht kurz aus, sondern bleibt auf ihn geheftet; und sie setzen auch »ihr Schweigen« ein, das gegenüber dem Gesang explizit als »schrecklichere Waffe« bezeichnet wird. Die Machtverhältnisse kehren sich bei synchroner Inversion der Wahrnehmungsperspektive um. Nicht Odysseus' Blick ist verzaubert auf die vom »Tiefatmen« sich hebende und senkende Brust der Sirenen und ihren »halb geöffneten Mund« gerichtet. Die Sirenen heften ihren Blick vielmehr so lange wie ihnen möglich auf die Augen des Sich-stumm-Entfernenden, dessen Blick ein einziges Zeugnis von Abwesenheit sinnlicher Lust zu sein scheint.[24] Während in Homers *Apologoi* Odysseus den mit zunehmender Entfernung sukzessive verhallenden Klängen möglichst lange lauscht und die Verführerinnen bis zum letztmöglichen Moment gleichsam mit seinem Gehör verfolgt, verhalten sich nach diesem Muster (der modernen Verschiebung von akustischen auf visuelle Reize gemäß) hier die Sirenen: Von heftiger Schaulust ergriffen, wollen sie »nicht mehr verführen, nur noch den Abglanz vom großen Augenpaar des Odysseus [...] solange als möglich«, bis er ihnen entschwunden ist, »erhaschen«.

An Deutlichkeit gewinnt dieser Vorgang aufgrund der stummfilmartigen Darstellung der Szene. Sie bezeugt – zumal im Vergleich mit Homers Version, die noch dämonisierte Dichtungsmächte zeigt, die in einer oralen Kultur akustisch verankert ist, während sie sich mit dem Übergang zur Schriftkultur bildlich zu visualisieren beginnen – wie sehr seit der Wende zum 20. Jh. die optische Wahrnehmung mit dem Medium Film vertieft und die Welt in seiner stummen Bildersprache neu entdeckt wurde. Die technische Apparatur der Kamera ermöglichte es, mittels Großaufnahme oder Zeitlupe eine neue, von Menschenhand künstlich geordnete mythische Welt in Szene zu setzen. Zeit und Raum ließen sich nach Gutdünken des Produzenten auflösen.

Dies bedeutete eine Neuerung, die ebenso phantastisch wie bedrohlich erscheinen mußte. Die rasante Aufeinanderfolge der Bilder vermochte es, den Betrachter kontinuierlich Schockeffekten auszusetzen, was seinen Niederschlag im frühen Film vor allem in der Inszenierung des Bedrohlichen fand. Liebe, Verrat und Tod sowie Macht, Gewalt und Verbrechen bildeten schon damals die bevorzugten Sujets der Filmemacher. Das Fremde, Unerklärliche und daher Übermächtige, sein Einbruch in die behütete Wirklichkeit wurde mittels rätselhafter Figuren, Monster und Vampire zum

---

Individuum, dessen Schicksal Furcht und Wunsch sein sollte, zum übermenschlichen Ziel und Wunschbild der Macht empor. Jetzt ist er es, der begehrt wird und sich versagt. Aus Odysseus, dem zu versuchenden Menschen, ist die Sirene der unnahbaren Macht geworden.«

23 Vgl. weiter unten S. 312f.

24 Ob der Fernblick der Penelope gilt und mit der Anspielung auf die kluge treue Ehefrau, die auf die Vermeidung von Vertragsbrüchigkeit ausgerichtet ist, ein Votum *gegen* die unberechenbare und *für* eine andere weibliche Natur liegt, ist dabei nebensächlich; wichtig ist, daß an den »in die Ferne gerichteten Blicken« alles »abgleitet«, daß alle eingesetzten Reize der Verführerinnen ineffektiv sind.

Ausdruck gebracht. Die Projektionen des Films ließen im ersten Viertel des 20. Jh.s eine Welt mythischer Übermächte auf derart schockierende Weise neu entstehen, daß ihre literarischen Vorgänger, die Imagines und Szenarios der deutschen Schauerromantik, geradezu harmlos wirkten.

Der Einfluß dieser Welt auch auf Kafkas Texte geht aus mehreren Merkmalen hervor, die sich nicht nur in der Sirenenepisode, sondern auch in anderen Teilen seiner Prosa finden.[25] Überdies bezeugen Tagebucheinträge und Briefe Kafkas Faszination durch das Kino.[26] Seine Diktion zeichnet eine auffallend visuelle Sensibilität aus. Sie schlägt sich in bildhaften Darstellungsformen nieder, die *dem* menschlichen Einverleibungstrieb, der nur visuell, durch Bilder, befriedigt werden kann, erschöpfend entsprechen und deren Expressivität dem frühen deutschen Stummfilm und noch dem Kino der Weimarer Zeit eng verbunden ist. Das kommt in unserer Skizze besonders anschaulich zum Vorschein: Sie blendet die mythischen Wesen in überdimensionaler Größe ein, so, als ob eine verstellbare Linse ein anomales Spektrum der Sinneswahrnehmung gewährleiste.

Gleichsam zwei Einstellungen zeigen die Sirenen in Nahaufnahme. Die erste zeigt die »Wendungen ihrer Hälse, das Tiefatmen, die tränenvollen Augen, den halb geöffneten Mund«; die zweite, wie sie sich, nachdem sie Odysseus unbeeindruckt gelassen haben, strecken und drehen, »das schaurige Haar offen im Wind wehn« lassen und »die Krallen frei auf den Felsen« spannen. Beide Einstellungen[27] exponieren die Verführerinnen in all ihrer Befremdlichkeit. Zugleich heben sie ihre Fixierung auf Lust und Versuchung hervor: Kafkas Sirenen ›schießen mit schärferen Geschossen‹ als die antiken Verführerinnen. Während diese physischen Reiz durch ihre Stimme zu erzeugen suchten, geben die modernen Verführerinnen sich geradezu ekstatisch in der Exaltation ihrer Lust. Um sich des Mannes zu bemächtigen, setzen sie – den veränderten modernen Wahrnehmungsweisen entsprechend – nicht auf auditive, sondern auf optische Anziehungskraft.

2.2 Weiblichkeit als Folie für Fiktionen der Bedrohlichkeit

Die von Kafka inszenierten Verführerinnen wollen ihr Opfer offenbar ›bei‹ seiner Schaulust ›packen‹ und durch die Vorspiegelung ihrer Erregtheit (bzw. ihre tatsächliche Erregtheit – der Text ist hierin nicht eindeutig) erotisieren. In überspannter Gestik und zugleich retardierender Motorik, die darstellerische Zuspitzung sucht, Sattheit des Ausdrucks und der Gebärde, findet hier ein seit der deutschen Schauerro-

---

25 Hierzu s. z.B. W. Jahn, »Kafka und die Anfänge des Kinos«, in: *Jahrbuch der deutschen Schillergesellschaft* 6 (1962), S. 353–368.
26 Vgl. hierzu G. Janouch, *Gespräche mit Kafka. Aufzeichnungen und Erinnerungen*, Frankfurt a.M. 1981; B. Augustin, »Raban im Kino. Kafka und die zeitgenössische Kinematographie«, in: *Schriftenreihe der Franz Kafka-Gesellschaft*, Bd. 2., Wien 1987, S. 38–69; dies., »... dieses graziöse Vorüberhuschen der Bedeutungen«, in: *Schriftenreihe der Franz Kafka-Gesellschaft*, Bd. 4., Wien 1989, S. 1–10; H. Zischler, »Maßlose Unterhaltung: Franz Kafka geht ins Kino«, in: *Freibeuter* 16 (1983), S. 33–47; ders., *Franz Kafka geht ins Kino*, Hamburg 1996.
27 Als eine dritte Einstellung, eine schon früh im Film praktizierte Art *Linsentrübung*, läßt sich Odysseus' Blick erkennen: Das Objektiv – die Augen des Odysseus – richtet sich in die Ferne, während ihm die Sirenen, »gerade als er ihnen am nächsten war«, förmlich verschwanden.

mantik gängiges Konstrukt von Weiblichkeit seinen Ausdruck: der Mythos von der bedrohlichen Versuchung und dem falschen Glücksversprechen der Frau. Die von Kafka dargestellten Verführerinnen gehören zu den Imagines, die dadurch entstehen, daß die Frau aus jedem empirischen Kontext gelöst und zum Objekt realitätsentbundener Phantasien gemacht wird; zum Objekt von Phantasien, wie sie sich zumal in Literatur und Kunst niederschlagen, und in deren Rahmen Weiblichkeit als ideale Folie für alle erdenklichen Fiktionen fungiert.

In dieser Funktion als Folie für Phantasien aller Art, liegt der Grund, weshalb Kafkas Sirenen nicht nur als Verkörperung von Felice Bauer und als Figuration verlockend-bedrohlicher Weiblichkeit gedeutet worden sind,[28] sondern auch als Allegorie der Kunst, Sinnbild des Schicksals und verschlüsselte Darstellung der Versuchung, die das Christentum auf Jahwe–Odysseus ausübt.[29] Die durch den Stil stark forcierte, ersichtlich angestrebte Vieldeutigkeit des Textes und seiner Elemente steht einseitigen Auslegungen entgegen. Spezifikum von Kafkas Text ist die Intention auf Ambiguität. Kafkas Kunstgriff liegt darin, daß er, sich am antiken Mythos orientierend, einen Rahmen schafft, innerhalb dessen er interpoliert, substituiert und in der Skizzierung oszillierender Gestalten eine überaus reichhaltige Pluralität von Interpretationsmöglichkeiten bietet, die jede dogmatische Ausdeutung des Mythos konterkariert. Die Sirenen repräsentieren so, wie hier dargestellt, ein seit der Romantik aktuelles Weiblichkeitskonzept, das um die Wende zum 20. Jh. Konjunktur hat und die Frau in den mythischen Bereich unkontrollierbarer, anrüchiger Natürlichkeit verweist. Als spezifische Repräsentantinnen des Mythos schlechthin sind sie zugleich als Exponenten all dessen lesbar, was den Menschen verlockt, überfremdet und bedroht.

3. Sirenentypus Frau:
Arbeit an einer mythischen Konstruktion des Weiblichen

Anders als ihre homerischen Vorgängerinnen, über deren Aussehen nichts gesagt wird, sind die Sirenen in Kafkas Text unübersehbar mit Attributen bedrohlicher Weiblichkeit ausgestattet: mit Hälsen, die sie wirkungsvoll wenden, schaurigem Haar, das sie offen im Wind wehen lassen, und Krallen, die sie frei auf den Felsen spannen. Damit sind sie der althergebrachten Bildtradition des lockenden Weibes verpflichtet, mit dem sinnlichen Genuß zu erleben nur um den Preis äußerster Gefahr, oft gar des Todes möglich ist.

Bekannt ist die Idee, es liege in der Natur der Frau, den Mann zu destruieren, insbesondere aus der »schwarzen Romantik«.[30] Doch die Vorstellung der zu todbringender Sinnlichkeit verlockenden Frau stammt aus wesentlich früherer Zeit. Zumal Schriften, in deren Mittelpunkt die christliche und weltliche Moral steht – Schriften aus der mittelalterlichen Tradition – exponieren gern weibliche Wesen aus der Mythologie als *exempla* der moralisch verdorbenen Frau, die Ursache allen Übels ist. Ein

---

28 Vgl. etwa Sokel, *Franz Kafka*, S. 210 ff., 24; Kremer, *Kafka*, S. 8 ff.
29 Vgl. etwa K. Weinberg, *Kafkas Dichtungen. Die Travestien des Mythos*, Bern und München 1963, S. 37; K.–H. Fingerhut, *Die verschlüsselte Darstellung der Tierfiguren im Werke Franz Kafkas*, Bonn 1969, S. 141.
30 M. Praz, *Liebe, Tod und Teufel – Die schwarze Romantik*, München 1963.

prominentes Beispiel liefert der didaktisch-protreptische Gedichtzyklus *Liber decem capitulorum* des Marbod von Rennes aus dem späten 11. Jh. Darin mahnt Marbod zu Tugend und Frömmigkeit und stellt die Frau als größte Verlockung des Teufels dar. Zwecks Illustration seiner Warnung führt er neben der Chimäre, der Charybdis und Kirke die Sirenen und – als positive Kontrastfigur zu deren törichten Opfern – Odysseus an:

> Haec est et Siren, quae stultos dulcia cantans | Allicit, allectos trahit, attractosque profundum | Mergit in interitum, quem declinavit Ulyxes | Praecludens comitum famosis cantibus aures, | Se quoque vi cohibens ne cursum flectere posset | Nexibus arctatus fugientis in arbore navis, | [...].[31]

Wie zahlreiche andere christliche Auslegungen, in denen die Sirenen Sinnbild verderblicher Lust sind,[32] liegt auch Marbods Deutung in antiken Vorstellungen begründet. Sie wurzelt im zunächst rationalistisch-euhemeristischen und später ethisch-moralischen Verständnis der Sirenen als Lustspenderinnen, die den Tod mit sich bringen.[33] Diese Auslegungen wiederum, die den Akzent auf den letalen Aspekt legen, gehen bis mindestens ins 7. Jh. v. Chr. zurück, als der alte Volksglaube die Sirenen den Totengeistern zurechnete.[34] Toreutik, Plastik und Vasenmalerei präsentierten sie damals als Mischwesen aus Mensch und Vogel (vgl. oben S. 257 f.); ob mit ihnen indes bereits erotische Gelüste assoziiert wurden, ist unsicher. Assoziationen dieser Art lassen sich erst in späterer Zeit nachweisen, zumal in der christlichen Antike, in der sie phantasiereich ausgemalt wurden. Im 5. Jh. n. Chr. etwa deutet Fulgentius die Sirenen[35] als personifizierte »Verlockungen sinnlicher Lüste« (*delectationum inlecebras*); Odysseus indes bestimmt er als Verkörperung »des Weisen« (*sapientis*), der die *inlecebrae* zu erkennen, einzuschätzen und zu überwinden vermag. In einer knappen Beschreibung der Sirenen – er nennt sie *volatiles* (geflügelt) und kommt auf ihre *gallinaceos pedes* (Hühnerkrallen) zu sprechen – verweist er auf die Risikofaktoren, die mit den *inlecebrae* verbunden sind: Die Flügel sind Sinnbild der Flüchtigkeit der Lust und des raschen Eindringens sinnlicher Liebe in die Gemüter der Liebenden. Die Krallen veranschaulichen die zerstörerische Komponente von Wollust und Begierde, die alles, was sie in Besitz nehmen, zunichte machen.

Dieses destruktive Moment haftet noch Kafkas Sirenen an, die ihre Krallen »frei auf den Felsen spannen«. Schon ihr Äußeres markiert sie so als gefährlich. Es verweist

---

31 Marbod, *Liber decem capitulorum* 3, 60–65 (*De meretrice*).
32 Oftmals wird in diesen Deutungen Odysseus, der sich rettet, indem er sich am Mastbaum anbinden läßt, als Sinnbild Christi, der die Welt durch seinen Tod am Kreuz rettet, verstanden; so etwa bei Maximus von Turin. Vgl. H. Rahner, »Antenna crucis I: Odysseus am Mastbaum«, in: *Zeitschrift für Katholische Theologie* 65 (1941), S. 123–152, h.: S. 148 f.
33 Hierzu zählt auch die Deutung der Sirenen als Hetären, die schon früh verbreitet war. Die *Suda* spricht wie selbstverständlich von den »Hurenliedern« (ἄσματα πορνικά) der Sirenen; als sie entsteht, ist die Deutung der Sirenen als Hetären folglich schon geläufig. Zur Entwicklung dieser Deutung P. Courcelle, »L'Interprétation euhémeriste des Sirènes-courtisanes jusqu'au XIIe siècle«, in: L. Wallach (Hrsg.), *Gesellschaft–Kultur–Literatur*, Stuttgart 1975, S. 33–48.
34 Aufschlußreich ist auch die Rolle, die den Sirenen in der alten Komödie zukommt. In Fragmenten von Epicharm, Theopomp und Nikophon geht es um die Verführung des Odysseus und der Gefährten durch kulinarische, musikalische und wohl erotische Reize. Vgl. Wedner, *Tradition*, S. 60 f.
35 Fulg. Myth. 2, 8; nachfolgend zit. aus *Fabii Planciadis Fulgentii V. C. Opera*, rec. Rudolfus Helm, Leipzig 1898, S. 48 f. (*Mitologiarum Liber II 8: Fabula Ulixis et Sirenarum*).

eindringlich auf ihre Wesensart, über die der Text gleichfalls Informationen erteilt: Die Sirenen sind Teil einer unbewußten Natur, die, da sie sich durch nichts wirklich kontrollieren oder gar zerstören läßt, die kulturelle Identität des Mannes schwer erschüttert: »Hätten die Sirenen Bewußtsein, sie wären damals vernichtet worden, so aber blieben sie [...]« (Kafka).

Was hier im Bild der Sirenen aufscheint, läßt sich als Ergebnis einer langen geistesgeschichtlichen Entwicklung entziffern: die Fundamental-Opposition Mann (=Kultur/Gesellschaft) *vs.* Frau (=Natur). Sie bildet die Folie, auf der Kafka vom Kampf des Mannes mit eigenen Begierden und Phantasien, vom Konflikt von Vernunft und Körperlichkeit spricht. In dieser Hinsicht hat Kafka seinem Text zweifelsohne ein selbstreferenzielles Moment einbeschrieben. Der Text reflektiert Kafkas Furcht vor der Macht seiner Verführerinnen, den Frauen, die sich einerseits vom Leib zu halten, andererseits begehren zu müssen, den ständigen Zwiespalt des Autors bildete. Seine Biographie verdeutlicht, daß er die Distanz, die – bei aller Nähe – brieflicher »Verkehr« gewährt, intimem Umgang, dessen Unmittelbarkeit ihn mit Angst erfüllte, vorzog. Entsprechend stellen sich die sexuellen Begegnungen in seinem Œuvre dar: kurzlebig, schnell und heftig, aber letztlich destruktiv leer und unerfüllt. Immer liegt ein Hauch von Schmutz und Ekel in der Luft. Beispielhaft dafür ist eine *Schloß*-Szene, in der sich der Protagonist K. mit Frieda beim Liebesakt in Bierpfützen und anderem »Unrat, von dem der Boden bedeckt war«, herumwälzt – ständig in dem Gefühl begriffen, »vor Fremdheit ersticken« und sich in »den unsinnigen Verlockungen« dieser »Fremde« ewig verirren zu müssen.[36]

Doch ist auch die Signatur dieser Rede unverkennbar ›kafkaesk‹, redet der Dichter mit seinen literarischen Präsentationen des Weiblichen und der Entfremdung der Geschlechter keineswegs nur über sich. Er stellt sich vielmehr in den zeitgenössischen Diskurs über den Geschlechterkampf[37] und rekurriert auf das Phänomen der Mythisierung der Frau, das von der Antike über das Mittelalter, die Romantik bis in die Gegenwart kontinuierlich vielgestaltige Repräsentationsformen gefunden hat. Diese Mythisierung ist Teil eines durch die abendländische Kulturgeschichte strömenden Diskurses über das Weibliche, mit dem in der Regel eine asymmetrische Subjekt-Objekt-Beziehung der Geschlechter einhergeht. Weiblichkeit dient im Rahmen dieses Diskurses, zu dem naturgemäß die jeweilige (Neu-)Bestimmung von Männlichkeit gehört, als Projektionsfläche sehr verschiedener Intentionen, die je nach der ideologischen Gesamtverfassung einer Gesellschaft differieren.

Infolgedessen gibt es in dem breiten Fundus an Kollektiv-Mythen – an Vorstellungen von Männlichkeit, vor allem aber an kulturellen Imaginationen des Weiblichen – etliche, oft diametral entgegengesetzte Konstruktionen. Schon die griechische Literatur kennt für die Frau einander opponierende, aber koexistente Modelle: etwa die ›überbordend‹ sinnliche, Sinnlichkeit stiftende Aphrodite einerseits, die kopfbetonte Athene und die ewig keusche Artemis andererseits.[38] Infolge der Christianisierung

---

36 Franz Kafka, *Das Schloß*, in der Fassung der Handschrift, hrsg. von M. Pasley, Frankfurt a.M. 1992, S. 53f.
37 Vgl. B. Eschenburg/H. Friedel (Hrsg.), *Der Kampf der Geschlechter. Der neue Mythos in der Kunst 1850–1930*, (Ausst.kat.) München 1995.
38 In den *Homerischen Hymnen* sind Athene, Artemis und Hestia als die drei Παρθένοι, die jungfräulichen Göttinnen, gezeichnet, die als einzige unter Göttern und Menschen der Verlockung

spielen im Mittelalter primär die Hexe und die Heilige, zunehmend auch die Hure und die Mutter eine Rolle. In der Literatur und Kunst der Neuzeit ›treten‹ zudem seit der Romantik die *femme fatale* und ihr komplementärer Gegentypus, die *femme fragile*, ›auf den Plan‹.[39] All diese Typen unterschieben den Frauen eine Reihe von Repräsentanzen, die eine beziehungsreiche mythische Vorstellungswelt (mit etlichen reziproken Bezügen ihrer einzelnen Figuren und Modelle untereinander) konstituieren, die Kafka wohlbekannt ist. Seine Sirenenepisode dokumentiert den Umgang mit den zu seiner Zeit in Literatur, Kunst und Theorie präsenten komplementären Weiblichkeitsmythen.[40]

3.1 Außerhalb des gängigen Normen- und Konventionssystems: Die Frau als sirenisches Wesen ohne Bewußtsein

Dem Gros dieser Modelle gemein ist, daß sie Projektionen sind, die, aus männlicher Perspektive vorgenommen, die Frau über ein kategorisierendes Ausschließungsverfahren als ›anders‹ bestimmen: als außerhalb des gängigen bzw. erwünschten Normen- und Konventionssystems stehend. Die zwei wesentlichen Funktionen derartiger Bestimmungen des Weiblichen sind dabei folgende:

- Die Frau dient als integratives Idealbild für Lebensbereiche, von denen derjenige, der sie zum Objekt seiner künstlerischen oder literarischen Entwürfe macht, meint, sie seien ihm verschlossen.
- Die Frau fungiert als dämonisierte Imago für Bedrohlichkeit, die umso schärfer gezeichnet wird, je unsicherer die eigene Position oder Identität ist.[41]

Eine unter vielen Vorstellungen, die unter letztere Rubrik fallen, ist die von dem sirenischen Wesen ohne Bewußtsein.[42]

---

des süßen Begehrens (γλυκὺν ἵμερον) widerstehen, d.h. der mächtigen Aphrodite, die nach Laune die Sinnlichkeit der Irdischen wie Überirdischen zu wecken vermag, entgehen. Vgl. aus den Hom. h. den *Hymnus an Aphrodite* 1–44.

39 Zur *femme fatale* s. Praz, *Liebe*; H.H. Hofstätter, *Symbolismus und die Kunst der Jahrhundertwende – Voraussetzungen, Erscheinungsformen, Bedeutungen,* Köln 1965. Zur *femme fragile* s. A. Thomalla, *Die ›femme fragile‹. Ein literarischer Frauentypus der Jahrhundertwende,* Düsseldorf 1972.

40 Umfassende Literaturangaben zum Thema »Mythos – Geschlechterdiskurs – Moderne« finden sich in I. Stephan, *Musen & Medusen. Mythos und Geschlecht in der Literatur des 20. Jahrhunderts,* Köln/Weimar/Wien 1997, S. 252–267 (Bibliographie im Anhang).

41 Zur Darstellung bedrohlicher Weiblichkeit in Kunst und Literatur um 1900 s. Br. Dijkstra, *Idols of Perversity. Fantasies of Feminine Evil in Fin-de-Siècle Culture,* New York 1986, insbes. »Poison Flowers; Maenads of the Decadence and the Torrid Wail of the Sirens«, S. 235–271, und »Gynanders and Genetics; Connoisseurs of Bestiality and Serpentine Delight; Leda, Circe, and the Cold Caresses of the Sphinx«, S. 272–332.

42 Unter den mythischen Bildern, deren sich die Kunst des 19. Jh.s fasziniert bedient, sind namentlich weibliche Imagines von Doppelwesen wie Sphingen und Sirenen. Vgl. A.-B. Renger, »Imaginationen gefährlicher Liebschaften: Die Sirenen in der Malerei des europäischen Spätsymbolismus«, in: M. Kunze (Hrsg.), *Wiedergeburt griechischer Götter und Helden. Homer in der Kunst der Goethezeit,* (Ausst.kat.) Mainz 1999, 277–293. Vgl. auch J. Philippe, *Mythen und Phantasmen in der Kunst des Fin de siècle,* Berlin 1971, und dens., *Der Symbolismus,* Köln 1974, sowie S. Brosi, *Der Kuß der Sphinx. Weibliche Gestalten nach griechischem Mythos in Malerei und Graphik des Symbolismus,* Münster/Hamburg 1993.

3.1.1 Sexualwesen Weib: Otto Weiningers Einfluß auf seine Zeit

Daß die Frau kein Bewußtsein habe, stellt eine zu Beginn des 20. Jh.s in Wien vielerörterte These Otto Weiningers dar.[43] Die rasante Karriere, die sein Entwurf des *ichlosen* absoluten »Weibes«, als dessen Regulativ allen Denkens und Handelns er das sexuelle Begehren behauptete, damals machte, spiegelt den Trend der Zeit: 1923 erscheint seine Dissertation *Geschlecht und Charakter* (1903) in 25. Auflage und liegt in acht Übersetzungen vor.[44]

In Weiningers Modell partialisieren Mann und Frau einander auf Funktionen der eigenen Lust- und Machtbefriedigung. Die Frau, deren sozial normierte Rolle biologisch determiniert wird, erscheint als sozial marginales, habituell sexuelles Wesen ohne Bewußtsein: Ihr wird jegliche Individualität abgesprochen. Sie wird als Gattungswesen ohne Seele und intelligibles Ich, ohne Moral und Gewissen, aufgrund dessen sie sich in folgenschwere Selbstwidersprüche verwickeln könnte, gewertet.[45]

Weiningers Einfluß auf zeitgenössische Intellektuelle, Künstler und Autoren ist immens.[46] In der Krise der patriarchalen Ordnung, bedingt durch die Kollision herkömmlicher und neuartiger Konzepte vom Menschen, ergibt sich dies aus einer wachsenden Angst vor der beginnenden Emanzipation der Frau[47] und dem Bedarf an bis dahin kaum erhältlichen sexual-ideologischen Schriften. Wer wie Weininger in der bürgerlichen Gesellschaft des *Fin de Siècle* sozialisiert wird, wächst in einer sexualverleugnenden Atmosphäre der »Heimlichkeit und Hinterhältigkeit« auf, die das Geschlechtsleben, so Stefan Zweig, zum »Alp« macht.[48] Geschlechtliche Befriedigung verschafft sich die Jugend verstohlen, in Bordellen und Hotels.[49] Ihr Verhältnis zum Körperlichen ist entfremdet, die eigene Sexualität angst- und schuldbelastet. Beides zieht vor allem ein Interesse nach sich: von eigenen Angstgefühlen abzulenken und die konfliktreiche Geschlechter-Polarität als biologisches, also allgemeingültiges Phänomen zu bestimmen.

---

43 Zur Komplexität des Diskurses vgl. J. Le Rider, *Der Fall Otto Weininger. Wurzeln des Antifeminismus und Antisemitismus*, Wien/München 1985.
44 Vgl. J. Le Rider/N. Leser (Hrsg.), *Otto Weininger. Werk und Wirkung*, Wien 1984.
45 Otto Weininger, *Geschlecht und Charakter. Eine prinzipielle Untersuchung*, im Anhang Weiningers Tagebuch, Briefe A. Strindbergs sowie Beiträge aus heutiger Sicht v. A. Stopczyk u.a., München 1980, S. 113, 130, 142 ff., 239 ff., 254, 268, 331 ff., 383, 388.
46 Vgl. J. Le Rider, »Otto Weininger und die Nachwelt«, in: *Fall*, S. 220–243.
47 Vgl. U. Frevert, »Das 19. Jahrhundert: Einhegung und Aufbruch«, in: dies., *Frauen-Geschichte. Zwischen bürgerlicher Verbesserung und neuer Weiblichkeit*, S. 63–145, Frankfurt a.M. 1963; J.-M. Palmier, »Otto Weininger, Wien und die Moderne«, in: *Otto Weininger*, S. 80–95, insbes. S. 37 f.; J. Le Rider, »Antifeminismus um 1900«, in: *Fall*, S. 142–168.
48 St. Zweig, *Die Welt von gestern. Erinnerungen eines Europäers*, Frankfurt a.M. 1984, S. 87 ff.
49 I. Pronay-Strasser, »Von Ornithologen und Grashupferinnen. Bemerkungen zur Sexualität um 1900«, in: H. Ch. Ehalt u.a. (Hrsg.), *Glücklich ist, wer vergißt...? Das andere Wien um 1900*, Wien/Köln/Graz 1986, S. 113–132; E. Wismayr, »Patt der Herzen. Inszenierungen der Liebe im fin de siècle«, a.a.O., S. 133–44.

3.1.2 Kafkas Weiblichkeitsfigurationen: Ausdruck individueller und gesellschaftlich paradigmatischer Konfliktstrukturen

Auch Kafkas Œuvre erweckt den Eindruck, von dem um Weiningers Thesen kreisenden Diskurs nicht unberührt zu sein.[50] Zumindest schmiegen sich seine Weiblichkeitsfigurationen den gängigen Modellen seiner Zeit kongenial an – sei es, daß sich Kafka direkt mit *Geschlecht und Charakter* beschäftigt hat oder, ein Kind seiner Zeit, mit den Thesen lediglich auf gemeinsamem kulturellem und sozialem Geistesgrund steht. Seine Perspektive auf Frauen als das sekundäre, soziokulturell marginale Geschlecht, entspricht dem zeittypischen ›Männerblick‹. Als Reaktion auf die Diskussion über die Natur und Kultur der Frau, die gesellschaftliche Rolle von Erotik und Sexualität und deren Bedeutung für die Geistigkeit des Mannes entwirft Kafka Projektionen eigener Wünsche und Ängste. Mittels bestimmter Chiffren – häufig, wie im Fall der *krallenbewehrten Sirenen*, Atavismen, welche die bürgerliche Bilderwelt der Erotik beherrschen – weist er seinen Frauenfiguren eine unanfechtbare Identität zu, deren Stabilität sich aus ihrer dauerhaften *Komplizität mit der Natur* speist. Diese Figuren verfügen über eine Macht, die sich ihrem bloßen Dasein, ihrer physischen Anwesenheit, verdankt und sie in sich stabil, eigenmächtig, unzerstörbar macht. Kafkas K.-Figuren indes erfahren, zumal in erotisch kolorierten oder entschieden sexuellen Situationen, beständig eine unabwendbare Selbstentfremdung.

Die Darstellung dieser Erfahrungen ist Ausdruck individueller wie überindividueller, gesellschaftlich paradigmatischer Konfliktstrukturen. Die K.-Figuren spiegeln erotische Entfremdungs- und Selbstfragmentierungserfahrungen wider, die Kafkas Privatleben ebenso durchziehen wie (abzulesen an Weiningers Erfolg) die Gesellschaft: Das Unglück von Kafkas eigener Person macht intime Miseren ebenso als soziale kenntlich wie das Elend seiner Helden. Die Miseren stellen sich in seinen Selbstzeugnissen, Erzählungen und Romanen als Folge gesellschaftlicher Präventionen und Regulative dar, die *mythisch wiederkehrende Interaktionsmuster zwischen Mann und Frau* vorstrukturieren. So erscheinen Erotik und Intimität bei Kafka zum Scheitern, weil zur Institutionalisierung verurteilt. Seiner persönlichen – in dieser Hinsicht noch ganz von den gesellschaftlich geprägten Nuancen der Zeit bestimmten – Vorstellung und Erfahrung nach unterliegt Liebe, wie den Briefen und Tagebüchern zu entnehmen ist, dem *Zwang*, zu Verlobung oder Ehe führen zu müssen.[51] Diesen institutionell vorgegebenen Liebesformen gerecht zu werden, setzt eine soziale Integrationsfähigkeit und die Gabe voraus, genormten geschlechts- und familienspezifischen Rollen zu genügen. Beides erscheint Kafka problematisch, letztlich unrealisierbar.

---

50 Hierzu G. Stieg, »Kafka und Weininger«, in: N.A. Harrowitz/B. Hyams (Hrsg.), *Jews and Jender: Responses to Otto Weininger*, Philadelphia 1995, S. 195–206. Schon H. Politzer, *Franz Kafka. Der Künstler*, Frankfurt a.M. 1978, beschreibt für die Frauen-Episoden in Kafkas *Proceß* die Kongruenz von Weiningers Mutter-Dirne-Typus mit den beiden *Proceß*-Figuren Dienerfrau und Leni, der Verkörperung depersonalisierender sexueller Zudringlichkeit.

51 Vgl. zu den Selbstzeugnissen die Stellenangaben bei K.-B. Bödeker, *Frau und Familie im erzählerischen Werk Franz Kafkas*, Bern/Frankfurt a.M. 1974, S. 5–11, sowie Stach, *Mythos*, S. 13 f.; vgl. auch H. Platzer, »Sex, Marriage, and Guilt: The Dilemma of Mating in Kafka«, in: *Mosaic* 3 (1970), H. 4, S. 119–130.

Auf ästhetisch-literarischer Ebene hat Kafka diesem Konflikt überaus scharfe Konturen verliehen; so im *Proceß* und im *Schloß*, wo er den empfundenen Zwangszusammenhang von Erotik und Institutionalisierung pointiert skizziert. Hier sind Erotik und das Verhältnis der Geschlechter untrennbar mit einer Gewalt verbunden, die in den abgebildeten mythischen Konstellationen – der Büro-Kratie und der Geschlechter-Beziehung – sedimentiert ist: als Konnex von Weiblichkeit und Machthierarchie. In beiden Romanen zeichnet Kafka seine *idée fixe*: promiskuide bürokratisch-juridische Machtapparate, die jeweils auf undurchschaubare Weise »erotisiert« sind.[52] Die mit den Apparaten konfrontierten K.s glauben, bei Frauen Zuflucht suchen zu müssen, da diese in engem Zusammenhang mit der Macht der promiskuiden Behörden und ihren diversen zwielichtigen Repräsentanten stehen. Doch weibliche Macht ist, auch wenn sie in bestimmter Weise zur Sphäre der hierarchischen Bürokratie-Apparate gehört, in Kafkas System von männlicher letztlich unabhängig, d.h. nicht *ad libitum* instrumentalisierbar. Josef K. etwa erliegt dem aus männlich-instrumenteller Perspektive entworfenen Konzept, die Frau sei als Machtkonnektor, als Mittel, sich Zugang zum Behördensystem zu verschaffen, funktionalisierbar. Er hält die Macht der Frauen für von den amtlichen Instanzen abgeleitet und daher operabel:

»Du suchst zuviel fremde Hilfe«, sagte der Geistliche mißbilligend, »und besonders bei Frauen. Merkst du denn nicht, daß es nicht die wahre Hilfe ist?« »Manchmal [...] könnte ich dir recht geben«, sagte K., »aber nicht immer. Die Frauen haben eine große Macht. Wenn ich einige [...] dazu bewegen könnte, gemeinschaftlich für mich zu arbeiten, müßte ich durchdringen. Besonders bei diesem Gericht, das fast nur aus Frauenjägern besteht. Zeig dem Untersuchungsrichter eine Frau aus der Ferne, und er überrennt, um [...] hinzukommen, den Gerichtstisch und den Angeklagten.«[53]

Daß diese Annahme von Operabilität eine der soziokulturell vorgegebenen mythischen Fallen ist, in die K. tappt, und den von Kafka skizzierten gemeinsamen großen Irrtum der K.-Protagonisten bildet, legt Reiner Stach in *Kafkas erotischer Mythos* dar: Die Macht der Frauenfiguren in Kafkas Texten kommt nicht »aus einem bestimmten Vermögen, einer definierbaren Potenz des Weiblichen«, die *per se* instrumentierbar ist, sondern aus der »puren« physischen »Präsenz« der Figuren.[54] Erst der Versuch ihrer Funktionalisierung zeitigt – wie in jedem klassischen Herr-Knecht-Verhältnis, das nicht nach den Vorgaben des Herrn funktioniert – subversive, als gegnerisch empfundene Resultate und macht die Eigenmacht der Frau zur Gegenmacht zum Mann. Weibliche Gegenmacht ergibt sich, so läßt sich Kafkas Konzept resümieren, nicht aus der geistigen Effizienz eines intelligiblen Ichs, nicht aus hochspezialisierten Taktiken zur Schwächung des Gegners »Mann«. Weibliche Gegenmacht entsteht vielmehr aus der Nicht-Einsetzbarkeit der eigenmächtigen Frau, die »die natürliche Grenze patriarchaler Machtentfaltung« bildet.[55] Dieses Prinzip kehrt – so unterschiedlich die verschiedenen Frauenfiguren gezeichnet sind – in Kafkas Werk beharrlich wieder. Die Frau erscheint nicht als Machtsymbol, das funktionalisierbar ist, sondern als Inhaberin

---

52 Stellenangaben bei Bödeker, *Frau*, S. 77f.
53 Franz Kafka, *Der Proceß*, in der Fassung der Handschrift hrsg. von M. Pasley, Frankfurt a.M. 1992, S. 253.
54 Stach, *Mythos*, S. 161 ff., 187 ff.
55 Hier und im folgenden zitiert aus Stach, *Mythos*, S. 183.

einer Macht, die ubiquitär und »an der keinesfalls beliebig zu partizipieren ist« (Stach).

Neben der Rekurrenz dieses Prinzips behandelt Stach vor allem die Affinitäten zwischen Kafkas Bilderwelt des Weiblichen und Weiningers Defizienzmodell. Als Beispiel für die »Ich-Losigkeit« der Frau und ihre »passive Aktivität« in Form verführerischer Selbstpräsentation führt er auch Kafkas Text über die Sirenen und Odysseus an. Er erwähnt die Skizze aber nur flüchtig und geht nicht näher auf sie ein, obwohl ihre Inszenierung von Weiblichkeit repräsentativ für Kafkas Gesamtwerk ist.[56] Die zwei (oben umrissenen) Weiblichkeitsmodelle der Gleichung *Frau = Natur* sind darin nämlich verflochten. Naturnähe wird einerseits als das Fehlen von Bewußtsein, andererseits als natürliche Potenz im Sinne stabiler Identität des Wesens gewertet. Beide Modelle laufen mithin zusammen: Die Sirenen, Inkorporationen von Verführung und Begehren, figurieren als physisch hochpräsente, aber psychisch und moralisch komplett bewußtlose Gegenmächte zum männlichen Helden, die gerade aufgrund ihres mangelnden Bewußtseins letztlich nicht zerstörbar und damit unbezwingbar sind. In sich zentrierte Begehrlichkeit ohne Ich, ohne Gewissen, ohne eine Persönlichkeit, die sich in folgenschwere Selbstwidersprüche verwickeln könnte, »bleiben« sie – trotz mißglückter Versuchung. Denn die Bedingung der Möglichkeit ihres Untergangs existiert nicht: Sie haben kein »Bewußtsein« und lassen jegliches Kennzeichen von Individualität vermissen. So bleiben und bleiben sie – und nur, wer sich vor ihnen mit adäquaten »Mittelchen« schützt, kann ihnen »entgehen«.[57]

---

56 A.a.O., S. 83 f.
57 Durch die Absprache jeglichen (sowohl organismischen und psychologischen als auch gesellschaftlichen sowie erkenntnistheoretischen) Bewußtseins, findet eine Reduktion der Sirenen auf Wesen statt, die jeder Fähigkeit der Vergegenwärtigung von inneren oder äußeren Erlebnissen ermangeln. Nach der metapsychologischen Theorie Freuds ist das Bewußtsein die Funktion des Systems Wahrnehmung–Bewußtsein, das, an der Oberfläche des seelischen Apparates befindlich, gleichzeitig den Empfang von Informationen aus der Innen– und Außenwelt gewährleistet, d.h. die Empfindungen, die unter die Lust–Unlust–Reihe zu subsumieren sind, und die wiederbelebten Erinnerungen. Das Bewußtsein ermöglicht durch Bündelung der Aufmerksamkeit, durch Gedächtnis und Vorausschau zielgerichtete Vorgehensweise, überhaupt typisches menschliches Verhalten. Es qualifiziert den Menschen zum Menschen – durch das Bewußtsein kann er Stellung zu sich selbst nehmen, was ihm eine Sonderstellung einräumt. Sein Distanzierungsvermögen, die Fähigkeit, sich als Subjekt der Welt, in der er lebt, auf der Basis seiner philosophischen Wesensbestimmungen Geist, Reflexion und Freiheit gegenüberzustellen und sich ihrer zu bemächtigen, privilegiert ihn gegenüber dem Tier, dessen Existenz, Daseinsberechtigung, naturbestimmt gegeben ist. Der Mensch hingegen hat eine Bestimmung, die ihm selbst mittels seines Bewußtseins zu erfüllen anheimgestellt ist. --- Ohne Bewußtsein wird den Sirenen die menschliche Sonderstellung nicht zugesprochen. In Ermangelung des ihrem Gegner eigenen Distanzierungsvermögens, der seine Aufmerksamkeit auf die Mittel fokussiert und sich seiner Intention, sich vor den Sirenen zu bewahren, vollständig bewußt ist, sind sie, solange man sie in ihrer anthropomorphen Gestalt betrachtet, unterlegen. Tatsächlich läßt sie der Vergleich mit dem distanzierten Verhalten des Odysseus als besiegt erscheinen: »Sie wollten nicht mehr verführen, nur noch den Abglanz vom großen Augenpaar des Odysseus wollten sie solange als möglich erhaschen.« --- Der Mangel des Bewußtseins legitimiert aber auch das Verhalten der Sirenen, erklärt es nachträglich und vermittelt Klarheit darüber, weshalb sie fortbestehen. Sie können sich zwar einerseits ihres Gegenübers aufgrund der fehlenden Konditionen, die das Bewußtsein liefert, nicht bemächtigen, andererseits aber auch nicht den perzeptiven oder kognitiven Funktionen des Bewußtseinsapparates erliegen; d.h. sie können weder infolge der Perzeption von Odysseus' äußerlicher Erscheinung und dem glückseligen

3.1.3 Kafkas Sirenen als »femmes fatales«

Wie auch immer Odysseus'Verhalten in Kafkas Lektüre zu beurteilen ist: Das Weiblichkeitskonzept der Sirenen ist deutlich am entrealisierten Kunstgeschöpf der *femme fatale* orientiert, das – nach der romantischen Wiedererweckung antiker Bildwelten – zu Kafkas Zeit durch Wissenschaft, Literatur und Kunst ›geistert‹: Kafkas Sirenen repräsentieren eine Weiblichkeitskonstruktion, die, von jeglichem sozialen Kontext abgekoppelt und vollständig ins Ästhetische transformiert, stark an die männerverderbenden Nymphomaninnen, mit scharfen Krallen und Zähnen bewehrten Vampyrweiber[58] und unendliche Lust spendenden Hetären[59] erinnert, die die zeitgenössische Kunst, die Romane und die Lyrik, die Theaterstücke und die Filme bevölkern.[60]

Daß sich für Kafka als Literatur- und Filmliebhaber eine solche Kodierung unmittelbar anbietet, liegt nahe. Es wird zudem daran ersichtlich, daß die Sirenen in den damals wohl gebräuchlichsten Mythologie-Lexika *qua* Adaption ihrer spät- und nachantiken Ausdeutung[61] kurzerhand zu Hetären erklärt werden. Ein gängiges Nachschlagewerk, das Künstler und Gelehrte um und nach 1900 ebenso benutzten wie schon Goethe und seine Zeitgenossen, ist Benjamin Hederichs *Gründliches Mythologisches Lexikon*. Darin werden Mythen samt rationalistischer und ethischer Deutung als lexikalisch inventarisiertes Wissen übersichtlich präsentiert. Über die Sirenen heißt es:

> Manche wollen bald besondere Vögel in Indien, bald besondere Fische aus ihnen machen. [...] Andere meynen, es wären Klippen gewesen, zwischen welchen die anschlagenden Wellen ein angenehmes harmonisches Geräusch gemacht, welches die Schiffer oft dahin gelocket, und dadurch in Gefahr gebracht, daselbst Schiffbruch zu leiden. [...] *Am glaublichsten ist es, daß sie berühmte Huren gewesen,* welche die Vorbeyreisenden an sich gelocket, und hernach ausgezogen, welches denn der Schiffbruch war, den dergleichen verführte Leute litten.[62]

Als althergebrachtes Bild, in dem Erotik und tödliche Gefahr untrennbar verbunden sind, gehören die Sirenen zum Code der Zeit, dem derjenige folgt, der das »Weib« aufgrund dessen »Natur« zur unheilvollen lebensbedrohlichen Versuchung erklären will. Auch Kafka war das Bild aus dem zeitgenössischen Diskurs wohlbekannt. Es hat

---

Ausdruck seiner Augen noch infolge eines der oben als möglich aufgeführten kognitiven Prozesse mit dem Resultat ihrer Selbstzerstörung vernichtet werden. Zusätzlich bedarf ihr Dasein keiner Rechtfertigung, da es naturbestimmt ist. Die Sirenen überdauern als übermächtige Naturgewalten, denen Bewußtsein fehlt.
58 Zum Vampir vgl. H.R. Brittnacher, *Ästhetik des Horrors. Gespenster, Vampire, Monster, Teufel und künstliche Menschen in der phantastischen Literatur,* Frankfurt 1994, S. 143f., 175ff.
59 Zu der im Rahmen der Décadence-Kritik der Zeit von den »antidekadenten« Männern kultivierten antiken Hetärenfigur, in der sich höhere Erotik mit Prostitution verknüpft, s. H. Schelsky, *Soziologie der Sexualität,* Hamburg 1955, S. 45 f.
60 Vgl. allgemein auch H. Fritz, »Die Dämonisierung des Erotischen in der Literatur des Fin de Siècle«, in: H. Bauer u.a. (Hrsg.), *Fin de siècle. Zu Literatur und Kunst der Jahrhundertwende,* Frankfurt a.M. 1977, S. 442–462; J. Hermand, »Undinen-Zauber. Zum Frauenbild des Jugendstils«, in: ders., *Der Schein des schönen Lebens,* Frankfurt a.M. 1972, S. 147–179.
61 Den kulturellen Prozeß und die verschiedenen Stufen der Umwertung, auch den der Umbildung zu Wasserfrauen erläutert ausführlich bei Rachewiltz, *de serenibus.* Zur Deutung der Sirenen als Hetären vgl. auch Kaiser, »Odyssee-Szenen«, S. 121.
62 B. Hederich, *Gründliches Mythologisches Lexikon,* Leipzig 1770, Neudr. Darmstadt 1967, S. 2223f. (Hervorhebung durch Kursive, A.-B.R.).

seinen Blick auf Frauen wesentlich geprägt; und er hat sich der bekannten Imago mehrfach bedient. Kafkas vermeintlich subjektive Eindrücke speisen sich aus einem Fundus an kulturellen Imaginationen und kollektiven Mythen des Weiblichen, die seine Wahrnehmung in der Begegnung mit und im literarischen Blick auf Frauen entscheidend vorgeprägt haben. Da sein Denken ohnehin äußerst bildhaft und mythisierend ist, liegt die Annahme nahe, daß er für kollektiv phantasierte Weiblichkeitsmythen wie den Mythos von der tödlichen Versuchung der Sirenen besonders empfänglich war.[63]

Bestätigen läßt sich diese Disposition für das Mythische an Kafkas von der Forschung bisher kaum beachteter Schwärmerei für die Schauspielerin Mania Tschissik. Die ›Inbrunst‹, mit der er die Darstellerin während ihrer Auftritte ›beäugt‹, und die Lust, mit der er davon im Tagebuch berichtet, machen seine Veranlagung transparent. Sie sind ungemein geeignet, um zu erhellen, wie sehr sich Kafkas Mythos von der Frau als einer lebensgefährlichen Verlockung, die abgewehrt werden muß, auf der Basis herkömmlicher ins Tierhafte verschobener Frauenbilder biographisch-genetisch formiert und entfaltet hat. In der Faszination, die Mania Tschissik über Monate auf Kafka ausgeübt und die er in seinen Tagebüchern exzessiv literarisiert hat, dokumentiert sich nicht die gezielte Überwindung vorhandener Mythisierungen, sondern deren radikale Ästhetisierung. Diese treibt, anfangs – so in den Notizen der Jahre 1911/12 – noch rein für sich stehend, zunehmend eine entlarvende Kraft hervor, die, wenngleich sie die Mythisierungen nicht annulliert, doch zumindest die Frage ihrer Produktion aufwirft. Ein jeweils aufschlußreiches Beispiel liefern die Tschissik-Notizen um 1911 (Beispiel 1) und das 1917 notierte Prosastück über die Sirenen (Beispiel 2).

3.2 Beispiel 1 (Tagebuch 1911/12): Die Schauspielerin Mania Tschissik – Kafkas erste Sirene

Kafka sieht Mania Tschissik das erste Mal im Herbst 1911 auf einer Prager Bühne. Nach eigenen Angaben besucht er zwischen dem 4. Oktober und dem folgenden Frühjahr zwanzig Vorstellungen einer Truppe jiddischer Wanderschauspieler, zu der die von ihm Umschwärmte zählt.[64]

Die Attraktion der Truppe besteht für Kafka in ihren folkloristischen Elementen und Exotismen, aber auch in der Vitalität der Mitglieder, die ihm Folge einer verlockend unkonventionellen Lebensweise zu sein scheinen. Seiner »Liebe zu Frau Tschissik« verleiht er im Tagebuch seitenlang Ausdruck.[65] Detaillierte Studien ihres Körpers

---

63 In welchen privaten Zusammenhängen sich Kafkas weibliche Romanfiguren verorten lassen, hat im wesentlichen die dem Biographismus verpflichtete Kafka-Forschung untersucht. An sie soll, wenn im folgenden auf die Schauspielerin Tschissik, die unmittelbar in den Kontext »Sirene« gehört, Bezug genommen wird, *nicht* angeknüpft werden. Es geht *nicht* darum, Kafkas Prosaskizze von den Sirenen oder andere Aufzeichnungen als autobiographische Dokumente zu nivellieren. Vielmehr geht es darum zu zeigen, daß das, was wie reine Privatmythologie anmutet, Reproduktion und Entfaltung vorgegebener Weiblichkeitsmythen ist.

64 E. Pawel, *Das Leben Franz Kafkas. Eine Biographie*, München/Wien 1986, S. 273 ff.

65 Franz Kafka, *Tagebücher in der Fassung der Handschrift*, hrsg. v. H.-G. Koch/M. Müller/M. Pasley, Frankfurt a.M. 1990, S. 79, 82, 95 ff., 196, 202, 208, 216, 227 f., 230 ff., 237 f., 281, 284 f., 301 f.,

bezeugen eine ungestüme visuelle Faszination durch die Künstlerin. Sie verraten erotische Phantasien, denen er sich hingegeben haben muß, ohne die Ferne zu ihr zu überbrücken. Die Distanz wurde bewahrt, wohl aus Mangel an Annäherungsversuchen seinerseits und Interesse ihrerseits. Sein Versuch, sich ihr in einer Vorstellung mittels eines Blumenstraußes zu entdecken, scheiterte; und er hält im Tagebuch neben der Enttäuschung eine Sicht auf das Geschehene fest, die bezeichnend für seine späteren Liebesbeziehungen ist: für Liaisons, die, vornehmlich projektiver, fiktiver Natur, sich in Tagebuchnotizen, autobiographischer Prosa und intimer Korrespondenz erschöpften:

> Ich hatte gehofft, durch den Blumenstrauß meine Liebe zu ihr ein wenig zu befriedigen, es war ganz nutzlos. Es ist nur durch Literatur oder durch den Beischlaf möglich.[66]

3.2.1 Kafkas Schaulust: Das Auge als Organ visueller Einverleibung

Da es zum »Beischlaf« nicht kommt, bleibt Kafka die »Literatur«: Lektüre gleichermaßen wie eigene Literarisierung – und, dieser vorgekoppelt, weiterhin die Befriedigung der Schaulust. Folglich setzt er den Besuch von Vorstellungen der Truppe fort, um die Begehrte mit den Augen zu verschlingen und, nach Hause zurückgekehrt, das Verschlungene in Bildern lustvoll zu literarisieren. Denn nur auf diese Weise kann er seine »Liebe zu ihr ein wenig befriedigen«. Einzig das Auge, dem nicht unbedingt anzusehen ist, daß es als erotisches Organ fungiert, vermag zu erfüllen, was ihm auf andere Weise versagt ist: seinen Wunsch nach Einverleibung, von dem er glaubt, ihm könnten ansonsten nur »Literatur« oder »Beischlaf« Genüge tun. Allein das Auge – das weiß der visuell hochsensible Kafka, ein Meister des Kontaktes auf Distanz – kann heimlich Intimität und Befriedigung bewirken. Und zwar, indem es als Organ originär visueller Einverleibung anfällt und verschlingt, was es sieht, aber auch, *quasi* oralisiert, Ersatz beschafft für Kuß, Biß und Schmaus – Lüste, die der Mund bisweilen entbehrt und die allein ihm vorbehalten zu sein scheinen.

Um diese optischen Möglichkeiten wissend, begibt sich Kafka regelmäßig und nicht ohne Erfolg zu den Aufführungen der jiddischen Truppe. Tatsächlich gelingt es ihm dort gelegentlich, »mit dem Blick« »unter die Augenlider« der Begehrten zu kommen, in ihre Augen »hineinzuschlüpfen«[67] oder in ihren »Mund«, der zuweilen »geöffnet ist wie ein blinzelndes Auge« – »wie überhaupt ihre Mundwinkel beim Sichöffnen an die Winkel der Augen erinnern«.[68] Kafkas Stimulans, die Vorführungen der Theatergruppe zu besuchen, bildet also das Bedürfnis nach Vereinigung durch visuelle Einverleibung.[69] Genau dies hält ihn auch dazu an, der von ihm Begehrten eine erotische Macht über sich zu (ver)leihen; eine Macht, der er sich nicht etwa gut kantisch durch moralische Selbstvergewisserung *qua* Besinnung aufs innere Sittengesetz,

---

320, 351 f. (alle Einträge stammen aus der Zeit zwischen dem 14. Oktober 1911 und dem 7. Januar 1912).
66 Kafka, *Tagebücher*, S. 231.
67 A.a.O., S. 96.
68 A.a.O., S. 231.
69 Zur »Visuellen Einverleibung« s. G. Mattenklott, »Das gefräßige Auge«, in: D. Kamper/Chr. Wulf (Hrsg.), *Die Wiederkehr des Körpers*, Frankfurt a.M. 1982, S. 224–240.

sondern mit lüsterner Hingabe an die eigene unwiderstehliche Triebhaftigkeit ›erwehrt‹: durch Fragmentierung des begehrten Körpers in einzelne Bilder, die er im Tagebuch literarisiert, und durch die er seine »Liebe« zu der Begehrten »befriedigt«.

3.2.2 Weibliche Macht als Reflex männlicher Lust an mythischen Bildern

Die Macht, die Kafka »der Tschissik« erteilt, ist willentlich eingeräumt. Sie ist nicht etwa auf ein fein differenziertes Darstellungsvermögen der Schauspielerin zurückzuführen, sondern liegt in Kafka begründet: Sie konstituiert sich auf seiner Netzhaut und ist Reflex seiner Lust, Gefühle erotischer Ohnmacht in mythischen Bildern zu verbalisieren. *Vis-à-vis* Mania Tschissik treten in Kafkas Blick gängige Frauenbilder seiner Zeit mit seiner eigenen, mythisch strukturierten Wahrnehmung zusammen. Ergebnis ist die Projektion einer mächtigen Über-Frau. Deren Hauptmerkmale, Vitalität und Körperlichkeit, sind Eigenschaften, die im Surplusmodell der Konstruktion *Frau = Natur* als Kennzeichen stabiler Identität und potentieller Übermacht gelten. »Frau T.« entfaltet bei jedem ihrer Auftritte eine vitale Energie, die in Kafkas Phantasie eigentümliche ›Blüten treibt‹. Im Tagebuch literarästhetisch zum Ausdruck gebracht, sprechen diese ›Blüten‹ für sich. Sie bescheinigen »Frau T.« eine hypertrophe Leiblichkeit und Kafka visuellen und literarischen Hochgenuß: Lust an seinem Schwarm, den er als das Inbild weiblicher Unverwüstlichkeit feiert. Mania Tschissik zeichnet sich in Kafkas Augen durch eine unanfechtbare Identität aus: Ihr eignet eine stets hohe physische Präsenz und ein ausgeprägter Sex-Appeal, der jedwede (auch private) Szenerie beherrscht und selbst dort, wo ihre Rollen ihr nur geringe schauspielerische Leistungen abverlangen, jeden Mangel auszugleichen versteht:

> Frau Tschissik (*ich schreibe den Namen so gern auf*) [...] neigt bei Tisch [...] gern den Kopf, man glaubt unter ihre Augenlider *mit dem Blick* zu kommen, wenn man [...] *hineinschlüpft* [zu dem bläulichen Schein], der, zu dem Versuch *verlockt*. Aus der Menge ihres wahren Spiels kommen [...] Vorstöße der Faust, Drehungen des Armes [...], Anlegen der gespreizten Finger an die Brust, weil der *kunstlose* Schrei nicht genügt, [...] das Sichaufrichten beim Widerstand, das den Zuschauer *zwingt*, sich um ihren ganzen Körper zu kümmern; *und nicht viel mehr.*«[70]

Die seitenlangen deskriptiven Passagen über die Körpersprache und Bewegungen der Schauspielerin, über ihre Haare, ihren Hals und insbesondere ihren Mund sind deutlich erotisch und sexuell kodiert. Weibliche Sprache erscheint in der Optik des Begehrenden zuvörderst als Körpersprache: Auf*sehen* erregen ihm am Akt des Sprechens vor allem die Bewegungen des »großen ursprünglich sicher schwerfälligen Mundes«.[71] »*Sicht*bar« wird *im Gespräch* der große »Körper« des Gegenübers, »die ganze Runde von Schultern, Rücken und Brust«[72]; Worte stehen hinter Gesten zurück, die Kafkas fragmentierender Blick gierig verschlingt und als Bild in seinen Notizen lebendig hält: »Wie zu kindlicher Klage öffnet sich ihr Mund«, beschreibt er das Objekt seines Begehrens, »sie hat gern zwei Finger am rechten Mundwinkel, vielleicht hat sie auch die Fingerspitzen in den Mund gesteckt.«[73]

---

70 Kafka, *Tagebücher*, S. 96 f. (Hervorhebungen durch Kursive, A.-B.R.).
71 A.a.O., S. 95.
72 A.a.O., S. 237.
73 A.a.O., S. 235.

Kafka besetzt die Gestik und Sprache der Bühnenkünstlerin zweideutig. Schauspielerei und Erotik sind doppelsinnig miteinander verflochten: Weiblichkeit zeichnet sich hier durch permanente Performanz ihrer selbst aus. Frau Tschissiks Körperlichkeit dominiert – in tierhafter Unmittelbarkeit, nicht etwa als erotisches Versprechen – jeden ihrer Auftritte. Manchmal wagt Kafka, der anscheinend befürchtet, es ließe sich seinen Augen ansehen, daß sie als erotisches Organ fungieren, »kaum hinzusehen«. Nur »hie und da« trifft dann sein Augenpaar das ihre; »wenn sie aber [...] mit einem Blick antwortet«, sieht er weg. Auch bei unerwarteten Begegnungen außerhalb der Vorstellungen sieht er »sie« – d.h. in seiner fragmentierenden Optik: die ständig vorstehende »linke Hüfte« sowie »die Bewegung des Halses und des Kopfes« – »nur flüchtig«. Denn er erschrickt »bei ihrem Anblick« derart, daß er, zumal er fürchtet, sie könne seinen Blick erwidern, die Augen abwendet – jedoch nur, um sie ihr beim nächsten Auftritt wieder fasziniert zuzuwenden.[74]

Die Erscheinung der Schauspielerin, deren Faszinosum in ihrer Körperlichkeit liegt, läßt Kafka in einen zwanghaften Sog von Begehren und Befremden geraten, der die Fluchtlinie all seiner Darstellungen des Weiblichen bildet. Wie die Weiblichkeitsfigurationen aus späterer Zeit evoziert auch »die Tschissik«, deren Vornamen er in seinen Notizen bezeichnenderweise nicht einmal nennt, eine Fremdheit, die – folgt man seinem Blick und löst aus der Fülle des Sichtbaren einzelne Bilder heraus – mit einer eigentümlichen Verselbständigung ihrer einzelnen Körperteile einhergeht. So notiert Kafka bei einer Schilderung von Mania Tschissiks »natürlicher Macht«, eine ihrer »wichtigen Bewegungen« gehe »als *Schauer* « von ihren »etwas steif gehaltenen, *zuckenden Hüften* « aus.[75] Wie Haar, Hals und Mund, die sein Blick von ihrem Körper abspaltet, bilden auch die mehrfach erwähnten Hüften funktionale Chiffren. Sie kodieren »Frau T.« nicht so sehr als Individuum wie als Gattungswesen, das an einem überindividuellen Weiblichkeitsmythos teilhat: An die Leerstelle eines Ichs rückt der Körper, den der männliche Blick in Partialreize auflöst und sich, seiner Sinnlichkeit hingegeben, gleichsam in Großaufnahme einverleibt.

3.2.2 Sirene »T.« – Wunsch- und Schreckbild: Mania Tschissik als mythisches Doppelwesen

»Frau T.« ist für Kafka zugleich Schreck- und Wunschbild. Sie ist seine erste *Sirene*.[76] Ihr Anblick setzt für ihn Befremden und Begehren in ein äußerst ambivalentes Gefüge. Denn ihre robuste Körperlichkeit ruft in ihm gleichsam den zugleich befremdlichen wie lustvollen Zustand des noch Ungeschiedenen vor der Subjektbildung des Menschen und damit vor dessen Entfremdung von der Natur wach. In der Erscheinung der vitalen Schauspielerin findet Kafka die seinerzeit verbreitete Vorstellung bestätigt, die Frau verkörpere den regressiven Zustand symbiotischer Einheit mit der Natur – eine Vorstellung, die Lust ebenso wie Gefährdung, das Empfinden der Anziehung ebenso wie das des Abgestoßen-Werdens garantierte.

Daß Kafka sein ambivalentes Gefühl mittels Mythisierung literarisiert, verwundert nicht. War dies doch damals gang und gäbe und hat Kafka doch, wie von Stach ge-

---

74 A.a.O., S. 233, 284.
75 A.a.O., S. 351 (Hervorhebungen durch Kursive, A.-B.R.)
76 A.a.O., S. 234f., 301f.

zeigt, die Tendenz, neue Eindrücke in ein festes System von Bildern, Symbolen und Mythologemen zu integrieren. Er fügt Erfahrungen in eine mythische Vorstellungswelt ein, in der Weiblichkeitstopoi einen eigenen »erotischen Mythos« (Stach) konstituieren, dessen Material sich aus in Kunst und Literatur vorgegebenen Bildern sowie aus textunabhängigen, gesellschaftlich virulenten Mythen und eigener sozialer Erfahrung speist.[77]

Zumal der Bezug auf die Sirenen liegt nahe. Wie die Sphinx, die Medusa und ähnliche rätselhafte feminine Mischwesen, die damals Konjunktur hatten, lassen sie sich beliebig als »Rätsel Weib« oder als Tier apostrophieren und erregen alternativ den Schauer des Schrecklichen oder das Gefühl des Grotesken. Sie reflektieren gesellschaftliche Mythen und Ideologeme des Weiblichen, aber auch reale Momente weiblicher Identität, die allein schon über das Moment der Reflexion immer an diese Konstrukte gebunden ist.[78] Im Rückblick auf sie läßt sich die Frau – angesichts der Interferenzen von Menschlichem und Tierischem – mühelos als monströs und schaurig darstellen. So projiziert auch Kafka seine (ebenso selbst erzeugten wie von Kunst und Gesellschaft ästhetisch geprägten) mythischen Vorstellungen auf Mania Tschissik. Nichts kann »den Anflug von Schauern« verhindern, den er »immer beim Hören ihrer Stimme fühlt«, gesteht er am 28. Oktober. Und am 19. Dezember notiert er seine Vorstellung von ihr als einem in den Bereich gefährlicher Natürlichkeit fallenden mythischen Wesen:

> Ihr Leib war gestern schöner als ihr Gesicht [...]. Der schön gerundete [...] große Körper gehörte gestern nicht zu ihrem Gesicht, und sie erinnerte mich undeutlich an Doppelwesen wie Seejungfrauen, Sirenen, Centauren.[79]

Im Zusammenhang mit diesen personenbezogenen Bildern steht vermutlich ein weiterer Eintrag vom 16. November 1911, in dem Kafka die Last eines erotischen Phantombildes auf seiner Brust beschreibt:

> Heute mittag vor dem Einschlafen – ich schlief aber gar nicht ein – lag auf mir der Oberkörper einer Frau aus Wachs. Ihr Gesicht war über dem meinen zurückgebogen, ihr linker Oberarm drückte meine Brust.[80]

Kafkas angstbesetzte Phantasie bringt hier eine schmelzbare Travestie der marmorkalten Venus hervor, die den Dichtern schon seit dem ausgehenden 18. Jh. – ob als das steinerne Bild der Mutter oder als versteinerte Medusa – zu poetischer Inspiration gereicht.[81]

Sechs Jahre später, im August 1917, als seine Lungenkrankheit ausbricht, greift Kafka erneut auf die Sirenen-Imago zurück und überführt das Phantasma der be-

---

77 Stach, *Mythos*, S. 68 ff., 129 ff., 221 ff.
78 Zur Unmöglichkeit, zwischen den sozialen Existenzformen der Frau und ihrer Mythisierung zu unterscheiden, vgl. S. Bovenschen, *Die imaginierte Weiblichkeit. Exemplarische Untersuchungen zu kulturgeschichtlichen und literarischen Präsentationsformen des Weiblichen*, Frankfurt a.M. 1979, S. 31 f., die darlegt, daß der Begriff des Weiblichen, auch der Selbstbegriff der Frauen, seine Substanz wesentlich aus der Wirklichkeit der Imaginationen der Frau gewinnt.
79 Kafka, *Tagebücher*, S. 234 f., 301 f.
80 A.a.O., S. 251.
81 Vgl. hierzu M. Janz, *Marmorbilder. Weiblichkeit und Tod bei Clemens Brentano und Hugo von Hofmannsthal*, Königstein/Ts 1986, passim.

drückenden wächsernen Marmorfrau in die Gestalt ihn attackierender krallenbewehrter Verfolgerinnen. Zirkuliert die Frau durch seine Vorstellungen und Träume bis dahin als eine eher passive Bedrohung, tritt sie hier als aktive physische Gewalt auf:

> »Nein, laß mich, nein laß mich!« so rief ich unaufhörlich die Gassen entlang und immer wieder faßte sie mich an, immer wieder schlugen von der Seite oder über meine Schultern hinweg die Krallenhände der Sirene in meine Brust.[82]

Kafka übernimmt zur Kennzeichnung weiblicher Bedrängung und Bedrohung mithin zwei Imagines, mit deren Hilfe seine romantischen ›Ahnen‹ Phantasien von Verlockung zu Abgrund und Tod, Sehnsüchte nach einem archaischen Stadium vor aller Individuation zum Ausdruck brachten: die mortifizierte schwere Kühle und das Mischwesen Sirene, das die Romantik gemeinsam mit Melusinen und Undinen wiederentdeckte und -belebte. Insbesondere das zweite Modell, das aggressiver Körperlichkeit, übt auf den Dichter eine starke Faszination aus. In ähnlicher Form kommt es z.B. im *Proceß* vor: in Gestalt einer Leni mit Schwimmhäuten, die, einen aufreizenden bitteren Geruch verströmend, dem Protagonisten Josef K. beim Liebesspiel in den Hals und in die Haare (Körperpartien, auf die Kafka in sexuell kodiertem Kontext gerne den Blick richtet) beißt – und zu der K. auf den Teppich »hinabgezogen« wird wie zu einer Nixe in die Fluten.[83]

3.3 Beispiel 2 (Tagebuch 1917): Odysseus und die Sirenen in Kafkas Prosastück

Kafkas Umgang mit Bedrohlichkeitsimagines der geschilderten Art nimmt nach und nach subtilere Formen an; auch und gerade innerhalb der Selbstzeugnisse. Tradierte Bilder werden dekomponiert, ihre Bedrohlichkeit dadurch relativiert. Die bloße Übernahme vorgegebener Konstruktionen entwickelt sich zu einer Arbeit an ihnen, die depotenzierenden Charakter hat. Deutlich wird dies in einem Brief, den Kafka im November 1921 an Robert Kloppstock schreibt und in dem er durch Dekomposition und ironisches Zitieren des Mythos von den Sirenen deren Macht und Gefährlichkeit entkräftet. Die Sirenen erhalten in diesem Brief ihre 1917 vorenthaltene Sangeskunst zurück, ohne daß sie dabei einer Remythisierung (im Sinne einer Machtzuweisung) unterzogen würden. Im Gegenteil, ihre mythische Charakterologie, die des animalischen Mischwesens, wird zwar übernommen, ihr Gesang aber darauf zurückgeschnitten, Klage über eigene Unfruchtbarkeit und daher Machtlosigkeit gewesen zu sein:

> Des Mädchens Brief ist schön, ebenso schön wie abscheulich, das sind die verführerischen Nachtstimmen, die *Sirenen* haben auch so gesungen, man tut ihnen unrecht, wenn man glaubt, daß sie verführen wollten, sie wußten, daß sie Krallen hatten und keinen fruchtbaren Schoß, darüber klagten sie laut. Sie konnten nicht dafür, daß die Klage so schön klang.[84]

---

82 Kafka, *Tagebücher*, S. 828.
83 Kafka, *Der Proceß*, S. 145 f.
84 Franz Kafka, *Briefe 1902 – 1923. Gesammelte Werke*, hrsg. von M. Brod, Frankfurt a.M. 1958, S. 362.

Während die Sirenen 1921 als machtlos erscheinen, bedarf es 1917 in Kafkas Vorstellung einiger Maßnahmen, um ihren Verführungsversuchen vorzubeugen. 1921 heißt es, man täte den Sirenen Unrecht, wenn man glaubte, es liege in ihrer Absicht zu verführen. 1917 dagegen wird bedeutet, sie wollten angesichts der Teilnahmslosigkeit des Odysseus »nicht *mehr* verführen«. Erst wird ihnen die Intention zu verführen grundsätzlich beigemessen, vier Jahre später indes nicht.

In dem Prosastück von den schweigenden Sirenen zähmt Odysseus die Doppelwesen auf höchst aufschlußreiche Weise: dadurch, daß er sich die Ohren mit dem Material verstopft, aus dem noch Kafkas bedrohliche Wachs-Frau gemacht war. Das Wachs wird hier zur Entscheidung gegen die in der Romantik wiederbelebten antiken Bilder von Verführung und Bedrohung. Es knüpft an den Topos vom ›Heil-Mittel Wachs‹ an, der im Humanismus und in der Renaissance wiederholt als Mittel gegen antike Gedankengebilde, Wissen, Rhetorik, und gegen Sinnlichkeit angeführt wurde. Als ein solches Gegenmittel erwähnt es nicht zuletzt Natalis Conti (Comes)[85] in der *Mythologiae sive explicationum fabularum* (1551), einer recht populären mythographischen Schrift, die im 16. und 17. Jh. in über zwanzig Editionen erschien und zu den Werken zählt, auf die sich noch Hederich im *Gründlichen mythologischen Lexikon* bezieht. Bei Conti heißt es, wenn ein Mann »eine furchtbare Menge an Unfällen und Not vermeiden«, »gesetzlosen Vergnügungen und häßlichen Versuchungen des Lebens aus dem Weg gehen« wolle, solle er dem »Beispiel des Ulysses« folgen und seine »Ohren verstopfen«.[86]

3.3.1 *Vermeidung statt Einverleibung: Odysseus' Umgang mit naturhaft dämonischer Weiblichkeit*

Eben diesen Ratschlag befolgt Odysseus in Kafkas Sirenenepisode. Seine Figur ist ein Plädoyer dafür, Versuchungen, die Myth(isierung)en bereitstellen, aus dem Weg zu gehen. Zu diesem Zweck ist im Text ein Bild naturhaft-dämonischer Weiblichkeit exponiert, das exemplarisch wiedergibt, was um 1900 und im ersten Viertel des 20. Jh.s unter dem Titel *femme fatale* firmiert. Indem der Text diese Weiblichkeitskonstruktion ins rein Ästhetische transformiert und als ein mythisches Bild entfaltet, das von jedem realen Kontext abgekoppelt ist, erscheint es als Inszenierung patriarchalischer Inszenierung von Weiblichkeit.

Dieser Effekt ergibt sich daraus, daß sich zwei Perspektiven – die des Textes und die des Protagonisten – konträr gegenüberstehen. Hierbei bildet Odysseus' Blick das anempfohlene Kontrastprogramm zum mythisch verhafteten Blick auf die Frau, den der Text vorgibt. Odysseus' Blick ist von jeder vorstrukturierten Perspektive losgelöst. Er ist für Weiblichkeit, wie sie der Text inszeniert – für die Präsenz der Frau als eines Mythos, der sich offenkundig bloßer Projektion verdankt – unempfänglich. Odysseus rettet sich vor jeglicher Verstrickung eben durch die Entbundenheit seines Blicks. Er ist davor gefeit, auf den Mythos der sirenischen Frau und die zahlreich an ihn geknüpften Vorstellungen und Versuchungen einzugehen. Weder verfällt er den Repräsentantinnen epischer Erzählkunst oder denen des Wissens, noch denen des Sexus.

---

85 Zu Natalis Conti (Comes) vgl. Wedner, *Tradition*, S. 145–52, wo allerdings nicht auf die folgende Stelle eingegangen wird; zu dieser vgl. de Rachewiltz, *de sirenibus*, S. 177 ff.
86 Übersetzt aus Natalis Conti, *Mythologiae* 7, 13.

Derartigen Mythisierungen und ihnen einwohnenden Bedeutungszuweisungen und Geltungsansprüchen verweigert er sich. Er läßt sich auf eine Konfrontation mit den Repräsentantinnen mythischer Macht gar nicht erst ein, schenkt ihnen kein Gehör und setzt sich dadurch der Gefahr, von den mythischen Versprechungen des Vergnügens, der Erweiterung des Wissens und der Macht verlockt zu werden, von vornherein nicht aus.

Durch diese Vermeidung entgeht Kafkas Odysseus der Falle, in die Kafkas K.-Figuren der Romane tappen. Sein Verhalten entspricht nicht dem mythisch wiederkehrenden Interaktionsmuster zwischen Mann und Frau, wie es den Romanen zugrunde liegt. Er erliegt nicht wie Josef K. dem aus instrumenteller Perspektive entworfenen Konzept, die Frau sei als Machtkonnektor funktionalisierbar. Ein K. schätzt die Macht der Frauen als operabel ein. Odysseus indes hat keine instrumentelle Perspektive auf die Sirenen. Er sucht nicht, sich ihren Sexus oder ihr Wissen einzuverleiben. Er funktionalisiert sie nicht, um Zugang zu der mythischen Macht, die ihnen zugeschrieben wird, zu erhalten. Es geht ihm nicht darum, als Parasit weiblicher Vitalität an *dieser* Macht zu partizipieren und sie sich zu instrumentalisieren. Odysseus läßt diese Verlockung einfach an sich »abgleiten«. Darin besteht seine »Macht«.

Auch der Verlockung, der noch der junge Kafka 1911/12 erlag, als er für die von ihm sirenisch visualisierte Mania Tschissik schwärmte, erliegt Kafkas weitgereister, vielerfahrener Odysseus des Jahres 1917 nicht. Trennt sich Kafka Ende 1917 von Felice, so schenkt sein Odysseus den Sirenen weder sein Ohr (er verstopft es mit Wachs) noch sein Auge (dies läßt er in die Ferne schweifen). Zwar teilt er mit dem jungen Kafka die Eigenart, die Sirenen kurzerhand in Hälse, Augen und Münder zu fragmentieren. Die Gesichtswahrnehmung des Odysseus gleicht jedoch nicht dem hypertrophen Gesichtssinn des Schwärmenden, dessen Auge, hungrig und verschlingungslustig, Vereinigung verlangt. Odysseus folgt nicht dem »verlockenden Versuch«, »mit dem Blick« unmerklich »unter die Augenlider« des begehrten Objekts »zu kommen«, indem er »zuerst vorsichtig die Wangen entlang schaut und dann sich kleinmachend hineinschlüpft«.[87] Sein Blick ist distanziert, sein Wahrnehmungsapparat von den Sirenen abgezogen. Er verleibt sie sich nicht ein, sondern registriert sie nur. Wie auch immer sie sich ihm gegenüber zu inszenieren suchen, was sie auch repräsentieren mögen: Odysseus *sieht von* jeglicher Auseinandersetzung mit ihnen *ab*. Er *sieht weg*: »Bald« gleitet »alles an seinen in die Ferne gerichteten Blicken« ab, »die Sirenen« verschwinden »ihm förmlich« und »gerade, als er ihnen am nächsten ist, weiß »er nichts mehr von ihnen«.

3.3.2 Protagonist vs. Text: Divergente Perpektiven auf das Weibliche

Derart indifferent und teilnahmslos, weicht Odysseus' Blick grundlegend von den damals geläufigen Perspektiven auf das Weibliche ab: Er unterscheidet sich sowohl von Perspektiven, die sich in zeitgenössischen Texten und Bildern artikulieren, als auch von Kafkas eigenen Sicht- und Erlebnisweisen, wie sie etwa in seinen Notizen über Mania Tschissik zum Ausdruck kommen.

---

87 Kafka, *Tagebücher*, S. 96 f.

Wichtiger aber noch als diese beiden Unterschiede ist die Differenz zur Textperspektive, zum Blickwinkel der Erzählung, innerhalb deren Odysseus Protagonist ist: Odysseus schenkt den Sirenen bloß einen kurzen Augen-blick. Nur »flüchtig« sieht er »die Wendungen ihrer Hälse, das Tiefatmen, die tränenvollen Augen, den halbgeöffneten Mund« und »glaubt«, »dies gehöre zu den Arien die ungehört um ihn« erklingen. Odysseus erblickt in den Sirenen »Sängerinnen« und unterzieht ihren Auftritt keiner anderen Wertung als der naheliegenden: Er ordnet sie dem Bereich menschlich anmutender Sangeskunst zu, gegen die er sich abgesichert hat. Selbst wenn er, wie im »Anhang« des Textes alternativ insinuiert, diesen Glauben nur prätendiert, verwendet er doch keinen Augenblick auf eine Wertung des Geschehens, die ihn zu anderem als Standhaftigkeit jeglicher Verlockung gegenüber verleiten könnte. Er erliegt weder einer Erotisierung – im Gegenteil, sein Blick zeugt von einer fundamentalen Enterotisierung –, noch verfällt er der Substanzialisierung der Sirenen, wie sie die im Text veranstaltete Lektüre der antiken Episode vornimmt. Was sich auf Odysseus' Netzhaut genau abspielt, was seine Fernblicke leitet, bleibt offen. Er nimmt keine Perspektive ein, die sich irgendwie bestimmen ließe.

Ungewiß indes bleibt nicht, was auf der Netzhaut desjenigen stattfindet, der – mag er, da der Text Tagebuchnotiz ist, Kafka genannt, mag er zu einer von Kafka fingierten Instanz erklärt werden – die Sirenen in seiner Lektüre erneut in Szene setzt. Sein Blick läßt keinen Zweifel. Er produziert einen fortschreitenden Abbau der anthropomorphen Sirenengestalten über Wesen mit tierischen Zügen auf alles überdauernde Natur, reine Substanz, bewußtlose Materie, auf die noch der Felsen, auf dem sie ihre Krallen frei spannen, verweist.

In einem ersten Schritt werden die Sirenen als verführerische Sängerinnen, als Rätselbild von Ohnmacht erzeugender Unwiderstehlichkeit, dargestellt:

> Um sich *vor den Sirenen zu bewahren*, stopfte sich Odysseus Wachs in die Ohren und ließ sich am Mast festschmieden. Ähnliches hätten natürlich seit jeher alle Reisenden tun können (außer jenen *welche die Sirenen schon aus der Ferne verlockten*) aber es war in der ganzen Welt bekannt, daß das unmöglich helfen konnte. *Der Gesang der Sirenen durchdrang alles, gar Wachs, und die Leidenschaft der Verführten hätte mehr als Ketten und Mast gesprengt.*

In einem zweiten Schritt werden ihnen tierische Attribute beigefügt:

> Sie aber, schöner als jemals, streckten und drehten sich, ließen das schaurige Haar offen im Wind wehn, *spannten die Krallen frei auf den Felsen.*

Zuletzt wird ihnen jegliches Bewußtsein abgesprochen und bemerkt, sie blieben:

> *Hätten die Sirenen Bewußtsein, sie wären damals vernichtet worden, so aber blieben sie,* nur Odysseus ist ihnen *entgangen.*

Die vorzivilatorischen archaischen Gewalten, von denen sich das homerische Epos bereits distanziert und deren Schrecken die Homer-Allegorese seit der heidnischen und dann christlichen Antike zu bannen suchte, erscheinen hier als ›unverwüstliche‹ Natur. Unter Rekurs auf geläufige Weiblichkeitsimagines entziffert der Text die Sirenen als das ganz Andere, das ewig Unergründliche, das Nicht-Domestizierbare – und schreibt damit den Mythos als Mythos fort. Sein Protagonist jedoch verhält sich diesen Imagines gegenüber entmythisierend. Er tritt nicht als Misogyn, nicht als Troubadour auf, er betet die Sirenen weder an, noch dämonisiert er sie. Er ignoriert einfach die ihnen in Literatur, Kunst und Wissenschaft untergeschobenen Repräsentanzen und Potenzen; zumindest vermittelt er glaubhaft diesen Eindruck. In jedem Fall führt Odysseus die These Weiningers, den Mann ergreife vor dem »lockenden Abgrund des Nichts«, der sich angesichts weiblicher Substanzlosigkeit und Unbewußtheit auftue[88], die Furcht, erfolgreich *ad absurdum*. Kafkas Odysseus zeigt sich furchtlos und erbringt den »Beweis«, daß es keinen Grund gibt, sich vor dem Mythos zu fürchten, da seiner Verlockung standzuhalten durchaus möglich ist.

---

88 Weininger, *Geschlecht und Charakter*, S. 404.

C. Märchen und Mythos bei Walter Benjamin

1. Der Mythos: Ein immer wiederkehrender Zwangs- und Verblendungszusammenhang

Der »Beweis«, daß es keinen Grund gibt, sich vor dem Mythos zu fürchten, da seiner Verlockung widerstanden werden kann, stellt das entscheidende Kriterium dar, das Walter Benjamin an Kafkas Transformation der Sirenenepisode hervorhebt: »Wissen wir aber eins«, schreibt er mit Bezug auf den Text in seinem *Kafka*-Aufsatz über den Mythos, »so ist es dies: daß Kafka seiner Lockung nicht gefolgt ist« (WB II 415).

Dem mit Benjamin nicht vertrauten Leser mag ein derart partikular erscheinendes Interesse befremden. Hat doch die Episode vieles zu bieten, was sich überdenken ließe. Eine kursorische Lektüre von Benjamins Schriften indes zeigt, daß das anscheinend punktuelle Interesse an der Erzählung Teil eines Gedankenstrangs ist, der durch das gesamte Œuvre läuft: Wie viele Literatur-Interpretationen sind auch die Überlegungen zur Sirenenepisode auf die Kritik dessen zentriert, was Benjamin als »Mythos« faßt. Sie sind auf die Kritik einer Lebens- und Denkform gerichtet, die in ihrer Eigenschaft, immer wiederkehrende Zwangsverhältnisse zu reproduzieren, schon den Menschen der Vorzeit in Unmündigkeit gebannt hielt und noch die Bewußtseinsinhalte des modernen Menschen durchdringt.

Diese Mythoskritik, motiviert durch und gerichtet gegen die irrationalistischen Remythisierungsbestrebungen des 19. und 20. Jh.s sowie politische Mythos-Funktionalisierungen von rechts, durchzieht Benjamins Werk von den Früh- bis zu den Spätschriften. Immer zielt sie auf das, was als unterschiedlich sich manifestierender *Zwangs- und Verblendungszusammenhang* der bürgerlichen Gesellschaft desavouiert werden soll. Der Begriff »Mythos« dient weniger dazu, Zugang zum Altertum zu gewinnen, als dazu, die bürgerliche Gesellschaft anhand sie kennzeichnender Gegenstände und Paradigmen zu kritisieren. So findet sich dort, wo etwas als zum Mythos gehörig erkannt wird, zumeist eine Kritik der Aufklärung, der ästhetischen Autonomie des Schönen, des modernen Rechtsstaats oder einer kommunikativ-konventionalistischen Sprachauffassung. Wenn Benjamin vom Mythos spricht, tadelt er die mythische Verfassung der bürgerlichen Gesellschaft, den sich verschiedenartig artikulierenden Zwangs- und Verblendungszusammenhang. Die frühen Arbeiten dekuvrieren ihn als Formen unmittelbarer Gewalt ebenso wie als Formen mittelbarer Gewalt, die nicht zuletzt aus den Satzungen des bürgerlichen Rechts herausgelesen werden.[89] Hier spielt Benjamins Tragödientheorie, die eng mit seiner Auffassung des Rechts verschränkt ist, eine wesentliche Rolle. Das Spätwerk entziffert den Zwangs- und Ver-

---

[89] Zu den geschichtsphilosophischen Vorstellungen des jungen Benjamin im Zusammenhang mit seiner Kritik des Mythos s. R. Tiedemann, *Studien zur Philosophie Walter Benjamins*, Frankfurt a.M. ²1973, S. 69–78, 92–102.

blendungszusammenhang primär in den Vorstellungsformen und der Alltagswirklichkeit des beginnenden Hochkapitalismus.[90]

1.1 Mythoskritik in den 20er Jahren. Fokus: Trauerspielbuch und »Goethes Wahlverwandtschaften«

Die Akzente, die der junge Benjamin in seiner Kritik des Mythos setzt, sind folglich von denen, die das Spätwerk auszeichnen, verschieden.

In seinen frühen Schriften diagnostiziert Benjamin den Mythos aus einer philosophisch-geisteswissenschaftlichen Perspektive. Er identifiziert, korreliert und kontrastiert ihn mit geistesgeschichtlichen Leitbegriffen wie »Recht«, »Natur« und »Gewalt«, »Schicksal«, »Schuld und Sühne«, »Freiheit« und »Wahrheit«.[91] Eine Schlüsselposition nimmt hierbei die in den frühen zwanziger Jahren entworfene Theorie der antiken Tragödie ein, die er im Trauerspielbuch zur Anschauung bringt. Sie enthält Theoreme, die noch in den dreißiger Jahren im *Kafka*-Aufsatz wiederkehren.[92] Da ihre Kenntnis für ein Verständnis von sowohl Benjamins Kafkalektüre als auch den in sein Werk eingestreuten Bemerkungen zum Märchen unabdingbar ist, seien sie im folgenden vorgestellt.

1.1.1 Tragödientheorie

Begonnen sei mit der Kernthese von Benjamins Tragödientheorie: mit der Auffassung, die antike Tragödie sei Ausdruck eines menschheitsgeschichtlichen Wechsels, Ausdruck des Übergangs von der mythischen zur sittlich-religiösen Welt. In einer Rezension von Julien Greens Roman *Mont-Cinère*, die im selben Jahr (1928) wie das Trauerspielbuch erschien, bringt Benjamin diese Ansicht auf eine signifikante Formel (WB III 147):

> Ein Menschenschlag, ein sagenhaftes Geschlecht, das in der griechischen Tragödie die Verhaftung im Mythos zum erstenmal durchbricht – nichts anderes als diese Durchbruchstelle ist die Tragödie [...].

---

90 Vgl. hierzu vor allem R. Tiedemann, »Einleitung des Herausgebers«, in: Walter Benjamin, *Das Passagen-Werk*, S. 9–41 (= WB V).
91 Den Zusammenhang der Theoreme »Recht«, »Mythos«, »Schicksal«, Schuld« und »Tragik« entschlüsselt W. Menninghaus, »*Romeo und Julia auf dem Dorfe*. Eine Interpretation im Anschluß an Walter Benjamin«, in: ders., *Artistische Schrift. Studien zur Kompositionskunst Gottfried Kellers*, Frankfurt a.M. 1982, S. 91–158. Menninghaus geht dort primär auf Benjamins Aufsatz *Goethes Wahlverwandtschaften* ein. Ders., *Schwellenkunde. Walter Benjamins Passage des Mythos*, Frankfurt a.M. 1986, bezieht auch das Trauerspielbuch und späte Schriften ein. Der Artikel »Mythos« von Günter Hartung in: M. Opitz/E. Wizisla (Hrsg.), *Benjamins Begriffe*, Frankfurt a.M. 2000, Bd. 2, S. 552–572, knüpft an Menninghaus' Untersuchung an, indem er an der zeitlichen Entwicklung in Benjamins Denken die Einheit von Kontinuität und Diskontinuität in der Verwendung des Mythosbegriffs sichtbar zu machen sucht. Auf beide Arbeiten sei an dieser Stelle nachdrücklich verwiesen. Denn die folgenden Erörterungen zu Benjamin greifen nur solche Aspekte aus dem umfassenden Komplex »Mythos« heraus, die für ein Verständnis von Benjamins Thesen zum Märchen unentbehrlich sind.
92 Zu den Datierungen vgl. WB I 868 ff. (Trauerspielbuch), WB II 1153 ff. (*Kafka*-Aufsatz).

Gleichsam Kurzform der Tragödientheorie des Trauerspielbuchs, läßt diese Formel Benjamins Intention, sich mit dem antiken Drama zu befassen, mühelos erkennen. Angestrebt ist weder eine Philosophie des Tragischen (wie sie Peter Szondi im Anschluß an seine Benjaminlektüre im *Versuch über das Tragische* zu formulieren sucht[93]) noch eine philologische Zusammenschau einzelner Tragödienpassagen. Angestrebt ist nicht einmal eine literaturgeschichtliche Einordnung, sondern einzig der Entwurf einer Geschichtsphilosophie der Tragödie. Sie bezeugt sich prägnant in der Wendung (WB I 288):

> Die griechische, die entscheidende Auseinandersetzung mit der dämonischen Weltordnung gibt auch der tragischen Dichtung ihre geschichtsphilosophische Signatur.

Elementar an dieser Wendung sind zum einen die »geschichtsphilosophische Signatur« (1.1.1.1), die Benjamin an der Tragödie zu erkennen meint; zum anderen der Begriff »dämonische Weltordnung« (1.1.1.2), an den ein ganzes Register weiterer Termini (»mythische Gewalt«, »Schicksal«, »Unglück«, »Schuld« und »Sühne«) gebunden ist.

1.1.1.1 Die »geschichtsphilosophische Signatur« der antiken Tragödie:
 Emanzipation des Menschen zu infantiler Sittlichkeit
Die »geschichtsphilosophische Signatur« der antiken Tragödie ergibt sich für Benjamin daraus, daß er diese als Dokument einer einschneidenden Wende in der Menschheitsgeschichte faßt. Er sieht in ihr das Drama des zu Sittlichkeit erwachenden Menschen formuliert, das er, da es den Austritt des Menschen aus einer polytheistischen Weltordnung mythischer Kräfte in die sittliche Welt des einen Gottes zum Inhalt habe, als *das* Drama der Menschheit schlechthin begreift: In der Tragödie inszeniert sich, so Benjamin, die menschliche Emanzipation aus der »heidnisch-dämonischen Schicksalwelt« zu einer noch infantilen Sittlichkeit, deren Vollendung die jüdisch-religiöse Vorstellungswelt darstellt. Benjamin mißt der alten attischen Tragödie mithin eine Schwellenposition zwischen zwei weltgeschichtlichen Epochen bei. Er sieht in ihr sowohl das tendenzielle Vergangensein einer »dämonischen« Zeit als auch den Anbruch einer neuen Zeit sich artikulieren. Den Anbruch der neuen Zeit wiederum liest er ebenso als Nachgeschichte des Vergangenen wie als Vorgeschichte einer Erlösung, die er nicht teleologisch als Ziel der Geschichte verstanden wissen will, sondern, gleichsam antilinear, religiös als deren Ende.

Hinter Benjamins Verständnis der Tragödie steht eine Haltung, die von seinen ersten größeren Arbeiten um 1915 bis zum späten *Passagen-Werk* kontinuierlich verschiedene Ausdrucksformen gefunden hat. Sie äußert sich in einer unverwechselbaren Heilserwartung, die sich ab etwa 1925 nicht mehr primär in einer esoterischen Sprachmystik artikuliert, sondern zu einer Theologie in historisch-materialistischem Gewand entwickelt. Deren Verfahren bildet die Dekomposition und Neufiguration

---

93 P. Szondi, *Versuch über das Tragische*, Frankfurt a.M. ²1964, S. 53–57. Anders als Benjamin liest Szondi die Tragödie nicht als Ausdruck einer konkreten geschichtlichen Situation. Er greift vielmehr die von Benjamin herausgearbeitete dialektische Struktur der Tragödie auf, die im folgenden skizziert wird, und erklärt sie zu einem konstanten Merkmal des Tragischen. Dadurch überführt er Benjamins theologisch motivierte Geschichtsphilosophie der Tragödie in eine Philosophie des Tragischen.

ästhetischer und geschichtsphilosophischer Sachverhalte mittels theologischer Begriffe. Ihr Anliegen ist es, den Gedanken der »revolutionäre[n] Zerstörung mit dem Erlösungsgedanken zu verschränken« (WB I 1241).[94]
In dieser Zeit entsteht der *Ursprung des deutschen Trauerspiels*. Noch nicht materialistisch, sondern sprachtheoretisch und geschichtsphilosophisch als Neuentwurf von Erkenntnistheorie konzipiert, kommen in ihm dialektische Denkmuster und der messianische Gedanke einer heilsgeschichtlichen Versöhnung zur Geltung. Indem das Trauerspielbuch einen großen dialektischen Bogen zwischen geschichtlichem Verfall und messianischer Erlösung spannt, vereint es frühe und späte Denkansätze Benjamins. Ihm liegt ein theologisches Geschichtsverständnis zugrunde, das Vergangenheit nicht als abgeschlossenen Bestandteil der Tradition faßt, sondern davon ausgeht, daß sie durch den ihr eigenen historischen Index, den es zu entdecken gilt, Anspruch auf Erlösung durch die Gegenwart – hierin liegt der Gedanke der heilsgeschichtlichen Versöhnung – birgt.[95]

1.1.1.2 Die »dämonische Weltordnung«: Befangenheit des Menschen in übermächtigen Zwängen

Wie die »dämonische Weltordnung«, deren Spuren Benjamin in der Tragödie zu erkennen meint, vorzustellen sei, wird nicht nur im *Ursprung des deutschen Trauerspiels* beschrieben. Namentlich in *Schicksal und Charakter,* in der *Kritik der Gewalt* und im *Wahlverwandtschaften*-Essay schildert Benjamin eine mythische Sphäre, als deren zentrale Konstituenzien er die Gewalten des Rechts und den Sühnetod Unschuldiger anführt. In allen vier Arbeiten kontrastiert er Begriffe, die er im Bereich des Mythos ansiedelt, mit Gegenbegriffen, die er gegen den Mythos eingesetzt wissen will. So kontrastiert er etwa Stummheit mit Sprache, Schicksal mit Freiheit, Unglück mit

---

94 Über das Verhältnis von profaner revolutionärer Utopie und Messianismus in Benjamins Werk sind etliche Abhandlungen entstanden, ohne daß aufgrund der vielen Aporien, die Benjamins Schriften entfalten, ein einheitliches Ergebnis erzielt worden wäre. Benjamin arbeitete zwischen 1925 und 1933 Elemente einer romantischen Zivilisationskritik, Leitmotive der jüdischmessianischen Tradition und Ideen eines anarchistischen Nihilismus in die Denktradition von Marx hinein. Dabei entwickelte er einen »heterodoxen historischen Materialismus« (Löwy), in dem Aspekte der Befreiungstheologie vorweggenommen sind. Nach 1933 folgte eine Phase, in der Benjamin sich dem sowjetischen Marxismus annäherte, mit dem er jedoch drei Jahre später wieder brach. Anschließend, bis zu seinem Tod 1940, verband er Gedanken des Historischen Materialismus vor allem mit der Kritik des Fortschrittskults. Zur Entwicklung bis 1933 und danach M. Löwy, »Benjamins Marxismus«, in: *Argument* 34 (1992), S. 557–562. Den Gedanken, daß Benjamin zeitlebens – auch in der materialistischen Phase ab Mitte der zwanziger Jahre – an seinen theologischen Modellen festgehalten hat, vertritt entgegen konträren Meinungen u.a. N. Bolz, »Ästhetik? Geschichtsphilosophie? Theologie!«, in: G. Raulet/U. Steiner (Hrsg.), *Walter Benjamin. Ästhetik und Geschichtsphilosophie,* Bern 1998, S. 223–231; etwas ausführlicher behandelt in ders./W. van Reijen, *Walter Benjamin*, Frankfurt a.M./New York 1991, S. 31–40.
95 Soviel, knapp resümiert, zur geschichtsphilosophischen Signatur der Tragödie nach Benjamin. Ausführlicher: S. Weber, »Genealogy of modernity. History, myth and allegory in Benjamin's *Origin of the German mourning play*«, in: *Modern Language Notes* 106 (1991), S. 465–500. Webers Interesse ist vor allem auf Benjamins geschichtsphilosophische Ideen und die Ursprungslehre sowie die Durchführung der Trauerspielanalyse gerichtet. Seine Überlegungen konzentrieren sich auf Benjamins Ableitung des Trauerspiels aus der alten attischen Tragödie. Sie zeichnen den Gedanken nach, wie die Einheit des Subjekts in der zweideutigen Sphäre des Mythos umschlägt in die Beherrschung des Subjekts durch eine zweideutige Sprache. Zur Zweideutigkeit vgl. auch die nachfolgenden Ausführungen.

Glück, Recht mit Gerechtigkeit, Natur mit dem einen Gott und natürliches (vor- bzw. unsittliches) Leben mit übernatürlichem (sittlichem) Leben.

Die »dämonische Weltordnung«, die Benjamin als repräsentativ für den Mythos erachtet, stellt er als eine Ordnung dar, in welcher der Mensch stumm in einem vom Unglück beherrschten Schicksalszusammenhang befangen ist. Den Kontrastierungen entsprechend zeichnet er sie als eine Ordnung, für deren Zwänge Sprache, Freiheit, Glück, Gerechtigkeit des einen Gottes und Sittlichkeit die Erlösung bereithalten. Benjamin beschreibt sie als Ordnung, in welcher der Mensch sich nicht aus innerer Überzeugung Regeln unterwirft, sondern aus Furcht vor Sanktionen, die eine Übertretung mit sich bringen würde. Nicht aus einem Glauben an die Legitimität der Regeln, aus einer subjektiven Zustimmung, die am Anfang aller Sittlichkeit steht, fügt er sich. Er unterwirft sich vielmehr notgedrungen, aus äußerem Zwang. Der Mensch der mythischen Weltordnung sieht sich nach Benjamin in einem umfassenden Gewaltzusammenhang gefangen: Er steht unter einem »Schicksal«, das sich in den Gesetzen von »Schuld und Sühne« vollzieht; das nach Gesetzen abläuft, denen er aus seinem Innersten auch deshalb nicht zuzustimmen vermag, da sie für ihn gänzlich unbegreifbar sind. Das, was ein ethisches Leben, Sittlichkeit ausmacht, ist, so Benjamin, in dieser Ordnung *per se* nicht denkbar: Zu sehr sieht sich der Mensch von höheren Mächten abhängig, als daß eine Entfaltung ethischer Probleme im eigentlichen Sinne im Bereich des Möglichen liegen könnte.

Die Rolle des antiken Dramas in diesem Zwangszusammenhang bildet eines der großen Themen des Trauerspielbuchs. Eine frühe Reflexion hierzu findet sich schon 1919 in *Schicksal und Charakter* (WB II 174):

> [...] die Tragödie war es, in der das Haupt des Genius aus dem Nebel der Schuld sich zum ersten Male erhob, denn in der Tragödie wird das dämonische Schicksal durchbrochen. Nicht aber, indem die heidnisch unabsehbare Verkettung von Schuld und Sühne durch die Reinheit des entsühnten und mit dem reinen Gott versöhnten Menschen abgelöst würde. Sondern in der Tragödie besinnt sich der Mensch darauf, daß er besser ist als seine Götter, aber diese Erkenntnis verschlägt ihm die Sprache, sie bleibt dumpf. Ohne sich zu bekennen sucht sie heimlich ihre Gewalt zu sammeln [...]. Es ist gar nicht die Rede davon, daß die ›sittliche Weltordnung‹ wieder hergestellt werde, sondern es will der moralische Mensch noch stumm, noch unmündig – als solcher heißt er der Held – im Erbeben jener qualvollen Welt sich aufrichten. Das Paradoxon der Geburt des Genius in moralischer Sprachlosigkeit, moralischer Infantilität ist das Erhabene der Tragödie.

Das Selbstzitat, die wörtliche Wiedergabe dieser Passage im Trauerspielbuch (und ausschnittsweise noch 1932 in *Oedipus oder der vernünftige Mythos,* WB III 394) ist in mehrfacher Hinsicht signifikant. Zum einen zeigt es, daß Benjamin an seiner Geschichtsphilosophie der Tragödie unverändert festgehalten hat. Zum anderen legt es den Verschränkungszusammenhang der Tragödientheorie mit dem geschichtsphilosophischen Leitmotiv der Mythostheorie offen: Beide Theorien basieren auf dem Gedanken, der Mythos als Gewaltzusammenhang trage den Kern seiner Selbstzerstörung in sich.

1.1.1.3 Der Tod des tragischen Helden: Verweis auf das Ende des Mythos
Der Leitgedanke von der Selbstzerstörung des Mythos, der aufgrund des marxistischen Bezugs in seinen Spätschriften unschwer entzifferbar ist, bildet schon die Folie

des Trauerspielbuchkapitels über die Tragödie. Wie in *Schicksal und Charakter* geht es darin primär darum, eine vom »dämonischen Schicksal« beherrschte mythische Weltordnung zu perhorreszieren, der, obschon sie aus der endlosen Perpetuierung der ihr eigenen »Verkettung von Schuld und Sühne« lebt, ihre Beendigung einbeschrieben ist.

Das Bestreben, das Benjamins Tragödientheorie zugrundeliegt, ist folglich ein doppeltes: Benjamin äußert sich gegen die mythische Ordnung als totalitäre Lebensform und bedeutet zudem, im Gebannt-Bleiben in dieser Ordnung liege die Befreiung aus ihr. Um dies zu veranschaulichen, deutet er die Tragödie als kanonische Reflexion des unfreien Gewalt- und Verstrickungscharakters des Mythos. Den tragischen Helden indes versteht er als Repräsentanten einer Einsicht, in der für die Menschheit die Bedingung der Möglichkeit ihrer Freiheit liegt. Es ist die Einsicht, daß die Geburt der Tragödie aus dem Bann der Gewalt dessen Bruch antizipiert; daß die Erfüllung mythischen Schicksals »im Tode des tragischen Helden« das »Ende des Mythos« (WB I 314) bedeutet.

Pragmatisch formuliert, will Benjamin die in der Tragödie begründete Hoffnung vermitteln, daß sich mythische Ordnungen entmachten lassen. Für ihn bricht in der alten attischen Tragödie die durch den tragischen Helden repräsentierte Menschheit zu einer neuen Stufe ihrer Entwicklung durch: Sie behauptet sich gegen das Schicksal, indem sie ihre eigene Sittlichkeit zu erahnen beginnt. Sie »besinnt sich darauf«, daß sie »besser« als ihre »Götter« ist. Moralisch noch unmündig, infantil, vermag sie zwar nicht, ihre Ahnung zu verbalisieren; diese »Erkenntnis verschlägt« ihr »die Sprache, sie bleibt dumpf«. Doch sie erhebt sich gegen den alten Kreislauf von »Unglück«, »Schuld« und »Sühne«, indem sie die vom waltenden Schicksal verhängte Schuld auf sich nimmt und sie, im Durchbruch zu Eigenverantwortlichkeit begriffen, reflektiert (WB I 310):

> Diese Schuld, die nach den alten Satzungen von außen durch das Unglück den Menschen zuwachsen sollte, nimmt im Verlauf des tragischen Geschehns [sic!] ein Held auf sich und in sein Inneres. Indem er im Selbstbewußtsein sie reflektiert, entwächst er ihrer dämonischen Botmäßigkeit.

Daß gerade dieser erste Akt der Selbstbehauptung den Helden in die eigentliche tragische Schuld führt, die Sühne fordert, daß ein Aufbegehren gegen Gewalt zunächst nicht anders erfolgen kann als durch ihr Fortwirken, spiegelt für Benjamin die unendliche »Paradoxie« der Tragödie wider (WB I 310):

> Paradox wie alle Manifestationen der tragischen Ordnung besteht sie [die tragische Schuld, A.-B.R.] nur im stolzen Selbstbewußtsein, in dem der Heldenhafte der ihm angesonnenen Verknechtung des ›Unschuldigen‹ unter die dämonische Schuld entwächst.

1.1.1.4 Von mythischer »Zweideutigkeit« zu dialektisch wirksamer »Paradoxie«

»Paradoxie« bildet für Benjamin eine Leitfigur der Tragödie. Wie die tragische Schuld sieht er noch Sühne, Opfer und Tod sich unter ihrem Zeichen vollziehen. Der Tod des tragischen Helden gilt ihm als paradox, da er sich zugleich als »Sühnopfer nach dem alten Buchstaben des Rechts« und »gemeinschaftstiftender Opfertod im Geist einer kommenden Gerechtigkeit« (WB I 292) entziffern läßt:

> Das tragische Opfer [...] ist [...] ein erstes und ein letztes zugleich. Ein letztes im Sinne des Sühneopfers, das Göttern, die ein altes Recht behüten, fällt; ein erstes im Sinn der stellvertretenden Handlung, in welcher neue Inhalte des Volkslebens sich ankündigen (WB I 285).

Zu dieser Lektüre inspiriert wurde Benjamin von Hermann Cohen. Schon Cohen stellt dem schicksalverhafteten Mythos als der unerlösten Welt den einen Gott und seine Offenbarungen als Erlösungen gegenüber.[96] Auch er dechiffriert die antike Tragödie als dramatischen Konflikt des Individuums mit seinen Göttern, durch den die Schicksalsgewalt gebrochen und die sittliche Person zuallererst ermöglicht wird. Auch bei Cohen erscheint der Untergang des Helden als seine Auferstehung, gilt sein Tod folglich als sinnvoll.

Die Opposition »mythischer Polytheismus«/»Wahrheit der monotheistischen Religion« (und mit ihr die Deutung der Tragödie) entlehnt Benjamin von Cohen. Allerdings beläßt er sie nicht in ihrer ursprünglichen Konzeption. Er verleibt sie vielmehr seinen »Paradoxien« der geschichtsphilosophischen Tragödiendeutung ein. Mit Bezug auf die Aussage, das Trauerspielbuch sei »nicht materialistisch, wenn auch bereits dialektisch«[97] formuliert, heißt das, Benjamin macht aus Cohens Kontrastierung Dialektik, die sich in folgender Figur artikuliert: *Dem Mythos ist durch den ihm inhärenten Drang zu seiner Sprengung Rettung einbeschrieben.* Der Tod des Helden gilt zugleich als Rettung und Vernichtung, das Opfer als Unterwerfung und Aufstand. Benjamins Leitfigur der Tragödie, die Paradoxie, enthält also eine versöhnliche Komponente. Benjamin faßt sie nicht als »dämonische Zweideutigkeit«, die er, da sie die Welt undurchschaubar macht, als Negativfaktor des Mythos wertet. Er erachtet sie als produktive Doppelbedeutung, in der die Kraft der Dialektik arbeitet. »Zweideutigkeit« bedeutet für ihn, daß etwas zwei Bedeutungen enthält, die als solche je in ihrer Eigentümlichkeit Bestand haben. »Paradoxie« indes versteht er als etwas, das ein »Umschlagen« von Bedeutungen ineinander zuläßt und »in dieser exzentrischen und dialektischen Bewegung« (WB I 337) – in der Konfrontation von zwei Observanzen – deren Synthesis birgt.

Diese feine, aber wesentliche Unterscheidung macht Benjamin an mehreren Orten seines Œuvres geltend. Von »Naturzweideutigkeit« etwa spricht er im *Wahlverwandtschaften*-Essay (WB I 150, 168), in dem er über die gesamte Goethesche Kunstepoche das Urteil fällt, ihre Werke seien von Zweideutigkeit geprägt. Als undurchschaubar zweideutig werden überdies im *Kafka*-Aufsatz die Gesetze bezeichnet, vor die Kafkas K.-Figuren treten, um an ihnen scheitern zu müssen (WB II 412). In beiden Arbeiten erscheint der Begriff »Zweideutigkeit« als eine Figur, die jede dialektische Synthese widersprüchlicher Deutungen verhindert. Die Möglichkeit, Zweideutigkeit ins Positive zu wenden, führt erst das *Passagen-Werk* vor Augen (V 55). Dort wird die Differenzierung von Zweideutigkeit und Paradoxie in die These überführt, die dämonische Zweideutigkeit des Mythos ließe sich durch die produktive Zweideutigkeit des dialektischen Bildes bannen und sprengen.[98]

---

96 H. Cohen, *Ästhetik des reinen Gefühls*, Bd. 2, Berlin 1912, S. 68, 79 ff.; ders., »Religion und Sittlichkeit«, in: *Jüdische Schriften*, Bd. 3, *Zur jüdischen Religionsphilosophie und ihrer Geschichte,* Berlin 1924, S. 158. Zu Cohens Einfluß s. Menninghaus, *Schwellenkunde,* S. 19 ff.; M. Rumpf, *Spekulative Literaturtheorie. Zu Walter Benjamins Trauerspielbuch,* Königstein/Ts. 1980, S. 151 f.
97 Walter Benjamin, *Briefe,* hrsg. und mit Anmerkungen versehen von Gershom Scholem und Theodor W. Adorno, Frankfurt a.M. 1978, S. 523.
98 Hierzu Menninghaus, *Schwellenkunde,* S. 19.

Diese These ist insofern bereits im Trauerspielbuch angelegt, als dort die »Paradoxie« der Tragödie (wie die »Allegorie« des Trauerspiels) als »dialektisch« begriffen ist: »Sie vollzieht sich im Umschlagen von Extremen« (WB I 337); von Benjamins Begriff der dialektischen Verfahrensweise wird noch zu sprechen sein. Die Selbstopferung des tragischen Helden zwecks Sühnung seines Aufbegehrens gegen die Schicksalsordnung trägt damit eine »Doppelbedeutung«, deren »Dialektik«, so Benjamin, ebenso wenig wie der Tod des Helden »verkannt und als Zweideutigkeit verdächtigt« (WB I 352) werden darf: Das »Opfer« impliziert die »Paradoxie« von »Wiederherstellung« und »Untergrabung einer alten Rechtsverfassung« (WB I 294). Und der

> tragische Tod hat die Doppelbedeutung, das alte Recht der Olympischen zu entkräften und als den Erstling einer neuen Menschheitsernte dem unbekannten Gott den Helden hinzugeben (WB I 286).

Kurzum, die in der »dämonischen Weltordnung« noch gänzlich unfaßbare, undurchschaubare »Zweideutigkeit« wird Benjamin zufolge in der Tragödie als Doppelbedeutung in Paradoxie überführt. Diese enträtselt den Mythos und befreit den Menschen von der ›schlechten‹ »mythische[n] Zweideutigkeit« (WB II 198), indem sie sie *ablöst* und so von ihr *erlöst* (WB I 288):

> Das Tragische verhält sich zum Dämonischen wie das Paradoxon zur Zweideutigkeit. In allen Paradoxien der Tragödie – im Opfer, das alter Satzung willfahrend, neue stiftet, im Tod, der Sühne ist und doch das Selbst nur hinrafft, im Ende, das den Sieg dem Menschen dekretiert und dem Gotte auch – ist die Zweideutigkeit, das Stigma der Dämonen, im Absterben.

1.1.2 Rechtstheorie[99]

Wie sich den voranstehenden Textzitaten entnehmen läßt, ist Benjamins Tragödientheorie eng mit seiner Anschauung des Rechts verknüpft. Deutlich zum Ausdruck kommt dies in der Formel (WB I 288):

> Nicht das Recht, sondern die Tragödie war es, in der das Haupt des Genius aus dem Nebel der Schuld sich zum ersten Male erhob [...].

Auch die Thesen zum Recht beruhen weitgehend auf der Kontrastierung von Begriffen mythischer Qualität mit Begriffen, auf welche die mythischen kraft innerer Logik immer schon verweisen. Wie in der Tragödientheorie transzendiert Benjamin auch in seinen Äußerungen zum Recht die Negativität seiner Mythoskritik auf ein utopisches Ziel hin: Am Mythos liest er als dessen Gegenpol Wahrheit ab, am Polytheismus jüdische Eschatologie, am Schicksal Freiheit und am Recht selbst Gerechtigkeit.

---

99 Wenn im folgenden von »Rechtstheorie« gesprochen wird, dann ist Benjamins Auffassung des Rechts gemeint. Eine Rechtstheorie im strengen Sinne des rechtswissenschaftlichen *terminus technicus* enthält Benjamins Werk nicht.

1.1.2.1 Das Recht als Sphäre der Zwecke von Gewalt

Eine Hauptthese der Rechtstheorie Benjamins liegt in der Behauptung, das Recht könne deshalb, weil es selbst mythische Gehalte tradiere, kein Organon zur Entmachtung des Mythos bilden. Im Umkehrschluß bedeutet das, daß nur »die Entsetzung des Rechts samt den Gewalten, auf die es angewiesen« (WB II 202) ist, zu einer befreienden Entmythisierung führen kann. Für Benjamin ist »Rechtsetzung« folglich gleichbedeutend mit »Machtsetzung« und insofern »ein Akt von unmittelbarer Manifestation [mythischer] Gewalt«, da »Macht das Prinzip aller mythischen Rechtsetzung« (WB II 198) ist. Das Recht, darin denkt Benjamin gut historisch-materialistisch, ist eine Sphäre der Zwecke von Gewalt: Seine Administrierung durch den Staat, die einen ganzen Katalog von Durchsetzungsmöglichkeiten mittels Zwanges impliziert, machen es zu einem Normensystem, das sich vor anderen gesellschaftlichen Normensystemen wie etwa Sitte und Konvention durch eine typisch mythische Gewalt auszeichnet.

Der Gedanke, daß Rechtsverhältnisse mit mythischen Gewaltverhältnissen gleichbedeutend seien, bildet ein Leitthema vor allem der frühen (nicht materialistischen) Schriften. Am ausführlichsten macht ihn Benjamin in *Zur Kritik der Gewalt* geltend; darin sucht er die aus Hegel ableitbare Vorstellung zu dementieren, Gewalt könne aus dem Recht selber kritisch gefaßt werden. Bildhaft zur Anschauung gebracht, findet er sich noch im *Kafka*-Aufsatz, der aus einer späteren, bereits materialistischen Periode Benjamins stammt.[100] Beide Arbeiten enthalten nicht nur die Grundansicht, »alles Recht« sei »*Vorrecht* der Könige oder der Großen, kurz der Mächtigen« (WB II 198). Sie sind auch aus der Überzeugung verfaßt, daß Gewalt als Mittel zu Rechtsetzung und -erhaltung sich keineswegs aus historisch sanktionierten und anerkannten Zwecken rechtfertigen lasse; daß sie aber als ein Mittel vorwärts gewandter, von Zwangsverhältnissen befreiender Umwälzungen sich deshalb durchaus vertreten lasse, da sie weder sanktioniert noch rechtsetzend sei und damit diejenige Gewalt, die zur Rechtsetzung gedient habe, nicht fortsetze.

Hinter dieser Ansicht stehen verschiedene Einflüsse und Einsichten, die von der Forschung hinreichend erörtert worden sind.[101] Einer kritischen Lektüre soll die These von den »mythischen Gewalten des Rechts« (WB I 130), von dem »positiven Recht« als der »Darstellung und Erhaltung einer schicksalhaften Ordnung« (WB II 187) hier deshalb ebenso wenig unterzogen werden wie in den vorangehenden Pas-

---

[100] Benjamin bezieht sich in beiden Arbeiten auf H. Cohen, *Ethik des reinen Willens*, Berlin ²1907, S. 362, wo es darum geht, daß schon die antike Schicksalvorstellung eine »Einsicht, die unausweichlich wird«, mit sich bringe: daß es die »Ordnungen« des Rechts selbst seien, die das »Heraustreten« des Menschen aus ihnen, den »Abfall« zu veranlassen und herbeizuführen scheinen.

[101] Vgl. etwa W. Fietkau, »A la recherche de la révolution perdue. Walter Benjamin entre la théologie de l'histoire et le diagnostic social«, in: H. Wismann (Hrsg.), *Walter Benjamin et Paris. Colloque internationale 27–29 juin 1983*, Paris 1986, S. 285–332. Fietkau steckt das historisch-theoretische Kräftefeld von *Zur Kritik der Gewalt* ab und lenkt den Blick auf die rechtssoziologischen Debatten um die Legitimität revolutionärer Gewalt im Ausgang der Münchner Räterepublik. Gesondert auf den Einfluß Sorels geht u.a. ein: Chr. Kambas, »Walter Benjamin liest Georges Sorel: ›Reflexions sur la violence‹«, in: M. Opitz/E. Wizisla (Hrsg.), ›*Aber ein Sturm weht vom Paradiese her‹: Texte zu Walter Benjamin*, Leipzig 1992, S. 250–269.

sagen die Tragödientheorie und der ihr inhärente Schicksalbegriff.[102] Der folgende Passus dient einzig dazu, das semantische Feld dieser These abzustecken und ihren Hintergrund knapp zu skizzieren. Herausgearbeitet werden die Elemente, die für ein Verständnis von Benjamins Unterscheidung zwischen Märchen und Mythos relevant sind.[103]

1.1.2.2 »Mythos« und »Recht« als Ordnungen, die Freiheit kategorisch ausschließen

Die Grundlage der These, daß das Recht durch und durch von mythischen Inhalten und Strukturen geprägt sei, bildet die Gleichsetzung von »Mythos« und »Recht« als Ordnungen, die über den Gewaltzusammenhang von Schicksal, Schuld und Sühne funktionieren. Dementsprechend werden beide, Mythos und Recht, als Systeme, die in der Herrschaft über den Menschen begründet sind, scharf kritisiert; gelten beide als »Ordnung [...], deren einzig konstitutive Begriffe Unglück und Schuld sind und innerhalb deren es keine denkbare Straße der Befreiung gibt« (WB II 174). Denn beide nehmen, so Benjamin, die Schuld des Menschen als gegeben an und legitimieren sich durch Sanktionen, die sie über ihn als Schuldigen verhängen. Die »Ordnung des Rechts« gilt für Benjamin mithin »nur [als] ein Überrest der dämonischen Existenzstufe des Menschen« (WB II 174), in der die »mythische Verknechtung der Person im Schuldzusammenhang« (WB II 178) Freiheit kategorisch ausschließt. Anders als Hegel, der den »Boden des Rechts« als das »Geistige«, als »der Wille, welcher frei ist«,[104] betrachtet, kann Benjamin »Freiheit« folglich nur außerhalb des herrschenden Systems von Recht und Gesetz denken. In Opposition zu Hegels rechtsphilosophischem Idealismus verwendet er das Substantiv »Freiheit« als Gegenbegriff zu den von ihm perhorreszierten Begriffen »Recht« und »Mythos«.[105] Während Hegel das Rechtssystem als »das Reich der verwirklichten Freiheit« betrachtet, ist es für Benjamin ein

---

102 Immerhin sei darauf verwiesen, daß man in Benjamins umfassender Verwerfung von Staat und Recht noch einen Hauch anarchistischer Jugendbewegtheit zu spüren vermeint. Die gänzliche Zuordnung aller gesetzlichen Ordnung zu dem zu überwindenden Mythenbereich irritiert noch heute, wie etwa Jacques Derrida, der den Aufsatz *Zur Kritik der Gewalt* »der großen anti-parlamentarischen und gegen-*aufklärerischen* Welle« zurechnet, »an deren Oberfläche dann der Nazismus auftaucht«; es seien hier »bestimmbare Affinitäten« zu »Texten Carl Schmitts, ja Heideggers« auszumachen. J. Derrida, *Gesetzeskraft. Der »mystische Grund der Autorität«*, Frankfurt a.M. 1991, S. 62, 65. In Anbetracht der in ihren geistigen Grundlagen und Zielen stark voneinander abweichenden Autoren mögen an der Bemerkung Derridas starke Zweifel am Platze sein. Zu verneinen ist indessen die »Affinität«, die Benjamin selbst in Anspruch genommen hat, nämlich, daß die Karl Krausche »Anklage [...] auf Hochverrat des Rechts an der Gerechtigkeit« (WB II 349) laute. Eine genaue Untersuchung hat ergeben, daß Kraus den Rahmen fundamentaler Rechtsbegriffe verlassen hat. Vgl. R. Merkel, *Strafrecht und Satire im Werk von Karl Kraus*, Frankfurt a.M. 1998, S. 158 ff.
103 Benjamins weltlichste Einsicht liegt m.E. in seiner – auf folgende Formel bringbare – Beobachtung: Sittlichkeit verwechselt mit Recht, wer sie auf ein einfaches Netz von äußeren Verpflichtungen zu reduzieren sucht, die von einer Macht aufgestellt werden, welche deren Ausführung gewaltsam erzwingt bzw. ihre Nicht-Ausführung straft.
104 G.W.F. Hegel, *Grundlinien der Philosophie des Rechts*, in: G.W.F. Hegel, *Theorie Werkausgabe in zwanzig Bänden*, Frankfurt a.M. 1970, Bd. 7., S. 46.
105 Als paradigmatisch für die Signatur aller Rechtsetzung und ihren konstitutiven Mangel an »Freiheit« und Selbstbestimmung des Individuums gilt Benjamin z.B. die Rechtsetzung einer Siegermacht im Friedensvertrag; an ihr manifestiere sich, »daß in den Anfängen alles Recht ›Vor‹recht der [...] Mächtigen« (WB II 198) sei.

Reich der »mythische[n] Verknechtung der Person« (WB II 178), in der Freiheit als Merkmal menschlicher Handlungsfähigkeit (als Fähigkeit, sich von Gegebenem zu distanzieren) undenkbar ist.

Mag Benjamins Begriff der Freiheit mithin sehr abstrakt gefaßt sein; mag er sich in dem breiten Bedeutungsspektrum, das »Freiheit« seit der Antike in der Philosophie und gesellschaftspolitischen Literatur erhalten hat, schwer verorten lassen: Deutlich erkennbar ist doch, daß Benjamin die seit Kant gängige Unterscheidung zwischen Freiheit als negativ und als positiv bestimmter – als Unabhängigkeit und als Autonomie – übernommen und die negativ bestimmte, die Unabhängigkeit, dort, wo er mythische Verhältnisse entlarvt, als deren Oppositum erörtert. Damit ist Benjamins Mythoskritik letztlich ein Postulat von Unabhängigkeit: Die allererste ihr inhärente Forderung gilt der Freiheit der Person als Individuum bzw. seiner Befreiung von Gewaltverhältnissen. Oder anders formuliert: Benjamins Überlegungen zum Mythos sind zuvörderst auf ein befreiendes Handeln bzw. ein Handeln aus Freiheit zentriert, das darauf gerichtet ist, immergleiche Zwangszusammenhänge aufzusprengen.

1.1.2.3 Die Rechtsinstitution der Ehe in Goethes »Wahlverwandtschaften«:
Ein mythischer Zwangszusammenhang von Schuld und Sühne
Im Zeichen dieser Anschauung des Rechts steht (und gebunden an die Theorie der Tragödie ist) Benjamins Lektüre des Romans *Die Wahlverwandtschaften*. Darin kontrastiert Goethe zwei Liebeskonzepte – das der leidenschaftlich-ungebundenen und das der ehelich-institutionalisierten Liebe – und problematisiert so das Verhältnis von Freiheit und Notwendigkeit, von Naturtrieben und kulturellen Normen. Hierzu verwendet er den aus der Chemie geläufigen Begriff der Wahlverwandtschaften für die menschlichen Beziehungen zwischen den vier Hauptpersonen, dem Ehepaar Eduard und Charlotte, und ihren ›neuen Lieben‹, Ottilie und dem Hauptmann. Goethe stellt die Fähigkeit bestimmter chemischer Elemente, bei Annäherung neuer Elemente eine bestehende Verbindung zu lösen und mit dem neuen Element, gleichsam wahlverwandtschaftlich, eine neue Verbindung einzugehen, als Naturgesetz der Leidenschaftlichkeit dar. In den Geboten der Sittlichkeit, der Pflicht des Menschen, seine Übernatürlichkeit zu wahren, siedelt er einen konfliktreichen Gegenpart zum Naturgesetz an.

Die Pointe der *Wahlverwandtschaften* besteht darin, daß beide, Naturgesetz und Sittlichkeit, letztlich gleichberechtigt nebeneinander stehen. Dadurch wirkt sich ein Handeln im Sinne der Sittlichkeit (konkret, der Verzicht auf Hingabe an die außereheliche leidenschaftliche Liebe) ebenso verhängnisvoll aus wie der Zwang des Naturgesetzes selbst. Goethe geht hier von einem *per se* unlösbaren Konflikt zwischen sittlicher Ordnung und elementarer Leidenschaft aus. Daß diverse Interpreten der *Wahlverwandtschaften* dieses ›Unentschieden‹ wiederholt zugunsten der einen oder anderen Option ausgelegt haben, ist auf die schicksalhafte Macht zurückzuführen, die im Roman heraufbeschworen wird und als »Dämonisches« die bürgerliche Ordnung der Ehe zwangs-läufig zu zerstören scheint. Im Fortschreiten der Handlung entfaltet sie sich Schritt für Schritt, bis sie endlich ihre Opfer fordert. Welchen Lauf dieses dämonische Verhängnis nehmen wird, zeichnet sich zuallererst darin ab, daß das Kind, das Charlotte Eduard gebiert, Ottilies Augen hat und die Züge des Hauptmanns trägt.

Der weitere Geschehensgang ist vorprogrammiert. Das Kind fällt der leidenschaftlichen Hingerissenheit Ottilies tödlich zum Opfer und ertrinkt. Ottilie endlich, durch inneres leidenschaftliches Verzehren ermattet, verstummt, verweigert jegliche Nahrungsaufnahme und stirbt den romantischen Liebestod.

Während Goethe, der am Ende die gesellschaftliche Ordnung triumphieren läßt, zugleich die in den Tod sich flüchtenden Liebenden zu den eigentlichen Gerechtfertigten macht, hat die Tradition in dem Roman eine Darstellung der Versittlichung des natürlichen Menschen erkennen wollen. Benjamin indes rollt die *Wahlverwandtschaften* von einer anderen Seite auf. Er deutet sie als eine Kritik des Mythos, dem er vor allem die Ehe zurechnet. Aus der »Auflösung der Ehe« Eduards und Charlottes liest er ein Walten von Kräften heraus, die er als »mythische Gewalten des Rechts« (WB I 130) begreift. Angesiedelt in der vermeintlich vernünftigen Rechtsinstitution der Ehe, treten sie Benjamin zufolge in dem Moment hervor, in dem die Ehe angegriffen wird: Zuvor gleichsam schlummernd, erwachen sie zu voller Gewalt, »entfaltet« sich die Ehe in ihrer Anlage als Rechtsnorm, setzt sie in ihrem Verfall die »mythischen Gewalten des Rechts« frei, »wird alles Humane zur Erscheinung und das Mythische verbleibt allein als Wesen« (WB I 131).[106]

Dementsprechend meint Benjamin auch, den »Zusammenhang von Schuld und Sühne« (WB I 138), der seinem Verständnis nach dem Recht innewohnt, aus Goethes Roman herausinterpretieren zu können. Die Ehe, gezeichnet als ein Zusammenleben nur vermeintlich freier Individuen, erweist sich in seiner *Wahlverwandtschaften*-Lektüre als ein »Schicksalszusammenhang« von Schuld, Sühne, Opfer und Tod, wie er ihn kanonisch in der tragischen Dichtung formuliert sieht: Das zwar ehelich, aber im Geist des Ehebruchs gezeugte Kind Eduards und Charlottes muß in seiner ganzen Unschuld sterben. »Es ist als Geschöpf der Lüge zum Tode verurteilt« (WB I 138), um den geistigen Ehebruch zu sühnen und die Ehe als Rechtsordnung zu sanktionieren. Denn »die Sühne«, so Benjamin, »ist im Sinne der mythischen Welt [...] seit jeher der Tod der Unschuldigen« (WB I 140).

Desgleichen versteht Benjamin den Tod Ottilies als ein Opfer, das auf die Sanktionierung der Rechtsinstitution Ehe gerichtet ist. Dabei faßt er ihn – wie auch den Kindestod durch Ertrinken – nicht im »paradoxen« Sinne der Tragödie als ein tragisches Opfer, das zugleich »Sühne im Sinne des Schicksals« und »Entsühnung« der Nachwelt ist (WB I 176). Vielmehr verweist er Ottilies Tod, wie sie selbst, wiederholt in den mythischen Raum der »Zweideutigkeit«. Ottilie repräsentiert für Benjamin das Wesen des Romans, das er auch noch in der Landschaft, in Gewässern, Kleidung und Gebäuden widergespiegelt sieht. Als paradigmatisch zweideutig führt er etwa das Wasser des Sees an, der im Roman wiederholt eine zentrale Rolle spielt (WB I 183):

---

106 Hierzu ausführlich B. Lindner, »Goethes Wahlverwandtschaften und die Kritik der mythischen Verfassung der bürgerlichen Gesellschaft«, in: N. Bolz (Hrsg.), *Goethes Wahlverwandtschaften. Kritische Modelle zum Mythos Literatur*, Hildesheim 1981, S. 23–44; Menninghaus, »*Romeo*«; B. Buschendorf, *Goethes mythische Denkform. Zur Ikonographie der ›Wahlverwandtschaften‹* (= Diss. Stuttgart 1981), Frankfurt a.M. 1986; I. Kuhn, *Goethes Wahlverwandtschaften oder das sogenannte Böse. Im besonderen Hinblick auf Walter Benjamin* (= Diss. Freiburg 1987), Frankfurt a.M. u.a. 1990. Vgl. im übrigen die folgenden Ausführungen.

Wie nämlich zweideutig die scheinhafte Seele sich darin zeigt, mit unschuldiger Klarheit verlockend und in tiefste Dunkelheit hinunterführend, so ist auch das Wasser dieser sonderbaren Magie teilhaftig. Denn einerseits ist es das Schwarze, Dunkle, Unergründliche, andrerseits aber das Spiegelnde, Klare und Klärende. Die Macht dieser Zweideutigkeit, die schon ein Thema des ›Fischers‹ gewesen war, ist im Wesen der Leidenschaft in den Wahlverwandtschaften herrschend geworden.

Auf dieselbe Weise wertet Benjamin Ottilies scheinbare Schuldlosigkeit als zweideutig: als Unschuld einer scheinhaften Seele, die mit »gefährlicher Magie« verlockt, indem »eben das, was als Zeichen innerer Reinheit gedacht wird, [...] der Begierde das Willkommenste« ist (WB I 175). Ihren Wunsch zu sterben faßt er als »Trieb« und »nicht, wie sie es zweideutig auszusprechen scheint, [als] heilig«. (WB I 176). Benjamin kann Ottilies Todeswillen nur als eine ihrer Naturanlage entsprechende »Sehnsucht nach Ruhe« (WB I 176) deuten, die mit wahrer Sittlichkeit nichts zu tun hat. Wie das Kind Eduards und Charlottes einem Unfall zum Opfer fällt und damit das in Schuld und Sühne sich vollziehende mythische Schicksal erfüllt, hat für Benjamin auch Ottilies stummes Eingehen in den Tod seinen Grund in mythischer Gebundenheit, nicht etwa in einem »sittlichen Entschluß« (WB I 176). Anders als den Tod des zu Sittlichkeit erwachten tragischen Helden der alten attischen Tragödie denkt Benjamin ihren Tod nicht als Paradoxon, in dem die Kraft der Dialektik arbeitet. Er liest ihn nur als Erfüllung, nicht als Erfüllung und Sprengung mythischen Schicksals zugleich. Zu übermächtig erscheint ihm Ottilies Naturverfallenheit, ihre »pflanzenhafte Passivität«,[107] mit der sie »schuldig-schuldlos« im »Raum des Schicksals« verweilt (WB I 176). Zu mythisch verhaftet erscheint ihm überhaupt das gesamte Romanpersonal und -inventar.

1.1.2.4 »Die Wunderlichen Nachbarskinder« als Märchen:
  Happy-End durch mutige Entschließung
Daß gleichwohl auch den *Wahlverwandtschaften* eine »Antithesis« gegen das »Mythische« (WB I 171) inhärent ist, verdankt sich nach Benjamin einzig der in sie eingelegten Novelle *Die Wunderlichen Nachbarskinder*. Ihrer ausgeprägt märchenhaften Züge wegen auch als Märchen lesbar, kommt in ihrer Deutung Benjamins erst später ausformulierte Märchentheorie zur Geltung.[108]

Die Novelle handelt von zwei Kindern, die von den Eltern für einander bestimmt wurden, sich aufgrund ihres widerspenstigen Wesens jedoch erst nach allerlei ›Hin und Her‹ ihre Liebe eingestehen und, dem Tod durch Ertrinken entronnen, endlich glücklich zueinander finden. Der Handlungsgang erinnert an ein Zaubermärchen. Auch dort konstituiert sich die Handlung zumeist aus folgenden Bausteinen: Ein Heranwachsender löst sich von den Eltern, beginnt den eigenen Weg zu gehen, verliebt sich, versteht aber aus Unreife die erste Liebesbindung nicht zu meistern und

---

107 Die Beschreibung Ottilies birgt Gemeinsamkeiten mit Bemerkungen Benjamins über Jula Cohn, der der *Wahlverwandtschaften*-Aufsatz gewidmet ist und durch deren Bekanntschaft Benjamins eigene Ehe nachhaltig ins Wanken geriet. Vgl. hierzu B. Witte, *Walter Benjamin*, Reinbek bei Hamburg 1985, S. 43 f.; zur »pflanzenhaften Passivität« Jula Cohns s. Walter Benjamin, *Berliner Chronik*, hrsg. von Gershom Scholem, Frankfurt 1970, S. 67.
108 J.W. Goethe, *Die Wahlverwandtschaften. Ein Roman*, textkritisch durchgesehen von Erich Trunz, kommentiert von Benno von Wiese, München ⁹1995, S. 199–207.

erweist sich erst nach außerordentlichem Einsatz als verläßlicher Partner. Erst nach diversen Tests und Proben vermag er, die Liebesbindung für ein Leben lang tragfähig zu machen.[109]

Eben dieses Muster liegt – wohl nicht zufällig, denn Goethe hatte an der Gattung Märchen reges Interesse – der Novelle zugrunde. Sie handelt von Konflikten und Proben zweier zum Glück begabter Kinder, denen zu guter Letzt das große Happy-End aufgeht. In ihr meint Benjamin das zu finden, was die mythische Verschattung der Romanhandlung auf ein utopisches Ziel hin zu transzendieren vermag: »Frieden« und »Seligkeit«, nicht »erkauft« durch ein »Opfer«, sondern durch »mutige Entschließung« (WB I 170).

Mutig entschlossen sind die wunderlichen Nachbarskinder, als sie begreifen, daß sie einander lieben, in der Tat: Nach anfänglichem Gezänk leidenschaftlich entbrannt, stürzt sich das Mädchen eines Tages während einer Wasserlustfahrt, zum Tode entschlossen, von dem Schiff, auf das man sie und den Geliebten im Familienkreise geladen hatte. Entschlossen sie zu retten, springt der Jüngling hinterher. Er faßt sie, wird mit ihr aber von einer Strömung gewaltsam fortgerissen und kann sich doch schließlich an Land retten, wo er alles unternimmt, um »seine schöne Beute«[110] wiederzubeleben. Sein Einsatz ist nicht vergeblich. Endlich schlägt sie die Augen auf, erblickt den Freund, umschlingt seinen Hals und beide beschließen, sich nie wieder zu verlassen. Von einem hilfreichen jungen Ehepaar mit Hochzeitsgewändern versehen, werfen sich die beiden, als man sie wiederfindet, vor ihren Eltern nieder und erbitten deren Segen – »[...] und wer«, so endet die Novelle, »hätte den versagen können!«.

Benjamins Bemerkung, der Novelle wohne – wie Goethes »Märchen von der neuen Melusine«[111] – eine glückhafte »Seligkeit« (WB I 171) inne, sein – in dieser Formulierung enthaltener –Verweis der *Wunderlichen Nachbarskinder* in den Raum des Märchens, leuchtet unmittelbar ein. Die beiden Liebenden erkaufen ihren Frieden nicht durch ein Opfer. Keiner von ihnen muß sterben, um die Liebe zu besiegeln. Niemand fällt ihnen zum Opfer, bringt sich als Opfer dar, damit letztlich doch nur, wie im Roman, die Ehe als Rechtsnorm gewaltsam sanktioniert werde. Zur andauernden Liebesgemeinschaft finden die beiden Glückskinder vielmehr ohne mythische Sanktionsmaßnahmen. Alles läuft auf das große Glück des Märchens hinaus. Die »Entschließung« der Nachbarskinder für die Liebe und für einander – veräußerlicht in beider mutigem Entschluß zum Sprung ins Wasser, bestätigt im Durchgang durch tödliche Gefahr und besiegelt durch den elterlichen Segen – verheißt das große Glück.

1.1.2.5 Märchenglück theologisch aufgeladen:
 Versöhnung im Angesichte Gottes – ein Antidoton gegen den Mythos
Die theologische Ausdeutung dieses Glücks durch Benjamin zeigt deutlicher als seine anderen Texte, in denen es um Märchengehalte geht, daß diese bei ihm eine theolo-

---

109 Vgl. oben I.B.-D. und W. Scherf, *Lexikon der Zaubermärchen*, Stuttgart 1982, S. XI.
110 Goethe, *Wahlverwandtschaften*, S. 205.
111 Goethe selbst redet in *Dichtung und Wahrheit* von seinem »Märchen von der neuen Melusine« und weist es damit emphatisch der Gattung Kunstmärchen zu. Der Text befindet sich u.a. in *Goethes Märchen*, hrsg. von Katharina Mommsen, Frankfurt a.M. 1985, S. 29–59; vgl. auch den Kommentar a.a.O., S. 142–181. Benjamin hat eine Deutung dieses Märchens mehrfach angekündigt, aber nie unternommen; vgl. Benjamin, *Briefe*, S. 257, 367, 377.

gische Aufladung erfahren. Das, was im Märchen Glück heißt, bedeutet in Benjamins Theologie »Versöhnung«, und das, was theologisch Auferstehung heißt, wird im Märchen als Entzauberung, als Erlösung aus bösem Zauber, veranschaulicht; hiervon wird an späterer Stelle noch zu sprechen sein. Innerhalb der *Wahlverwandtschaften* ist für Benjamin vor allem der Kontrast von Unglück im Roman und Glück in der Novelle von Bedeutung. Ihm entsprechen, in theologischer Lesart, im Roman die nur »scheinhafte« Versöhnung und in der Novelle die »wahre Versöhnung« – die Versöhnung miteinander im Angesichte Gottes (WB I 184):

> Wahre Versöhnung gibt es in der Tat nur mit Gott. Während in ihr der Einzelne mit ihm sich versöhnt und nur dadurch mit dem Menschen sich aussöhnt, ist es der scheinhaften Versöhnung eigen, jene untereinander aussöhnen und nur dadurch mit Gott versöhnen zu wollen. Von neuem trifft dieses Verhältnis scheinhafter Versöhnung zur wahren auf den Gegensatz von Roman und Novelle. Denn darauf will ja zuletzt der wunderliche Streit hinaus, der die Liebenden in ihrer Jugend befängt, daß ihre Liebe, weil sie um wahrer Versöhnung willen das Leben wagt, sie erlangt und mit ihr den Frieden, in dem ihr Liebesbund dauert. Weil nämlich wahre Versöhnung mit Gott keinem gelingt, der nicht in ihr [...] alles vernichtet, um erst vor Gottes versöhnlichem Antlitz es wieder erstanden zu finden, darum bezeichnet ein todesmutiger Sprung jenen Augenblick, da sie – ein jeder ganz für sich allein vor Gott – um der Versöhnung willen sich einsetzen. Und in solcher Versöhnungsbereitschaft erst ausgesöhnt gewinnen sie sich. Denn die Versöhnung, die ganz überweltlich und kaum fürs Kunstwerk gegenständlich ist, hat in der Aussöhnung der Mitmenschen ihre weltliche Spiegelung.

Entsprechend diesem Gegensatz von echter und scheinhafter Versöhnung, von Unglück und Glück, ist die Novelle von dem, was den Roman ausmacht, losgelöst. Benjamin bringt dies auf folgende Formel: »den mythischen Motiven im Roman entsprechen jene der Novelle als Motive der Erlösung« (WB I 171). Weder sind die Nachbarskinder in mythischer Naturverfallenheit befangen noch sind Landschaft und Gewässer, Namen und Geburtsdaten wie im Roman zweideutig aufgeladen. Ganz im Gegenteil, die »wunderlichen Nachbarskinder« sind namenlos; Benjamin spricht von »echter Anonymität« (WB I 169). Und zumal das Wasser, in das sie beide hinabtauchen, erweist sich – man erinnere sich hier, zum Vergleich, an Benjamins Deutung des Sees – als ein (WB I 171)

> lebendiger Strom, dessen segensreiche Gewalt nicht minder groß in diesem Geschehen erscheint, als die todbringende Macht der stehenden Gewässer im andern.

Der mythischen Zweideutigkeit, die »im Wesen der Leidenschaft in den Wahlverwandtschaften herrschend geworden« (WB I 183) ist, wird hier durch »mutige Entschließung« ihre dämonische Macht genommen. Bewußtes Entscheiden stellt für Benjamin folglich ein wesentliches Antidoton zum Mythos dar. Theologisch liest sich dies folgendermaßen: Indem die Liebenden sich dem Untergang, dem Verschwinden im Wasser überantworten, werden sie erlöst; denn nur in der Bereitschaft zu verschwinden liegen letztlich Seligkeit und Glück,[112] nur um den Preis des Vergehens kann Benjamin »Erlösung« denken.

---

112 Zu den Begriffen »Glück« und »Erlösung« in Benjamins Theologie s. J. Nieraad, »Walter Benjamins Glück im Untergang. Zum Verhältnis von Messianischem und Profanem«, in: *German Quarterly* 63 (1990), S. 222–232; G. Agamben, »Walter Benjamin und das Dämonische. Glück und geschichtliche Erlösung im Denken Benjamins«, in: U. Steiner (Hrsg.), *Walter Benjamin. 1892–1940, zum 100. Geburtstag*, Bern u.a. 1992, S. 189–216.

Diese messianische Prämisse, die auf der Ansicht beruht, nur im Untergang nähere sich die Welt der Erlösung, hat Benjamin allen seinen größeren Arbeiten zugrunde gelegt. Bildet sie oft eine Voraussetzung, die Benjamin nicht erläutert und ohne deren Kenntnis seine Theorien und Literaturinterpretationen nur schwer zugänglich sind, ist sie doch an mancher Stelle unmißverständlich ausformuliert. So etwa im *Theologisch-politischen Fragment*, das den Schlüssel zu Benjamins theologischem Glücksverständnis liefert (WB II 204):[113]

> Die Ordnung des Profanen [im Gegensatz zum Reich Gottes, A.-B.R.] hat sich aufzurichten an der Idee des Glücks. Die Beziehung dieser Ordnung auf das Messianische ist eines der wesentlichen Lehrstücke der Geschichtsphilosophie. Und zwar ist von ihr aus eine mystische Geschichtsauffassung bedingt, deren Problem in einem Bilde sich darlegen läßt. Wenn eine Pfeilrichtung das Ziel, in welchem die Dynamis des Profanen wirkt, bezeichnet, eine andere die Richtung der messianischen Intensität, so strebt freilich das Glückssuchen der [...] Menschheit von jener messianischen Richtung fort, aber wie eine Kraft durch ihren Weg eine andere auf entgegengesetzt gerichtetem Weg zu befördern vermag, so auch die profane Ordnung das Kommen des messianischen Reiches. Das Profane also ist zwar keine Kategorie des Reichs, aber eine Kategorie seines leisesten Nahens. Denn im Glück erstrebt alles Irdische seinen Untergang, nur im Glück aber ist ihm der Untergang zu finden bestimmt.

Da Glück für Benjamin im Streben nach Untergang, in der Bereitwilligkeit zur Suspension aller weltlichen Kategorien, denkbaren zeitlichen und räumlichen Koordinaten liegt, kann er es nur als einen Gegenpol zum Mythos denken. Ist doch dem Mythos seiner Ansicht nach der Untergang von Dingen, Formen und Figuren *per se* fremd, hat doch Vergänglichkeit in ›seinem‹ Mythos keinen Ort, da ihm die Zeitform des Mythischen durch Kreisschlüssigkeit (im von Nietzsche beeinflußten Diskurs seinerzeit als »Wiederkehr des Gleichen« verstanden) gekennzeichnet scheint. Diese wiederum, »die ewige Wiederkunft des Gleichen«, liest Benjamin als »Zeichen des Schicksals« (WB I 137).[114]

1.1.2.6 Die märchenhafte Novelle als »Antithesis« gegen »das Mythische als Thesis« im Roman
Mythos und schicksalhafter Zyklismus, begriffen als endlose Verkettung von Schuld, Sühne, Tod und Opfer, fließen in Benjamins Denken demnach in eins; die Vorstellung von Untergang und Vergehen – und die damit verbundene messianische Idee der Erlösung – gilt hingegen als mythosextern. Die Integration dieser mythosexternen Vorstellung in den Roman hinein bedeutet für Benjamin daher eine Aufsprengung des Mythos von innen heraus. Die Novelle enthält, was dem Bezirk des Mythos entragt und von ihm zu erlösen vermag. Und ebendas wird – in einem zweiten Text: gesondert, aber sichtlich mit Bezug auf den Haupttext – in diesen eingelegt. In die Texttotalität des Romans hinein – in den Roman, der Benjamins Ansicht nach eine gänzlich vom Mythos beherrschte Welt abbildet – wird ein anderer Text gefügt, der, mit einem Potential angereichert, das Benjamin theologisch-messianisch aufgeladen wissen will, den Mythos destruiert.

Wie ›sensationell‹ unmythisch die Novelle ist, zeigt sich in Benjamins Denken

---

113 Das folgende Zitat erläutert ausführlich I. Wohlfarth, »»Immer radikal, niemals konsequent ...‹. Zur theologisch-politischen Standortsbestimmung Walter Benjamins«, in: N. Bolz/R. Faber (Hrsg.), *Antike und Moderne. Zu Walter Benjamins »Passagen«*, Würzburg 1986, S. 116–137.
114 Zu den Aporien, die dieses Denken entfaltet, vgl. Menninghaus, *Schwellenkunde*, S. 94–108.

zudem darin, daß in ihr nicht nur kein Opfer und kein Tod vorkommen, sondern auch ein tragischer »Schuldzusammenhang« fehlt, der nach Benjamin Opfer und Tod überhaupt erst bedingt: Die Nachbarskinder stehen nicht unter einem Schicksal, das sie übermächtig beherrscht und aus dessen Verkettung von Schuld und Sühne, Opfer und Tod es kein Entkommen gibt. Ihre persönliche Geschichte ist vielmehr auf das Glück hin ausgerichtet, was nach Benjamin die schicksalhafte Schuld-Sühne-Verkettung kategorisch ausschließt:

> Das Glück ist es [...], welches den Glücklichen aus der Verkettung der Schicksale und aus dem Netz des eigenen herauslöst. [...] Glück und Seligkeit führen [...] ebenso aus der Sphäre des Schicksals heraus wie die Unschuld (WB II 174).

Infolgedessen ist »Schicksal« »aus des Jünglings rettendem Entschluß entfernt«, »genügt« die »mutige Entschließung« der »Liebenden« dazu, »ein Schicksal zu zerreißen, das sich über ihnen ballen [...] wollte.« Benjamin will am Ende der Erzählung sogar »das Gefühl erregt« wissen, daß die beiden »kein Schicksal mehr haben und da stehen, wohin die andern einmal gelangen sollen« (WB I 170 f.).

Spätestens hier wird unbezweifelbar, daß Benjamin die von ihm ins Theologische gedeutete Novelle als Utopie liest, von der er meint, daß der Roman auf sie verweist. Allein die Novelle, in der »das helle Licht« glückhaft »waltet«, vermag in seinen Augen zu leisten, was die Romanhandlung selbst, da sie restlos mythisch verschattet ist, nicht bieten kann. Oder anders, mit Benjamin, formuliert: »Es ist der Tag der Entscheidung, der in den dämmerhaften Hades des Romans hereinscheint« (WB I 169): »Also darf, wenn im Roman das Mythische als Thesis angesprochen wird, in der Novelle die Antithesis gesehen werden« (WB I 171). Die Novelle hält, indem sie mit dem Idealbild märchenhaft sich erfüllender Liebe ein Gegenbild zu den im Eherecht verstrickten Romanfiguren entwirft, als utopischer Gehalt des Romans die Erlösung bereit.

1.2 Mythoskritik in den 30er Jahren.
Fokus: Der »Passagen«-Aphorismus vom Trojanischen Pferd

Das Verfahren, die Negativität eines skizzierten Phänomens – sei es der Fiktion, sei es der Realität zuzurechnen – auf ein utopisches Ziel hin zu transzendieren, hat Benjamin sein Leben lang beibehalten; so auch in seiner späten materialistischen Mythoskritik, die ohne das frühe Fundament aus einer philosophisch-geisteswissenschaftlichen Perspektive nicht vorstellbar wäre. Von der Intention geprägt, theologische und materialistische Dialektik zur Synthese zu bringen, versammelt das Spätwerk Motive aus früherer Zeit, führt sie eng und transzendiert sie auf historisch-materialistische Ziele hin, ohne daß Benjamin dabei den theologischen Horizont der frühen Schriften aus den Augen verlöre. Das entspricht einer »Säkularisierung der Theologie um ihrer Rettung willen« (Theodor W. Adorno).

1.2.1 Theologie und Historischer Materialismus

Die beschriebene Art der Mythoskritik äußert sich konkret darin, daß Benjamin seit Mitte der zwanziger (und verstärkt Anfang der dreißiger) Jahre, angeregt durch den

Kontakt zu Asja Lacis und Bertolt Brecht sowie Lektüre von Karl Marx, Georg Lukács und Karl Korsch, primär gesellschaftstheoretische Motive geltend macht. So steht am Ende seines Œuvres ein Paris, dessen Fabriken und Bahnhöfe, Glaspaläste und Passagen er als Dokumente einer Gesellschaft empfindet, in der Konsum und Käuflichkeit, Funktionalismus und Ökonomismus die Funktion der alten Mythen übernommen haben. Zu weiten Teilen eine Auseinandersetzung mit dem *Kapital* von Marx, ist Benjamins Spätwerk, das *Passagen-Werk*, voll von Bildern, die auf das zielen, was schon, wenngleich mit anderen Mitteln, *Schicksal und Charakter,* die *Kritik der Gewalt,* der *Ursprung des deutschen Trauerspiels* und *Goethes Wahlverwandtschaften* desavouieren wollten: die mythische Verfassung unseres naturverfallenen und gesellschaftsaffirmativen Denkens. Vorrangig um ihre Veranschaulichung geht es im *Passagen-Werk*. Zu diesem Zweck identifiziert Benjamin den Mythos in einem mosaikartigen Paris-Bild kurzerhand mit Kapitalismus und spannt ihn in ein marxistisches Denkschema ein. Er agnosziert ihn als undurchschaubare Natur, die schon den antiken Menschen geblendet habe, und diagnostiziert sein Fortbestehen in der Warenwelt, die uns heute blende. Als *tertium comparationis* führt er das Geblendet-Sein an: einen Zustand, den er als Schlaf – als Verblendung des Bewußtseins, die den Kern ihrer Selbstzerstörung in sich trage, verstanden wissen will.

Benjamin denkt die Moderne in ihrer Mythos-Verhaftetheit folglich als katastrophisch. Und das Antizipieren der Katastrophe, die er (messianisch-antilinear) als bereits sich vollziehende faßt, beschreibt er als ein böses, aber rettendes Erwachen aus der Verblendung, aus dem Traumschlaf (WB V 494f.):

> Der Kapitalismus war eine Naturerscheinung, mit der ein neuer Traumschlaf über Europa kam und in ihm eine Reaktivierung der mythischen Kräfte. --- [...] Die ersten Weckreize vertiefen den Schlaf. --- [...] Das kommende Erwachen steht wie das Holzpferd der Griechen im Troja des Traumes.[115]

Wie in vielen anderen Aphorismen des *Passagen-Werks* wird auch hier auf die antike Mythologie zurückgegriffen.[116] Da eine Untersuchung aller Antike-Allusionen des *Passagen-Werks* zu weit führte, sei das Bild vom »Holzpferd der Griechen im Troja des Traumes« an dieser Stelle als ein Paradigma des Benjaminschen Zugriffs auf antike Stoffe exemplarisch erläutert.

Zur exemplarischen Lektüre gerade diesen Aphorismus auszuwählen, legen drei Gegebenheiten nahe. Erstens ist die Erzählung vom Trojanischen Pferd eng an die Odysseus-Figur gebunden, die in Benjamins geschichtsphilosophischem Zugang zum Altertum sowie in seiner Märchentheorie eine wichtige Rolle spielt. Zweitens ist der

---

115 Zu den Begriffen »Katastrophe« und »Erwachen« vgl. die motivorientierte Arbeit von H. Weidmann, *Flanerie, Sammlung, Spiel. Die Erinnerung des 19. Jahrhunderts bei Walter Benjamin,* München 1992, S. 34 ff., 55 ff.
116 R. Faber, »Paris, das Rom des XIX. Jahrhunderts. Eine Metacollage«, in N. Bolz/ders. (Hrsg.): *Antike und Moderne. Zu Walter Benjamins »Passagen«,* Würzburg 1986, S. 53–96, versammelt die wichtigsten einschlägigen Zitate aus dem *Passagen-Werk,* in denen Benjamin die Antike bemüht. Wie im Titel angedeutet, versteht sich die Studie leider weniger als Analyse der Aphorismen als als Collage, wodurch die Dunkelheit der Zitate eher verdoppelt als vermindert wird. Diese Verdopplung zu vermeiden ist Ziel der folgenden Ausführungen. Sie stellen den Versuch dar, *eine* der zahlreichen Antike-Allusionen aus dem *Passagen-Werk* aufzuschlüsseln und damit etwas Licht auf Benjamins Umgang mit dem Altertum zu werfen.

Aphorismus von zentraler Bedeutung für ein Verständnis von Benjamins spätem Umgang mit Mythologica; er bildet ein Musterbeispiel der vielerörterten Verquickung von Messianismus und Historischem Materialismus (HistoMat), die Benjamins »dialektische Bilder« des Spätwerks kennzeichnet. Und drittens lohnt die Beleuchtung allein deshalb, da der Aphorismus von der Forschung – trotz seines paradigmatischen Charakters, man könnte fast sagen: trotz seiner Zentralposition in Benjamins Umgang mit Mythologica – bisher kaum beachtet worden ist.[117]

1.2.1.1 »... das Holzpferd der Griechen im Troja des Traumes«:
 Dialektische Auflösung der Mythologie in den Geschichtsraum
Benjamins Verfahren der Nutzbarmachung des Trojanisches Pferdes ist folgendes: Er entnimmt der Mythologie eines der bekanntesten Mythologeme und zitiert es in die Moderne hinein. Er beschwört es nicht etwa als vergangen. Er erklärt es nicht zu Geschichte, die er fern ins Mythologische rückt. Vielmehr betreibt er das, was er als »Auflösung der ›Mythologie‹ in den Geschichtsraum« (WB V 571) verstanden wissen will: Er entdeckt an dem Bild eine aktuelle geschichtliche Signatur, indem er in ihm die katastrophische Gegenwart erkennt.

Daß es höchst fraglich ist, ob es das Trojanische Pferd je gegeben hat, spielt für Benjamin dabei keine Rolle. Nicht um geschichtliche Faktizität, sondern um die Virtualiät der Geschichte geht es ihm: um die Kraft des potentiell Möglichen und seine Aktualität. Benjamin wendet in seinem Aphorismus vom »Holzpferd der Griechen« das Prinzip der sog. »Dialektik im Stillstand« (WB V 55) an: Er schiebt Gegenwart und mythische Vergangenheit ineinander und bringt sie, seinem eigenen Verständnis zufolge, dadurch in eine dialektische Konstellation von messianischer Dimension.

Die Folie dieses Verfahrens bildet Benjamins Philosophie der revolutionären Befreiung bzw. messianischen Erlösung. Sie besagt, daß es zum messianischen Reich nur ein kleiner Schritt sei, da jederzeit die Möglichkeit eines revolutionären »Tigersprungs« ins Vergangene oder Künftige bestehe (WB I 701).[118] Benjamin stellt sich dementsprechend nicht die Frage, wie sich die Gegenwart auf (eine historistisch konstruierte) Vergangenheit beziehen läßt. Geschichte ist für ihn kein Gegenstand der Wissenschaft im herkömmlichen Sinne. Sein Denken ist vielmehr darauf gerichtet, die Gegenwart in der Geschichte und in Geschichten von Geschichte zu erkennen. Er fragt sich, wie die Gegenwart in den historisch darzustellenden Gegenständen steht, was ausschließlich jetzt, und nicht gestern oder morgen erkennbar ist. Zu diesem Zweck entwirft er dialektische Bilder, die nicht eine zeitliche Beziehung der Gegenwart zur Vergangenheit stiften, sondern eine dialektisch-sprunghafte Beziehung des Vergangenen zum Jetzt.[119]

---

117 Auf seine zentrale Bedeutung im Benjaminschen Kontext *Traum – Erwachen* hat erst Heiner Weidmann in dem Artikel »Erwachen/Traum«, in: M. Opitz/E. Wizisla, *Benjamins Begriffe*, Frankfurt a.M. 2000, Bd. 2, S. 341–362, h.: S. 349f., verwiesen.
118 Die Komplexität dieser Überlegungen wird hier nicht erörtert, da die Forschung Benjamins Theorem vom dialektischen Bild hinreichend erläutert hat. Vgl. etwa R. Tiedemann, *Dialektik im Stillstand. Versuche zum Spätwerk Walter Benjamins*, Frankfurt a.M. 1983, insbes. S. 9–41.
119 Über das Verhältnis von historischem Materialismus und Messianismus in der Theorie der Dialektik im Stillstand s. R. Tiedemann, »Historischer Materialismus oder politischer Messia-

Derartig dialektisch konzipiert ist das Bild vom »kommende[n] Erwachen«, das »wie das Holzpferd der Griechen im Troja des [über Europa gekommenen kapitalistischen, A.-B.R.] Traumes steht«. Aus dem mythologischen Bild in ein dialektisches transformiert, in Benjamins Worten unter dem »Zeichen einer messianischen Stillstellung des Geschehens« (WB I 703) »vor das Tribunal der Geschichte« zitiert (WB V 459), ›entpuppt‹ sich (für Benjamin) das Bild des Holzpferdes als geschichtlich. Es entfaltet ein revolutionäres Potential, das es nur in dieser Konstellation, in die es Benjamin in seinem Bild gebracht hat, hervortreiben kann. Es bringt seine ganze destruktive Kraft, die ihm innewohnt, zum Vorschein, um »blitzartig« die kommende »Erlösung« am Himmel der Geschichte anzuzeigen.

Wie geeignet das Zitat des Trojanischen Pferdes tatsächlich ist, um im Rahmen von Benjamins Utopie zu erfüllen, was die Kunst des Zitierens[120] zum Zwecke einer versöhnlichen Sprengung des Mythos leisten soll, ist frappant: Im Bild des Pferdes kommt Benjamins Grundthese, der Mythos trage den Kern seiner Zerstörung in sich, voll zur Geltung. Dies steht in erster Linie damit im Zusammenhang, daß die Holzpferd-Geschichte die Figur der Schwelle enthält, die, wie von Winfried Menninghaus nachgewiesen, ein konstitutives Element der antimythischen Utopie Benjamins darstellt: Jeder antimythische Umgang mit dem Mythos, wie ihn Benjamin postuliert, macht sich als Schwellenhandeln geltend.[121] Ein Beispiel für »antimythisches Schwellenhandeln« sieht Benjamin, wie in III.C.1.1.1 (S. 317–323) erläutert, in der alten attischen Tragödie gegeben: Der tragische Held steht an der Schwelle zweier Ordnungen. Seine Geschichte ist eine Schwellengeschichte: Der Mythos wird zwar noch in all seiner Grausamkeit exekutiert, doch in dieser Exekution ist bereits ein erstes Moment der Befreiung von ihm antizipiert.

1.2.1.2 Odysseus' List des Trojanischen Pferdes: Eine klassische Schwellengeschichte
Eine weitere, allerdings gänzlich untragische Schwellengestalt erblickt Benjamin in Odysseus. Dieses Urteil hat seinen Grund vermutlich darin, daß er den Odysseus der *Odyssee,* insbesondere der *Apologoi,* vor Augen hat. Denn nur dort – nicht etwa in der *Ilias*[122]– agiert der Vielkluge tatsächlich als Schwellengestalt: Dort »steht« er, wie in Teil II dieser Arbeit ausgeführt, »an der Schwelle, die«, mit Benjamin gesprochen, »Mythos und Märchen trennt« und biegt, im Überschreiten dieser Schwelle, die Kräfte des Mythos gegen sich selbst.

---

nismus? Zur Interpretation der Thesen ›Über den Begriff der Geschichte‹«, in: *Dialektik,* S. 99–141, insbes. S. 106–114. Vgl. auch WB I 683 ff. und Benjamins Notizen zu diesem Verhältnis in WB I 1236.1252.

120 Die Kunst des Zitierens impliziert nach Benjamin, Gewesenes so zu zitieren, daß es zur historischen Bedingung der Möglichkeit von Gegenwartserkenntnis wird. Über das destruktive Moment dieses Zitierverfahrens, in dem Worte *zerstörend* aus dem »Zusammenhang des Sinnes« (WB II 363) herausgebrochen werden, so daß ihr Inhalt, den sie zu transportieren schienen, destruiert wird, ihnen aber zugleich durch ihre Neukontextualisierung eine spezifische Form des Nach-Lebens ermöglicht wird, vgl. B. Menke, »Das Nach-Leben im Zitat. Benjamins Gedächtnis der Texte«, in: A. Haverkamp/R. Lachmann (Hrsg.), *Gedächtniskunst: Raum – Bild – Schrift. Studien zur Mnemotechnik*, Frankfurt a.M. 1991, S. 74–110.
121 Menninghaus, *Schwellenkunde*, insbes. S. 26–58.
122 Während Odysseus in der *Odyssee* als mythischer Heros (Trojakämpfer) und als Märchenheld handelt, bezeugen in der *Ilias* nur Epitheta sein Doppelwesen; s.o. II.B.2.1.3.

Vorweggenommen ist diese Bewegung in der Erzählung vom hölzernen Pferd. In ihr wird geschildert, wie im zehnten Jahr des Trojanischen Krieges – nach Ablauf der in der *ilias* geschilderten Geschehnisse – das Trojanische Pferd, eine List des Odysseus, den Griechen ermöglicht, Troja trotz der göttlichen Mauer, die es umgibt, zu erobern. Resümieren läßt sich die Erzählung, soweit sie aus der *Aeneis* Vergils und einigen *Odyssee*-Passagen[123] rekonstruierbar ist, wie folgt:

> Achill, der stärkste griechische Krieger, der den stärksten trojanischen Krieger, Hektor, im Zweikampf besiegt hatte, ist an der einst mit göttlicher Hilfe gebauten Stadtmauer, Trojas Schutzwall,[124] gefallen. Nachdem die Griechen schon zuvor mehrfach versucht hatten, die Mauer an einer schwachen Stelle zu ersteigen, ziehen sie sich zurück. Troja scheint nicht eroberbar, die Stadtmauer eine nicht passierbare Schwelle zu sein.
>
> Mit dieser Stunde ist die Zeit des klügsten aller griechischen Krieger, des Odysseus, gekommen. Nur seine Durchtriebenheit kann noch Hilfe bringen. Und so ersinnt der Vielkluge die List des hölzernen Pferdes. Von Epeios mit Hilfe der Athene gebaut, versteckt er in ihm dreißig bewaffnete Männer und stellt es vor die Stadt. Zum Schein geben die Griechen die Belagerung auf und segeln ab. Zurück bleibt mit dem Pferd Sinon, der sich, angeblich ein Opfer des Odysseus, freiwillig von den Trojanern fangen läßt. Als er ihnen eröffnet, das Pferd sei ein Sühnegeschenk für Athene und werde, in die Stadt gebracht, Troja den Bestand sichern, tauchen zwei Schlangen aus dem Meer, erwürgen den trojanischen Apollonpriester Laokoon und seine Söhne und bergen sie auf der Burg unter Athenes Kultbild. Die Trojaner deuten dies als Strafe der Göttin für den Frevel Laokoons, der seine Landsleute vor dem »Geschenk der Danaer« (= Griechen) gewarnt und dem Tier seinen Speer in die Flanke geschleudert hatte. Sie schenken Sinon Glauben – und holen unter Jubel das Pferd in die Stadt.
>
> Für die Griechen bedeutet dies die Passage der Schwelle zum Sieg, für die Trojaner die Schwelle zum Tod: Mit Hilfe der List ist die mythische Schwelle der Trojanischen Mauer passierbar geworden, die Stadt ohne Schutz, ihr Untergang nahe. Unter diesem Zeichen steigen die dreißig griechischen Krieger nachts aus dem Pferd, öffnen den übrigen zurückgekehrten Griechen die Tore und überfallen im Verein mit ihnen die schlafenden Trojaner. Ein großes Morden setzt ein. Troja wird in Brand gesteckt und vollständig zerstört. Getötet werden selbst der alte König Priamos, der für den vergangenen Glanz Trojas steht, und sein kleiner Enkel Astyanax, Hektors Sohn, der die verlorene Zukunft der großen Stadt verkörpert.

Soweit der Inhalt der Geschichte, die, wie an dem topographischen Element der »Stadtmauer« erkennbar, eine klassische Schwellengeschichte ist. Daß indes nicht nur die Mauer als räumliche Schwelle sie zu einer solchen macht, sondern an ihrer Schwellen-Topographie vielfach variierte weitere Elemente hängen, die sie als originäre Schwellengeschichte auszeichnen, sei im folgenden illustriert.

Allerersten Aufschluß über die Frage, was die Holzpferd-Erzählung uns als Schwellengeschichte sagt, erteilt ihre Position innerhalb des *Trojanischen Sagenkreises*. Denn dieser liefert – trotz seiner Fragmentierung in acht Epen, von denen nur *Ilias* und *Odyssee* komplett erhalten sind[125] – eine höchst zusammenhängende Geschichte: die des Trojanischen Krieges. Der Zyklus der erzählten Ereignisse vor, in und nach Troja ergibt eine durchgängig motivierte, sich von Anfang bis Ende zu einer Einheit rundende Handlung, die aus mehreren Episoden zusammengesetzt ist. Werden diese alle in eine lineare Abfolge nach dem Schema *Auszug nach Troja – Belagerung – Rückkehr in die Heimat* gebracht, zeigt sich, daß die Geschichte vom Holzpferd an höchst expo-

---

123 Verg. Aen. 2; Od. 8, 492–520. 11, 522–532.
124 *Dreimal* versuchen die Griechen vergeblich die Stadtmauer zu ersteigen; vgl. Il. 6, 435 ff.; zum Mauerbau s. auch Il. 20, 145 ff.
125 Die übrigen Epen sind bloß als Fragmente und Inhaltsreferate tradiert.

nierter Stelle steht: Sie ist, wie der Blick auf die acht Epen des sogenannten *Epischen Zyklus* ergibt, nicht nur nach dem Geschehen der *Ilias* und vor dem der *Odyssee* angesiedelt, sondern genau zwischen beiden; innerhalb des Zyklus bildet sie gleichsam die Schwelle, die von den Ereignissen, die in den Kontext der *Ilias* gehören, zu den Begebenheiten führt, die um das Heimkehrmotiv der *Odyssee* kreisen. Ihr voraus gehen drei Epen (1., 2., 3.), in deren Zentrum die *Ilias* (2.) steht. Ihr nachgängig sind drei Epen (6., 7., 8.), deren Zentrum die *Odyssee* (7.) bildet. Sie selbst wird in zwei Epen (4., 5.) erzählt, die zwischen diesen beiden Erzählkomplexen stehen und strukturell die Mittelachse bilden, um welche die ihnen vor- und nachgängigen Epen gruppiert sind:[126]

1. *Kyprien*	x	(Vorgeschichte und Geschichte des Krieges, bis zum Einsetzen von 2.),
2. *Ilias*	Ilias	(Vorstellung von vier Kampftagen im 10. Kriegsjahr; Rache Achills an Hektor, durch dessen Hand Patroklos gefallen ist),
3. *Aithiopis*	x	(Nachgeschichte der Ilias bis zu Achills Tod),
4. *Kleine Ilias*	Holz-	(Fortsetzung von 3., Höhepunkt: Einholung des hölzernen Pferdes),
5. *Iliupersis*	pferd	(Fortsetzung von 4., von der Laokoon-Szene beim Holzpferd über Trojas Zerstörung bis zur Abfahrt der Griechen),
6. *Nostoi*	x	(Nachgeschichte des Krieges: Heimkehr der Troja-Kämpfer bis zur Rückkehr Agamemnons und Menelaos' mit Helena),
7. *Odyssee*	Odyssee	(Odysseus' Heimkehrgeschichte),
8. *Telegonia*	x	(Fortsetzung von 7., von der vollendeten Heimkehr bis zum Tod des Odysseus).

Dieser strukturellen Zentralposition der Holzpferd-Geschichte im *Epischen Zyklus* korrespondiert ihre Mittelstellung, die sie in der erzählten Zeit der auf zwanzig Jahre festgesetzten Gesamthandlung einnimmt. Die in den acht Epen erzählten Ereignisse erstrecken sich über einen Zeitraum von zwanzig Jahren. Die mit dem Holzpferd zusammenhängenden Begebenheiten indes werden im zehnten Kriegsjahr angesiedelt, stehen also auch in dieser Hinsicht an zentraler Stelle. Ihnen vor- und ihr nachgängig sind jeweils etwa zehn Jahre epischen Geschehens, in die Odysseus verwickelt ist: Zu ihnen hin führen zehn Jahre unermüdlichen Kampfes, von ihnen fort, die zehn Jahre anhaltende Irrfahrt des Odysseus. Zwischen beiden Zeitblöcken befindet sich das Trojanische Pferd, an der Schwelle vom ersten Block der *Kyprien, Ilias, Aithiopis* zum letzten Block der *Nostoi, Odyssee, Telegonia*:

10 Jahre	Holzpferd	10 Jahre

Im Zentrum des Zyklus »steht« mithin »das Holzpferd der Griechen«. Um seine Achse dreht sich das Geschehen; von ihm aus scheint die Gesamthandlung motiviert zu sein. Auf die List des Pferdes steuern die – in der *Ilias* ausschnittsweise erzählten – Kriegsereignisse zu. Von ihr führen die – paradigmatisch in der *Odyssee* erzählten –

---

126 In Anlehnung an Latacz, *Homer*, S. 114.

Erlebnisse der Heimkehrer fort. Daß die Holzpferd-Geschichte mehr darstellt als nur den formalen Mittelteil der Ereignisse vor, in und nach Troja, macht ihre eigentliche Schwellenposition aus: Sie ist, unter inhaltlichen Gesichtspunkten geprüft, Angel- und Höhepunkt des Zyklus. Ohne Holzpferd kein Sieg, ließe sich pointiert formulieren, ohne Sieg keine Heimkehr.

1.2.1.3 Odysseus: »... an der Schwelle, die Mythos und Märchen trennt«
Der skizzierte Ablauf der im Epischen Zyklus erzählten Ereignisse zeigt, daß Odysseus als tragende Figur der zyklischen Gesamthandlung lesbar ist. Beendet er zehn Jahre andauernden Krieges in der Ferne durch die List des Trojanischen Pferdes, so eröffnet ihm dieselbe zehn weitere Jahre der Abwesenheit von Zuhause:

Heimat	*10 Jahre in der Ferne*	*Holzpferd*	*10 Jahre in der Ferne*	*Heimat*

Daß sich beide Zehnjahresblöcke und ihre Vor- bzw. Nachgeschichte ohne Odysseus nicht denken lassen, deutet sich schon in den Vorkriegsereignissen in der Heimat an: Odysseus will nicht, Achill soll nicht mit nach Troja ziehen. Mit Mühe von den Atriden überredet (Od. 24, 115 ff.) – sein geheuchelter Wahnsinn wird von Palamedes entlarvt (*Kyprien*) –, sorgt Odysseus schließlich dafür, daß Achill mit auf die Reise geht.[127] Nur dadurch – durch die Teilnahme des Odysseus, der für Achills Teilnahme sorgt – wird letztlich der Krieg vor Troja gewonnen. Odysseus holt Achill, ohne dessen Stärke die griechische Schlagkraft der trojanischen unterlegen wäre. Dies bildet die erste entscheidende Tat in der Heimat, vor der Abreise. Vor Troja selbst zeigt sich dann, daß Achills Stärke ohne Odysseus' List ebenso wenig nützen würde wie Odysseus' Klugheit ohne Achills Stärke; nur die Verbindung beider Qualitäten ermöglicht den Sieg der Griechen. Im *Ilias*-Geschehen erweist sich die Notwendigkeit der Kombination darin, daß die Trojaner, solange Achill absent ist, den Griechen überlegen sind, da sie unter dem Schutz und der Führung Hektors kämpfen, den nur Achill besiegen kann. Doch wie Troja nicht fallen kann, solange Hektor lebt, kann es nicht erobert werden, solange die Mauer nicht überwunden wird. Und eben hierfür – für diese Überwindung – ist Odysseus' Klugheit entscheidend. Damit erhält die Anwesenheit des Odysseus vor Troja in der finalen Bilanz etwas mehr Gewicht als die des Achill.

In Benjaminschen Bahnen gedacht, stellen die Ereignisse um das Holzpferd diejenige Schwelle dar, welche die griechische Dichtung den Helden überqueren läßt, um sein listiges Handeln als aristokratischer Heros in ein listiges Handeln als Mensch schlechthin zu überführen. Indem Odysseus die Schwellengeschichte des Trojanischen Pferdes erlebt – indem er die Schwelle vom zehn Jahre währenden Kriegsgeschehen zur zehn Jahre andauernden Heimfahrt produziert (er ersinnt die List) und passiert (er ist für die erfolgreiche Durchführung der List verantwortlich) – erreicht und überschreitet sein agonal-aristokratisches Handeln seinen Höhepunkt. Zwar

---

127 In Il. 11, 766 holt Odysseus Achill und Patroklos bei Peleus ab, nach späterer Überlieferung macht er Achill unter den Töchtern des Lykomedes, wo seine Mutter ihn versteckt hatte, ausfindig: Scholien D zu Il. 19, 326, Hyg. fab. 96; vgl. W. Kullmann, »Die Quellen der Ilias (Troischer Sagenkreis)«, in: *Hermes Einzelschriften* 14 (1960), S. 190–192, zu der Frage, ob die Geschichte in den *Kyprien* stand.

bleibt er nach der Passage der ›Holzpferd-Schwelle‹ immer noch ein πολύτροπος, πολυμήχανος, πολυμήτις: einer, der in allen Lebenslagen geschickt ist. Doch wächst er in seiner List als mythischer Held, der innerhalb einer gesellschaftlichen Ordnung seiner sozialen Stellung und Funktion entsprechend handelt, über sich hinaus. Er wächst aus der kollektiv verankerten Rolle als Heros hinein in die Figur des zum individuellen Glück Tauglichen: hinein in die Figur des umsichtigen Dulders der Irrfahrten, der nicht mehr um eines kollektiven Sieges willen agiert, sondern auf sein persönliches Happy-End zusteuert und sich entsprechend erzählerisch darzustellen weiß.

Auf eine Formel gebracht, heißt das: Der räumlichen Schwelle innerhalb der Geschichte von der List des hölzernen Pferdes analog ist die Geschichte als ganze innerhalb des *Trojanischen Sagenkreises*. Denn wird dort die Schwelle der Mauer mit Hilfe des Holzpferdes passiert, liest sich die um das Pferd ›herumgelegte‹ Geschichte selbst als Schwelle, von der aus die iliadische »Weltordnung« transzendiert wird. Indem Odysseus Trojas Zerstörung als kollektiven Sieg der Griechen ermöglicht, initiiert er zugleich die individuelle Erfahrung der leidvollen Heimreise, auf der er sich aus dem aristokratischen Anerkennungssystem, das sein Handeln in der *Ilias* bestimmt, herauslöst und im Handeln als Einzelner dem Märchenhelden anverwandelt.[128] Und – was ist dies anderes als ein Schwellenhandeln im Sinne eines ersten Schrittes zur Individuation, mit Benjamin gesprochen: zur Befreiung vom mythischen Gewaltzusammenhang?

1.2.1.4 Nutzbarmachung des Zerstörerischen zum Guten

Folgt man Benjamins Modell vom antimythischen Schwellenhandeln, enthält auch das Epos – wie die Tragödie, wenngleich auf andere Weise – die Figur der Sprengung der Zwangszusammenhänge des Mythos. Auch im Epos muß der Mythos erst in seiner ganzen Gewalt exekutiert werden, damit ein Übergang von der einen ›Epoche‹ (der iliadischen) in die nächste (die der *Odyssee*) ermöglicht werden kann.

Daß hierbei Odysseus, der die Exekution des Mythos (Vernichtung Trojas) erst initiiert, um den Gewalten des Mythos dann Einhalt zu gebieten (*Apologoi*), ein untragischer Schwellenheld ist, gab für Benjamin vermutlich den Ausschlag, ihn zu *der* antimythischen Gestalt schlechthin zu erklären; hiervon wird im Folgekapitel noch zu sprechen sein. Attraktiv war für Benjamin an Odysseus in jedem Fall dessen Fähigkeit, Schwellensituationen herbeizuführen und zu bewältigen. Einnehmend muß ihm zudem die Eigenschaft, alle Situationen durch List meistern zu können, erschienen sein. Besonders vielsagend, dies zeigt der besprochene Aphorismus, erschien Benjamin die List des Pferdes, die Odysseus die Epitheta »Vielkluger« und »Städtezerstörer« eingebracht hat. Beide, das »Holzpferd der Griechen« und Odysseus, die in der My-

---

128 Hiermit soll keineswegs gesagt werden, daß Odysseus in der *Ilias* die eine und in der *Odyssee* die andere jeweils fest definierte Gestalt wäre. In beiden Epen hat er vielmehr etwas Vielschichtiges und Widersprüchliches (wie sich an der Sirenenepisode manifestiert, in der er sich äußerlich weitgehend wie ein Märchenheld verhält, in seinem Innersten aber durch die Schmeichelei der Sirenen als mythischer Heros erschüttert wird). Epitheta, die ihn als den, als der er in der *Odyssee* agiert, kennzeichnen, werden ihm in der *Ilias* beigelegt und *vice versa*. Zur Problematik vgl. oben II.B.2.–4. und II.C.2.4.–5.; Hölscher, »Der epische Odysseus«, S. 52–61.

thologie untrennbar zusammengehören, lokalisiert er geschichtsphilosophisch an einer Schwelle: Odysseus an der, die Mythos und Märchen trennt, das Holzpferd an der, »die«, um eine Formulierung aus dem *Surrealismus*-Aufsatz aufzunehmen, »zwischen Wachen und Schlaf ist« (WB II 296). Wie Odysseus in Benjamins Denken

---
an der Schwelle
vom Gewalt- und Verblendungszusammenhang (= Mythos)
→
zur Erlösung von diesem (= Märchen)

---

steht, befindet sich Odysseus' Holzpferd, vom mythischen zum dialektischen Bild transformiert, in die katastrophische Moderne hinein zitiert,

---
an der Schwelle
vom kapitalistischen »Traumschlaf« Europas, der mythische Kräfte reaktiviert, die zu ihrer Selbstzerstörung führen,
→
zum »Erwachen« aus ihm, das als antizipatorischer Akt – im Bild vom Holzpferd ist Zerstörung versinnbildlicht – die Rettung bringt.

Benjamin geht es mit seinem Bild nicht um eine Verherrlichung der blutigen Kriegsgeschehnisse vor Troja. Es geht ihm vielmehr um den »heimlichen Index« des Bildes, der, da er auf »Erlösung« verweist (WB I 693), vom Historischen Materialisten kraft Dialektik entdeckt und geltend gemacht werden muß. So verwendet er, um dieser in *Über den Begriff der Geschichte* postulierten Aufgabe selbst nachzukommen, das Bild vom drohend – in der Stadt der in Schlaf versunkenen Trojaner – stehenden Pferd, das auf die Vollständigkeit der Zerstörung der Stadt vorausweist. Er zieht es heran, da ein Antizipieren der Katastrophe für ihn gleichbedeutend mit »Erlösung« durch rettendes »Erwachen« aus dem Traum, aus der »Verblendung«, ist. Benjamin setzt das Bild des Zerstörerischen mit der ganzen List des Dialektikers ein: vor einem theologischen Hintergrund und mit der Prämisse, daß jeder destruktive Impuls im Kern »Versöhnungsbereitschaft« bekundet. Schon der Aufsatz über die *Wahlverwandtschaften* ist von dem Gedanken getragen, daß wahre Versöhnung, die es nur mit Gott gibt, erst dann gelingt, wenn man »alles vernichtet, um erst vor Gottes Antlitz es wieder erstanden zu finden« (WB I 184). Schon dort fallen in Benjamins Idee der Zerstörung Destruktion und Auferstehung in eins.

Eine derartige Nutzbarmachung des Destruktiven zum Guten, wie sie sich im *Wahlverwandtschaften*-Essay bekundet, liegt auch in dem zitierten Fragment aus dem *Passagen-Werk* vor. Unmißverständlich kommt sie übrigens schon in den provokanten *Notizen über den »destruktiven Charakter«* zum Ausdruck.[129] Sie gipfelt später in der nihilistischen These, »Zerstörung« sei »das Klima echter Humanität« (WB I 1243). Aus den Vorarbeiten zu den Thesen *Über den Begriff der Geschichte* stammend, zeigt diese Provokation, wie untrennbar der ihr eigene Nihilismus mit dem utopischen Moment

---

[129] WB IV 999–1001 (im Manuskript), WB IV 396–398 (in der publizierten Version von *Der destruktive Charakter*). Das Verhältnis zwischen Konstruktion und Destruktion, das Benjamins Denken von den frühen metaphysischen Essays bis zu den Geschichtsthesen prägt, erläutert Dag T. Anderson, »Destruktion/Konstruktion«, in: M. Opitz/E. Wizisla (Hrsg.), *Benjamins Begriffe*, Frankfurt a.M. 2000, Bd. 1, S. 147–185.

der politischen Versuche Benjamins verbunden ist. Ist es ihm doch primär darum zu tun, die »revolutionäre Zerstörung mit dem Erlösungsgedanken zu verschränken« (WB I 1241). Die Ideen des Historischen Materialismus sind für ihn ohne ihre Anbindung an den Messianismus nicht zu denken. Theologie und politisches Denken bilden eine Totalität, in der radikale Ideen und Extreme nebeneinander stehen und – so der angehende Dialektiker 1926 in einem Brief an Scholem – von einem »paradoxen Umschlagen« ineinander geprägt sind. Sie entfalten im Miteinander für Benjamin eine dialektische Kraft.[130]

So ist das destruktive Bild vom Trojanischen Pferd zu lesen. Benjamin verwendet es vor einem theologischen Horizont als Chiffre der Erlösung. Er sucht die endgültige Zerschlagung des Traumes heraufzubeschwören, die Beendigung des Schlafes, in dem sich die zeitgenössische Warengesellschaft in seinen Augen befindet. Der von ihm selbst postulierten theologischen Aufgabe folgend, die »destruktiven Kräfte zu entbinden, welche im Erlösungsgedanken liegen« (WB I 1246), gewinnt Benjamin dem mythischen Bild einen utopischen Gehalt ab, den er der Realität als utopischen Spiegel entgegenhält: die Zerschlagung des Traumes als Versöhnung.

1.2.1.5 Sprengung des Mythos mit seinen eigenen Mitteln
Der Grund für Benjamins Rekurs aufs mythische Bild ähnelt Platons Motivation, im Kampf gegen den Mythos auf mythische Bilder zurückzugreifen. Platon bezweckte, das Monopol des wenig argumentativen, schwer kontrollierbaren Diskurstyps »Mythos« aufzusprengen, um den seiner Ansicht nach höherstehenden Diskurstyp »Philosophie« durchzusetzen. Zu diesem Zweck bediente er sich wiederholt mythischer Formeln. Im Bewußtsein darüber, daß sein mit dem Mythos aufgewachsenes Publikum auf mythische Denkstrukturen und Gehalte angewiesen war, wenn es seine Theorien verstehen sollte, setzte er zahlreiche bekannte Mythen ein, paßte sie seinen Zwecken an und erfand überdies eigene Kunstmythen.[131]

Wie schon Platon zielt auch Benjamin auf die Etablierung eines anderen als des mythischen Diskurses, von dem er das Leben der modernen (Waren-)Gesellschaft beherrscht sieht: Die »Konstellation des Erwachens« soll gefunden«, Mythologisches in metaphysisch-geschichtliches Denken aufgelöst werden. Wie Platon zielt Benjamin daher auf eine Sprengung des Mythos mit seinen eigenen Mitteln. Er verwendet mythische Bilder und Formeln aus dem Bewußtsein heraus, daß jede Auseinandersetzung mit unserer mythisch verhafteten Welt, zumal ihre Kritik, mythischer Bilder als »Trojanischer Pferde« bedarf. Weiß er doch, daß ein rationales, aufgeklärtes Vokabular nicht genügt, um den Mythos kritisch zu durchdringen. So assoziiert er das »Erwachen« mit dem »Holzpferd«, den »Traum«, aus dem es zu erwachen gilt, mit »Troja« und bringt damit mehrere Polaritäten in ein dialektisches Verhältnis: Politik und Religion, Mythos und Erlösung, Zerstörung und Rettung. Vor allem aber bringt er den antiken Troja-Mythos, der sich als historisches Geschehen gibt, in ein spannungsreiches Verhältnis zur historischen Gegenwart. Die zu erlösende Gegenwart und die mythische Vergangenheit werden zu einer bildlichen Totalität zusammenfügt, in der die einzelnen Konstituenzien des Bildes jeweils erhalten bleiben.

---

130 Benjamin, *Briefe*, S. 425 f.
131 Vgl. hierzu weiter oben I.B.2.2.1.

Motiviert ist dieses dialektische Verfahren dadurch, daß Benjamin in dem antiken Mythos vom Trojanischen Pferd einen Gehalt findet, auf den er die Gegenwart zusteuern sieht: Rettung durch Zerstörung. Vergil gibt dem Helden seiner *Aeneis* die in der *Ilias* (20, 293–308) ausformulierte Verheißung mit, die Aeneaden würden beim Fall Trojas überleben und ewige Herrschaft erlangen: Trojas Untergang wird umgedeutet in Roms Aufstieg. Dabei geht der homerische Odysseus gleichsam in Vergils Aeneas ein: Nach langer Irrfahrt kehrt dieser, wie jener nach Ithaka, nach Latium zurück. Der Holzpferd-Mythos birgt für Benjamin damit eine Aktualität, die es zu entdecken gilt: Er hält die Erlösung bereit, auf die zuhaltend, er die Gegenwart zu transzendieren sucht.

Mag der Mythosbegriff in Benjamins Spätwerk folglich anderen Kontexten als in den frühen Schriften angehören. Mag er erst dort, wo Benjamins theoretisch-politisches Engagement für den dialektischen Materialismus entschiedene Formen annimmt, schärfere Konturen gewinnen. *Ein* Motiv der Auseinandersetzung mit dem Mythos ist in allen Schaffensphasen zentral: die Perspektive auf dessen versöhnende Sprengung. Zugleich Beweggrund und Thema von Benjamins Œuvre, zieht sich dieses Motiv wie ein roter Faden durch seine Arbeiten, die sämtlich ein »Erwachen« aus der Verblendung der Zeit anvisieren; ein »Erwachen«, das für die aktuelle historische Situation rettende Mittel bereithält, ohne die sich der Bann des Mythos nicht brechen läßt – und ohne die der Mensch in der Verblendung verbleibt. Das Organon des historischen »Erwachens« aus der Verblendung ist das dialektische Denken: Indem es zu erhellen sucht, daß jede Epoche ihr Ende antizipiert, will es den mythischen Bann der Zeit brechen.

2. Das Märchen: »Überlieferung vom Siege [über den Mythos]«

Die Konstituenzien dieses dialektischen Denkens führt Benjamin in seinem Œuvre, auch in den Arbeiten der vormaterialistischen Periode seines Schaffens, permanent vor. Es ist die Konfrontation und Konfiguration von Extremen aller Art; mögen sie aus dem Bereich von Gegenwart und Vergangenheit, von Religion und Politik stammen, mögen es Konstellationen wie Laut und Schrift, Tragik und Komik, Leiblichkeit und Geistigkeit etc. sein. Die Reihe ließe sich beliebig fortsetzen. Benjamin liebt es, Antinomien gegeneinander zu installieren, nicht um sie aufzulösen oder aufzuheben, sondern um sie ineinander umschlagen zu lassen. Darin – jedenfalls im Erfassen von Antinomien – ist er, wie noch in manchem anderen, eher an Kant orientiert als an Hegel. Er denkt nicht hegelisch dialektisch und zielt nicht auf Vermittlung und »Aufhebung« (im beseitigenden und bewahrenden Sinne) von Denkbestimmungen. Was bei Kant die Behebung der Antinomie durch den Aufweis ist, »daß gezeigt wird, sie sei bloß dialektisch und ein Widerstreit des Scheins«,[132] ist bei Benjamin die Herbeiführung des Zusammenfalls der Extreme durch ein »paradoxes

---

132 KrV, B 534, hier zit. nach H.M. Baumgartner, *Kants »Kritik der reinen Vernunft«*, Freiburg i.Br./München 1985, S. 111 (zu den kosmologischen Antinomien).

Umschlagen«,[133] nunmehr allerdings in einem realitätsgerecht empfundenen dialektischen Verfahren.

Daß Benjamin Kafkas Prosaskizze von Odysseus und den Sirenen als ein »Märchen für Dialektiker« entziffert, ist daher aufschlußreich. Benjamin liest die Skizze als einen Text, in dem das von ihm gehandhabte dialektische Verfahren zur Sprengung des Mythos erfolgreich zur Anwendung kommt: Kafkas Text gilt ihm als eine Arbeit am Mythos, die dessen Kräfte dadurch, daß sie »kleine Tricks« in ihn »hineinsetzt« und die »Schwelle« zum Märchen übertritt, gegen sich selbst biegt (WB II 415):

> Unter den Ahnen, die Kafka in der Antike hat, [...] ist dieser griechische nicht zu vergessen. Odysseus steht ja an der Schwelle, die Mythos und Märchen trennt. Vernunft und List hat Finten in den Mythos eingelegt; seine Gewalten hören auf, unbezwinglich zu sein. Das Märchen ist die Überlieferung vom Siege über sie. Und Märchen für Dialektiker schrieb Kafka, wenn er sich Sagen vornahm. Er setzte kleine Tricks in sie hinein; dann las er aus ihnen den Beweis davon, ›daß auch unzulängliche ja kindische Mittel zur Rettung dienen können‹.

Zurückzuführen ist diese Deutung zum einen auf Benjamins Verständnis des Märchens als Antidoton zum Mythos und zum zweiten auf die Fülle der Paradoxien und ineinander umschlagenden Antinomien der Prosaskizze.[134] Im folgenden soll deshalb Benjamins Theorie des Märchens erörtert werden, bevor am Schluß der vorliegenden Arbeit – zwecks Erklärung des Terminus »Märchen für Dialektiker« – auf die Antinomien von Kafkas Text eingegangen wird.

2.1 Lob des Märchens in »Franz Kafka«

Wie zahlreiche Texte Benjamins einen Gegenbegriff zum Mythos enthalten, um rettende Mittel, seinen Bann zu brechen, an die Hand zu geben, bietet auch der Aufsatz *Franz Kafka* einen solchen und – mit Verweis auf das Märchen – ein Gegenmodell. Wie viele Texte Benjamins zudem die Gegenmodelle zum Mythos unter dem Aspekt der »Freiheit« des Einzelnen behandeln, interessiert Benjamin auch am Märchen ebendies: »Freiheit«, die auf verschiedenen Wegen realisierbar ist, sich aber stets als Freiheit von mythischen Zwangszusammenhängen und Gewalten, die den Menschen beherrschen, darstellt.

In *Schicksal und Charakter* etwa, in *Oedipus oder Der vernünftige Mythos* und im Tragödienkapitel des Trauerspielbuchs wird der tragische Held gegen den Mythos ins Feld geführt. Sein Erwachen zu freier Sittlichkeit, die mit der Macht der mythischen Satzungen unvereinbar ist, gilt Benjamin als Aufbegehren gegen den Mythos. Er deutet es als Chiffre der Rebellion gegen die »mythische Verknechtung der Person« (WB II 178), die der Idee der Selbstbestimmung und der »Freiheit« als »Individuum«

---

133 Benjamin, *Briefe*, S. 425f.
134 Vgl. zur Figur des Paradoxon in Kafkas Text D.E. Wellbery, »Scheinvorgang. Kafkas ›Das Schweigen der Sirenen‹«, in: *Kultureller Wandel und die Germanistik in der Bundesrepublik, Vorträge des Augsburger Germanistentages 1991*, Bd. 3, *Methodenkonkurrenz in der germanistischen Praxis*, S. 163 ff.; die Überlegungen basieren weitgehend auf dem Aufsatz von E. Esposito, »Paradoxien als Unterscheidungen von Unterscheidungen«, in: H.U. Gumbrecht/K.L. Pfeiffer (Hrsg.), *Paradoxien, Dissonanzen, Zusammenbrüche. Situationen offener Epistemologie*, Frankfurt a.M. 1991, S. 35–57.

grundlegend zuwiderläuft. In allen drei Schriften sind die Paradigmen Schicksal, Schuld, Sühne und Opfer als dem Mythos inhärent begriffen. Den Texten ist zu entnehmen, daß Benjamin die Paradigmen in die zu ihnen gehörenden Gegenbeispiele zu überführen trachtet, die ihr letales Zusammenwirken[135] aufzusprengen vermögen.

Die zentralen Ideen, um die diese Schriften kreisen, sind »Freiheit« und »Erlösung« vom Mythos. Beide will Benjamin in der Tragödie an den tragischen Helden gebunden wissen, den er an der selbstproduzierten Schwelle von einer alten zu einer neuen Ordnung lokalisiert. Der tragische Held ist Opfer »im Sinne des Sühnopfers, das Göttern, die ein altes Recht behüten, fällt« und zugleich »ein erstes« Opfer »im Sinn der stellvertretenden Handlung«, in der »neue Inhalte des Volkslebens sich ankündigen« (WB I 285):

> Der alte Fluch, der über Geschlechter hin sich erbte, wird in der tragischen Person zum innern, selbstgefundenen Gut der heldischen Person. Und so erlischt er (WB I 310).

Einem ähnlich geschichtsphilosophisch ausgerichteten Argumentationsstrang folgend, deutet Benjamin im *Kafka*-Aufsatz die Gattung Märchen aus seiner strikten Gegenposition zum Mythos. »Ein anderer Odysseus«, heißt es dort, stehe Kafka »an der Schwelle, die Märchen und Mythos trennt«. Kafka steht für Benjamin demnach – wie schon der homerische Odysseus als mythischer Heros einerseits, Märchenheld andererseits – an der selbstproduzierten Schwelle zweier Ordnungen. Als Schwellengestalt obliegt es ihm, mythische Zwänge (Signum der ersten »Ordnung«) durch vernünftiges Handeln als Realisationsform von »Freiheit« (Signum der zweiten »Ordnung«) zu sprengen.

2.1.1 »Kleine Tricks« gegen den Mythos:
Die »Odyssee« als »Urbild der Mythenbehandlung Kafkas«

Die Vernunft und List, die Benjamin an Odysseus feststellt, unterscheiden diesen vom tragischen Helden. Transmythische Freiheit erscheint dem Listigen nicht dadurch, daß er als Opfer einer alten und einer neuen Ordnung in den Tod geht; der Mythos muß nicht als tödlicher Zwangszusammenhang, in den er selbst als handelnde Person schicksalhaft verstrickt ist, zwecks Sprengung exekutiert werden. Odysseus entmachtet den Mythos auf wesentlich glücklichere Weise: ohne sühnendes Selbstopfer, vielmehr mit geschickter List und schlauen Finten. Ein Odysseus – hierin läßt sich Benjamin kaum widersprechen – wendet »kleine Tricks« an, mit deren Hilfe er die Kräfte des Mythos gegen diesen selbst biegt.

Dem listigen Helden in seinem trickreich-entmachtenden Umgang mit mythischen Gewalten vergleichbar, verfährt Kafka auf literarischer Ebene: Mit dem Ziel zu zeigen, daß sich im dichterischen Zusammenspiel von »Abbildung und Revision« (WB I 295) mythischer Gewalt Einhalt gebieten läßt, legt er in alte mythische Erzählungen »kleine Tricks« hinein. In dieser Hinsicht läßt sich Odysseus' Verhalten, wie es sich sowohl in den *Apologoi* der *Odyssee* als auch in Kafkas Text darstellt, durchaus mit Kafkas eigener literarischer Vorgehensweise bei der Neu- bzw. Umerzählung alter mythischer Geschichten vergleichen. Die von Kafka dargestellte Handlungsweise des

---

135 Dieses Zusammenwirken sieht Benjamin in der attischen Tragödie kanonisch ausformuliert.

Odysseus ist als metaliterarische Reflexion des eigenen literarischen Umgangs mit alten Mythen lesbar. Benjamin drückt dies wie folgt aus:

> Man kann förmlich erklären: das Verfahren der Odyssee ist das Urbild der Mythenbehandlung Kafkas. In der Gestalt des vielbewanderten und verschlagnen [...] Odysseus meldet, im Angesicht des Mythos, die naive schuld- und sündlose Kreatur ihr Recht auf die Wirklichkeit wieder an. Ein Anrecht, das im Märchen verbrieft und ursprünglicher ist als die mythische ›Rechtsordnung‹, mögen auch seine literarischen Zeugnisse jünger sein (WB II 1263).

Diese Beobachtung Benjamins leuchtet ein. Wird schon Homers Odysseus nicht vom Schicksal, wie es sich im frühen Epos meist manifestiert: in Untergang und Vernichtung, bezwungen und getötet, erliegt auch Kafkas Odysseus nicht der von Benjamin perhorreszierten (dem Bereich des Schicksals zugerechneten) Verkettung von Schuld und Sühne. Im »Anhang« von Kafkas Text wird sogar in Erwägung gezogen, Odysseus sei möglicherweise »so listenreich, [...] ein solcher Fuchs« gewesen, »daß selbst die Schicksalsgöttin nicht in sein Innerstes« habe »dringen« können (hierüber mehr in III.C.3.). Odysseus geriert sich, so suggeriert der »Anhang«, als »naive schuld- und sündlose Kreatur«.

Benjamins Formulierung trifft die Sache außerordentlich gut. Ebenso leuchtet auch die von Benjamin im Anschluß an diesen Passus formulierte These ein, daß »der göttliche Dulder der Epik – Odysseus – mehr noch als im Erleiden ein Muster in dem Vereiteln des Tragischen gewesen« sei. Es verwundert nicht, daß keine einzige alte attische Tragödie tradiert ist, deren Protagonist Odysseus wäre. Odysseus taugt nicht zum tragischen, er taugt vielmehr zum un-, ja geradezu anti-tragischen Helden. Benjamins abschließende Behauptung indes, »gerade« hierin, im »Vereiteln des Tragischen«, sei Odysseus, wie »die Geschichte von den Sirenen« zeige, »ein Lehrmeister Kafkas« gewesen, ist irreführend.

2.1.2 Der untragische Odysseus: Eine Ausnahmefigur im Œuvre Kafkas

Irreführend ist Odysseus' Bezeichnung als »Lehrmeister Kafkas« vor allem, da sie zum Ausdruck zu bringen scheint, Kafkas Œuvre – also auch die Romane, denn auf sie, nicht etwa auf die Mythenbehandlungen zielt der *Kafka*-Essay – präge generell ein untragischer Umgang mit mythischen Zwängen.[136]

Daß dies nicht der Fall ist, hat die Forschung oft genug betont.[137] Odysseus bildet eine Ausnahmefigur im Œuvre Kafkas: Er sucht sich nicht mit der Macht zu verbinden. Dieses Bestreben wird vielmehr zum tragischen Verhängnis eines K. oder Josef K.. Während Odysseus als genuin untragische Figur der Verlockung des Mythos, wel-

---

136 Möglicherweise sah sich Benjamin hierin durch die Ansicht Siegfried Kracauers bestätigt, der 1926 in einer Rezension von Kafkas *Schloß* den Roman als »Matrize des Märchens« bezeichnete: »Wie das Märchen die dem Anschein nach unverrückbare natürliche Ordnung zersprengt, um die Dinge an den richtigen Platz zu stellen, den sie von Natur aus gar nicht einnehmen, so hebt er [der Roman, A.-B.R.] die gewohnten Zusammenhänge auf [...]«. S. Kracauer, *Der verbotene Blick. Beobachtungen – Analysen – Kritiken*, Leipzig 1992, S. 153 ff., h.: S.155. Vgl. unten S. 365.
137 Am detailliertesten hat Sokel, *Franz Kafka*, die Dominanz des Tragischen bei Kafka herausgearbeitet; vgl. zu Odysseus im Vergleich mit Josef K. a.a.O. Kapitel 11 und 12.

che die Sirenen repräsentieren, entgeht, fallen die K.s einer Welt zum Opfer, die Benjamins Verständnis des Mythos verschwistert ist: Kafkas Romane und Erzählungen konstruieren Welten, in denen Differenzen wie die von Innen und Außen, von menschlichen Wesenskräften und außermenschlichen »Natur«-Kräften liquidiert sind. Durch Rückbiegung einer terroristischen äußeren Welt in die Dominanz einer verstörten inneren Welt exponieren sie all das, was dem Individuum als unentrinnbar und in dieser Unentrinnbarkeit als von übermächtiger Bedeutung erscheint.

Besonders deutlich wird dies an den offenen, fragmentarischen »K.-Romanen«. Sie enthalten nicht eine konventionelle lineare Erzählfolge, sondern zyklische Strukturen, in denen der Wiederholungszwang des Scheiterns Ausdruck findet, das sich exemplarisch am Protagonisten vollzieht. Zeit- und Raumstrukturen scheinen schicksalhaft dem Zwangszusammenhang des Immergleichen verbunden. Figuren der Wiederkehr enthalten das Moment unermeßlicher Vergeblichkeit. Der Mensch ist, als Schwächerer in den Kampf mit höheren Gewalten verstrickt, Opfer der Übermacht mythischer Satzungen.

Diese von Strukturen mythischer Wiederkehr geplagte Welt Kafkas entspricht der Topik, die Benjamin der dem Mythos verhafteten modernen Lebenswelt und der kategorialen Grundstruktur der bürgerlichen Gesellschaft zuschreibt (WB V 178):

> Die Essenz des mythischen Geschehens ist Wiederkehr. Ihm ist als verborgene Figur die Vergeblichkeit einbeschrieben, die einigen Helden der Unterwelt (Tantalus, Sisyphos oder die Danaiden) an der Stirne geschrieben steht.

Was Benjamin also unter Mythos in der Moderne versteht, hat Kafka in seinem Werk ganz in dessen Sinne veranschaulicht: Eine Form des gesellschaftlichen Lebens, die beide, Kafka wie Benjamin, als allgemeine Bedeutungsform mit ihrer Eigenschaft als besonderer Machtform[138] untrennbar verbunden wissen wollen. Benjamins Theorie des Mythos ist mit einer Theorie der Gewalt verschränkt, wie sie sich in Kafkas Werk paradigmatisch bezeugt. Als Mythos versteht Benjamin den Zwang- und Verblendungszusammenhang, der für Kafka die von weiblichen Figuren der Versuchung durchsetzte paternale Welt der Bürokratie und des Rechts ist: eine Welt, in der sirenisch gezeichnete Frauen eine falsche Verlockung darstellen, der die K.s tragisch zum Opfer fallen, während Odysseus, wie kein anderer Protagonist in Kafkas Werk genuin untragisch, sich nicht von Sirenen verführen läßt.

Diese Kafka und Benjamin gemeine Perspektive auf mythische Verhältnisse einerseits und den ihnen entzogenen Odysseus andererseits erklärt Benjamins Behauptung, Odysseus sei, »wie die Geschichte von den Sirenen« zeige, »ein Lehrmeister Kafkas« gewesen. Denn in Kafkas Episode – dies läßt sich nicht von der Hand weisen – vollzieht sich auf metaliterarischer wie literarischer Ebene (in der Darstellung von Odysseus' Handeln wie im Text selbst) tatsächlich ein »Vereiteln« des Tragischen. Ob dies indes auch für Kafkas andere Werke gilt, ist, auch wo es sich nicht eindeutig verneinen läßt, fraglich. Und dennoch, trotz der evidenten tragischen Veranlagung der K.-Figuren Kafkas, scheint Benjamin an Kafkas Werk eine Vermeidung des Tragischen hervorheben zu wollen.

---

138 Vgl. Canetti, *Prozeß*, S. 86: »Unter allen Dichtern ist Kafka der größte Experte der Macht. Er hat sie in jedem ihrer Aspekte erlebt und gestaltet.«

Gewiß, ließe sich hier einwenden, sage Benjamin nur, Odysseus sei ein »Lehrmeister« gewesen; und Schüler von Lehrmeistern eiferten ihren Lehrern zwar nach, erzielten aber durchaus nicht immer dieselben Resultate wie jene. Doch darauf will Benjamin wohl kaum hinaus. Wollte er ausdrücklich auf den Unterschied zwischen ›Lehrer‹ und ›Schüler‹ hinweisen, würde er ihn, wenngleich er sich oft genug kryptisch ausdrückt, kenntlich machen. Doch dies tut er nicht; auch nicht auf verborgene Art und Weise. Eher scheint er (wie an der Stelle, an der er Kafka einen »anderen Odysseus« nennt) auf die Gemeinsamkeit zwischen ›Lehrer‹ und ›Schüler‹ hindeuten zu wollen. Ferner scheint der Verweis auf den Demonstrationscharakter der Sirenenepisode (»wie die Geschichte von den Sirenen zeigt«) mehr dem Zweck zu dienen, ihr einen für das Gesamtwerk paradigmatischen Status als einen Ausnahmestatus zuzuweisen.

2.1.3 Das Märchen: Untragische Erlösung von den Zwängen des Mythos

Wie auch immer man die Passage ›dreht und wendet‹, ganz deutlich ist sie nicht; und dies, obwohl sie eine späte klärende Ergänzung zu dem Passus vom »anderen Odysseus« darstellt, den Theodor W. Adorno brieflich kritisiert hatte, obwohl sie also als Reaktion auf die Kritik an den ersten Ausführungen zu lesen ist.[139] Adorno hatte Benjamin den Vorwurf gemacht, im *Kafka*-Aufsatz Märchen und attische Tragödie gleichgesetzt zu haben. Zu der »Stelle von Mythos und Märchen« hatte er »zu beanstanden« (WB II 1176),

> daß das Märchen als Überlistung des Mythos auftritt oder dessen Brechung – als ob die attischen Tragiker Märchendichter wären, was sie doch am letzten sind [...].

Schon Adorno wußte Benjamin mithin nicht richtig zu deuten. Denn natürlich zielt Benjamin in seinen ersten ebenso wenig wie in seinen späteren Erörterungen auf eine Gleichsetzung tragischer mit Märchendichtung. Zwar parallelisiert er Tragödie und Märchen aufgrund der ihnen (seiner Ansicht nach) gemeinen Tendenz, mythische Verhältnisse auf ein antimythisches Ende hin zu transzendieren. Doch ungeachtet dieser Parallelisierung hält er beide Gattungen streng diakritisch auseinander. »Die tragische Dichtung ruht« für ihn »auf der Opferidee« (WB I 285), ihr Konstituens ist die schicksalhafte Verkettung von Schuld, Sühne, Opfer und Tod. Das Märchen als vom »Glück« bestimmte Erzählform indes – man denke an Benjamins Bemerkungen zur märchenhaften Novelle der *Wahlverwandtschaften* – kommt ohne Opfer aus; es bildet die untragische Variante der Befreiung von dem Bann und den terroristischen Funktionen des Mythos. Benjamin weist dem Märchen ein jüdisch-messianisch aufgeladenes sieghaftes Potential zu, das, vor einem theologischen Horizont gelesen, die endliche Rettung verspricht, indem es einen glückhaften Weg der »Versöhnung« und »Erlösung« durch »Vereiteln des Tragischen« impliziert. Bestimmend ist die Idee, daß das Märchen auf märchenhaft-untragische Weise gewähre, was die Tragödie hingegen nur als Tragödie leiste: »Erlösung« von den Zwängen des Mythos, die »den Heroen der Tragiker [erst, A.-B.R.] am Ende ihrer Passion« aufgehe (WB II 1263).

---

139 Zu Benjamins *Korrespondenz über den Essay mit Adorno* vgl. WB II 1173 ff.

Die Voraussetzung dieser Idee in der ersten Fassung des *Kafka*-Essays hat Adorno zu seiner Kritik und daraufhin Benjamin zu der erläuternden Passage veranlaßt, die mit der These endet, Odysseus sei für Kafka ein »Lehrmeister« im »Vereiteln des Tragischen« gewesen. Die Passage bezieht sich vornehmlich auf Adornos Mißverständnis, Benjamin habe die attische Tragödie zur Märchendichtung erklären wollen. Benjamin muß sich nach Adornos Kritik veranlaßt gefühlt haben, das beiden Genres gemeinsame Moment der finalen »Erlösung« von mythischen Zwängen stärker in den Vordergrund zu rücken. Sah er dieses Moment doch als eigentliches Signum der Schriften Kafkas an, wenngleich ihm gewiß bewußt war, daß es in den Mythenrezeptionen anders als in den Romanen inszeniert ist. Aus diesen läßt es sich nur mittels theologischer und utopischer Modelle herauslesen, während es in jenen evident ist: Sämtlichen Texten Kafkas, die Mythologica verarbeiten,[140] liegt das Verfahren zugrunde, alte ›Denkgebäude‹ einzureißen und auf ihrer Basis ›Neubauten‹ zu konstruieren, in denen Mythisches und Modernes verschmolzen sind.

2.1.4 Kafkas Umgang mit Mythologica: Kritik und Revision aus einer Sicht »von unten«

Norbert Rath beschreibt Kafkas Umgang mit Mythologica wie folgt:

> Kafka variiert die Mythen aus einer Sicht ›von unten‹, er betreibt […] eine Amalgamierung von mythischen und alltäglich–modernen Erfahrungspotentialen zur Verfremdung und Aufhellung beider. Seine Destruktion des Mythos läuft darauf hinaus, diesem das Seine zu geben.[141]

Mit dieser Formulierung bringt er Kafkas Verschmelzungsverfahren prägnant auf den Punkt: Alte Traditionen werden in dialektischen Neuinterpretationen durch Kritik und Revision aufgebrochen und für die Gegenwart nutzbar gemacht, indem ihnen einwohnende Sinnaspekte aufgedeckt und auf eine für die Moderne bedeutsame Weise zum Ausdruck gebracht werden.

In diesem Sinne ließe sich in Kafkas Umgang mit mythologischen Stoffen eine »Erlösung« von herkömmlichen mythischen Zwängen entdecken. In den Romanen hingegen kann eine »Erlösung«, wenn überhaupt, m.E. nur durch Applikation der messianischen Geschichtstheologie Benjamins entziffert werden: Indem man, das Theologumenon »Rettung durch Untergang« voraussetzend, im Vergehen die *ultima ratio* der Hoffnung vernimmt. Ähnlich wie in der alten attischen Tragödie ließe sich »Erlösung« in den Romanen nur als am utopischen Horizont der tödlich verlaufenden Passion der Protagonisten stehend begreifen. Dies ließe sich etwa in die dem jüdischen Messianismus entsprechende These fassen: Wo katastrophischer Untergang ist, gibt es auch Erlösung.[142] Aber diesen Vergleich von tödlich verlaufender Passion der

---

140 Über Kafkas Rezeption mythologischer, biblischer und historischer Stoffe hat die Forschung zahllose Aufsätze hervorgebracht. Gesammelt behandelt sind die Fort- und Neuschreibungen alter Stoffe bei R.G. Goebel, *Kritik und Revision. Kafkas Rezeption mythologischer, biblischer und historischer Traditionen*, Frankfurt a.M 1986; vgl. auch die Bibliographie a.a.O., S. 143 ff.
141 N. Rath, »Mythosauflösung, Kafkas Das Schweigen der Sirenen«, in: *Zerstörung, Rettung des Mythos durch Licht*, hrsg. von Chr. Bürger, Frankfurt a.M. 1986, S. 86–110, h.: S. 90.
142 Allerdings schließt sich die Erlösung in kosmischen Maßstäben nicht auf derselben Zeitebene der Zerstörung zielgerichtet an, sondern setzt ein Ende der »nihilistischen« Geschichte voraus. Vgl. zum ganzen G. Scholem, »Zum Verständnis der messianischen Idee im Judentum«, in: ders., *Judaica I*, Frankfurt a.M. ⁶1997, S. 7–74.

Das Märchen: »Überlieferung vom Siege [über den Mythos]« 349

K.-Figuren und glücklichem Entrinnen des Odysseus hat Benjamin in seinem durch Adorno veranlaßten erläuternden Passus nicht angestellt. Bei dem Versuch zu zeigen, daß Erlösung in Kafkas »Märchen für Dialektiker«, die mythische Stoffe transformieren, anders inszeniert wird als in den attischen Tragödien, hat er nicht zur Sprache gebracht, was er als These andernorts sehr wohl deutlich macht – daß Erlösung in Kafkas Romanen wie in den griechischen Tragödien über den Zusammenhang von Schuld und Sühne ins Werk gesetzt werde:

> Kafka [...] kennt nur Vergangenheit und Zukunft, die Vergangenheit als das Sumpfdasein der Menschheit in gänzlicher Promiskuität mit allen Wesen, als Schuld [derart liest Benjamin das Verhalten der K.-Figuren., A.-B.R.], die Zukunft als Strafe, als Sühne, vielmehr: von der Schuld her stellt sich die Zukunft als Strafe dar, von der Erlösung her stellt sich Vergangenheit als die Lehre [...] dar.
> [...] Kafka revidiert die Geschichte: Das Wissen fordert die Strafe heraus und die Schuld die Erlösung (WB II 1205).

2.2 Lob des Märchens in »Der Erzähler«: Befreiung vom Mythos durch »Komplizität« mit »Natur«

Ausführlich erläutert wird der Gedanke, daß das Märchen ohne Schuld, Opfer und Sühne leiste, was die Tragödie nur durch Verkettung dieser Elemente ins Werk setze, erst zwei Jahre nach Abfassung der ersten Version des *Kafka*-Aufsatzes (also nach dem Briefwechsel mit Adorno). 1936 heißt es im *Erzähler*-Aufsatz, das Märchen dokumentiere die ersten Versuche der Menschheit, sich vom Mythos zu befreien. Es verfüge über einen »befreienden Zauber«, der »nicht auf mythische Art« Zwangsverhältnisse einschließe, sondern auf den von ihnen »befreiten Menschen« verweise (WB II 458):

> Das Märchen gibt uns Kunde von den frühesten Veranstaltungen, die die Menschheit getroffen hat, um den Alp, den der Mythos auf ihre Brust gelegt hatte, abzuschütteln. Es zeigt uns in der Gestalt des Dummen, wie die Menschheit sich gegen den Mythos ›dumm stellt‹; es zeigt uns in der Gestalt des jüngsten Bruders, wie ihre Chancen mit der Entfernung von der mythischen Urzeit wachsen; es zeigt uns in der Gestalt dessen, der auszog, das Fürchten zu lernen, daß die Dinge durchschaubar sind, vor denen wir Furcht haben; es zeigt uns in der Gestalt des Klugen, daß die Fragen, die der Mythos stellt, einfältig sind, wie die Frage der Sphinx es ist; es zeigt uns in der Gestalt der Tiere, die dem Menschenkinde zu Hilfe kommen, daß die Natur sich nicht nur dem Mythos pflichtig, sondern viel lieber um den Menschen geschart weiß. Das Ratsamste, so hat das Märchen vor Zeiten die Menschheit gelehrt, und so lehrt es noch heut die Kinder, ist, den Gewalten der mythischen Welt mit List und mit Übermut zu begegnen. (So polarisiert das Märchen den Mut, nämlich dialektisch: in Untermut [d.i. List] und in Übermut.) Der befreiende Zauber, über den das Märchen verfügt, bringt nicht auf mythische Art die Natur ins Spiel, sondern ist die Hindeutung der Komplizität mit dem befreiten Menschen. Diese Komplizität empfindet der reife Mensch nur bisweilen, nämlich im Glück; dem Kind aber tritt sie zuerst im Märchen entgegen und stimmt es glücklich.

Das Postulat, das die Folie dieser ebenso gattungstheoretisch wie geschichtsphilosophisch aufschlußreichen Passage bildet, ist deutlich: Das Märchen ist als Erlösung vom Mythos zu lesen. Und Erlösung vom Mythos kann nicht über wiederum mythische Naturverfallenheit erreicht werden. Denn dort, wo die »Natur« – wie exemplarisch in den *Wahlverwandtschaften* – »auf mythische Art« ins Spiel gebracht wird, ist eine »Freiheit« der »Person« ausgeschlossen; zumal eine Freiheit, wie sie sich für Benjamin zuallererst im Märchen andeutet und in der bewußten Aneignung von Natur und Gesellschaft aus menschlicher Selbstbestimmung vollzieht.

2.2.1 Die »Freiheit« der Märchenhelden: Versöhnung mit der Natur

Benjamin formuliert an dieser Stelle eine Theorie des Märchens, welche die »Freiheit« des Märchenhelden in den Vordergrund rückt. Es handelt sich um eine Freiheit, die sich aus der Opposition gegen den Mythos definiert und von der Idee der Befreiung aus Naturverhaftetheit bestimmt ist. Theologisch aufgeladen und mit zentralen geistesgeschichtlichen Termini verbrämt, scheint sie ein geschichtstheologisch funktionalisiertes Paradigma zu sein, das Benjamin im Kampf gegen den Mythos herbeizitiert hat, um das Erzählgenre Märchen in seine Geschichtsphilosophie zu integrieren. Da ist vom »befreiten Menschen« die Rede und vom »befreienden Zauber« der Märchen. Ferner wird geschildert, wie sich diverse Figuren des Märchens dem Terror des Mythos entziehen bzw. von ihm befreien.

Daß das Freiheitsmotiv indes kein von Benjamin ›aus der Luft gegriffenes‹, ins Märchen hineingedeutetes Ingrediens seiner antimythischen Freiheitsutopie ist, ergibt eine kursorische Lektüre von Märchen aus der ganzen Welt. Sie zeigt, daß Freiheit tatsächlich ein zentrales Moment des Märchens darstellt und in einem wechselseitigen Zusammenhang mit der »Isolation« des Helden (Lüthi) steht. Im Märchen geht es nicht um »Autonomie« in dem Sinne, daß ein Subjekt sich dazu bestimmte, ausschließlich kraft seines Wollens und in einem konkreten Sinn zu handeln. Das Märchen exponiert vielmehr Protagonisten, die im Rahmen der Spielregeln des Märchens *frei* sind, in die Welt hinauszuziehen, da sie in der Familie und Gesellschaft eine isolierte Position einnehmen. Entweder ist ihr familiärer Status der des jüngsten Sohnes oder der Stieftochter oder sie bilden auf andere Weise das äußerste Glied eines Sozialgefüges. Stehen sie nicht an der Gesellschaftsspitze, gehören sie zu den ganz Armen; sind sie nicht Prinz oder Prinzessin, arbeiten sie als Schweinehüter oder Gänsemagd. Sie sind demnach leicht »isolierbar« (Lüthi) und gerade deshalb relativ leicht in eine zentrale oder in die entgegengesetzte Extrem-Position zu rücken. So verlassen sie die Heimat aus irgendeinem Grund, oft wegen eines Familienkonflikts, andere Male, »um eine Aufgabe zu lösen, ein Erlösungswerk zu vollbringen oder einfach um die Welt zu sehen« (Lüthi). Dabei kommt die »Heimkehr auch vor, aber sie ist verhältnismäßig unwichtig, bleibt in manchen Fällen aus [...]«.[143]

Nach dem Verlassen der Heimat erleben die Märchenheld(inne)n, gleichsam *in einem existentiellen Freiheitsraum*, eine Reihe von Abenteuern, in deren Rahmen sie sich als Mensch verwirklichen, ohne an ein System gebunden zu sein. Während dieser Zeit kommt ihre aktive soziale Kontaktfähigkeit zur Geltung, die ihnen gerade als Folge ihrer *Freiheit*, als Folge ihrer originären Losgelöstheit von Systemen und Vorgaben zu eigen ist. Sie erweisen sich als »beziehungsfähig« (Lüthi), was sich insbesondere darin zeigt, daß sie, stets auf Helfer angewiesen, nötige Hilfen empfangen, ohne dadurch ihren Helfern verpflichtet zu sein oder durch die Verleihung übernatürlicher

---

[143] Lüthi, *Volksmärchen als Dichtung*, S. 152–161.

Das Märchen: »Überlieferung vom Siege [über den Mythos]« 351

Kräfte Teil eines übermenschlichen Systems zu werden. Der Gewinn oder die Bestätigung übermenschlicher Kräfte, die Ziel mythischer Heroen ist, interessiert Märchen-Protagonisten nicht. Sie erhalten Gaben, die, wie ihre Helfer, für sie ein Mittel zur Bewältigung von Prüfungen und Aufgaben, Tests und Proben darstellen. An deren Ende steht dann das Märchenglück – nicht als Eingliederung in ein übergeordnetes übermenschliches System oder als Verleihung einer überirdischen Kraft bzw. Position, sondern als persönliches menschliches Happy-End. Es ist das Glück einer einzelnen Figur (ob Tierkind, Dümmling, Jüngste(r), Prinz(essin), Schweinehirt, Gänsemagd), die in ihrem Isoliert-Sein »frei« ist, »mühelos in [...] Kontakt mit Fernwelten, mit Überwelt und Unterwelt, mit der Natur und mit einzelnen Gestalten der Mitwelt« zu treten und jede »wesentliche Bindung« einzugehen, »die, sobald sie unwesentlich wird, ebenso leicht wieder gelöst werden kann«.[144]

Einen solchen isolierten Helden – einen Menschen der zum Eingehen jeder irgendwie wesentlichen Bindung, aus der er sich beliebig wieder lösen kann, »frei gesetzt ist« (Lüthi) – hat Benjamin, der ein Kenner und Sammler von Märchen war, im *Erzähler*-Aufsatz vor Augen. Er geht von einem Märchenhelden aus, zu dessen Isolation »Freiheit« als freie All-verbundenheit das Korrelat und »Knechtschaft« als mythische Ge-bundenheit den denkbar schärfsten Kontrast bilden. Dementsprechend denkt er den Märchenhelden als in jeder Form frei: frei von Furcht, von Bindungen, von Herrschaften. Er denkt ihn sich als denjenigen, der noch »in der Gestalt des Dummen« zeigt, »wie die Menschheit sich gegen den Mythos ›dumm stellt‹« und »in der Gestalt des jüngsten Bruders« vorführt, »wie ihre Chancen mit der Entfernung von der mythischen Urzeit wachsen«. Er sieht im Märchenhelden den, der »in der Gestalt dessen, der auszog, das Fürchten zu lernen«, deutlich macht, »daß die Dinge durchschaubar sind, vor denen wir Furcht haben« und »in der Gestalt des Klugen« beweist, daß die Fragen, die der Mythos stellt, einfältig sind, wie die Frage der Sphinx es ist«. Und, nicht zuletzt, begreift Benjamin den Märchenhelden aufgrund seines glückhaften Verhältnisses zu Tierhelfern als »befreiten Menschen«: als einen Menschen, der weder an Naturverhaftetheit krankt noch im Wunsch nach Naturbeherrschung befangen ist, sondern mit der Natur vorübergehend ein Verhältnis der »Komplizität« eingehen kann und mit den Tieren, die ihm »zu Hilfe kommen«, demonstriert, »daß die Natur sich nicht nur dem Mythos pflichtig, sondern viel lieber um den Menschen geschart weiß« (WB II 458).

Dieses Moment interessiert Benjamin am Märchen besonders: Der Held des Märchens strebt nicht nach Freiheit durch Naturbeherrschung, die, wie in den *Wahlverwandtschaften*, wieder ins Mythische (in Naturdämonie) zurückschlägt. Der Märchenheld ist von Natur (aus) frei wie im oben geschilderten Sinn. Er domestiziert Natur nicht, sondern macht, indem er temporär in ein Verhältnis der Komplizität zu ihr tritt, versöhnende Erfahrungen mit ihr. Mit anderen Worten, der Märchenheld repräsentiert für Benjamin eine »Freiheit« der Person als »Individuum«, die durch ein besonnenes Verhältnis zur Natur bestimmt ist: durch ein Verbündetsein mit der Natur, das »der reife Mensch nur bisweilen, nämlich im Glück« empfindet, und »dem Kind [...] zuerst im Märchen entgegen[tritt]«, um es glücklich zu stimmen.

---

144 A.a.O., S. 155 f.

2.2.2 Befreiung aus Naturverhaftetheit – von Kant zu Marx: Benjamins Geschichtsphilosophie des Märchens

Der Vorwurf, Benjamin deute beliebig ins Märchen, was darin nicht enthalten ist, um es eigenen Theorien entsprechend zurechtzubiegen, kann mithin nicht erhoben werden. Die »Freiheit« des Märchenhelden, auf die Benjamin den Akzent legt, stellt tatsächlich ein zentrales Moment des Märchens dar. Kaum bestreiten läßt sich indessen, daß die Überlegungen nicht sehr ausführlich gehalten und weniger auf das Märchen als literarische Gattung gerichtet sind als auf eine Geschichtsphilosphie des Märchens, in der verschiedene philosophische Positionen ineinanderspielen[145] und sich, fast bis zur Ununterscheidbarkeit fusioniert, nur mühsam auseinanderhalten lassen. Herauskristallisierbar sind vor allem der Einfluß einer aufklärerischen Mythoskritik, der Lehre Kants und eines marxistischen Naturkonzeptes, aus dem sich die Grundidee des Historischen Materialismus formte.

An den Bemerkungen deutlich erkennbar ist, daß der *Erzähler*-Aufsatz von 1936 aus Benjamins materialistisch bestimmter Schaffenszeit datiert. Der Stoffwechselprozeß von Mensch und Natur wird bereits als Grundlage aller gesellschaftlichen Entwicklung gedacht. Er gilt als Basis der Entfaltung von schöpferischen Fähigkeiten und der Genese von geistigen Gebilden ebenso wie als Basis der Entwicklung von materiellen Gütern, Reichtum und Kultur. Diesem Konzept entspricht Benjamins Auffassung des Märchens als eines glücklichen Gegenentwurfes zu einer Welt, die von mythischen Gewalten durchsetzt ist. Sie macht sich vor allem in dem Schluß der zu Beginn dieses Kapitels zitierten Passage geltend. Dort folgert Benjamin, daß die »Komplizität« von Mensch und Natur, die das Märchen abbilde, Kinder, denen es zuerst im Märchen entgegentritt, gerade deshalb glücklich stimme, weil Mensch und Natur in ein glückliches Verhältnis gesetzt seien.

Hinter dieser Perspektive auf das Märchen steht die Annahme, daß die Natur dem Menschen im Prozeß der entfremdeten Arbeit fremd und äußerlich erscheine. Hierin ist Benjamin ganz Marx verpflichtet. Über Marx indessen hinaus – in einer Bewegung zurück zu Kant, nicht um dort zu verweilen, sondern um sich von dort dialektisch ›abzustoßen‹ – geht Benjamins Idee der Befreiung aus Naturverhaftetheit. Das Konzept, daß »den Gewalten der mythischen Welt« wie im Märchen »mit List und mit Übermut zu begegnen« sei, zeigt, wie sich das Konzept der »Rettung« vom Mythos (als mythischer Naturverhaftetheit) Mitte der dreißiger Jahre seit Anfang/Mitte der zwanziger Jahre weiterentwickelt und dialektisch ausgeprägt hat: Wie schon der *Wahlverwandtschaften*-Essay mit der These, daß Naturbeherrschung in Naturdämonie zurückschlage, demonstriert, ist Benjamin für die Defizite, welche die Ratio im Prozeß der Aufklärung als Naturbeherrschung manifestierte, nicht blind.

Dies hat sich im *Erzähler*-Aufsaz keineswegs geändert. Auch der dort formulierten Märchentheorie liegt die Vorstellung zugrunde, der Mensch sei von einer mythisch

---

145 Wie in seiner Tragödientheorie geht es Benjamin nicht um eine theoretische Zusammenschau einzelner Märchentexte oder die literaturgeschichtliche Einordnung des Märchens (dies wird schon an den ungenauen zeitlichen Einordnungen des Märchens deutlich; mal wird es als vor-, mal als nachmythisch bezeichnet; vgl. WB II 415 mit WB II 458, der Kritik Adornos in WB II 1176 und dem späteren Nachtrag in WB II 1263), sondern um seine geschichtsphilosophische Verortung.

bedrohlichen Natur überfremdet, die sich in unbeherrschter gesellschaftlicher Naturgesetzlichkeit manifestiere. Doch das frühe Postulat, dieser Natur könne allein mit Mitteln sittlicher Selbstbestimmung, faßbar in »mutiger Entschließung«, »Entscheidung« (WB I 170f.), Einhalt geboten werden, hat sich in wesentlicher Hinsicht verändert. Jetzt gilt nicht mehr, wie in *Goethes Wahlverwandtschaften* (oder im *Ursprung des deutschen Trauerspiels*), allein die »mutige Entschließung« (oder das sittliche Wort) als »ent-scheidendes« Mittel, den mythischen Bann zu brechen und Natur sich geneigt zu machen, ohne sie zu beherrschen oder sich von ihr beherrschen zu lassen (im *Wahlverwandtschaften*-Aufsatz liest Benjamin dieses Prinzip am Wasser ab, das im Roman seine schwarze unergründliche Seite hervorkehrt, während es in der Novelle glückhaft klärende Funktion hat). Jetzt wird zum Zwecke eines solchen Verhältnisses zur Natur »Mut« in »dialektisch polarisiert[er]« Form gefordert: als »List« (»Untermut«) und »Übermut«. Jetzt gilt es, mit List eine »Komplizität« von Mensch und Natur zu erreichen, die einen Umschlag ihrer selbst in Dämonie verhindert, und Erlösung aus mythisch erstarrter Macht als Versöhnung des Menschen mit der Natur ermöglicht.

2.2.2.1 Orientierung an Kant

Dieses Moment der mit »List« gekoppelten »Entschlossenheit« bestimmt auch Benjamins Lektüre der Geschichte von den Sirenen. Benjamin akzentuiert am Text mit Bezug auf Odysseus zweierlei: Zum einen die »Entschlossenheit« (Benjamin lag die Brod-Fassung vor, in der »die Sirenen verschwanden ihm förmlich« zu »die Sirenen verschwanden förmlich vor seiner Entschlossenheit« konjiziert ist). Zum zweiten die List: »Er [...] ›war so listenreich, daß selbst die Schicksalsgöttin nicht in sein Innerstes dringen konnte‹.« Damit ist ein Verweis darauf gegeben, daß sich Odysseus' List gegen die krallenbewehrten Repräsentantinnen von Mythos und Natur durch eine Vermeidung dessen auszeichnet, was Adorno und Horkheimer später als *Dialektik der Aufklärung* bezeichnet haben: Weder macht sich Kafkas Odysseus die Sirenen untertan noch läßt er sich von ihnen beherrschen. Zwischen dieser Skylla und Charybdis segelt er unbeschadet hindurch. Die »Natur« tritt »nicht auf mythische Art [...] ins Spiel, sondern ist die Hindeutung der Komplizität mit dem befreiten Menschen« (WB II 458).

Benjamin selbst hat dieses Verhaltensmodell schon Anfang der zwanziger Jahre auf ähnliche Weise skizziert. Von Kant geleitet, unterscheidet er im *Wahlverwandtschaften*-Aufsatz ein »natürliches« und ein »übernatürliches« Leben:

> Wenn sie [die Menschen, A.-B.R.] nicht des Menschlichen achtend, der Naturmacht verfallen, dann zieht das natürliche Leben, das im Menschen die Unschuld nicht länger bewahrt als es an ein höheres sich bindet, dieses hinab. Mit dem Schwinden des übernatürlichen Lebens im Menschen wird sein natürliches Schuld, ohne daß es im Handeln gegen die Sittlichkeit fehle (WB I 139).

Das »natürliche« Leben verortet Benjamin in Anlehnung an Kant im Bereich der unbeeinflußbaren Naturgesetze. Das »übernatürliche« Leben siedelt er dort an, wo die Welt nach der Idee sittlicher Selbstbestimmung entworfen wird. Nur indem dieses »übernatürliche« Leben, so Benjamins gut kantische Pointe, neben das »natürliche« Leben tritt, kann der mythische Bann der Naturgesetze gebrochen werden. Die auseinander getretenen, entfremdeten Bereiche der Natur und Freiheit, der Sinnlichkeit und Spontaneität, des Erkennens und Handelns können nur zusammen zur Versöhnung geführt werden. In Kants Worten: Eine »Kausalität aus Freiheit« steht nicht im Widerstreit mit der für die Erfahrungs- und Sinnenwelt notwendig anzunehmenden allgemeinen Naturnotwendigkeit; Freiheit ist nicht nur denkmöglich (so in der *Kritik der reinen Vernunft*), sondern praktisch vollziehbar (so in der *Kritik der praktischen Vernunft*).[146]

Daß dies innerhalb von Goethes *Wahlverwandtschaften* nicht geschieht, führt Benjamin auf die mangelnde transzendierend–aufklärerische, will sagen: vernünftig-erhellende Energie des Romans zurück. Die *Wahlverwandtschaften* gelten ihm geradezu »als ein mythisches Schattenspiel in Kostümen des Goetheschen Zeitalters« (WB I 141). In ihnen ist das »Mythische der Sachgehalt« (WB I 140). Das Projekt der Aufklärung, die seit dem 18. Jh. den Diskurs der Zeit prägt, Naturbeherrschung, schlägt in ihnen, so Benjamin, in Naturdämonie um. Domestizierte Natur wird als Mythos erneut bedrohlich. Landschaft, Personen und Handlungen stehen im Bannkreis des Mythos. Nur die märchenhafte Novelle vermag »Erlösung« zu stiften. Allerdings nicht mittels listiger Vernunft oder vernünftiger List, sondern als utopischer Gehalt, auf den hin es den Gehalt des Romans zu transzendieren gilt.

2.2.2.2 Selbstverortung als Vertreter des dialektischen Materialismus
Im Gegensatz hierzu ist das Konzept vom befreiendem Handeln des Odysseus im *Kafka*-Aufsatz und vom zu Komplizität mit Natur frei gesetzten Helden des Märchens im *Erzähler*-Aufsatz von wesentlich pragmatischerer Art (sofern sich, muß einschränkend angemerkt werden, Benjamin überhaupt pragmatische Züge abgewinnen lassen): Aus der Handlungsanleitung »Fasse Mut!« wird die Maxime »Fasse dialektischen Mut!«. Der frühen Orientierung an Kant korrespondiert die spätere Selbstverortung als Vertreter des dialektischen Materialismus.

Unverändert bestehen bleibt das Konzept des *von mythischen Zwängen erlösenden* Potentials des Märchens bzw. der Novelle, die märchentypische Züge bzw. märchenhaft anmutende Merkmale enthält: Momente wie die Befreiung von mythischen Zwängen, Erlösung von einer übermächtigen Rechts- und Schicksalsordnung, Glücksnähe, Heiterkeit und Entronnenheit.

2.3 Heiterkeit und Glück in Märchen und Kindheit: Benjamins Situierung des Märchens im Raum des Kindes

Auf derart märchentypische und märchenhafte Merkmale rekurriert Benjamin immer wieder in seinem Werk. Dort, wo sie erwähnt oder erörtert werden, begegnet zudem wiederholt der Gebrauch des Wortes »Märchen« – auch in Kontexten, wo er zunächst nicht zu vermuten wäre.

Ein frühes Beispiel bildet eine Passage aus *Zur Moral und Anthropologie* (1918) innerhalb der *Fragmente vermischten Inhalts,* wo sich Benjamin Gedanken *Zum Wahrnehmungsproblem* macht (WB VI 66). Unvermittelt heißt es dort:

---

146 Baumgartner, *Kants »Kritik der reinen Vernunft«*, S. 112.

Sonntagskinder im Märchen sehen Zaubergärten, wo andern Leuten nichts auffällt, sie stoßen auf Schätze, wo andere achtlos vorübergehen. Dies kann nicht so verstanden werden, daß die Zaubergärten oder Schätze sich selbst für andere Menschen unsichtbar, für Sonntagskinder aber sichtbar machen, oder daß plötzlich vor solchen Dingen die Wahrnehmung anderer Wesen ermattet, die der Sonntagskinder aber sich steiger[t]. Sondern die einzig mögliche Meinung solcher Stellen ist, daß Sonntagskinder überhaupt eine andere, glücklichere Wahrnehmung hätten als Alltagsmenschen, ohne daß eine von beiden wahr oder falsch wäre.

Vor allem auf die Begabung der Märchenhelden zum individuellen Happy-End zielt Benjamin hier ab: auf das Talent zum Glück, das sich, so die Pointe, selbst darin auswirke, daß die Helden im Märchen eine »glücklichere Wahrnehmung« hätten als »Alltagsmenschen«. Märchenhelden seien – auf diese Formel läßt sich der Passus bringen – in jeder Hinsicht »Sonntagskinder«.

Ebenso wie hier, wo vor allem die glückliche Veranlagung von Märchenhelden betont wird, sind Benjamins Reflexionen auch andernorts, wo er Märchen oder märchenhafte Züge anspricht, vornehmlich auf Momente gerichtet, die die spezifische Glückssignatur des Märchens ausmachen. Mehrfach erwähnt er den glücklichen Ausgang des Märchens – in ihm »geht alles gut aus« (WB III 46) –, und die »glückliche Hand« (WB II 147) des Märchenkindes. Oder er spricht vom »befreienden Zauber« (WB II 458), der mit Märchen verbundenen »Erlösung« (WB II 1258) und der Figur des »Märchenhaft-entronnen«-Seins (WB II 459).

2.3.1 Märchentopographien des Glücks

Von den Märchenspezifika »Glück«, »Zauber«, »Heiterkeit« und dem Theorem der »Komplizität des Menschen mit der wunderbaren Natur« geprägt sind zudem viele der knappen Topographien des Märchens, die Benjamin hier und dort entwirft oder zitiert. Aus Fontanes *Wanderungen durch die Mark Brandenburg* zitiert er etwa in einem Text für eine Kindersendung des Berliner Rundfunks (WB VII 142)[147] folgenden Passus:

> Sah ich je etwas Feenmärchenähnliches, so war's im Augenblick des Eintritts in den Garten. Alles in grünem Feuer; unzählige flammende Lampen; Gemurmel entfernter Wasserfälle, Nachtigallengesang, Blütenduft, kurz, alles schien überirdisch und die Natur in Zauber aufgelöst zu sein.

Die Signatur dieser Landschaftsbeschreibung ist von zwei Merkmalen bestimmt, die Benjamin als Definientia des Märchens ansieht und von denen er zeitlebens fasziniert war: die Leichtigkeit, Heiterkeit und das Moment des Spielerischen, Tändelnden. Ihnen mißt Benjamin eine spezifische Attraktionskraft zu. Von ihnen sieht er alles, was im Märchen geschieht, bestimmt. An sie sieht er selbst das finale Glück des Märchens gebunden. Zwar hat er diesen Eindruck nicht zu belegen versucht (und er bringt ihn auch nur sehr fragmentarisch zum Ausdruck). Doch unrecht hat er mit der Einschätzung gewiß nicht: Alles, was sich in Märchen ereignet, selbst das grausamste Vor-

---

[147] Th. Fontane, *Wanderungen durch die Mark Brandenburg*, 3. Teil, *Havelland. Die Landschaft um Spandau, Potsdam, Brandenburg*, hrsg. von G. Erler und R. Mingau, Weimar 1977, S. 438.

kommnis, läuft leicht und spielerisch auf das Happy-End zu. Als ob die Figuren »aus Karton oder Papiermaché« (Lüthi) wären, fließt selten Blut, hört man von keinem Schmerz oder von bleibenden Schäden: Es sind »Spielfiguren«, die Spielregeln gemäß handeln, »nicht lebendige Menschen«.[148]

Daß Benjamin dies erkannt hat, bezeugt ein gleichfalls topographischer Passus der *Einbahnstraße* von 1928. In ihm ist mit der Hinwendung zum Marxismus zugleich eine Reflexion des Märchens bezeugt, die über die frühen Heiterkeitstopographien hinausgeht, indem sie der Gattung ein messianisch-revolutionäres Potential unterstellt. Beschrieben wird der Budenzauber einer »Schießbudenlandschaft«, einer *Spielwaren*-Landschaft, in der »Spielfiguren« zu einer märchenhaften Szenerie zusammengefügt sind (WB IV 127) und sich je nach Treffer, nach Schuß auf bestimmte Art und Weise bewegen:

> Wieder eine andere Konstellation: ein Geiger mit seinem Tanzbär. Man schießt hinein und der Fiedelbogen bewegt sich. Der Bär schlägt mit einer Tatze die Pauke und hebt sich. Man muß an das Märchen vom tapferen Schneiderlein denken, könnte auch Dornröschen mit einem Schusse wieder erweckt, Schneewittchen durch einen Schuß von dem Apfel befreit, Rotkäppchen in einem Schuß sich aufgelöst denken. Der Schuß schlägt märchenhaft mit jener heilsamen Gewalt ins Dasein der Puppen ein, die den Ungetümen das Haupt vom Rumpfe haut und als Prinzessinnen sie entlarvt.

Benjamin stellt sich in diesem Passus unmißverständlich auf die Seite derer, die Gewalt im Märchen nicht verteufeln, sondern als strukturellen Bestandteil des Plus-Minus-Schemas des Handlungsablaufes begreifen.[149] Ist ihm die messianisch-revolutionäre Erlösung aus oder von etwas ohne die Idee der Zerstörung, in der Destruktion und Befreiung in eins fallen, nicht denkbar, stellt Zerstörung auch in seiner Märchentheorie inhaltlich wie strukturell das ›Vor‹ der Erlösung dar. Benjamin liest das ›Kopf-Ab‹ des Märchens als ein ›Erlösung-Aus‹: als Erlösung des Menschen aus der Verzauberung ins Monster zu glücklichem, erlöstem Menschsein. Wie in seiner Theorie des destruktiven Charakters macht sich mithin auch hier die Nutzbarmachung des Destruktiven zum Guten geltend, die verbunden mit dem Leitmotiv, »revolutionäre Zerstörung mit dem Erlösungsgedanken zu verschränken« (WB I 1241), in der These kulminiert, »Zerstörung« sei »das Klima echter Humanität« (WB I 1243).

2.3.2 Märchenstoffe in der Hörwelt des Rundfunks

Daß eine derartige Nutzbarmachung von Zerstörung zum Guten nicht als Plädoyer für jedwede Art von Destruktion zu verstehen ist, hat Benjamin immer wieder zu verstehen gegeben; auch und gerade im Umgang mit Kindern. Ein Musterbeispiel liefert der für eine Kindersendung verfaßte Beitrag *Hexenprozesse* (WB VII 145–152). Darin werden »die schrecklichen gelehrten, ausgetüftelten Hirngespinste« desavouiert, »mit denen jahrhundertelang jeder beliebige Mensch als Hexe oder Zauberer dargestellt werden konnte« (WB VII 152). Eingeleitet mit der Erinnerung an die Hexe »bei Hänsel und Gretel«, läuft der Beitrag auf die »Aufklärung« darüber hinaus, daß die »starr-

---

148 Lüthi, *Das Volksmärchen als Dichtung*, S. 171.
149 Horn, »Motivationen«.

köpfigen Gelehrten«, zumal die »Naturwissenschaftler und Philosophen«, mit ihrer Legitimierung des Hexenglaubens durch Fachwissen nichts als »Irrtum und Unsinn« hervorgebracht hätten, wobei »die Schlimmsten« die Rechtsgelehrten gewesen seien, da sie mit abwegigsten Argumentationen die Hexenverbrennung eingeführt hätten.

Dasselbe Prinzip – Verbreitung von Nachdenklichkeit mittels märchenhafter Stoffe, ohne diese zu perhorreszieren, sondern mit dem Ziel »über die Schönheit der Märchen« »Neues und Überraschendes [...] aus[zu]sprechen«[150] – beherrscht Benjamins Hörspiel *Das kalte Herz* (WB VII 316–346). Nach dem Muster des gleichnamigen Märchens von Wilhelm Hauff konzipiert, wird der Plot der Erzählung aus der Anschauungs- in die Hörwelt überführt. Dazu werden die Personen »aus ihrem Buchrahmen« ausgeschnitten und »durch Vermittlung des Rundfunkansagers«, der »mitten im Märchenspiel« verfremdend »auftritt«, »gleichsam lebendig vor das Mikrophon« (WB VII 652f.) gebracht. Unterdessen erhalten die Zuhörer, die Kinder, Erklärungen für allerlei Dinge und Angelegenheiten.[151]

2.3.3 Benjamins Hinwendung zur Kindheit

Die Reihe der Beispiele für Benjamins Verwendung von Märchenstoffen läßt sich mühelos erweitern. Dornröschen und Schneewittchen (WB VII 425f.) etwa oder die »Fee, bei der« man »einen Wunsch frei hat« (WB VII 399), ›bevölkern‹ Benjamins *Berliner Kindheit* ebenso wie Märchenanthologien und -bücher[152] seine Privatbibliothek füllen. Fasziniert von allem, was eine gewisse Leichtigkeit und Aufhebung kollektiv verbindlicher Begründungen und Legitimierungen birgt, hat Benjamin das Märchen sein Leben lang geliebt und sich mit ihm beschäftigt. Nicht nur hat er es seit etwa 1925 in seine politisch-theologischen Reflexionen einbezogen. Lange Zeit stand es auch im Zentrum seines Selbstverständnisses als Büchersammler (WB IV 392f.):

[...] zu den schönsten Erinnerungen des Sammlers [zählt] der Augenblick, wo er einem Buch beisprang, weil es so preisgegeben und verlassen auf dem offenen Markt stand und es, wie in den Märchen aus Tausendundeiner Nacht der Prinz eine schöne Sklavin, kaufte, um ihr die Freiheit zu geben. Für den Büchersammler ist nämlich die wahre Freiheit aller Bücher irgendwo auf seinen Regalen.

Eng verbunden mit der Faszination fürs Märchen, das Benjamin, wie nicht zuletzt der voranstehende Passus bezeugt, mit dem Paradigma »Freiheit« assoziierte, war sein Verhältnis zum Thema Kindheit. Benjamin sammelte neben alten Kinderbüchern auch Spielzeuge, schrieb Essays über ihre historische Bedeutung und setzte sich mit der Geschichte von Kinderliteratur auseinander. Er kritisierte, was an ihr seinerzeit verbreitet war und machte sich Gedanken über die Art und Weise, wie Kinder lesen, und

---

150 Benjamin, *Briefe*, S. 383.
151 Eine ausführliche Analyse des Hörspiels soll hier nicht geliefert werden. Sie stellt aber ein dringendes Desiderat der Benjamin-Forschung dar.
152 I. Daub, »Katalog der Kinderbuchsammlung Walter Benjamins«, in: K. Doderer (Hrsg.), *Walter Benjamin und die Kinderliteratur. Aspekte der Kinderkultur in den zwanziger Jahren*, Weinheim/ München 1988, S. 247–282: der Katalog besteht zu einem hohen Anteil aus Märchenbüchern und -anthologien.; vgl. auch U.L. Müller »Bücher und ihre Illustrationen«, a.a.O., S. 213–245.

setzte wiederholt an, selbst als Kinderbuchautor zu wirken. Zu den bekannten Schriften über Kindheit und Pädagogik zählen *Alte Kinderbücher* (1924), *Aussicht ins Kinderbuch* (1926), *Kulturgeschichte des Spielzeugs* (1928), *Programm eines proletarischen Kindertheaters* (1928), *Eine kommunistische Pädagogik* (1929). Und nicht zu vergessen sind selbstverständlich die *Einbahnstraße* (1927), die *Berliner Kindheit* sowie die *Berliner Chronik* (1932), die jeweils allgemeine Gedanken Benjamins über die Erfahrungen seiner eigenen Kindheit enthalten.[153]

Ihren Anfang nimmt Benjamins Auseinandersetzung mit dem Thema im wesentlichen 1918. Zunächst von der Jugendbewegung eingenommen, erkennt er bald, daß diese keineswegs zu den geistigen Erneuerungen führt, die sie ihm zunächst zu versprechen schien. Sie bringt weder Reformen an Schulen und Universitäten noch eine Neuordnung der Gesellschaft mit sich, sondern höchst prekäre Formen von Eskapismus und Militarismus.[154] Enttäuscht wendet sich Benjamin daher von der Jugendbewegung ab und dem Terrain der Kindheit zu, um auf diesem Weg die gewünschten Reformen zu initiieren.

Konsequente Formen nimmt die Hinwendung zur Kindheit ab Mitte der zwanziger Jahre an. Während sich bis dahin nur verstreute Bemerkungen über Kinderliteratur und die pädagogisch-moralischen Ansichten der Zeit finden, verfaßt Benjamin jetzt etliche Essays zu derartigen Themen. In ihnen kommt deutlich zum Ausdruck, daß die Beschäftigung mit Kind und Kindheit – das Sammeln von Spielzeug, die Lektüre von Märchen, das Schreiben von Kinderhörspielen – für Benjamin kein Sich-Verlieren in Nostalgie bedeutet. Das Terrain »Kind« dient ihm nicht etwa als Vorwand, sich eskapistisch auf die Vergangenheit als eine Welt der Idylle zu verlegen bzw. ungestört der Sehnsucht nach einer vergangenen Kinderzeit zu frönen. Es dient vielmehr dem Zweck, einen Weg von der eigenen Kindheit über die Kinder der Zeit zur Gesellschaft als ganzer zu weisen. Denn im Kind sieht Benjamin den Entwicklungsprozeß des Subjekts angesiedelt, in dem sich die Gattung Mensch reproduziert; und diese Reproduktion als eine Reproduktion zu besseren Möglichkeiten ernstzunehmen, bildet Benjamins eigentliches Anliegen. Dem Liebhaber und Sammler von Kinderbüchern geht es um die produktive Verwertung der eigenen Kindheit mit dem Ziel, die bestehenden gesellschaftlichen Verhältnisse durch eine Reformierung der Pädagogik zu erneuern. Dabei sollen Erinnerungen an die eigene bürgerliche Erziehung helfen, diese zu begreifen und zu überwinden. Benjamin wendet sein Prinzip, mit Geschichte umzugehen, auch auf seine eigene Geschichte an. Er setzt die Gegenwart in eine spannungsreiche Beziehung zu seiner persönlichen Vergangenheit, um so die den individuellen Bereich transzendierende Dimension der »Rettung«, der »Versöhnung«, zu konstruieren: Das Glücksversprechen der Kindheit aufzuheben heißt für

---

153 Genannt ist hier nur einige ausgewählte Schriften. Wie die übrigen Arbeiten zum Themenkomplex Kindheit sind in den *Gesammelten Schriften* (Suhrkamp) sowie in einigen kleineren Auswahlbänden zugänglich: *Über Kinder, Jugend und Erziehung* (1969), *Drei Hörmodelle* (1971), *Aussichten, Illustrierte Aufsätze* (1977), *Aufklärung für Kinder* (1985).

154 Vgl. G. Schiavoni, »Benjamin e la ›pedagogia coloniale‹. Alla ricerca di un educazione alternativa«, in: *Nuova Corrente* 71 (1976), S. 239–287, gekürzt und umgeschrieben unter dem Titel »Von der Jugend zur Kindheit. Zu Benjamins Fragmenten einer proletarischen Pädagogik«, in: B. Lindner (Hrsg.), *Walter Benjamin im Kontext*, 2. erw. Auflage, Frankfurt a.M. 1978, S. 30–64, h.: S. 30–38.

ihn, es einzulösen in der Initiierung einer neuen Pädagogik, an deren Horizont die erlöste Menschheit steht.

Daß Benjamins Interesse daher nicht zuletzt dem Märchen gilt, ist nur folgerichtig.[155] Erst seit 150 Jahren von seinem Bann befreit, gilt es in den zwanziger und dreißiger Jahren des 20. Jh.s als Kinderliteratur schlechthin. Es wird zum Sammelbecken für pädagogische Ideen und Vorstellungen. Instrumentalisert der Faschismus das Märchen, um Werte wie Heimattreue, Bodenständigkeit und germanisches Heldentum[156] zu propagieren, spannt es Benjamin auf diametral entgegengesetzte Weise ein. Er schätzt am Märchen den »befreienden Zauber«, der sich durch die unverfälschte Einfachheit und Heiterkeit, die Transgression von Tabus und den stets glücklichen Ausgang ergibt. Zudem sieht er in ihm den Ort möglichen »Erwachens«, von dem Licht auf das Leben der Erwachsenen fallen kann: einen Ort, an dem sich die Sprengung des mythischen Zwangs- und Gewaltzusammenhanges, der die Gesellschaft durchwaltet, sowie die kreativen und emanzipatorischen Verhältnisse einer neuen Sozialordnung antizipieren lassen.

2.3.4 Benjamin und die Kinder: »Regisseure, die sich vom ›Sinn‹ nicht zensieren lassen«

Dieses Interesse am Märchen hat Benjamin nicht nur in der Rundfunkarbeit mit Kindern, sondern auch in Buchbesprechungen zum Ausdruck gebracht. Der Großteil dieser Rezensionen ist überliefert. In den meisten wendet er sich sowohl gegen eine den zeitgenössischen Normen entsprechende moralisierende Kinder- und Jugendliteratur als auch gegen eine Modernisierung von Märchen, in der eine ›besserwisserische‹ Pädagogik im Bemühen, ihr Erziehungsideal geltend zu machen, alle Phantasie eindämme.

Auf unmißverständliche Weise sind diese Einwände in einer Rezension von 1924 formuliert (WB III 16):

> Endlich sind Märchen und Lied, in gewissem Abstand auch Volksbuch und Fabel ebenso viele Quellen für [...] Kinderbücher. Selbstverständlich die reinsten. Ist es doch ein durch und durch modernes Vorurteil, aus dem die neuere romanartige Jugendschrift, ein wurzelloses Gebilde voll von trüben Säften hervorgegangen ist. Dieses nämlich, daß Kinder so abseitige, inkommensurable Existenzen seien, daß man ganz besonders erfinderisch zur Produktion ihrer Unterhaltung sein müsse. Es ist müßig, auf die Herstellung von Gegenständen – Anschauungsmitteln, Spielzeug oder Büchern – die den Kindern gemäß wären, krampfhaft bedacht zu sein. Seit der Aufklärung ist das eine der muffigsten Grübeleien der Pädagogen.

---

155 Infolge seiner Beschäftigung mit der Romantik, in der das Märchen eine programmatische Ausdrucksform der Poesie war, führt Benjamin mehr als einmal, wenn es um Märchen bzw. Märchenhaftes geht, Beispiele aus der Romantik an. Stets nimmt er dabei jedoch, wie im folgenden erörtert, eine kritisch-distanzierte Haltung ein; zumal dort, wo es um die ersichtlich moralischen Züge des Märchens geht, die ihm nicht nur in der Aufklärung und im Biedermeier, sondern auch in der Romantik hinzugefügt wurden.

156 Vgl. etwa die Märchen von Hans Friedrich Blunck (1888–1961) – *Märchen von der Niederelbe* (1923), *Von klugen Frauen und Füchsen* (1926), *Sprung über die Schwelle* (1931) – und ihre Verwertung im nationalsozialistischen Deutschunterricht: Fr. Fahnemann, »Die Märchendichtung H. Fr. Bluncks und ihre volkserzieherische Bedeutung«, in: *Die Volksschule* 32 (1936/37), S. 802–806; P. Zaunert, »Bluncks Märchen als Lebenswert«, in: E. A. Dreyer/Chr. Jenssen (Hrsg.), *Demut vor Gott. Ehre dem Reich. Hochzeit der Künste. Eine Dankesgabe des Europäischen Schrifttums an Hans Friedrich Blunck*, Berlin 1938, S. 81–84.

Benjamin vertritt hier eine Ansicht, die er auch andernorts deutlich äußert. Er wendet sich genauso gegen die »moralisch-erbauliche Aufklärung, die dem Kind entgegentrat«, wie gegen »die Sentimentale des vorigen Jahrhunderts, die sich ihm insinuierte«.[157] Sein Einspruch richtet sich sowohl gegen diejenigen, die das Märchen auf die pädagogischen Anschauungen der Zeit zuschneiden, als auch gegen diejenigen, die es ihrem Sittenkodex, ihrer »frommen Denkungsart« (WB III 274), anpassen wollen. Beide Optionen des Umgangs mit dem Märchen lehnt er entschieden ab. Am scharfzüngigsten jedoch greift er Zeitgenossen an, die Märchen aus einer eifernden Modernisierungsabsicht von allem Irrationalen ›säubern‹ und vermeintlichen Bedürfnissen des Industriezeitalters einverleiben wollen. Als beispielsweise 1930 in Wien *Märchen und Gegenwart. Das deutsche volksmärchen und unsere zeit* von Alois Jalkotzy erscheint, reagiert Benjamin mit folgendem heftigen Verriß (WB III 272 f.):

> [...] die Kinder werden von den Reform-Märchen, die ihnen hier zugedacht sind, in ihrem Herzen genau so viel haben wie ihre Lungen von der Zementwüste, in welche dieser vortreffliche Wortführer ›unserer Gegenwart‹ sie versetzt. Nicht leicht wird man ein Buch finden, in dem die Preisgabe des Echtesten und Ursprünglichsten mit gleicher Selbstverständlichkeit gefordert, in der die zarte und verschlossene Phantasie des Kindes gleich rückhaltlos als seelische Nachfrage im Sinne einer warenproduzierenden Gesellschaft verstanden und die Erziehung mit so trister Unbefangenheit als koloniale Absatzchance für Kulturgüter angesehen würde.

Benjamin redet an dieser Stelle eindringlich dem Erhalt von Märchen, in denen zauberisch Irreales mit Realem unbekümmert verbunden ist, das Wort. Er plädiert für Märchen ohne ›frömmelnd‹-moralisierende oder modernistisch-industrielle Zutat und fordert dazu auf, Märchen nicht zu Konsumprodukten, die Kinder zu Warenkonsumenten deklassieren, ›zurechtzustutzen‹. Anstatt die kindliche Phantasie den Verhältnissen der industriellen Produktion entsprechend zu manipulieren, gelte es, so wird aus der beißenden Kritik deutlich, Märchen so einfach wie möglich zu belassen, um den Kindern die Möglichkeit zu geben, Welt und Leben unbefangen, ohne Vorgabe eines spezifischen Sinnes, vorzuentwerfen.

Insbesondere letzteres, die Vermeidung oder gar Zerschlagung eines nicht durchschaubaren vorgegebenen Sinnes, stellt in Benjamins erzieherischem Umgang mit Kindern ein zentrales Anliegen dar. Seine Hauptmotivation hierfür liegt vermutlich in seinem Unbehagen an Bedeutungszwängen, das sich, auf die eine oder andere Weise, in allem, was er je verfaßt hat, artikuliert. Exemplarisch zum Ausdruck kommt es in der – für eine »Jugendstunde« des Berliner Rundfunk vorgesehenen – *Berliner Spielzeugwanderung II*, in der Benjamin abschließend eine Stelle aus Brentanos Einleitung zu seinem Märchen *Gockel, Hinkel und Gackeleia* anspricht.[158] Benjamin leistet in diesem Rundfunkbeitrag, wie stets, wenn er zu Kindern spricht, »Aufklärung«. Er zerlegt eine Erscheinung oder ein Ding, zumeist eine Spielsache (hier das Flaschenschiff), durch Erklärungen so, daß sie für das Kind selbst dort durchschaubar wird, wo sie vom bloßen Ansehen geheimnisvoll bleibt. Dadurch hofft Benjamin zum einen,

---

157 Walter Benjamin, »Kinderliteratur. Rundfunkvortrag. Gesendet am 15.8.1929.« Vorabdr. in: *Die Kinderbuchsammlung Walter Benjamin. Ausstellung des Instituts für Jugendbuchforschung der Johann-Wolfgang-Goethe-Universität und der Stadt- und Universitätsbibliothek Frankfurt a.M. 12.3.–25.4.1987*, Frankfurt a.M. 1987, S. 18–24, h.: S. 20).
158 Clemens Brentano, *Werke*, hrsg. von Wolfgang Frühwald und Friedhelm Kemp, Bd. 3, München ²1987, S. 620.

Das Märchen: »Überlieferung vom Siege [über den Mythos]« 361

den Fachverstand des Kindes zu erhöhen, damit es nicht einer fetischistischen Konsumhaltung erliegt und sein Streben auf unbedingten Besitz von Spielzeug richtet. Zum zweiten will er zeigen: »Richtig kann man von außen nur begreifen, was man von innen kennt, das gilt für Maschinen so gut wie für lebende Menschen«.[159]

Diese Einstellung kommt in Benjamins Verhältnis zur Kinderliteratur, zumal zum Märchen, ebenso zur Geltung wie in seinem Verhältnis zum Spielzeug. Seine Grundansicht ist die, daß Kinder, die beim Lesen von Kinderbüchern »eine Bühne, wo das Märchen lebt«, beträten, nicht von einem »Sinn« lebten, der ihnen Ausgangs- oder Zielpunkt ist. Kinder seien vielmehr, so Benjamin in *Aussicht ins Kinderbuch,* dann wie »Kinder, wenn sie sich Geschichten ausdenken«. Sie seien »Regisseure, die sich vom ›Sinn‹ nicht zensieren lassen« (WB IV 609):

> Gibt man vier oder fünf bestimmte Worte an und läßt sie schnell zu einem kurzen Satz zusammenfügen, so wird die erstaunlichste Prosa zum Vorschein kommen: [...] Wegweiser ins Kinderbuch. Da werfen sich mit einem Schlag die Worte ins Kostüm und sind [...] in Gefechte, in Liebesszenen oder Balgereien verwickelt. So schreiben, aber so lesen auch die Kinder ihre Texte.

2.3.5 Märchen als »Abfall« der Erwachsenen: Bastelmaterial für die Welt der Kinder

Sehr ähnlich argumentiert Benjamin in der Besprechung von Hobreckers Buch *Alte vergessene Kinderbücher.* Auch dort richtet er – wie bei der Betrachtung von Spielzeug – nicht den Blick auf das Ganze. Er sucht vielmehr zu zeigen, daß das Märchen aus einfachen Elementen aufgebaut ist, deren Besonderheit nicht darin liegt, daß sie, zusammengesetzt, einen spezifischen Sinn ergeben, sondern darin, daß sie leicht aus dem Kontext herauslösbar sind, so daß das Kind ihrer ohne jegliches begriffliches Abstraktionsvermögen in seiner Phantasie habhaft werden kann. Märchen stellen für Benjamin unter den vielen einfachen Möglichkeiten zu erzählen eine dem kindlichen Verstand besonders angemessene Erzählform dar. Er hält sie vor allem deshalb für das Kind geeignet, da dieses seine Welt aus den »Abfallprodukten« der Erwachsenenwelt aufbaue, zu denen die einzelnen Teile des Märchens, die doch in der gedanklichen Weltkonstruktion des Kindes eine zentrale Rolle spielten, zu zählen seien. Das Kind konstruiere seine Welt nicht nur aus Bestandteilen des Märchens, sondern rekonstruiere diese Welt mit denselben und neu hinzukommenden Elementen immer wieder neu, ohne sich dabei von einer Kategorie wie »Sinn« zensieren zu lassen (WB III 16 f.):

> Kinder [...] fühlen [...] sich vom Abfall angezogen, der, sei es beim Bauen, bei Garten- oder Tischlerarbeit, beim Schneidern oder sonst wo immer entsteht. In diesen Abfallprodukten erkennen sie das Gesicht, das die Dingwelt gerade ihnen, ihnen allein zukehrt. Mit diesen bilden sie die Werke von Erwachsenen nicht sowohl nach als daß sie diese Rest- und Abfallstoffe in eine sprunghafte neue Beziehung zueinander setzen. Kinder bilden sich damit ihre Dingwelt, eine kleine in der großen, selbst. Ein solches Abfallprodukt ist das Märchen, das gewaltigste vielleicht, das im geistigen Leben der Menschheit sich findet: Abfall im Entstehungs- und Verfallsprozeß der Sage. Mit Märchenstoffen vermag das Kind so souverän und unbefangen zu schalten wie mit Stoffetzen und Bausteinen. In Märchenmotiven baut es sich seine Welt auf [...].

---

159 Walter Benjamin, *Aufklärung für Kinder,* hrsg. von Rolf Tiedemann, Frankfurt a.M. 1985, S. 82.

Benjamin hebt am Märchen mithin gerade dasjenige *als für Kinder wesentlich* hervor, was noch bis weit ins 20. Jh. hinein als mißlich empfunden wurde: die Unangepaßtheit einzelner Märchenelemente an eine verstehende Reduktion. Gerade darin, daß Märchen aus Bruchstücken (Benjamins Mutmaßung zufolge aus Bruchstücken von Sagen) zu bestehen scheinen, die als »Abfall« nicht mehr verstandenen Zusammenhangen entstammen, erkennt er das entscheidende Moment, das Märchen für Kinder attraktiv und bedeutsam macht. Wichtig sind in seinem Verständnis nicht der Sinn oder die Bedeutung, tiefenpsychologische Dimensionen oder psychoanalytisch deutbare Konflikte, die sich in Märchen hineinlesen lassen. Wichtig ist der »Abfall« vom Sinn in doppelter Bedeutung: als Altmaterial, Ramsch, Müll von Sinn und als Absage, Loslösung, Lossagung vom Sinn. Nur aufgrund dieser Eigenart des Märchens, »Abfall« zu sein, »vermag das Kind«, so Benjamin, »souverän und unbefangen« mit Märchenstoffen »wie mit Stoffetzen und Bausteinen« »zu schalten«. Nur deshalb tauge das Märchen für das Kind, das »modelt«, »bastelt« und »im Geistigen so gut wie im Sinnlichen« nie »die geprägte Form« als solche »annimmt«, sondern »variiert«, wobei

> der ganze Reichtum seiner geistigen Welt in der schmalen Bahn der Variante sich ausschwingt (WB IV 793).

3. Benjamins Märchentheorie im zeitgenössischen Kontext: Reklamierung des Märchens für eine bessere Aufklärung

Zuletzt stellt sich die Frage, *wer*, außer den Theoretikern der Kinderliteratur, die Benjamin rezensiert hat, oder *was*, außer den Märchen selbst, den Anstoß zu Benjamins Märchentheorie gegeben hat.

3.1 Mögliche Inspirationsquellen: Märchenbücher, Romantik (Tieck/Novalis), Erich Bethe

Der Katalog von Benjamins *Kinderbuchsammlung*[160] erteilt hierüber nur wenig Aufschluß. Er enthält vor allem Primärquellen: Auswahlausgaben wie *Deutsche Volksmärchen, Französische Volksmärchen, Nordische Volksmärchen, Die schönsten Mährchen der Tausend und Einen Nacht* sowie die Märchen von Andersen, Bechstein, den Grimms, Hauff oder Perrault. Die Vorworte dieser Ausgaben sind karg und untheoretisch gehalten.

Ergiebiger ist der Blick in das von Benjamin selbst angelegte »Verzeichnis der gelesenen Schriften« (WB VII 437–76). Darin finden sich Verfasser romantischer Kunstmärchen wie Tieck und Märchen-Theoretiker wie Novalis. Angesichts der eingehenden Beschäftigung Benjamins mit der Romantik läßt sich vermuten, daß er über Tieck und Novalis zu der Auffassung gelangt ist, daß Kinder dem Märchen gerade nicht etwas für ihre Weltkonstruktion abgewinnen, weil es von Paradigmen wie Sinn und Zusammenhang bestimmt wäre, sondern weil es, einem ganzheitlichen integra-

---

160 Daub, »Katalog der Kinderbuchsammlung Walter Benjamin«.

len Sinnverstehen entzogen, Defigurationen und Neukombinationen seiner einzelnen Bestandteile erlaubt.[161]

Weiteren Einfluß auf die These der Kombinierbarkeit der Einzelelemente des Märchens und dessen daraus resultierende Eignung als Stoff für die kindliche Weltkonstruktion könnte Erich Bethes Studie *Märchen, Sage, Mythus* genommen haben. Allerdings lassen sich auch hier, da kein ausdrücklicher Verweis seitens Benjamin vorliegt, nur Vermutungen anstellen. Bethe vertritt die seit Benfey gängige Meinung, Märchen seien »das Erbe künstlerisch gestalteter Erzählungen z.T. uralter Zeit und weiter Ferne«; sie stammten aus dem »internationalen Schatz hübscher Geschichten«, die immer wieder aus ihm ausgewählt würden. Den Grund hierfür siedelt er in der Eigenschaft der Märchen an, menschliche »Erfahrungen und Weltweisheit zur anschaulichen Darstellung« zu bringen oder auch »gar nichts anderes« zu erzählen, »als was ergötzt und gefällt« und der Phantasie des Erwachsenen wie des Kindes »ein Spiel« biete, das sich »heiter« genießen lasse. Im selben Zusammenhang hebt Bethe die »Schmiegsamkeit« des Märchens hervor. Er betont, daß die Einzelelemente in den verschiedenen Märchen »je nach Belieben« umgestellt und neu verbunden würden, und so »Neues« geschaffen würde, wo doch nur »Altes« sei.[162] Märchen lösten sich »in Einzelmotive« auf, die beliebig aneinandergefügt, »bald so, bald anders geordnet«, eine »unendliche Mannigfaltigkeit von Bildern« hervorbrächten.

Die übrigen Thesen Bethes sind in Benjamins Werk nicht eingegangen; auch nicht, zumindest nicht ersichtlich, e negativo. Etwa spricht sich Bethe mehrfach gegen die seit den Grimms gängige Meinung aus, das Märchen folge zeitlich der Sage und setze sich aus deren Inhalten zusammen. Er macht die Ansicht stark, man könne kein Abstammungsverhältnis in die eine oder andere Richtung festlegen; wie aus einer Sage sich ein Märchen, könne sich aus einem Märchen eine Sage bilden. Benjamin indes bezeichnet das Märchen lapidar, ohne weiteren Kommentar, als »Abfall im Entstehungs- und Verfallsprozeß der Sage« (WB III 16f.). Dabei richtet er sich weder gegen Theorien, die das Gegenteil behaupten, noch verweist er auf Theoretiker, die vor ihm diese These aufgestellt haben, oder thematisiert andernorts das – Anfang des 20. Jh.s vehement diskutierte – Deszendenz-Problem. Mit Forschungsproblematiken dieser Art befaßt er sich überhaupt nicht.

Der Grund hierfür liegt darin, daß Benjamin an den einfachen Erzählformen letztlich ein sehr spezifisches Interesse hat. In der Sage sieht er die »Urgeschichte des Volks« reflektiert und begreift sie, anders als Märchen und Mythos, als »ihrer Natur nach tendenzlos« (WB I 285). Weiter geht sein Interesse nicht. Es spielt für ihn keine Rolle, ob das Modell märchenhafter Glücksverbundenheit jünger oder älter ist als alles, was in den Bereich der Sage fällt. An Fragen des Alters zeigt er kaum Interesse. Nur darüber, ob der Weltentwurf des Märchens als vor- oder als nachmythisch zu gelten hat, äußert er sich; und zwar in der nach Adornos Kritik verfaßten Passage zu Odysseus und Kafka, zu Märchen, Mythos und Tragödie (WB II 1173 ff.). Im Anschluß an Adornos Formulierung »als ob nicht die Schlüsselfigur des Märchens die vormythische, [...] sündelose Welt wäre« betont er die Möglichkeit, das Märchen könne »ursprünglicher« sein als der mythische Entwurf von Welt, »mögen auch seine

---

161 Hierzu ausführlich Menninghaus, *Lob*, S. 46 ff.
162 E. Bethe, *Märchen, Sage, Mythus*, Leipzig ²1922, S. IX, 24 f., 28.

literarischen Zeugnisse jünger sein« (WB II 1263). Von Belang sind solche Fragen für ihn jedoch letztlich nicht. Relevanz mißt er einzig der antimythischen Tendenz des Märchens bei.

Daß die gesamte literaturgeschichtliche Märchen-Debatte der damaligen Zeit Benjamins Aufmerksamkeit nicht erregt zu haben scheint, verwundert nicht, wenn man sich seine Ziele vergegenwärtigt. Benjamins Interesse am Märchen war politisch-geschichtstheologisch ausgerichtet und basierte auf der Opposition gegen den Mythos. An genau diesem Punkt muß bei der Suche nach möglichen Inspirationsquellen und Impulsgebern angesetzt werden: Wer aus Benjamins Umfeld richtete sich gegen die unerbittliche Geschlossenheit des Lebenskreises und der Lebensregeln des Mythos? Wer erkannte im Nationalsozialismus mythische Strukturen und wies dem Märchen antimythische Qualitäten zu, die er gegen den Faschismus zu mobilisieren suchte? Und wer suchte auf diesem Weg die antiken und modernen Mythen und Märchen dem Zugriff des Faschismus zu entziehen, um diesen geistig auszutrocknen?

Kein Zweifel: der marxistische Philosoph und Kulturkritiker Ernst Bloch.[163] Doch bevor wir auf ihn eingehen, sei auf den bereits oben (S. 345 Anm. 196) erwähnten Siegfried Kracauer hingewiesen, der Bloch überaus kritisch sah[164] und sich öffentlich als Freund Benjamins bezeichnete.[165]

---

[163] Da Benjamins und Blochs Verhältnis von signifikanten Gemeinsamkeiten, aber auch schärfsten Differenzen bestimmt war, hat die Forschung sowohl die gemeinsamen Quellen ihrer Gedanken als auch die gegenseitige Beeinflussung untersucht. Zu kurz gekommen ist dabei stets das Thema Märchen. Dies ist umso frappanter, als hier die Theorien von Bloch und Benjamin weitgehend (sogar im Wortlaut) übereinstimmen. Zu Gemeinsamkeiten und Differenzen vgl. R. Wolin, »Notes on the early aesthetics of Lukács, Bloch, and Benjamin«: in *Berkeley journal of sociology* 26 (1981), S. 89–109; A. Luther, »Variationen über die Endzeit. Bloch kontra Benjamin«, in: *Bloch-Almanach* 4 (1984), S. 57–73; H.-E. Schiller, »Jetztzeit und Entwicklung. Geschichte bei Ernst Bloch und Walter Benjamin«, in: *Text & Kritik. Sonderheft Ernst Bloch* (1985), S. 175–193; A. Rabinach, »Between Enlightenment and Apokalypse. Benjamin, Bloch and Modern Jewish Messianism«, in: *New German Critique. An Interdisciplinary Journal of German Studies* 34 (Winter 1985), S. 78–124; H. Weisskirchen, »Die humane Kraft des Denkens. Zur frühen Philosophie Blochs und Benjamins«, in: *Bloch-Almanach* 7 (1987), S. 53–79; J. J. Baker, »Benjamin, Bloch and the historical moment«, in: P. Baker/S. W. Goodwin u.a. (Hrsg.), *The skope of words. In honor of Albert S. Cook,* New York u.a. 1991, S. 379–397; Chr. Ujma, »Lumpensammler. Blochs Benjaminsche Sicht des Surrealismus«, in: *Bloch-Almanach* 12 (1992), S. 65–110; H. Eidam, *Strumpf und Handschuh. Der Begriff der nichtexistenten und die Gestalt der unsichtbaren Frage. Walter Benjamins Verhältnis zum ›Geist der Utopie‹ Ernst Blochs*, Würzburg 1992; D. Kaufmann, »Thanks for the Memory. Bloch, Benjamin, and the Philosophy of History«, in: *The Yale Journal of Criticism. Interpretation in the Humanities* 6:1 (Spring 1993), S. 143–162; B. Maxwell, »The Paths in the Midst of Collapse: Utopian Direction in Ernst Bloch and Walter Benjamin«, in: R. Baccolini/V. Fortunati/N. Minerva (Hrsg.), *Viaggi in utopia*, Ravenna 1996, S. 217–230.

[164] Vgl. z.B. die Rezension »Prophetentum« (FZ, 27.8.1922) von Ernst Bloch, *Thomas Münzer als Theologe der Revolution*, München 1921, wiederabgedr. in: Siegfried Kracauer, *Der verbotene Blick. Beobachtungen – Analysen – Kritiken*, Leipzig 1992, S. 102–112.

[165] In »Abschied von der Lindenpassage« (FZ, 21.12.1930), wiederabgedr. in: Kracauer, *Blick*, S. 49–55, h.: S. 53: »[...] mein Freund Walter Benjamin [...].«

3.2 Siegfried Kracauer:
Märchen – »Aufhebung der mythologischen Kräfte«

Kracauer schlägt die Thematik »Märchen« *vs.* »Mythos« schon vor dem Nationalsozialismus an. Als er 1926 Kafkas Roman *Das Schloß*[166] rezensiert, bezeichnet er den Roman als die »Matritze des Märchens«. Kafka blicke »auf das Ende menschlicher Geschichte hin, das in der Wahrheit« sei. Indem er »die Verstelltheit des Irdischen« aufdecke, das »von der Wahrheit verlassen« sei, mache er diese »nicht minder wie das Märchen zur Mitte«, in dem »am Ende die Wahrheit offenbar« werde:

> Nichts anderes sind die reinen Märchen als der Vortraum des vollendeten Einbruchs der Wahrheit in die Welt. Er erfolgt gegen die blinden Naturgewalten, die unterliegen müssen. Der dumme Tölpel führt die Prinzessin heim, die dem Mächtigen sicher schien, dämonische Zauberei kann den Standhaften nicht verblenden, Hexenspuk und Bollwerke des Verderbens werden durch das gerechte Urteil getilgt. Die Märchen sind nicht Wundergeschichten, sondern ihr Sinn ist die Aufhebung der mythologischen Kräfte und die Abschaffung des Wunders um der Wirklichkeit der Wahrheit willen. Ihr Sieg allein ist das Wunderbare.

Deutlich zum Ausdruck kommt diese Lesart des Märchens auch 1928 in dem kulturkritischen Essay »Das Ornament der Masse«.[167] Darin versucht Kracauer, seine Epoche in den Geschichtsprozeß einzuordnen, wobei er als zeittypisch (etwa auf dem Gebiet der Körperkultur) Ornamente von hohem ästhetischem Massengeschmack ausmacht: »Der kapitalistische Produktionsprozeß ist sich Selbstzweck wie das Massenornament.«[168] Interesse am Ornament sei legitim, dieses durchaus realitätsgerecht, »mag es auch nichts weiter bedeuten«. Doch demgegenüber bewege sich die Vernunft, deren »Reich in den echten Märchen vorgeträumt« sei; diese seien »keine Wundergeschichten«, sondern meinten »die wunderbare Ankunft der Gerechtigkeit«. Der Geschichtsprozeß werde zum »Prozeß der Entmythologisierung«; seiner »zum Teil aus der Märchenvernunft stammenden Rationalität« seien in mancher Hinsicht die bürgerlichen Revolutionen zu verdanken. Und am Schluß heißt es: Der Geschichtsprozeß gehe voran, »wenn das Denken die Natur einschränkt« und den Menschen »aus der Vernunft herstellt«. Dann werde das Ornament der Masse hinschwinden und das menschliche Leben die Züge jenes Ornaments, zu dem es sich in den Märchen angesichts der Wahrheit auspräge, annehmen.[169]

Auch hier wird mithin betont, das glückliche Ende werde, ob *durch* den oder *nach* dem Geschichtsprozeß, als Befreiung der Vernunft aus »der kapitalistischen Ratio«[170] und deren Rückschlägigkeit in stumme Naturhaftigkeit märchenhaft sein. Benjamin und Bloch dürften von solchen Ergebnissen verwandten Denkens in der Folge nicht unbeeinflußt geblieben sein.

---

166 »Das Schloß. Zu Franz Kafkas Nachlaßroman« (FZ, 28.11.1926), wiederabgedr. in: Kracauer, *Blick*, S. 153–156, h.: S. 154 f.
167 »Das Ornament der Masse« (FZ, 9./10.6.1928), wiederabgedr. in: Kracauer, *Blick*, S. 172–185.
168 Zitate hier und im folgenden a.a.O., S. 175–177.
169 A.a.O., S. 185.
170 A.a.O., S. 184.

3.3 Ernst Bloch: »Zerstörung, Rettung des Mythos durch Licht«

Daß Benjamin Bloch gelesen hat, bestätigt nicht nur das »Verzeichnis der gelesenen Schriften«. Darin angeführt sind etwa der *Geist der Utopie* (1918), *Thomas Münzer als Theologe der Revolution* (Korrekturbogen der Ausgabe Berlin 1922), *Spuren* (1930) und *Erbschaft dieser Zeit* (1935). Auch Benjamins Briefe legen, wie im folgenden knapp umrissen, von der Lektüre Zeugnis ab. Ferner sprechen ähnliche Formulierungen in beider (Blochs wie Benjamins) Passagen über das Märchen für eine gegenseitige Beeinflussung.

Wie Benjamin hatte Bloch eine besondere Neigung zum Märchen, die sich sowohl auf philosophisch-theoretischer als auch auf narrativer Ebene in seinem Œuvre Geltung verschafft hat. Nicht erst *Das Prinzip Hoffnung,* das im amerikanischen Exil entstand (1938–1947), stellt das Märchen in die Reihe substantieller Glücks- und Zukunftsträume. Schon in den *Spuren* (1930) und der *Erbschaft dieser Zeit* (1935) wird es unter dem Aspekt der »Dämmerung nach vorn, ins Neue«[171] umkreist. Dabei wird keine literaturwissenschaftliche Gattungsbestimmung oder Analyse gegeben. Bloch bezieht das Märchen vielmehr in eine umfassende Weltschau ein. Unter Anknüpfung an Elemente jüdisch-christlicher Eschatologie legt er – wie Benjamin – den Akzent auf den utopischen Gehalt des Märchens, erhebt Einspruch gegen seine »dumpfe Uniformierung«[172] von rechts in einem »Pathos bloßer Archaik«[173] und weist ihm in seiner Philosophie der Hoffnung einen zentralen Platz zu.[174]

Frappierend ähnlich ist zudem die Eigenart, mit der die Vorliebe für das Märchen außerhalb der Schriften, in denen Bloch und Benjamin das Genre bzw. seine Gehalte behandeln, zum Ausdruck kommt. Man denke an Textpassagen etwa innerhalb der *Spuren* und *Erbschaft dieser Zeit,* in der *Einbahnstraße, Berliner Kindheit* und den *Denkbildern,* die das Märchen nicht als solches thematisieren, sondern auf einer Metaebene von ihm bestimmt sind. In diesen Passagen überwiegt ein Denken und Erzählen in Bildern, die, wie das Märchen, durch eine elementare Ikonographie faszinieren. Sie kennzeichnet ein meist montageartiger Stil, der Märchenerzählerhaftes und Anekdotisches, Alltagssoziologisches und Politglossenhaftes verquickt. Zudem spricht aus ihnen ein messianisches Geschichtsverständnis. Unter der signifikanten Textoberfläche von utopischen Ideen geleitet, welche die Verfasser aus dem Geist der Destruktion geboren wissen wollen, exponieren sie Topographien eines Jahrmarkts der Hoffnung, erzählen von Budenzauber und Märchenglück, verweisen, popularutopischen Erzählmustern folgend, auf die Erhöhung der Niedrigen und sind ersichtlich aus der Intention verfaßt, an ihrem Horizont die Erlösung von allem mythischen Bann trans-

---

171 Ernst Bloch, *Das Prinzip Hoffnung,* Frankfurt a.M. 1959, S. 86.
172 Ernst Bloch, *Erbschaft dieser Zeit,* Frankfurt a.M. 1963, S. 186.
173 Bloch, *Prinzip,* S. 185. Zur völkischen und nationalsozialistischen Märchenliteratur vgl. J. Tismar, *Das deutsche Kunstmärchen des zwanzigsten Jahrhunderts,* Stuttgart 1981, S. 74–98; s. zudem den Artikel von Elfriede Moser-Rath s.v. »Deutschland. 2. 14 Märcheninterpretation im Dritten Reich«, in: *EM* 3, Sp. 551–553.
174 Auf die Bedeutung des Märchens für Blochs – seine Beobachtung, daß »das Motiv des Helden und der Reiz des Märchens in der Aussicht auf Glück, nicht auf Gerechtigkeit besteht« sowie auf die Abgrenzung des Märchens vom Herren*mythos,* der die Menschen abhängig halte und in Alfred Rosenbergs *Mythus des 20. Jahrhunderts* wiedergekehrt sei – verweist Solms, *Moral,* S. 98–101.

parent werden zu lassen. In diesen Texten dominieren mithin Momente, um welche Blochs und Benjamins Theorien kreisen und die von beiden als Konstituenzien des Märchens begriffen werden.

3.3.1 Bloch/Benjamin: Freundschaft und Konkurrenz

Kennengelernt hatten sich Benjamin und Bloch 1918 in der Schweiz (Bern). Benjamin saß dort seit 1917 an seiner Dissertation. Bloch arbeitete (durch Vermittlung von Georg Lukács) im Auftrag Max Webers am Archiv für Sozialwissenschaften. Das Fundament einer Freundschaft wurde gegründet; und diese erwies sich bis zu Benjamins Tod 1940 als höchst fruchtbar.

Daß sie sich jedoch auch als sehr schwierig erweisen würde, zeigte schon Benjamins Reaktion auf Blochs *Geist der Utopie* 1918 an. Sie nahm die Beziehungsstruktur der nachfolgenden zwanzig Jahre vorweg. Einerseits gewann Benjamin dem Buch viel für sein eigenes Denken ab;[175] andererseits stand er ihm mit Skepsis und scharfer Kritik gegenüber und sah klare Unterschiede zu seinem eigenen Denken.[176] Über Monate versuchte er sich an einer Besprechung, die jedoch, nach vielen Wechselfällen endlich zustandegekommen, ungedruckt blieb. Wie die meisten anderen Dokumente, die Aufschluß über das schwierige Verhältnis der beiden geben könnten, ging sie verloren. Rekonstruieren läßt sich die Beziehung mithin nur fragmentarisch. Doch unstrittig ist, daß in ihr – trotz philosophischer Differenzen – höchst verwandte Intentionen zueinander kamen.

Hatten sich Bloch und Benjamin bis Mitte der zwanziger Jahre nur ab und zu gesehen, vor allem in Berlin – einer Erinnerung Adornos zufolge äußerte Benjamin

---

175 Zudem äußerte Benjamin, *Briefe*, S. 235, er finde »in Gesprächen« mit Bloch »soviel Wärme«.
176 Ernst Schoen etwa ließ Benjamin, *Briefe*, S. 232f., wissen: »Ungeheure Mängel liegen zu Tage. Dennoch verdanke ich dem Buch Wesentliches und zehnfach besser als sein Buch ist der Verfasser. [...] dies [ist] doch das einzige Buch, an dem ich mich als einer wahrhaft gleichzeitigen und zeitgenössischen Äußerung messen kann. *Denn:* der Verfasser steht allein und steht philosophisch für diese Sache ein, während fast alles, was wir, von Gleichzeitigen, heute, philosophisch Gedachtes lesen, sich anlehnt, sich vermischt und nirgends an dem Punkt seiner Verantwortung zu fassen ist, sondern höchstens auf den Ursprung des Übels hin führt, das es selbst repräsentiert.« A.a.O., S. 232f., in einem Brief an Scholem, dem er zu diesem Zeitpunkt innigst verbunden war, formulierte er die Spannung zwischen Skepsis und Geneigtheit wie folgt: »Meine Kritik werden Sie hoffentlich in absehbarer Zeit gedruckt finden: höchst ausführlich, höchst akademisch, höchst entschieden lobend, höchst esoterisch tadelnd. Ich habe sie – hoffentlich – dem Verfasser, der mich sehr darum bat, zu Dank geschrieben. Ich tat es, weil mich mit ihm eine Neigung verbindet, deren Grund ich auch in einigen zentralen Gedanken seines Buches wiederfinde, so wenig es auch ein reines Medium unserer Beziehung ist. Denn meinen eigenen Überzeugungen entspricht es zwar in einigen wichtigen Darlegungen, wie gesagt, nirgends aber meiner Idee der Philosophie. Zu ihr verhält es [sich] diametral entgegengesetzt. Aber der Autor steht mehr als er weiß über dem Buch. Ob es ihm gelingen wird, in diesem Sinne sich philosophisch auszusprechen, ist die entscheidende Frage für ihn. In diesem Buche ist der Gehalt vom Bedürfnis sich auszusprechen überall getrübt. [...] Was ich positiv diesem Buch verdanke, werden Sie aus der Kritik ersehen, auch in welchem Sinne mein Denken sich schließlich entfernt.« Skeptische briefliche Äußerungen finden sich überdies a.a.O., S. 217, 229, 232f., 234f., 247. Im *Theologisch-politischen Fragment* bezeichnet es Benjamin als das größte Verdienst von Blochs *Geist der Utopie*, »die Theokratie geleugnet zu haben«.

damals, er arbeitete »gemeinsam« mit Bloch »an dem Plan eines Systems des theoretischen Messianismus«[177] –, wurde die Freundschaft ab 1925 enger.[178] Zu Spannungen, die sie bis zu Benjamins Tod 1940 belasteten, kam es nach 1930, verstärkt nach 1933 im Pariser Exil. Der entscheidende Grund hierfür lag in Benjamins mehrfach geäußertem Verdacht, Bloch schreibe ihn ab. Der »beste Kenner« seiner Gedanken, der »nicht nur alles inne« habe, »was« er (Benjamin) »je geschrieben habe, sondern auch jedes gesprochene Wort«, mutiert in Benjamins Empfinden sukzessive zu seinem gefürchtetsten Plagiator. Benjamin empfindet Bloch als einen Dieb geistigen ›Guts‹, der den Diebstahl vertuscht, indem er mit Hilfe des Gestohlenen zu anderen Aussagen kommt, und sich von demjenigen, an dem er den Raub begangen hat, durch Anspielungen distanziert, ohne dabei überdeutlich zu verfahren. Blochs *Spuren* von 1930 etwa liest Benjamin als die ersten (für ihn) sichtbaren und zugleich (für die Öffentlichkeit) unsichtbaren »Spuren« dieses Plagiats.[179]

Wenige Jahre später hat sich das Verhältnis wesentlich verschlechtert. 1932 klagt Bloch noch über Benjamins persönliches Verhalten – seine »kalte und unverschämte Sprache«[180] – ihm gegenüber. 1935 überträgt er den Vorwurf auf Benjamins Leistung als Theoretiker und Schriftsteller.[181] Mit dem Erscheinen der *Erbschaft* 1935 sind

---

177 Vgl. hierzu auch P. Zudeick, *Der Hintern des Teufels. Ernst Bloch – Leben und Werk*, Bühl-Moos 1985, S. 104.
178 1926 in Paris kam es über ein halbes Jahr lang zu großer Nähe, als die beiden »im gleichen Hotel« wohnten, wie sich Bloch erinnert, und »Tag und Nacht zusammen« waren. R. Taub/H. Wieser (Hrsg.), *Gespräche mit Ernst Bloch*, Frankfurt a.M. 1975, S. 221. Damals schrieb Benjamin, *Briefe*, S. 424, an Scholem: »Bloch ist außerordentlich und mir, als bester Kenner meiner Sachen, sehr ehrwürdig (er weiß viel besser Bescheid als ich selber, denn er hat nicht nur alles inne, was ich je geschrieben habe, sondern auch jedes gesprochene Wort von vor acht Jahren).«
179 Nach dem Erscheinen des Buches äußert er in einem Brief an Scholem sein Entsetzen: »Mich setzt das Buch in die tödlichste Verlegenheit. Mein Verhältnis zu ihm [Bloch, A.-B.R.] ist im Augenblick das denkbar beste; und nun […] Spuren des Eingriffs in meine Gedankenwelt mehr als von irgendwas anderem und dazu so verwischt, daß man alle Neigung unterdrückt, sie in Angriff zu nehmen. Noch bin ich in Nachforschungen darüber begriffen, ob sich der ganzen Sache der Öffentlichkeit gegenüber nicht eine glimpfliche Seite abgewinnen läßt.« Die Passage findet sich nur in der neuen Ausgabe der Briefe: Walter Benjamin, *Gesammelte Briefe*, Bd. 3, *1925–1930*, hrsg. von Christoph Gödde und Henri Lonitz, Frankfurt a.M. 1997, S. 541 f.
180 Ernst Bloch, *Briefe: 1903–1975*, Bd. 2, hrsg. von Karola Bloch u.a., Frankfurt a.M. 1985, S. 364.
181 In der *Erbschaft dieser Zeit* von 1935 sind Blochs positive Rekurse auf Benjamin weniger als dünngesät. Nur vereinzelt wird auf Formulierungen des Freundes verwiesen. Bloch, *Erbschaft*, S. 166, 241, 373. Um so ausführlicher ist eine vehemente Kritik der *Einbahnstraße* (1928) gehalten, in der Benjamin in einer hochfragmentarischen avantgardistischen Sprache kaleidoskopartig die gesellschaftlichen Erfahrungen des radikalisierten Autors, der er geworden war, versammelt. Die Seriösität von Blochs Kritik an dieser Sammlung von Kurztexten steht vor allem deshalb in Frage, da die *Spuren* und noch die *Erbschaft dieser Zeit* eine intensive Lektüre der *Einbahnstraße* bezeugen, indem sie ihr inhaltlich und stilistisch auf verschiedenen Ebenen nachgebildet sind. Von dem Ziel der Abgrenzung bestimmt – vermutlich auch, um den Vorwurf des Plagiats von sich zu weisen –, wirft Bloch Benjamins philosophischen Prosaskizzen vor, eine Kälte und Unmenschlichkeit in der Konstruktion ihrer Bilder an den Tag zu legen, welche die *Einbahnstraße* zur »Sackgasse« ohne »Ziel« werden ließen. Er hält Benjamin, den er als Surrealisten bezeichnet, vor, die in der Sammlung exponierten Bilder wie in »Mithrashöhlen, mit einer Glasscheibe davor« zu konservieren, sie allem Menschlichen zu entziehen und

Freundschaft und gegenseitiges Verstehen auf ihrem tiefsten Punkt angelangt. Des seit den *Spuren* kursierenden Vorwurfs des Plagiats hat sich Bloch mit seinem Buch nicht erwehrt. Stimmen aus Benjamins Bekanntenkreis, die verlauten lassen, Bloch plagiiere, nehmen vielmehr zu. Der Konflikt ist – entgegen der Intention, »der ganzen Sache der Öffentlichkeit gegenüber [...] eine glimpfliche Seite ab[zu]gewinnen« – in die Indiskretion abgerutscht und publik geworden. Noch bevor Benjamin selbst die *Erbschaft* gelesen hat, schickt man ihm Kommentare[182] über ihren Gehalt, insbesondere über die in ihr enthaltenen »Auseinandersetzungen« mit ihm selbst.[183]

---

in »substanziell unausgerichtete[r] Betroffenheit« erstarren zu lassen, anstatt sie zu »dialektische[n] Experiment-Figuren des Prozesses«, zu Elementen einer Montage werden zu lassen, »die an wirklichen Strassenzügen mitbaut«. A.a.O., S. 368–371. Abwegig ist Blochs »Vorwurf« nicht. Benjamin, *Briefe*, S. 14, 17, hat selbst einmal geäußert, er interessiere sich »nicht für Menschen, [...] nur für Dinge«. Insofern hat Bloch die *de facto* schwerwiegendste Differenz zwischen sich und Benjamin (wenn auch überspitzt) prägnant auf den Punkt gebracht. Gleichwohl aber läßt die Kritik nicht nur das nötige Maß an Fairneß vermissen, da persönliche Motive durchscheinen; auch ein echtes Verständnis von Benjamins Theorien fehlt. Denn Benjamin operiert bewußt mit dem Prinzip der Verdinglichung, um »das Unwesen der ›Dinglichkeit‹ zu entzaubern«: »Fetischismus« und eine »falsche Apologie der Dinge« schlagen »um in ihre Demaskierung« und werden »zur Erkenntnis«. Tiedemann, *Studien*, S. 123 f.; vgl. auch a.a.O., S. 164–166. Wenn Bloch Benjamin vorwirft, Organisches zu Anorganischem werden zu lassen, erkennt er zwar das Verfahren, nicht aber dessen Intention.

182 Dokumentiert ist dies in Briefen Benjamins vom Dezember 1934. In einem Brief an Scholem schreibt Benjamin über die *Erbschaft*, noch bevor er sie in die Hände bekommen hat: »Es soll – wie mir [...] mitgeteilt wurde – peinliche und bösartige Auseinandersetzungen mit mir enthalten.« Benjamin, *Briefe*, S. 632. In einem anderen Brief aus derselben Zeit heißt es a.a.O., S. 637: »Nur soviel weiß ich, daß Unruhe und Gezänk im Schoße der Getreuen darüber sich vorbereitet, indem ich teils zu den im Text mir erwiesenen Ehren beglückwünscht, teils gegen die – angeblich in denselben Stellen enthaltenen – Schmähungen in Schutz genommen werde.«

183 Benjamins eigenes Urteil fällt knapp, aber vernichtend aus. Die unzeitgemäße Note des Buches beklagend, bemerkt er lakonisch, Bloch habe »ausgezeichnete Intentionen und Ansichten«, aber er verstehe »es nicht, sie denkend ins Werk zu setzen«. Benjamin, *Briefe*, S. 644, 648. Er hält Bloch mangelnde Reflexion in der literarischen Inszenierung seiner Theoreme vor und verkehrt Blochs Tadel zugunsten seines eigenen – um beständige Erkenntnis der aktuellen Weltmisere ringenden – literarischen Verfahrens. Auch Benjamin ist sich der fundamentalen Differenz zwischen sich und Bloch mithin bewußt. Bloch baut seine eschatologisch erhoffte utopische Welt »ins Blaue hinein«, ohne sie mit dem ihm unerträglichen Zustand der Welt und der Gesellschaft zu vermitteln (vgl. Bloch, *Geist der Utopie*, München/Leipzig 1918, S. 9). Benjamin hingegen, vom selben Protest geleitet, verdinglicht und mythisiert sprachlich, was nur verdinglich- und mythisierbar ist, um eben diese Vermittlung zu leisten. Daß Blochs Schriften sie nicht leisten, erklärt er zu deren Manko. Vor allem gibt er aber zu verstehen, daß er sich aufs Neue plagiiert fühlt. Den Freund Alfred Cohn etwa läßt er am 18.7.1935 brieflich wissen, er lasse »literarischen Kollegen, selbst Freunden« nichts von seiner Arbeit »verlauten«; sie sei »in einem Stadium, in dem sie allen denkbaren Unbilden, nicht zum wenigsten den[en] des Diebstahls, besonders ausgesetzt wäre«. Benjamin, *Briefe*, S. 669. Er fügt hinzu, Blochs *Hieroglyphen des 19ten Jahrhunderts* – ein weiteres *Erbschaft*-Kapitel, in dem Bloch Gedanken Benjamins (diesmal aus *Paris, die Hauptstadt des 19. Jahrhunderts*, woran Benjamin seit etwa 1927 arbeitete) übernimmt und zugleich kritisiert – hätten ihn »etwas scheu gemacht«. Vgl. Bloch, *Erbschaft*, S. 381–87; WB V 1223–1254 (im *Passagen-Werk* als Exposé, WB V 45–59); zur Geschichte der Entstehung s. WB V 1081–1205, 1206–1223. - - - Benjamin selbst tritt Bloch mit der Kritik an der *Erbschaft* und dem Vorwurf, sich auf noch ungedruckte Schriften Benjamins im voraus zu beziehen (bzw. sie zu plagiieren), zunächst nicht gegenüber. An Adorno schreibt er, nachdem er schon einen Monat zuvor geäußert hatte, er denke an »die Bereinigung des

Was Benjamin Bloch vorzuwerfen hatte, worin die beiden Unterschiede ihrer Theorien sahen und worin sie übereinkamen, ist in Dokumenten, die aus beider Lebzeiten stammen, nur in der *Erbschaft* und den Briefen Benjamins bezeugt.[184] Und all dies zu erörtern ginge thematisch über den dieser Arbeit immerhin weit gesteckten Rahmen hinaus.[185] Offen bleiben muß, *wer* tatsächlich von wem *wann* »abgeschrieben« hat. Festgestellt werden soll hier nur folgendes: Wenn die *Spuren* und die *Erbschaft* der *Einbahnstraße* und *Paris, die Hauptstadt des 19. Jahrhunderts* in bestimmten Zügen ähneln, wenn Bloch sich einiges aus Benjamins früher Sprachtheorie zu eigen gemacht haben dürfte – etwa Gedanken zur Schrift, zum Emblem und zur Allegorie –, enthält doch auch Benjamins Œuvre manche Passage, die sich von Bloch herzuschreiben scheint; gerade im Kontext Märchen. Zumal der *Kafka-* und der *Erzähler-*Essay von 1934 und 1936 enthalten eine Fülle von Formulierungen, Bildern und Assoziationen, die schon in den *Spuren* (1930) und in der *Erbschaft* (1935) bei Bloch vorkommen.

Ob diese alle auf Benjamin zurückzuführen sind, der an seinen Schriften zumeist einige Jahre länger arbeitete als Bloch – am *Erzähler*-Aufsatz etwa saß er seit 1928 –, ist fraglich. Gut möglich ist, daß Bloch und Benjamin in ihren Gesprächen, zumal während des engen Zusammenlebens 1926, auch das Thema Märchen aufgrund ihrer beider Neigung zu der Gattung erörterten und zu Ergebnissen kamen, die beide in ihre Weltschau integrierten, Bloch aber als erster ausführlich in sein Werk einfließen

---

Verhältnisses zu Ernst B.«, am 1.5.1935: Die Möglichkeit einer Begegnung mit Bloch […], die sich unter Umständen hier ergeben könnte, lastet geradezu auf mir. Nachdem er vor zwei Monaten meine schriftliche Stellungnahme zu seinem Buch in der Haltung, in der ein Lehrer vom Schüler die Vorweisung der häuslichen Arbeiten anfordert, angemahnt hatte, habe ich den ohnehin quälenden Versuch aufgegeben, mich brieflich zur »Erbschaft dieser Zeit« zu äußern. Theodor W. Adorno/Walter Benjamin, *Briefwechsel 1928–1940*, hrsg. von Henri Lonitz, Frankfurt a.M. 1994, S. 103, 107; vgl. auch Blochs Beschwerde über Benjamins Schweigen in: Bloch, *Briefe*, S. 434–436. Erst Mitte Juli kommt es zu einer Begegnung, wie aus dem bereits erwähnten Brief an Cohn hervorgeht (a.a.O., S. 669): »Im übrigen hat meine Aussprache mit ihm [Bloch, A.-B.R.] nun stattgefunden. Und wenn ich vor der schwierigen Aufgabe stand, unsere Beziehungen aus der kritischen Verfassung der letzten Jahre herauszuführen, ohne ihn im Umklaren über meine wesentlich negative und sehr negative Stellung zu seinem letzten Buch zu lassen, so kann ich – unberechenbare verspätete Reaktionen auf seiner Seite vorbehalten – hoffen, diese Aufgabe gelöst zu haben.«

184 Vgl. aber *Über Walter Benjamin*, mit Beiträgen von Th. W. Adorno, E. Bloch, M. Rychner, G. Scholem u.a., Frankfurt a.M. 1968, S. 17 f., wo Bloch vor allem auf die Gemeinsamkeiten mit Benjamin eingeht. --- Die vielen Erwähnungen Benjamins in den Briefen *Blochs* (vgl. das Namenregister in Bloch, *Briefe*, S. 924) lassen das Verhältnis nicht minder im Dunkeln als Benjamins Briefe und thematisieren auch philosophische Differenzen nicht. Der Vorwurf, den *Benjamin* der *Erbschaft dieser Zeit* macht, ist vor allem in Benjamin, *Briefe*, S. 632, 637, 644, 648, 669 formuliert.

185 Ausgeführt haben dies – unter gesonderter Bezugnahme auf die *Spuren* und die *Erbschaft* – u.a. R. Hoffmann, »Walter Benjamin«, in: *Montage im Hohlraum zu Ernst Blochs »Spuren«*, Bonn 1977, S. 92–103 (bezieht sich v.a. auf die *Erbschaft dieser Zeit*); A. Münster, »Ernst Bloch et Walter Benjamin. Eléments d'analyse d'une amitié difficile«, in: ders., *Figures de l'utopie dans la pensée d'Ernst Bloch*, Paris 1985, S. 11–29; K. Stierle, «Aura, Spur und Benjamins Vergegenwärtigung des 19. Jahrhunderts», in: H. Pfeiffer/H.R. Jauss u.a. (Hrsg.), *Art social and art industriel. Funktionen der Kunst im Zeitalter des Industialismus*, München 1987, S. 39–47, insbes. 43–45; vgl. im übrigen die Literaturangaben oben S. 364 Anm. 163.

ließ.¹⁸⁶ In jedem Fall richteten sich beide gegen den – in der Ideologie moderner Herrschaft prädominanten – Glauben, die Vernunft des Menschen könne die Natur beherrschen und die Welt ihm zum Bilde wiedererschaffen. Beide plädierten für eine Humanisierung der Natur zur Heimat des Menschen; für ein Verhältnis zur Natur jenseits von deren Ausbeutung.¹⁸⁷ Und beide faßten das Märchen als einen Weltentwurf, wo ebendies stattfindet. Vielleicht hätte sich Benjamin durch eine unkomplizierte Kommunikation veranlaßt gefühlt, eingehender zum Märchen Stellung zu beziehen und nicht nur vereinzelte Bemerkungen in sein Werk einzusprengen. So aber ist aufgrund der gespannten Situation eher zu vermuten, daß Blochs extensive Ausführungen ihn – aus Gründen der Abgrenzung, vielleicht auch aus Furcht, selbst des Plagiats bezichtigt zu werden – von dem Thema abgehalten haben. Aus seinen *Notizen zu einer Umarbeitung des [Kafka-]Essays etwa ab Anfang 1935* geht z.b. hervor, daß er zu den Stichworten »Märchen für Dialektiker«, »Märchen und Erlösung«, »Das schwebende Märchen und die Erlösung« (WB II 1258) Erläuterungen geplant hatte. Zu ihnen ist es jedoch, außer im *Erzähler*-Aufsatz, nie gekommen. Hat Benjamin vielleicht gerade damit, daß er es bei fragmentarischen Bemerkungen bewenden ließ, etwas in Abgrenzung zu Bloch bedeuten wollen?

3.3.2 Bloch als Schlüssel zu Benjamins Märchentheorie

Da hierüber nichts bekannt ist, sind wir, wie ohnehin, auf Blochs Schriften verwiesen, zumal auf die zu Benjamins Lebzeiten publizierten. Einige Formulierungen Blochs sind Benjamins Märchentheorie so ähnlich, daß sie sich als Schlüssel lesen lassen: als Schlüssel insbesondere zu den Bemerkungen im *Kafka*-Essay und zu dem längeren Passus über das Märchen, den Benjamin 1936 im *Erzähler*-Aufsatz formuliert hat.¹⁸⁸

3.3.2.1 Märchen – »Aufstand des kleinen Menschen gegen die mythischen Mächte«

Schlüsselfunktion hat vor allem das Kapitel *Über Märchen, Kolportage und Sage* aus der *Erbschaft*. Dort setzt Bloch im Unterkapitel *Der Däumling*¹⁸⁹ den Akzent auf die Klugheit und Umsicht des Märchenhelden, die paradigmatisch im Märchen vom *Kleinen Däumling*¹⁹⁰ zum Ausdruck kommt: Der kleine Däumling – der jüngste von sieben Söhnen und von extremer körperlicher Kleinheit (als »Kleiner« jahrhundertelang Identifikationsobjekt für den kleinen Mann im sozialen Sinne und ab dem 19. Jh. für

---

186 Nicht zu vergessen ist zudem, daß das Märchen auf dem Literaturmarkt zu Beginn des 20. Jh.s einen gewaltigen Boom erlebte. Tuiskon Zillers (1817–1882) »Kulturstufen«-Pädagogik hatte Ende des 19. Jh.s das Märchen als »Gesinnungslesestoff« in der Schule durchgesetzt; und die Kunstmärchen von der Romantik bis zum Realismus hatten das Genre auch für Erwachsene interessant gemacht. Vgl. hierzu Mayer/Tismar, *Kunstmärchen*, S. 55–127.
187 Ausführlich zeigt dies für Benjamin S. Buck-Morss, *Dialektik des Sehens. Walter Benjamin und das Passagen-Werk*, Frankfurt a.M. 1993, S. 81–211. S. Buck-Morss rollt den gesamten Natur-Begriff Benjamins mit allen seinen an ihn gebundenen Paradigmen (Mythos, Herrschaft, Technik, Geschichte etc.) auf, ohne der in vielen Beiträgen der Benjamin-Forschung vorherrschenden Verdopplung Benjamins eigener Dunkelheit zu verfallen. Zu Bloch s. z.B. G. Witschel, *Ernst Bloch. Literatur und Sprache: Theorie und Leistung*, Bonn 1978, S. 31–36.
188 Dies gilt im übrigen auch für beider Theorien zur Kolportage und zur Mickey-Mouse.
189 Bloch, *Erbschaft*, S. 168f.
190 AT 327B; vgl. auch AT 700, KHM 37, KHM 45.

die »Lieben Kleinen«) – gerät nach Verlassen der Heimat in Abenteuer, aus denen er sich infolge seiner Gewitztheit ›herauszuwinden‹ versteht. Mittels eines Vokabulars, das sehr an Benjamins Terminologie erinnert, hebt Bloch die »Vernunft« des Däumlings – des Identifikationsobjekts aller (in welchem Sinne auch immer) »Kleinen« – hervor, die sich als »List« gegen »die mythischen Mächte« artikuliere und die Geschichte zur glücklichen »Geschichte« des Helden, nicht etwa zu »Geschick« werden lasse:

> [...] sonderbar geht [...] im Märchen die Kraft des Auswegs [...] an, schwach und listig, stark durch List, die versteht, das Böse zu betrügen, und hat das Recht dazu. Hänschen steckt der Hexe ein Hölzchen durchs Gitter, so daß sie glaubt, es sei sein dürrer Finger. [...] Derart sind [...] Märchen der Aufstand des kleinen Menschen gegen die mythischen Mächte, sie sind die Vernunft Däumlings gegen den Riesen. Erstes schweifendes Wesen schlägt hier Raum für ein anderes Leben als das, wohin man hineingeboren oder, gebannt, hineingeraten war. Statt Geschick beginnt eine Geschichte, Aschenbrödel wird Prinzessin, das tapfere Schneiderlein holt die Königstochter. Wo das geschieht, steht dahin, es schwebt ebenso wie die Zeit, worin der Triumph geschehen wird. [...] die Glücklichen des Märchens leben immerfort, nachdem sie *glücklich* geworden sind.

3.3.2.2 Die Welt des Märchens lebt ... »in Kindern und dem Apriori der Revolution«

Aufschlußreicher noch ist das Kapitel *Das Riesenspielzeug als Sage*.[191] In ihm findet sich eine in prägnanten Formeln zusammengefaßte Theorie des Märchens, deren Eckpfeiler mit denen der Benjaminschen Märchentheorie identisch sind. Nur muß man sie aus Benjamins Werk herauspräparieren und zusammenfügen, um ein fragmentarisch bleibendes Gedankengebäude auf ihnen zu rekonstruieren, während sie bei Bloch, auf wenigen Buchseiten und in einem Atemzuge genannt, das Fundament eines übersichtlichen Gedankengebäudes bilden.

Kurzum, hat man aus den Texten Benjamins eine Märchentheorie gewonnen und vergleicht sie mit der Blochs, ergeben sich auffallende Entsprechungen. Benjamins Opposition von Märchen und Mythos ist bei Bloch dadurch gegeben, daß er das Märchen typisierend mit der Sage kontrastiert: Das Märchen bezeichne »Revolte«, die Sage, »abstammend vom Mythos, erduldetes Geschick«. Dementsprechend unterschiedlich ist das Vokabular, mit dem die beiden Gattungen beschrieben werden. Von der Sage heißt es, sie berichte »still vom Unabänderlichen«, stifte »puren Herrenfrieden, Herrennutzen«, in ihr verschöne sich »gewesene Angst, gewesener Druck«. Im Kontext Märchen hingegen wird von »Befreiung« und »rettender Miene«, von der »Kraft, [...] zu entrinnen« gesprochen. Auch wird noch einmal betont, das Märchen sei »die List Hänschens«, sei »die List des armen Soldaten gegen die mythischen Mächte, sogar noch gegen die moralisch getönten«; die Sage indes stelle »allermeist nur verkleinerte Mythologie« und »nicht ihren Gegensatz« dar.

Bis hierhin wiederholt sich für den Benjamin-Leser im wesentlichen, was ihm aus Benjamins Bemerkungen und Aphorismen über das Märchen bekannt ist. Doch schon im Anschluß[192] an diese Ausführungen stößt er auf Textpassagen, die zwei weitere Zentralmomente von Blochs Märchentheorie enthalten. Sie spielen zwar auch

---

191 Bloch, *Erbschaft dieser Zeit*, S. 182–186.
192 A.a.O., S. 184.

bei Benjamin eine große Rolle, erschließen sich aber nur durch die gründliche Kenntnis seiner Texte und ein aufwendiges Verfahren intertextueller Erhellung. Es sind, erstens, die Mobilisierung des Märchens gegen den Faschismus und seinen Herrschaftsapparat und, zweitens, die Reklamierung des Märchens (als eines Spiels mit dem Möglichen, als einer lichten Utopie) für eine bessere »Aufklärung« (Bloch). Gedacht ist eine Aufklärung, die den »Boden« der Menschheit kraft »Vernunft«, also List, »vom Gestrüpp des Wahns und des Mythos [...] reinigt« (WB V 571), ohne selbst wieder als verhängnisvoller Vernunfts- und Fortschrittsglauben in mythische Herrschaft zurückzuschlagen:

> Dem Märchen (wie dem ihm verwandten Kasperltheater) gelten nicht einmal die Polizisten als Menschen, alles ist gegen sie erlaubt. Der Sage dagegen sind die Menschen das gleiche mythisch, was sie zur Zeit der Brüder Grimm, zur Zeit der Reaktion, politisch waren: nämlich Objekte, denen nichts erlaubt ist. Das Märchen ist ebenso die erste Aufklärung wie es, in seiner Menschennähe, Glücksnähe, das Muster der letzten bildet; es ist allemal kindliche Kriegsgeschichte der List und des Lichts gegen die mythischen Mächte, es endet als Märchen vom mythischen Glück, als gespiegeltes Sein wie Glück. Die Sage dagegen erzählt mythischen Bann, [...] ist eine Gespenstergeschichte älterer Ordnung, ist das einzige Feld, woraus die Reaktion ihre Bilder holen kann, sie mit dem Märchen in falscher ›Folklore‹ vermischend. Die Welt des Märchens lebt in Kindern und dem Apriori der Revolution; die Sagenwelt überlebt sich, nach ihrer düster-panischen Seite, in Träumen und Irren, nach ihrer heroisch-panischen in der Reaktion. [...] das ›Volkstum‹ der Sage ist überhaupt keines als ein reaktionär konstruiertes und darüber hinaus ein bloßer Spiegel von Schreckherren und Dämonien; während das wirkliche Volkstum der Märchen heute noch in Kindern blüht und im menschlichen Glück.

Zumal das zweite Moment – die Vereinnahmung des Märchens für eine bessere Aufklärung (nach dem zweiten Weltkrieg im Essay *Zerstörung, Rettung des Mythos durch Licht* auf die Formel »Rettung des Mythos durch *utopisches* Licht *begriffener Künftigkeit*«[193] gebracht) – macht Bloch schon 1930 stark. In dem Aufsatz *Das Märchen geht selber in der Zeit*[194] behauptet er, das Märchen sei »freibleibend« und ziehe »zum Unterschied von der allemal lokalisierten Sage [...] uneingelöst, also unveraltet durch die Zeiten«. Am Schluß des Aufsatzes nimmt Bloch auf Jules Vernes' utopische Abenteuerromane von Reisen »ins Innere der Erde« und »nach dem Mond« Bezug. Er bezeichnet sie als »moderne Märchen«, die zeigen, daß das Märchen »selber in der Zeit« gehe, indem es zu allen Zeiten auf dieselbe Weise von »Wunscherfüllungen« durch »List« und »Licht« erzähle, derer der Mensch in seinem Menschsein als vernunftbegabtes Wesen zutiefst bedürfe:

> Man bemerkt gerade an solcher Art »moderner Märchen«: es ist die Ratio selbst, die zu den Wunschbildern des alten Märchens hinführt und ihnen dient. Wieder bewährt sich ein Einklang mit Mut und List, als jener frühesten Art Aufklärung, die bereits Hänsel und Gretel auszeichnet: Halte dich für frei geboren und zu jedem Glück berufen, wage dich deines Verstandes zu bedienen, siehe den Ausgang der Dinge als freundlich an. Das erst sind echte Märchenmaximen, und sie kommen, zu unserem Glück, nicht nur in der Vergangenheit vor [...].

---

193 Ernst Bloch, *Literarische Aufsätze*, Frankfurt a.M. 1965, S. 338–347, h.: S. 347, vgl. zum Märchen im übrigen auch a.a.O., S. 544 f. und Bloch, *Prinzip Hoffnung*, S. 409 ff. (*Bessere Luftschlösser in Jahrmarkt und Zirkus, in Märchen und Kolportage*), 513 ff. (*Happy-End, durchschaut und trotzdem verteidigt*).
194 A.a.O., S. 196–199.

3.3.2.3 Benjamins aufklärerischer Umgang mit dem Märchen: »Rat« gegen den Mythos

Diese Reklamierung des Märchens für aufklärerische Zwecke, die zugleich die Aufklärung des Menschen und seinen Bund, die Versöhnung mit der Natur implizieren, findet sich, wie in den voranstehenden Kapiteln ausgeführt, auch bei Benjamin: in der Praxis wie in der Theorie. In der Rundfunkarbeit mit Kindern, also auf pragmatischer Ebene, setzt Benjamin das Märchen selbst aufklärerisch ein – zum Zweck der Erhellung dunkler, geheimnisvoll anmutender Vorgänge, Einrichtungen und Institutionen. In der Theoretisierung des Genres, auf theoretischer Ebene, führt er das »befreiende«, gegen den bannenden Mythos gerichtete Potential des Märchens als ›aufklärerisch‹ an; allerdings ohne den Terminus »Aufklärung« und von ihm abgeleitete Wortformen zu verwenden, vermutlich, da er kenntlich machen will, daß er für eine andere Aufklärung als die des 18. Jh.s plädiert. Benjamin reklamiert demnach wie Bloch das Märchen für »Aufklärung«, argumentiert dabei aber weniger schlagwortartig, und damit, wie für ihn typisch, weit weniger direkt. Auf diese Weise entspricht er seinem Selbstverständnis als Schriftsteller: als Theoretiker ebenso wie als Erzähler, dessen Funktion es (gemäß dem *Erzähler*-Aufsatz) ist, »Rat« (WB 457) zu erteilen: Benjamin schreibt nicht vor, er gibt keine Direktiven, wie ein bessere Welt auszusehen haben, sondern er erteilt Ratschläge: Ratschläge gegen den Mythos.[195] Er verlangt seinem Leser Erkenntnisanstrengung ab, wo Bloch ohne Umschweife zum Ausdruck bringt, (nicht: was er rät, sondern) was er vermittelt wissen will. Benjamin hingegen rät und macht es dem Leser schwer. Er behandelt ihn, um einen Terminus Blochs zu verwenden, als »Umwegwesen«. Das aber wiederum heißt, von einer Metaebene betrachtet, daß er ihn als genau den behandelt, als den er den Menschen in seiner eschatologischen Vision eines besseren Weltzustandes vor Augen hat: als einen auf die Erlösung zusteuernden Märchenhelden. Denn das Märchen stellt den Menschen, wie von Max Lüthi mit Bezug auf das Grimmsche Märchen vom *Goldenen Vogel* (KHM 57, AT 550) formuliert, zuallererst als »Umwegwesen« dar:

---

195 Vgl. oben S. 195–197. Wo »die Not am höchsten« sei, so Benjamin, sei die »Hilfe« des Märchens, das »Rat« wisse, »am nächsten«. »Diese Not« sei einst »die Not des Mythos« gewesen (WB II 457 f.). --- Insofern als Benjamin gegen den Mythos gerichtet schreibt und erzählt, ist er selbst Ratgeber. Er vermittelt im *Erzähler*-Aufsatz, daß er den »Rat« zugleich als Basalmoment des Märchens und der jüdischen Tradition des Geschichtenerzählens verstanden wissen will. Benjamin definiert den »Rat« als eine »in den Stoff gelebten Lebens eingewebte« Form von Weisheit, »die epische Seite der Wahrheit« (WB II 442). Rat zu wissen bedeutet ihm weniger, Antwort auf eine Frage zu geben als etwa die Fortsetzung einer Geschichte vorzuschlagen. Da allgemein eben dieses Können, weisen Rat in epischer Form zu erteilen, abnehme, so Benjamin, neige die Erzählkunst ihrem Ende zu. Diesen Prozeß des Schwundes, dessen frühestes Anzeichen der Roman darstelle, sei aber nicht als »Verfallserscheinung«, sondern als »Begleiterscheinung säkularer geschichtlicher Produktivkräfte« (WB II 442) zu betrachten. Die Differenz des Romans zu allen übrigen Formen der Prosadichtung (wie dem Märchen) liegt Benjamin darin begründet, daß jener im Gegenteil zu diesen »aus mündlicher Tradition weder kommt noch in sie eingeht« (WB II 443). Ein Romancier ist für Benjamin der Kunst des Erzählens abhold (vermutlich daher beschränkt er selbst seine eigenen narrativen Künste auf kurze Prosaskizzen). Der Niedergang der Erzählung inhäriere der atomisierenden und isolierenden Tendenz der Industriegesellschaft und deren Mangel an ökonomischen und sozialen Konditionen ihrer Tradierbarkeit. »Die Geburtskammer des Romans« sei »das Individuum in seiner Einsamkeit, das sich über seine wichtigsten Anliegen nicht mehr auszusprechen vermag, selbst unberaten ist und keinen Rat mehr geben kann« (WB II 443).

[...] all die Umwege erweisen sich schließlich für den Helden als ein Glück, denn er gewinnt auf diese Weise, von Stufe zu Stufe steigend, nicht nur den goldenen Vogel [...] und das goldene Roß [...] für sich, sondern auch die schöne Königstochter, nachdem er [...], nach Anleitung des Fuchses, einen nach dem andern geprellt.[196]

Dieses Konzept des »Umwegwesens« macht sich Benjamin zu eigen, indem er seinen Leser zu einem – im Prozeß des Lesens sich bildenden – Märchenhelden macht, der während der Benjamin-Lektüre auf Denkumwegen menschenleere Dingwelten ebenso wie messianische Gefilde zu passieren hatte, dabei allerlei Schätze im Sinne von wertvollen Einsichten gewonnen hat und kraft Erkenntnis endlich zum Glück, zur Erlösung von ihn bannenden Vorgaben gelangt ist.[197]

4. Bilanz: Odysseus und die Sirenen bei Kafka – ein »Märchen für Dialektiker«

Abschließend soll abermals ein – jetzt zusammenfassender – Blick auf Kafkas Sirenenepisode geworfen werden.

Wie in den vorangehenden Kapiteln dargelegt, ist für Benjamin das Erzählen eines Märchens mit der Aufklärung obskurer mythischer Zusammenhänge und, dadurch, mit Freiheit und Erlösung verbunden. Es ist also mit dem verknüpft, was gemäß seinem Konzept – in der Literatur – das Handeln der tragischen und Märchenhelden auszeichnet und worauf sich – in der Realität – das Tun und Schaffen der materialistischen Historiker und Revolutionäre richtet. Gemeint ist ein Handeln aus Freiheit oder ein befreiendes Handeln, das sich aus der Intention bzw. dem Vermögen speist, immergleiche Zwangszusammenhänge aufzusprengen.

Von diesem Moment der Sprengung mythischer Zusammenhänge ist das Gros der Arbeiten Benjamins bestimmt. Von ihm her definieren sich noch die späten Bestimmungen des Mythos im *Passagen-Werk,* und der eigene Entwurf einer modernen Mythologie ebendort, in der *Einbahnstraße* und in der *Berliner Kindheit.* In ihnen sind Raum und Zeit jeweils in eine Vielzahl mythologischer Bilder dissoziiert, denen – eigens aufgrund ihrer Vielheit und Partikularität (im Gegensatz zur Totalität des *einen* Mythos in Zeit und Raum) – ein positives Moment einbeschrieben ist, das die Negativkriterien des Mythos dialektisiert.

Eben dieses Verfahren der Dialektisierung mythologischer Bilder rühmt und erkennt Benjamin als Spezifikum von Kafkas Erzählweise (WB II 1193):

Bei Kafka lösen die Lebensbilder, die vielleicht weniger aufgrund der ratio als alter Mythologeme sich gebildet haben, sich auf und es entstehen, transitorisch, neue. Aber gerade dieses Flüchtige im Sich-Bilden der Mythologeme, die in ihnen schon angelegte Auflösung ist hier entscheidend. Es ist gut und gern das Gegenteil vom »neuen Mythos«, von dem hier die Rede ist.

---

196 Lüthi, *Volksmärchen als Dichtung,* S. 157; vgl. auch 149, 154, 156, 158 f., 168, 210.
197 So schreibt Buck-Morss, *Dialektik,* S. 401, mit Bezug auf die *Einbahnstraße* treffend, Benjamin hinterlasse »ein nichtautoritäres System weitervererbter Dinge, das mit der bürgerlichen Art und Weise, kulturelle Schätze als Beutegut der erobernden Streitkräfte zu überliefern, nicht zu vergleichen ist, sondern eher mit der utopischen Tradition der Märchen, die belehren, ohne zu beherrschen, und [...] nichts anderes sind als die ›Überlieferung vom Siege über‹ jene Kräfte.«

Kafkas Werk zeichnet sich dadurch aus, daß es keine pseudoromantischen Remythisierungen von der Art eines sinnstiftenden »neuen Mythos« enthält, wie ihn Benjamin ausschließlich in der Dimension reaktionärer und faschistischer Ideologien und Machenschaften denken kann. Kafkas Werk exponiert für Benjamin vielmehr Bilder, die eher ein Defizit als ein Überschuß an Sinn und Verbindlichkeit auszeichnet. Diese Bilder, die sich von Kafkas Empfänglichkeit für kollektive Mythen, von seiner Tendenz, das Denken bildhaft-mythisierend zu entfalten, herschreiben, haben sich weniger »aufgrund der ratio als alter Mythologeme [...] gebildet, enthalten aber ihre Auflösung bereits in sich und entziehen sich einem verallgemeinernden Zugriff.

Eine solche Auflösung ihrer selbst enthalten in Kafkas Prosaskizze sowohl die Figur der Sirenen – dies wurde ausführlich in Kapitel III.B.3 dargelegt – als auch die Figur des Odysseus. Beide, die Sirenen gleichermaßen wie Odysseus, zu bestimmen fällt schwer. Selbst nach vielfacher Lektüre bleibt etliches offen. Nicht umsonst ist der Text in der Forschung zahllosen Versuchen, sich ihm zu nähern, unterworfen worden. Nicht umsonst ist von »strategischer Ambiguität« (Gert Mattenklott) und von intentionaler Vieldeutigkeit gesprochen worden.[198] Benjamin selbst hat den Text aufgrund dessen treffend als Text »für Dialektiker« bezeichnet, womit er auf die Dialektisierung des Mythos mit dem Resultat von dessen Partikularisierung Bezug genommen hat; auf das »Flüchtige« im transitorischen Neu-»Bilden der Mythologeme«. Er hat die Antinomien, die den Text auszeichnen, vor Augen gehabt, die polaren Extreme, die darin enthalten sind, und hat sie wohl als paradox ineinander umschlagende Thesen und Antithesen gelesen, als eine (in seinem Verständnis) dialektische Konfrontation von Extremen in Form von Antinomien.

4.1 Odysseus: Mythischer Held einerseits, Märchenheld andererseits

Dieser dialektische Blick auf die Skizze ist nachvollziehbar; ablesen läßt sich ein dialektisches Verfahren im Benjaminschen Sinne vor allem an der Figur des Odysseus: an, so Benjamin, Kafkas griechischem »Ahnen«. Denn Odysseus' Darstellung im »Anhang« ist der vorangehenden diametral entgegengesetzt. Aus dem »Anhang« läßt sich entnehmen, Odysseus sei ein alle Schauspielkünste überbietender Veranstalter von »mythologischem Rationaltheater« (Mattenklott), ein Überheld mythischer Größe, dessen Aktionen »mit Menschenverstand kaum noch zu begreifen« seien:[199]

> Odysseus, sagt man, war so listenreich, war ein solcher Fuchs, daß selbst die Schicksalsgöttin nicht in sein Innerstes dringen konnte, vielleicht hat er, obwohl das mit Menschenverstand nicht mehr zu begreifen ist, wirklich gemerkt, daß die Sirenen schweigen und hat ihnen den obigen Scheinvorgang nur gewissermaßen als Schild entgegengehalten.

In den diesem Passus vorangehenden Passagen hingegen erscheint er als naiver unschuldiger Märchenheld, der in nahezu kindlicher Gläubigkeit unerschütterlich auf etwas vertraut, das ihn »behütet« und *per se* unverführbar macht. Hier scheint es ihm

---

198 G. Mattenklott, »Gewinnen, nicht siegen. Kommentare zu zwei Texten von Kafka«, in: *Merkur* (1985), S. 961–968, h.: S. 964.
199 Mattenklott, »Gewinnen«, S. 965.

an »Menschenverstand« geradezu zu mangeln. Ahnungslos läßt er sich vom Glauben an seine »Mittelchen« leiten, die – wie beschaffen auch immer sie sein, wie unzulänglich sie erscheinen mögen – suffizient sind, da sie für ihn die Rettung, an die er glaubt, bedeuten.[200]

Ist Odysseus als *per se* nicht verführbar auch im »Anhang« skizziert, unterscheidet sich das Bild, das dort von dem Helden entworfen wird, davon dennoch erheblich. Insinuiert wird, daß die Kapazitäten des Vielklugen den menschlichen Verstand weit überschreiten. Folgt man dem Anhang, so sagt Odysseus, der »wirklich gemerkt« habe,

---

[200] Wachs und Ketten sind mithin keine Zaubermittel, wie man sie aus dem Märchen kennt, sondern nur alltägliche Hilfsmittel. Aber sie enthalten wie profane Gaben im Märchen ein rettendes Moment: Sie spiegeln die Identität des zur Rettung Entschiedenen. Sie müssen daher nicht eine wunderhafte Zauberwirkung besitzen. »Die wunderhafte Gabe ist nur eine Steigerung der Märchengabe« (Lüthi, *Das europäische Volksmärchen*, S. 55). Profan, wie Odysseus' Mittel sind, werden sie – allgemeiner Märchenkonvention gemäß, ganz wie die profanen Requisiten im Märchen (vgl. Lüthi, *Volksmärchen als Dichtung*, S. 163–167) – in ihrer Unzulänglichkeit durch den Glauben mächtig. Dies macht ihre Suffizienz aus. Im Vertrauen auf sie ist Kafkas Odysseus gefeit, scheint er all das, was die Sirenen zu seiner Verführung aufbieten, nicht zu registrieren und somit – im Gegensatz zum antiken Helden – unverführbar zu sein. Vgl. M. Walter-Schneider, *Denken als Verdacht. Untersuchungen zum Problem der Wahrnehmung im Werk Franz Kafkas*, Zürich/München 1980, S. 138f., wo Odysseus als atypische Kafkafigur bezeichnet wird, da er vertrauen kann. Daß Odysseus, wie a.a.O. ferner behauptet, an die Wirksamkeit seines eigenen Einfalls und daher letztlich an sich selbst glaube, ist nicht auszuschließen, aber als Deutung nur eine von vielen Optionen. Wichtiger erscheint mir, was wohl auch Benjamin zu seiner Lesart, hier liege ein »Märchen für Dialektiker« vor, bewegt hat: daß der Held als eigenverantwortliches Individuum frei von Fatalismus, von jedem Schuldzusammenhang entbunden, vollständig auf die Wirksamkeit der Mittel – welchem Bereich auch immer sie zuzuordnen sind – vertraut und gewillt ist, unter Verzicht auf jeglichen Genuß den Sirenen zu entkommen, sich bewußt ihrer Lockung nicht auszusetzen, schuldlos zu bleiben. Der Glaube an die Wirksamkeit gewährt Odysseus seine unschuldige Freude, die sich fortsetzt in der Entscheidung, die Schuldlosigkeit zu wahren und den verderbenbringenden Gesang bzw. – unter Einbeziehung des Anhangs – das Schweigen samt der (zu seiner Erotisierung ausgeführten, Erregung widerspiegelnden) Bewegungen der Verführerinnen zu meiden. Ob er dabei den Glauben eines Kindes an eine Gottheit oder extremes Selbstbewußtsein besitzt, vollendeter Rationalist ist und uneingeschränkt an die Ratio glaubt (oder – wie im Anhang insinuiert – Schauspieler ist), ist unentscheidbar. Odysseus soll in unauflöslicher Ambiguität verbleiben. Indem Kafka ihn wie auch seine gesamte Mythosversion in diese unerschütterliche Vieldeutigkeit überführt, erreicht er die Grenze der Möglichkeiten und bringt den Mythos als ein künstliches Märchen zu Ende. --- Die These vom Selbstvertrauen des Odysseus vertritt im übrigen auch Sokel, *Kafka*, S. 240f.: »Das vollständige Vertrauen gewährleistet bei Kafka den Sieg [...]. Es entlastet und befreit von aller Schuld und dem Ohnmächtigen mächtig. Vertrauen, Unschuld, Macht, so lautet die Dreifaltigkeit des Segens bei Kafka [...]. Selbstvertrauen ist also Unschuld [...]. Keine Hingabe an [...] irgendeine Macht, sondern [...] Selbstgenügsamkeit und Unabhängigkeit bringen die Erlösung.« Sokel liest die Begegnung demnach in Benjaminschen Termini als Sieg des Odysseus. Doch Odysseus vertraut, aber er siegt nicht – er entkommt. In seiner Eigenständigkeit unterscheidet er sich gewiß vom antiken Helden, von dem wir wissen, daß er sich nicht als autonom, sondern als letztlich der Moira unterworfen und – trotz aller List – weitgehend von den Göttern abhängig versteht, während Kafkas Protagonist von all dem losgelöst zu sein scheint (nicht nur dem Anhang zufolge, sondern auch im eigentlichen Text, in dem er an seine Mittel denkt). Als grundsätzliches Potential des Mythos und der Götter aber auch bei Kafka nicht prinzipiell auszuschließen, man sollte sich vielmehr fragen, ob hinter dem Adjektiv »behütet« nicht eine Anspielung auf Überirdisches (z.B. auf die Götter, Athene) zu sehen ist. Gegen die These vom Sieg s. auch Mattenklott, »Gewinnen«.

»daß die Sirenen schwiegen«, zu seinen Verführerinnen Nein, obwohl er die Reize, mit denen sie locken, sehr wohl gewahrt. Dem Anhang zufolge ist Odysseus kein vom Glauben geleiteter Naivling, sondern »ein [...] Fuchs«, ein ausge*fuchs*ter Schauspieler: Er fingiert und spielt seine Rolle als einer, der vom Glauben an seine Mittelchen geleitet ist. Und er spielt seine Rolle »so listenreich«, so gekonnt, »daß selbst die Schicksalsgöttin nicht in sein Innerstes dringen« kann.

Der Odysseus des Anhangs vermag, sich durch Schauspielerei von jedwedem »Schicksalszusammenhang« (Benjamin) bzw. »Geschick« (Bloch) loszumachen. Er hält, so der Text, den Sirenen »den obigen Scheinvorgang nur gewissermaßen als Schild« entgegen. In seiner schillernden Rolle als Naivling, gläubig Behüteter, zur glückhaften Rettung Entschiedener, der das Schweigen nicht als Schweigen versteht, perfekt, vermag er, die Sirenen und selbst noch Fortuna (bzw. die Moira) sowie den gesamten Götterapparat zu täuschen. Das heißt, er dreht die intendierten Verhältnisse kurzerhand um. Odysseus ist nicht der Getäuschte, dem Gesang oder sexuelle Erregung vorgespielt wird. Er spielt ihn nur. Mit anderen Worten, hier liegt, quasi mimetisch-therapeutisch, Mimikry an das Verhalten der Sirenen vor: Zu seinem Schutz täuscht Odysseus den Gläubigen, den Getäuschten vor und inszeniert, wie die Sirenen ihren, seinen Auftritt. Seine Rolle ist dabei derart meisterhaft gespielt, daß er die Sirenen mit ihren eigenen Waffen des Schauspiels schlägt. Odysseus versagt sich alle Lust, simuliert den Unschuldigen, um der »Schuld« zu entrinnen. Er erkennt die Wirklichkeit, fingiert zum Schein eine andere und die gesamte Welt, selbst noch die mythische, wird von diesem Scheinvorgang geblendet. Destruiert wird sie nicht. Odysseus entkommt, ohne den Mythos zu zerstören.[201] Damit wird der Scheinvorgang zu einem Schild, der als Schutz- und Abwehrmittel den Bann des Mythos bricht, indem er ihn in sich selbst reflektiert und samt seinem Schrecken auf ihn selbst zurückwirft.

Das Motiv der Überwindung des Schreckens durch Reflexion in einem Schild ist schon aus einer antiken Erzählung über Perseus bekannt (vgl. oben S. 166).[202] Medusa, Tochter des Phorkys und der Keto, die in einigen antiken Schriften bezeichnenderweise auch den Sirenen als Eltern zugeschrieben werden, operierte mit dem Schrecken. Ihre Opfer erstarrten. Nur Perseus vermochte sich vor Medusas Schrecken, ihrem versteinernden Blick, zu bewahren, indem er – um durch ihren Anblick nicht zu versteinern – beim Heranschleichen an sie, auf Athenes Rat und göttliche Hilfe bauend, ihr Spiegelbild in seinem Schild beobachtet hatte. Er schlug ihr Haupt ab und

---

201 Vgl. Rath, »Mythosauflösung«, S. 95, der den Vorgang auf folgende Formel bringt: »Mimikry an den Mythos: darin liegt auch eine Schreibanweisung, die Kafka selbst befolgt: den Mythos nicht zerstören oder reflexionslos beachten, sondern sich auf seine Wirklichkeit einlassen und ihn dadurch, gewaltlos, entmächtigen [...]. Kafka setzt nicht auf Remythisierung, sondern auf die Kraft mimetischer Reflexion mythischer Potentiale als eine Kraft, die die fatale Geschlossenheit, das In–sich–selbst–Kreisen des Mythischen aufsprengt.«

202 Vgl. G. Samuel, »Schriftkörper in tonloser Fernsicht. Kafkas Sirenentext«, in: *Wirkendes Wort* 40/1 (1990), S. 64: »Wie mit der ›Schild‹-Metapher angedeutet, die der Erzähler [...] als Vergleich benutzt, handelt es sich dabei um kein ungefährliches Unternehmen. In dieser neben dem ›schaurige(n)‹ Haar zusätzlichen Anspielung auf den Perseus/Medusa–Mythos [...] taucht noch einmal die Gefahr der Vernichtung durch den Schrecken auf, wird aber durch die spiegelbildlich–scheinhafte Funktion der schönen Kunst angezeigt [...].«

überbrachte es Athene, die das Gorgoneion[203] fortan, als Zeichen der Überwindung des Dämonischen auf ihrem Schild trug.

Auch Odysseus bannt den Schrecken, bricht den mythischen Bann. »Er durchschaut, so Wilhelm Emrich, »alle mythische Täuschung, indem er sie täuschend imitiert, den Sirenen den Scheinvorgang vorspielt, als spiele er nur ahnungslos mit«.[204] Dabei ist er – wohl dies trägt wesentlich zu seiner Rettung bei – gegen den Vorwurf der Hybris gefeit: »Dem Gefühl aus eigener Kraft« die Sirenen »besiegt zu haben, der daraus folgenden alles fortreißenden Überhebung« erliegt er nicht. Er überhebt sich nicht. Er zeigt den mythischen Göttern nicht, daß er sich mit mythischen Mächten wie den Sirenen messen kann. Odysseus entreißt den Sirenen nicht ihre Autorität, er läßt sie gewähren. Und er läßt sie im Glauben an seinen Glauben. Dadurch entmächtigt er sie gewaltlos.

4.2 Weitere Paradoxien und Antinomien: Die Antithetik des Textes

Die im Gegenüber von Text und Anhang derart inszenierte Antithetik von Durchtriebenheit und Einfältigkeit, Verstand und ›Unverstand‹, die in der Figur des Odysseus Rahmen und Klammer des Textes bildet, wird innerhalb des Textes selbst verdoppelt; und zwar, wie bereits erörtert, durch strukturelle und stilistische Mittel. Das zugrundeliegende Procedere ist dabei ein Verschachtelungsverfahren, das die Gegensätze nicht einander gegenüberstellt, sondern ineinander arbeitet. Einer in Form eines elliptischen Eingangssatzes gehaltenen Hypothese folgt die Lektüre einer dekontextualisierten Erzählung aus der Antike, welche die Forderung, als »Beweis« der paradoxen Hypothese zu dienen, erfüllen und damit das Unbegreifliche begreifbar machen soll: »daß auch unzulängliche, ja kindische Mittel zur Rettung dienen können«. Logische und fabulierte Elemente werden hierzu in verwirrender Enge miteinander verschränkt und schlagen ineinander um.

Auch hierin hat Benjamin vermutlich ein dialektisches Element gesehen, das ihn zu dem Urteil bewog, Kafka habe die homerische Erzählung in ein Märchen »für Dialektiker« transformiert. Denn die Verschränkung und das Umschlagen führen im Laufe der vermeintlichen Beweisführung zu zahlreichen eklatanten Paradoxien und Widersprüchlichkeiten, die daraus resultieren, daß auf Thesen unmittelbar Antithesen folgen. Gleich der erste Passus verdeutlicht dies:

> Um sich vor den Sirenen zu bewahren, stopfte sich Odysseus Wachs in die Ohren und ließ sich am Mast festschmieden. Ähnliches hätten natürlich seit jeher alle Reisenden tun können (außer jenen welche die Sirenen schon aus der Ferne verlockten) aber es *war in der ganzen Welt bekannt, daß das unmöglich helfen konnte*. Der Gesang der Sirenen durchdrang alles, gar Wachs, und die Leidenschaft der Verführten hätte mehr als Ketten und Mast gesprengt.

---

203 Die häßliche Medusa mit den tierischen Zügen, die bis Ende des 4. Jh.s v. Chr. mit starren Augen, flacher Nase, grinsendem Mund, mit heraushängender Zunge und Schlangen in den Haaren dargestellt wurde, mußte später dem klassischen Schönheitsideal weichen. Wie die Sirenen verlor sie in der Darstellung die scheußlichen Züge und wurde als schöne Frau abgebildet.

204 W. Emrich, *Protest und Verheißung: Studien zur klassischen und modernen Dichtung*, Frankfurt a.M. 1963, S. 263

Die Unzulänglichkeit der Mittel »Wachs« und »Ketten«, die Odysseus zwecks »Rettung« präventiv einsetzt, wird als »in der ganzen Welt bekannt« bezeichnet. Folglich scheint der Text hier ein positives ubiquitäres Wissen vorauszusetzen, an dem jeder teilhat. Doch daß dieses Wissen möglicherweise nicht, wie zunächst behauptet, ubiquitär ist, deutet sich gleich im nächsten Satz an:

> Daran nun dachte aber Odysseus nicht obwohl er davon *vielleicht* gehört hatte, er vertraute vollständig der Handvoll Wachs und dem Gebinde Ketten und in unschuldiger Freude über seine Mittelchen fuhr er den Sirenen entgegen.

Ob also auch Odysseus im Besitz dieses Wissens von der Unzulänglichkeit der Mittel ist und es nur ignoriert, ob er es vergessen hat oder tatsächlich nicht besitzt, läßt der Text durch Setzung des die Möglichkeit bezeichnenden Adverbs »vielleicht« offen. Die Behauptung von der unbedingten Ubiquität des Wissens wird dadurch relativiert und der Text in seiner Funktion, als logischer Beweis einer unlogischen Begebenheit den Nachweis eines erfolgreichen Einsatzes unzulänglicher Mittel zu erbringen, gleich im ersten Passus in Frage gestellt.

Einen ähnlichen Effekt erzeugt die wenig später folgende Schilderung der Begegnung von Odysseus und den Sirenen:

> Und tatsächlich sangen, als Odysseus kam, diese gewaltigen Sängerinnen nicht, *sei es daß sie glaubten, diesem Gegner könne nur noch das Schweigen beikommen, sei es daß der Anblick der Glückseligkeit im Gesicht des Odysseus,* der an nichts anderes als an Wachs und Ketten dachte, *sie allen Gesang vergessen ließ.*

Setzen die Sirenen, so mag man sich fragen, das Verstummen vorsätzlich gegen Odysseus als Waffe ein? Oder irritiert sie der Anblick der Glückseligkeit im Gesicht des Odysseus so dermaßen, daß sie »sozusagen vom Vergessen des Protagonisten«[205] angesteckt sind?

4.3 Aussaat von Fragen:
Die Offenheit des Textes als spielerische Komponente

Der Text selbst kennzeichnet, daß es hierin keine Entscheidungsmöglichkeit gibt. Mit dem »sei es […] sei es« wird auf ein offenes System möglicher Permutationen zwischen Differenzen verwiesen, die im Akt des Gleitens und Veränderns stets eine Versöhnung mit dem Nicht-Identischen hinauslaufen. Daher lassen sich die Fragen bei dem Versuch, der alle Logik destruierenden Beweisführung des Erzählers zu folgen, kaum beantworten. Und vermutlich sollen die Fragen auch nicht beantwortet werden. Früher habe er nicht begriffen, warum er auf seine Fragen keine Antwort bekommen habe, jetzt begreife er nicht, wie er habe glauben können, überhaupt fragen zu können, gestand Kafka einmal; aber er habe ja gar nicht geglaubt, sondern nur gefragt.[206]

---

205 Vgl. Samuel, »Schriftkörper«, S. 58.
206 Franz Kafka, *Nachgelassene Schriften und Fragmente II*, S. 120 f.

Bilanz: Odysseus und die Sirenen bei Kafka – ein »Märchen für Dialektiker« 381

Kafka operiert ganz offensichtlich mit dem Prinzip strategischer Ambiguität, das ohne Glauben daran, Antworten zu erhalten, Aussaat von Fragen ist.[207] Offen bleiben müssen nicht nur einzelne Fragen, die der Text aufwirft. Offen bleibt der gesamte Text selbst und mit ihm die Frage, wer – oder ob überhaupt jemand – in der inszenierten Begegnung einen endgültigen »Sieg« davon getragen hat. Denn die Frage nach dem Sieg ist dem Text gar nicht inhärent. In Kafkas Skizze geht es nicht darum, daß Odysseus die Sirenen besiegt. In ihr werden vielmehr das *gewinnbringende Verhalten* des Odysseus und die *unbesiegbare Naturmacht* der Sirenen zu einem ›Unentschieden‹ gegeneinander installiert. Es findet eine Konfrontation statt, die während ihres Verlaufes dem Betrachter zwar einige Konfusion und Ungewißheit über die Motive und Verhaltensweisen beider Parteien nicht erspart, sondern den rätselhaften Charakter des Mythos hervorhebt, die aber wenigstens Klarheit über eines verschafft: Es gibt keinen Sieger. Odysseus siegt nicht, er gewinnt sein Entkommen. Die Sirenen verharren nach dem Rencontre an ihrem Ort. Ihre Macht ist nicht besiegt. Nur Odysseus macht sie vorübergehend sich geneigt (hierin liegt eine Einstellung zu Macht und Herrschaft, die Benjamin im *Erzähler-Aufsatz* als dialektisches Verhältnis des Märchenhelden zur Natur beschreibt). Die Vorstellung liegt zwar nahe, daß sie, als *femmes fatales*, nach dem mißlungenen Unterfangen Verdruß empfinden, sich als mythische Wesen in ihrer Funktion entmächtigt fühlen oder sich gar selbst vernichten wollen, wie es – nach Lösung ihres Rätsels und damit ihrer Macht – die ihnen verwandte Sphinx tat.[208] Diese Destruktion wird aber nicht vollzogen. So bleibt anzunehmen, daß Kafka – im Bewußtsein davon, daß Zerstörung weitere Zerstörung gebiert – absolute Vernichtung vermeiden wollte; daß er dem Mythos in seiner terroristischen Funktion vielmehr Einhalt gebieten und der Erzählung, durch eine dialektische Neuinterpretation, eine spielerische Komponente abzugewinnen suchte, die es erlaubt, sie als Hoffnung spendendes, zu bewahrendes Erbe fortzuführen und weiterzuerzählen.

4.4 Benjamins Wertung der Episode: Sieg über den Mythos

Aus diesem ›Unentschieden‹ nun liest Benjamin einen klaren Sieg heraus: einen Sieg über die Gewalten des Mythos. Benjamin vollzieht die Komplexität von Kafkas Text

---

207 Die Fragen, die der Text aufwirft, lassen sich beliebig vervielfältigen. Finden wir z.B. in der Aussage, Odysseus »glaubte, nur *er* sei behütet«, einen Hinweis auf die Präsenz einer schützenden Gottheit (etwa Athene)? Sind also die Götter doch nicht vollständig abgeblendet, nur als mythisches Potential weniger stark aktualisiert als im homerischen Epos? Glaubt Odysseus an eine besondere Bestimmung? Hält er sich für zum Glück begabt? Die Fragen erlauben, zahllose weitere Fragen an sie anzuknüpfen, und müssen offen bleiben. Gleiches gilt für die Aussage, daß sich Odysseus am Mastbaum festschmieden ließ: Wer hat ihn denn festgeschmiedet? Wer könnte ihn nicht alles festschmieden? Auch hier läßt sich bloß die Vermutung anstellen, es solle auf die Gefährten angespielt werden. --- Durch derartige Kunstgriffe rekurriert Kafkas moderne Fassung auf ältere Versionen der Erzählung und konstruiert zugleich weitere mögliche neue. Damit ist auf die Vielschichtigkeit des Mythos verwiesen, die es ihm erlaubt, in seiner fortlaufenden Rezeption jeweils ein oder mehrere Potentiale je nach geschichtlichem Aussageanspruch auszuschöpfen.
208 Zu dem mit weiblicher Brust und Kopf ausgestatteten Ungeheuer vgl. oben S. 281.

insofern nicht nach, als er dem Text eine harte These abgewinnt: den Sieg des Märchens – eines Märchens »für Dialektiker« – über den Mythos.

> Vernunft und List hat Finten in den Mythos eingelegt; seine Gewalten hören auf, unbezwinglich zu sein. Das Märchen ist die Überlieferung vom Siege über sie. Und Märchen für Dialektiker schrieb Kafka, wenn er sich Sagen vornahm (WB II 415).

Anscheinend sind die Antinomien und Widersprüchlichkeiten, die Thesen und Antithesen von Kafkas Text, für Benjamin in einem paradoxen Umschlagen zu einem Zustand der »Aufhebung« gebracht, in der sie nicht auf einer höheren Ebene »aufgehoben« (im Sinne von: beseitigt) sind, sondern als Extreme miteinander bestehen und so »bewahrt« sind. Daraus schließt er, daß Kafka, über die Rettung seines literarischen Helden hinaus, sich selbst in seinem Werk gegen mythische Gewalten auflehnt. Kafka ist, so Benjamin, der Lockung des Mythos nicht gefolgt; vielmehr hat er mit Mitteln der Dialektik eine Einsicht formuliert, die für Benjamin als Einsicht schlechthin gilt: daß den Versuchungen des Mythos, dem falschen Erlösungs- und Glücksversprechen der nach wie vor mythisch beherrschten Welt erfolgreich, widerstanden werden kann.

Mit diesen Bemerkungen erweist sich Benjamins Lektüre der Episode als integraler Bestandteil des – von Benjamin aus der Opposition zum »Mythos« verfaßten – Aufsatzes *Franz Kafka*. Die Lektüre ist gegen den Mythos als eine gesellschaftliche Lebensform gerichtet, deren zeitlichen und räumlichen Konstellationen eine zwanghafte Rekurrenz von Gewalt und Grauen[209] einbeschrieben ist.[210] Derart auf das Leitthema seines Wirkens fixiert, kommt Benjamin nur knapp auf das Schweigen der Sirenen zu sprechen (WB II 416):

> Bei Kafka schweigen die Sirenen. Vielleicht auch darum, weil die Musik und der Gesang bei ihm ein Ausdruck oder wenigstens ein Pfand des Entrinnens sind.

Auch hier artikuliert sich deutlich Benjamins Absage an den Mythos, der »schon Kafkas Welt [...] die Erlösung versprochen« hat. Benjamins Ansicht nach läßt Kafka die Sirenen schweigen, da hierdurch die Bedingung der Möglichkeit der Verlockung des Mythos entfällt. Geht doch mit der Eliminierung des Singens auch die des »Entrinnens« einher. Dies aber wiederum bedeutet für Benjamin, daß Kafka allein die Mög-

---

209 Zur Gleichsetzung von »Mythos« und »Grauen« vgl. u.a. WB II 1220.
210 Benjamin hat sich nicht zuletzt an Werner Krafts Kafka-Urteil (»Nirgendwo in der Literatur gibt es eine so gewaltige, so durchschlagende Kritik des Mythos in seinem ganze Umfang wie hier.«) orientiert; vgl. WB II 1244. Signifikant ist auch die Terminologie, die ganz auf den Mythos, wie ihn Benjamin versteht, verweist: »Gewalthaber, die bei Kafka als Richter in den Dachböden, als Sekretäre im Schloß hausen« (WB II 410), »Der Vater ist der Strafende. Ihn zieht die Schuld wie die Gerichtsbeamten an.« (WB II 411), »die Beamtenwelt und die Welt der Väter [ist] für Kafka die gleiche. [...] Stumpfheit, Verkommenheit, Schmutz macht sie aus.« (a.a.O.), »Gesetze und ungeschriebene Normen [...] ihr Eintritt ist im Sinne des Rechts nicht Zufall, sondern Schicksal, das sich hier in seiner ganzen Zweideutigkeit darstellt« (WB II 412), »Mädchen, [...] die der Unzucht im Schoße der Familie sich wie in einem Bette anheimgeben« (WB II 413), »vor Fremdheit ersticken« (a.a.O.), »hurenhafte Frauen« (a.a.O.). Zur noch vormythischen Sumpfwelt, in die einige dieser Elemente verweisen bzw. gehören, vgl. die Ausführungen von Y.-O. Kim, *Selbstporträt im Text des Anderen. Walter Benjamins Kafka-Lektüre*, Frankfurt a.M. u.a. 1995, S. 21–144.

lichkeit des falschen Glücksversprechens, das sich im Gesang der Sirenen artikuliert, von vornherein unterbindet: Enthält der Gesang die Illusion des Entrinnens, so wird mit dem Schweigen jedwede Illusion, jedwedes falsche Versprechen vereitelt.

Wohl aufgrund dieser Deutungsmöglichkeit geht Benjamin weder auf das übrige Verhalten der Sirenen noch auf Odysseus näher ein, weder auf den Stil noch auf die Struktur des Textes; all dies überläßt er seinem Leser, damit er sich in der Lektüre als »Umwegwesen« zum Märchenhelden bilde. Auch die vielen subtilen Differenzen zur homerischen Version des Rencontres läßt Benjamin außer acht und stellt den Vergleich seinem Leser frei. Lakonisch nur deutet er an, daß schon bei Homer – im »Urbild der Mythenbehandlung Kafkas« (WB II 1263) – die »Rettung« angelegt sei.

Schlußbemerkungen

Märchen und Mythos kommen zu keinem Ende. Als narrative Gegenentwürfe – dort von menschlichem Glück, hier von übermenschlicher Größe – kommen sie je nach der sozialen und politischen Gesamtlage einer Gesellschaft unterschiedlichen Bedürfnissen nach. Das Märchen bildet die heitere, intentional freiheitliche Alternative zum Mythos, der Mythos *vice versa* die ernste, bedeutungsvolle, autoritäre Alternative zum Märchen.

Eine Formel, auf die sich ihr reziprokes Verhältnis zugespitzt bringen ließe, könnte wie folgt lauten: Ohne Mythos kein Märchen und ohne Märchen kein Mythos. Denn die eine Form der Narration, der spielerische Umgang mit den Problemen der Menschheit, setzt die andere Form, die übermächtig wirkende Handhabung, voraus: Der mythische Diskurs ist in seiner Bedeutungsschwere mit Blick auf die Freiheit des Märchens zu sehen, dieses wiederum in seiner Leichtigkeit angesichts der Zwänge des Mythos. Beide verhandeln allgemeine Situationen, Konflikte und Prozesse historischer, kultureller und innerpersonaler Realität. Der *modus dicendi* jedoch, dem jeweils verschiedene Geisteshaltungen und Intentionalitäten zugrunde liegen, die ihrerseits Struktur, Substanz und Funktion der Narrationen prägen, differiert erheblich: Der heiteren Art des Erzählens und dem naiven Helden des Märchens stehen die unerbittlichen Postulate und mit übermenschlichen Fähigkeiten ausgestatteten Heroen des Mythos gegenüber. Wo Mythen ersichtlich Machtansprüchen, Motivations- und Bedeutungszwängen folgen, erlösen Märchen auf wundersame Weise von diesen. Entsprächen alle unsere Erzählungen nur dem Mythos, hätte es die Menschheit, salopp gesagt, viel zu schwer. Der Mensch scheint, zugespitzt formuliert, das Märchen zu brauchen, um an der Last der Welt, die der Mythos enthält, nicht zugrundezugehen: Es schreibt nicht vor, sondern schlägt vor, es setzt nicht fest, sondern bietet dar, es belastet Leser- und Hörerschaft nicht, sondern entlastet sie – und fällt daher in der menschlichen Seele leichter auf fruchtbaren Boden.

Wo auch immer der Ursprung von Märchen und Mythos anzusiedeln ist, und ob die vielen Erzählungen, die ihnen zuzurechnen sind, niedergeschrieben oder mündlich weitergegeben wurden: Sie führen deutlich den eigentümlich virtuellen Status von Literatur überhaupt, ihren Schwebezustand zwischen Realität und Idealität, vor Augen. Was den Mythos betrifft, so ist klar, daß sein Ursprung in unvordenklichen Zeiten liegt. Die vorliegende Studie hat Anhaltspunkte dafür erbracht, daß das Märchen mit dem Mythos auf gemeinsame Anfänge zurückgeführt werden könnte. Allerdings ist, schon aufgrund fehlender schriftlicher Zeugnisse, die Überlieferungslage für eine plausible Beweisführung zu dürftig. Das hat Raum für vielerlei Annahmen und Spekulationen eröffnet, die in Teil I und II dargestellt worden sind.

Immerhin ist als Ergebnis der Untersuchung als sicher davon auszugehen, daß die Erzählform Märchen – die Art, in der Märchen heute noch erzählt werden – bereits in der Antike eine nicht unbeträchtliche Rolle gespielt hat. Das Märchen war zwar nicht als terminologisch festgelegte Literaturgattung, sehr wohl aber als spezifisches Erzählmodell bekannt. Das ist weder erzähltheoretischen Äußerungen zu entnehmen, noch geht es aus Sammlungen hervor, wie sie in der Neuzeit, beispielhaft durch die Brüder Grimm, angelegt wurden. Über Erzählungen, die wir heute als Märchen bezeichnen würden, herrscht in den antiken Quellen vielmehr ein Schweigen, das als beredt zu gelten hat.

Die Aussagekraft des Schweigens ergibt sich schon aus dem Zusammenhang, in den Platon seinen bekannten Kampf gegen die Dichtung gestellt hat. Sollte schon die Dichtung in seinem vom Philosophenkönig beherrschten Staat keinen Platz haben, da sie die Herzen der Menschen bewegt und ihre Wirkung philosophisch kaum zu lenken war, mußte Platon um so eher stören, daß die – ebenfalls von ihm kritisierten – ausschließlich mündlich vorgetragenen μῦθοι der Mütter, Ammen und Alten sich jeglicher Kontrolle entzogen. Die Heftigkeit des Ausschlusses solcher Erzählungen beweist ihre Verbreitung und Bedeutung in einem Raum, in dem Mündlichkeit auf eigene, von Literatur unabhängige Weise kulturell institutionalisiert war. Dies hat seinen Niederschlag auch bei dem wesentlich liberaleren Aristoteles gefunden. In seiner *Politik* fordert er bei der Erörterung der Erziehung von Kindern bis zum fünften Lebensjahr, daß sich Beamte, »die man Knabenaufseher nennt«, »darum kümmern« sollen, »was für Erzählungen und Märchen Kinder dieses Alters anhören dürfen«. Denn »ihre ganze Beschäftigung« müsse so »eingerichtet« sein, daß sie »den Weg [...] zu ihrer späteren Lebenstätigkeit« bahne.[1]

Daß Märchen, so Bloch, »rebellierende« Geschichten sind,[2] mögen schon Platon und nach ihm Schriftsteller von Cicero über die Kirchenväter bis hin zu Macrobius erkannt haben, die sich des durch Platon geprägten Unwerturteils über Geschichten von Ammen und Alten bedienten. In jedem Fall wird in Märchen ein Glück in Aussicht gestellt, das sich, von philosophischen und religiösen Vorgaben unabhängig, von erzählerischer Seite durch die Erfüllung einfacher struktureller Grundmuster leicht herstellen läßt. Zur Struktur des Märchens hat sich ergeben, daß Züge des Spiels bei ihm nicht unbeachtet bleiben dürfen. Der Bau des Märchens weist einen recht strengen Regelcharakter auf. Komplementär dazu verhält sich der durch seine Struktur eröffnete Freiheitsraum, wie überhaupt das Spiel durch den Ergänzungszusammenhang von Regel und Willkür zu kennzeichnen ist.

Als frühe literarische Zeugnisse märchenhafter Erzählweisen sind der griechische und römische Roman anzusehen; daß Forscher wie Erwin Rohde und Karol Kerényi die Existenz eines antiken Märchens als Seitenstück zum Mythos ohne umständliche Problematisierung voraussetzen, sei am Rande bemerkt.[3] Die in den Roman des Apuleius eingelegte Amor-und-Psyche-Geschichte zeigt, daß in ihr jene formschaffende Denkungsart wirksam war, die das Märchen hervorgebracht hat und schon in früheren Werken, im homerischen Epos und im hellenistischen Liebes- und Abenteuerroman hervortrat. In der *Odyssee*, näherhin in den *Apologoi*, finden sich gehäuft deutliche Anteile märchenhafter Motive und Darstellungsformen. Einzelne Züge und Aspekte des Märchens – auch im Sinne seines Regelcharakters – lassen sich, ungeachtet der verschlagenen Naturanlage des Helden, bei dessen Errettungen aus heilloser Gefahr durch das scheinbar grundlose Eingreifen von Helferfiguren ausmachen. Ins-

---

1 Aristot. pol. 1336a23 ff.; deutsch zit aus: Aristoteles, *Politik*, nach der Übersetzung von Franz Susemihl mit Einleitung, Bibliographie und zusätzlichen Anmerkungen von Wolfgang Kullmann, Reinbek bei Hamburg 1994, S. 337.
2 Ausführlich Bloch, *Aufsätze*, S. 152–162 (»Zerstörung, Rettung des Mythos durch Licht«).
3 Kerényi, *Religion*, S. 23, 28, 29. E. Rohde, *Psyche*, eingeleitet und hrsg. von Hans Eckstein, Leipzig o.J., S. 46, 241.

gesamt hat sich ergeben, daß Benjamins These von der Position des Odysseus an der Schwelle vom Mythos zum Märchen zutrifft.

Dem Märchen kommt es zu, »zugleich bedeutend und bedeutungslos zu sein« – so bereits Goethe an Humboldt, am 27. Mai 1796.[4] Dem Bedeutungslosen im Sinne Goethes eine bestimmte Bedeutung zu erteilen, mag den Beginn einer »Arbeit« markieren, die bei Kafka und Benjamin zu einem spezifischen Ergebnis geführt hat, nämlich zu der Entmachtung des Mythos durch das Märchen. Das war vorbereitet durch die Befassung mit dem Märchen seit der Aufklärung bis in die neuere Zeit. Aus diesem Grund erschien die wissenschaftsgeschichtliche Darstellung des Themas seit dem Ende der theoretischen Heimatlosigkeit des Märchens angezeigt.

Walter Benjamin, selbst tragisches Opfer eines von ihm literarisch bekämpften »falschen Mythos« (Thomas Mann), hat den Mythosbegriff auf die gesellschaftlichen und politischen Verhältnisse seiner Zeit als System kapitalistischen Zwangs erweiternd angewandt. Sein Denken, so Siegfried Kracauer, enthält mit dem Ziel der Befreiung eine »Anschauung von der zeitlosen Ordnung der Ideenwelt« und ein »Wissen […], daß mit Fug und Recht theologisch heißen darf«:[5] Wo Katastrophe, dort Erlösung. Ob Benjamins Verwerfung jeglicher (menschlicher) Rechtsordnung noch nennenswerte Anhänger finden kann, ist zweifelhaft. Denn damit würden, wie Jacques Derrida in *Gesetzeskraft* bemerkt, zugleich die Menschenrechte auf dem Spiel stehen.[6] Auf sie sind wir einstweilen angewiesen. – Ob und in welcher Weise Benjamins messianisch geprägte Geschichtsphilosophie ihrerseits in einem Mythos wurzelt, müßte anderweitiger Prüfung vorbehalten bleiben.

Franz Kafka bleibt von anregender Aktualität. Seine Skizze über Odysseus und die Sirenen zeigt einmal mehr, daß »Erzählen«, so Benjamin, »mit seinem Fabulieren und Spielen, seiner von Verantwortung entbundenen Phantastik« nicht »bloßes Erfinden, sondern ein weitergebendes, abwandelndes Bewahren im Medium der Phantasie« ist und wir »keinen der großen Erzähler losgelöst denken« können »vom ältesten Gedankengute der Menschheit« (WB II 642). Nach Blumenberg liegt uns in Kafkas Mythenbehandlung die Projektion eines über die Zeit verlaufenden Prozesses vor,

> der die anfänglichen Schrecknisse des Übermächtigen depotenziert und im ›Herunterspielen‹ der Sanktionen und Zwänge schließlich das Poetische selbst oder die Disposition dazu hervorgebracht hat.[7]

Kafka gelingt mit seiner Arbeit am Mythos die Abtragung des alten Ernstes und die Entfunktionalisierung dämonischen Banns. Wann immer es um die literarische Gestaltung und das Verständnis europäischer Mythen sowie ihrer märchenhaften Mit- und Gegenwelten geht, wird man zu seinem kurzen, aber unausschöpfbaren Text vom »Schweigen der Sirenen« (Brod) greifen. In diesem verleiht Kafka mit der Aufdeckung des Rätselhaften dem Mythos spielerisch einen Zauber, dessen er nicht entkleidet werden darf: Er zieht ihm das Gewand des Märchens an. Damit weist er einen Weg zum Menschen, der, so Friedrich Nietzsche in dem Aphorismus »Das ewige Kind«, in allen Phasen seines Lebens des Märchens und Spiels bedarf:

---

4   *Goethe-Briefe*, Bd. 4, S. 123.
5   Kracauer, *Blick*, S. 206.
6   J. Derrida, *Gesetzeskraft. Der »mystische Grund der Autorität«*, Frankfurt a.M. 1991, S. 60 ff.
7   Blumenberg, *Wirklichkeitsbegriff*, S. 57.

Wir meinen, das Märchen und das Spiel gehöre zur Kindheit: wir Kurzsichtigen! Als ob wir in irgendeinem Lebensalter ohne Märchen und Spiel leben möchten! Wir nennen's und empfinden's freilich anders, aber gerade diess spricht dafür, dass es das Selbe ist. – Denn auch das Kind empfindet das Spiel als seine Arbeit und das Märchen als seine Wahrheit [...].[8]

---

[8] Friedrich Nietzsche, »Menschliches, Allzumenschliches. Ein Buch für freie Geister. Zweiter Band«, § 270, in: ders., *Sämtliche Werke. Kritische Studienausgabe in 15 Bänden*, hrsg. von Giorgo Colli und Mazzino Montinari, Bd. 2, München/Berlin/New York 1980, S. 493.

Bibliographie und Siglenverzeichnis

Antike Autorennamen und -werktitel werden entsprechend den Konventionen im Neuen Pauly. Enzyklopädie der Antike, hrsg. von H. Cancik und H. Schneider, Bd. 1 (A-Ari), Stuttgart/Weimar 1996, XXXIX–XLVII, abgekürzt; lateinische Autoren und Werke, die dort nicht aufgenommen sind, werden gemäß Registerband des TLL (2. Aufl. 1990), griechische gemäß LSJ abgekürzt.

Die Zitate der antiken Autoren richten sich – wenn nicht anders angegeben – nach den Ausgaben der Oxford Classical Texts. Zugrunde gelegte Textausgaben, die nicht aus dieser Reihe stammen (und ggf. auch nicht ohne weiteres dem TLL bzw. LSJ Register entnommen werden können), sind kenntlich gemacht.

Literaturreferenzen in Text und Fußnoten erfolgen in einer verkürzten Form: Familienname des Autors, Kurztitel; der Kurztitel besteht im Regelfall aus der Angabe desjenigen Substantivs, das als erstes im Werktitel im Nominativ auftritt. Nur wenn eine nach diesem Verfahren gebildete Kurzangabe noch Mehrdeutigkeit zuläßt, wird ein entsprechend erweiterter Kurztitel gewählt (etwa – sofern vorhanden – durch Hinzufügung des Adjektivs, das als Attribut beim Substantiv steht). Die vollständigen bibliographischen Angaben sind dem folgenden Literaturverzeichnis zu entnehmen.

Siglenverzeichnis

AT	A. Aarne/St. Thompson, *The Types of the Folktale. A Classification and Bibliography*, Helsinki ³1961 (= FFC 184).
ÖJH	Jahreshefte des Österreichischen Archäologischen Instituts in Wien (früher: Archaeologisch-Epigraphische Mitteilungen aus Österreich), Baden bei Wien 1898 ff.
CQ	Classical Quarterly, Oxford 1907 ff.
DVjS	Deutsche Vierteljahresschrift für Literaturwissenschaft und Geistesgeschichte, Stuttgart 1923 ff.
EM	Enzyklopädie des Märchens. Handwörterbuch zur historischen und vergleichenden Erzählforschung, begründet von K. Rauke, hrsg. von R.W. Brednich zus. mit H. Bausinger u.a, Berlin/New York 1977 ff.; geplant sind 14 Bde. und ein Registerband, 2006 liegen vor: Bd. 1–11 und Bd. 12 in zwei von drei Lieferungen (Aarne-Spanien).
FFC	Folkore Fellows Communications, Helsinki 1910 ff.
HDM	Handwörterbuch des deutschen Märchens, hrsg. von J. Bolte und L. Mackensen, 2 Bde., Berlin 1930 ff.
HSCP	Harvard Studies in Classical Philology, Cambridge (Mass.) 1890 ff.
KHM	Kinder- und Hausmärchen der Brüder Grimm, Ausgabe letzter Hand mit den Originalanmerkungen der Brüder Grimm, hrsg. von H. Rölleke, Stuttgart 1980.
Kl. Pauly	Der Kleine Pauly. Lexikon der Antike, hrsg. von K. Ziegler und W. Sontheimer, Stuttgart 1964 ff.
RAC	Reallexikon für Antike und Christentum, hrsg. von Th. Klauser, Stuttgart 1941 ff.
RE	Paulys Realencyclopädie der Classischen Altertumswissenschaft. Neue Bearbeitung begonnen von G. Wissowa, Stuttgart 1893 ff.

SB Heidelb. Sitzungsberichte der Heidelberger Akademie der Wissenschaften. Philosophisch-historische Klasse, Heidelberg 1910 ff.
SB Wien Sitzungsberichte der (1921: Kaiserl.; ab 1947) Österreichischen Akademie der Wissenschaften in Wien. Philosophisch-historische Klasse, Wien 1848 ff.
TAPhA Transactions and Proceedings of the American Philological Association, Ithaca/Oxford 1869 ff.
WB Walter Benjamin, *Gesammelte Schriften*, unter Mitwirkung von Th. W. Adorno und G. Scholem hrsg. v. R. Tiedemann und H. Schweppenhäuser, (Taschenbuchausgabe) Frankfurt a.M. 1991.

Quellen

Erich ACKERMANN (Hrsg.), *Märchen aus der Antike*, Frankfurt a.M. 1981.
APOLLODORI *Bibliotheca. Apollodori Epitoma. Procli Excerpta ex cycli epici carminibus. Pediasmi Libellus de duodecim Herculis laboris*, ed. R. Wagner, Leipzig ²1926 [= *Mythographi Graeci*, vol. 1].
APOLLONII RHODII *Argonautica*, rec. H. Fränkel, Oxford 1961.
APULEI *Platonici Madaurensis Opera quae supersunt*, vol. 1, *Metamorphoseon libri XI*, ed. R. Helm, Leipzig ³1931.
P. Grimal, APULEI *Metamorphoseis IV 28–VI 24. La conte d'Amour et Psyche*, Paris 1963.
APULEIUS, *Der goldene Esel. Metamorphosen*. Lateinisch und deutsch hrsg. und übers. von E. Brandt und W. Ehlers, mit einer Einführung von N. Holzberg, Darmstadt ⁴1989.
APULEIUS, *The Golden Ass*. Translated with Introduction and Explanatory Notes by. P. G. Walsh, Oxford 1994.
ARISTOPHANES, *Komödien in zwei Bänden*, Bd. 1, Weimar 1963.
ARISTOTELIS *Politica*, recognovit brevique adnotatione critica instruxit W. D. Ross, Oxford 1957 (= SCBO).
ARISTOTELES, *Politik*, nach der Übersetzung von Fr. Susemihl mit Einleitung, Bibliographie und zusätzlichen Anmerkungen von W. Kullmann, Reinbek bei Hamburg 1994.
ARNOBII *Adversus Nationes Libri VII*, rec. C. Marchesi, Padua u.a. ²1953.
Giovan Battista BASILE, *Lo cunto de li cunti ovvero lo trattenemiento dé Peccerile de Gian Alessio Abbatutis*, Jornata 1–5, Neapel 1634/36 (u. d. T. *Pentamerone* erstmals 1674).
Walter BENJAMIN, *Berliner Chronik*, hrsg. von G. Scholem, Frankfurt 1970.
Walter BENJAMIN, *Briefe*, hrsg. und mit Anmerkungen versehen von G. Scholem und Th. W. Adorno, Frankfurt a.M. 1978.
Walter BENJAMIN, *Aufklärung für Kinder*, hrsg. von R. Tiedemann, Frankfurt a.M. 1985.
Walter BENJAMIN, »Kinderliteratur. Rundfunkvortrag. Gesendet am 15.8.1929.« Vorabdruck in: *Die Kinderbuchsammlung Walter Benjamin*. Ausstellung des Instituts für Jugendbuchforschung der Johann-Wolfgang-Goethe-Universität und der Stadt- und Universitätsbibliothek Frankfurt a.M. 12.3.–25.4.1987, Frankfurt a.M. 1987, S. 18–24.

Walter BENJAMIN, *Gesammelte Briefe*, Bd. 3, *1925–1930*, hrsg. von Ch. Gödde und H. Lonitz, Frankfurt a.M. 1997.
Ernst BLOCH, *Geist der Utopie*, München/Leipzig 1918.
Ernst BLOCH, *Das Prinzip Hoffnung*, Frankfurt a.M. 1959.
Ernst BLOCH, *Erbschaft dieser Zeit*, Frankfurt a.M. 1963.
Ernst BLOCH, *Literarische Aufsätze*, Frankfurt a.M. 1965.
Ernst BLOCH, *Spuren*, Frankfurt a.M. 1969.
Ernst BLOCH, *Briefe: 1903–1975*, Bd. 2, hrsg. von K. Bloch u.a., Frankfurt a.M. 1985.
Johann Jakob BODMER, *Critische Abhandlung von dem Wunderbaren in der Poesie und dessen Verbindung mit dem Wahrscheinlichen ...*, Zürich 1740, Nachdr. Stuttgart 1966.
Bertolt BRECHT, *Gesammelte Werke in 20 Bänden*, Bd. 11, Frankfurt a.M. 1967.
Johann Jacob BREITINGER, *Critische Dichtkunst. Worinnen die poetische Malerey in Absicht auf die Erfindung Im Grunde untersucht und mit Beyspielen aus den berühmtesten Alten und Neuern erläutert wird*, Zürich 1740, Nachdr. Stuttgart 1966.
Clemens BRENTANO, *Werke*, hrsg. von W. Frühwald und F. Kemp, Bd. 3, München ²1987.
Das BUCH DER MÄRCHEN. Mit Bildern von R. Seelig, Vorwort und Kommentare von H. Bausinger, Ulm 1995.
EURIPIDIS *Fabulae*, ed. J. Diggle, tom. 3, insunt *Helena, Phoenissae, Orestes, Bacchae, Iphigenia, Aulidensis, Rhesus*, Oxford 1994.
*L'Antiope d'*EURIPIDE, ed. J. Kambitsis, Athen 1972.
Fabii Planciadis FULGENTII *V. C. Opera*, ed. Rudolfus Helm, Leipzig 1898.
Sigmund FREUD, »Märchenstoffe in Träumen« (1913), in: W. Laiblin (Hrsg.), *Märchenforschung und Tiefenpsychologie*, Darmstadt 1975, S. 49–55.
Theodor FONTANE, *Wanderungen durch die Mark Brandenburg*, 3. Teil, *Havelland. Die Landschaft um Spandau, Potsdam, Brandenburg*, hrsg. von G. Erler und R. Mingau, Weimar 1977.
Fabii Planciadis FULGENTII *V. C. Opera*, ed. R. Helm, Leipzig 1898.
GOETHE-*Briefe*, Bd. 4, *Weimar und Jena 1792 bis 1800*, hrsg. von Ph. Stein, Berlin 1924.
Briefe an GOETHE, Bd. 1, *Briefe der Jahre 1764–1808*, gesammelt, textkritisch durchgesehen und mit Anmerkungen versehen von K. R. Mandelkow, München ³1988.
Johann Wolfgang GOETHE, *Die Wahlverwandtschaften. Ein Roman*, textkritisch durchgesehen von E. Trunz, kommentiert von B. von Wiese, München ⁹1995.
GOETHES *Märchen*, hrsg. von K. Mommsen, Frankfurt a.M. 1985.
Johann Christoph GOTTSCHED, *Versuch einer Critischen Dichtkunst vor die Deutschen*, Leipzig ⁴1751, Nachdr. Darmstadt 1962.
Brüder GRIMM, *Kinder- und Hausmärchen*. Ausgabe letzter Hand mit den Originalanmerkunden der Brüder Grimm, hrsg. von H. Rölleke, Stuttgart 1980.
Jacob GRIMM, *Deutsche Sagen*, Bd. 1–2 (in 1 Bd.), hrsg. von den Brüdern Grimm und mit einem Nachwort versehen von L. Röhrich, München 1981.
Christian Wilhelm GÜNTHER, *Kindermährchen aus mündlichen Erzählungen gesammelt*, Erfurt 1787.
August HAUSRATH/August MARX, *Griechische Märchen, Fabeln, Schwänke und Novellen aus dem Klassischen Altertum*, Jena 1913.

Georg Wilhelm Friedrich HEGEL, *Grundlinien der Philosophie des Rechts*, in: ders., *Theorie Werkausgabe in zwanzig Bänden*, Bd. 7, Frankfurt a.M. 1970.

Johann Gottfried HERDER, »Mährchen und Romane«, in: *Herders Sämmtliche Werke*, hrsg. von B. Suphan, Bd. 23, Berlin 1885, S. 273–298.

Johann Gottfried HERDER, »Von der Ähnlichkeit der mittlern englischen und deutschen Dichtkunst« (1877), in: *Herders Sämmtliche Werke*, hrsg. von B. Suphan, Bd. 25, Berlin 1885, S. 63–72.

Fragmenta HESIODEA, ed. R. Merkelbach et M. L. West, Oxford 1967.

HOMERI *Odyssea*, rec. H. van Thiel, Hildesheim 1991.

HOMER, *Die Odyssee*, deutsch von W. Schadewaldt, hrsg. von E. Grassi, Hamburg 1986.

The Odyssey of HOMER, ed. with general, and grammatical introduction, commentary, and indexes W. B. Stanford, vol. 1–2, London ²1959.

HOMERI *Ilias*, rec. H. van Thiel, Hildesheim/Zürich/New York 1996.

The HOMERIC HYMNS, edd. T. W. Allen et al., Oxford ²1936.

Wilhelm VON HUMBOLDT, »Über Schiller und den Gang seiner Geistesentwicklung«, in: ders., *Werke*, hrsg. von A. Flitner und K. Giel, Bd. 2, Darmstadt 1961, S. 357–394.

Wilhelm VON HUMBOLDT, *Brief an Goethe vom 9. Februar 1796*, in: *Briefe an Goethe*, Bd. 1, *Briefe der Jahre 1764–1808*, gesammelt, textkritisch durchgesehen und mit Anmerkungen versehen von K. R. Mandelkow, München ³1988. S. 217–221.

HYGINI *fabulae*, ed. P. K. Marshall, Stuttgart/Leipzig 1993.

IULIANI *Imperatoris Quae supersunt praeter reliquias apud Cyrillum omnia*, rec. Fr. C. Hertlein, vol. 1, Leipzig 1875.

Franz KAFKA, *Briefe 1902–1924*, in: Franz Kafka, *Gesammelte Werke*, hrsg. von M. Brod, Bd. 9, Frankfurt a. M. 1958.

Franz KAFKA, *Tagebücher in der Fassung der Handschrift*, hrsg. von H.-G. Koch/M. Müller/M. Pasley, Frankfurt a.M. 1990.

Franz KAFKA, *Nachgelassene Schriften und Fragmente II in der Fassung der Handschriften*, hrsg. von J. Schillemeit, Frankfurt a.M. 1992.

Franz KAFKA, *Nachgelassene Schriften und Fragmente II. Apparatband*, hrsg. von J. Schillemeit, Frankfurt a.M. 1992.

Franz KAFKA, *Das Schloß*, in der Fassung der Handschrift, hrsg. von M. Pasley, Frankfurt a.M. 1992.

Franz KAFKA, *Der Proceß*, in der Fassung der Handschrift hrsg. von M. Pasley, Frankfurt a.M. 1992.

Immanuel KANT, *Kritik der reinen Vernunft*, 2. Aufl. 1787 (B), in: *Kant's gesammelte Schriften*, hrsg. von der Königlich-Preußischen Akademie der Wissenschaften, Berlin 1902 ff.

Immanuel KANT, *Kritik der Urteilskraft*, in: *Werke in sechs Bänden*, hrsg. von W. Weischedel, Bd. 10, Frankfurt a. M. ⁶1983.

Felix KARLINGER, *Märchen griechischer Inseln und Märchen aus Malta*, Düsseldorf/Köln 1979.

Siegfried KRACAUER, *Der verbotene Blick. Beobachtungen – Analysen – Kritiken*, Leipzig 1992.

L. *Caeli Firmiani* LACTANTI *Opera Omnia,* rec. S. Brandt et G. Laubmann, Prag u.a. 1890.

MARBODI Episcopi Redonensis, *Liber decem capitulorum,* hrsg. von W. Bulst, Heidelberg 1947 (= *Editiones Heidelbergenses* 8).

Johann Karl August MUSÄUS, *Volksmährchen der Deutschen,* 5 Bde., Gotha 1782/87, Nachdr. München 1976 (mit einem Nachwort von N. Miller).

[MINUCIUS FELIX] Ae. Baehrens, *M. F. Octavius,* Leipzig 1886.

NATALIS COMES, *Mythologiae,* Venedig 1561 (*The Renaissance and The Gods* 11, New York/London 1926).

Benedikte NAUBERT, *Neue Volksmärchen der Deutschen,* Leipzig 1789/93.

NOVALIS, *Schriften,* Bd. 2, *Das philosophische Werk I,* hrsg. von R. Samuel in Zusammenarbeit mit H.-J. Mähl und G. Schulz, Stuttgart ³1981.

NOVALIS, *Schriften,* Bd. 3, *Das philosophische Werk II,* hrsg. von R. Samuel in Zusammenarbeit mit H.-J. Mähl und G. Schulz, Stuttgart ³1983.

NOVUM TESTAMENTUM *Graece,* post E. Nestle et E. Nestle edd. K. Aland et al., Stuttgart ²⁶1978.

P. OVIDII *Nasonis Metamorphoses,* ed. W. S. Anderson, Stuttgart/Leipzig ⁵1991.

PARMENIDES. *Lehrgedicht,* griechisch und deutsch von H. Diehls, Berlin 1897.

Charles PERRAULT, *Histoires ou contes du temps passé. Avec des Moralitez, ...* avec priviligé de Sa Majesté, Paris 1697.

Charles PERRAULT, *Contes,* éd. par G. Rouger, Paris 1967.

Editio IV PETRONII *Satyricon Reliqiae,* ed. K. Müller, Stuttgart/Leipzig 1995.

Flavii PHILOSTRATI *Heroicus,* ed. L. de Lannoy, Leipzig 1977.

PLATONIS *Opera,* recc. E. A. Duke et al., tom. 1, insunt *Euthyphro, Apologia, Crito, Phaedo, Cratylus, Theaetetus, Sophista, Politicus,* Oxford 1995.

PLATONIS *Opera,* rec. I. Burnet, tom. 2–5, Oxford 1900–1907.

PLATON, *Der Staat,* eingeleitet von O. Gigon, übertragen von R. Rufener, Zürich/München ²1973.

PLATONS *Werke von F. Schleiermacher,* zweiten Theiles dritter Band, Berlin ³1861.

PLATONS *Werke,* vierte Gruppe, *Die Platonische Kosmik,* erstes Bändchen, *Zehn Bücher vom Staate,* erstes Bändchen. Einleitung und Buch I–II von W. S. Teuffel, Stuttgart 1855.

PLATON, *Sämtliche Dialoge,* Band V: *Der Staat,* hrsg. von Otto Apelt, sechste der Neuübersetzung dritte Auflage, Leipzig 1923.

PLATON, *Sämtliche Werke,* hrsg. von E. Loewenthal, Bd. 2: *Der Staat,* Köln ⁶1969.

PLATON, *Der Staat (Politeia),* übersetzt und herausgegeben von K. Vretska, durchgesehene, verbesserte und bibliographisch ergänzte Ausgabe, Stuttgart 1982 (1. Aufl. 1958).

PLATON, *Der Staat,* deutsch von A. Horneffer, eingeleitet von K. Hildebrandt, Stuttgart 1973.

PLUTARCHI *Moralia,* vol. 2, edd. W. Nachstädt, W. Sieveking, J. B. Titchener, Leipzig 1934.

Angelo POLIZIANO, *Opera,* Basel 1553.

Aurelii PRUDENTII *Clementis Carmina,* rec. I. Bergmann, Wien/Leipzig 1926 (= CSEL 61).

SCHILLERS *Werke, Nationalausgabe,* begründet von J. Petersen, Weimar 1943 ff.

August Wilhelm von SCHLEGELS *sämmtliche Werke,* hrsg. von E. Böcking, Leipzig 1846.
*Kritische Friedrich-*SCHLEGEL*-Ausgabe,* hrsg. von E. Behler unter Mitwirkung von J. J. Anstett und H. Eichner, Paderborn/München/Wien 1958 ff.
Friedrich Daniel Ernst SCHLEIERMACHER, *Kritische Gesamtausgabe* I/3, hrsg. von H.-J. Birkner u.a., Berlin/New York 1988, darin: *Monologen. Eine Neujahrsausgabe,* S. 3–61.
J. SPRENGER/H. INSTITORIS, *Der Hexenhammer (Malleus maleficarum)* (1487), übersetzt und eingeleitet von J.W. R. Schmidt, Berlin 1906, München ^{10}1991.
Giovan Francesco STRAPAROLA, *Le piacevoli notte,* 2 Bde., Venedig 1550/53.
P. Cornelius TACITUS, *Dialogus de Oratoribus,* erklärt von C. John, Berlin 1899.
P. *Cornelii* TACITI *Dialogus de oratoribus,* mit Prolegomena, Text und adnotatio critica, exegetischem und kritischem Kommentar, Bibliographie und index nominum et rerum von A. Gudeman, Leipzig/Berlin ^{2}1914.
P. Cornelii TACITI *Dialogus de Oratoribus,* Édition, introduction et commentaire de A. Michel, Paris 1962.
TACITUS, *Dialogus de Oratoribus,* Ed. with Introduction, Notes and Indexes by Ch. E. Bennet, New Rochelle/New York 1983.
TACITUS, *Dialogus,* Ed. with Introduction and Notes by W. Peterson, Bristol 1997.
TRAGICORUM GRAECORUM *Fragmenta,* ed. A. Nauck, Leipzig ^{2}1889.
[E.C.] TRAPP, »Vom Unterricht überhaupt [...]«, in: *Allgemeine Revision des gesammten Schul= und Erziehungswesens ...,* hrsg. von E. Campe, Wien/Wolfenbüttel 1787, H. 8, S. 1–210.
P. VERGILI *Maronis Opera,* rec. R. A. B. Mynors, Oxford 1969.
P. VERGILI *Maronis Aeneidos Liber Secundus,* ed. R. G. Austin, Oxford 1964.
Die Fragmente der VORSOKRATIKER, griechisch und deutsch von H. Diels, 6. verb. Aufl., hrsg. von W. Kranz, Bd. 1, Berlin 1951.
WIELAND's *Werke. Dreissigster Theil. Feen- und Geistermärchen,* Berlin 1879.
Ludwig WITTGENSTEIN, *Werkausgabe,* Bd. 1, *Tractatus logico-philosophicus. Tagebücher 1914–1916. Philosophische Untersuchungen,* Frankfurt a.M. ^{4}1988.
Stefan ZWEIG, *Die Welt von gestern. Erinnerungen eines Europäers,* Frankfurt a.M. 1984.

Sonstige Literatur

G. AGAMBEN, »Walter Benjamin und das Dämonische. Glück und geschichtliche Erlösung im Denken Benjamins«, in: U. Steiner (Hrsg.), *Walter Benjamin. 1892–1940, zum 100. Geburtstag,* Bern u.a. 1992, S. 189–216.
W. ALY, *Volksmärchen, Sage und Novelle bei Herodot und seinen Zeitgenossen. Eine Untersuchung über die volkstümlichen Elemente der altgriechischen Prosaerzählung,* 1. Aufl. Göttingen 1921, 2. Aufl. besorgt und mit einem Nachwort versehen von L. Huber, Göttingen 1969.
W. ALY, »Märchen«, in: *RE* XIV 1 (1928), Sp. 254–281.
J. AMADES, »Märchen« (1950), in: F. Karlinger (Hrsg.), *Wege der Märchenforschung,* Darmstadt 1973, S. 194–209.
R. AMEDICK, »Unwürdige Greisinnen«, in: *Römische Mitteilungen* 102 (1995), S. 141–170.

Ø. ANDERSEN, »Mündlichkeit und Schriftlichkeit im frühen Griechentum«, in: *Antike und Abendland* 33 (1987), S. 29–44.

D. T. ANDERSON, »Destruktion/Konstruktion«, in: M. Opitz/E. Wizisla (Hrsg.), *Benjamins Begriffe*, Frankfurt a.M. 2000, 147–185.

G. ANDERSON, *Fairytale in the Ancient World*, London/New York 2000.

A. ARNDT, »Schleiermacher und Platon«, in: Friedrich D. E. Schleiermacher, *Über die Philosophie Platons*, hrsg. von P. M. Steiner, Hamburg 1996, S. VII–XXII.

A. ASSMANN, »Schriftliche Folklore. Zur Entstehung und Funktion eines Überlieferungstyps«, in: A. u. J. Assmann/Chr. Hardmeier (Hrsg.), *Schrift und Gedächtnis. Beiträge zur Archäologie der literarischen Kommunikation*, München 1983, S. 175–193.

A. u. J. ASSMANN/Chr. HARDMEIER (Hrsg.), Schrift und Gedächtnis. Beiträge zur Archäologie der literarischen Kommunikation, München 1983.

J. ASSMANN, *Die Zauberflöte. Oper und Mysterium*, München 2005.

B. AUGUSTIN, »... dieses graziöse Vorüberhuschen der Bedeutungen«, in: *Schriftenreihe der Franz Kafka-Gesellschaft*, Bd. 4., Wien 1989, S. 1–10.

H. AUST, *Novelle*, Stuttgart ³1999.

J. J. BACHOFEN, *Das Mutterrecht. Eine Auswahl*, hrsg. von H.-J. Heinrichs, Frankfurt a.M. 1975.

J. J. BAKER, »Benjamin, Bloch and the historical moment«, in: P. Baker/S. W. Goodwin u.a. (Hrsg.), *The Skope of words. In honor of Albert S. Cook*, New York u.a. 1991, S. 379–397.

R. BARTHES, «Introduction à l' analyse structurale des récits», in: *Communications* 8 (1966), S. 17–27.

J. BAUER, »Jenseits«, in: *EM* VII, Sp. 524–533.

H. M. BAUMGARTNER, *Kants »Kritik der reinen Vernunft«*, Freiburg i. Br./München 1985.

H. BAUSINGER, *Formen der »Volkspoesie«*, Berlin ²1980.

H. BAUSINGER, »Strukturen alltäglichen Erzählens« (1958), in: ders., *Märchen, Phantasie und Wirklichkeit. Jugend und Medien*, Frankfurt a.M. 1987, S. 39–60.

J. BÉDIER, *Les Fabliaux*, Paris 1893.

H. BEESE (Hrsg.), *Von Nixen und Brunnenfrauen. Märchen des 19. Jahrhunderts*, Frankfurt a.M./Berlin/Wien 1982.

M. BELLER, *Philemon und Baucis in der europäischen Literatur*, Heidelberg 1967.

N. BELMONT, *Poétique du conte. Essai sur le conte de tradition orale*, Paris 1999.

F. BENDER, *Die märchenhaften Bestandteile der homerischen Gedichte* (zugleich *Programm des Großherzoglichen Gymnasiums*), Darmstadt 1878.

M. BENEDIKT, »Die Stellung Otto Weiningers im Rahmen der Geschichte der Philosophie – Menschenbild und Gestaltung der Halbwelt in Otto Weiningers Charakterologie«, in: J. Le Rider/N. Leser (Hrsg.), *Otto Weininger. Werk und Wirkung*, Wien 1984, S. 137–157.

V. BÉRARD, *Les Phéniciens et l'Odyssée*, Bd. 2., Paris 1903.

W. A. BERENDSOHN, *Grundformen volkstümlicher Erzählerkunst in den Kinder- und Hausmärchen der Brüder Grimm*, Hamburg 1921 (²1968).

W. A. BERENDSOHN, »Epische Gesetze der Volksdichtung«, in: *HDM* 1, S. 566–572.

S. BESSLICH, *Schweigen – Verschweigen – Übergehen. Die Darstellung des Unausgesprochenen in der Odyssee*, Heidelberg 1966.

E. BETHE, *Märchen, Sage, Mythos,* Leipzig ²1922.
Br. BETTELHEIM, *Kinder brauchen Märchen,* Stuttgart 1977.
H. BILLING, *Wittgensteins Sprachspielkonstruktion,* Bonn 1980.
G. BINDER, »Öffentliche Autorenlesungen. Zur Kommunikation zwischen römischen Autoren und ihrem Publikum«, in: ders./K. Ehrlich (Hrsg.), *Kommunikation durch Zeichen und Wort* (= *Bochumer Altertumswissenschaftliches Colloquium* 23), Trier 1995, S. 265–332.
G. BINDER/R. MERKELBACH (Hrsg.), *Amor und Psyche,* Darmstadt 1968 (= *Wege der Forschung* 126).
J. BLÄNSDORF, »Die Werwolf-Geschichte des Niceros bei Petron als Beispiel literarischer Fiktion mündlichen Erzählens«, in: G. Vogt-Spira (Hrsg.), *Strukturen der Mündlichkeit in der römischen Literatur,* Tübingen 1990, S. 183–192 (= *ScriptOralia* 19, Reihe A: Altertumswiss. Reihe, 4).
E. BLUM, »Glück«, in: *EMV,* Sp. 1299–1312.
H. BLUMENBERG, »Wirklichkeitsbegriff und Wirkungspotential des Mythos«, in: *Poetik und Hermeneutik IV: Terror und Spiel. Probleme der Mythenrezeption,* hrsg. von M. Fuhrmann, München 1971, S. 11–66.
H. BLUMENBERG, *Arbeit am Mythos,* Frankfurt a.M. 1979.
H. BLUMENBERG, *Paradigmen zu einer Metaphorologie* (1960), Frankfurt a.M. 1998.
K.-B. BÖDEKER, *Frau und Familie im erzählerischen Werk Franz Kafkas,* Bern/Frankfurt a.M. 1974.
J. BOLLACK, »Mythische Deutung und Deutung des Mythos«, in: *Poetik und Hermeneutik IV: Terror und Spiel. Probleme der Mythenrezeption,* hrsg. von M. Fuhrmann, München 1971, S. 67–119.
J. BOLTE/K. POLÍVKA, *Anmerkungen zu den Kinder- und Hausmärchen der Brüder Grimm,* Bd. 1–5, Leipzig 1913–1932.
N. BOLZ, »Ästhetik? Geschichtsphilosophie? Theologie!«, in: G. Raulet/U. Steiner (Hrsg.), *Walter Benjamin. Ästhetik und Geschichtsphilosophie,* Bern 1998, S. 223–231.
N. BOLZ/W. VAN REIJEN, *Walter Benjamin,* Frankfurt a.M./New York 1991.
R. B. BOTTIGHEIMER, *Grimms Bad Girls und Bold Boys. The Moral and Social Vision of the Tales,* New Haven/London 1987.
S. BOVENSCHEN, *Die imaginierte Weiblichkeit. Exemplarische Untersuchungen zu kulturgeschichtlichen und literarischen Präsentationsformen des Weiblichen,* Frankfurt a.M. 1979.
K. R. BRADLEY, »Wetnursing at Rome: A Study in Social Relation«, in: B. Rawson (Hrsg.), *The Family in Ancient Rome,* London 1986, S. 201–229.
Cl. BREMOND, »Auseinandersetzung mit Propp«, in: J. Ihwe (Hrsg.), *Literaturwissenschaft und Linguistik,* Bd. 3, München 1972, S. 177–217.
L. BRISSON, *Platon, les mots et les mythes,* Paris 1982.
L. BRISSON/H. IOANNIDI, »Platon 1975–1980«, in: *Lustrum* 25 (1983), S. 31–320.
L. BRISSON, *Einführung in die Philosophie des Mythos,* Bd. 1, *Antike, Mittelalter und Renaissance,* Darmstadt 1996.
H. R. BRITTNACHER, *Ästhetik des Horrors. Gespenster, Vampire, Monster, Teufel und künstliche Menschen in der phantastischen Literatur,* Frankfurt 1994.
H. C. BROGHOLM, *Odysseus og Polyphem,* Kopenhagen 1966.
Fr. BROMMER, *Herakles. Die zwölf kanonischen Taten des Helden in antiker Kunst und Literatur,* 5., neu durchgesehene und ergänzte Aufl. Darmstadt 1986.

K. Brose, »Möglichkeiten des Sprachspiels. Zur Systematik in Wittgensteins ›Philosophischen Untersuchungen‹«, in: *Ratio* 72 (1985), H. 2, S. 106–114.

S. Brosi, *Der Kuß der Sphinx. Weibliche Gestalten nach griechischem Mythos in Malerei und Graphik des Symbolismus,* Münster/Hamburg 1993.

P. Brunel, *Dictionnaire des mythes littéraires,* (Paris) 1988.

S. Buck-Morss, *Dialektik des Sehens. Walter Benjamin und das Passagen-Werk,* Frankfurt a.M. 1993.

Ch. Bühler/J. Bilz, *Das Märchen und die Phantasie des Kindes,* München ²1961.

Chr. Bürger, »Die soziale Funktion volkstümlicher Erzählformen – Sage und Märchen«, in: H. Ide (Hrsg.), *Projekt Deutschunterricht 1: Kritisches Lesen – Märchen, Sage, Fabel, Volksbuch,* Stuttgart 1971, S. 26–56.

K. Bürger, *Studien zur Geschichte des griechischen Romans,* Bd. 2, (Progr. Gymn.) Blankenburg a.H. 1903.

F. Buffière, *Les mythes d'Homère et la pensée grecque,* Paris 1956.

D. Buitron-Oliver/B. Cohen, »Between Skylla and Penelope: Female Characters of the *Odyssey* in Archaic and Classical Greek Art«, in: B. Cohen (Hrsg.), *The Distaff Side. Representing the Female in Homer's Odyssey,* New York/Oxford 1995, S. 29–58.

W. Burkert, »ΓΟΗΣ. Zum griechischen ›Schamanismus‹« in: *Rheinisches Museum für Philologie* 105 (1962), S. 36–55.

W. Burkert, »Mythisches Denken. Versuch einer Definition anhand des griechischen Befundes«, in: H. Poser (Hrsg.), *Philosophie und Mythos,* Berlin/New York 1979, S. 16–39.

W. Burkert, »Mythos – Begriff, Struktur, Funktionen«, in: Fr. Graf (Hrsg.), *Mythos in mythenloser Gesellschaft. Das Paradigma Roms,* Stuttgart/Leipzig 1993 (= *Colloquium Rauricum* 3), S. 9–24.

B. Buschendorf, *Goethes mythische Denkform. Zur Ikonographie der ›Wahlverwandtschaften‹* (= Diss. Stuttgart 1981), Frankfurt a.M. 1986.

E. Buschor, *Die Musen des Jenseits,* München 1944.

E. Canetti, *Der andere Prozeß. Kafkas Briefe an Felice,* München ⁴1973.

Rh. Carpenter, *Folktale, Fiction and Saga in the Homeric Epics,* Berkeley/Los Angeles 1946.

E. Cassirer, *Philosophie der symbolischen Formen,* Bd.2, Oxford und Darmstadt 1953/54.

Q. Cataudella, *La novella greca,* Neapel o.J. (1957).

G. Cerri (Hrsg.), *Scrivere e recitare. Modelli di transmissione del testo poetico nell' antichità e nel medievo,* Rom 1986.

P. Chantraine, *Dictionnaire étymologique de la langue grecque. Histoire de mots,* Paris 1977.

H. Cohen, *Ethik des reinen Willens,* Berlin ²1907.

H. Cohen, *Religion und Sittlichkeit. Eine Betrachtung zur Grundlegung der Religionsphilosophie und ihrer Geschichte,* Berlin 1907 (wiederabgedr. in: *Jüdische Schriften,* Bd. 3, *Zur jüdischen Religionsphilosophie und ihrer Geschichte,* Berlin 1924).

H. Cohen, *Ästhetik des reinen Gefühls,* Bd. 2, Berlin 1912.

M. Constanzo, »La spirale e l'infinito«, in: *Rassegna della lettura Italiana* 85 (1981), S. 37–55.

P. COURCELLE, »L'Interprétation euhémeriste des Sirènes-courtisanes jusqu'au XIIe siècle«, in: L. Wallach (Hrsg.), *Gesellschaft–Kultur–Literatur*, Stuttgart 1975, S. 33–48.

Fr. CUMONT, *(Recherches sur le) Symbolisme funéraire des Romains*, Paris 1946.

E. R. CURTIUS, *Europäische Literatur und Lateinisches Mittelalter*, Bern/München [10]1984

G. DANEK, *Epos und Zitat. Studien zu den Quellen der Odyssee*, Wien 1998 (= *Wiener Studien*, Beiheft 22).

H. S. DAEMMRICH/I. G. DAEMMRICH, *Spirals and Circles. A Key to Thematic Patterns in Classicism and Realism* (= *Studies on Themes and Motifs in Literature* 7), 2 Bde., New York 1994.

I. DAUB, »Katalog der Kinderbuchsammlung Walter Benjamin«, in: K. Doderer (Hrsg.), *Walter Benjamin und die Kinderliteratur. Aspekte der Kinderkultur in den zwanziger Jahren*, Weinheim/München 1988, S. 247–282.

S. DEACY, »The vulnerability of Athena: *parthenoi* and rape in Greek myth«, in: ders./ K.F. Pierce (Hrsg.), *Rape in Antiquity*, London 1997, S. 43–63.

L. DEGH/A. VÁZSONYI, »The hypothesis of multiconduit transmissions in folklore«: in: D. Ben-Amos/K. S. Goldstein (Hrsg.), *Folklore, Performance and Communications*, Den Haag/Paris 1975, S. 207–253.

J. DERRIDA, »Die Struktur, das Zeichen und das Spiel im Diskurs der Wissenschaft vom Menschen«, in: W. Lepenies/H. H. Ritter (Hrsg.), *Orte des wilden Denkens. Zur Anthropologie von Lévi-Strauss*, Frankfurt a.M. 1970, S. 387–462.

J. DERRIDA, *Gesetzeskraft. Der »mystische Grund der Autorität«*, Frankfurt a.M. 1991.

K. DERUNGS, *Struktur des Zaubermärchens* I. *Methodologie und Analyse*, Bern/Stuttgart/Wien 1994.

K. DERUNGS, *Struktur des Zaubermärchens* II. *Transformation und narrative Form*, Hildesheim u.a 1994.

U. DIEDERICHS, »Nachwort«, in ders. (Hrsg.), *Französische Märchen. Märchen vor 1800*, München 1989, S. 341–351.

G.-J. VAN DIJK, *AINOI, ΛΟΓΟΙ, ΜΥΘΟΙ: Fables in Archaic, Classical and Hellenistic Greek literature. With a study of theory and terminology of the genre*, Leiden/New York/Köln 1997.

Br. DIJKSTRA, *Idols of Perversity. Fantasies of Feminine Evil in Fin-de-Siècle Culture*, New York 1986.

G. DOBLHOFER, *Vergewaltigung in der Antike*, Stuttgart/Leipzig 1994.

L. E. DOHERTY, »Sirens, Muses and Female Narrators in the *Odyssey*«, in: B. Cohen (Hrsg.), *The Distaff Side. Representing the Female in the Odyssey*, Oxford 1995, S. 81–92.

K. DOWDEN, »Psyche on the rock«, in: *Latomus* 41 (1982), S. 336–352.

E. DREWERMANN, *Lieb Schwesterlein laß mich herein: Grimms Märchen tiefenpsychologisch gedeutet*, München 1992.

J. F. Gr. DUFF, »*Schneewittchen*. Versuch einer psychoanalytischen Deutung« (1934), in: W. Laiblin (Hrsg.), *Märchenforschung und Tiefenpsychologie*, Darmstadt 1975, S. 88–99.

A. DUNDES, *The Morphology of the North American Indian Folktales*, Helsinki 1964 (= FFC 195).

A. DUNDES, *Interpreting Folklore*, Bloomington/London 1980.

Fr. EICHHORN, *Homers Odyssee. Ein Führer durch die Dichtung*, Göttingen 1965.

H. EIDAM, *Strumph und Handschuh. Der Begriff der nichtexistenten und die Gestalt der unsichtbaren Frage. Walter Benjamins Verhältnis zum ›Geist der Utopie‹ Ernst Blochs*, Würzburg 1992.

K. EIMERMACHER, »Zur Entstehungsgeschichte einer deskriptiven Semiotik in der Sovjetunion«, in: ders. (Hrsg.), *Semiotica so-vietica I.: Sowjetische Arbeiten der Moskauer und Tartuer Schule zu sekundären modellbildenden Zeichensystemen (1962–73)*, Rader 1986, S. 11–67.

M. ELIADE, »Les savants et les contes de fées«, in: *Nouvelle Revue française* 5 (1956), S. 884–891 (unter dem Titel »Wissenschaft und Märchen« ins Deutsche übersetzt und abgedruckt in: F. Karlinger (Hrsg.), *Wege der Märchenforschung*, Darmstadt 1973, S. 311–319).

M. ELIADE, *Birth and Rebirth*, New York 1958.

M. ELIADE, *Myth and Reality*, New York 1963.

W. EMRICH, *Protest und Verheißung: Studien zur klassischen und modernen Dichtung*, Frankfurt a.M. 1963.

Chr. ERHARDT, *Religion, Bildung und Erziehung bei Schleiermacher*, Göttingen 2005.

B. ESCHENBURG/H. FRIEDEL (Hrsg.), *Der Kampf der Geschlechter. Der neue Mythos in der Kunst 1850–1930*, (Ausstellungskat.) München 1995.

E. ESPOSITO, »Paradoxien als Unterscheidungen von Unterscheidungen«, in: H. U. Gumbrecht/K.L. Pfeiffer (Hrsg.), *Paradoxien, Dissonanzen, Zusammenbrüche. Situationen offener Epistemologie*, Frankfurt a.M. 1991, S. 35–57.

R. FABER, »Paris, das Rom des XIX. Jahrhunderts. Eine Metacollage«, in N. Bolz/ders. (Hrsg.): *Antike und Moderne. Zu Walter Benjamins »Passagen«*, Würzburg 1986, S. 53–96.

Fr. FAHNEMANN, »Die Märchendichtung H. Fr. Bluncks und ihre volkserzieherische Bedeutung«, in: *Die Volksschule* 32 (1936/37), S. 802–806.

Chr. FEDERSPIEL, *Vom Volksmärchen zum Kindermärchen*, Wien 1968.

D. FEHLING, *Amor und Psyche. Die Schöpfung des Apuleius und ihre Einwirkung auf das Märchen. Eine Kritik der romantischen Märchentheorie*, Wiesbaden 1977.

D. FEHLING, »Die alten Literaturen als Quelle der neuzeitlichen Märchen«, in: W. Siegmund (Hrsg.), *Antiker Mythos in unseren Märchen*, Kassel 1984, S. 79–92.

B. FENIK, *Studies in the Odyssey*, Wiesbaden 1974.

W. FIETKAU, «A la recherche de la révolution perdue. Walter Benjamin entre la théologie de l'histoire et le diagnostic social», in: H. Wismann (Hrsg.), *Walter Benjamin et Paris. Colloque internationale 27–29 juin 1983*, Paris 1986, S. 285–332.

K.-H. FINGERHUT, *Die verschlüsselte Darstellung der Tierfiguren im Werke Franz Kafkas*, Bonn 1969.

K. FITTSCHEN, *Untersuchungen zum Beginn der Sagendarstellungen bei den Griechen*, Berlin 1969.

F. FOCKE, *Die Odyssee*, Stuttgart/Berlin 1943 (= *Tübinger Beiträge* 37).

F. FOCKE, »Odysseus. Wandlungen eines Heldenideals«, in: *Antike, Alte Sprachen und deutsche Bildung* 2 (1944), S. 41–52.

A. FOLLAK, *Der »Aufblick zur Idee«. Eine vergleichende Studie zur Platonischen Pädagogik bei Friedrich Schleiermacher, Paul Natorp und Werner Jaeger*, Göttingen 2005.

C. FORESTI, *Analisis morfologico de veinte cuentos de magia de la tradición oral chilena. Aplicación y discusión del método de Vladimir Propp*, Göteburg 1985.

H. Fränkel, *Dichtung und Philosophie des frühen Griechentums*, München 1962.

M.-L. von Franz, *Psychologische Märcheninterpretation*, München 1986.

M.-L. von Franz, »Bei der schwarzen Frau«, in: W. Laiblin (Hrsg.), *Märchenforschung und Tiefenpsychologie*, Darmstadt 1975, S. 299–343.

E. Frenzel, *Motive der Weltliteratur*, Stuttgart ⁴1992.

U. Frevert, »Das 19. Jahrhundert: Einhegung und Aufbruch«, in: dies., *Frauen-Geschichte. Zwischen bürgerlicher Verbesserung und neuer Weiblichkeit*, Frankfurt a.M. 1963, S. 63–145.

A. J. Friedl, *Die Homerinterpretation des Neuplatonikers Proklos*, (Diss.) Würzburg 1936.

L. Friedländer/O. Weinreich, »Das Märchen von Amor und Psyche und andere Volksmärchen im Altertum«, in: *Darstellungen aus der Sittengeschichte Roms*, Bd. 4, 9. u. 10. Aufl., Leipzig 1921, S. 89–132. --- Überarbeitete Version von:

L. Friedländer, *Darstellungen aus der Sittengeschichte Roms in der Zeit von Augustus bis zum Ausgang der Antonine*, Leipzig 1871, 6., neu bearbeitete und vermehrte Aufl. Leipzig 1888, Theil 1, S. 455 f., 522–563 (= Überarbeitung der *dissertatio* von 1860: *Ludovici Friedlaenderi dissertatio, qua fabula Apulejana de Psyche et Cupidine cum fabulis cognatis comparatur*, Königsberg 1860 [in 2 Programmen]).

H. Fritz, »Die Dämonisierung des Erotischen in der Literatur des Fin de Siècle«, in: H. Bauer u.a. (Hrsg.), *Fin de siècle. Zu Literatur und Kunst der Jahrhundertwende*, Frankfurt a.M. 1977, S. 442–462.

U. Frost, *Einigung des geistigen Lebens. Zur Theorie religiöser und allgemeiner Bildung bei Friedrich Schleiermacher*, Paderborn u.a. 1991.

M. Fuhrmann, »Die Funktion grausiger und ekelhafter Motive in der lateinischen Dichtung«, in: *Poetik und Hermeneutik III: Die nicht mehr schönen Künste. Grenzphänomene des Ästhetischen*, hrsg. von H. R. Jauß, München 1968, S. 23–66.

A. Gehlen, *Der Mensch, seine Natur und seine Stellung in der Welt*, Wiesbaden ¹²1978 (unveränderter Nachdr. der 9. Aufl. 1972).

H. Gehrts, »Das Zaubermärchen und die prähistorische Thematik. Siuts – Saintyves – Propp«, in: Ch. Oberfeld (Hrsg.), *Wie alt sind unsere Märchen*, Marburg 1990, S. 27–36.

G. Genette, *Die Erzählung* (1972), München ²1998.

G. Gerland, *Altgriechische Märchen in der Odyssee. Ein Beitrag zur vergleichenden Mythologie*, Magdeburg 1869.

G. Germain, *Genèse de l'Odyssée. Le Fantastique et le Sacré*, Paris 1954.

G. Gianelli, *Culti e Miti della Magna Grecia*, Florenz 1963.

L. Gierth, *Griechische Gründungsgeschichte als Zeugnis historischen Denkens vor dem Einsetzen der Geschichtsschreibung*, (Diss.) Freiburg i. Br. 1970.

R. Girard, *Der Sündenbock*, Zürich 1988.

R. Girard, *Das Heilige und die Gewalt*, Frankfurt a.M. 1992.

J. Glenn, »The Polyphemus Folktale and Homer's Kyklopeia«, in: *TAPhA* 102 (1971), S. 133–185.

O. F. Gmelin, *Böses kommt aus Kinderbüchern. Die verpaßten Möglichkeiten kindlicher Bewußtseinsbildung*, München 1972.

R. G. Goebel, *Kritik und Revision. Kafkas Rezeption mythologischer, biblischer und historischer Traditionen*, Frankfurt a.M 1986.

M. Grätz, *Das Märchen in der Deutschen Aufklärung. Vom Feenmärchen zum Volksmärchen*, Stuttgart 1988.

S. Grazzini, *Der strukturalistische Zirkel. Theorien über Mythos und Märchen bei Propp, Lévi-Strauss, Meletinskij*, Wiesbaden 1999.

A. J. Greimas, «Le conte populaire russe. (Analyse funktionelle)», in: *International Journal of Slavic Linguistics and Poetics* 9 (1965), S. 152–175.

Brüder Grimm, *Vorrede* (1819) zu den Kinder- und Hausmärchen, in: *Brüder Grimm, Werke in drei Bänden*, Bd. 1, neu bearbeitet von G. Spiekerköttler, Zürich u.a. 1974, S. 11–18.

J. Grimm, *Vorrede* (1846) zu G. Basile, Der Pentamerone – oder: Das Märchen aller Märchen, aus dem Neapolitanischen übertragen von F. Liebrecht, Breslau 1846, S. 5–24, in: *Kleinere Schriften*, Bd. 8, Gütersloh 1890.

O. Gruppe, *Griechische Mythologie und Religionsgeschichte*, Bd. 1, München 1906.

R. Güngerich, *Kommentar zum Dialogus des Tacitus*, Göttingen 1980.

H. Gundert, »Wahrheit und Spiel bei den Griechen«, in: W. Marx (Hrsg.), *Das Spiel – Wirklichkeit und Methode*, Freiburg i.Br. 1967, S. 13–19.

A. Gutter, *Märchen und Märe, Psychologische Deutung und pädagogische Wertung*, Solothurn 1968.

O. Hackmann, *Die Polyphemsage in der Volksüberlieferung*, Helsinki 1904.

Th. Hägg, *Eros und Tyche. Der Roman in der antiken Welt*, Mainz 1987.

J. H. von Hahn, *Griechische und albanesische Märchen*, Leipzig 1864.

W. R. Halliday, *Indo-European Folktales and Greek Legend* (= The Gray Lectures 1932), Cambridge 1933.

W. R. Halliday, *Greek and Roman Folklore*, New York 1963.

B. Hardinghaus, *Tacitus und die Griechen*, (Diss.) Münster 1932.

E. S. Hartland, *The Legend of Perseus. A Study of Tradition in Story, Custom and Belief*, 3 Bde., London, 1894–96.

G. Hartung, »Mythos«, in: M. Opitz/E. Wizisla (Hrsg.), *Benjamins Begriffe*, Frankfurt a.M. 2000, Bd. 2, S. 552–572.

E. A. Havelock, *Schriftlichkeit. Das griechische Alphabet als kulturelle Revolution*. Mit einer Einleitung von Aleida und Jan Assmann, Weinheim 1990.

B. Hederich, *Gründliches Mythologisches Lexikon*, Leipzig 1770 (Neudruck Darmstadt 1967).

I. Heidemann, *Der Begriff des Spieles und das ästhetische Weltbild in der Philosophie der Gegenwart*, Berlin 1968.

Kl. Heinrich, *Arbeiten mit Herakles. Zur Figur und zum Problem des Heros – Antike und moderne Formen seiner Interpretation und Instrumentalisierung*, hrsg. von H.-A. Kücken, Frankfurt a.M./Basel 2006.

G. Heldmann, *Märchen und Mythos in der Antike? Versuch einer Standortbestimmung* (Beiträge zur Altertumskunde 137), München/Leipzig 2000.

A. Henrichs, »Welckers Götterlehre«, in: W.M.C. Calder III u.a. (Hrsg.), *Friedrich Gottlieb Welcker, Werk und Wirkung*, Stuttgart 1986, S. 179–229.

J. Hermand, »Undinen-Zauber. Zum Frauenbild des Jugendstils«, in: ders., *Der Schein des schönen Lebens*, Frankfurt a.M. 1972, S. 147–179.

G. Herzog-Hauser, »Märchenmotive in Homers Ilias«, in: *Geistige Arbeit* 4 (1937), H. 21, S. 1–2.

A. HEUBECK, *Die homerische Frage. Ein Bericht über die Forschung der letzten Jahrzehnte*, Darmstadt 1974.

A. HEUBECK/A. HOEKSTRA, *A Commentary on Homer's Odyssey*, vol. II, Books IX–XVI, Oxford 1989.

A.-B. HIRSCH, *Märchen als Quellen für die Religionsgeschichte?*, Frankfurt a.M. 1998.

W. HIRSCH, *Platons Weg zum Mythos*, Berlin/New York 1971.

R. HOFFMANN, »Walter Benjamin«, in: ders., *Montage im Hohlraum zu Ernst Blochs »Spuren«*, Bonn 1977, S. 92–103.

E. HOFMANN, *Qua ratione ΕΠΟΣ ΜΥΘΟΣ ΑΙΝΟΣ ΛΟΓΟΣ et vocabula ab eisdem stirpibus derivata in antiqua Graecorum sermone ... adhibita sunt*, (Diss.) Göttingen 1922.

W. HOFMANN, »Evas neue Kleider«, in: ders. (Hrsg.), *Eva und die Zukunft. Das Bild der Frau seit der Französischen Revolution*, München 1986.

H. H. HOFSTÄTTER, *Symbolismus und die Kunst der Jahrhundertwende – Voraussetzungen, Erscheinungsformen, Bedeutungen*, Köln 1965.

E. HOFSTETTER, *Sirenen im archaischen und klassischen Griechenland*, Würzburg 1990.

E. HOFSTETTER, »Seirenai«, in: *Lexicon Iconographicum Mythologiae Classicae* VIII.1, S. 1092–1104, VIII.2, S. 734–744.

B. HOLBEK, *Interpretation of Fairytales: Danish Folklore in a European Perspective* (= FFC 239), Helsinki 1987.

J. P. HOLOKA (Hrsg.), *Homer Studies 1978–1983*, Part 1 [= *The Classical World* 83.5 (1990)] und Part 2 [= *The Classical World* 84.2 (1990)].

U. HÖLSCHER, »Zur Struktur der Odyssee«, in: *Das nächste Fremde. Von Texten der griechischen Frühzeit und ihrem Reflex in der Moderne*, hrsg. von J. Latacz und M. Kraus, München 1994, S. 29–36.

U. HÖLSCHER, *Untersuchungen zur Form der Odyssee – Szenenwechsel und gleichzeitige Handlungen*, Berlin 1939 (= *Hermes-Einzelschriften* 6).

U. HÖLSCHER, »Nachwort« in: Homer, *Odyssee*. Deutsch von Johann Heinrich Voss, Frankfurt a.M. 1963, S. 365–373.

U. HÖLSCHER, »The Transformation from Folk-Tale to Epic«, in: B. C. Fenik (Hrsg.), *Homer. Tradition and Invention* (= *Cincinnati Classical Studies* N.S. 2), Leiden 1978, S. 51–67.

U. HÖLSCHER, »Die Odyssee – Epos zwischen Märchen und Literatur. Vortrag am 11. Juni 1979«, Auszug in: *Acta Philologica Aenipontana* 4, Innsbruck 1979, S. 53f.

U. HÖLSCHER, »Die Odyssee – Epos zwischen Märchen und Literatur«, in: A. u. J. Assmann/Chr. Hardmeier (Hrsg.), *Schrift und Gedächtnis. Beiträge zur Archäologie der literarischen Kommunikation*, München 1983, S. 94–108.

U. HÖLSCHER, »Zur Erforschung der Strukturen der Odyssee«, in: J. Latacz (Hrsg.), *Zweihundertjahre Homer-Forschung. Rückblick und Ausblick*, Stuttgart/Leipzig 1991, S. 415–422 (= *Colloquia Raurica* 2).

U. HÖLSCHER, *Die Odyssee. Epos zwischen Märchen und Roman*, München 1988.

U. HÖLSCHER, »Der epische Odysseus«, in: G. Fuchs (Hrsg.), *Lange Irrfahrt – große Heimkehr. Odysseus als Archetyp – zur Aktualität des Mythos*, Frankfurt a.M. 1994, S. 29–47.

U. HÖLSCHER/Harald PATZER, »Die homerische Odyssee – Märchen, Roman oder stilisierte Adelswirklichkeit?«, in: *Poetica* 22 (1990), S. 488–513 (Briefwechsel).

N. Holzberg, *Der antike Roman. Eine Einführung*, München/Zürich 1986.

N. Holzberg, »Einführung« in: Apuleius, *Der goldene Esel. Metamorphosen*, lateinisch und deutsch hrsg. und übers. von E. Brandt und W. Ehlers, mit einer Einführung von Niklas Holzberg, Darmstadt 1989, S. 549–569.

N. Holzberg, *Die antike Fabel. Eine Einführung*, Darmstadt 1993.

H. O. Horch/G.-M. Schulz, *Das Wunderbare und die Poetik der Aufklärung. Gottsched und die Schweizer*, Darmstadt 1988.

M. Horkheimer/Th. W. Adorno, *Dialektik der Aufklärung* (1944), (in leicht veränderter Fassung) Frankfurt a.M. 1969.

K. Horn, »Motivationen und Funktionen der tödlichen Bedrohung in den Kinder- und Hausmärchen der Gebrüder Grimm«, in: *Schweizerisches Archiv für Volkskunde* 74 (1978), S. 20–40.

K. Hübner, *Die Wahrheit des Mythos*, München 1985.

J. Huizinga, *Homo Ludens. Vom Ursprung der Kultur im Spiel* (1938), Reinbek bei Hamburg 1987.

G. Hunger, *Die Odysseusgestalt in Odyssee und Ilias*, (Diss.) Kiel 1962.

M. Ittenbach, »Christliche Motive im deutschen Volksmärchen«, in: *HDM* 1, S. 362–366.

W. Jahn, »Kafka und die Anfänge des Kinos«, in: *Jahrbuch der deutschen Schillergesellschaft* 6 (1962), S. 353–368.

Chr. Jamme, *Einführung in die Philosophie des Mythos*, Bd. 2, Neuzeit und Gegenwart, Darmstadt 1991.

G. Janouch, *Gespräche mit Kafka. Aufzeichnungen und Erinnerungen*, Frankfurt a.M. 1981.

M. Janz, *Marmorbilder. Weiblichkeit und Tod bei Clemens Brentano und Hugo von Hofmannsthal*, Königstein/Ts 1986, S. 121–198.

R.-P. Janz, »Mythos und Moderne bei Walter Benjamin«, in: K. H. Bohrer (Hrsg.), *Mythos und Moderne*, Frankfurt a.M. 1983, S. 363–381.

H. Jason, »The Fisherman and His Wife. A Case Study of a Hybrid Folktale«, in: *Fabula* 21 (1980), S. 1–23.

Br. Jöckel, »Das Reifungserlebnis im Märchen«, in: W. Laiblin (Hrsg.), *Märchenforschung und Tiefenpsychologie*, Darmstadt 1975, S. 195–211.

A. Jolles, *Einfache Formen. Legende, Sage, Mythe, Rätsel, Spruch, Kasus, Memorabile, Märchen, Witz*, Halle 1930.

E. Jung, »Die Anima als Naturwesen«, in: W. Laiblin (Hrsg.), *Märchenforschung und Tiefenpsychologie*, Darmstadt 1975, S. 237–283.

P. Junghanns, *Die Erzählungstechnik von Apuleius' Metamorphoses und ihre Vorlage* [= *Philologus*, Supplbd. 24 (1932)].

G. Kahlo, »Abenteuermärchen«, in: *HDM* 1, S. 4–6.

E. Kaiser, »Odyssee-Szenen als Topoi« (Teil 1), in: *Museum Helveticum* 21 (1964), S. 109–136.

J. T. Kakridis, *Homeric Researches*, Lund 1949.

Chr. Kambas, »Walter Benjamin liest Georges Sorel: ›Reflexions sur la violence‹«, in: M. Opitz/E. Wizisla (Hrsg.), ›*Aber ein Sturm weht vom Paradiese her*‹: *Texte zu Walter Benjamin*, Leipzig 1992, S. 250–269.

T. Karadagli, *Fabel und Ainos. Studien zur griechischen Fabel*, Königstein/Ts. 1981 (= Beiträge zur Klassischen Philologie, Bd. 135).

F. KARLINGER (Hrsg.), *Wege der Märchenforschung*, Darmstadt 1973.

V. KAST, *Märchen als Therapie*, Olten/Freiburg i.Br. 1986.

D. KAUFMANN, »Thanks for the Memory. Bloch, Benjamin, and the Philosophy of History«, in: *The Yale Journal of Criticism. Interpretation in the Humanities* 6 (1993), H. 1, S. 143–162.

W. KAYSER, *Das sprachliche Kunstwerk*, Berlin ²1951.

W. KAYSER, *Die Wahrheit der Dichter*, Hamburg 1959.

K. KERÉNYI, *Die griechisch-orientalische Romanliteratur in religionsgeschichtlicher Beleuchtung*, Darmstadt ²1962.

K. KERÉNYI, *Antike Religion* (1971), Wiesbaden 1978.

O. KERN, »Baumkultus«, in: *RE* III (1897), Sp. 155–167.

A. KIRCHHOFF, *Die Composition der Odyssee. Gesammelte Aufsätze*, Berlin 1869.

Y.-O. KIM, *Selbstporträt im Text des Anderen. Walter Benjamins Kafka-Lektüre*, Frankfurt a.M. u.a. 1995.

V. KLOTZ, »Weltordnung im Märchen«, in: *Neue Rundschau* 1970, S. 73–91.

P. KOCH/W. OESTERREICHER, »Sprache der Nähe – Sprache der Distanz. Mündlichkeit und Schriftlichkeit im Spannungsfeld von Sprachtheorie und Sprachgeschichte«, in: *Romanisches Jahrbuch* 36 (1985), S. 15–43.

U. KOPF-WENDLING, *Die Darstellungen der Sirene in der griechischen Vasenmalerei des 7., 6. und 5. Jhs. v. Chr.*, Freiburg/St. Georgen 1989 [zugleich (Diss.) Freiburg i.Br 1988].

I. KOWATZKI, *Der Begriff des Spiels als ästhetisches Phänomen. Von Schiller bis Benn*, Bern/Frankfurt a.M. 1973.

S. W. KRANZ, »Die Irrfahrten des Odysseus«, in: *Hermes* 50 (1915), S. 93–112.

D. KREMER, *Kafka. Die Erotik des Schreibens*, Frankfurt a.M. 1989.

T. KRISCHER, »Phäaken und Odyssee«, in: *Hermes* 113 (1985), S. 9–21.

T. KRISCHER, »Mündlichkeit und epischer Sänger im Kontext der Frühgeschichte Griechenlands«, in: W. KULLMANN/M. REICHEL (Hrsg.), *Der Übergang von der Mündlichkeit zur Schriftlichkeit bei den Griechen*. Verhandlungen des Symposions vom 11.–14.10.1989, Tübingen 1990, S. 51–63.

T. KRISCHER, »Die Webelist der Penelope«, in: *Hermes* 121 (1993), S. 3–11.

T. KRISCHER, »Rez. zu: A. Heubeck u.a., A Commentary on Homer's Odyssey, 3 Bde., Oxford 1988–92«, in: *Gnomon* 66 (1994), S. 385–403.

G. KRÜGER, *Eros und Mythos bei Platon*, Frankfurt a.M. 1978.

I. KUHN, *Goethes Wahlverwandtschaften oder das sogenannte Böse. Im besonderen Hinblick auf Walter Benjamin* (= Diss. Freiburg 1987), Frankfurt a.M. u.a. 1990.

W. KULLMANN/M. REICHEL (Hrsg.), *Der Übergang von der Mündlichkeit zur Schriftlichkeit bei den Griechen*. Verhandlungen des Symposions vom 11.–14.10.1989, Tübingen 1990 (= ScriptOralia 30, Reihe A: Altertumswiss. Reihe, 9).

E. LÄMMERT, *Bauformen des Erzählens*, Stuttgart 1955.

W. LAIBLIN, »Das Urbild der Mutter«, in: dies. (Hrsg.), *Märchenforschung und Tiefenpsychologie*, Darmstadt 1975, S. 100–150.

R. LAMBERTON, *Homer the Theologian. Neoplatonist Allegorical Readings and the Growth of the Epic Tradition*, Berkeley/Los Angeles 1986.

M. LANDAU, »Die Erdenwanderung der Himmlischen und die Wünsche der Menschen«, in: *Zeitschrift für vergleichende Litteraturgeschichte* 14 (1901), S. 1–41.

G. P. LANDMANN, »Odysseus in der Ilias«, in: G. Fuchs (Hrsg.), *Lange Irrfahrt – große Heimkehr. Odysseus als Archetyp – zur Aktualität des Mythos*, Frankfurt a.M. 1994, S. 49–57.

A. LANG, »Mythology and Fairy Tales«, in: *Fortnightly Review* 13 (1873), S. 618–631.

J. LATACZ, *Homer. Der erste Dichter des Abendlands*, München und Zürich 1989.

J. LATACZ, »Die Erforschung der Ilias-Struktur«, in: ders. (Hrsg.), *Zweihundert Jahre Homer-Forschung. Rückblick und Ausblick*, Stuttgart/Leipzig 1991, S. 381–414.

K. LATTE, *Kleine Schriften zu Religion, Literatur und Sprache der Griechen und Römer*, hrsg. von O. Gigon, W. Buchwald und W. Kunkel, München 1968, S. 106–111.

B. LAVIGNINI, *Le origini del romanzo greco*, Pisa 1921.

E. LEIBFRIED, *Fabel*, Stuttgart ³1976.

J. LE RIDER/N. LESER (Hrsg.), *Otto Weininger. Werk und Wirkung*, Wien 1984.

J. LE RIDER, »Otto Weininger und die Nachwelt«, in: ders., *Der Fall Otto Weininger. Wurzeln des Antifeminismus und Antisemitismus*, Wien/München 1985, S. 220–243.

A. LESKY, »Homeros«, in: *RE* XI, Sp. 687–846.

A. LESKY, »Apuleius von Madaura und Lukios von Patrai«, in: *Hermes* 76 (1941), S. 43–71, wieder abgedr. in: ders., *Gesammelte Schriften*, Bern/München 1966, S. 549–578.

A. LESKY, *Thalatta. Der Weg der Griechen zum Meer*, Wien 1947.

A. LESKY, »Aia«, in: *Wiener Studien* 63 (1948), S. 22–68.

Cl. LÉVI-STRAUSS, *Die Struktur und die Form. Reflexionen über ein Werk von Vladimir Propp*, in: Vl. Propp, *Morphologie des Märchens*, Frankfurt a.M. 1975, S. 181–213.

Cl. LÉVI-STRAUSS, *Strukturale Anthropologie*, Frankfurt a.M. 1967.

Cl. LÉVI-STRAUSS, *Strukturale Anthropologie II*, Frankfurt a.M. 1975.

Cl. LÉVI-STRAUSS, *Mythologica I: Das Rohe und das Gekochte*, Frankfurt a.M. 1971.

Cl. LÉVI-STRAUSS, *Mythologica II: Vom Honig zur Asche*, Frankfurt a.M. 1972.

Cl. LÉVI-STRAUSS, *Mythologica III: Der Ursprung der Tischsitten*, Frankfurt a.M. 1973.

Cl. LÉVI-STRAUSS, *Mythologica IV: Der nackte Mensch*, Frankfurt a.M. 1975.

Cl. LÉVI-STRAUSS, »Die Struktur und die Form. Reflexionen über ein Werk von Vladimir Propp« (1960), in: ders., *Strukturale Anthropologie* II, Frankfurt a.M. 1975, S. 135–168.

Fr. VON DER LEYEN, »Zum Problem der Form beim Märchen« (1924), in: F. Karlinger (Hrsg.), *Wege der Märchenforschung*, Darmstadt 1973, S. 74–83.

Fr. VON DER LEYEN, *Volkstum und Dichtung*, Jena 1933.

Fr. VON DER LEYEN, *Das Märchen. Ein Versuch*, 4. erneuerte Aufl. von Fr. von der Leyen und K. Schier, Heidelberg 1958.

Fr. VON DER LEYEN, »Mythus und Märchen«, in: *Deutsche Vierteljahresschrift für Literaturwissenschaft und Geistesgeschichte* 33 (1959), S. 343–360.

A. LIEDE, *Dichtung als Spiel. Studien zur Unsinnspoesie an den Grenzen der Sprache*, Berlin/New York ²1992.

B. LINDNER, »Goethes Wahlverwandtschaften und die Kritik der mythischen Verfassung der bürgerlichen Gesellschaft«, in: N. Bolz (Hrsg.), *Goethes Wahlverwandtschaften. Kritische Modelle zum Mythos Literatur*, Hildesheim 1981, S. 23–44.

J. LINK, *Literaturwissenschaftliche Grundbegriffe. Eine programmatische Einführung auf strukturalistischer Basis*, München ⁶1997.

Fr. LISSARRAGUE, »Figures of Women«, in: *A History of Women. From Ancient Goddesses to Christian Saints*, Cambridge (Mass.)/London 1992, S. 139–229.

I. LÖFFLER, *Die Melampodie. Versuch einer Rekonstruktion des Inhalts*, Meisenheim a. Glan 1963.

M. LÖWY, »Benjamins Marxismus«, in: *Argument* 34 (1992), S. 557–562.

A. B. LORD, *The Singer of Tales*, Cambridge (MA) 1960 (dt.: *Der Sänger erzählt. Wie ein Epos entsteht*, München 1965).

B. LOUDEN, *The Odyssey. Structure, Narration, and Meaning*, Baltimore 1999.

M. LÜTHI, »Das Volksmärchen als Dichtung und Aussage« (1956), in: F. Karlinger (Hrsg.), *Wege der Märchenforschung*, Darmstadt 1973, S. 295–310.

M. LÜTHI, *Volksmärchen und Volkssage, zwei Grundformen erzählender Dichtung*, Bern/München ³1975.

M. LÜTHI, »Diesseits- und Jenseitswelt im Märchen«, in: J. Janning/H. Gehrts (Hrsg.), *Die Welt im Märchen*, Kassel 1984, S. 9–21.

M. LÜTHI, *Das europäische Volksmärchen*, Tübingen ⁸1985.

M. LÜTHI, *Märchen*, 8., durchgesehene und ergänzte Aufl., bearbeitet von H. Rölleke, Stuttgart 1990.

M. LÜTHI, *Das Volksmärchen als Dichtung. Ästhetik und Anthropologie*, 2. Aufl. von Düsseldorf/Köln 1975, Göttingen ²1990.

Cl. LUGOWSKI, *Die Form der Individualität im Roman* (1932), Frankfurt a.M. ²1994.

A. LUTHER, »Variationen über die Endzeit. Bloch kontra Benjamin«, in: *Bloch-Almanach* 4 (1984), S. 57–73.

L. MACKENSEN, *Der singende Knochen. Ein Beitrag zur vergleichenden Märchenforschung*, Helsinki 1923.

L. MACKENSEN, »Antike Motive im deutschen Märchen«, in: *HDM* 1, S. 81–90.

L. MACKENSEN, »Das Deutsche Volksmärchen«, in: *Handbuch der deutschen Volkskunde*, hrsg.von W. Peßler, Potsdam o.J., Bd. 2, S. 305–326.

K. H. MALLET, *Kopf ab! Gewalt im Märchen*, Hamburg/Zürich 1985.

L. MALTEN, »Philemon und Baucis«, in: *Hermes* 74 (1939), S. 176–206.

T. MANTERO, *Amore e Psiche. Struttura di una »fiaba di magia«*, Genf 1973.

K. MARÓT, *Die Anfänge der griechischen Literatur. Vorfragen*, Budapest 1960.

K. MARÓT, »Zur Entstehungsgeschichte der Odyssee«, in: *L'Antiquité Classique* 27 (1958), S. 328–336.

O. MARQUARD u.a., in: »Erste Diskussion. Mythos und Dogma.Vorlage: Hans Blumenberg, ›Wirklichkeitsbegriff und Wirkungspotential des Mythos‹«, in: *Poetik und Hermeneutik IV: Terror und Spiel. Probleme der Mythenrezeption*, hrsg. von M. Fuhrmann, München 1971, S. 527–547.

O. MARQUARD, »Entlastung vom Absoluten. In Memoriam Hans Blumenberg«, in: ders., *Philosophie des Stattdessen*, Stuttgart 2000, S. 108–120.

H.-J. MARROU, *Histoire de l'éducation dans l'antiquité*, Paris 1950.

A. MARX, *Griechische Märchen von dankbaren Tieren und Verwandtes*, Stuttgart 1889.

K. MARX, *Zur Kritik der politischen Ökonomie*, Berlin 1963.

W. MARX (Hrsg.), *Das Spiel – Wirklichkeit und Methode*, Freiburg i.Br. 1967.

P. v. MATT, *Die Intrige. Theorie und Praxis der Hinterlist*, München 2006.

G. MATTENKLOTT, »Das gefräßige Auge«, in: D. Kamper/Chr.Wulf (Hrsg.), *Die Wiederkehr des Körpers*, Frankfurt a.M. 1982, S. 224–240.

G. Mattenklott, »Gewinnen, nicht siegen. Kommentare zu zwei Texten von Kafka«, in: *Merkur* (1985), S. 961–968.

W. Mattes, *Odysseus bei den Phäaken. Kritisches zur Homeranalyse*, Würzburg 1958.

S. Matuschek, *Literarische Spieltheorie von Petrarca bis zu den Brüdern Schlegel*, Heidelberg 1998.

M. Mayer/J. Tismar, *Kunstmärchen*, 3., völlig neu bearbeitete Auflage, Stuttgart/Weimar 1997.

F. R. Max (Hrsg.), *Undinenzauber. Von Nixen, Nymphen und anderen Wasserfrauen*, Stuttgart 1991.

B. Maxwell, »The Paths in the Midst of Collapse: Utopian Direction in Ernst Bloch and Walter Benjamin«, in: R. Baccolini/V. Fortunati/N. Minerva (Hrsg.), *Viaggi in utopia*, Ravenna 1996, S. 217–230.

J. M. McGlathery (Hrsg.), *The Brothers Grimm and Folktale*, Urbana/Chicago 1988.

M. O. Meara, «La Suggestivité des structures spirales dans cinque poèmes-clé de Baudelaire, Verlaine, Mallarmé et Apollinaire: Harmonie avec le mouvement cosmique», in: *Language and Style* 19 (1986), S. 368–376.

G. A. Megas, *Das Märchen von Amor und Psyche in der griechischen Volksüberlieferung (Aarne-Thompson 425, 426 & 432)*, Athen 1971.

G. A. Megas, »Alkestis«, in: *EM* I, Sp. 315–319.

E. Meletinsky, »Marriage: Its Function and Position in the Structure of Folktale«, in: *Soviet Structural Folkloristics*, hrsg. von P. Maranda, vol. 1, Den Haag/Paris 1974, S. 61–72.

E. Meletinsky/S. Nekludov/E. Novik/D. Segal, »Problems of the Structural Analysis of Fairytales«, in: *Soviet Structural Folkloristics*, hrsg. von P. Maranda, vol. 1, Den Haag/Paris 1974, S. 73–139.

E. Meletinsky, »Zur strukturell-typologischen Erforschung des Volksmärchens«, in: Vl. Propp, *Morphologie des Märchens*, München 1972, S. 181–214.

E. Meletinsky, »The Historical Morphology of the Folktale«, in: *Soviet Structural Folkloristics*, hrsg. von P. Maranda, vol. 1, Den Haag/Paris 1974, S. 53– 59.

B. Menke, »Das Schweigen der Sirenen: Die Rhetorik und das Schweigen«, in: *Kultureller Wandel und die Germanistik in der Bundesrepublik, Vorträge des Augsburger Germanistentages 1991*, Bd. 3, *Methodenkonkurrenz in der germanistischen Praxis*, hrsg. von J. Janota, Tübingen 1993, S. 134–162.

B. Menke, »Das Nach-Leben im Zitat. Benjamins Gedächtnis der Texte«, in: A. Haverkamp/R. Lachmann (Hrsg.), *Gedächtniskunst: Raum – Bild – Schrift. Studien zur Mnemotechnik*, Frankfurt a.M. 1991, S. 74–110.

E. Mensching, »Märchen«, in: *Kl. Pauly* III (1969), Sp. 866–869.

W. Menninghaus, »*Romeo und Julia auf dem Dorfe*. Eine Interpretation im Anschluß an Walter Benjamin«, in: ders., *Artistische Schrift. Studien zur Kompositionskunst Gottfried Kellers*, Frankfurt a.M. 1982, S. 91–158.

W. Menninghaus, *Schwellenkunde. Walter Benjamins Passage des Mythos*, Frankfurt a.M. 1986.

W. Menninghaus, *Lob des Unsinns. Über Kant, Tieck und Blaubart*, Frankfurt a.M. 1995.

W. Menninghaus, *Ekel. Theorie und Geschichte einer starken Empfindung*, Frankfurt a.M. 1999.

R. Merkel, *Strafrecht und Satire im Werk von Karl Kraus,* Frankfurt a.M. 1998.

R. Merkelbach, *Untersuchungen zur Odyssee* (1951), München ²1969.

R. Merkelbach, »Eros und Psyche«, in: *Philologus* 52 (1958), S. 103–116.

R. Merkelbach, *Roman und Mysterium in der Antike,* München/Berlin 1962.

K. Meuli, *Odyssee und Argonautika. Untersuchungen zur griechischen Sagengeschichte und zum Epos,* (Diss. Basel) Berlin 1921.

K. Meuli, »Argonautensage und Helfermärchen«, in: *Odyssee und Argonautika. Untersuchungen zur griechischen Sagengeschichte und zum Epos,* (Diss. Basel) Berlin 1921, S. 1–24, wiederabgedr. in: *Gesammelte Schriften,* Bd. 2, Basel 1975, S. 593–676.

P. Mingazzini/F. Pfister, *Forma Italiae,* I 2, Florenz 1946.

W. J. T. Mitchell, »Metamorphoses of the Vortex: Hogarth, Turner, and Blake«, in: R. Wendorf (Hrsg.), *Articulate Images. The Sister Arts from Hogarth to Tennyson,* Minneapolis 1983.

M. Möckel/H. Volkmann (Hrsg.), *Spiel, Tanz und Märchen,* Regensburg 1995.

V. Mönckeberg, *Das Märchen und unsere Welt,* Düsseldorf/Köln 1972.

D.-R. Moser, »Altersbestimmung des Märchens« in: *EM* I, Sp. 407–419.

E. Moser-Rath, »Deutschland. [...] Märcheninterpretation im Dritten Reich«, in: *EM* III, Sp. 551–553.

St. Mosès, »Franz Kafka: ›Das Schweigen der Sirenen‹«, in: ders., *Spuren der Schrift: Von Goethe bis Celan,* Frankfurt a.M. 1983, S. 52–72.

G. W. Most, »Structure and Function of Odysseus' Apologoi«, in: *TAPhA* 119 (1989), S. 15–30.

G. W. Most, »From Logos to Mythos«, in: R. Buxton (Hrsg.), *From Myth to Reason? Studies in the Development of Greek Thought,* Oxford 1999, S. 25–47.

A. Motte, *Prairies et jardins de la Grèce antique. De la religion à la philosophie,* Brüssel 1973.

L. H. Mühlenstein, »Sirenen in Pylos«, in: *Glotta* 36 (1962), S. 152–166.

L. Müller, *Wort und Begriff ΜΥΘΟΣ im klassischen Griechisch,* (Diss.) Hamburg 1953.

U. L. Müller, »Bücher und ihre Illustrationen«, in: K. Doderer (Hrsg.), *Walter Benjamin und die Kinderliteratur. Aspekte der Kinderkultur in den zwanziger Jahren,* Weinheim/München 1988, S. 213–245.

A. Münster, »Ernst Bloch et Walter Benjamin. Eléments d'analyse d'une amitié difficile«, in: ders., *Figures de l'utopie dans la pensée d'Ernst Bloch,* Paris 1985, S. 11–29.

H. Naumann, »Sage und Märchen«, in: F. Karlinger (Hrsg.), *Wege der Märchenforschung,* Darmstadt 1973, S. 61–73.

M. N. Nagler, *Spontaneity and Tradition. A Study in the Oral Art of Homer,* Berkeley/Los Angeles 1974.

J. Nieraad, »Walter Benjamins Glück im Untergang. Zum Verhältnis von Messianischem und Profanem«, in: *German Quaterly* 63 (1990), S. 222–232.

D. Niles, »Patterning in the Wandering of Odysseus«, in: *Ramus* 7 (1978), S. 46–60.

M. P. Nilsson, *Geschichte der griechischen Religion,* Bd. 1, München 1955.

I. Nolting-Hauff, »Märchen und Märchenroman. Zur Beziehung zwischen einfacher Form und narrativer Großform in der Literatur«, in: *Poetica* 6 (1974), S. 129–178.

I. Nolting-Hauff, »Märchenromane mit leidenden Helden. Zur Beziehung zwischen einfacher Form und narrativer Großform in der Literatur (zweite Untersuchung)«, in: *Poetica* 6 (1974), S. 417–456.

K.J. OBENAUER, *Das Märchen. Dichtung und Deutung*, Frankfurt a.M. 1959.

Ch. OBERFELD (Hrsg.), *Wie alt sind unsere Märchen*, Regensburg 1990.

H. G. OERI, *Der Typ der komischen Alten in der griechischen Komödie, seine Nachwirkungen und seine Herkunft*, (Diss.) Basel 1948.

A. OLRIK, »Epische Gesetze der Volksdichtung«, in: *Zeitschrift für deutsches Altertum* 51 (1909), S. 1–12.

A. H. OLSEN, »Loss and Recovery: A Morphological Reconsideration of ›Sir Orfeo‹«, in: *Fabula* 23 (1982), S. 198–206.

D. L. PAGE, *The Homeric Odyssey*, Oxford 1955.

D. L. PAGE, *Folktales in Homer's Odyssey*, Cambridge (Mass.) 1973.

J.-M. PALMIER, »Otto Weininger, Wien und die Moderne«, in: J. Le Rider/N. Leser (Hrsg.), *Otto Weininger. Werk und Wirkung*, Wien 1984, S. 80–95.

Fr. PANZER, »Märchen« (1926), in: F. Karlinger (Hrsg.), *Wege der Märchenforschung*, Darmstadt 1973, S. 85–128.

A. PARRY (Hrsg.), *The Making of Homeric Verse. The Collected Papers of M. Parry*, Oxford 1971.

M. PARRY, »Untersuchungen zur epischen Technik mündlichen Dichtens. Homer und homerischer Stil« (1930), in: J. Latacz (Hrsg.), *Homer. Tradition und Erneuerung*, Darmstadt 1979, S. 179–266 [engl.: »Studies in the Epic of Oral Verse-Making: I. Homer and the Homeric Style«, in: *HSCP* 41 (1930), S. 73–147, wieder abgedr. in: A. Parry (Hrsg.), *The Making of Homeric Vers. The Collected Papers of Milman Parry*, Oxford 1971, S. 266–324].

M. PARRY, *L'Épithète traditionelle dans Homère*, Paris 1928.

M. PARRY, »Studies in the Epic of Oral Verse-Making: II. The Homeric Language as the Language of an Oral Poetry«, in: *HSCP* 43 (1932), S. 1–50.

E. PAWEL, *Das Leben Franz Kafkas. Eine Biographie*, München/Wien 1986.

J. PÉPIN, *Mythe et allégorie. Les origines grecques et les contestations judéo-chrétiennes*, Paris 1958.

B. E. PERRY, »Chariton and His Romance«, in: *American Journal of Philology* 51 (1930), S. 90–134.

B. E. PERRY, *The Ancient Romances: A Literary-Historical Account of their Origins*, Berkeley/Los Angeles 1967.

H. PETERSMANN, »Homer und das Märchen«, in: *Wiener Studien* 94 (1981), S. 43–68.

L. PETZOLDT, *Märchen, Mythos, Sage. Beiträge zur Literatur und Volksdichtung*, Marburg 1989.

S. PFISTERER-HAAS, *Darstellungen alter Frauen in der griechischen Kunst*, Frankfurt a.M./Bern/New York/Paris 1989.

J. PHILIPPE, *Mythen und Phantasmen in der Kunst des Fin de siècle*, Berlin 1971.

J. PHILIPPE, *Der Symbolismus*, Köln 1974.

G. PICHT, *Kunst und Mythos*, Stuttgart 1987.

H. PLATZER, »Sex, Marriage, and Guilt: the Dilemma of Mating in Kafka«, in: *Mosaic* 3 (1970), H. 4, S. 119–130.

L. G. POCOCK, *Reality and Allegory in the Odyssee*, Amsterdam 1959.

K. PÖGE-ALDER, *Märchen als mündlich tradierte Erzählungen des Volkes?*, Frankfurt a.M. 1994.

H. POLITZER, *Das Schweigen der Sirenen*, Stuttgart 1968.

H. POLITZER, *Franz Kafka. Der Künstler*, Frankfurt a.M. 1978.

J. POLLARD, »Muses and Sirens«, in: *The Classical Review* 66 (1952), S. 60–63.

M. POP, »Neue Methoden zur Erforschung der Struktur der Märchen«, in: F. Karlinger (Hrsg.), *Wege der Märchenforschung*, Darmstadt 1973, S. 428–439.

M. POP, «La poétique du conte populaire», in: *Semiotica* 2 (1979), S. 117–127.

B. B. POWELL, *Homer and the Origin of the Greek Alphabet*, Cambridge 1991.

M. PRAZ, *Liebe, Tod und Teufel – Die schwarze Romantik*, München 1963.

A. PRIMMER, »Gebändigte Mündlichkeit: Zum Prosarhythmus von Cicero bis Augustinus«, in: G. Vogt-Spira (Hrsg.), *Strukturen der Mündlichkeit in der römischen Literatur*, Tübingen 1990 (= *ScriptOralia* 19, Reihe A: Altertumswiss. Reihe, 4), S. 19–50.

I. PRONAY-STRASSER, »Von Ornithologen und Grashupferinnen. Bemerkungen zur Sexualität um 1900«, in: H. Ch. Ehalt/G. Heiß/H. Stekl, *Glücklich ist, wer vergißt...? Das andere Wien um 1900*, Wien/Köln/Graz 1986, S. 113–132.

Vl. PROPP, *Morphologie des Märchens*, hrsg. von K. Eimermacher, München 1972.

Vl. PROPP, *Die historischen Wurzeln des Zaubermärchens*, München/Wien 1987.

W. PSAAR/M. KLEIN, *Wer hat Angst vor der bösen Geiß? Zur Märchendidaktik und Märchenrezeption*, Braunschweig 1976.

P. PUCCI, »The Song of the Sirens«, in: *Arethusa* 12 (Fall 1979), S. 121–129.

W. QUIRIN, *Die Kunst Ovids in der Darstellung des Verwandlungsaktes*, (Diss.) Gießen 1930.

A. RABINACH, »Between Enlightenment and Apokalypse. Benjamin, Bloch and Modern Jewish Messianism«, in: *New German Critique. An Interdisciplinary Journal of German Studies* 34 (1985), S. 78–124.

S. W. DE RACHEWILTZ, *De sirenibus*, Harvard 1983.

L. RADERMACHER, »Die Erzählungen der Odyssee«, in: *Sitzungsberichte der Kais. Akademie der Wissenschaften in Wien. Philosophisch-Historische Klasse*, Bd., 178, Abh. 1, Wien 1915.

L. RADERMACHER, *Mythos und Sage bei den Griechen*, 2. verb. Aufl., Brünn/München/Wien 1943.

W. VON RAHDEN, »Orte des Bösen. Aufstieg und Fall des dämonologischen Dispositivs«, in: A. Schuller/W. von Rahden (Hrsg.), *Die andere Kraft. Zur Renaissance des Bösen*, Berlin 1993, S. 26–54.

H. RAHNER, »Antenna crucis I: Odysseus am Mastbaum«, in: *Zeitschrift für Katholische Theologie* 65 (1941), S. 123–152.

H. RAHNER, *Griechische Mythen in christlicher Deutung*, Zürich 1945.

W. RAIBLE (Hrsg.), *Medienwechsel. Erträge aus zwölf Jahren Forschung zum Thema Mündlichkeit und Schriftlichkeit*, Tübingen 1998 (= *ScriptOralia* 113).

K. RAMM, *Reduktion als Erzählprinzip bei Kafka*, Frankfurt a.M. 1971.

Fr. RANKE, »Sage und Märchen« (1916), in: ders., *Volkssagenforschung. Vorträge und Aufsätze*, Breslau 1935.

K. RANKE, »Orale und literale Kontinuität«, in: H. Bausinger/W. Brückner (Hrsg.), *Kontinuität? Geschichtlichkeit und Dauer als volkskundliches Problem*, Berlin 1969, S. 102–116.

N. Rath, »Mythosauflösung, Kafkas Das Schweigen der Sirenen«, in: *Zerstörung, Rettung des Mythos durch Licht*, hrsg. von Chr. Bürger, Frankfurt a.M. 1986, S. 86–110.

K. Reinhardt, »Die Abenteuer der Odyssee«, in: ders., *Von Werken und Formen. Vorträge und Aufsätze*, Godesberg 1948, S. 52–162, wieder abgedruckt in: ders., *Tradition und Geist. Gesammelte Essays zur Dichtung* (hrsg. von C. Becker), Göttingen 1960, S. 47–124.

R. Reitzenstein, *Das Märchen von Amor und Psyche bei Apuleius*, (Antrittsrede an der Universität Freiburg, gehalten am 22. Juni 1911) Leipzig/Berlin 1912.

R. Reitzenstein, »Die Göttin Psyche in der hellenistischen und frühchristlichen Literatur«, in: *Sitzungsber. Heidelberg, Philol.-Hist. Klasse* (1914), S. 1–11.

R. Reitzenstein, »Noch einmal Eros und Psyche«, in: *Archiv für Religionswissenschaft* 28 (1930), S. 42–87.

A.-B. Renger, »Quod licet Iovi, non licet bovi. Die Geburt Europas aus dem Geiste des Mythos«, in: Fr. Böckelmann/D. Kamper/W. Seitter (Hrsg.), *Europas Grenzen*, Bodenheim 1996, S. 101–114 (= *Tumult* 22).

A.-B. Renger, »Imaginationen gefährlicher Liebschaften: Die Sirenen in der Malerei des europäischen Spätsymbolismus«, in: M. Kunze (Hrsg.), *Wiedergeburt griechischer Götter und Helden. Homer in der Kunst der Goethezeit* (Ausst.kat.), Mainz 1999, S. 277–293.

A.-B. Renger (Hrsg.), *Mythos Europa. Texte von Ovid bis Heiner Müller*, Leipzig 2003.

A.-B. Renger, Fremde Wirklichkeiten und phantastische Erzählungen als »Urtendenz der Dichtung selber« (Benjamin): Homers Odyssee und moderne (bzw. zeitgenössische) Fantasy, in: N. Hömke/M. Baumbach (Hrsg.), *Fremde Wirklichkeiten. Literarische Phantastik und antike Literatur*, Heidelberg 2006, S. 109–142.

K. Reuschel, »Entstehung und Verbreitung der Volksmärchen«, in: ders., *Volkskundliche Streifzüge. Zwölf Vorträge über Fragen der deutschen Volkskunde*, Dresden/Leipzig 1903 (wiederabgedr. in: F. Karlinger (Hrsg.), *Wege der Märchenforschung*, Darmstadt 1973, S. 1–15.

Th. Reuter, *Der unbekannte Odysseus. Eine Interpretation der Odyssee*, Bern/Stuttgart 1989.

A. Reutter, *Rapunzel – wo finde ich Dich? Eine Märchenmeditation*, Einsiedeln 1987.

H. Riefstahl, *Der Roman des Apuleius. Beitrag zur Romantheorie*, Frankfurt a.M. 1938.

H. Ringgren, *Die Religionen des alten Orients*, Göttingen 1979.

J. E. Robson, »Bestiality and bestial rape in Greek myth«, in: S. Deacy/K.F. Pierce (Hrsg.), *Rape in Antiquity*, London 1997, S. 65–96.

L. Röhrich, »Die mittelalterlichen Redaktionen des Polyphemmärchens (AT 1137) und ihr Verhältnis zur außerhomerischen Tradition«, in *Fabula* 5 (1962), nachgedr. in: ders., *Sage und Märchen. Erzählforschung heute*, Freiburg i. Br./Basel/Wien 1976., S. 234–252.

L. Röhrich, »Die Volksballade von ›Herrn Peters Seefahrt‹ und die Menschenopfer-Sagen«, in: H. Kuhn/K. Schier (Hrsg.), *Märchen, Mythos, Dichtung*, München 1963, S. 177–212.

L. Röhrich, *Märchen und Wirklichkeit*, Wiesbaden ²1964.

L. Röhrich, »Sonnenfolklore«, in: J. Jobé (Hrsg.), *Die Sonne*, Freiburg 1975, S. 89–150.

L. Röhrich, *Sage und Märchen. Erzählforschung heute*, Freiburg 1976.

L. RÖHRICH, »Märchen und Mythen«, in: *Mythos in mythenloser Gesellschaft. Das Paradigma Roms*, hrsg. von Fritz Graf, Stuttgart/Leipzig 1993, S. 295–304 (= *Colloquium Rauricum* 3).

L. RÖHRICH, »Märchensammlung und Märchenforschung in Deutschland«, in: D. Röth/W. Kahn (Hrsg.), *Märchen und Märchenforschung in Europa. Ein Handbuch*, Frankfurt a.M. 1993, S. 35–55.

L. RÖHRICH, »Erlösung«, in: *EM* IV, Sp. 195–222.

L. RÖHRICH, »Jenseitswanderungen«, in: *EM* VII, Sp. 547–559.

H. RÖLLEKE, *Die Märchen der Brüder Grimm – Quellen und Studien. Gesammelte Aufsätze*, Trier 2000.

D. RÖTH/W. KAHN (Hrsg.), *Märchen und Märchenforschung in Europa. Ein Handbuch*, Frankfurt a.M. 1993.

H. G. RÖTZER, *Märchen*, Bamberg 1981.

H. G. RÖTZER (Hrsg.), *Sage*, Berlin 1982.

E. ROHDE, *Psyche*, eingeleitet und hrsg. von Hans Eckstein, Leipzig o.J.

E. ROHDE, *Der griechische Roman und seine Vorläufer*, Darmstadt ⁴1960.

H. ROSENFELD, *Legende*, Tübingen ³1972.

K. ROSENKRANZ, *Ästhetik des Häßlichen* (Königsberg 1853), hrsg. und mit einem Nachwort versehen von D. Kliche, Leipzig ²1996.

C. ROTHE, *Die Odyssee als Dichtung und ihr Verhältnis zur Ilias*, Paderborn 1914.

A. DE RUITER, *Claude Lévi-Strauss*, Frankfurt a.M./New York 1991.

C. RUIZ MONTERO, »The Structural Pattern of the Ancient Greek Romances and the *Morphology of the Folktale* of V. Propp«, in: *Fabula* 22 (1981), S. 228–238.

C. RUIZ MONTERO, *La estructura de la novela griega*, Salamanca 1988.

M. RUMPF, *Spekulative Literaturtheorie. Zu Walter Benjamins Trauerspielbuch*, Königstein/Ts. 1980.

R. B. RUTHERFORD, »At Home and Abroad: Aspects of the Structure of the Odyssey«, in: *Proceedings of the Cambridge Philological Society* 211 [N.S. 31] (1985), S. 133–150.

P. SAINTYVES, *Les Contes de Perrault et les récits parallèles*, Paris 1923.

G. SAMUEL, »Schriftkörper in tonloser Fernsicht. Kafkas Sirenentext«, in: *Wirkendes Wort* 40 (1990), H. 1, S. 49–66.

P. SCARPI, »Il ritorno di Odysseus e la metafora del viaggo iniziatico«, in: M.-M. Mactoux/E. Geny (Hrsg.), *Mélanges Pierre Lévêque*, Bd. 1, *Religion*, Paris 1988, S. 245–259.

P. SCAZZOSO, *Metamorfosi di Apuleio. Studio critico sul significato del romanzo*, Mailand 1951.

W. SCHADEWALDT, *Von Homers Welt und Werk*, Stuttgart ³1958.

M. SCHÄFER, *Märchen lösen Lebenskrisen*, Freiburg i.Br. ²1985.

S. L. SCHEIN, »Female Representations and Interpreting the *Odyssey*«, in: B. Cohen (Hrsg.), *The Distaff Side. Representing the Female in Homer's Odyssey*, Oxford 1995, S. 17–27.

H. SCHELSKY, *Soziologie der Sexualität*, Hamburg 1955.

M. J. S. SCHENK, *The fabliaux*, Amsterdam 1987.

W. SCHERF, *Die Herausforderung des Dämons. Form und Funktion grausiger Kindermärchen*, München u.a. 1987.

W. Scherf, »Hänsel und Gretel«, in: *EM* VI, Sp. 498–509.

W. Scherf, *Lexikon der Zaubermärchen*, Stuttgart 1982.

W. Scherf, *Das Märchenlexikon*, 2 Bde., München 1995.

G. Schiavoni, »Von der Jugend zur Kindheit. Zu Benjamins Fragmenten einer proletarischen Pädagogik«, in: B. Lindner (Hrsg.), *Walter Benjamin im Kontext*, 2. erw. Aufl., Frankfurt a.M. 1978, S. 30–64 [veränderte, gekürzte Fassung von: »Benjamin e la ›pedagogia coloniale‹. Alla ricerca di un educazione alternativa«, in: *Nuova Corrente* 71 (1976), S. 239–287].

H.-E. Schiller, »Jetztzeit und Entwicklung. Geschichte bei Ernst Bloch und Walter Benjamin«, in: *Text & Kritik*. Sonderheft Ernst Bloch (1985), S. 175–193.

H. Schlaffer, »Clemens Lugowskis Beitrag zur Disziplin der Literaturwissenschaft«, in: Cl. Lugowski, *Die Form der Individualität im Roman* (1932), Frankfurt a.M. ²1994, S. VII–XIV.

R. Schlesier, »Der bannende Blick des Flaneurs im Garten der Mythen«, in: dies. (Hrsg.), *Faszination des Mythos. Studien zu antiken und modernen Interpretationen*, Frankfurt a.M. 1985, S. 35–60.

B. Schmidt, *Griechische Märchen, Sagen und Volkslieder*, Leipzig 1877.

G. Schmitt, *Die Menschenopfer in der Spätüberlieferung der deutschen Volksdichtung*, (Diss.) Mainz 1959.

G. Scholem, »Zum Verständnis der messianischen Idee im Judentum«, in: ders., *Judaica I*, Frankfurt a.M. ⁶1997.

H. Schulze, *Ammen und Pädagogen. Sklavinnen und Sklaven als Erzieher in der antiken Kunst und Gesellschaft*, Mainz 1998.

B. Schweitzer, *Herakles. Aufsätze zur griechischen Religions- und Sagengeschichte*, Tübingen 1922.

E. R. Schwinge, *Die Odyssee – nach den Odysseen: Betrachtungen zu ihrer individuellen Physiognomie*, Göttingen 1993.

A. Scobie, *Apuleius and Folklore. Toward a History of ML3045, AaTh567, 449a*, London 1983.

E. Seemann, »Widerspiegelungen der Mnesterophonia der Odyssee in Liedern und Epen der Völker«, in: *Laographia* 22 (1965), S. 484–490.

Ch. P. Segal, »The Phaeacians and the Symbolism of Odysseus' Return«, in: *Arion* 1 (1962), H. 4, S. 17–64.

Ch. P. Segal, »Transition and Ritual in Odysseus' Return«, in: *La Parola del Passato* 116 (1967), S. 321–342.

Ch. P. Segal, *Singers, Heroes and Gods in the Odyssey*, Ithaca/London 1994.

W. Siegmund (Hrsg.), *Antiker Mythos in unseren Märchen*, Kassel 1984.

G. Simmel, *Philosophische Kultur*, Potsdam ³1923.

H. Siuts, *Jenseitsmotive im deutschen Volksmärchen*, Leipzig 1911.

M. Skafte Jensen, »The Fairy Tale Pattern of the Odyssey«, in: M. Chesnutt (Hrsg.), *Telling Reality. Folklore Studie in Memory of Bengt Holbeck*, Copenhagen/Turku 1993, S. 169–193.

V. Sklovskij, »Aufbau der Erzählung und des Romans«, in: ders., *Theorie der Prosa*, hrsg. und übers. von G. Drohla, Frankfurt a.M. 1966, S. 62–88.

V. Sklovskij, »Der Zusammenhang zwischen den Verfahren der Sujetfügung und den allgemeinen Stilverfahren«, in: J. Striedter (Hrsg.), *Russischer Formalismus*, München 1971, S. 38–121.

W. H. Sokel, *Franz Kafka – Tragik und Ironie*, München/Wien 1964.
W. Solms, *Die Moral von Grimms Märchen*, Darmstadt 1999.
F. Solmsen, *Beiträge zur Griechischen Wortforschung*, Straßburg 1909.
R. Stach, *Kafkas erotischer Mythos. Eine ästhetische Konstruktion des Weiblichen*, Frankfurt a.M. 1987.
B. Stamer (Hrsg.), *Märchen von Nixen und Wasserfrauen*, Frankfurt a.M. 1987.
F. K. Stanzel, *Typische Formen des Romans*, Göttingen 1964.
I. Stephan, »Mythos – Geschlechterdiskurs – Moderne« (Bibliographie), in: dies., *Musen & Medusen. Mythos und Geschlecht in der Literatur des 20. Jahrhunderts*, Köln/Weimar/Wien 1997, S. 252–267.
D. J. Stewart, *The Disguised Guest: Rank, Role and Identity in the Odyssey*, Lewisburg/London 1976.
G. Stieg, »Kafka und Weininger«, in: N. A. Harrowitz/B. Hyams (Hrsg.), *Jews and Jender: Responses to Otto Weininger*, Philadelphia 1995, S. 195–206.
K. Stierle, »Aura, Spur und Benjamins Vergegenwärtigung des 19. Jahrhunderts«, in: H. Pfeiffer/H.R. Jauss u.a. (Hrsg.), *Art social and art industriel. Funktionen der Kunst im Zeitalter des Industrialismus*, München 1987, S. 39–47.
M. Stolleis, »Der Ranzen, das Hütlein und das Hörnlein«, in: H. Brackert (Hrsg.), *Und wenn sie nicht gestorben sind ... Perspektiven auf das Märchen*, Frankfurt a.M. 1980.
S. Strabyla, »The Functions of the Tale of Cupid and Psyche in the Structure of the Metamorphoses of Apuleius«, in: *Eos* 59 (1973), S. 261–272.
W. Suerbaum, »Die Ich-Erzählungen des Odysseus. Überlegungen zur epischen Technik der Odyssee«, in: *Poetica* 2 (1968), S. 150–177.
J.-Ö. Swahn, *The Tale of Cupid and Psyche*, Lund 1955.
M. Tartar, *Von Blaubärten und Rotkäppchen. Grimms grimmige Märchen*, Salzburg/Wien 1990.
J. Tatum, »The Tales in Apuleius' Metamorphoses«, in: *TAPhA* 100 (1969), S. 487–527.
R. Taub/H. Wieser (Hrsg.), *Gespräche mit Ernst Bloch*, Frankfurt a.M. 1975.
E. Tegethoff, *Studien zum Märchentypus von Amor und Psyche*, Bonn/Leipzig 1922.
L. Tetzner, *Aus der Welt des Märchens*, Münster 1965.
H. van Thiel, *Odysseen*, Basel 1988.
A. Thomalla, *Die ›femme fragile‹. Ein literarischer Frauentypus der Jahrhundertwende*, Düsseldorf 1972.
St. Thompson, *The Folktale*, New York 1946.
A. Thornton, *Homer's Ilias: Its Composition and the Motif of Supplication*, Göttingen 1984 (= *Hypomnemata* 81).
R. Tiedemann, *Studien zur Philosophie Walter Benjamins*, Frankfurt a.M. ²1973.
R. Tiedemann, »Einleitung des Herausgebers«, in: Walter Benjamin, *Das Passagen-Werk*, S. 9–41 (= WBV).
R. Tiedemann, *Dialektik im Stillstand. Versuche zum Spätwerk Walter Benjamins*, Frankfurt a.M. 1983.
I. I. Tolstoi, »Einige Märchenparallelen zur Heimkehr des Odysseus«, in: *Philologus* 89 (1934), S. 261–274.
P. Toschi, *Rappresaglia di Studi di Litteratura Popolare*, Florenz 1957.

Chr. UJMA, »Lumpensammler. Blochs Benjaminsche Sicht des Surrealismus«, in: *Bloch-Almanach* 12 (1992), S. 65–110.

S. USENER, *Isokrates, Platon und ihr Publikum. Hörer und Leser von Literatur im 4. Jahrhundert v. Chr.*, Tübingen 1994 (= *ScriptOralia* 63, Reihe A: Altertumswiss. Reihe, 14).

S. VIETTA, *Lyrik des Expressionismus*, München 1976.

A. VILLANEUVA-COLLADO, »Dante Alighieri, W. B. Yeats y Gabriel García-Márquez: El inferno como espiral en Cien anos de soledad«, in: *Alba de América* 8 (1990), S. 157–169.

G. VOGT-SPIRA (Hrsg.), *Studien zur vorliterarischen Periode im frühen Rom*, Tübingen 1989 (= *ScriptOralia* 12, Reihe A: Altertumswiss. Reihe, 2).

G. VOGT-SPIRA, »Indizien für mündlichen Vortrag von Petrons Satyrica«, in ders. (Hrsg.), *Strukturen der Mündlichkeit in der römischen Literatur*, Tübingen 1990, S. 183–192 (= *ScriptOralia* 19, Reihe A: Altertumswiss. Reihe, 4).

G. VOGT-SPIRA (Hrsg.), *Beiträge zur mündlichen Kultur der Römer*, Tübingen 1993 (= *ScriptOralia* 74, Reihe A: Altertumswiss. Reihe, 11).

B. VOLMARI, »Die Melusine und ihre Schwestern in der Kunst. Wasserfrauen im Sog gesellschaftlicher Strömungen«, in: I. Roebling (Hrsg.), *Sehnsucht und Sirene. Vierzehn Abhandlungen zu Wasserphantasien*, Pfaffenweiler 1992, S. 329–350.

J. DE VRIES, *Forschungsgeschichte der Mythologie*, Freiburg i.Br./München 1961.

J. DE VRIES, *Betrachtungen zum Märchen, besonders in seinem Verhältnis zu Heldensage und Mythos*, Helsinki 1954 (= FFC 150).

J. DE VRIES, «Les contes populaires», in: *Diogène* 22 (1958), S. 3–20.

P. G. WALSH, *The Roman Novel. The ›Satyricon‹ of Petronius and the ›Metamorphoses‹ of Apuleius*, Cambridge 1970.

S. WEBER, »Genealogy of modernity. History, myth and allegory in Benjamin's *Origin of the German mourning play*«, in: *Modern Language Notes* 106 (1991), S. 465–500 (= Sonderheft zu *Walter Benjamin*).

T. B. L. WEBSTER, *The Tragedies of Euripides*, London 1967.

S. WEDNER, *Tradition und Wandel im allegorischen Verständnis des Sirenenmythos*, Frankfurt a.M. 1994.

Fr. WEHRLI, *Zur Geschichte der allegorischen Deutung Homers im Altertum*, (Diss.) Basel 1928.

Fr. WEHRLI, »Einheit und Vorgeschichte der griechisch-römischen Romanliteratur«, in: *Museum Helveticum* 22 (1965), S. 133–154.

H. WEIDMANN, *Flanerie, Sammlung, Spiel. Die Erinnerung des 19. Jahrhunderts bei Walter Benjamin*, München 1992.

H. WEIDMANN, »Erwachen/Traum«, in: M. Opitz/E. Wizisla, *Benjamins Begriffe*, Frankfurt a.M. 2000, Bd. 2, S. 341–632.

K. WEINBERG, *Kafkas Dichtungen. Die Travestien des Mythos*, Bern und München 1963.

O. WEININGER, *Geschlecht und Charakter. Eine prinzipielle Untersuchung*, im Anhang Weiningers Tagebuch, Briefe A. Strindbergs sowie Beiträge aus heutiger Sicht von A. Stopczyk u.a., München 1980.

O. WEINREICH, »Antiphanes und Münchhausen. Das antike Lügenmärlein von den gefrorenen Worten und sein Fortleben im Abendland«, in: *Sitzungsberichte der Kaiserlichen Akademie der Wissenschaften in Wien. Philosophisch-Historische Klasse*, Bd. 220, 4. Abh., Wien/Leipzig 1942.

H. Weisskirchen, »Die humane Kraft des Denkens. Zur frühen Philosophie Blochs und Benjamins«, in: *Bloch-Almanach* 7 (1987), S. 53–79.

F. G. Welcker, *Griechische Götterlehre*, Bd. 1, Göttingen 1857.

D. E. Wellbery, »Scheinvorgang. Kafkas ›Das Schweigen der Sirenen‹«, in: *Kultureller Wandel und die Germanistik in der Bundesrepublik, Vorträge des Augsburger Germanistentages 1991*, Bd. 3, *Methodenkonkurrenz in der germanistischen Praxis*, hrsg. von J. Janota, Tübingen 1993, S. 163–176.

U. Wesel, *Der Mythos vom Matriarchat,* Frankfurt a.M. 1981.

A. Wesselski, *Versuch einer Theorie des Märchens*, Reichenberg i.Br. 1931, Neudr. Hildesheim 1974.

C. Whitman, *Homer and the Heroic Tradition*, Cambridge (Mass.) 1958.

B. von Wiese, *Friedrich Schiller*, Stuttgart ³1963.

U. von Wilamowitz-Moellendorff, »Die griechische Heldensage. I. II.« in: *Sitzungsberichte der Preussischen Akademie der Wissenschaften, philosophisch-historische Klasse* (1925), Berlin 1925, S. 41–62.

U. von Wilamowitz-Moellendorff, *Glaube der Hellenen,* Bd. 1, Berlin 1931.

U. von Wilamowitz-Moellendorff, »Zukunftsphilologie! Zweites Stück. eine erwiderung auf die rettungsversuche für Fr. Nietzsches ›geburt der tragödie‹« (1873), in: K. Gründer (Hrsg.), *Der Streit um Nietzsches »Geburt der Tragödie«*, Hildesheim 1969, S. 113–135.

R. Wildhaber, »Kirke und die Schweine«, in: *Heimat und Humanität. Festschrift für Karl Meuli*, Basel 1951, S. 233–261 (= *Schweizerisches Archiv für Volkskunde* 47).

G. Wille, »Quellen zur Verwendung mündlicher Texte in römischen Gesängen vorliterarischer Zeit«, in: G. Vogt-Spira (Hrsg.), *Studien zur vorliterarischen Periode im frühen Rom*, Tübingen 1989, S. 199–225.

A. Winterstein, »Die Pubertätsriten der Mädchen und ihre Spuren im Märchen« (1928), in: W. Laiblin (Hrsg.), *Märchenforschung und Tiefenpsychologie*, Darmstadt 1975, S. 56–70.

E. Wismayr, »Patt der Herzen. Inszenierungen der Liebe im fin de siècle«, in: H. Ch. Ehalt/G. Heiß/H. Stekl, *Glücklich ist, wer vergißt…? Das andere Wien um 1900*, Wien/Köln/Graz 1986, S. 133–144.

G. Witschel, *Ernst Bloch. Literatur und Sprache: Theorie und Leistung*, Bonn 1978.

U. Wittmann, *Ich Narr vergaß die Zauberdinge. Märchen als Lebenshilfe für Erwachsene*, Interlaken 1985.

V. J. Wohl, »Standing by the Stathmos: The Creation of Sexual Ideology in the *Odyssey*«, in: *Arethusa* 26 (1993), S. 19–50.

I. Wohlfarth, »›Immer radikal, niemals konsequent …‹. Zur theologisch-politischen Standortsbestimmung Walter Benjamins«, in: N. Bolz/R. Faber (Hrsg.), *Antike und Moderne. Zu Walter Benjamins »Passagen«*, Würzburg 1986, S. 116–137.

A. Wolf/H.-H. Wolf, *Der Weg des Odysseus*, Tübingen 1968.

A. Wolf/H.-H. Wolf, *Die wirkliche Reise des Odysseus. Zur Rekonstruktion des Homerischen Weltbildes*, München/Wien 1983.

R. Wolin, »Notes on the early aesthetics of Lukács, Bloch, and Benjamin«: in: *Berkeley journal of sociology* 26 (1981), S. 89–109.

W. J. Woodhouse, *The Composition of Homer's Odyssey*, Oxford 1930.

J. R. G. Wright, »Folk-Tale and Literary Technique in *Cupid and Psyche*«, in: *CQ* 60 (1971), S. 273–287.

W. WUNDT, *Völkerpsychologie,* Bd. 3., *Die Kunst,* Leipzig ²1908.
W. WUNDT, *Völkerpsychologie,* Bd. 5, *Mythus und Religion II,* Leipzig ²1914.
P. ZAUNERT, »Bluncks Märchen als Lebenswert«, in: E. A. Dreyer/Chr. Jenssen (Hrsg.), *Demut vor Gott. Ehre dem Reich. Hochzeit der Künste. Eine Dankesgabe des Europäischen Schrifttums an Hans Friedrich Blunck,* Berlin 1938, S. 81–84.
Th. ZIELÍNSKI, »Die Märchenkomödie in Athen«, in: ders., *Iresione. Tomus I: Dissertationes ad comoediam et tragoediam spectantes continens,* Lwów 1931 (*Eos Suppl.* 2), S. 8–75.
J. ZIPES, *Fairy Tales and the Art of Subversion. The Classical Genre for Children and the Process of Civilisation,* New York 1983.
H. ZISCHLER, »Maßlose Unterhaltung: Franz Kafka geht ins Kino«, in: *Freibeuter* 16 (1983), S. 33–47.
H. ZISCHLER, *Franz Kafka geht ins Kino,* Hamburg 1996.
P. ZUDEICK, *Der Hintern des Teufels. Ernst Bloch – Leben und Werk,* Bühl-Moos 1985.

Namenregister

Achill 35, 61, 73, 103, 246 f., 263, 336–338
Achilleus Tatios 180 f.
Ackermann, E. 55
Adorno, Theodor W. 11, 332, 347–349, 353, 363, 367, 369 f.
Aeneas 342
Aesop/Aesopus 21, 32, 49
Afanas'ev 68, 109
Agamben, G. 330
Agamemnon 206, 246, 263
Agdistis 43
Aias 247
Aiolos 61, 200, 209, 212, 214 f., 218 f., 228–232, 239 f., 245, 262
Aischylos 8, 33
Akrisios 165 f.
Alexander Aitolos 243
Alexander der Große 154
Alkinoos 65, 143 (Alcinous), 179, 222 f., 246, 277
Alkman 258
Alkmene 246
Alpheios 96
Aly, Wolf 55 f., 147, 153, 158, 160, 168, 235
Amades, J. 13
Ambrosius 151
Amedick, R. 28, 30
Amor XIX, 51, 54, 56, 145, 168, 173, 175 f., 179–181, 186, 188–191, 193, 195, 198, 386
Amphitryon 63
Andersen, H.Ch. 362
Andersen, Ø. 150
Anderson, Dag T. 340
Anderson, Graham 54, 56, 58, 147, 157, 172
Andromache 103
Andromeda 166
Anthia 58
Antikleia 246
Antiope 246
Antiphates 201, 233
Anup und Batu 76
Apelt, Otto 33
Aphrodite (vgl. Venus) 58, 299 f.
Apoll 96, 103
Apollonius Rhodius 258
Apuleius von Madaura XIX, 45, 51, 54, 56, 58, 143, 145 f., 158, 168, 173–178, 180 f., 185–187, 189 f., 198 f., 386
Arachne 96
Archilochos 47, 49
Ares 58
Arete 220, 222, 244, 246, 276

Arethusa 96
Aretino, Pietro 291
Ariadne 246
Aristeides 186
Aristophanes 28, 30, 46, 63, 153, 155 f.
Aristoteles 32, 147, 255, 386
Arndt, A. 35
Arnobius 43
Artakië 201
Artemis 253, 299
Aschenbrödel/Aschenputtel 58, 95, 103, 372
Asenath 58
Assmann, A. 146
Assmann, Jan XVII, 64, 149
Astyanax 336
Athene 166, 174, 179, 201, 232, 235, 238, 244, 276, 299, 336, 379, 381
Augustin, B. 296
Augustinus 151
Augustus 154
Auson 242
Aust, H. 17
Aventin 21
Avian 47

Babrios 47
Bachofen, J.J. 5
Baker, J.J. 364
Barnabas 93
Barthes, Roland 68 f., 170
Basile, Giambattista 13, 21, 49, 52, 89–92, 99
Baucis 92 f., 95 f., 98 f., 102, 104
Bauer, Felice 284, 297, 313
Bauer, J. 88
Baumbach, M. 3
Baumgartner, H.M. 342, 354
Bausinger, Hermann 17, 133, 187
Bdelykleon 156
Becher, Johannes R. 285
Bechstein, L. 362
Bédier, Joseph 109 f., 213
Beese, H. 252
Beller, M. 93, 95
Bellerophon/Bellerophontes 61, 167 f.
Belmont, Nicole 196 f.
Bender, Ferdinand 59–63, 120
Benfey, Theodor 15 f., 51, 363
Benjamin, Walter VI–VIII, XVIII, XX, 3, 9, 81, 104, 195–197, 279, 285, 287–289, 316–333, 335, 339–360, 362, 364–372, 374–379, 381–383, 387

Bennet, Charles Edwin 39f.
Bérard, V. 255
Berendsohn, W.A. 85
Besslich, S. 220
Bethe, Erich 17, 76, 167, 362, 363
Bettelheim, Bruno VII, XVIII, 71f., 74, 77, 98f.
Bias 158, 160–163
Bieler, L. 188
Billing, H. 127
Bilz, J. 71
Binder, G. 151
Blake, William 248
Blänsdorf, J. 155
Blaubart 22, 58, 117, 202
Bloch, Ernst XVIII, XX, 197, 288, 364–374, 378, 386
Blum, E. 89, 102
Blumenberg, Hans XIX, 7–10, 129, 133, 135, 137–140, 210, 251
Blunck, Hans Friedrich 359
Bödeker, K.-B. 302f.
Bodmer, Johann Jakob 18
Boiardo, Matteo Maria 291
Bollack, J. 33
Bolte, J. XVII, 15, 19–21, 24, 41, 49, 89–91, 164, 168, 208
Bolz, N. 319
Bork, Erhard VII
Bork, Jens Peter VII
Bottigheimer, R.B. 34
Bovenschen, S. 310
Bradley, K.R. 28
Brecht, Bertolt 270, 333
Breitinger, Johann Jacob 18
Bremond, Claude 113f., 148, 213, 261
Brentano, Clemens 282, 360
Brisson, L. 4f., 26, 30, 33
Brittnacher, Hans Richard VII, 305
Brod, Max 290, 294, 353, 387
Brogholm, H.C. 63
Brommer, Fr. 167
Brose, K. 127
Brosi, S. 300
Brunel, P. 4
Buck-Morss, S. 371, 375
Buddha 61
Buffière, F. 218
Bühler, Ch. 71
Buitron-Oliver, D. 254
Bürger, Chr. 17
Bürger, K. 177
Burkert, W. 4, 101, 270
Buschendorf, B. 327
Buschor, Ernst 254, 256–258

Calder, W.M.C. 53
Canetti, E. 284, 346
Carpenter, Rhys 63
Cassirer, Ernst 10
Cataudella, Quintino 172
Ceres 193
Cerri, G. 151
Chairikleia 183
Chalkiope 169
Chantraine, P. 254
Charite 58
Chariton von Aphrodisias 180–182
Charlotte 326–328
Charon 193
Charybdis 61, 200, 209, 212, 214–219, 227, 238–240, 247, 256, 260, 264, 298, 353
Chimäre 46, 298
Chione 58
Chloris 159, 246
Christus 61, 93, 97 298
Chrysipp 39
Cicero 38, 40–42, 44–46, 263, 386
Cohen, B. 254
Cohen, Hermann 322, 324
Cohn, Alfred 369f.
Cohn, Jula 328
Conti (Comes), Natalis 312
Cornix 96
Courcelle, P. 298
Couturat, L. 32
Cumont, Fr. 257
Curtius, Ernst Robert 81, 206

Daemmrich, H.S. 248
Daemmrich, I.G. 248
Danaë 165f.
Danek, G. 206, 223
Dante Alighieri 248
Daphne 96
Daub, I. 357, 362
Deacy, S. 9
Deino 166
Demodokos 178, 223, 234, 277
Derrida, Jacques 126f., 325, 387
Derungs, K. 115
Diederichs, U. 19
Diels, Hermann 6, 41
Dijk, Gert-Jan van 32, 47
Dijkstra, Br. 300
Diktys 165f.
Diodor 170
Dion Chrysostomos 153
Dionysos 162, 253
Doblhofer, Georg 9, 104
Doherty, L.E. 249
Dornröschen 103, 124, 356f.

Namenregister

Dowden, K. 188
Dreiäuglein 20, 233
Drewermann, E. 92
Dübner, F. 153
Du Fail, Noël 35
Duff, J.F. Grant 72
Dundes, Alan 106, 113, 126

Eduard 326–328
Edwards, Mark VII
Ehlers, G. 13
Eichhorn, Fr. 179, 215, 243, 245
Eidam, H. 364
Eimermacher, K. 121
Einäuglein 20, 233
Eisenberger, H. 202
Eliade, Mircea 75 f., 82–84, 87
Elpenor 246
Emrich, Wilhelm 379
Entoria 140
Enyo 166
Epeios 336
Ephialtes 155
Epicharm 298
Epikaste 246
Erbse, H. 188
Erhardt, Chr. 36
Eriphyle 246
Eschenburg, B. 299
Esposito, E. 343
Euhemeros 46
Eumaios 174, 179, 269
Euphorbos 44
Euripides 33, 63, 102, 167, 243, 257
Europa 46, 140
Euryale 166
Eurylochos 229, 260
Eustathios 204

Faber, R. 333
Fahnemann, Fr. 359
Faustus 140
Federspiel, Chr. 34
Fehling, Detlev 54, 63, 145 f., 154, 188 f., 199
Felix 140
Fenik, B. 211, 218
Fietkau, W. 324
Fingerhut, K.H. 297
Fittschen, K. 254
Focke 218
Follak, A. 35 f.
Fontane, Theodor 355
Foresti, C. 115
Foucault, Michel 149
Fränkel, H. 178
Franz, M.-L. von 73, 92

Frazer, James 84, 258
Frenzel, E. 69
Freud, Sigmund 71, 127, 304
Frevert, U. 301
Frieda 299
Friedel, H. 299
Friedl, A. J. 204
Friedländer, Ludwig 51, 54–56, 147, 188
Fritz, H. 305
Frommann, C.F.E. 35
Frost, U. 35
Fuhrmann, M. 27
Fulgentius 188, 298

Galland, Jean Antoine 19
Geel, Jacob 53
Gehlen, Arnold 131 f.
Gehrts, H. 13
Genette, Gérard 174, 176, 216, 219
Gerland, Georg 15, 51, 58 f.
Germain, Gabriel 65 f., 179, 201, 218, 228, 233, 255
Gerndt, H. 13
Gianelli, G. 255
Gide, André 8
Gierth, L. 95
Girard, René VII, 9, 95
Glenn, J. 233
Gmelin, O.F. XVIII
Goebel, R.G. 348
Goethe, Johann Wolfgang 50, 101, 105, 197, 261, 282, 288, 317, 322, 326–329, 354, 387
Gorgias 29, 31, 150
Gorgo 155, 244, 266
Gottsched, Johann Christoph 18
Graf, Fr. 4
Grätz, Manfred 19, 25, 26, 35, 144 f., 157
Graumantel, der 90 f.
Grazzini, Serena 113 f., 122
Green, Julien 317
Greimas, A.J. 113
Grimal, P. 188
Grimm, Brüder (J. und W.) 13–15, 19 f., 35, 48–51, 53, 55–57, 79 f., 86 f., 92, 97, 170, 271, 373, 385
Grimm, Jacob 15, 52 f., 266
Grimm, Wilhelm 15, 75
Grimmelshausen, H.J.C. v. 21
Gruppe, O. 97
Gudeman, Alfred 39
Guillaume Le Clerc de Normandie 252
Gumbrecht, Hans-Ulrich VII
Gundert, H. 100
Güngerich, R. 39
Günther, Christian Wilhelm 19
Gutter, A. 73

Hackmann, Oskar 63, 233
Hägg, Thomas 180–182, 185
Hahn, J.H. von 106
Halliday, William R. 16, 168
Halliwell, St. 36
Hamacher, Werner VIII
Hänsel und Gretel 72, 103, 356, 373
Hardinghaus, B. 39
Hartland, E.S. 164
Hartung, Günter 317
Hauff, Wilhelm 357, 362
Hausrath, August 54f.
Havelock, E.A. 150
Hebel, Johann Peter 93
Hederich, Benjamin 159, 305
Hegel, G.W.F. 324f., 342
Heidegger, Martin 325
Heine, Heinrich 134
Heinrich, Klaus 167
Heinrici, G. 188
Hektor 103, 336–338
Heldmann, Georg 51, 56–58
Helena 33, 68, 337
Heliodor 172, 180–183
Helios 174, 200, 209, 212, 214–218, 226, 228–231, 238–240, 246f.
Helle 168f.
Helm, R. 188
Herakles 33, 63, 155, 160, 167f., 206, 244, 247
Herder, Johann Gottfried 18f., 23
Hermand, J. 305
Hermes 93 (Mercurius/Merkur), 99 (Mercurius), 166, 235–238, 253
Herodoros 167
Herodot 33, 58, 147, 158, 241
Herrmann, G. 205
Herzog-Hauser, Gertrud 29, 63
Hesiod XVIII, 31, 33f., 37, 40, 45, 47, 49, 159, 167, 170, 246, 262
Hestia 299
Heubeck, Alfred 159, 161, 207, 209, 231, 234, 236, 240, 246, 269
Heym, Georg 285
Hildebrandt, Kurt 34
Hippias von Elis 30
Hirsch, A.-B. 13–16
Hirsch, W. 26, 36
Hobrecker, Karl 361
Hoekstra, A. 159, 161, 209, 231, 234, 236, 240, 246, 269
Hoffmann, R. 370
Hofmann, E. 33
Hofmann, H. 154
Hofmann, W. 286
Hofstätter, H.H. 300
Hofstetter, E. 252–254, 258, 268, 281

Holbek, B. 83
Holoka, J.P. 207
Hölscher, Uvo 58, 64, 66–69, 147, 168, 180, 182–185, 201, 205–207, 211, 256, 339
Holzberg, Niklas 32, 47, 182, 188f.
Homer VII, 3, 16, 29, 31–34, 37, 40, 43, 45, 51f., 54, 57, 64, 67, 93, 137, 140, 143, 146, 159, 168, 170, 173f., 178, 180, 202, 204f., 207, 209, 211, 216, 218f., 251, 254, 258, 268–270, 277, 281, 283, 289, 291f., 295, 314, 345, 383
Hömke, N. 3
Hopfner, T. 29
Horaz 151, 186
Horch, H.O. 19
Horélek, K. 13
Horkheimer, M. 11, 353
Horn, K. XVIII, 86, 356
Horneffer, August 34
Hübner, Kurt 8f.
Huch, E.L.D. 21
Huizinga, Johan 129
Humboldt, Wilhelm von 50, 101, 105, 130, 387
Hunger, G. 207
Hydra 167
Hymnus 140

Iamblichos 181
Ianus 140
Iason 168f.
Ide, H. 17
Inanna 58
Ino 168
Institoris, Heinrich 29
Ioannidi, H. 26
Iphiklos 158, 160f., 163
Iphimedeia 246
Isidor von Sevilla 81
Isis 173
Isokrates 150
Ittenbach, M. 86
Iuno 193
Iuppiter/Jupiter (vgl. Zeus) 93, 98f., 193

Jahn, W. 296
Jalkotzy, Alois 360
Jamme, Chr. 4
Janouch, G. 296
Janz, M. 310
Janz, R.-P. 288
Jason, H. 115
Jauß, H.R. 28, 137
Jeanmaire, H. 188
Jöckel, Br. 71
Johannes, der treue 160f.

John, Constantin 39
Jolles, André 4, 17, 23, 70 f., 147, 187, 271–273
Josef K. 303, 311, 313, 345
Julian Apostata 47, 62
Jung, C.G. 71
Jung, E. 72
Junghanns, P. 177, 188
Juvenal 153

Kafka, Franz VII, XX, 8, 251, 269, 279,
   283–297, 299 f., 302–309, 311, 313–317,
   322, 324, 343–349, 353 f., 363, 365, 370,
   375–383, 387
Kahlo, G. 11
Kahn, W. XIX
Kaiser, E. 291, 305
Kaisersberg, Geiler von 24
Kakridis, Johannes Th. 63
Kallimachos 97
Kallisto 46, 96
Kalypso 59, 61, 143, 174, 200, 209, 212–220,
   229, 235, 238–244, 247, 249, 261, 270
Kambas, Chr. 324
Kant, Immanuel 22, 129, 131–135, 137, 202,
   272, 326, 342, 352–354
Karadagli, T. 32
Kardopion 63, 156
Karlinger, Felix 20
Kassandra 281
Kaufmann, D. 364
Kayser, Wolfgang 180
Kerényi, Kar(o)l 133, 172, 386
Kern, O. 97
Keto 378
Kim, Y.-O. 382
Kirchhoff, Adolf 59, 205, 217
Kirke 59, 61, 143 (Circe), 200, 209, 212–215,
   217–220, 225, 229, 231, 233, 235–246,
   249 f., 254–256, 259–264, 266–270, 277,
   298
Klein, M. 71
Klingsohr 203
Kloppstock, Robert 311
Klotz, Volker XVIII
Klymene 246
Klytaimnestra 246
Koch, P. 151
Kopf-Wendling, U. 258
Korsch, Karl 333
Kowatzki, Irmgard 130, 134
Kracauer, Siegfried 345, 364 f., 387
Kraft, Werner 382
Kranz, Walther 235
Krataiis 264
Kraus, Karl 325
Kremer, D. 285, 297

Krischer, Tilman 178, 205, 217 f.
Kronos 46, 140
Krüger, G. 7
Kruschwitz, Peter VII
Kuhn, I. 327
Kullmann, W. 149, 338
Kunz, Harald VII

Lachmann, K. 205
Lacis, Asja 333
Lactantius 43 f.
La Fontaine, Jean de 93
Laiblin, W. 71 f.
Lamberton, R. 218
Lamia 20, 46, 63, 155, 156
Lämmert, Eberhard 177
Landau, M. 94
Landmann, G.P. 207
Lang, Andrew 16, 51, 76
Lanzel, S. 188
Laokoon 336 f.
Latacz, J. 202, 209, 211, 337
Latte, K. 254 f.
Lavagnini, Bruno 172
Leda 46, 246
Lefèvre, E. 151
Leibfried, E. 17, 32
Leni 302, 311
Le Rider, J. 301
Lesky, A. 168, 173, 187, 202, 256
Lévi-Strauss, Claude 78, 107, 113, 121 f.,
   126 f., 225
Levy, G.R. 228
Leyen, Friedrich von der 63, 74–79, 81, 108,
   120, 129, 135, 164, 235
Liebrecht, F. 188
Liede, Alfred 134 f.
Lindner, B. 327
Link, J. 115
Locke, John 25
Loewenthal, Erich 33
Löffler, Ingrid 158–160, 162
Longos 172, 180 f.
Lord, Albert M. 150, 202
Louden, B. 211, 243
Löwy, M. 319
Lucius 173, 177 f. 187, 189, 197 f.
Ludwig XIV. 143
Ludwig XVI. 19
Lugowski, Clemens 179, 210 f.
Lukács, Georg 333, 367
Lukian 46 f., 54
Lukios von Patrai 173
Luther, A. 364
Luther, Martin 43
Lüthi, Max VII, 3, 11, 16 f., 19, 21, 24, 32, 71,

73, 75, 83f., 86, 89, 91, 96, 106, 125f., 180, 194f., 197f., 208, 215, 224–226, 233, 236, 241, 260, 266f., 273, 275, 350f., 374f., 377
Lykomedes 338
Lykophron 281

Mackensen, L. 13, 84, 235
Macrobius 38, 44, 45, 47, 386
Maira 246
Malinowski, Bronislaw 84
Mallet, K.H. XVIII
Malten, L. 93, 97
Mann, Thomas 387
Mantero, Teresa 187, 192
Marbod von Rennes 298
Maria, die Jungfrau 88–92, 99
Marie des France 93
Marienkind, das 34, 87f., 91, 95, 99, 101, 108, 117
Marót, K. 255, 257
Marquard, Odo 7, 135f.
Marrou, H.-J. 204
Marx, August 54f., 147, 161
Marx, Karl 6, 319, 333, 352
Matt, Peter von XVII
Mattenklott, Gert 307, 376f.
Mattes, W. 220
Matuschek, Stefan 129–132
Max, F.R. 252
Maximus von Turin 291
Maximus von Tyros 45
Maxwell, B. 364
Mayer, M. 14, 19, 371
McGlathery, J.M. 34, 50
Mead, Georg H. 131
Meara, M.O. 248
Medea 169
Medusa 166, 310, 378f.
Megara 63, 246
Megas, Georgios A. 54, 102
Melampus 148, 158–163, 169
Meletinsky, Eleasar VII, 69, 106, 120–128, 148, 157, 161, 164, 166, 168f., 192, 195, 221, 224–226, 230, 271f.
Menander 45
Menelaos 44, 68, 337
Menke, B. 290, 335
Menninghaus, Winfried VII, 22, 28, 35, 48, 104, 117, 190, 202f., 251, 261, 271, 288, 317, 322, 327, 331, 335, 363
Mensching, E. 147, 153
Merkel, R. 325
Merkelbach, Reinhold 63, 172, 188
Meuli, K. 55, 168
Michel, Alain 39, 40
Mingazzini, P. 255

Minos 58, 239, 247
Minotaurus 153
Minucius Felix 41–43, 45
Mitchell, W.J.T. 247
Möckel, M. 74, 133
Mode, H.A. 252
Mönckeberg, V. 13
Montanus, Martin 20
Mormo 46
Mormolyke 155
Moscherosch, J.M. 21
Moser, D.-R. 14
Moser-Rath, Elfriede 366
Moses 44
Mosès, Stéphane 292f.
Most, Glenn W. VII, 174, 204, 218f., 244
Motte, André 269
Mozart, Wolfgang Amadeus XVII
Mühlenstein, H. 254
Müller, Friedrich Max 59
Müller, L. 33
Müller, U.L. 357
Münkler, Herfried 73
Münster, A. 370
Musäus, Johann Karl August 19

Nagler, M.N. 211
Naubert, Christiane Benedikte 19
Naumann, Hans 76
Nausikaa 65, 174, 201, 220f., 244, 267, 276f.
Nausinoos 242
Nausithoos 242
Neleus 160f., 163
Nerva 153
Nestor 259
Nieraad, J. 330
Nietzsche, Friedrich 127, 137, 331, 387f.
Nikophon 298
Niles, John D. 217f.
Nilsson, Martin Persson 76
Nitschke, A. 13
Noas, Kara 20
Nolting-Hauff, Ilse 182–184
Nonnos 258
Novalis 22, 131, 134, 139, 203, 362
Numenios von Apameia 204

Obenauer, K.J. 84
Oberfeld, Ch. 13
Odysseus VI, VII, XVIII, XIX, XX, 3, 10–12, 16, 46, 59, 65–68, 141, 143, 153, 159, 173f., 176–180, 184, 186f., 201, 204–209, 211–213, 214 (als Ich-Erzähler und Protagonist), 216–225, 226 (als Subjekt und Objekt seiner Erzählung), 227, 229–231, 232 (als mythischer Heros), 233f., 236–239, 241–

Namenregister 425

247, 249–251, 255–257, 259f., 262–277, 281–283, 285, 287–295, 298, 304f., 311–315, 333, 335–340, 342–344, 345 (als genuin untragische Figur; als Lehrmeister Kafkas), 346–349, 353f., 363, 375–381, 383
Oedipus/Ödipus 281, 320, 343
Oeri, H.G. 27f., 30
Oesterreicher, W. 151
Olrik, Axel 85, 175
Olsen, A. Hennessey 115
Ophelia 282
Orion 239, 247
Osiris 173
Ottilie 326–328
Otto, Rudolf 103
Ovid 92f., 95–98, 104

Page, Denys L. 64, 201, 205, 231, 241
Palamedes 338
Pan 96
Panzer, Friedrich 11, 13, 75, 79–81, 108, 120, 215
Paris 68
Parmenides 6
Parry, A. 106, 150
Parry, Milman 106, 150, 177, 205
Patroklos 103, 337f.
Patzer, H. 64
Paulus 41f., 93
Pawel, E. 306
Pegasus 46
Peleus 167f., 338
Pelias 168
Pelleka, Georgia 20
Penelope 66, 174, 179, 217, 242, 246f., 272, 295
Pephredo 166
Pépin, J. 204
Perimedes 260
Perithoos 244
Pero 158–160, 246
Perrault, Charles 13, 21, 49, 93, 143, 190, 362
Perry, Ben Edwin 172, 185
Persephone 244, 258, 266
Perseus 164–166, 169, 378
Petersmann, Hubert 63, 236
Peterson, W. 39f.
Petron 45, 155f., 186, 268
Petrus 93
Petzoldt, L. 17
Peuckert, W.-E. 11
Pfister, F. 255
Pfisterer-Haas, S. 28
Phaedrus 47
Phaidra 246
Phemios 178

Pherekydes 164, 167
Philemon 92f., 95f., 98f., 102, 104
Philippe, J. 300
Philipp II. 154
Philokleon 63, 156
Philomele 46
Philostrat 62
Phorkys 378
Photios 181
Phrixos 168f.
Phylakos 158, 160f., 163
Picht, Georg 8
Pierce, K.F. 9
Pindar 32, 167
Platon 5–8, 26f., 29f., 32f., 35–43, 45f., 48, 52, 54, 62, 100f., 151, 189, 208, 257, 341, 386
Platzer, H. 302
Plautus 28
Plinius d. Jüngere 153
Plutarch 47, 153, 204
Pocock, L.G. 256
Pöge-Alder 14f., 18, 51
Politzer, Heinz 282, 302
Polívka, K. XVII, 15, 19–21, 24, 41, 49, 89–91, 164, 168
Poliziano, Angelo 20
Pollard, John 268
Polydektes 166
Polyphem 16, 58, 63, 143 (Polyphemus), 168, 232f., 239, 264, 269
Pompeius Festus 45
Pop, Mihai 108, 215–217
Poseidon 96, 209, 239, 244, 246
Powell, B.B. 177
Praz, M. 297, 300
Priamos 336
Primmer, A. 151
Proitos 162, 165f.
Prokne 46
Prokris 246
Prometheus 46
Pronay-Strasser, I. 301
Propp, Vladimir VII, XVII, 49, 68f., 78f., 83, 92, 106–121, 123, 148, 157f., 161, 165, 169, 171, 182f., 187, 192, 213, 215, 231, 253f.
Proteus 61
Prudentius 43f.
Psaar, W. 71
Pseudo-Apollodor 159, 162, 165f., 170
Pseudo-Heraklit 204
Pseudo-Lukian 187
Pseudo-Plutarch 38f.
Psyche XIX, 51, 54, 56, 145, 168, 173, 175–177, 179–181, 186, 188–191, 193–195, 198, 386

Pucci, P. 263
Pygmalion 58
Pythagoras 43

Quintilian 39, 46, 62, 152
Quirin, W. 96

Rabinach, A. 364
Rachewiltz, Siegfried de 268, 281, 291, 305, 312
Radermacher, Ludwig 63–66, 75, 126, 168 f., 201, 231, 233, 235 f.
Rahden, Wolfert von VII, 29
Rahner, H. 291, 298
Raible, W. 148
Rakelmann, G.A. 13
Ramm, K. 292
Ranke, Fr. 17
Ranke, K. 148
Rapunzel 124, 165
Rath, Norbert 348, 378
Reichel, M. 149
Reinhardt, Karl 63, 67, 179, 203, 231, 234, 251
Reitzenstein, Richard 50, 188
Renger, A.-B. 3, 9, 140, 252, 300
Reuschel, Karl 75
Reuter, Th. 220
Rhodopis 58
Riefstahl, H. 188
Rilke, Rainer Maria 282
Rimbaud, J.N.A. 282
Robson, J.E. 9
Rohde, Erwin 181, 386
Röhrich, L. XIX, 13, 17, 63, 82, 88, 96, 103 f., 125, 165, 168 f., 233, 266
Rölleke, H. 14, 50 f., 61
Romulus 49
Rosenberg, Alfred 366
Rosenfeld, H. 17, 87
Rosenkranz, K. 27
Rosenrot 124
Röth, D. XIX
Rothe, C. 215
Rotkäppchen 58
Rötzer, H.G. 16 f.
Rufener, Rudolf 33
Ruiz Montero, Consuelo 182–184, 187
Rumpelstilzchen 80
Rutherford, R.B. 211

Saintyves, Pierre 83, 92
Samuel, G. 378, 380
Sartre, Jean-Paul 134
Scarpi, P. 227
Scazzoso, P. 188

Schadewaldt, W. 178, 205
Schein, S.L. 242
Schelsky, H. 305
Schenk, M.J.S. 110
Scherf, W. 20, 73, 76, 87, 89 f., 93, 329
Schiavoni, G. 358
Schikaneder, Emanuel XVII
Schiller, Friedrich 101, 129–132, 134–139, 272
Schiller, H.-E. 364
Schlaffer, H. 210
Schlegel, August Wilhelm 141, 150
Schlegel, Friedrich 35, 131, 150
Schleiermacher, Friedrich D.E. 33, 35 f., 48
Schlesier, R. 122
Schmidt, B. 63
Schmidt, L. 13
Schmitt, Carl 325
Schmitt, G. 125
Schneeweißchen 124
Schneewittchen XVII, 58, 356 f.
Schneiderlein, das tapfere 20, 372
Schoen, Ernst 367
Scholem, Gershom 341, 348, 367–369
Schulz, G.-M. 19
Schulze, H. 28–30, 155
Schuppius, J.B. 21
Schweitzer, B. 55, 167
Schwinge, E.R. 205
Scobie, A. 192
Seemann, Erich 63
Segal, Ch.P. 227
Sidonius, Apollinaris 291
Simmel, G. 11
Sindbad 86, 203
Sinon 336
Sisyphos 239, 247, 265, 346
Siuts, H. 88
Skafte Jensen, M. 211
Sklovskij, Viktor 171, 210
Skylla 61, 200, 209, 212, 214 f., 218 f., 227, 237–239, 243, 247, 256, 260, 262, 264, 265 (im Zusammenspiel mit Charybdis), 267, 353
Sokel, W.H. 294, 297, 345, 377
Sokrates 29–32, 37, 45
Solms, Wilhelm 271, 366
Solmsen, F. 254
Somadeva 51, 59
Sophokles 33, 167, 270
Sorel, Georges 324
Sphinx 281, 300, 310, 349, 351, 381
Sprenger, Jakob 29
Stach, Reiner 286, 302–304, 309 f.
Stamer, B. 252
Stanford, W.B. 246, 269

Stanzel, Franz K. 176
Stephan, I. 300
Stewart, D.J. 202
Stheno 166
Stieg, G. 302
Stieler, C. 21
Stierle, K. 370
Stolleis, M. 14
Strabon 152, 155
Strabyla, S. 188, 191
Straparola, Giovan Francesco 13, 21
Striedter, Jurij 136
Suerbaum, W. 217
Sueton 154
Swahn, Jan-Öjvind 13, 54, 145 f., 188, 191 f.
Syrinx 96
Szondi, Peter 318

Tacitus 38 f., 42 f.
Tantalos/Tantalus 239, 247, 265, 346
Tartar, M. 34
Tatum, J. 188
Taub, R. 368
Tegethoff, Ernst 54
Teiresias 229, 231, 235, 237 f., 244, 246
Telemach 67, 159, 174, 242, 269
Terenz 28
Terpsichore 258
Tertullian 42, 46
Tetzner, L. 13
Theagenes 183
Theagenes von Region 204
Theoklymenos 159
Theopomp 298
Theseus 35, 73, 153, 155, 167, 244
Thetis 168
Thiel, H. van 205
Thomalla, A. 300
Thompson, St. 93, 169
Thornton, A. 202
Tieck, Ludwig 19, 22, 203, 362
Tiedemann, R. 316 f., 334
Tismar, J. 14, 19, 366, 371
Tityos 239, 247, 265
Tolstoi, Iwan 69
Töppe, Fr. 13
Toschi, Paolo 83
Trajan 153
Trapp, Ernst Christian 26 f.
Tschissik, Mania 306, 308–310, 313
Tychiades 46
Tylor, Edward B. 16, 51, 84
Tyro 159, 246
Tzetzes, Johannes 204

Uranos 46

Usener, S. 149, 151

Venus (vgl. Aphrodite) 173, 198, 310
Vergil 151, 336, 342
Vernes, Jules 373
Vietta, S. 285
Villaneuva-Collado, A. 248
Vogt-Spira, G. 150, 155
Volkmann, H. 74, 133
Volmari, B. 252
Voragine, Jacobus de 93
Voß, Johann Heinrich 222
Vretska, Karl 33
Vries, Jan de 4, 17, 71, 75, 241, 266

Wagenfoort, H. 188
Walsh, Patrick G. 177, 186, 188 f.
Walter-Schneider, M. 377
Weber, Max 367
Weber, S. 319
Wedner, S. 252, 298, 312
Wegner, Armin 285
Wehrli, Fritz 172, 204
Wehse, R. 13
Weicker, G. 258
Weidmann, Heiner 333 f.
Weigel, E. 24, 48
Weinberg, K. 297
Weininger, Otto 301 f., 304, 315
Weinreich, Otto 55 f., 153 f., 188
Weisskirchen, H. 364
Welcker, Friedrich Gottlieb 51–54, 61, 101, 105
Wellbery, D.E. 343
Wesel, U. 5
Wesselski, Albert 145
Whitman, Cedric 218
Wickram, Georg 24
Wieland, Christoph Martin 1, 19, 25–27 143
Wiese, Benno von 139
Wieser, H. 368
Wilamowitz-Moellendorff, Ulrich von 55 f., 137, 257 f.
Wildhaber, R. 235
Wille, G. 155
Wismayr, E. 301
Witte, B. 328
Wittgenstein, Ludwig 127, 130
Wohl, V.J. 246
Wohlfarth, I. 331
Wolf, A. 222, 256
Wolf, Fr. A. 204
Wolf, H.-H. 222, 256
Wolin, R. 364
Woodhouse, W.J. 215

Wright, J.R.G. 189
Wundt, Wilhelm 16, 116

Xenophanes von Kolophon 6, 40, 46
Xenophon von Ephesos 58, 180f.

Yeats, William Butler 248

Zaunert, P. 359

Zeus (vgl. Iuppiter) 89, 103, 140, 165, 169, 174, 209, 230, 257, 262, 276
Zielínski, Thaddaeus 56, 153
Ziller, Tuiskon 371
Zipes, J. 34
Zischler, H. 296
Zudeick, P. 368
Zweiäuglein 20, 233
Zweig, Stefan 301

Sachregister

Aarne-Thompsonsches Typenverzeichnis 20, 56, 58, 73, 86, 160, 167
Abenteuer, Terminus 11
Aberglaube 26 f., 54, 186
abergläubisch
~e Gebräuche 45, 167
~e Handlungen 86
~e Tendenzen 28
Abreise 110, 112, 114, 163
abstrakter Stil des Märchens 260
Achtergewicht 195, 198, 215
Aesopi fabulae, Aesopische Fabeln 45, 152
ἀγών 100
αἶνος 32
αἶσα 102 f.
Aitia 97
aitiologisch
~e Erklärungen, Aitiologie 50, 97, 135, 210
~e Mythen, Naturmythen 4, 60
~e Sage 256
~e Struktur des Mythos 10
Aktion, ~en 106, 109, 111–113, 124, 166 f., 187, 211 f., 223, 226 f., 230, 260 f., 273
ἀλήθεια 6
ἀληθῆ 32, 37
Allegorese 218, 285, 314
Allegorie 1, 101, 204 (ἀλληγορία), 256, 297, 323 (~ des Trauerspiels), 370
allegorisch
~ deuten, allegorisieren 141, 189, 204
~e Ausdeutung(en), Überformungen 72, 190, 254
~e Deutung Homers 204
~e Deutungsmöglichkeiten 252
~e Interpretationen, Lesarten 204, 206
altägyptische(s) Märchen 16, 76
alte Frau, Alte 21, 24, 28 (genuß- und kuppelsüchtige ~), 30 (trunkene ~), 31 (γραῦς), 40, 49, 100, 148, 154, 176 (delirierende ~), 178 (fabulierende ~; vom hohen Alter gebeugte ~), 187 (betrunkene ~), 195–198, 386
~ Vettel, ~n 23, 27 f., 30 (Zerrbilder der ~)
~ Weiber 21, 29, 43
Alter des Märchens, Märchenalter 13–20, 145 f., 157
Altertum XIX, 3 f., 12 f., 17, 47, 50, 56, 145–149, 151, 156 f., 169, 173, 175 f., 180, 316, 333
altvettel(i)sche Mä(h)rlein, Fabeln 21 f., 24, 27 f., 41
Altweibergeschwätz 29, 50

Amme, ~n 21–26, 27 (~ als Sklavin), 28 (Stilisierung der ~ zur alten Frau), 29 f., 33, 35–40, (geschwätzige ~), 46 (Einfluß der ~), 47, 49, 52, 57 f., 61 f., 100, 148, 154, 386
Ammengeschwätz 43, 53
~märchen 25, 27 f.
~märe, ~n 15, 22, 27, 44
~-μῦθοι 26 f., 31, 36 f., 52
anagnostes 151
Analytiker (vgl. Unitarier, Homerforschung) 66 f. 205
analytische (vs. unitarische) Positionen 204 f.
Anekdote 97
anicula 40, 195–198
– *delira et temulenta* ~ 197
– *otiosae aniculae* (Pl) 44
aniles fabulae (vgl. *fabulae aniles*) 152, 178, 185 f., 195–199
Antagonist, ~en 123–125, 164, 175, 211, 222, 260
Anthropomorphismus, Kritik am 6
antimythisch
~e Freiheitsutopie 350
~e Gestalt 339
~e Tendenz 364
~es Ende 347
anus 40
~ *curvata gravi senio* 176
~ *longaevae* (Pl.) 43 f.
Anverwandlung an das Märchen 238, 267, 289
Apologoi XIX, 67, 141, 158, 173, 174–176, 202–204, 206–219, 223–226, 228, 232–234, 244, 249, 252, 255, 258, 260 f., 271 f., 274, 291, 295, 335, 339, 344
Arabeske 22
aretalogus 153 f.
Argonautensage, Argonautik 167 f., 206
argumentatio 290
Artusroman 183
Aschenputtel-Schema (*Cinderella mechanism*) 172
ästhetisch-ethischer Parallelismus des Märchens 194
Ästhetisierung 139, 282
Auferstehung der Leiber 42
aufklärerisch
~e Kritik am Märchen 35, 202
~e Mythoskritik 60, 352
~er Kritizismus 289
Aufklärung 19–24, 26, 35, 138, 287 f., 316, 352, 354, 356, 359 f., 373 (bessere ~), 374, 387

Balanceprinzip, Prinzip der Balance 124 f.
   (*universal principle of tale balance*), 127, 195,
   221, 224, 271
»Bankrott der Ursprungshypothesen« 203,
   251
Bann(kreis) des Mythos 285, 342, 354, 378
Bedeutungsleere, ~vakuum 81, 118
Bedeutungszwänge XX, 81, 385
befreiender Zauber (der Märchen) 349 f., 355,
   359
Befreiung 81, 104, 134, 140 f., 196, 201, 265 f.,
   325, 339, 347, 352, 372
   ~ vom Mythos durch »Komplizität« mit
   »Natur« 349
   ~ von Gewaltverhältnissen 326
   ~ von mythischen Übermächten 287
   ~ von mythischen Zwängen 354
Beispielerzählung 92 f., 95, 291
Beliebtheit »unten«, beim Volk 48
bella fabula (vgl. *fabula*) 178, 186, 197–199
Bestrafung (vgl. Strafe) 89 (~smaßnahmen),
   94, 110, 114, 157, 163 f., 221, 226,
Bezwingung mythischer Macht 287, 289,
   293
Bibel 41, 44, 292 f. (AT)
Biedermeier 19, 53 (biedermeierlich zuge-
   schnittene KHM), 359
binäre Gliederung nach Oppositionen 175,
   191
   ~ Grundstruktur des Märchens 123
Blendung des schlafenden Kyklopen 232
böse Schwestern 103, 145, 190, 193–195
   ~ Schwiegermutter (vgl. Schwiegermutter)
   90, 193
   ~ Stiefmutter 168
Brüdermärchen 76, 164
buddhistischer Märchen-Ursprung 16
Buße 88 f.

Christentum 34
christlich
   ~-katholische Übermalungen 87
   ~-legendäre Wunderkausalität 89
   ~e Aufladung 92
   ~e Auseinandersetzung mit antiken Mythen
   136
   ~e Autoren 26, 41 f.
   ~e Gehalte 26
   ~e Lehre 41
   ~er Glauben 42
comoediae eines Menander 45
Comparative Mythology 59
composition in performance 177
contes de fées 19, 76
curiositas 176, 189

Danaiden 265, 346
dankbare Tiere, Dankbarkeit der Tiere 16, 147,
   160
Dankbarkeitsmärchen 161
Defunktionalisierung und Dekomposition 81,
   79, 119
Depotenzierung des Mythos 139
deus philosophorum, deus ille noster 40
Dialektik 289, 322 f., 328, 332, 382
Dialektik im Stillstand 334
dialektischer Materialismus 354
Dichterkritik 31, 40, 100
Dichtung als Spiel 120, 134, 137
Diminutivform »Mär-chen« 24, 54
Dispositiv der Macht 149
Drache, ~n 96, 104, 112, 125, 166
   (~nschuppen), 169
Drachenkampf, Drachentöter 76, 78 f., 164,
   166 f.
Dreieinigkeit 88, 91
Dreierrhythmus, ~en 115, 157, 193, 215 f.
Dreierschritte 195
Dreigliedrigkeit 215 f.
Dreizahl 84, 198 (~ mit Achtergewicht), 215,
   236
dulce malum 263
δύvασθαι 37, 45 f.

echte, ~s Märchen (im eigentl. Sinne) 14, 50
   (mündlich tradierte authentische Märchen),
   86 f., 95, 99 f., 118 (~ ohne moralische
   Zutat), 233 (echter, ursprünglicher Märchenstoff), 267 (echter Märchenheld), 272,
   288, 365
effeminatio 30
Ehebruchgeschichten 186
εἵμαρτο 102
einfache Form, ~en 69 f.
einfache Geschichte, ~n 66 f., 69, 147, 159,
   170 f., 184, 185
Einfalt des Märchens 208
Einheit der *Odyssee* 67, 69
Ekel 28, 299
ekelhafte Motive 27
ἐκ νέων παίδων 27, 62
Ekphrasis 97
Eleusinische Mysterien 80
Emanzipation 100, 318 (~ aus der »heidnisch-
   dämonischen Schicksalswelt«)
emanzipatorische Kraft XVIII
Ende des Mythos 320 f.
Entlastung 7 (~ vom Absoluten), 9 (~ des
   Ernstes vom Geschichtemachen)
Entmachtung
   ~ der Gegenspieler 232, 235, 293 (gewalt-
   los)

~ des Mythos 265, 324, 387
~ mythischer Gewalten, Wesen 11, 238, 267, 281 (~ der Sirenen)
entmutigend/ermutigend 73
entmythisierend 286
Entmyth(olog)isierung 288, 365
Entwirklichung der archaischen Relikte 79
Entwurf mythischer Imagines oder Szenarios 286
epische Großform, ~en 37, 171, 173, 175, 184, 186
epische Kleinform, ~en 65, 69, 171, 173, 186
Epischer Zyklus 337 f.
Epos XIX, 3 f., 6, 17, 59 (Genese des ~), 64–69, 102, 138, 140, 147, 149–152, 159, 167, 169, 171 f., 176–178,182 (strukturelle Interferenzen von Märchen, ~ und Roman), 184 f., 201, 206 f., 216 (Erzählebenen des ~), 249, 256, 270, 277, 281, 314, 336 f. (acht Epen des Epischen Zyklus), 339, 345, 381, 386
Erlösung 11 (~ vom Terror des Mythischen), 89 (~smärchen), 90, 95, 96 (~ aus Gewaltverhältnissen), 100 (~ von Zwängen), 102, 173, 185, 189, 195 f. (Möglichkeit einer ~ aus der Not), 202 (märchenhafte ~ von mythischen Bedeutungszwängen), 236 (erlösende Entzauberung), 247, 274, 288 (~, vom Mythos »versprochen«), 291, 318, 320, 322, 330 (~ aus bösem Zauber), 331 f., 335, 340–342, 344 (~ vom Mythos), 347 (~ durch »Vereiteln des Tragischen«), 348 f. (~ von mythischen Zwängen), 350 (ein ~swerk vollbringen), 353 (~ als Versöhnung des Menschen mit der Natur), 354 (~ von einer übermächtigen Rechts- und Schicksalsordnung), 355, 356 (~ zu glücklichem Menschsein), 366 (von allem mythischen Bann), 371 (Märchen und ~), 374 f., 377, 382, 387 (wo Katastrophe, dort ~, vgl. S. 348)
ermutigend 72 f.
Ernst 10 (mythischer ~), 53 (~ tiefer Gedanken), 74, 75 (~, der den Grundton der meisten Sagen abgibt), 76 (Märchen zwischen Spiel und ~), 81 (~ und Bedeutungszuweisung), 100 f., 120, 129, 132 (Spiel als verkappter ~), 135, 136 (tödlicher ~), 138 (~ des nicht-poetischen Lebens), 139 (~/Leben vs. Spiel/Kunst), 140, 187 (~ und Heiterkeit), 231 (Unterschied von »Spiel« und »~«), 266, 387 (Abtragung des alten ~es)
ernst
~e Alternative (zum Märchen) 385
~e Mythen 120
~e mythische Grundform 78
~er Hintergrund 81
~er Inhalt 97
~er Kult 79
~er Mythos 75 (tod~er Mythos), 81 (Terror des ~en Mythos)
ernsthafte Dichtung 52
Ernsthaftigkeit 71, 76, 82, 100, 101 (Mangel an ~), 120, 137 (~ des Mythos)
Ernst und Heiterkeit 138, 187
errores 39, 43
Erwachen 333, 335, 340–342, 343 (~ zu freier Sittlichkeit), 359
Erwartungshorizont der Rezipienten 23, 48
erzählendes Ich 175, 220
Erzähler-»Ich« 187
Erzählrohstoff 78
erzähltes Ich 175, 220
Erziehung 31, 44, 46, 204, 360
~ der römischen Jugend durch Ammen 38
~ der Menschen zu Besonnenheit und Wahrhaftigkeit 31
~ von Kindern durch griechische Sklaven 155
~ und Bildung von Kindern 32, 38–40
~ von Kindern bis zum fünften Lebensjahr 386
~ zum Redner 46
»Es war(en) einmal«
– griech. ἦν ποτε 63, 156
– lat. *erant (in quadam civitate rex et regina)* 194
Evangelium 44
exempla der moralisch verdorbenen Frau 297
Expansion, narrative 68 f., 170 f., 180, 183 f.
εὖχος 232, 234

Fabel, ~n 1, 17, 21, 24 (sittenreiche ~), 28, 32, 41 (jüdische ~n), 45, 47 f., 49 (~bücher), 78, 87, 99, 101 f., 147 (~ einer Dichtung), 152–154, 170 (~ als pragmatisches Handlungsgerüst)
fabella 17
fabellae aniles 40 f.
fabellae, etiam quae aniles putantur 20
fabula 17, 24, 154
~, *bella* 178, 186, 197–199
~ *vulgaris narrata* 41, 186
fabulae 41
~, die lediglich dem Vergnügen dienen 47
~, im Gegensatz zu *historia* 21
~, *litterae* vs. *vulgi* 186
~, *pueriles* 40
~, *inanes* 42
fabulae aniles (vgl. *aniles fabulae*) 21, 27 f., 38 (formelhafte Handhabung des Begriffs ~), 40, 42 f., 45–49, 152–154, 176
fabulae nutricularum 27 f., 45–49, 57, 62, 152–154

fabulari 20, 21
fabularum genus 45
fabulator, ~es 153, 179
Fabulierneigung, Lust am Fabulieren 28, 77
falscher Held 110–112, 231
Familienkonflikte 34
Fantasy 3
Fee 90, 124, 123 (~ Kalypso), 357
Feendichtung, ~geschichten 18 f., 23–25
Feenmärchen-Begeisterung 18, 19
femme fatale 300, 305, 312, 381
femme fragile 300
Fin de Siècle 301
Finnische Schule 58
formaler Charakter, Formalismus im Verhaltenssystem 125 f., 226
forma ludens 76, 78
Formfestigkeit 126
Formintention auf tiefenlose Schärfe 191, 260
Fortuna 378
Frau als größte Verlockung des Teufels 298
Frauen-Imagines 286, 297, 300 (Frau als dämonisierte Imago für Bedrohlichkeit), 311–314
Frauen-, Heroinenkatalog 159
freies Spiel 65 (~ der Phantasie), 133, 135 (~ der Signifikanten), 139 (~ der Vorstellungen), 141 (~ von Signifikanten)
Freiheit 73, 79 (dichterische ~), 96 (Verlust von ~), 102, 114 (Erzähl~), 120 (Verschränkung von ~ und Notwendigkeit), 121 (Raum der ~), 124 (Mangel an Macht, Autorität, ~), 130 (politische ~), 132 (gesetzlose ~; subjektive ~), 133, 134 (Philosophie der ~),135–139, 287, 304, 317, 319, 320, 323, 325, 326 (~ als Merkmal menschlicher Handlungsfähigkeit), 343 f. (~ vom Mythos, transmythische ~), 350 (~ der Märchenhelden; die sich aus der Opposition gegen den Mythos definiert), 351 (~ als freie All-verbundenheit), 352 (~ des Märchenhelden), 354 (Kausalität aus ~), 357, 375
~ der »Person« 350
~ der Märchenhelden 350, 352
~ der Person als Individuum 326, 351
~ des Einzelnen 343
~ des Erzählers 114
~ des Märchens 385
~ durch »Vernunft« 288
~ durch Naturbeherrschung 351
Freiheits(spiel)raum 133, 386
Funktion, ~en XVII, 109–116, 124 f., 162, 165, 171, 183, 195, 209, 211–213 (binäre Doppel~), 221 (Serie von Doppel~en), 224, 227 (Doppel~), 249, 273

Funktionsgruppierung 158
~stermini 110, 161, 183, 192
Furcht 8 (Deimos), 98, 299 (~ vor Macht der Verführerinnen)
~ des mythisch gebundenen Menschen 12
~ vor Sanktionen 320
~ vor Übermächtigem 70

γαλήνη 262
garrula bzw. πρόγλωσσος (Frau, z.B. *nutrix*) 39, 44
»Gattung Grimm« 51, 53
Gebärdenformeln 126, 226
Gefühl, von übermächtigen Gewalten umringt zu sein 99
Gegenspieler, ~in 101, 103, 112, 123 f., 195 (märchentypische ~figur), 224 (Odysseus' Beziehung zu seinen ~n), 227, 233, 235, 260, 271 (Konflikte mit bösen ~n), 293
Gegner (vgl. Antagonist, Gegenspieler) 110, 166, 175, 208, 238
generalized other, the 131–133
Gerechtigkeit 29–31, 70 (Wunschbilder ausgleichender ~), 98, 104, 271 (ausgleichende ~), 320 (~ des einen Gottes), 321, 323, 325
Geschenk der Danaer 336
Geschichtsbewußtsein des Mythos 6
Geschichtsphilosphie des Märchens 352
Geschichtsquelle, ~n 5, 80 f.
Geschlechterkampf 286, 299, 303
Gesetz, ~e des Märchens 190 f.
Gespenstergeschichten 45, 54
Gewalt 8–12 (~, die dem Mythos einwohnt), 31 (Affirmation von ~), 34, 99 (~manifestation), 105, 140 (~aktionen),160, 166, 181, 192, 208, 223, 238,241 (~ des Numinosen), 250, 265, 287, 289 (~ und Mythos), 295 (~ und Verbrechen), 303, 311, 316 f., 320, 321 (Aufbegehren gegen ~), 324 (~ als Mittel zu Rechtsetzung), 327, 330 (segensreiche ~), 339, 340 (~- und Verblendungszusammenhang), 346 (Theorie der ~), 383 (Rekurrenz von ~ und Grauen)
~ im Europa-Mythos 140
~ im Märchen XVIII, 356
~ in Gründungsmythen 9
~ in Mythen als Legitimationsmittel 140
~ in scheinbar gewaltfreien antiken Erzähltexten 9
Gewalten (vgl. mythische Gewalten)
~ der mythischen Welt (vgl. Entmachtung) 349, 352
~ des Mythos (vgl. Entmachtung, mythische Gewalten) 381
gewaltfreie Konfliktregelung 289
gewaltlose Subversion 290

Gewaltpotential 8
Gewaltstrukturen 139
gewalttätige Wesen 174
Gewalttätigkeit, ~en 95, 166
Gewaltzusammenhang 320, 325 (~ von Schicksal, Schuld und Sühne)
Gewand des Märchens 241
Giganten 46
Glück XVIII, 72f., 77, 82, 85f., 89f., 96, 101–103, 104 (»aufs ~ abonniert«) , 107, 120, 195, 197, 201, 211 (~sdynamik), 221 (Erzählgesetze, die eine ~ssituation herbeiführen), 238, 264, 267 (Befähigung zum ~), 271, 273, 276 (~sfähigkeit), 277(das große Märchen~), 320, 329–332, 339, 349, 351, 354, 355 (spezifische ~signatur des Märchens), 373, 375, 381, 386
Glücksfähigkeit 101, 276
Glücksspiel mit gewissem Ausgang 102
Glücksversprechen 285 (~, bei Frauen zu finden), 297 (falsches ~ der Frau), 358 (~ der Kindheit), 382f. (falsches ~)
Gorgo(nen)haupt 138, 166
Gorgonen 46
Gott 88, 89 (~es Allmacht), 90 (~es Geheimnisse), 97(~es Erdenwanderung), 98, 318 (sittliche Welt des einen ~es), 323 (unbekannter ~)
~, der eine 318, 320, 322
~ der Christen 94
~ der Stadt 285
~ des Alten Bundes 89
Gottesfurcht 41
Göttersukzession 88f.
Grausamkeit im Märchen XVIII
γραῶν μῦθοι (vgl. μῦθοι γραῶν, *fabulae aniles*) 57, 156
γραῶν ὕθλος (vgl. ὕθλος) 29
Grimmsche Zensur 33–35
Großmutter, Großmütter 47, 61
Gut-schlecht-Code des Märchens 90
gute Geister, im Märchen unabdingbar 222

Hades 237, 239, 244, 257
Handlungsformel, ~n 106
Handlungsregel, ~n 140f.
Happy-End 72, 89f., 96, 107, 121, 124f., 157, 161f., 166, 169, 175, 179–182, 195f., 211, 224, 226, 231, 247, 261, 274f., 328f., 339, 351, 355f.
hart/weich 122
Hauptprüfung E 127, 161f., 192
Hebamme, ~n 28f.
heilsgeschichtliche Versöhnung (vgl. Versöhnung) 319
Heimkehr, ~er (-motiv, -geschichte) 3, 66, 68f., 179, 205, 212, 217, 227, 229–231, 236, 242, 246, 250, 265
Heirat (vgl. Hochzeit) 122, 124, 164, 181
heitere Art, Heiterkeit märchenhaften Erzählens 197, 385
Heldensage, Heroensage 16 (Götter- und ~n der Vorzeit) 52, 56, 66, 95, 167, 206f.
Helfer, ~in 104, 110, 112, 160f., 163, 165f., 181, 183, 193f., 217, 222, 225, 238, 264, 271, 350
Helferfigur, ~en 181, 195, 222, 235, 237–239, 386
Helferobjekte 107, 181, 236–239
Herkunftsfragen (vgl. Ursprungsfragen) 254
Herr-Knecht-Verhältnis 303
Hexe, ~n 28f. (~verfolgung), 73, 88, 90f., 104, 124, 186 (~ngeschichten), 192, 236f., 237, 300, 356, 357 (~verbrennung), 372
Hexerei 30, 168
Hilfe, ~n 72, 125 (~ eines Zaubergegenstandes), 166, 168 (mit göttlicher ~), 181, 193, 195, 232 (~ eines von außen kommenden Vermittlers), 261 (Mediatoren~), 272 (~ von den Phaiaken), 349 u. 351 (Tiere, die zu ~ kommen)
hilfreiche Tiere (vgl. Tierhelfer) 160
Hilfsmittel 23, 104, 123, 157, 166, 377
Historischer Materialismus 319, 332, 334, 340f., 352
hoch/niedrig 122
Hochzeit 66, 85 (~sriten), 110, 112, 114f., 122, 161–163, 165f., 168, 181, 183, 193, 195, 329
Homerforschung (vgl. Analytiker, Unitarier) 51, 55f., 58, 63, 66, 68, 215
homo ludens 129
Humanismus 20, 312
Hybris 239, 379

Ich, das 3, 72 (ohne ~), 99, 284 (Wahrnehmungs-~), 286 (Krise des ~)
~, intelligibles 301, 303
~, schöperisches 22
Ich-Bewußtsein 3
Ich-Erzähler XIX, 176, 178, 197f., 248
Ich-Erzählung 3f., 211, 216, 226, 251, 266
Ich-Losigkeit der Frau 301, 304
Identifikationspotential des Märchens 72
inanes fabulae 44
indicators, Indikatoren einer Minus-Plus-Wertbewegung 123, 148, 164 (Wertindikatoren), 233
indische Märchen(sammlungen) 15, 17
individual happiness 122
Individuation 100

434 Sachregister

Individuum 3, 74, 96, 123, 131, 164, 182, 225, 248, 283 (autonomes ~), 287 (Freiheit des ~s; Verdinglichung der Individuuen), 294 (Entschlossenheit des ~s), 325 (Selbstbestimmung des ~s), 326 f., 351, 377 (eigenverantwortliches ~)
Initiation XVII, 83–85, 87 f., 107, 119, 181
~sprozedere 91
~sriten 83, 92, 108, 228
~schemata 83, 228
~szenarium 227
~svorgang, ~svorgänge 77, 82–85, 228
in the subject matter 123, 164, 224
irrationalistische Remythisierungsbestrebungen 316
Isis-Mysterien, -Religion 188, 190
Isolation 3, 73, 91, 123 (isolierte Helden), 165, 194 (leicht isolierbar), 208 (isolationsfähig), 182, 221 (Typus des Isolierten), 227, 242 (isolierter Irrfahrer), 244, 248, 350 f.

Jenseitige, Jenseits 88, 126, 175 f., 257, 267
Jenseitsmythos über das Totengericht 30
Jenseitsreiche, -welten 88, 244

Kaiserzeit 41, 47, 49, 57, 181
Kannibalismus 88 (Kannibalin), 212–214, 218 228, 244, 248, 269, 273, 275
Katechismus 21
κηλεῖν 46
κηληθμός 46, 222, 250
Kikonen 200, 209, 215, 217, 219, 229, 240, 245
Kind XVII, 26 (Seele des ~es), 33, 39, 61 (Hauptzielgruppe ~), 72 f., 131 (~esalter), 152 (Raum des ~es), 155, 349, 351, 354, 358 (im ~, Entwicklungsprozeß des Subjekts), 360–363, 387 (das ewige ~), 388
Kinder 23, 27 (~seele), 30–32 (Einfluß von Geschichten auf ~), 35 f., 38–40, 43 f., 46 f., 53, 61, 71 (~seelenleben; Dilemma der Ablösung), 77 (Freude der ~), 131, 133, 141, 143, 148, 153, 155, 329, 349, 352, 355 (Sonntags~ im Märchen), 356–362, 373, 374 (Rundfunkarbeit mit ~n), 386
Kindergärtnerinnen, -mädchen 61
Kindergeschichten, -literatur 46, 52, 62, 152, 156, 289, 357–359
Kinderstube, ~n 20 (Verweis in ~n), 24, 31 (in ~n gängiges Erzählgut), 34 f., 48, 95 (~ des 19. Jh.s), 155
Kirche 20
Kirchenväter 28, 41 f., 43 f., 46
kirchliche Geisteshaltung 87
~ Lehre 21
~ Trinitätslehre 44

klein/groß 72
κλέος 223, 234, 242, 243
Kleriker 21
Kollektiv, religiöses 3
kollektiv 107 (~ vs. individuell), 125 (~ begründet)
~e Erfahrung(en) 5, 100
~er Druck 121
~er Glaubensgehalt 101
~e Schicksale 122
~e Sinnstiftung 287
~es Schicksal 164
~e Verhaltensmuster 99
~e Zusammenhänge 100 f.
Kollektiv-Mythen, kollektive Mythen 299, 306, 376
Komödie 17, 28, 45, 150
Alte ~ 30, 147, 298
Neue ~ 45
Mittlere 30
kosmogonische Mythen 4, 60, 101
Kreislauf des Immergleichen 265
Kritik am ›unsinnigen‹ Märchen 22
Kritik des Mythos 317, 327
Κυκλωπεία 232 f.
Kult 3 (Götter- und Heroen~), 4, 78, 79, 97, 98, 107, 109, 133 (~e, Riten und Mythen), 231
kultisch
~es Ritual 71
~e Verehrung 94
~e Zeremonien und Geräte 167
Kultur der Mündlichkeit 62 (~, auf Frauen und Kinder beschränkt), 148 (~, zu Kultur der Schriftlichkeit entwickelt), 149 (mündlich ausgerichtete Kultur), 155 (~ vornehmlich von Frauen, Bediensteten und alten Leuten), 176, 250, 295 (orale Kultur)
künstlerisches Schaffen als zweckfreie Tätigkeit 129
Kunstmärchen 14, 19, 189, 329, 371, 377 (künstliches Märchen)
Kunstmythen 101, 208, 341
Kunstpoesie 18, 22
Kyklop, ~en 46, 52, 61, 200, 208 f., 212, 214–219, 226–229, 232, 234, 240, 245

Laistrygonen 52 (Lästrygonen), 61, 200, 209, 212, 214 f., 218 f., 227, 232 f., 240, 245, 260, 262, 269
lector 151
Legende, ~n 16 f., 21, 23, 33, 49 (Heiligen~n), 55, 65, 69, 71, 78, 82, 87 f., 93, 95, 99, 102, 171, 197
Legendenmärchen 88, 91
Legendenwunder 88, 90

Sachregister

Lehrer und Schüler 347, 370
Lehrmeister 289, 345 f. (~ Kafkas), 348 (~ im Vereiteln des Tragischen)
Liquidierung des Mangels 110, 114, 163
List VI, 68, 223, 232, 238, 249, 338 f. (des Holzpferdes), 340 (~ des Dialektikers), 344, 349, 352 f., 372 f., 382
litterae vs. *vulgi fabulae* 186
litterati 152
λόγος, Logos 30–33, 36, 101, 135
λογοποιός 152
Logik des Mythos 5
Logographen 147, 152
Loreley 282
Lotophagen 61, 200, 208 f., 212–215, 218 f., 232, 234, 240 f. 245, 260 f.

Magd 39, 96, 195 (alte ~)
Mangel 110, 124, 127, 162 f., 169, 195, 229
~ an Annäherungsversuchen 307
~ an moralischen Gehalten 21, 47
~ des Bewusstseins 304
Mangelsituation 110, 127, 162, 164, 194
Mängelwesen Mensch XVIII, 266
Mangelzustand 68, 229 f.
Mannstollheit von Greisinnen 28
Märchen XVII, XVIII (~, Entwürfe rein irdischen Glücks), XIX f., 1, 3 f., 9–12, 13 f. (europäisches ~), 15 f., 17 (dem ~ benachbarte Gattungen), 18, 19 (Gattungsbegriff ~), 21 (~-Sammlungen), 22 (Semantik des Terminus ~), 23 (europäische ~), 29, 33, 34 (~ im deutschen Sprachraum), 35 f., 45, 48–57, 58 (Terminus für ~), 60–76, 77 (Anziehungskraft des ~s), 78, 79 (~, Mythos und Heldensage), 80–87, 93, 96, 100–102, 104 f., 106 (Struktur der ~), 107–114, 115 f. (~, in morphologischen Grundelementen ein Mythos), 118 f. (Schlüssel zum ~ ?), 120 f., Sinn- und Verstehensentzogenheit der ~), 121 (semiotisch-strukturale Analyse von ~), 122 f. (~ vs. Mythos), 124–127, 129, 133–135, 141, 145–147, 148 (zentrale Merkmale des ~s), 154, 157 f., 160, 161 (Abgrenzung zum Mythos), 167–162, 173 (~ als Kleinform innerhalb von Epos und Roman), 175, 178, 180–185, 187, 190–195, 197 (»noch heute der erste Ratgeber der Kinder«), 202, 206 (hinter der *Odyssee* ein uraltes ~), 207 f., 213, 215, 221, 225, 227, 233, 235 f., 241, 244, 253 f., 257, 265 f., 267 (~ von der Überwindung des Mythos), 271–273, 274 (Gattungsapriori und narrative Gesetze des ~), 277, 288 f., 328–330, 343 f. (Gattung ~), 347, 351 f., 355 (Topographien des Märchens), 356–367, 370 f., 373 (Mobilisierung des ~ s gegen den Faschismus), 374 (Reklamierung des ~s für aufklärerische Zwecke), 385–388
~ als Antidoton zum Mythos 343
~ als Dichtung im klassisch-idealen Sinne schlechthin 135
~ als eine Art Alternativmodell zum Mythos 262
~ als speziell fürs Kind gedachtes Genre 34
~ als Miniatur-Mythen 121
~ als Spielart sakraler, magischer, ritueller Erzählungen 79
~ als Vorstufe der Literatur 16
Märchen der / aus 1001 Nacht 24 f., 34, 86, 279 357
Märchenforschung VII, XIX, 14 f., 35, 51, 68, 70, 73, 82, 107, 109, 157, 188
Märchen für Dialektiker 287–289, 343, 349, 371, 375, 377, 379, 382
Märchenheld, ~in 72 f., 83, 99, 103 f., 109–113, 120, 125–127, 194, 208, 223 (Odysseus' Selbstdarstellung als ~), 225 (~ vs. Held des Mythos), 232 (~ verdankt Weiterkommen vermittelnden Instanzen), 234 f. (Odysseus als ~), 238–240, 244 (~, dem numinoses Grauen unbekannt ist), 266 f., 271, 273, 275, 289 (Anverwandlung an den naiven ~en), 292 (Odysseus mutiert zum tumben ~en), 339 (als Einzelner dem ~en anverwandelt), 344, 350–352, 355 (glückliche Veranlagung von ~), 371, 374–376, 381, 383, 385 (naive ~en)
Märchenhexe 262 (~ gegen mythische Bannkraft), 264
Märchenphantasie 19
Märchensammlungen 19
Märchentheorie, ~n, Theorie des Märchens VII, 14–16 (zur Entstehung), 81, 108, 328, 333, 343, 350, 352, 356, 362, 371 f.
Märchenvernunft 365
Märchenvorstufen 67
Märchenwunderwelt 179, 221
marital exchange 122
Märtyrer 44, 49 (~akten)
Mediator 225, 261
mein eigen/fremd 123, 164, 224
Melusine, ~n, ~nmärchen 168, 311, 329
Memorabile 23
Messianismus 334, 341, 348
– messianische (Idee der) Erlösung 319, 331, 334, 356
– messianische Geschichtstheologie Benjamins 348
– messianisches Geschichtsverständnis 366
Metamorphose, ~n 46, 95 f., 105
Midrash, ~im 292, 293
Migration, ~sthese 15, 157, 189

μίμησις 100
Mimesistheorie 37
Mittelalter 4, 13, 14, 17, 20, 28, 47, 49, 81, 93, 145, 252, 282, 297, 299 f.
Moderne 23, 279, 282, 284 (kritisches Bewußtsein der ~), 287, 294, 333 (in ihrer Mythos-Verhaftetheit), 334, 346 (Mythos in der ~), 348
moderne Lebenswelt 346
~ (Waren-)Gesellschaft 341
~ Lyrik 282
~ Mythologie 375
~r Held 283
~r Rechtsstaat 316
~s Subjekt 284 (Depersonalisationsprobleme)
~ Verschiebung von akustischen auf visuelle Reize 295
μοῖρα, Moira 102 f., 377 f.
Monotheismus 42
Moral XVIII (~kodizes), 34, 47 (~predigt der Kyniker), 49, 61 (~ vom Sieg des Guten), 271–273 (naive ~ des Märchens)
moralisch 138 (~e Qualität des Spiels), 321 (Menschheit, ~ noch unmündig),
~-erbauliche Aufklärung 360
~e Ansichten, Aspekte, Ideen 26, 190, 358
~e Beimengungen 34
~e Geschichten 36
~e Intentionen der Brüder Grimm 190
~es Plus 87, 89, 91
~e Zutat, ~en 49, 190
~e Zwecke 34
morgenländische Märchen 19
μόρος 102
μόρσιμον 102
μορφὴ ἐπέων 222 f.
Motivation »von hinten«, »von vorne« 179, 210 f.
mündlich 49 (~e Fortpflanzung), 177 (Gesetz ~er Dichtung; ~er Stil), 182 (Raum ~en Erählens), 210 (~e Dichtung), 215 (~e Übertragung)
~e Tradition 13, 199, 207, 374
~e Tradierung, Überlieferung XIX, 13, 21, 145 f., 149, 156, 170, 189, 198 f.
Mündlichkeit (vgl. Kultur der ~) 18, 25, 55, 62, 145 f. (Formen der ~), 147–153, 156, 176 f., 185, 195 (Oralität), 205, 250 (Übergang von ~ zu Literatur), 282, 386
~, fiktive und konzeptionelle 151 f., 176 f.
Mutter, Mütter 26 f., 32 f., 35, 37, 39, 47, 61 f., 148, 153, 154, 386
Mysterienspiel XVII
»Mythe« 4
Mythen XVII, XIX, 4, 6, 9 f., 15 f., 16, 26, 38, 50, 52 f., 60, 62, 70, 72, 76–79, 82–84 (~ und Riten), 88, 93, 95 f., 100–102, 104 f., 108, 118–120, 126, 133 f., 136–141, 156, 164,207 f., 225, 253 f., 287, 333, 383, 387
Mythen, Mythos, mythisch (Begriffsfeld) XIX, 3–6
Mythenmärchen 116
μυθίδια 46
mythisch
~ verhaftet 286, 341
~e Aufklärungen 5, 290, 327, 329
~e Gebundenheit 97 f., 102, 328
~e Gewalt, Gewalten (vgl. Gewalten) 240, 243, 283, 285, 287, 318,324,327, 344, 382
~e Macht 313
~e Naturverfallenheit 330
~e Ordnung als totalitäre Lebensform 321
~e Verknechtung der Person 287, 325, 326, 343
mythisierte Weiblichkeit, Mythisierung der Frau 243 (Mythos des dämonischen Weibs), 285 f., 297, 299 f.
μῦθοι γραῶν und τιτθῶν (vgl. fabulae nutricularum) 27, 29 f., 153, 156
μυθολογεύω (ep.), μυθολογέω 30, 220
μυθολόγος 152
μῦθος 17, 22, 30, 32 f., 36 f., 52, 153–155
Mythos VII (~ als Hauptvergleichsgröße zum Märchen), XVII (Nachbarschaft von Märchen und ~), XVIII (Gegenentwurf zum ~), XX, 1, 3 f., 5 (Anfang, bildhafte Sprache des ~), 6 (Abhängigkeit des ~ von ...), 7, 9 (~ als Logos), 10 f., 15–18, 26, 33, 51–54, 59 (~ von der Sonne), 70 f. (Unterschied von ~ und Märchen), 75 (~, Sage und Märchen), 76–81, 95, 118 f. (Bruchstücke des ~), 121–123 (Unterschiede von Märchen und ~), 135–137, 138 (~ als Distanz zum Terror), 140 (Stichwort ~), 154, 206 (Heroen-~), 207 f., 210 (Distanz zum ~; mythisches Analogon), 225, 231, 234 (Odysseus kämpft wie ein Held des ~), 239, 251 (immer schon in Rezeption übergegangen, vgl. S. 7), 252 (sowohl für ~ als auch Märchen beispielhaft), 261 (kann mit Mitteln des Märchens entterrorisiert werden), 265, 281 f. (Beruhigung des ~), 283, 285–289, 297, 311 f., 315–317, 319 (zweideutige Sphäre des ~), 320 (~ als Gewaltzusammenhang; Selbstzerstörung des ~), 321–325 (Benjamins Unterscheidung zwischen Märchen und ~), 329 f., 331 (Aufsprengung des ~), 333–335, 344 (Gegenposition zum ~), 345 f., 349, 350 (Kampf gegen den ~), 363, 371–375, 378, 381 (~ in seiner terroristischen Funktion; Sieg über den ~), 382 (Verlockung des ~), 385 (mit

Sachregister 437

übermenschlichen Fähigkeiten ausgestatteten Heroen des ~),
Mythosbegriff 317, 342
Mythosfeindlichkeit 9
Mythosforschung 5, 8, 59
Mythoskritik 316f. 323f., 326, 332
Mythosursprung XIX, 201

Namensgebung 7, 81
narratio 290
~ fabulosa 45, 47
narration (vs. rècit und histoire) 174
narrationes lepidae 178, 195–197
naß/trocken 122
Nekyia XX, 66, 159, 200, 209, 212–215, 218–220, 227, 228, 232, 244–248, 265, 266, 275
neue mythische Welt 295
neue Mythen, neuer Mythos 26, 38, 375 f.
Neue Mythologie 150
neugriechische Märchen 20
Neuplatoniker, neuplatonisches Denken 44
Nostos (vgl. Heimkehr) 59, 176, 213, 229, 242, 260
novella primitiva 172
Novelle 17, 56, 65 f., 171 f., 288, 329, 330, 331, 332, 347, 353, 354
~ »Die wunderlichen Nachbarskinder« 197, 328
Novellenmärchen 158
nutrix, nutrices 29, 45, 47

ödipale Konflikte, Schwierigkeiten 71 f.
Ödipus- und Elektrakomplex 72
ohne Märchen kein Mythos 385
oppositionelle Grundstruktur des Märchens 123 f.
Optimismus XVIII, 23, 71 f., 86, 90, 98, 178, 182, 221, 273
Oral-poetry-Tradition 202
orale Subkultur 155
oral poetry bzw. literature 147 f.
oral theory 177, 205
ordinary folktales 86
orientalische Märchen 23, 25
Orpheusmythos XVII

paarige, paarweise Funktion, ~en 123–125, 213, 225 f.
Pädagogen, Pädagogik 25, 38, 71–73, 358 f., 371
pädagogisch
~e Fragen 35–38
~e Postulate 29
~er Zweck 27
~ und dichtungstheoretische Belange 38

~Vorstellungen 31, 359
παιδιά 100 f.
παίγνια 100
Pañcatantra 15, 93
Parabel VII, 87
Patristik 291
Pessimismus 72, 98
Phaiaken XIX, 52 (Phäaken),59, 61, 65 f., 174, 179, 186, 201, 209, 211, 213, 215–223, 229, 231, 234, 238 f., 242, 246, 249, 250 f., 261, 266 f., 274 f., 291
Phaiakis 65, 174
Phantasie 4 (~freude), 5 (~produkte), 16 (Märchen als Produkt freier ~), 18 (~schöpfungen der Dichtung), 19, 35 (Kraft der ~), 36, 59 f., 64 f., 75, 80 (~gespinste), 83, 101, 114 (~ und Kombinationsfreiheit des Erzählers), 135 (Aufwertung von ~), 137, 208 (mit dichterischer ~ entworfene Erzählung aus der Zauberwelt), 275, 279 (abwandelndes Bewahren im Medium der ~), 297 (Frau als Objekt realitätsentbundener ~n), 299 (Kampf des Mannes mit eigenen ~n), 307 (erotische ~n), 311 (~n von Verlockung zu Abgrund und Tod), 359, 360 f. (kindliche ~), 363, 387
Phantastische, das 22 (Legitimations des ~n), 77 (~ des Märchens), 79 (Pflege des ~n), 136,
phantastische Geschichten/Literatur/Sujets/Vorgänge 3, 23, 36, 62, 279 (von Verantwortung entbundne Phantastik), 295
philosophische Mythen (vgl. Kunstmythen) 47
philosophischer Kunstmythos (vgl. Kunstmythen) 197
Plankten 61
Poetik des 18. Jh.s 18
Poetisierung des Mythos 97
politische Mythos-Funktionalisierungen von rechts 316
Polygenese 16, 51, 170
πολύμητις 265, 339
πολύτροπος 292, 339
postheroisches Zeitalter 73
Postmoderne 23
Predigtmärlein 87
Predigtsammlungen 21
Proitiden 163
pseudo-orientalische Erzählungen 19
psychische Bezüge 82 f.
Psychoanalyse 4, 72
Psychologen, Psychologie 71–74
psychologische Erklärungen 77
Pygmäen 61

Rat 72, 163, 166, 175 (hilfreicher ~), 195–198 (mündlich erteilter epischer ~), 201,(epischer ~), 229, 232, 235– 237, 244, 261, 264, 274 (von Wesen mit übermenschlichen Kapazitäten), 374
~ der Kirke 243, 259, 261, 264, 267
~ des Geiers 160
~ eines Helfers 125
~ gegen den Mythos 374
~ gegen Schrecken 195
~schlag, ~schläge 193, 195, 236–238, 243, 264, 267, 273 f., 284 (ärztliche ~schläge; Kafka), 374 (~schläge gegen den Mythos)
rationalistische Mythendeutung 46, 298 (~ der Sirenen)
Rationalitätspostulat 27
Recht 104 (~ und Gesetz höherer Mächte, Gewalten, Sippen), 287 (Sozial- und ~sordnungen), 316–320, 323 f. (~stheorie), 325 (Hochverrat des ~s an der Gerechtigkeit), 326 (~sinstitution der Ehe), 327, 346, 387 (Verwerfung jeglicher ~sordnung)
Reform-Märchen 360
Regel-Spiel (vgl. Spielregeln) 119
Regelcharakter des Spiels (vgl. Spielregeln) 132 f.
Regelgehorsam 120 (Regeln, die der Held beachtet), 127
Regeln des Sprachgebrauchs 127
reine(s) Märchen (vgl. echte Märchen) 34, 36, 85
Religious Stories 87
Renaissance 4, 204, 252, 291, 312
Rettung des Mythos durch Licht 366, 373
ῥήτωρ σοφώτατος 249, 274
rite de passage, Passagenritus 227 f.
Ritus, Riten 5, 16, 79, 82–84, 101, 108 f., 117–120, 133, 227 f.
Ritual, ~e 4, 71, 78, 84, 107, 119, 127, 137, 140, 225
roh/gekocht 122
Roman XVII, XIX, 13 (Märchen als ~ der Primitiven), 17, 19, 21 (barocker ~), 45, 54, 145, 149, 151 f., 171 f., 173 (~ Metamorphoses), 176–178, 180 f., 182 f. (Analogien von Märchen und griechischem ~), 184 (Abenteuer~), 185–187, 191 (Poetik des griechischen ~s), 197 (~Die Wahlverwandtschaften), 199, 210(~e der frühen Neuzeit), 288, 302 f., 326 (~ Die Wahlverwandtschaften), 327, 330–332, 345 f. (Kafkas ~e), 348, 353 f., 365 (Kafkas *Das Schloß*) 374, 386 (der griechische und römische ~)
Romantik 14, 17, 19, 48 f., 136 (Programmwort der ~), 137, 145, 150, 202, 296 (deutsche Schauer~), 297 (schwarze ~), 299 f., 311 f., 359, 362, 371
Romantiker 22, 35, 74, 139, 287
romantische Begeisterung (für das Märchen) 50
~ Dichter 22
~ Konzeption von Spiel 138
~ Kunstmärchen 203
~ Mythos- und Märchendiskussion 60
~ Unsinnspoetik 202
~ Wiedererweckung antiker Bildwelten 305
Rückkehr 67, 110, 163, 237, 243, 263, 291
Rückverwandlung 96, 173, 236
Ruhm 102–104, 234, 243, 245
~ als mythischer Held 239
~ aus Dichtermund 263
~ und Ansehen 223
rules of behavior 126
rules of the game (vgl. Spielregeln) 126, 225
russische Märchen 68 f., 109, 124, 187
rustici und imperiti 152

Sage, ~n 16–18, 23, 32 (~ aus Urzeiten), 33, 50 f., 53, 54, 62 (~n), 64 (Märchen, Mythos und ~), 69, 82, 96 (~n), 158 (~n), 167, 171, 196, 257, 266 (~nhaftigkeit), 267, 288 (~n), 343 (~n), 361 (Abfall im Entstehungs- und Verfallsprozeß der ~), 363, 371–373, 373 (~nwelt)
sakrale und/oder normative Dimension 82
sakral vs. profan 76, 107, 208
Schadenstifter, Schädiger 68, 114, 168, 194
Schädigung 106, 110, 112–115, 163–165, 169, 194
Schicksal 99, 102–104, 107, 122 f., 216, 244, 246, 258, 261, 287, 295, 317–325, 327 f., 331 f., 344 f.
~ des Einzelnen, Individuums 164, 225
~ des Kollektivs 107
schicksalhafte Ordnung 323 f.
~r Zyklismus 331
~Verkettung von Schuld, Sühne, Opfer und Tod 327, 331 f., 347
Schicksalsgöttin 345, 353, 376, 378
Schicksalszusammenhang 320, 327, 378
Scholastik 20
Schrecken 8 (Phobos), 9 (~ des Mythos), 46, 73, 78, 98, 137 (~ ins Ästhetische depotenziert), 138 f., 195–197, 282, 314, 378
Schreckensminderung durch Kunst 8
Schreckgeschichten 155
Schreckgespenst, ~er 20, 46, 63
Schuld 88 (~bekenntnis), 318, 321, 323, 325, 344, 377
~ und Sühne, Zusammenhang 317, 320 f.,

Sachregister 439

325–328, 331 f., 349
Schwank, ~geschichten, Schwänke 20, 50, 55, 82, 93, 95, 147
schwarze Frau, Jungfrau 90 f.
Schweigen 178, 222, 250, 281, 282 (Entwicklung vom Singen zum ~), 283, 290, 292, 294 f., 377 f., 382 f., 386 f.
Schwiegermutter, Schwiegermütter 90 f., 101, 103, 168, 173, 194 f.
Σειρήν 254 f., 258
Selbstmord der thebanischen Sphinx 281
Sexualität 34, 301 f.
Sicht »von unten« 348
Sirenen VII, XX, 10–12, 61, 200, 207 f., 213–215, 218 f., 226, 237, 238–243, 247, 249–270, 272, 274, 277, 281–283, 285, 287, 290–300, 302, 304–306, 309–315, 339, 343, 345–347, 353, 375–383, 387
Sklave, ~n 39, 151, 103 (Sklavin), 155 (~narbeit im Haus; Vorlese~)
Sonnentochter-Märchen 165, 169
Sophisten 29–31
Spätantike 38, 48 f., 81, 146, 182, 282
Spiel XIX, 10, 15, 36, 53 (~ der Auslegung), 60, 74, 77 f., 81 (~ vs. Ernst; ~ und Sinnentleerung), 100, 101, 114 (chemisches ~), 120, 121 (~ des Märchenerzählens), 126 f., 129–131 (dem ~ inhärente Regel-Willkür-Beziehung), 133 (schönes ~ im Märchen), 134 f. (~ im Bereich der Kunst), 136 (unverbindliches ~), 138 (vielfältig ausdifferenzierter ~-Prozeß), 139 (absolutes ~; ~, das den Ernst der Vergangenheit verschwinden läßt), 141 (~ mit Erzählbausteinen), 207 (~ in Odysseus' Abenteuer-Erzählung), 209 (Erzähl-~), 213 f., 356 (~figuren), 363, 386–388
Spiel als Chiffre für künstlerisches Tun 129, 134
Spielbegriff 127, 130, 134
Spiel-Charakter der Märchen 15, 129
Spiel, ~e der Phantasie 36, 60, 65, 75, 81 (~betrieb), 126, 137, 141, 190
spielerisch 10, 75, 81, 202, 208, 22
~-rivalisierender Umgang mit Vorversionen 202
~e Abschwächung des Mythos 9
~e Funktion XIX
~e Komponente 381
~e Kunst 79
~e Leichtigkeit 244, 273
~e Märchendichtung, ohne Bedeutungszwänge 120
~er Aspekt des Erzählstils 75
~er Umgang mit Problemen der Menschheit 385
Spielerische, das 77, 79 (Pflege des ~n), 355

~ der Märchen 75
~ in den Stoffen aufsuchen 132
Spielfreudigkeit 23
Spiel mit dem Möglichen XX, 373 (Märchen als ~)
Spielregel, ~n 115, 120 f., 125 f. (Verhaltensmodelle in der Art von ~n), 131–133, 141, 164, 166, 195, 209, 213 f., 224 (~n der Apologoi), 225 (~n in der Art narrativer Gesetze), 226, 235 f., 274, 350, 356
Spieltrieb 132, 138
Spielvergnügen 131, 133 (~ an Regeln)
Spinnmärlein 21 f., 24, 28
σπουδή 100 f.
Sprengung [des Mythos] 293 (~ überkommener Wahrheitsansprüche), 328 (~ mythischen Schicksals), 331 (Auf~), 335, 339, 341 (~ mit seinen – des Mythos – eigenen Mitteln), 342 (versöhnende ~), 343 f., 359, 375 (~ mythischer Zusammenhänge)
Sprichwörter 147
Spukgeschichten 50, 155
Stiefmutter, Stiefmütter 72, 90, 103, 123, 233
Strafe (vgl. Bestrafung) 89, 91, 93, 98, 106, 231 (Funktion St)
Strafgericht, göttliches 97
Stummfilm, stummfilmartige Darstellung 294–296
»stumm in Schweigen« 178, 222, 250
stupid ogre 233
Sturm, Stürme 209, 219 f., 230, 245, 247, 262, 268
Suchermärchen 68 f.
Sühne 106, 318, 319 (~tod Unschuldiger), 321, 327, 344
Sühn(e)opfer 321 f., 344
superscriptio 290

Tabu, ~s 46 (soziale und ethische Codes und ~s), 95, 104, 106, 175, 191 f., 198, 218, 225 f., 229
Tandmär, ~e 24
Terror 7–10, 81, 98, 103, 105, 119, 135–141, 196, 208, 223 f., 265, 279 (mythische ~mächte), 350
~ des Mythos 7, 81, 287, 350
terroristisch 202
~e Funktion XIX
~e Zwänge 285–287
Theoxenie 92–94, 98
Thron, ~besteigung 110, 114, 162 f., 165, 168
Tiefenpsychologie 4, 72
tiefenpsychologische Deutungen 92
Tiererzählung 63, 156
Tierfabeln 15
Tierhelfer (vgl. dankbare Tiere) 160, 351

Tiermärchen 54f., 86
Tiersprache 85, 158, 160, 162
τιμή 263
τίτθη, τίτθαι 29, 45, 62
τιτθεύειν 29
Topos, Topoi 30 (~ weiblicher Geschwätzigkeit), 42–44, 197 (~ des ekelhaften alten Weibes), 285–288 (~ »Sirene«), 291, 310 (Weiblichkeits~), 312
Tragödie, ~n XVIII, 8, 17, 102, 138, 140, 147, 150, 167, 185, 317–319, 320 (das Erhabene der ~), 321–323, 328, 335, 339, 344f., 347–349, 363
Tragödientheorie 316–318, 321–323, 325, 352
τρέφειν 29
Triumph des Positiven 125, 195
Trojanisches Pferd 68, 223, 332–342
τροφός 29
τύχη 102

Übermensch, übermenschlich 72, 74, 98f.
überprüfbarer, argumentativer Diskurs 30, 36
Übersetzer, Übersetzung 31, 34–36, 48, 52
Überspielung von Gewalt 9
Unglück 89, 96, 101f., 112, 164, 165, 318–321, 325, 330
Unitarier, unitarisch bestimmte Homerforschung 67, 69, 201, 205
Unrechttun 29, 31
Unterwelt, Totenwelt 46, 167, 173f., 193, 238f., 243, 245, 247 (Greuel der ~), 249, 265 (strafmythische Gestalten der ~), 351
Urmythen 60
»Urmythus und Urmärchen« 76
Ursprungsfrage, ~n 5, 10–12, 59, 79, 117, 205, 253–256

Vampir, ~e 90f., 295
vanus senex 44
Vater, Sohn und Heiliger Geist 90
Verbindung von Frau und Wasser 282
Verbot 80, 88, 90, 92, 123, 125, 174, 191 (Tabu), 212–214, 218, 221, 228–230 (~ und Tabu; Reiz des Verbotenen), 248, 273, 275
verbotene Kammer, Tür 89f., 92, 117
Verbotsverletzung, ~en 110, 218, 274
Verchristlichung, Christianisiertung 87, 89, 91, 101, 299
Vergewaltigung (in der Antike) 9, 96
Verhaltensformeln 126, 226
Verhaltensregeln 125, 127, 166, 225, 274
verhaltensregulierende Muster 133
vermittelnde Anweisungen 264
Vermittler 225, 232, 238

Vermittlerfigur, ~en 235, 237
Vermittlung, ~en 225, 235–238
~ moralischer Grundsätze 31
Verschlungenwerden 212–214, 226, 244
Versöhnung 138 (~ von Sinnlichkeit und Vernunft), 347, 350f. u. 374 (~ mit der Natur)
~ im Angesichte Gottes (vgl. Gott) 329f.
~ mit Gott (vgl. Gott) 330, 340
Verspieltheit 15, 74f. (»verspielte Tochter des Mythus«), 120 (verspielte Märchen)
Versuchung, ~en 201, 211–214, 218, 220f. (~, Gemahl einer Göttin zu werden), 225, 228, 230, 233, 240 (~sepisoden), 248f. (~ durch die Sirenen), 261, 266f., 272f., 275f., 283, 291, 294, 296f., 306, 312 (~en, die Mythisierungen bereitstellen), 346, 382 (~en des Mythos)
~ Nausikaa 220, 274
Verzauberung 95f.
Volksglaube 18, 46, 252
Volksmärchen 14, 19, 52, 54, 86 (~forschung)
Volkssage, ~n 18, 80 (~ der Kulturvölker), Vorprüfung 127, 161, 162, 192
Vorschreiten vom Minus zum Plus 126, 225f. 230
Vorwurf der Prämoralität der Märchen 87
vulgi fabula 186

»Wahrheit des Mythos« 5
Wechselwirkung von Stoff und Theorie 14
Weiblichkeit, ~smythen (vgl. mythisierte ~) 285f., 296–300, 303–306, 308–310, 312
Widersacher (vgl. Antagonist, Gegenspieler) 166, 183
Wunderbare, das 22f., 26, 35, 66, 71, 74, 104, 190, 365
Wundermärchen 86, 167

ὔθλος 30
ὑπόνοια 204

ψεῦδος 32, 37

Zauberdinge, Zaubergaben 157, 271
Zaubergegenstand, Zaubergegenstände 125, 166
Zaubermärchen XVII, 20, 83, 86 (Zauber- oder Wundermärchen, (Tales of Magic), 90, 99 (~ ohne moralistische Übermalung), 108f., 116, 117 (historische Wurzeln des ~s), 167, 169, 237, 328
Zaubermittel 110–112, 158, 162, 165 (Gewinn von ~n), 231 (Schlauch als ~)
Zusatzprüfung 128, 161f., 192
Zwang 102, 132–135, 136 (~ und Angst), 137f., 140, 188 (Zwänge symbolischer und

Sachregister 441

allegorischer Deutung), 191 (~ zu deuten), 263 (~slage), 302, 316 (~sverhältnisse), 320, 324, 326 (~ des Naturgesetzes),348 (mythische Zwänge), 354 (von mythischen Zwängen erlösendes Potential des Märchens), 385 (Zwänge des Mythos)

Zwangszusammenhang, Zwangszusammenhänge 3 (kollektive ~), 287, 291 (mythische ~), 303 (~ von Erotik und Institutionalisierung), 316, 320, 326 (mythischer ~ von Schuld und Sühne), 339, 343 (Freiheit von ~), 344, 346 (~ des Immergleichen), 359, 375 (immergleiche ~ aufsprengen)

Zweierrhythmen 115, 157

Zweigliedrigkeit 85, 191–193

Zweizahl 84f.

Zwischenfunktionen (vgl. Funktion) 115, 171, 194

If you have any concerns about our products,
you can contact us on
ProductSafety@springernature.com

In case Publisher is established outside the EU,
the EU authorized representative is:
**Springer Nature Customer Service Center GmbH
Europaplatz 3, 69115 Heidelberg, Germany**

Printed by Libri Plureos GmbH
in Hamburg, Germany